ROBERT FAURISSON

ÉCRITS RÉVISIONNISTES

VOLUME IV

OMNIA VERITAS

ROBERT FAURISSON
(1929-2018)

Écrits révisionnistes
Volume IV
1993-1998

Publié par
Omnia Veritas Ltd

ⒸMNIA VERITAS

www.omnia-veritas.com

1993

LE RÉVISIONNISME HISTORIQUE DEVANT LES TRIBUNAUX FRANÇAIS (9 DÉCEMBRE 1992 – 28 JANVIER 1993)

La répression judiciaire qui s'exerce en France contre le révisionnisme historique s'est sensiblement aggravée pendant les semaines qui viennent de s'écouler. Après les condamnations, pendant ces derniers mois, de François Brigneau (journaliste), Roland Gaucher (journaliste), Rémy Pontier (ingénieur informaticien), Vincent Reynouard (ingénieur chimiste), on relève pour ces dernières semaines et pour le proche avenir les actions suivantes :

– le 9 décembre 1992, la cour d'appel de Paris a condamné *Le Choc du mois* et Robert Faurisson (professeur) à trois cent soixante-quatorze mille francs ;

– le 16 décembre, le tribunal d'Amiens a condamné *Nationalisme et République* et Pierre Guillaume (éditeur) à cent trois mille francs ;

– le 7 janvier 1993, la cour d'appel d'Aix-en-Provence a condamné Pierre Gaüzère (mécanicien automobile) et Fabrice Robert (historien) respectivement à deux mois de prison avec sursis et vingt mille francs d'amende pour le premier et à un mois de prison avec sursis et dix mille francs d'amende pour le second ; le montant des dommages-intérêts n'est pas encore connu ;

– ce même 7 janvier, la cour d'appel de Paris a jugé Philippe Costa (ingénieur) et Laurent Gentel (étudiant en droit) qui ont été condamnés par le tribunal de Fontainebleau ; le procès se poursuivra le 14 janvier ;

– le 11 janvier, *Rivarol* et Robert Faurisson (déjà nommé) sont renvoyés par un juge d'instruction devant le tribunal de Paris ;

– vers le 11 janvier, *Les Lettres françaises* passeront devant un tribunal pour avoir mentionné l'adresse de la *Revue d'histoire révisionniste* (revue interdite de publicité par une mesure administrative du ministre de l'Intérieur Pierre Joxe) ;

– le 18 janvier, *Révision* et Pierre Marais (technicien automobile de l'Armée, à la retraite) passeront devant le tribunal de Paris ;

– le 28 janvier, Pierre Guillaume (déjà nommé) et Pierre Marais (déjà nommé) passeront devant le tribunal de Paris ;

– le 3 mars, *Le Choc du mois* (déjà nommé) et Robert Faurisson (déjà nommé) passeront devant la cour d'appel de Paris pour la même interview qui leur a valu une sanction de trois cent soixante-quatorze mille francs ;

– à une date encore indéterminée, *Le Choc du mois* (déjà nommé) et Robert Faurisson (déjà nommé) passeront pour la troisième fois devant le cour d'appel de Paris pour la même interview qui leur a valu une première sanction de trois cent soixante-quatorze mille francs.

D'autres actions judiciaires sont en gestation.

***

28 janvier 1993

LETTRE À CLAUDE MALHURET, DÉPUTÉ-MAIRE DE VICHY

Monsieur,

Vous êtes, dit-on, candidat aux prochaines élections législatives.

J'aimerais savoir si, en cas de succès, vous réclamerez l'abrogation de l'article 24 bis de la loi du 29 juillet 1881 « sur la liberté de la presse » (*sic).* Cet article institue et réprime le délit de révisionnisme historique (loi Fabius-Gayssot du 13 juillet 1990).

Le 21 juin 1991, M. Jacques Toubon, député RPR, a présenté un amendement réclamant cette abrogation. (*JO*, Débats parlementaires, 22 juin 1991, p. 3571-3573). Cet amendement a été repoussé par la majorité socialo-communiste. M. J. Toubon avait rappelé l'hostilité de M$_{me}$ Simone Veil à la loi Fabius-Gayssot. Il avait qualifié cette loi de « stalinienne ». Or cette loi est plus que stalinienne. Jamais Staline n'a poussé le cynisme et l'effronterie jusqu'à décréter qu'un tribunal – un tribunal militaire ! – avait découvert et fixé pour l'éternité une « vérité » en matière d'histoire. Mêmes les juges-accusateurs de Nuremberg, pourtant si pleins d'arrogance, n'avaient pu s'imaginer qu'on les tiendrait un jour pour juges infaillibles, pour historiens infaillibles. Cette double infaillibilité allait pourtant être instituée en dogme, **rétroactivement**, quarante-quatre ans après, par M. Laurent Fabius (socialiste) et par M. Jean-Claude Gayssot (communiste).

Sur le fondement de cette loi crapuleuse, nous venons, mon éditeur et moi-même, d'être condamnés par la cour d'appel de Paris (présidée par dame Françoise Simon) à verser trois cent soixante-quatorze mille francs en raison d'une simple interview. Mieux : deux autres procès sont en cours pour le même délit. Mieux encore : le total des personnes déjà condamnées ou actuellement poursuivies au titre de cette loi s'élève aujourd'hui à... vingt-sept (professeurs, ingénieurs, historiens, étudiants, mécaniciens ou techniciens... Ce chiffre peut comprendre plusieurs poursuites contre une seule personne.).

[Malgré un rappel en date du 21 février 1993, cette lettre est restée sans réponse.]

***

24 février 1993

L'ABJURATION DE BERNARD NOTIN

De guerre lasse, Bernard Notin vient d'abjurer ses convictions révisionnistes. Il n'est pas le premier révisionniste à choisir l'abjuration et il ne sera probablement pas le dernier.

Enseignant les sciences économiques à l'Université Jean Moulin (Lyon-III), il avait, en août 1987, publié dans la revue *Économies et Sociétés* un article sur « Le rôle des médias dans la vassalisation nationale : omnipotence ou impuissance ? » Au passage, il avait, en quelques lignes, donné comme exemple de l'indifférence des médias pour la réalité leur « discours » sur les chambres à gaz nazies. Il estimait que les preuves proposées pour démontrer l'existence de ces chambres à gaz évoluaient « au gré des circonstances et des époques » ; pour lui, ces preuves se limitaient à des locaux « peu crédibles », à « l'affirmation des vainqueurs » et à des « on-dit ».

À partir de janvier 1990, les organisations juives allaient orchestrer une formidable campagne contre l'enseignant lyonnais. Menée principalement par le Dr Marc Aron, président des institutions et des organisations juives de Lyon, président de la section européenne du Congrès juif mondial, membre éminent de la Loge des B'naï B'rith, cette campagne a eu pour le jeune universitaire de graves conséquences sur les plans médiatique, universitaire et juridique. Pendant trois ans, B. Notin et sa femme ont connu, jusque dans leur vie personnelle et familiale, un véritable enfer.[1] Père de cinq très jeunes enfants, avec pour toutes

---

[1] Parmi les formes les plus abjectes prises par cette persécution, citons les faits suivants : en 1990, Mme Notin allait de justesse sauver de la mort leur chien presque achevé à coups de couteau ; six semaines plus tard, elle allait trouver le cadavre de leur chat achevé à

ressources un salaire unique amputé par des condamnations judiciaires ou administratives, B. Notin, conseillé par son avocat, Me Gilbert Collard, s'est vu contraint à l'abjuration.

Comme on le verra par le communiqué de presse ci-dessous, il proteste contre la persécution et les persécuteurs (qu'il n'ose pas désigner clairement) mais, en même temps, il renie ce qu'il avait écrit, il accuse les révisionnistes de « réécrire l'histoire de travers » et il demande pardon. Pour commencer, il clame sa foi dans le génocide des juifs et dans les chambres à gaz nazies.

Galilée avait abjuré devant le Saint-Office de l'Église catholique, apostolique et romaine ; B. Notin, lui, vient d'abjurer devant le Sanhédrin, les grands prêtres de la religion de l'« Holocauste » et la Synagogue.

(P. J. : communiqué de presse de Bernard Notin en date du 3 février 1993.)

3 février 1993

Communiqué de presse de Bernard Notin

On prétend de nouveau, illégalement et par la pression physique, m'interdire d'enseigner et d'exercer le métier pour lequel les contribuables me paient. Pour cette raison, une mise au point brève et définitive s'impose de ma part :

1) Je ne remets pas du tout en cause l'existence du génocide juif et des chambres à gaz. Mon article ne visait nullement à en nier l'évidence mais à en condamner la médiatisation (et donc la banalisation), à critiquer la mise en scène permanente et indécente de l'horreur au moyen de ce qui me semblait être, parfois, des techniques douteuses.

Je ne suis pas historien mais économiste. Mon ambition n'a jamais été de réécrire l'histoire de travers mais d'analyser l'omnipotence des médias et leurs interprétations simplistes, dont témoigne d'ailleurs pleinement mon cas personnel.

2) Je ne suis évidemment pas antisémite. Comment pourrais-je l'être puisque je me suis nourri de la lecture des auteurs juifs européens ? Parmi ceux qui ont le plus compté dans ma formation intellectuelle, je citerai, entre autres, Karl Polanyi, Émile

---

coups de couteau. Pratique courante. Encore récemment, aux États-Unis, le responsable d'un journal accusé par le B'nai B'rith d'avoir publié un texte révisionniste a reçu le cadavre d'un animal avec un couteau fiché dans le corps (*The Houston Chronicle,* 20 février 1993, p. 31A).

Benveniste, Ernst Kantorowicz et Arthur Koestler, vis-à-vis desquels ma reconnaissance est immense.

3) Je m'étonne de ce que, dans un État de Droit, la loi ainsi que les décisions de justice **qui m'ont rétabli dans mon droit (et mon devoir) d'enseigner ne soient pas respectées.** Je m'étonne que toute latitude soit laissée à certains groupes pour lesquels leur bon vouloir est la seule loi et la violence la seule forme de débat possible. Ce qui augure mal du devenir de notre démocratie où l'état de fait tend à se substituer peu à peu à l'État de Droit.

4) **J'ai pris conscience avec consternation que mon article sur les media et surtout l'interprétation abusive qui en a été faite ont pu blesser certains de mes compatriotes. Si j'ai causé, involontairement, la moindre souffrance à qui que ce soit, je lui en demande pardon.** Mais qu'on prenne en compte la souffrance qui a été depuis trois ans celle des miens, de mon épouse et de mes cinq enfants. Qu'on songe au désarroi de mon père devant la campagne menée contre moi, lui qui, réfractaire au STO, dut se terrer pour échapper à l'occupant nazi.

***

18 mars 1993

LETTRE À CLAUDE MALHURET, DÉPUTÉ-MAIRE DE VICHY

Monsieur,

Hier soir, à Vichy, à la fin de votre discours de candidat aux prochaines élections législatives, vous n'avez pas eu le *courage* d'affronter le flot des questions qui pouvaient venir de la salle. Sur vos instructions, on a fait entendre la Marseillaise (« Marchons, marchons... ») ; après quoi, vous avez marché vers un rideau latéral derrière lequel vous vous êtes éclipsé en attendant que la salle se désemplisse. Jouant des coudes, j'ai pu néanmoins me frayer un chemin jusqu'à vous, derrière ce rideau protecteur. Je vous ai demandé pourquoi vous ne répondiez pas à une question que, depuis près de deux mois, je vous posais par lettres envoyées à votre mairie ou par messages déposés à votre permanence.

Ma question, je vous le rappelle, était la suivante :

« Êtes-vous, comme votre collègue de l'opposition Jacques Toubon (une opposition à laquelle vous appartenez tous deux), en faveur de l'abrogation de la loi Fabius-Gayssot du 13 juillet 1990 qui institue le délit de révisionnisme historique ? »

Jusqu'ici vous vous dérobiez à cette question. Hier soir, face au questionneur, vous ne pouviez plus vous dérober. Vous m'avez répondu : « Vous savez bien que votre question est trop délicate. »

Cette phrase, vous l'avez encore répétée à deux reprises. Puis, comme j'insistais pour obtenir une vraie réponse, vous m'avez lancé :

« Je suis en faveur du maintien de cette loi pour des raisons d'opportunité. »

Je crois que vous avez même précisé « d'opportunité politique ». L'opportunisme peut se définir comme une « attitude consistant à agir selon les circonstances, en faisant peu de cas des principes ».

Dans votre déclaration de foi, on pouvait lire : « Ce dont nous avons besoin, c'est de volonté, d'ambition et de *courage*. » L'opportunisme est le contraire du *courage*. Votre réponse m'a remis en mémoire une circonstance où je m'étais déjà permis de mettre en doute votre *courage* et la confiance qu'on peut vous accorder. Comme je vous reprochais d'avoir, étant ministre de Jacques Chirac, mitonné la préparation, avant Fabius et Gayssot, d'une loi contre le révisionnisme historique, vous m'aviez piteusement répondu :

« C'est pas moi *[sic]* ; c'est Pasqua ! »

Je vous avais alors demandé quelle conception vous vous faisiez de la « solidarité ministérielle ». Au reste, c'est vous et bien vous le responsable. Aujourd'hui, je viens vous demander quelle idée vous vous faites de « l'union de l'opposition » puisque, aussi bien, J. Toubon et François Froment-Meurice tirent à hue cependant que le sénateur Cluzel et vous-même, vous tirez à dia (hier, à la tribune d'où vous parliez, se lisait en lettres de feu la fière devise : « La Force de l'Union »).

Mais, au fait, en 1990, cette même opposition n'avait-elle pas, à l'Assemblée nationale comme au Sénat, voté contre la proposition de loi Fabius-Gayssot ?

Que d'incohérences, de variations, de contradictions à la fois chez un même homme et dans le groupe auquel appartient cet homme ! Où est le *courage* là-dedans ?

Vous savez enfin que, comme je vous le rappelais dans la documentation jointe à mes lettres, un grand nombre de révisionnistes, dont votre serviteur, ont été lourdement condamnés sur le fondement de cette loi Fabius-Gayssot dont vous souhaitez le maintien « pour des raisons d'opportunité ». Je voudrais savoir d'abord si vous continuez de penser que « pour des raisons d'opportunité » la France a besoin d'une loi aussi tyrannique ; ensuite si, « pour des raisons d'opportunité », il convient d'infliger aux révisionnistes des peines de prison, de terribles sanctions financières, la suspension de leurs droits civiques, tout cela dans le cadre d'une « loi sur la liberté de la presse [*sic*] » ; enfin, s'il est normal que, « pour des raisons d'opportunité », un électeur vichyssois qui a failli être assassiné dans les parcs de Vichy le 16 septembre 1989 soit, son député-maire aidant, traîné en justice et condamné parce qu'il a le *courage* d'enfreindre un dogme historique.

* * *

22 mars 1993

LETTRE DE ROBERT FAURISSON À JÜRGEN GRAF, POUR SERVIR D'INTRODUCTION À *DER HOLOCAUST-SCHWINDEL*

Je n'ai pas encore lu votre livre et ne puis donc en rédiger la préface comme je me proposais de le faire le moment venu. Vous le savez, ni vous, ni moi nous ne sommes responsables de cet état de fait. Les seuls responsables sont ici le terrorisme intellectuel et la censure qui, dans nos deux pays – pour vous la Suisse et pour moi la France – s'exercent contre les publications révisionnistes. En France, la loi Fabius-Gayssot du 13 juillet 1990, votée par les socialistes et les communistes, interdit l'expression du révisionnisme historique sous peine de prison, d'amende, de suspension des droits civiques et, dans bien des cas, cette dernière peine équivaut à l'interdiction professionnelle. Cette loi a déjà trouvé son application dans près de trente procédures engagées contre des révisionnistes qui sont des universitaires, des chercheurs, des ingénieurs, des techniciens, des étudiants. D'un moment à l'autre, une loi du même genre va sans doute faire son apparition en Suisse ; elle prohibera la publication et la diffusion de votre ouvrage. C'est l'imminence de ce danger qui vous contraint à une publication d'urgence avant que ne tombe le couperet d'une loi liberticide. Vous avez dû précipiter les travaux d'impression et vous n'avez donc pu me soumettre en temps voulu les épreuves de votre ouvrage.

Vous êtes encore jeune, enthousiaste et vous frémissez d'indignation devant le formidable mensonge historique que constitue le prétendu « Holocauste » des juifs. Cette jeunesse, cet enthousiasme et cette capacité d'indignation marqueront votre livre, je le suppose, de qualités et de défauts particuliers. J'envie vos qualités. Quant à vos défauts, laissez-moi vous dire que j'aurais voulu vous en corriger avec la sévérité que vous me connaissez et j'aurais aussi souhaité redresser certaines de vos inévitables erreurs. Le sort en décide autrement. C'est ainsi que votre livre que, pour ma part, j'aurais souhaité de caractère aussi froidement historique que possible, du moins pour sa partie essentielle, deviendra de bout en bout une sorte de témoignage : le témoignage d'un homme un peu trop sincère dans ses élans qui, découvrant une vérité inattendue, veut au plus vite en avertir ses contemporains.

Il m'est venu sous la plume une expression qui peut laisser croire que je n'ai pas la froideur de l'historien. Je viens, en effet, d'évoquer le « formidable mensonge historique que constitue le prétendu "Holocauste" des juifs ». Qu'on me lise avec attention ! Je ne parle pas ici d'un mensonge pur et simple et je ne traite pas de menteurs ceux qui affirment croire en cet « Holocauste ». Je parle de « mensonge historique », c'est-à-dire d'une légende ou d'un mythe qui a trouvé sa place dans l'histoire au même titre que cent autres légendes ou mythes auxquels on adhère avec d'autant plus de sincérité qu'apparemment presque tout le monde paraît y croire. Les médias audiovisuels qui contribuent, pour beaucoup d'entre nous, à forger nos opinions en bien des matières, nous répètent à satiété que, durant la seconde guerre mondiale, les Allemands ont suivi à l'égard des juifs une politique qui peut se définir en ces termes : selon un *ordre*, et conformément à un *plan* criminels, les Allemands auraient procédé à une tentative d'*extermination physique* des juifs notamment par l'emploi d'une arme nouvelle : des abattoirs chimiques qu'on appelle chambres à gaz homicides ; le total des morts juives dues à ces chambres à gaz, mais aussi aux fusillades, à la famine, aux épidémies se serait élevé au nombre de six millions, ce qui représenterait à peu près le chiffre de la population suisse tout entière. Tout cela est faux. Ces inventions sont à mettre au compte d'une certaine propagande de guerre et de haine. Elles auraient dû prendre fin avec la guerre ; le paradoxe est qu'au lieu de disparaître, on en aggrave la répétition.

Ce qui, en revanche, est exact, c'est que les Allemands ont suivi une politique antijuive. Ils ont cherché une « solution finale territoriale de la question juive » (*territoriale Endlösung der Jüdischen Frage*) par l'émigration des juifs, si possible, et par l'évacuation, l'expulsion ou la déportation des juifs, si nécessaire. Pendant la guerre, ils ont mis un grand nombre de juifs européens dans des camps de concentration, de travail ou de transit. Ils envisageaient la création, après la guerre, et avec la remise en liberté des juifs (*bei Freilassung*), d'un foyer national juif (*jüdischer Nationalstaat*) à Madagascar ou ailleurs mais, à cause des intérêts de la nation arabe, certainement pas en Palestine.

Beaucoup de ces camps ont été ravagés par d'abominables épidémies et tout le monde aujourd'hui connaît les photographies de typhiques, morts ou moribonds, trouvés à la fin de la guerre dans les camps surpeuplés d'une Allemagne d'apocalypse. Le véritable nombre des victimes juives n'est pas connu parce qu'il n'a pas encore été recherché de manière scientifique avec tous les moyens dont on dispose maintenant grâce à l'ordinateur. Trop de personnes ou de groupes préfèrent s'en tenir à un chiffre comme celui de six millions que même des historiens juifs ne considèrent plus que comme « symbolique ». De ce point de vue, un organisme porte une responsabilité particulière dans la dissimulation de la vérité : l'*Internationaler Suchdienst* d'Arolsen-Waldeck. Cet organisme, qui a son siège en Allemagne, dépend du Comité internationale de la Croix-Rouge, sis à Genève. Jusqu'en 1978, il possédait une section historique (*Historische Abteilung*) ouverte aux chercheurs. Dès qu'il est apparu que, grâce aux innombrables documents consultables à Arolsen, le mythe des chambres à gaz, de l'extermination des juifs et des six millions devenait insoutenable, l'*Internationaler Suchdienst*, cédant à la pression internationale, a clos sa section historique, supprimé certaines de ses publications et déclaré qu'il se mettait désormais au service exclusif des « victimes du national-socialisme ». C'est, en effet, par cet organisme que doivent passer les millions de « survivants » ou d'ayant-droits qui, jusqu'en l'an 2030, ont perçu ou percevront des indemnités financières versées par le contribuable allemand. J'appelle souvent « Arolsen » l'une des quatre capitales, en Allemagne, du « mensonge historique ». Les trois autres capitales sont Ludwigsburg avec sa *Zentrale Stelle des Landesjustizverwaltungen zur Verfolgung von NS Tätern*, Munich avec son *Institut für Zeitgeschichte* et Bonn avec son gouvernement tout entier et, en particulier, son ministère de la Justice.

Il y a lieu de penser que, parmi les quarante à cinquante millions de morts de la seconde guerre mondiale, les juifs ont eu environ un million de morts. Pour Auschwitz même, le chiffre « symbolique » de toutes les victimes juives et non-juives avait été fixé par le tribunal militaire international de Nuremberg à quatre millions (document URSS-008 ayant valeur de preuve d'office grâce à l'article 21 du statut de ce tribunal). Jusqu'en avril 1990, d'innombrables visiteurs ont pu voir ce chiffre inscrit en caractères de bronze et en dix-neuf langues différentes sur les stèles d'un monument devant lequel venaient s'incliner tous les grands de ce monde. En avril 1990, ces inscriptions ont été enlevées par les autorités mêmes du musée d'Auschwitz. De longues tractations ont suivi pour savoir quel nouveau chiffre on substituerait à l'ancien. Aujourd'hui, en mars 1993, il semble qu'on s'achemine vers le chiffre d'un million et demi. Mais le jour viendra où il faudra sans doute admettre que le vrai chiffre des morts d'Auschwitz a été d'environ cent cinquante mille. Aucun être humain n'a été gazé à Auschwitz ni par le moyen du Zyklon B ni autrement et, si les Allemands avaient disposé de plus de Zyklon B, il serait mort moins de détenus, car ce produit servait à la désinsectisation (*Entseuchung und Entwesung*). Pour reprendre une formule connue, « à Auschwitz, on n'a gazé que des poux ». (Il n'y a nul scandale pour des nonnes à occuper aujourd'hui le bâtiment du théâtre d'Auschwitz dans une partie duquel les Allemands entreposaient les boîtes de Zyklon B ; ces femmes ne résident pas dans un lieu où se dissimulait l'arme d'un crime abominable mais dans un, bâtiment où, sous l'emblème de la Croix-Rouge, on entreposait du matériel sanitaire).

Les chiffres des morts ont leur importance. La manière dont les victimes sont mortes importe aussi. Enfin, les faits matériels sont à établir avec scrupule avant tout commentaire ou jugement. Avant d'accuser les Allemands d'avoir utilisé des chambres à gaz homicides, il aurait fallu établir l'existence de cette arme du crime. Nul tribunal, nul historien ne s'en est soucié.

Si nous affirmons, au terme de nos recherches, que ces chambres à gaz n'ont pas existé et sont même, dans l'état actuel de la science, proprement inconcevables, c'est pour toute une série de raisons qui sont d'ordre physique, d'ordre chimique, d'ordre topographique (par exemple vu la topographie d'Auschwitz, de Treblinka, etc.), d'ordre architectural (par exemple, vu l'architecture des crématoires censés avoir contenu, près des fours, de telles chambres à gaz homicides), d'ordre documentaire et d'ordre historique. Il faut croire que l'argumentation révisionniste est solide. En 1981, un professeur d'histoire de l'université de Princeton se distinguait par la dureté de ses attaques contre Noam Chomsky qui avait défendu mon droit au doute et à la recherche. Noam Chomsky était juif. Ce professeur l'était aussi. Il s'appelait Arno J. Mayer. En 1988, soit sept ans après ces attaques, il consacrait au sort des juifs européens durant la seconde guerre mondiale un ouvrage dont le titre était The "Final Solution" in History. J'en extrais deux courts passages qui devraient donner à réfléchir aux censeurs du révisionnisme :

- **Sur les chambres à gaz** : « Sources for the study of the gas chambers are at once rare and unreliable. »[2]

On nous avait toujours dit que ces sources étaient innombrables et totalement sûres.

- **Sur les morts dans les camps** : « Besides, from 1942 to 1945, certainly at Auschwitz, but probably overall, more Jews were killed by so-called "natural causes" than by "unnatural ones". »[3]

Or, on nous avait toujours dit le contraire.

Voilà deux déclarations qui tomberont sous le coup de la nouvelle loi suisse. Tandis que les universitaires américains auront, comme Arno J. Mayer, le droit de poursuive leurs travaux de recherches et d'en publier le résultat, les universitaires suisses, eux, bénéficieront du droit à la paresse : il leur suffira de consulter la bible du tribunal de Nuremberg. S'ils ne sont pas d'accord avec le contenu de cette bible, il leur restera le droit de se taire.

Il n'a pas existé d'« Holocauste » des juifs mais il y a eu une tragédie juive qui s'inscrit dans un conflit mondial riche en bien d'autres tragédies, notamment, en Europe, la tragédie allemande et la tragédie russe et, en Extrême-Orient, la tragédie japonaise et, peut-être la pire de toutes, la tragédie chinoise. Toutes sont dignes de notre compassion, une compassion qui doit aller aux *vraies* souffrances de *toutes* les victimes de la seconde guerre mondiale. Quant au terme d'« holocauste », sans l'ornement d'une majuscule ostentatoire, il ne me semble s'appliquer vraiment qu'à l'holocauste des cités allemandes et japonaises où les populations civiles ont été systématiquement brûlées dans le déluge du phosphore ou du feu nucléaire déversé par les aviateurs britanniques ou américains.

Il y a quelque candeur à s'indigner d'un mensonge historique. L'histoire est pleine de ces inventions qui lui sont aussi inhérentes que les fabrications de la propagande de guerre sont inhérentes à la guerre. En revanche, *l'exploitation* d'un tel mensonge, accompagnée de la *persécution* de ceux qui dénoncent cette exploitation, est autrement grave. Des juifs eux-mêmes critiquent l'exploitation de l'« Holocauste » (ou « Shoah ») à des fins de propagande politique ainsi qu'en vue de substantiels bénéfices financiers. Dès les années soixante-dix, ils

---

[2] « Les sources pour l'étude des chambres à gaz sont à la fois rares et sujettes à caution. » A. Mayer, *The "Final Solution"...*, p. 362.

[3] « D'ailleurs, de 1942 à 1945, certainement à Auschwitz mais probablement [aussi] dans l'ensemble [des camps], les causes dites "naturelles" tuèrent plus de juifs que les causes "non-naturelles". », *Id.*, p. 365.

aimaient à dire : « *There's no business like Shoahbusiness* »[4] En face de ces juifs-là, qui ont le mérite de la clairvoyance, on remarque malheureusement une prolifération d'associations juives qui, sans vergogne, se livrent au commerce des vraies et des fausses souffrances subies, il y a un demi-siècle, par les juifs européens. Les responsables de ces associations en font trop. Pour reprendre l'heureuse expression d'un révisionniste suisse [G.A. Amaudruz] épris de justesse dans le choix des mots, ces juifs à la Simon Wiesenthal ne sont que des maximalistes.

Leur réussite dans le matraquage des esprits est exceptionnelle (et l'on voudra bien noter que je ne parle pas de « complot »). Je voudrais donner ici un exemple du degré d'aveuglement ou de sidération auquel ils ont, avec l'aide des médias, conduit des milliards d'hommes depuis 1945. Prenons à nouveau la magique chambre à gaz, celle qui défie les lois de la physique et de la chimie. En bonne logique, ce siècle, qui se croit matérialiste et qui se décrit comme le siècle de l'image, devrait faire montre d'un extrême scepticisme sur le sujet puisque personne, en réalité, n'a vu de chambre à gaz nazie et puisque personne ne sait comment cette chambre était faite ni comment elle fonctionnait. Or presque tous les hommes en sont venus à croire le contraire ; ils s'imaginent qu'ils savent comment fonctionnait cette arme terrifiante ; ils croient pouvoir la décrire ; ils s'imaginent, pour certains, en avoir visité et ils sont persuadés de l'avoir vue à la télévision à maintes reprises, dans des films documentaires. La réalité est toute différente. Les locaux qu'à Auschwitz ou ailleurs on leur a présenté comme des chambres à gaz nazies (soit en l'état d'origine, soit à l'état de « reconstruction », soit à l'état de ruines) ne sont que des pièces inoffensives abusivement dénommées chambres à gaz. Il s'agit, en fait, soit de douches, soit de chambres froides de morgues (*Leichenhalle* ou *Leichenkeller*), soit d'abri anti-aérien où, pour d'évidentes raisons physicochimiques, tout gazage d'êtres humains au Zyklon B aurait été impraticable ou aurait tourné à la catastrophe générale. Il n'y a pas de vraies photographies de chambres à gaz nazies.

Je voudrais brièvement rappeler ici comment le littéraire que je suis en est venu à découvrir les impossibilités physico-chimiques de la chambre à gaz nazie. Aujourd'hui, tous les révisionnistes connaissent notre argumentation physico-chimique mais je rappelle que, dans les années soixante-dix, à peu près personne n'en avait l'idée. Moi-même, de 1960 à 1976, j'avais accumulé, grâce à la lecture de Paul Rassinier et d'autres révisionnistes comme Arthur R. Butz, un grand nombre d'arguments d'ordre documentaire ou historique qui prouvaient que les chambres à gaz n'avaient pas pu exister. En 1975 et 1976, j'avais visité

---

[4] « Rien n'est plus rentable que… », jeu de mots à partir de l'expression proverbiale « *There's no business like show-business* ». [N.d.é]

Auschwitz et j'y avais relevé beaucoup d'impossibilités physiques et de supercheries. J'avais été le premier au monde à découvrir les plans des crématoires d'Auschwitz censés avoir contenu des chambres à gaz homicides. Mais tout cela n'était pas décisif.

J'ai la manie de m'interroger sur le sens des mots. Un beau jour, je me rendis compte que, depuis de longues années, je m'intéressais au problème des chambres à gaz sans même m'être posé la question préalable : « Mais, au fait, qu'est-ce qu'une chambre à gaz ? » C'est alors que je pris conscience de ce que, comme la plupart des gens, je m'imaginais qu'une chambre à gaz pouvait être n'importe quelle pièce avec du gaz dans cette pièce. C'était une erreur. Je confondais la gazage d'exécution avec le gazage suicidaire ou le gazage accidentel. Dans le gazage d'exécution, on cherche à tuer avec du gaz mais on veut soi-même échapper aux effets de ce gaz : on ne veut ni être tué ni même être intoxiqué. Là est le hic. Là est le point qui change tout. De toutes les armes, le gaz est la moins maniable. Et que dire du Zyklon B ou de l'acide cyanhydrique qui est si dangereux ? J'étudiais donc le Zyklon B. Je découvrais qu'il s'agissait d'un produit inventé en 1922 et encore en usage, à l'heure où je l'étudiais, pour la désinfection et la désinsectisation. Je me lançais à corps perdu dans la lecture d'ouvrages ou d'articles techniques. Plus j'avançais dans mes investigations, plus il m'apparaissait difficile d'exécuter un être humain et, à plus forte raison, une foule d'êtres humains avec du Zyklon B. Il aurait fallu à ces chambres à gaz nazies une extraordinaire étanchéité, des moyens spécifiques d'apport et de répartition du gaz, un fantastique système d'évacuation du gaz après l'exécution, un procédé de neutralisation du gaz éjecté et, surtout, il aurait fallu je ne sais quelle machinerie pour rendre inoffensif le gaz qui, imprégnant profondément les cadavres, aurait rendu périlleuses toute approche et toute manipulation de ces cadavres. Le Zyklon B adhère longtemps aux surfaces. Il est long et difficile à ventiler et à évacuer. Il adhère au corps humain et il le pénètre à tel point qu'un homme qui vient d'être tué par une dose massive d'acide cyanhydrique ne peut plus être touché à mains nues. L'empoisonnement dans ce cas se fait par simple contact de la peau. Lisant les prétendus « mémoires » de Rudolf Höss, j'y découvrais d'abord que « la » chambre à gaz d'Auschwitz n'était pour ainsi dire pas décrite. Puis à ma stupéfaction, je me rendis compte, par le rapprochement de deux passages distincts de ces « mémoires » que, s'il fallait en croire Rudolf Höss, l'équipe de juifs du *Sonderkommando* chargée de sortir les cadavres après l'opération de gazage était censée faire ce travail gigantesque à mains nues et sans masque à gaz, dès l'ouverture des portes, cette ouverture se faisant aussitôt (*sofort*) la mort des victimes. Il s'agissait là d'une impossibilité radicale. Là, comme en d'autres points de ses « mémoires » rédigés en prison, R. Höss avait écrit sous la dictée de ses geôliers communistes.

Comment se fait-il, me demandai-je en 1977, qu'une nation comme la nation allemande, si fertile en esprits ingénieux et en chimistes de premier plan, n'ait jamais eu, au moins en apparence, d'ingénieurs, de chimistes, d'experts en criminologie, pour relever cette impossibilité radicale ?

Là-dessus, je songeais que les Américains utilisaient, dans certains pénitenciers, des chambres à gaz pour l'exécution de leurs condamnés à mort. Je me mis à étudier ces chambres à gaz où, précisément, on employait de l'acide cyanhydrique. Je visitais la chambre à gaz du pénitencier de Baltimore. Je me procurai la documentation nécessaire sur la procédure d'exécution. J'avais auparavant lancé une véritable enquête auprès de tous les pénitenciers américains disposant de ce système de mise à mort. L'ensemble des réponses reçues, ajouté à mes propres investigations sur place, me confirmait l'étonnant et nécessaire complexité de tout système d'exécution d'un condamné par recours à l'acide cyanhydrique. Je publiais par la suite des photographies qui, par leur simple juxtaposition, témoignaient d'une évidence criante : on se moquait de nous en nous montrant, à Auschwitz ou ailleurs, de pauvres et inoffensifs locaux baptisés, pour la circonstance, « chambres à gaz ».

Là encore, j'étais perplexe : « Comment se fait-il, me demandai-je, qu'aux USA où se trouvent ces pénitenciers dotés de chambres à gaz d'exécution, il ne se soit pas manifesté un seul homme, même parmi les révisionnistes, pour dire que, vu le degré de sophistication scientifique indispensable à l'exécution d'un homme avec de l'acide cyanhydrique, les chambres à gaz nazies où l'on aurait exécuté des milliers d'hommes à la foi ne pouvaient relever que de la fantasmagorie ? »

En 1988, grâce à ma correspondance des années soixante-dix avec les pénitenciers américains, E. Zündel devait découvrir un expert en chambres à gaz américaines : Fred Leuchter. J'allais voir ce dernier à Boston. Je me rappellerai toujours le moment où je découvris que cet homme, si vif d'esprit, ne s'était jamais interrogé sur la possibilité d'existence et de fonctionnement des chambres à gaz nazies. Il croyait à l'existence de ces chambres à gaz parce que tout le monde y croyait. Surpris par la documentation que je lui montrais sur le sujet, il allait accepter, vous le savez, de se rendre à Auschwitz et à Majdanek pour une enquête sur place. Aujourd'hui, tous ceux qui s'intéressent à la question de l'« Holocaust » connaissent le fameux rapport Leuchter, qui confirme pleinement la thèse révisionniste. D'autres expertises ont confirmé, ensuite, l'expertise Leuchter. Mais, à mon humble avis, cette frénésie d'expertises ne peut plus rien nous apporter d'essentiel. Je me félicite, bien sûr, de constater que des scientifiques allemands ou autrichiens fournissent enfin leur caution à nos découvertes mais – qu'ils veuillent bien me le pardonner – pourquoi les Allemands et les Autrichiens ne se sont-ils pas éveillés plus tôt ? Pourquoi a-t-il fallu que nous nous battions si longtemps, dans une solitude extrême, sur le terrain scientifique avant que les premiers intéressés songent enfin à nous apporter leur appui ? Et pourquoi les révisionnistes allemands eux-mêmes – qui, tel Wilhelm Stäglich, sont surtout restés sur le plan de l'argumentation historique ou judiciaire – n'ont-ils pas plus tôt trouvé un appui auprès de ceux de leurs compatriotes qui, sur le terrain de la physique et de la chimie, auraient pu leur apporter une aide décisive ?

Le paradoxe des ouvrages où l'on a, jusqu'à ces dernières années, essayé, vaille que vaille, de continuer de défendre la thèse absurde de l'existence des chambres à gaz nazies tient au fait que pas un seul de ces ouvrages ne contient une représentation matérielle de ces étonnantes chambres à gaz. Pas une photographie, pas un dessin technique, pas une maquette ne nous permettent, dans ces ouvrages, de voir et d'examiner *l'intégralité* d'une seule de ces chambres à gaz et d'en comprendre la technique et le fonctionnement. La dernière tentative des exterminationnistes date de 1989. Cette année-là, Serge et Beate Klarsfeld ont commis l'imprudence de publier en Anglais un énorme ouvrage du pharmacien français Jean-Claude Pressac : *Auschwitz, Techniques and Operation of the Gas Chambers*. Le titre est fallacieux. Rien dans ce pensum ne permet de voir à quoi pouvait bien ressemble ces chambres à gaz ainsi que leur technique et leur fonctionnement !

Beaucoup de révisionnistes ne se rendent pas compte que la seule question à poser à son adversaire est : « Montrez-moi ou dessinez-moi une chambre à gaz nazie », tout comme on pourrait dire : « Montrez-moi ou dessinez-moi les habits du roi [qui, en réalité, est nu] » ou « Montrez-moi ou dessinez-moi tout objet matériel en la réalité duquel vous voulez que je croie. » Ensuite, mais seulement ensuite, on discuterait de la réalité ou non de cette arme prodigieuse.

Si un homme veut savoir ce qu'est, par exemple, une maison, un moteur, une arme, une centrale nucléaire, un four crématoire, une chambre à gaz pour l'entraînement des recrues au port du masque, une chambre à gaz pour la désinfection des habits, une chambre à gaz pour le traitement des fruits, il n'a que l'embarras du choix. Il pourra consulter des ouvrages ordinaires ou techniques, des dictionnaires spécialisés ou non-spécialisés, des encyclopédies. Il y découvrira des photographies, des maquettes, des explications techniques. Mais si le même homme, qui accuse les Allemands d'avoir créé et utilisé l'une des armes les plus abominables qu'avait conçues le génie humain, veut simplement savoir, en fin de compte à quoi cette arme pouvait bien ressembler, il ne trouvera… rien. Rien, sinon peut-être d'indigentes photographies ou esquisses accompagnées d'une légende purement affirmative telle que : « Chambre à gaz ». Le mutisme, sur ce point, des ouvrages historiques, scientifiques ou techniques et le silence des dictionnaires et des encyclopédies sont éloquents.

Le grand public ne se rend pas compte qu'on l'abuse. Il ne *voit* pas qu'il n'a, en fait, jamais *vu* de chambre à gaz nazie. Les juges qui condamnent les révisionnistes nous infligent peines de prison, amendes et sanctions diverses parce que nous refusons de croire en une chose matérielle qu'ils sont eux-mêmes incapables de nous montrer ou de nous décrire.

Ce phénomène général d'ignorance, d'aveuglement, de crédulité se rencontre aussi dans la foi qu'on accorde trop souvent aux « innombrables témoignages des survivants des camps ». Là encore, il suffirait d'un instant de réflexion pour ouvrir les yeux sur la réalité. Le fait même qu'il existe d'« innombrables survivants » va à l'encontre de la thèse selon laquelle les Allemands auraient, pendant des années, mis des juifs dans des camps pour les y exterminer. Il est vrai que chacun de ces « survivants » se présente comme un « miraculé » et même, puisque beaucoup d'entre eux sont allés de « camps d'extermination » en « camps d'extermination », comme un « miraculé » à la puissance n. Mais enfin, si mois après mois, nous apprenions par les livres, par les journaux et par la télévision qu'à Lourdes il vient de se produire un miracle de plus, les lecteurs ou les spectateurs deviendraient – et c'est normal – de plus en plus sceptiques. Des miracles à répétition ne sont plus des miracles mais soit de faux miracles, soit des manifestations d'une loi naturelle et normale. L'étrange, quand il s'agit des « miraculés » juifs des prétendus « camps d'extermination » allemands est que, plus ces miraculés se multiplient, plus on croit au miracle de leur survie. La réalité est que ces camps étaient, comme je l'ai dit, des camps de concentration, de travail ou de transit ; aussi est-il normal qu'un demi-siècle après leur internement dans ces camps on voie encore apparaître aujourd'hui, bel et bien vivants, d'anciens détenus comme Simon Wiesenthal, Simone Veil, Samuel Pisar, Élie Wiesel, Henri Krasucki et tant d'autres juifs qui se parent du titre de « survivants ». Loin d'être des témoins de l'« Holocauste », ils sont des preuves vivantes qu'il n'y a pas eu d'« Holocauste ». Le titre de « survivant » est d'ailleurs abusif. Les anciens combattants russes et allemands de Stalingrad ne seraient-ils pas des « survivants » ? Et nous tous, civils ou militaires, qui avons survécu à l'abominable boucherie de 1939-1945, ne serions-nous pas, nous aussi, des « survivants » ? Pourquoi faut-il que, par une sorte de réflexe conditionné, nous ne songions qu'aux juifs lorsqu'il est question des

« survivants », de même que nous ne pensons qu'aux Allemands (et à leurs alliés de la dernière guerre) quand on nous parle de « criminels de guerre » ?

Il n'existe rigoureusement aucun témoin qui puisse attester de l'existence et du fonctionnement des chambres à gaz nazies. Après la guerre, il s'est trouvé quelques imposteurs qui se sont présentés en témoins et on a publié des ouvrages censément écrits par des « témoins des chambres à gaz ». Ces imposteurs avaient beau jeu de multiplier leurs témoignages à la barre des tribunaux puisqu'aucun juge, aucun procureur, aucun avocat de la défense n'osait faire subir à ces gens l'épreuve, pourtant normale, du contre-interrogatoire *sur la matérialité du fait rapporté*. Il a fallu attendre 1985 pour que, pour la première fois au monde, un témoin de ce genre soit contre interrogé. Cela se produisit à Toronto (Canada) au premier « procès Zündel ». Le témoin était le meilleur des témoins possibles, le Dr Rudolf Vrba, qui était à l'origine de ce qu'on appelle soit les « Protocoles d'Auschwitz », soit le « *War Refugee Board Report* » (publié à Washington en novembre 1944). L'avocat d'Ernst Zündel s'appelait Douglas Christie. J'étais le conseiller de ce dernier et, à mesure que se développait le long contre-interrogatoire du Dr. Vrba, je fournissais à D. Christie les questions à poser. L'épreuve fut crucifiante pour l'imposteur qui, acculé dans ses derniers retranchements, finit par admettre que, dans son prétendu témoignage, partout présenté comme criant de vérité et d'une exactitude maniaque, il avait eu recours à ce qu'il appelait pudiquement la « licence poétique ». À ce même procès on assista à l'effondrement, aussi, du meilleur expert possible de la thèse exterminationniste, le Dr Raul Hilberg, auteur de *The Destruction of the European Jews*. Là aussi, je conseillais l'avocat Douglas Christie (« *The battling barrister* »).

Lors de mes procès, il m'arrive de rencontrer dans la salle du tribunal des juifs qui se présentent à moi comme des « témoins des chambres à gaz ». Le malheur est qu'ils refusent de venir témoigner à la barre. Mon, habitude est de regarder ces témoins dans les yeux et de leur faire la plus simple des demandes : « Décrivez-moi la chambre à gaz et l'opération de gazage que vous prétendez avoir vues. » Ils battent immédiatement en retraite et me disent que, s'ils avaient vu cela, ils ne seraient pas là pour me parler. D'où je déduis que ces gens sont des imposteurs puisque, aussi bien, ils se présentaient à moi ès qualités en « témoins des chambres à gaz ». De la réponse de ces personnes, je déduis également qu'il n'y a pas pu exister de témoins des chambres à gaz et que des gens comme Martin Gray et Filip Mükker sont aussi des imposteurs. En 1983, S. Veil a jeté l'éponge ; elle a alors déclaré : « Chacun sait que les nazis ont détruit ces chambres à gaz et supprimé systématiquement tous les témoins. »[5] Je ne reviendrai pas ici sur cette pirouette et je demanderai simplement qu'on enregistre bien l'aveu de Simone Veil : il n'y a pas de témoins des prétendus gazages homicides d'Auschwitz ou d'autres camps.

Un seul énorme mensonge historique a ainsi entraîné une multitude de moindres mensonges, de calomnies, d'accusations diffamatoires qui, par leur abondance et leur répétition, ont créé une mise en condition des esprits.

Ce mensonge historique et cette humiliante mise en condition ont-ils quelque chance d'une longue survie ? Malheureusement, je le crains. Mais il s'agit là d'un chapitre sur lequel je ne m'étendrai pas ici. Ce que je sais, c'est que l'« Holocauste » prend un caractère religieux de plus en plus prononcé parce que le débat historique ou scientifique entre révisionnistes et exterminationnistes a définitivement tourné à l'avantage des révisionnistes. Aussi les révisionnistes ont-ils à subir une répression de plus en plus accentuée mais le révisionnisme historique, lui, ne pourra que, l'emporter à la longue.

Il est, comme l'a dit un jour un avocat français, Pierre Pécastaing, « la grande aventure intellectuelle de la fin de ce siècle ». Cette aventure est dangereuse et exaltante. Aussi attire-t-elle de plus en plus de jeunes esprits, enthousiastes et désintéressés, tels que le vôtre.

[Texte original français de « Brief an der Verfasser » (22. März 1993), en guise de préface au livre de Jürgen Graf, *Der Holocaust-Schwindel*, p. IV-XIV.]

***

5 janvier 1993
Pour Me Jean Stévenin,
avocat de P. Costa et L. Gentel.

ANALYSE DU TÉMOIGNAGE ÉCRIT
DE MICHEL GELBER

Michel Gelber, né le 17 octobre 1906 à Rawa-Ruska (Galicie, alors autrichienne) et déporté le 16 juillet 1942 à Auschwitz, prétend avoir participé à un gazage homicide

---

[5] *France-Soir Magazine*, 7 mai 1983, p. 47.

sur des juifs « vers le 20 septembre 1942 ». Ce n'est qu'un faux témoin pour les raisons suivantes :

1. Selon la vulgate exterminationniste, à Auschwitz et à Birkenau les Allemands auraient utilisé un insecticide, le Zyklon B (inventé en 1922 et encore en usage aujourd'hui) pour exécuter leurs victimes.

Le Zyklon B est essentiellement de l'acide cyanhydrique ou acide prussique ou gaz cyanhydrique. Ce gaz présente la particularité d'être extrêmement dangereux et très difficile à utiliser (par un personnel entraîné). Il adhère fortement aux surfaces. Il est long et difficile à ventiler. Il faut, en général, vingt-quatre heures pour ventiler une pièce désinfectée au Zyklon B. Ce gaz pénètre le corps humain : la chevelure, la peau, les ouvertures naturelles du corps. Le cadavre d'un sujet qui vient d'être fortement cyanuré devient, par simple contact, une source d'empoisonnement.

Même avec un masque à gaz à filtre spécial, même avec un tablier, des gants et des bottes de caoutchouc, il y a danger. Aucun effort physique provoquant une accélération de la respiration n'est possible : le filtre perdrait son efficacité.

L'effroyable sophistication des chambres à gaz américaines n'est pas due à un goût de luxe ou de complication ; elle est indispensable. Les deux principales difficultés sont celles de *l'herméticité de la chambre* et de *l'évacuation du gaz* (précédée de sa neutralisation dans un barboteur). La chambre à gaz n'est faite que d'acier et de verre. Elle n'a qu'une porte, avec système de verrouillage comme dans les sous-marins. S'il y avait deux portes, les problèmes d'herméticité s'en trouveraient doublés.

Par conséquent, le témoin Gelber se moque du monde quand il affirme avoir respiré « des relents de gaz suffocants » avec, pour toute protection, un chiffon lui couvrant le nez et la bouche. Ces relents l'auraient instantanément tué et la besogne d'évacuation des cadavres n'aurait pas pu s'accomplir. L'ensemble des cadavres imprégnés d'acide cyanhydrique aurait constitué un formidable amas de poison, un amas totalement intouchable et intransportable.

Il se moque du monde quand il parle d'une ouverture des portes dix minutes après leur fermeture.

Il se moque du monde quand il décrit une chambre à gaz... en bois (c'est une première !) avec une cheminée en bois, un toit de chaume et des portes (pluriel) de cinq mètres de large ! Aucune herméticité n'aurait été possible et le bois se trouve être particulièrement propice à la rétention de l'acide cyanhydrique. De plus, le gaz, évacué par la cheminée, aurait empoisonné les environs (en cas d'opération de désinfection, en France comme en Allemagne, on aposte des gardes jour et nuit autour du local à désinfecter, cela pour interdire toute approche et les gardes doivent prendre position de manière à éviter que le vent ne puisse éventuellement rabattre le gaz dans leur direction.

2. Il est connu des historiens que toute la zone du camp de Birkenau, comprise entre la Vistule et son affluent la Sola, était marécageuse. Les cartes polonaises de l'époque le montrent. L'eau affleurait partout, et surtout en 1942 ; même en 1944, après les travaux de dérivation, la nappe d'eau restait toute proche de la surface.

Par conséquent, le témoin Gelber se moque du monde quand il affirme qu'en 1942 les cadavres étaient déchargés dans des fosses de deux mètres de profondeur.

3. La chaux ne dévore pas les chairs au point de réduire un cadavre à l'état de squelette ; ni « bien vite » ni en une durée quelconque.

Par conséquent, le témoin Gelber se moque du monde quand il affirme que, « durant cette nuit », les cadavres étaient « bien vite » réduits à l'état de squelettes. Imagine-t-on le chaudron de sorcières constitué par chacune de ces fosses en effervescence chimique ?

4. A environ un kilomètre de Birkenau, là où le témoin Gelber *semble* situer sa chambre à gaz en bois avec, à proximité, des rails d'une longueur de deux cents mètres au moins, il n'y avait pendant la guerre, et il n'y a eu après la guerre, aucune trace d'un tel ensemble. Cet endroit ne pourrait être que dans le Birkenwald : la forêt de bouleaux. Or, aucune des nombreuses photos aériennes de l'aviation alliée ne montre la moindre trace d'un tel ensemble : il n'y a pas même de clairière. En revanche, sur ces photos, on distingue parfaitement les moindres détails du camp, de ses bâtiments, de sa ligne de chemin de fer et de tout le secteur sanitaire proche de la prétendue chambre à gaz en bois ; ce secteur comprenait les dix-huit baraquements de l'unité hospitalière réservée aux détenus, le terrain de football attenant, les crématoires, les bassins de décantation, le grand canal de dérivation des eaux, le « sauna central » (avec douches, salles de désinfection, etc.).

5. Cela dit, le témoin Gelber est remarquablement vague. Il ne décrit rien de l'intérieur de la chambre à gaz en bois, rien de la procédure de gazage, rien de la machinerie qui aurait été nécessaire. Il ne nomme pas le gaz, ne dit pas dans quoi il était contenu, qui le versait et comment. En cela il est semblable à tous les prétendus témoins de son espèce. Comme il n'existe, par ailleurs, aucune trace matérielle de cette arme prodigieuse d'un crime prodigieux ni, par conséquent, aucune expertise de l'arme du crime, la thèse aujourd'hui dominante est celle de Simone Veil : « Les Allemands ont effacé toutes les traces et supprimé tous les témoins. » On demandera : « Y compris Gelber ? » Et s'il n'y a ni trace, ni témoin, devant quoi se trouve-t-on ?

6. Je vous rappelle pour mémoire la douzaine de « clichés du faux témoignage sur les chambres à gaz » que je vous ai énumérés au téléphone, sans compter : « Comment savait-il que ces gens nus étaient des juifs ? » etc.

P.S. : La pièce d'état-civil porte que les deux enfants Gelber sont décédés le même jour, soit le 28 septembre 1942. Il faut savoir que c'est en vertu d'une décision de l'administration française que la date retenue pour le décès des présumés disparus est celle du jour même ou du lendemain de l'arrivée au camp. Ces enfants ont fait partie du convoi qui a quitté Drancy le 23 septembre 1942 et qui est arrivé à Auschwitz le 27.

Il faut accueillir avec beaucoup de prudence ces décomptes de morts. C'est ainsi que Michel Gelber lui-même a été comptabilisé comme gazé par Serge Klarsfeld dans son *Mémorial de la déportation des juifs de France* ! Par la suite, M. Gelber a été ressuscité par Klarsfeld dans un additif à ce *Mémorial*.

[Réponse à une demande de consultation de M_e Jean Stévenin pour un procès de MM. Philippe Costa et Laurent Gentel, publiée sous le titre « Le témoignage de Michel Gelber », *Nouvelle Vision*, n° 28, mars-mai 1993, p. 9 à 12. L'attestation sur l'honneur – manuscrite – de Michel Gelber a été rédigée *pour son avocat* à Nancy le 12 mars 1992 à l'occasion d'un procès intenté devant le tribunal de Fontainebleau aux révisionnistes Philippe Costa et Laurent Gentel. Cette attestation n'a pas été lue et le témoin n'a pas comparu, ce qui, en soi, tend à confirmer que les exterminationnistes sont les premiers à savoir que leurs « témoins des chambres à gaz » sont des imposteurs.]

***

19 avril 1993

LETTRE À M. LE DIRECTEUR DE *LA MONTAGNE*

Concerne : On en parle
« Ceux du ghetto de Varsovie » (17 avril 1993, p. 12)

Monsieur,

Votre présentation de ce qu'on a pris l'habitude d'appeler « la révolte du ghetto de Varsovie » pèche malheureusement par un assez grand nombre d'erreurs graves en ce qui concerne les *faits* et, par voie de conséquence, suscite de votre part des *commentaires* inappropriés.

Cette révolte n'a pas été celle des « habitants » mais de petits groupes armés dont le total, d'après Marek Edelmann lui-même, a été d'environ deux cent vingt personnes (sur une population d'environ trente-six mille juifs officiellement enregistrés et d'environ vingt mille clandestins).

Le « réseau de blockhaus » était essentiellement des abris anti-aériens. Les Allemands avaient ordonné la construction de ces abris et délivré les quantités de ciment et de matériaux nécessaires. Beaucoup de juifs étaient employés par les Allemands dans les usines et les ateliers du ghetto.

Vous dites que, le 19 avril, les Allemands ont avancé « en rangs serrés avec leurs chars et leurs voitures blindées ». En fait, il n'y a eu qu'un seul char, d'ailleurs français, capturé pendant la campagne de France, et deux voitures blindées.

Vous dites que, ce jour-là, « pas un seul Allemand n'en sortit vivant ». En fait, il n'y a eu aucun mort mais douze blessés (six Allemands et six supplétifs, dits « Askaris »).

Vous dites : « Le commandement allemand fait appel aux avions qui bombardent le ghetto. » En fait, il n'y a eu aucun bombardement aérien.

Vous dites : « Le général Stroop fait ses comptes : 56.065 juifs sont morts. » En fait, ce chiffre est celui des arrestations (*erfasst*).

Le chiffre des morts juives n'est pas connu. Celui des morts allemandes a été de seize. L'affaire a duré vingt jours. Stroop l'a menée avec lenteur parce que Himmler avait été indigné des pertes du premier jour (douze blessés) dues à l'inconscience du prédécesseur de Stroop, Sammern-Frankenegg (d'ailleurs immédiatement relevé de son commandement). Dès le troisième jour, les groupes armés juifs avaient tenté de fuir mais avaient été enfermés dans la nasse.

On ne mettra en doute ni leur héroïsme ni le caractère tragique de toute l'affaire, avec une population civile prise elle-même dans un combat entre quelques formations disparates de l'armée allemande et de petits groupes de francs-tireurs dispersés dans la population. N'en déplaise à Stroop (que ses collègues allaient par la suite mépriser pour le tapage mené autour de ce qui leur apparaissait comme essentiellement une opération de police) et n'en déplaise à certains propagandistes à la Goebbels ou à la Himmler, toute cette affaire fut bien loin de constituer une révolte « apocalyptique », comme vous dites, surtout si on la met en rapport avec les dizaines de milliers de morts pendant ces vingt jours sur les champs de bataille ou dans les villes bombardées.

Il n'y a eu ni « révolte du ghetto de Varsovie » ni « insurrection du ghetto de Varsovie ». Ces appellations de caractère épique ne correspondent pas aux faits. Pour citer à nouveau M. Edelmann, « il n'y a jamais eu d'insurrection ». Ce sont les Allemands qui ont pris l'initiative de cette opération de police. Depuis plusieurs mois, ils avaient décidé et commencé le transfert des usines et des ateliers ainsi que des juifs et de leurs familles vers la zone de Lublin. Les deux principales organisations juives armées dont le programme comportait l'usage «de la terreur et du sabotage » contre la police juive, les Conseils juifs et les gardes d'usines et d'ateliers ne l'entendaient pas de cette oreille. Avec le transfert de la population, elles étaient condamnées à la disparition.

En août 1944, l'armée [polonaise, N.d.é] de l'Intérieur (AK) de « Bor » Komorowski a, elle, déclenché une *insurrection* contre les Allemands.

Je souhaite que *La Montagne* en général et M. Daniel Desthomas en particulier se renseignent mieux sur les faits rapportés et n'en fournissent que des *commentaires* appropriés.

P.S. Je suis, bien sûr, à votre disposition pour vous indiquer mes sources, qui sont à la portée de tous.

***

28 avril 1993

LE GHETTO DE VARSOVIE EN AVRIL-MAI 1943 : INSURRECTION OU OPÉRATION DE POLICE ?

Chaque année, aux environs du 19 avril, les médias commémorent ce qu'ils appellent « la révolte », « le soulèvement » ou « l'insurrection » du ghetto de Varsovie. Dans les récits des journalistes, l'affaire tend à prendre des proportions de plus en plus épiques et symboliques.

« Il n'y a jamais eu d'insurrection ».[6] Cette réplique, vieille de cinq ans, est de Marek Edelman, qui fut l'un des principaux responsables des groupes armés juifs du ghetto. M. Edelman ajoutait : « Nous n'avons pas même choisi le jour ; les Allemands l'ont imposé en pénétrant dans le ghetto pour chercher les derniers juifs. » Il précisait que le nombre des juifs qui combattirent les armes à la main ne dépassa jamais le chiffre de deux cent vingt.

Il n'y eut pas d'insurrection de tout un peuple pour obtenir sa liberté ou se défendre contre la déportation ; il n'y eut que la réaction d'une poignée de jeunes juifs qui, voyant les troupes allemandes pénétrer dans leur sanctuaire, essayèrent d'abord de s'y opposer, puis tentèrent de fuir

---

[6] *Libération*, 18 avril 1988, p. 27.

le troisième jour et, enfin, encerclés, se défendirent les armes à la main. En vingt jours d'escarmouches, les Allemands et leurs auxiliaires allaient perdre quinze hommes.[7] Le tout s'apparenta à une opération de police en pleine guerre plutôt qu'à une véritable insurrection comme celle qu'allaient déclencher en août 1944, à Varsovie, les résistants polonais de l'Armée de l'Intérieur sous la direction du général « Bor » Komorowski. Or, c'est à peine si les médias commémorent cette héroïque insurrection polonaise, que les Soviétiques laissèrent les Allemands écraser tout à loisir. Les résistants polonais d'août 1944 se battirent avec un tel courage que les troupes allemandes leur rendirent les honneurs militaires.

Il n'est pas sans intérêt de savoir pour quel motif, en avril 1943, les Allemands avaient pris la décision de lancer une opération de police au sein du ghetto de Varsovie.

Les juifs regroupés dans ce « ghetto » ou ce « quartier juif » constituaient une population d'environ trente-six mille personnes officiellement enregistrées auxquelles s'ajoutaient, selon toute probabilité, plus de vingt mille clandestins. Le ghetto était en quelque sorte une ville dans la ville, administrée par un *Judenrat* ou Conseil juif et une police juive qui collaboraient avec les autorités d'occupation, y compris contre les « terroristes » juifs. Des abris anti-aériens avaient été édifiés sur instruction des Allemands à la suite d'un premier bombardement de Varsovie par l'aviation soviétique en 1942 ; pour ce faire, les Allemands avaient fourni aux juifs le ciment et les matériaux nécessaires. Ce sont ces abris anti-aériens que la légende allait transformer en « blockhaus » et en « bunkers » comparables, pour un peu, aux casemates de la Ligne Maginot.

Des ateliers et des usines fonctionnaient et des ouvriers juifs y travaillaient pour le compte des Allemands dont ils étaient les fournisseurs. Un commerce intense s'exerçait à l'intérieur du ghetto. De petits groupes armés, ne représentant pas plus de deux cent vingt personnes, dont le programme comportait l'usage de « la terreur et du sabotage », se livraient à des exactions contre la police juive, contre les

---

[7] Document de Nuremberg PS-1061, « Rapport du 16 mai 1943 intitulé : "Il n'y a plus de quartier juif à Varsovie" [Es gibt keinen jüdischen Wohnbezirk in Warschau mehr !], *TMI*, XXVI, p. 628-694, suivies d'un choix de dix-huit photographies sur cinquante-quatre. En 1979, un ouvrage fut publié, aux États-Unis, qui se présentait comme une reproduction en fac-similé du rapport et des communiqués du général Stroop en allemand avec une traduction en anglais : *The Jewish Quarter of Warsaw Is No More ! The Stroop Report*, (non paginé). Le ghetto de Varsovie était « ouvert » malgré le mur d'enceinte ; en ce sens, il méritait sans doute plus la dénomination de « quartier juif » que de ghetto. Les escarmouches proprement dites durèrent du 19 avril au 8 mai 1943, soit pendant vingt jours.

Conseils juifs et contre les gardes d'usines et d'ateliers.[8] Ces
« terroristes » tiraient profit de l'activité industrielle et commerciale du
ghetto, rackettaient les commerçants ou les habitants, exerçaient sur eux
menaces et chantages, allant, par exemple, jusqu'à les emprisonner dans
leurs maisons pour en obtenir les sommes d'argent exigées ; ils
réussissaient même à acheter des armes aux soldats qui, à Varsovie
comme souvent à l'arrière du front, constituaient une troupe disparate,
mal entraînée, peu motivée ; il leur arrivait aussi de commettre des
attentats contre des militaires allemands ou des « collaborateurs » juifs.

L'insécurité grandissait. Pour cette raison, la population polonaise
dans son ensemble était de plus en plus hostile à l'existence de ce ghetto
et les Allemands, de leur côté, craignaient que celui-ci ne devînt une
menace pour le nœud ferroviaire que représentait la ville de Varsovie
dans leur économie de guerre et dans le transport des troupes en direction
du front russe.

Himmler prit alors la décision de transférer la population juive ainsi
que les ateliers et usines vers la zone de Lublin (dans le sud de la Pologne)
et de raser le ghetto pour y construire un parc sur son emplacement. Dans
un premier temps, les Allemands cherchèrent à inciter les juifs à accepter
ce transfert. Mais les « terroristes » ne l'entendaient pas de cette oreille
car un tel déplacement signifiait pour eux la perte à la fois de leurs

---

[8] Sur ces points comme sur bien d'autres on consultera notamment : Yisrael Gutman, *The Jews of Warsaw 1939-1943. Ghetto, Underground, Revolt*, et *Il y a 50 ans : le soulèvement du ghetto de Varsovie*. Dans ce dernier ouvrage figure la réédition d'un article d'Adam Rutkowski, publié en 1969 sous le titre : « Quelques documents sur la révolte du ghetto de Varsovie » (p. 160-169). À la page 162 se trouvent les « directives générales pour le combat de l'Organisation Juive de Combat ». Étaient prévues des « actions de terreur contre la police juive, le Judenrat, le Werkschutz [service de protection des usines et des ateliers] ». Il y était précisé : « L'état-major élabore le plan central d'action – sabotage et terreur – dirigé contre l'ennemi ».
Dans l'ouvrage d'Y. Gutman, on trouvera des précisions sur les méthodes employées par cette organisation ; ces méthodes ne différaient guère de celles d'une mafia (p. 344-349). Les Allemands savaient qu'ils avaient affaire à forte partie. Ils cherchaient à convaincre les juifs de se laisser transporter vers la zone de Lublin avec les ateliers fonctionnant pour la machine de guerre allemande. En mars 1943, une curieuse « bataille d'affiches » se produisait entre l'Organisation Juive de Combat (OJC) et Walter C. Többens, chargé de l'évacuation des juifs. Des affiches de l'OJC appelaient à refuser le transfert vers ce qu'ils appelaient des camps de la mort. Les Allemands laissèrent ces affiches en place et se contentèrent d'apposer à leurs côtés des affiches signées « Walter C. Többens » où les affirmations de l'OJC étaient réfutées point par point. Y. Gutman écrit : « Többens disait la vérité au sujet des transports ; ils n'étaient pas dirigés vers les camps de la mort et c'est un fait qu'il existait [dans la région de Lublin] des bâtiments pour intégrer les usines. Mais à l'époque la résistance et la suspicion des juifs étaient si fortes que même les tactiques les plus ingénieuses ne pouvaient en venir à bout » (p. 334-3355). C'est après avoir constaté l'échec des méthodes de persuasion que les Allemands décidèrent leur opération de police.

ressources financières et de leur liberté de mouvement. Ils mirent donc toute leur énergie à s'y opposer, jusqu'au 19 avril 1943 où, sur l'ordre de Himmler, fut lancée une opération de police afin d'évacuer de force les derniers juifs.

Ce jour-là, les troupes du colonel von Sammern-Frankenegg, responsable de l'opération, pénétrèrent dans le ghetto, appuyées par un seul char – d'ailleurs capturé pendant la campagne de France – et par deux voitures blindées. Les « terroristes » ou francs-tireurs opposèrent une première résistance assez vive, qui fit douze blessés (six Allemands et six supplétifs, dits « Askaris »). Himmler, toujours soucieux d'éviter les pertes en hommes, s'en indigna et, le soir même, releva Sammern-Frankenegg de son commandement pour le remplacer par le général Jürgen Stroop. Ce dernier, chargé de mener à son tour l'opération de police avec lenteur pour plus de sécurité, l'effectua de la manière suivante : chaque matin, les troupes pénétraient dans le ghetto, vidaient les immeubles de leurs habitants et utilisaient des fumigènes (et non des gaz toxiques !) pour extraire des abris anti-aériens les juifs qui s'y cachaient ; on détruisait ensuite les immeubles au fur et à mesure de leur évacuation. Chaque soir, les troupes se retiraient et bouclaient le ghetto pour la nuit afin que personne ne s'en échappât.

Pour parvenir à une évacuation totale, l'opération dura vingt jours. Dès le troisième jour, les groupes armés juifs avaient tenté de fuir mais avaient été enfermés dans la nasse. Contrairement à ce qui a été dit, le commandement allemand ne fit pas appel à l'aviation pour détruire le ghetto et l'opération ne comporta aucun bombardement aérien.

Le chiffre des morts juives n'est pas connu, le chiffre de 56.065 généralement produit étant celui des juifs *arrêtés* pour être dirigés vers le camp de transit de Treblinka et, de là, vers Lublin.[9] Le chiffre des morts allemandes – répétons-le – fut de quinze. Un policier polonais fut tué le 19 mai, soit onze jours après la dernière escarmouche.

On ne mettra en doute ni le courage des juifs résistants du ghetto ni le caractère tragique de toute l'affaire, avec une population civile prise elle-même dans un combat entre quelques formations disparates de l'armée allemande et de petits groupes de francs-tireurs dispersés dans la population. Mais, contrairement à une certaine propagande grandissante, toute cette affaire fut loin de constituer une révolte « apocalyptique »,

---

[9] « Quand on eut fait sortir les gens du ghetto, au nombre de cinquante ou soixante mille, ils furent conduits à la gare. La Police de sûreté [*Sicherheitspolizei*] était seule responsable d'eux et devait assurer leur transport vers Lublin » (Déclaration sous serment de Jürgen Stroop lue le 12 avril 1946 par un procureur américain du Tribunal de Nuremberg, *TMI*, XI, p. 365).

comme on l'a qualifiée récemment[10], surtout si l'on songe aux dizaines de milliers de morts, civils et militaires, qui survinrent pendant ces vingt jours, sur tous les champs de bataille de la planète et dans les villes européennes soumises aux bombardements de l'aviation anglo-américaine.[11]

[Texte daté du 28 avril 1993, *Nouvelle Vision*, n° 30, septembre-novembre 1993, p. 8-13.]

***

2 mai 1993

UNE DATE DANS L'HISTOIRE DU RÉVISIONNISME : LE 22 AVRIL 1993

L a question de l'existence ou de la non-existence des chambres à gaz nazies est d'une considérable importance historique. Si elles ont existé, ces chambres à gaz nous apportent la preuve que les Allemands ont entrepris l'extermination physique des juifs ; en revanche, si elles n'ont pas existé, nous n'avons plus aucune preuve de cette entreprise d'extermination. Pierre Vidal-Naquet ne s'y est pas trompé. Aux personnes tentées de renoncer à l'argument des chambres à gaz il a répliqué qu'abandonner les chambres à gaz, « c'est là capituler en rase campagne ».[12] On ne peut que lui donner raison. Les chambres à gaz ne sont pas un point de détail de l'histoire de la seconde guerre mondiale. D'où les sanctions judiciaires qui, en France par exemple, s'abattent sur ceux qui en contestent l'existence.

Aussi le monumental *Holocaust Memorial Museum* (HMM) qui vient d'être inauguré à Washington le 22 avril 1993, à cinq cents mètres du monument de George Washington, ne pouvait-il pas se permettre

---

[10] « La terrible, exemplaire et apocalyptique révolte des habitants du ghetto de Varsovie est à la fois un acte de désespoir et d'héroïsme » (D. Desthomas, *La Montagne*, 17 avril 1993, p. 12).

[11] La presse du monde entier s'emploie à magnifier « l'insurrection du ghetto de Varsovie ». Au Brésil, une publication révisionniste s'est récemment livrée à une comparaison entre, d'une part, les exagérations et les inventions de la presse brésilienne sur le sujet et, d'autre part, la réalité des faits (S.E. Castan, « Documento, A Verdadeira Historia do Levante do Gueto de Varsovia », *Boletim-EP (Esclarecimento ao Pais)* primeiro informativa revisionista do Brasil, juin 1993, p. 7-14. Adresse : Revisao Editora Ltda, Caixa Postal 10466, Porto Alegre, RS, Brésil).

[12] P. Vidal-Naquet, « Le secret partagé », p. 80.

d'abandonner l'argument de la chambre à gaz nazie. Restait à savoir quelle représentation physique un tel musée donnerait de cette arme terrifiante.

Aujourd'hui nous le savons et le résultat est consternant : faute de mieux, ce fastueux musée, qui a coûté des millions de dollars au contribuable américain et à la communauté juive américaine, sans compter l'argent versé par le contribuable allemand, en a été réduit à nous montrer comme unique modèle de chambre à gaz homicide une chambre à gaz... de désinfection, située à Majdanek (Pologne). Ainsi que je le montrerai plus loin, même un auteur comme Jean-Claude Pressac, auteur d'un ouvrage publié en 1989 sous le patronage de la Beate Klarsfeld Foundation de New York, avait dû reconnaître l'évidence : cette chambre à gaz de Majdanek n'a été qu'une chambre à gaz de désinfection.

Déjà, en 1945, les Américains avaient présenté comme chambres à gaz homicides quatre chambres à gaz de désinfection situées à Dachau (Allemagne).

Si les organisateurs de l'HMM de Washington ont pris le risque de commettre une aussi grave supercherie, c'est, à mon avis, qu'ils y étaient contraints faute de pouvoir proposer aux visiteurs la représentation physique, sous une forme quelconque, de l'une de ces chambres à gaz que les Allemands auraient, nous répète-t-on à satiété, utilisées pour tuer des foules de victimes.

Mon défi de Stockholm et de Washington

Dès le 17 mars 1992, j'avais mis au pied du mur les organisations juives du monde entier. Ce jour-là, lors de mon arrivée à Stockholm où m'invitait mon ami Ahmed Rami, j'avais lancé aux médias de Suède un défi [*challenge*] de portée internationale qui tenait en une phrase de neuf mots : « *Show me or draw me a Nazi gas chamber !* » [Montrez-moi ou dessinez-moi une chambre à gaz nazie]. Ces mots étaient accompagnés d'une explication de deux pages. D'après mes renseignements, les médias suédois, désireux de relever mon défi, avaient immédiatement alerté toutes les sources d'informations possibles pour se procurer des photographies de chambres à gaz nazies. À leur consternation, ils avaient découvert que de telles photographies n'existaient pas et que les locaux présentés aux touristes à Auschwitz ou ailleurs comme chambres à gaz homicides ne possédaient aucune des caractéristiques qu'on pouvait normalement attendre de tels abattoirs chimiques. Les médias suédois s'étaient alors livrés sur mon compte à d'innombrables attaques personnelles mais pas un article de journal, pas un mot à la radio et à la télévision n'avaient fait mention de mon défi. L'embarras était manifeste.

Cet embarras allait s'accroître au fil des mois dans tous les milieux qui propagent la thèse de l'extermination physique des juifs durant la guerre de 1939-1945 : d'où la frénésie d'agitation qui, depuis un an, s'est emparée des organisations juives à travers le monde.

Le 21 avril 1993, à Washington, je renouvelais mon défi mais, cette fois, à l'adresse des responsables de l'HMM, lequel devait être inauguré le lendemain en la présence du président Clinton, de plusieurs chefs d'État et d'Élie Wiesel. Parmi ces responsables, je visais en particulier Michael Berenbaum, chargé du projet « scientifique » de ce musée [*Project Director*].

Mon défi, sur place, à Washington, pouvait se résumer ainsi :

« Demain sera inauguré l'HMM de Washington. Je défie les responsables de ce musée de nous offrir une représentation physique de la magique chambre à gaz. Depuis trente ans, j'ai personnellement cherché une telle représentation physique et je n'en ai pas découvert : ni à Auschwitz, ni dans aucun autre camp de concentration, ni dans un musée, ni dans un livre, ni dans un dictionnaire ou une encyclopédie, ni en photographie, ni en maquette, ni dans un film documentaire.

« Je connais, bien sûr, quelques tentatives en ce sens, mais toutes sont fallacieuses : aucune ne résiste à l'examen. En particulier, quand on sait l'extrême dangerosité du Zyklon B (un insecticide) ou de l'acide cyanhydrique, on se rend vite compte que les locaux parfois présentés aux touristes sous la dénomination de chambres à gaz homicides n'auraient jamais pu servir d'abattoirs chimiques. Quand on découvre l'extrême – et inévitable – complication d'une chambre à gaz de pénitencier américain pour l'exécution à l'acide cyanhydrique d'un seul condamné à mort, on voit tout de suite que les locaux baptisés chambres à gaz nazies pour l'exécution, jour après jour, de véritables foules de victimes ne possèdent pas aujourd'hui et ne possédaient pas autrefois le moindre des éléments de la formidable machinerie qui aurait été nécessaire. L'un des plus redoutables problèmes à résoudre, en plus de celui de l'étanchéité des lieux, est celui de la pénétration, après l'exécution, dans des espaces saturés d'acide cyanhydrique afin d'en retirer les cadavres, eux-mêmes saturés de ce même acide. L'acide cyanhydrique pénètre peaux, muqueuses, humeurs et y reste à demeure. Le cadavre d'un homme qui vient tout juste d'être tué par ce redoutable poison constitue une source d'empoisonnement. On ne peut le toucher à mains nues. Si l'on veut pénétrer dans le local pour en retirer le cadavre, un équipement spécial est nécessaire ainsi qu'un masque à gaz à filtre spécial. Comme tout effort physique est à prohiber (car il accélérerait la respiration et rendrait le filtre inefficace), il faut, préalablement à toute pénétration dans le local, obtenir l'évacuation du gaz, suivie de sa neutralisation. Je renvoie sur ce sujet aux documents que j'ai publiés en 1980 sur les chambres à gaz utilisées dans les pénitenciers américains.

« Je préviens l'HMM et, en particulier, M. Berenbaum qu'il ne faudra pas nous présenter demain, 22 avril 1993, comme preuves de l'existence des chambres à gaz nazies soit une chambre à gaz de désinfection, soit une salle de douches, soit une chambre froide de morgue, soit un abri anti-aérien. Je suis encore moins intéressé par un simple pan de mur, une porte, un amas de chaussures, un ballot de cheveux, un tas de lunettes. »

L'esquive et la supercherie de l'Holocaust Memorial Museum

J e savais que ce défi ne pourrait pas être relevé puisque, aussi bien, depuis près d'un demi-siècle on nous parle de ces chambres à gaz nazies sans jamais nous les montrer (et cela au « siècle de l'image » !). Je savais aussi que l'HMM en serait réduit à utiliser une supercherie. Mais quelle supercherie au juste ?

La réponse à cette question allait venir dès le lendemain, c'est-à-dire le 22 avril 1993, date fixée pour l'inauguration officielle (le public ne serait admis que le 26 avril) avec la mise en circulation ce jour-là d'un ouvrage d'environ deux cent cinquante pages se présentant comme une sorte de catalogue du nouveau musée.

L'ouvrage en question est de M. Berenbaum et s'intitule *The World Must Know. The History of the Holocaust as told in the United States Holocaust Memorial Museum.* [Il faut que le monde sache : l'histoire de l'Holocauste racontée par l'*Holocaust Memorial Museum* de Washington]. À la page 138 figurent trois photographies qui représentent :

– la première, une boîte métallique [*a canister*] et des granulés [*pellets*] de Zyklon B, « insecticide hautement toxique » [*highly poisonous insecticide*] ;

– la deuxième, « un moulage de la porte d'entrée de la chambre à gaz de Majdanek. (De l'extérieur, les gardiens SS pouvaient observer les tueries à travers un petit regard) » [*a casting of the door to the gas chamber at Majdanek (From the outside, SS guards could observe the killings through a small peep-hole)*] ;

– la troisième, « l'intérieur d'une chambre à gaz de Majdanek. Les taches bleues sont un résidu chimique de Zyklon B » [*the inside of a Majdanek gas chamber. The blue stain is a chemical remnant of Zyklon B*].[13]

La première photographie ne prouve rien sinon que les Allemands utilisaient un insecticide. La deuxième et la troisième photographie sont connues des visiteurs de Majdanek. Ceux-ci reconnaîtront la porte extérieure et la porte intérieure (ainsi qu'une partie) de la première des chambres à gaz qu'on présente aux visiteurs de Majdanek comme une chambre à gaz d'exécution, alors que cette pièce a toutes les caractéristiques d'une chambre à gaz de désinfection. Je me dispenserai ici de toute démonstration personnelle et je ne ferai pas appel à mes propres photographies qui, elles, montrent la pièce dans son intégralité, y compris avec sa petite annexe où se trouvait un fourneau destiné à produire la chaleur indispensable à la propagation du Zyklon-B (sur la droite de la photographie du Musée, on aperçoit à hauteur d'homme la bouche d'arrivée d'air chaud en provenance du fourneau). Je ne ferai pas non plus état de l'expertise de Fred Leuchter qui conclut formellement qu'il s'agit là d'une chambre à gaz de désinfection où l'on tuait tout au plus des poux, porteurs du typhus, et non des hommes.

---

[13] Aux pages 140-143, on trouve de naïves figurines de plâtre censées représenter des victimes successivement dans le vestiaire, dans la chambre à gaz et dans la salle des fours de crémation d'un crématoire d'Auschwitz-Birkenau. Tandis que, dans les musées à vocation historique (musées de l'Armée, musées de la Guerre et de la Résistance, musées du Débarquement), on s'ingénie à illustrer la réalité matérielle par des maquettes aussi précises et parlantes que possible, ces figurines-là prennent place dans une sorte de vide matériel ou d'environnement immatériel. Les légendes rédigées par M. Berenbaum sont entachées d'imprécisions, d'erreurs, d'absurdités ; elles témoignent aussi de ce que M. Berenbaum a senti l'urgence de revoir à la baisse le nombre des prétendues victimes de chaque fournée de gazage et le nombre des crémations journalières. Il fait une discrète allusion à une maquette que les communistes polonais avaient construite après la guerre et qui se trouve encore aujourd'hui exposée au musée d'Auschwitz (Block 4, premier étage). D'après mes renseignements, une réplique de cette maquette figurerait à l'HMM. Pourquoi, dans ce cas, M. Berenbaum ne la montre-t-il pas dans son livre ? Aurait-il appris que je me sers souvent de cette maquette pour illustrer les impossibilités physiques des opérations de gazage qu'on prétend ainsi reconstituer ? Voyez, notamment, ma vidéo sur « Le Problème des chambres à gaz » (1982) ainsi que mon commentaire sur « Auschwitz en images » à la fin du livre de Wilhelm Stäglich, *Le Mythe d'Auschwitz*, p. 492-507. Même J.-C. Pressac est sceptique (*Auschwitz : Technique and Operation...*, p. 377-378).

La concession de J.-C. Pressac

J e me contenterai de donner la parole à J.-C. Pressac, le protégé de la Beate Klarsfeld Foundation et auteur de l'ouvrage *Auschwitz : Technique and Operation of the Gas Chambers* (Auschwitz : technique et fonctionnement des chambres à gaz) (titre, d'ailleurs, fallacieux). Voici donc l'opinion de J.-C. Pressac sur cette pièce que M. Berenbaum ose présenter comme une chambre à gaz homicide :

« The red-ochre bricks stained with dark blue were for him [Bernard Jouanneau, lawyer pleading against R. Faurisson, in 1982 in Paris] material and visible proof of the existence of homicidal gas chambers. The problem, for there is one, is that the gas chamber presented has all the characteristics of a DELOUSING installation. I am not saying that it was never used to kill people, for that is possible [here, J.-C. Pressac is wrong[14]], but the traces of Prussian blue are an absolutely certain indication for use of delousing purposes. »[15]

---

[14] Une chambre à gaz de désinfection au Zyklon B ne peut pas servir de chambre à gaz homicide. La première peut être relativement simple tandis que la seconde est nécessairement très compliquée. La différence de conception de ces chambres tient à ce qu'il est relativement facile, après l'opération de gazage, de se débarrasser du gaz encore contenu dans les tissus ou les vêtements tandis qu'il est extrêmement difficile de se débarrasser du gaz encore installé dans la peau, les muqueuses et les humeurs d'un cadavre. Dans le premier cas, on se débarrasse du gaz en envoyant une grande quantité d'air chaud qui provoque une évaporation ; puis les tissus et les vêtements seront longuement battus à l'extérieur pour en chasser le reste de gaz. Dans le second cas, on ne peut ni chauffer ni battre le cadavre. Du coup, la conception même d'une chambre à gaz homicide, comme on en voit aux États-Unis, est d'une redoutable complication. Cette complication est telle pour *une seule personne* à exécuter qu'on a peine à imaginer l'effroyable sophistication qu'auraient exigée les chambres à gaz nazies, c'est-à-dire des chambres à gaz où l'on aurait exécuté non pas une victime mais des fournées de centaines ou de milliers de victimes. De telles chambres à gaz auraient constitué de véritables bains de poison impossible à évacuer. Jamais des hommes, même pourvus de masques à gaz, n'auraient pu pénétrer dans de tels océans d'acide cyanhydrique pour en évacuer les cadavres et faire place nette pour la prochaine fournée.

[15] « Les briques rouge-ocre tachées de bleu-noir constituaient pour lui [Me Bernard Jouanneau, avocat plaidant contre R. Faurisson, en 1982 à Paris] une preuve matérielle et visible de l'existence de chambres à gaz homicides. Le problème, car il y en a un, est que la chambre à gaz présentait toutes les caractéristiques d'une installation d'*épouillage*. Je ne dis pas qu'elle n'a jamais été utilisée pour tuer des gens, car c'est possible [ici, J.-C. Pressac se trompe. Cf. note précédente], mais les traces de bleu de Prusse indiquent de façon absolument certaine que cette chambre était à usage d'épouillage. » J.-C. Pressac, *Auschwitz : Technique and Operation,* p. 555.

J.-C. Pressac rappelle ensuite que l'existence d'un regard [*peep-hole*] n'est pas la preuve d'une chambre à gaz homicide puisqu'une chambre à gaz de désinfection peut être pourvue d'un tel regard. Il conclut :

> « I am sorry to say, and I am not the only one on the West [this he wrote in 1989 before the collapse of communism in Poland], that the Majdanek homicidal and/or delousing gas chambers are still waiting for a true historian, which is mildly upsetting in view of the fact that the camp fell into the hands of the Russians intact in [July] 1944. »[16]

À la page 557, il présente une photographie de l'extérieur de la chambre à gaz en question et d'une autre chambre à gaz située dans le même bâtiment. La légende précise qu'il s'agit d'une photographie :

> « showing one of the disinfestation gas chambers thought to be a homicidal gas chamber. Between the two doors with their inspection peep-holes, the darker bricks are of Prussian blue colour, a sign of a prolonged use of "Blausäure/blue acid", in other words hydrocyanic or prussic acid sold as a delousing agent under the name of "Zyklon B". »[17]

Il est à noter que ces chambres à gaz se trouvaient dans le bâtiment de « Bad und Desinfektion » [Bains et désinfection], situé juste à l'entrée du camp et à la vue de tous.

On aura compris que, dans sa « *Bibliographical Note* », M. Berenbaum ne mentionne pas l'imposant ouvrage de J.-C. Pressac.[18]

---

[16] « Je regrette d'avoir à dire, et je ne suis pas le seul à l'Ouest [il écrivait cela en 1989 avant l'effondrement du communisme en Pologne], que les chambres à gaz homicides et/ou d'épouillage de Majdanek en sont encore à attendre un vrai historien, ce qui est passablement contrariant vu le fait que le camp est tombé intact aux mains des Russes en [juillet] 1944. » *Ibid.*

[17] « Montrant l'une des chambres à gaz de désinfection prise pour une chambre à gaz homicide. Entre les deux portes avec leurs regards de surveillance, les briques plus sombres sont d'une couleur bleue de Prusse, signe d'un usage prolongé de « Blausäure-acide bleu », en d'autres termes d'acide cyanhydrique ou prussique vendu comme agent d'épouillage sous le nom de "Zyklon B" », *Id.*, p. 557.

[18] M. Berenbaum, *op. cit.*, p. 224-232.

Une nouvelle avancée du révisionnisme

En 1978, le président Jimmy Carter avait fondé une commission chargée de la création de l'HMM. Pour la présider, il avait choisi Élie Wiesel, ce qui avait inspiré à Arthur Robert Butz une réflexion à la fois juste et sarcastique : on avait besoin d'un historien, on a choisi un histrion.

Le choix de M. Berenbaum pour la responsabilité « scientifique » de l'HMM est de même nature. M. Berenbaum est professeur adjoint [*adjunct-professor*] de théologie à l'université de Georgetown (Washington D.C.). Là où un historien s'imposait, les organisations juives ont choisi un théologien, tant il est vrai que, depuis quelques années, elles ont substitué à l'histoire de l'« Holocauste » la *religion* de l'«Holocauste ».

Le pilier central de cette religion, je l'ai souvent dit, est « la magique chambre à gaz qui, telle un mirage, n'a pas d'image réelle ».

En la circonstance, l'HMM a choisi, pour représenter le pilier central de son exposition, une chambre à gaz de désinfection abusivement déclarée chambre à gaz homicide. Ainsi un instrument que les Allemands avaient conçu pour protéger la santé de leurs prisonniers juifs ou non juifs nous est-il présenté comme un instrument de torture et de mort de ces prisonniers. Voilà qui marque bien l'imposture et l'aplomb des zélotes de la religion de l'« Holocauste ».

L'heure est venue d'un peu plus d'honnêteté intellectuelle et de santé mentale dans le récit des malheurs réels du peuple juif durant la seconde guerre mondiale. Les visiteurs de l'HMM et, en particulier, les contribuables américains, sans lesquels ce musée n'existerait pas, sont en droit de demander des comptes à M. Berenbaum et à ses amis. Le *Los Angeles Times* du 20 avril 1993 titrait : « *Poll Finds 1 Out of 3 Americans Open to Doubt There Was a Holocaust* [Un sondage fait apparaître qu'un Américain sur trois est prêt à douter qu'il y ait eu un Holocauste] ». Ce doute s'aggravera.

Quelques jours après l'inauguration de son musée, M. Berenbaum confiait à un journal :

> « [In that Museum] You're surrounded by death. It's like working in an emergency room or a mortuary... I've ended up on an analyst's couch. »[19]

---

[19] *The Washington Post*, 26 avril 1993, p. B6.

(« [Dans ce musée] Vous êtes entouré par la mort. C'est comme travailler dans un service des urgences ou un dépôt mortuaire… J'ai fini sur le divan d'un psychanalyste. »)

Il n'est pas exclu que M. Berenbaum retourne sur le divan du psychanalyste quand il se rendra compte des graves conséquences de sa supercherie : le 22 avril 1993 devait marquer une date de choix dans la consécration sur le sol américain de la religion de l'« Holocauste » ; en réalité, cette date passera à l'histoire comme celle d'une *exceptionnelle victoire des historiens révisionnistes*.

Je tiens, pour terminer, à rendre hommage ici aux révisionnistes qui ont contribué à une telle victoire sur ce point précis :

– d'abord, à Ernst Zündel de Toronto (Canada), sans lequel le révisionnisme historique en serait encore à lutter dans l'obscurité ;

– ensuite, à Ahmed Rami, réfugié à Stockholm (Suède), qui m'a permis de lancer publiquement le « défi de Stockholm » du 17 mars 1992 ;

– enfin, à l'*Institute for Historical Review* de Los Angeles (USA), sous l'égide duquel s'est tenue la conférence où j'ai pu, le 21 avril 1993 à Washington, renouveler mon « défi de Stockholm », cette fois-ci en direction de l'HMM.

Ma pensée va aussi à l'ensemble des révisionnistes français qui ont concouru à tant d'efforts. Parmi ces révisionnistes se trouve, en particulier, une personne que je ne pourrais nommer sans la mettre en danger et qui est comme la cheville ouvrière du mouvement révisionniste en France.

[Daté du 2 mai 1993, publié dans *Nouvelle Vision*, n° 29 juin-août 1993, p. 7-16.]

***

15 mai 1993

Lettre à Ernst Nolte

Mon cher collègue,

Je crois que ma dernière lettre date de près de deux ans, exactement du 21 juillet 1991. Je vous y faisais une proposition et je vous y lançais une invitation. Sauf erreur de ma part, vous n'y avez pas même répondu. Je vous disais :

« Il faudrait manifestement que nous nous rencontrions. Je vous renouvelle donc mon offre d'aller vous voir à Berlin ou de vous recevoir à Vichy. »

Vous vous mépreniez sur le révisionnisme. Une rencontre était d'autant plus nécessaire que vous prépariez, à ce que je vois, un livre dont un chapitre serait consacré à ce que vous ne craignez pas d'appeler le révisionnisme « radical » avec toutes les graves implications de ce mot. Si, de mon côté, j'avais eu à rédiger un chapitre sur vous et si, dans votre correspondance, vous me faisiez sentir que je faisais fausse route, j'aurais estimé qu'il était de mon devoir d'historien d'aller à votre rencontre, surtout si vous aviez pris l'initiative et aviez eu l'obligeance de me proposer cette rencontre.

Je viens de découvrir, à mon retour de Washington, la copie de votre lettre du 23 avril à ma sœur. Cette lettre confirme mes craintes.

Sachez, pour commencer, que ma sœur est pour moi la plus précieuse des collaboratrices. La qualité de son travail est exceptionnelle. Elle connaît assez bien l'argumentation révisionniste et prend sa part des épreuves qu'il nous faut traverser. Mais elle n'est pas mon porte-parole et ne se vante d'ailleurs pas de l'être. Elle vous écrit ce qu'elle veut et n'a pas à me consulter là-dessus. Elle, c'est elle ; et moi, c'est moi.

Je laisserai de côté quelques points de votre lettre qui ne me paraissent pas appeler de commentaire particulier. Je me limiterai à six points qui me laissent perplexes[20] :

1. Comment pouvez-vous prendre la grave responsabilité d'accoler l'épithète de « Radikal » au révisionnisme de Paul Rassinier, Robert Faurisson et de Pierre Guillaume ? Cette épithète implique, que vous le vouliez ou non, une critique… radicale. Nous sommes ainsi présentés comme des gens excessifs pour ne pas dire extrémistes, et extrémistes pour ne pas dire d'extrême-droite. Il y a là-dedans, en plus d'un jugement intellectuel (qui est faux), un jugement moral et un jugement politique (que je m'abstiendrai de qualifier). Pour ma part, je nous estime aussi peu « radicaux » que pouvaient l'être Galilée et ses pareils ; ils affirmaient : « De deux choses l'une : ou la terre est mobile ou elle est immobile. Pour nous, elle est mobile. » Leur radicalisme n'allait pas plus loin. Dire que la terre est à la fois un peu mobile et un peu immobile permet de se faire passer pour un homme modéré, prudent, raisonnable, mais c'est une sottise, n'est-ce pas ? De la même façon, la question de savoir si les

---

[20] Le professeur Faurisson fait ici référence au livre qu'allait publier le professeur Nolte, *Streitpunkte…*, et surtout au chapitre 15, *Die « Endlösung des Judenfrage » in der Sicht des radikalen Revisionismus*, La « solution finale de la question juive » dans la perpective du révisionnisme radical, p. 304-319. [N.d.é]

Allemands ont utilisé ou non une arme d'extermination systématique ne peut pas être évitée. Je dirais : « Ou bien les chambres à gaz nazies ont existé ou bien elles n'ont pas existé. » Et jusqu'à présent, j'ai vu le professeur Nolte insinuer que « chambres à gaz nazies ou pas, quelle importance ? » En fin de compte, je ne vous ai jamais entendu nous dire si ces chambres ont existé ou non ! *Professeur Nolte, ces chambres à gaz ont-elles existé ? Oui ou non ?* Soyez assez aimable pour répondre à cette question au lieu de la commenter ou de parler d'autre chose.

2. Que signifie « des déportations spontanées » (« *Deportationen [...] auf Freiwilligkeit* ») ?

3. Vos deux souvenirs d'enfance vous ont, dites-vous, beaucoup marqué. Je laisserai de côté le premier parce qu'il m'entraînerait trop loin. Je vais retenir le second, et, bien sûr, ce n'est pas l'enfant qui m'intéresse ici mais le septuagénaire, sage professeur d'histoire, qui a tiré une leçon, pour la vie, d'un épisode jugé significatif. Soit dit en passant, je crains que vous n'ayez eu une enfance bien trop privilégiée par rapport à l'enfance de centaines de millions d'enfants, pendant la guerre, en Europe, en Chine, au Japon, en Russie, etc. J'ai vu, pour ma part, quelques horreurs pendant l'été 44 et j'ai connu dans ma vie d'adulte quelques épreuves qui me font paraître malheureusement bénins l'épisode d'une mère et de sa fille, portant l'étoile juive et se séparant sur un quai de gare ; deux SS emmènent la vieille dame (sans brutalité, je le suppose, sinon vous l'auriez noté) dans un compartiment de chemin de fer dont ils invitent d'un ton « rogue » quelques jeunes gens à le quitter pour s'installer dans un autre compartiment. Pour ce qui est du ton « rogue », on peut se demander quelle expérience vous avez bien pu avoir, dans votre vie, de la police allemande ou de la police française quand cette police est de corvée ; je vous conseille là-dessus de venir constater aujourd'hui en France le genre d'accueil qu'on vous réserve généralement dans un commissariat de police, fût-ce à Vichy, ville paisible pourtant. Je vous signale aussi qu'en France, quand deux gendarmes escortent quelqu'un dans un train, ils font évacuer un compartiment, s'y installent seuls et bloquent la porte. La leçon que vous tirez de cette affaire est surprenante de la part d'un historien ; je la comprendrais chez un adolescent mais je ne la comprends plus du tout chez un adulte raisonnable. À propos du port forcé de l'étoile et du comportement de ces SS envers cette vieille dame et les jeunes gens, vous avez pensé : « Celui qui fait cela est littéralement capable de tout. » Quelle naïveté ! Voulez-vous dire : capable de tuer ? Capable de gazer ? Et vous ajoutez : « C'est pourquoi je n'ai jamais pu tenir les nouvelles à propos des « camps d'extermination » à l'Est, qui se répandirent en 1945, pour simple propagande de guerre. » Mais que veulent dire les mots

suivants : les *nouvelles ?* Les « *camps d'extermination* » *? Simple* propagande de guerre ? Voulez-vous dire que vous reconnaissez avoir été réceptif à tout ce que disaient, en particulier, les Soviétiques et les Polonais ? Voulez-vous dire qu'il n'y aurait pas de fumée sans feu ? Ne savez-vous pas que les calomniateurs n'aiment rien tant que l'adage « il n'y a pas de fumée sans feu » ? Ignorez-vous que le fumier laisse échapper de la fumée alors qu'il n'y a pas de feu (et donc le fumier de la propagande de guerre) ? N'y a-t-il pas une étonnante naïveté à se dire – fièrement – prêt à croire n'importe quoi au sujet de celui qu'on n'aime pas ? Je vous suggère une autre interprétation de l'épisode en question, une interprétation qui devrait intéresser le professeur d'histoire : en cette circonstance, voilà des SS qui ne brutalisaient pas des juives ; qui laissaient une jeune juive, sur un quai de gare, embrasser sa vieille mère et qui laissaient repartir, libre, la jeune juive ; la vieille juive n'était pas embarquée dans un wagon à bestiaux. Pourquoi avoir arrêté la vieille et non la jeune ? La vieille présentait-elle, du point de vue de la police, un cas particulier ? Je n'en sais évidemment rien. À votre place, je suspendrai mon jugement. Ces deux dames étaient marquées de l'étoile jaune. C'est certainement déplorable mais relisez ce que j'en dis dans mon interview à *Storia Illustrata* et songez que le marquage d'énormes groupes de population est malheureusement une constante de bien des guerres. Avez-vous vu, à la « Libération », des femmes tondues ? Avez-vous vu des millions d'Allemands, en temps de *paix*, marqués du badge N ?[21] Que devient, avec votre épisode, la politique d'*extermination* de tous les juifs ?

4. Vous dites de vos expériences personnelles qu'elles sont des indices ou des indications (*Hinweise*) ; mais des indices ou des indications de quoi au juste ?

5. En dernière page, vous écrivez : « Je donnerais raison aux révisionnistes s'ils se limitaient à dire : beaucoup de ce que l'on tient pour prouvé est incertain et même impossible. Je ne leur donne *pas* raison quand ils affirment que des événements aussi extraordinaires ne sont qu'un "bobard de guerre". » Je voudrais bien savoir quels sont ces « événements aussi extraordinaires » que nous appellerions un « bobard de guerre ». À ma connaissance, nous n'avons appelé « bobard de guerre » que les prétendues chambres à gaz nazies et ce que l'usage de ces chambres aurait impliqué. Les révisionnistes font ce que vous souhaitez. Ils ne cessent de répéter que « beaucoup de ce que l'on tient pour prouvé est incertain et même impossible. » À ce titre, ils citent, par exemple, non seulement les magiques chambres à gaz mais aussi les

---

[21] NdA : première lettre de *Niemiec*, mot polonais signifiant « Allemand ».

chambres à vapeur, les chambres à électricité, les pompes à faire le vide, les piqûres d'air, les piqûres d'acide cyanhydrique, le savon ou les engrais fabriqués avec de la graisse de juifs, les abat-jour en peau humaine, les viols systématiques de juives, les expériences impossibles sur les jumeaux, les juifs précipités vivants dans des fours crématoires ou dans des hauts-fourneaux, les confessions délirantes de soldats, d'officiers et de fonctionnaires allemands, les chiffres extravagants de victimes (les quatre millions d'Auschwitz ; le million et demi d'Auschwitz ; le total, chez Hilberg, de cinq millions cent mille ; le total, chez Reitlinger, de quatre millions quatre cent mille)… Voulez-vous que je continue la liste interminable des mensonges sur le compte des vaincus ? À côté de cela, jamais les révisionnistes n'ont contesté la réalité de certaines horreurs de la guerre dont les juifs ont été les victimes, parmi des millions d'autres victimes de cette sanglante boucherie. Voyez, par exemple, le tableau ci-joint des souffrances subies par les juifs ; j'avais dressé ce tableau pour les jurés du second procès Zündel en 1988 à Toronto. Vous trouverez mention de tout cela dans la transcription des deux procès : celui de 1985 et celui de 1988. Vous en avez, je l'espère, le compte rendu minutieux dans le livre de Lenski et surtout dans l'opus magnum de Barbara Kulaszka, que j'ai préfacé.

6. Il vous semble, dites-vous, « très vraisemblable que les révisionnistes vous accorderont au moins un effort d'objectivité tandis que l'autre partie manifestera une grande indignation » parce que vous aurez parlé de nous. Vous avez tort, je le crains, de raisonner ainsi. Ne comptez pas sur notre compréhension de ces deux arguments-là. Vous ne serez pas jugé de cette façon, c'est-à-dire sur des notions aussi vagues qu'un « effort » et une « indignation ». Nous mettrons côte à côte ce que nous avons réellement dit et ce que vous nous aurez fait dire ; s'il y a adéquation, vous serez bien jugé mais, s'il n'y a pas adéquation, vous serez mal jugé. Les hauts cris poussés par la partie adverse ne nous intéressent pas ; ils ne seront pas la preuve que vous avez été honnête et courageux. Ne vous présentez pas d'avance en victime prise entre l'enclume et le marteau. Cette partie adverse pousse toujours des cris de ce genre. Ces cris ne signifient plus grand-chose. Votre carrière – bien sage – est derrière vous, de toute façon.

J'en ai terminé avec les six points annoncés. Je vais maintenant aborder un bien triste sujet : celui du comportement des historiens allemands, tels que Broszat, Jäckel, Benz, Jagschitz, etc. Ces gens ont déshonoré, déshonorent la science historique allemande par leur couardise et leur malhonnêteté. Je les trouve, aussi, bêtes et lourds. Ils font partie de ces gens qui n'ont à la bouche que le mot de *Kontext*, un mot facile qui donne l'impression qu'on est sérieux, mais qui est vague et permet toutes les échappatoires dont une en particulier : celle qui conduit à ne pas traiter du plus difficile, c'est-à-dire du *texte*. Il ne faut pas aller du contexte au texte mais du texte au contexte. Il faut commencer par le commencement. Le reste – qui est si facile – vient après.

J'espérais qu'un Nolte ferait montre de courage et d'honnêteté mais il a inexplicablement décliné mon offre d'une rencontre, pourtant indispensable. À moins que je ne me trompe, il n'a pas même pris la plume pour me dire qu'il déclinait cette offre. Et je constate aujourd'hui les dégâts avec cette lettre adressée à ma sœur et qui contient tant de graves ambiguïtés qui, en une rencontre d'une heure, auraient été levées. Notez bien que, dans cette rencontre, je n'aurais rien ajouté à ce que nous avons écrit mais, voilà : d'abord, nous avons énormément écrit et vous n'avez pas pu tout lire et, enfin, on peut mal lire ce qu'on lit. Je vous aurais prouvé, textes en main, que certaines de vos affirmations sur notre compte étaient infondées.

Ma lettre est longue parce que je veux prendre date avec l'histoire. Quand votre ouvrage paraîtra, je pourrai dire que je vous ai averti et que je n'ai pas ménagé ma peine pour le faire en dépit de la vie terrible que m'imposent les ennemis de l'exactitude historique.

Sauverez-vous, par votre livre, l'honneur des historiens allemands ? Il me reste à le souhaiter.

P.J. – Les quatre tableaux de Toronto (1988), en particulier le troisième : "What Really Happened to the Jews ? They suffered specific measures (equals persecutions), war, internment, deportation, transit camps, concentration camps, labour camps, ghettos, diseases, execution of hostages, reprisals, massacres." [Qu'est-il réellement arrivé aux juifs ? Ils ont subi des mesures spécifiques (ce qui équivaut à une persécution), la guerre, l'internement, la déportation, les camps de transit, de concentration, de travail, les ghettos, les maladies, les exécutions d'otages, les représailles, les massacres.

– « Les chambres à gaz en voie de disparition ? » (10 avril 1992, article qui me vaut poursuite pour un fragment de phrase)

– « Une date dans l'histoire du révisionnisme : le 22 avril 1993… » (six pages)

– « L'aventure révisionniste » (deux pages)

– « A Memorable Quotation », *Remarks*, novembre 1992

– « Pierre Vidal-Naquet tuerait Faurisson. » (une page)

– « Les témoins […] » (deux pages)

***

1er juin 1993

L'UNION DES ATHÉES ET ROBERT FAURISSON

*L*e 30 mai 1993, à Paris, lors de son congrès annuel qui s'est tenu dans une salle de la Mutualité, l'Union des athées a, pour la quatrième fois depuis 1987, envisagé l'exclusion du professeur Faurisson. Pour la quatrième fois, cette exclusion a finalement été refusée.

Le professeur, à qui, de 1988 à 1992, toute possibilité de défense avait été déniée par M. Albert Beaughon, président de l'Union, s'est vu accorder, le 30 mai 1993 au matin, dix minutes afin de répondre à la motion d'un « Collectif Union des athées pour l'éviction de Robert Faurisson ». Au cours d'un exposé en six points, il a déclaré en substance :

1. J'appartiens depuis 1987 à l'Union des athées ; j'y suis j'y reste et j'y resterai quoi qu'il advienne, même en dépit d'une éventuelle mesure officielle d'exclusion.

2. L'article 10 des statuts de notre Union stipule expressément qu'« aucun membre ne peut être exclu » ; je ne comprends donc pas que M. A. Beaughon ait ouvert les colonnes de *La Tribune des athées* à un collectif qui s'est abusivement dénommé « Collectif Union des athées pour l'éviction (de tel ou tel) » ; il y a là une contradiction dans les termes et une infraction aux statuts de notre Union.

3. Déjà à trois reprises (en 1987, 1991 et 1992), on a procédé à un vote en vue de mon exclusion ; ces tentatives ont échoué ; la présente tentative – la quatrième du genre – pourrait faire croire que notre Union pratique la démocratie au marteau ; je suis en faveur d'une démocratie respectueuse des règles qu'elle s'est données.

4. Le motif qu'on invoque cette fois-ci est que je coûterais de l'agent à notre Union ; mon adhésion en 1987 aurait provoqué de nombreuses démissions qui auraient, elles-mêmes, entraîné une forte baisse des cotisations. Ma réponse est que notre Union est une association à but non lucratif et que les cotisations n'y sont que facultatives et volontaires ; cet argument financier ne peut donc, à lui seul, justifier mon exclusion.

5. Le motif réel de ceux qui demandent mon exclusion tient à mes recherches et à mes opinions révisionnistes ; j'ai écrit que je ne croyais pas plus aux magiques chambres à gaz hitlériennes que je ne crois aux pals, aux grils et aux fours des procès de sorcellerie. Mais que savent mes adversaires au sujet des arguments du révisionnisme historique ? À peu près rien. Je constate que ce qu'ils en savent se résume à ce qu'en disent

les grands médias, lesquels sont uniformément hostiles au révisionnisme. Pour juger, il faut avoir entendu le pour et le contre. On n'a entendu que le contre. On ne peut donc pas formuler de véritable jugement en la matière.

6. Bien que je n'aie pas à m'en expliquer, je suis prêt à fournir des éclaircissements sur les mobiles probables et les motifs certains de mon comportement de révisionniste.

Je ne suis intéressé ni par l'argent, ni par les honneurs, ni par la publicité personnelle ; aucun motif religieux ou politique n'inspire ou ne dicte mes recherches et mes opinions révisionnistes ; je suis athée et apolitique. Expliquer mon révisionnisme par une hostilité à la Synagogue n'a pas plus de sens, pour prendre un exemple célèbre, qu'expliquer le révisionnisme de Galilée par une hostilité à l'Église, encore que, dans un cas comme dans l'autre, la répression antirévisionniste ait été ou soit d'inspiration essentiellement religieuse et politique.

Les mobiles ou les motifs qui peuvent expliquer ma conduite sont un trait de caractère, un goût, une expérience et une conviction (ou une illusion).

Ce *trait de caractère* est une curiosité pour les mystères (les intellectuels aiment à qualifier cette curiosité d'« intellectuelle » : c'est un adjectif de trop) ; ma curiosité (comme celle de Sherlock Holmes ?) s'aiguise dès lors qu'on lui interdit de s'exercer librement.

Le *goût* en question est celui de la recherche : de la recherche pour trouver ; et ce que je trouve, je veux le rendre public.

L'expérience dont je veux parler est celle qui m'a conduit à me méfier des hommes politiques, des juges, des gendarmes, des policiers, des gardiens de prison, des professeurs et des journalistes quand ils paraissent unanimes à défendre une opinion qui m'est répétée chaque matin, chaque soir, chaque nuit, jour après jour, pendant des années ; j'ai tendance à croire que ce qu'on protège ainsi ne peut être qu'un mensonge.

La *conviction* – tout à fait immodeste – ou *l'illusion,* peut-être, qui m'anime est que je passerai à l'histoire et que, dans mon sillage, beaucoup de personnes (en particulier des historiens, des professeurs, des juges et des hommes politiques) ne passeront à l'histoire que pour autant que je les aurai nommés et comme je les aurai nommés. Je n'attends rien du jugement de mes contemporains car celui qui apporte ou illustre une idée neuve ne peut que surprendre et froisser les hommes de son temps. Je n'attends guère du jugement de mes enfants car le conflit des générations tend à obscurcir ce jugement. Mais je compte sur mes petits-enfants. Quand ils parleront de moi au passé, j'espère qu'ils reconnaîtront que j'ai eu raison et que j'ai fait montre de courage : « Il a dit une petite chose exacte ; il s'est battu comme la chèvre de Monsieur Seguin ». Je n'aspire pas à d'autre oraison funèbre.

En conclusion R. Faurisson a remercié les athées qui ont eu le courage de prendre sa défense. Il a préconisé le respect de l'Union des athées, c'est-à-dire « l'union » (autour de la Charte et des statuts) et non pas la désunion ; une union de tous ceux qui, sans exclusive politique et sans distinction idéologique, se définissent par le simple mot d'« athées ». Il a souhaité que personne ne songe à démissionner ; il a suggéré que chacun puisse, comme lui, déclarer : « J'y suis ; j'y reste ; j'y resterai quoi qu'il advienne. »

Notons qu'un incident s'est produit lors de ce congrès : un dénommé Pierre Courson, ancien interné à Buchenwald, s'est approché du professeur pour lui demander son nom, puis l'a violemment frappé à l'aide de sa canne-épée. Immédiatement, deux amis qui accompagnaient M. Faurisson ont ceinturé le perturbateur qui, aussitôt, a choisi de quitter les lieux. Le lendemain, nous pouvions lire dans la presse :

> « Selon M. Pierre Courson […] : "M. Faurisson a tenu des propos abominables et distribué des tracts niant l'existence des chambres à gaz. Je lui ai donné trois coups de canne, et ses gardes du corps m'ont plaqué au sol. Ensuite, M. Faurisson est parti […]"[22]. »

Qui sont les véritables menteurs ?

***

7 juin 1993

AUTRICHE : JOURNALISTES ET STAPO COLLABORENT À LA RECHERCHE ET À LA SAISIE DES ÉCRITS RÉVISIONNISTES

L'Autrichien Gerd Honsik a publié divers ouvrages où il conteste, en particulier, l'existence de chambres à gaz homicides dans les camps de concentration allemands et où il démasque Simon Wiesenthal. En mai 1992, au terme d'un procès qui s'est déroulé dans des conditions proches de celles d'un procès de

---

[22] *Le Quotidien de Paris*, 1er juin 1993.

sorcellerie, il s'est vu condamner à une peine de dix-huit mois et dix jours de prison. Il s'est exilé à l'étranger. Il continue d'écrire et de publier le périodique *Halt.*

News est un magazine d'informations paraissant à Vienne. Dans sa livraison du 7 juin 1993 (p. 14-16), sous la signature d'Andreas Kuba et d'Atha Athaniasadis, vient de paraître un article où se trouve rapporté, sur un ton d'intense satisfaction, un exemple de collaboration entre les journalistes et la police d'État ou *Staatspolizei*, dite « Stapo », dans la recherche et la saisie des écrits de Gerd Honsik.

Agissant sur renseignement, les deux journalistes de *News* se rendent dans un atelier de reliure. Ils y découvrent des exemplaires du dernier livre de Gerd Honsik sur Simon Wiesenthal. Ils en font des photos et se précipitent au siège de la Stapo.

> « Nous en informons la police d'État. Nous lui communiquons tout de suite l'adresse de l'atelier de reliure « Papyrus », rue des Favorites, ainsi que de l'imprimerie Kübarth [...]. La Stapo ne perd pas une minute [...]. En moins d'une heure, elle obtient les mandats de perquisition. Commence alors l'opération à grande échelle [*Grosseinsatz*]. Deux groupes de quinze policiers en tout font irruption en même temps dans l'imprimerie et dans l'atelier de reliure. »

La Stapo fait main basse sur trois mille exemplaires du livre consacré à Simon Wiesenthal ainsi que sur le film du livre et – « ce qui est tout à fait sensationnel » – sur le film de *Halt,* dont on ne connaissait pas jusqu'ici le lieu d'émission.

À en croire les deux journalistes, la police aurait déclaré devoir à *News* « une fière chandelle ».

***

18 juin 1993

LETTRE À ALFRED LILIENTHAL

Cher Monsieur,

Il y a eu une tragédie juive parmi bien d'autres tragédies pendant et après la seconde guerre mondiale.

Il n'y a pas eu de « génocide » juif.

Vous n'avez pas d'argument, à mon avis, pour maintenir que :

« La guerre entre les révisionnistes et les exterminationnistes est, semble-t-il, vouée à continuer puisque les deux parties refusent de comprendre la position adverse à cause des exagérations respectives de leurs points de vue. »

Ou bien les abominables chambres à gaz nazies ont existé, ou bien elles n'ont pas existé. Il n'y a pas de milieu.

Comparer, comme vous le faites, révisionnistes et exterminationnistes revient à comparer, d'une part, des gens qui n'ont aucun pouvoir, et, d'autre part, des gens qui ont tout le pouvoir.

Je suis, dans mon pays, traité en Palestinien. Mes livres et articles sont les pierres de mon Intifada.

La communauté juive mondiale *en tant que telle* a une terrible responsabilité dans un énorme mensonge historique : dans la naissance de ce dernier, dans son développement et dans son maintien (un maintien par la force, la violence, des lois spéciales, la terreur, le chantage, les insultes, les procès). Le devoir, à mon avis, de tout juif, en tant qu'individu devrait être de dénoncer clairement ce comportement colonialiste et impérialiste, de regarder bien en face les problèmes historiques en cause (au lieu de les esquiver en disant que ces problèmes ne sont pas importants, et autres bla-bla) et de dire :

« En tant que juif, j'ai honte d'apprendre jour après jour ce que "les juifs" (= les organisations juives) font contre les révisionnistes au Canada, en France, en Grande-Bretagne, en Allemagne, en Autriche, en Suède, en Italie, en Australie, etc. Cela *doit* cesser. »

Ce 22 mai, Ahmed Rami et moi avons été attaqués à Stockholm par des groupes de juifs qui, pour la plupart, venaient de France.

Le 30 mai, un juif m'a attaqué à un congrès d'athées.

Le 8 juin, René Bousquet a été tué par un dément qui répétait ce que les juifs ont répété jour et nuit contre Bousquet : « Crucifiez-le ! Crucifiez-le ! »

Le même jour, on a jeté en prison un journaliste révisionniste, Alain Guionnet, directeur de *Révision*.

Et maintenant, écoutez-moi, M. Lilienthal : les médias français refusent de publier la nouvelle « parce que ce serait faire de la publicité aux révisionnistes » (une journaliste du *Monde*, le 17 juin).

Depuis 1978 (depuis le commencement de cette « guerre »), avons-nous touché un seul cheveu d'un seul juif ?

[Traduit de l'anglais. Le professeur Faurisson a fait savoir qu'il avait reçu de M. Lilienthal une aimable réponse accompagnée d'excuses. Le

D$_r$ Lilienthal est un juif antisioniste. Il est l'auteur de *The Zionist Connection*. Il vit à Washington. – N.d.é]

***

29 juin 1993

PRIMO LEVI SUR AUSCHWITZ

Son vrai témoignage en 1947 – Son faux témoignage en 1976

Né à Turin en 1919, Primo Levi, qui a été interné à Auschwitz (plus exactement, à Auschwitz-Monowitz) de février 1944 à janvier 1945, est mort (accident ou suicide ?) à Turin en 1987. Ingénieur chimiste et écrivain, il est notamment connu pour avoir écrit *Se questo è un uomo*. Composé de décembre 1945 à janvier 1947, ce récit a été publié en 1947 par un obscur éditeur et réédité en 1958 par Einaudi. En 1961, la version française du récit a été éditée sous le titre de *J'étais un homme*, aux éditions Buchet-Chastel, dans une traduction de Michèle Causse. En 1987, une autre version française était publiée sous le titre de *Si c'est un homme*, aux éditions Julliard, dans une traduction de Martine Schruoffeneger ; s'y ajoutait un appendice rédigé en 1976, soit quelque trente ans après la composition du récit. C'est à cette dernière édition de 1987 que je me reporterai ici.

La différence est criante, et même choquante, entre, d'un côté, les quelque cent quatre-vingts pages du récit original, composé juste après la guerre, et, d'un autre côté, les quelque vingt-cinq pages de l'appendice rédigé trente ans plus tard, pour, nous confie l'auteur, « l'édition scolaire de *Si c'est un homme*, afin de répondre aux questions qui me sont continuellement posées par les lycéens » ; l'auteur ajoute : « Mais comme ces questions coïncident dans une large mesure avec celles que me posent les lecteurs adultes, il m'a paru opportun d'inclure dans cette nouvelle édition le texte intégral de mes réponses. » Comme on va le constater, sur un même sujet Primo Levi a dit vrai en 1947 et a menti en 1976.

Son vrai témoignage en 1947

Le récit original est poignant. Peu d'anciens internés d'Auschwitz et de ses sous-camps sont parvenus, comme P. Levi, à évoquer la déchéance physique et morale, les souffrances quotidiennes dues à la faim, à la soif, à l'épuisement physique, à la promiscuité, à la maladie, aux épidémies (de typhus, de dysenterie, de scarlatine), aux mauvais traitements des capos, que ceux-ci fussent des prisonniers de droit commun, des internés politiques, des internés résistants ou des juifs. Encore P. Levi a-t-il eu « la chance », comme il le dit dans la première phrase de sa préface, de n'être déporté à Auschwitz qu'en février 1944, c'est-à-dire à une époque où les conditions de vie s'étaient améliorées par rapport à l'année 1942 où le camp avait été ravagé par de graves épidémies de typhus. Son sort n'en sera pas moins détestable jusqu'au moment – tardif – où il sera employé comme chimiste. Les derniers jours seront à nouveau redoutables, surtout après le départ des Allemands, le 18 janvier 1945, et en attendant l'arrivée des Soviétiques, le 27 janvier. On sait que, le 18 janvier, les Allemands ont évacué le camp, emmenant avec eux vers l'intérieur de l'Allemagne tous les prisonniers valides (pour éviter que les Soviétiques ne les enrôlent dans l'armée ou dans l'industrie) ; ils ont également évacué, parmi les malades ou les bouches inutiles, tous les volontaires, y compris les juifs, qui préféraient partir avec les Allemands plutôt que d'attendre les Soviétiques ; tel fut le cas d'Élie Wiesel et de son père, ainsi que le rapporte l'intéressé dans *La Nuit*.

Après l'évacuation des Allemands, les prisonniers sont laissés à eux-mêmes ; le camp est touché par des obus ou des bombes soviétiques ; des baraques sont en flammes ; il n'y a plus ni eau ni électricité (les Soviétiques ont détruit la centrale électrique). L'auteur rapporte : « Une saleté indescriptible avait envahi toutes les parties du camp. Les latrines, que naturellement personne ne se souciait plus d'entretenir, étaient toutes bouchées, et les malades de dysenterie (plus d'une centaine) avaient souillé tous les coins [de l'hôpital-infirmerie], rempli tous les seaux, tous les bidons qui servaient pour la soupe, toutes les gamelles. On ne pouvait faire un pas sans regarder où on mettait les pieds ; il était impossible de se déplacer dans le noir. En dépit du froid qui était toujours intense, nous pensions avec horreur à ce qui arriverait en cas de dégel : les infections se propageraient sans recours possible, la puanteur deviendrait insupportable, et, la neige une fois fondue, nous resterions définitivement privés d'eau ».[23]

Les chambres à gaz dans le récit originel

Dans le récit originel, composé juste après la guerre, les chambres à gaz ou le gaz sont très rarement mentionnés ; toute précision sur

---

[23] P. Levi, *Si c'est un homme*, p. 176.

l'emplacement de ces chambres, sur leur structure, sur leur fonctionnement, sur la nature du gaz employé et sur le rendement est absente ; pour commencer, à l'exception d'une seule occurrence, l'expression « chambre à gaz » n'apparaît qu'au singulier. Aucun interné, apparemment, n'a vu ni cette chambre à gaz, ni le *Sonderkommando* ; en effet, l'auteur écrit : « la fameuse chambre à gaz dont *tout le monde parle* »[24], ou, sur le mode de l'interrogation : « C'est donc vrai ce qu'on raconte : les sélections, les gaz, le crématoire ? »[25] ou encore : « On parle du *Sonderkommando*. »[26] Il s'agit donc d'une rumeur, au demeurant très vague, dont on ignore si elle prend sa source dans une réalité quelconque.

Dans ce récit de 1947, j'ai relevé, en quelque cent quatre-vingt pages, huit occurrences de « chambre(s) à gaz » et de « gaz » (les mots importants sont en italique) :

« Ceux que le hasard faisait descendre du bon côté entraient dans le camp ; les autres finissaient à *la chambre à gaz.* »[27]

« Pour être soigné au K.B. [*Krankenbau* : hôpital-infirmerie], en effet, il faut être enclin à guérir, la propension contraire conduisant directement du K.B. à *la chambre à gaz.* »[28]

« Quand bien même aujourd'hui serait mon dernier jour, et cette chambre, *la fameuse chambre à gaz dont tout le monde parle*, que pourrais-je y faire ? »[29]

« C'est donc vrai *ce qu'on raconte :* les sélections, *les gaz*, le crématoire ? »[30]

« Tous les *musulmans* [internés atteints de cachexie] qui finissent à *la chambre à gaz* [...]. »[31]

« [La cloche sonne indiquant qu'il faut rester dans les baraques :] cela se produit quand il y a sélection pour que personne ne puisse y échapper, et quand les sélectionnés partent à *la chambre à gaz* pour que personne ne les voie partir. »[32]

« Beppo le Grec [...] qui partira après-demain à *la chambre à gaz*, qui le sait [...]. »[33]

---

[24] *Id.*, p. 51.
[25] *Id.*, p. 55.
[26] *Id.*, p. 159.
[27] *Id.*, p. 19.
[28] *Id.*, p. 48.
[29] *Id.*, p. 51.
[30] *Id.*, p. 55.
[31] *Id.*, p. 96.
[32] *Id.*, p. 135.
[33] *Id.*, p. 138.

« *On parle* de Sonderkommando, le Kommando spécial préposé *aux chambres à gaz* et aux fours crématoires, qui est lui-même périodiquement exterminé et tenu rigoureusement isolé du reste du camp. »[34]

Son faux témoignage de 1976

Dans l'appendice, rédigé environ trente ans après la guerre, les chambres à gaz ou le gaz sont, proportionnellement au texte, très souvent mentionnés ; des détails (il est vrai, plutôt vagues) sont donnés, qui concernent l'emplacement des chambres à gaz, leur structure, leur fonctionnement, la nature du gaz employé et le rendement ; dans toutes les occurrences, l'expression de « chambres à gaz » n'apparaît qu'au pluriel. Sauf en une occurrence[35], ces « chambres à gaz » sont présentées comme une réalité et non plus comme une rumeur ou un on-dit.

Dans cet appendice de vingt-cinq pages (environ trente pages si la typographie en était la même que pour le récit), j'ai relevé onze occurrences de « chambres à gaz » et de « gaz » (les mots importants sont en italique) :

« L'extermination méthodique et industrialisée de millions d'êtres humains, *les chambres à gaz*, les fours crématoires, l'exploitation abjecte des cadavres, tout cela devait rester caché et le resta effectivement pendant toute la durée de la guerre, sauf pour un nombre restreint d'individus. »[36]
« Au lieu d'« extermination » on écrivait "solution définitive", au lieu de "déportation" "transfert", au lieu de *"mort par gaz"* "traitement spécial" et ainsi de suite... »[37]
« Ces longues heures (et parfois ces longs jours) d'attente qui précédaient leur entrée dans *les chambres à gaz*. »[38]
« *Les chambres à gaz* étaient en effet camouflées en salles de douches, avec tuyauteries, robinets, vestiaires, portemanteaux, bancs, etc. »[39]

---

[34] *Id.*, p. 159.
[35] *Id.*, p. 201.
[36] *Id.*, p. 193.
[37] *Ibid.*
[38] *Id.*, p. 198.
[39] *Ibid.*

« Il suffit de rappeler que *les chambres à gaz* d'Auschwitz furent testées sur un groupe de trois cents prisonniers de guerre russes. »[40]

« Birkenau, qui alla jusqu'à contenir soixante mille prisonniers, dont quarante mille femmes, et où étaient installés les fours crématoires et *les chambres à gaz*. »[41]

« Vous remarquerez, par exemple, que je n'ai pas cité les chiffres du massacre d'Auschwitz, pas plus que je n'ai décrit le mécanisme *des chambres à gaz* et des fours crématoires ; cela parce que ce sont des données que je ne connaissais pas quand j'étais au Lager [camp de Monowitz], et que je n'ai possédées que par la suite, en même temps que tout le monde. »[42]

« A partir de 1941 environ, les Lager [camps] allemands deviennent de gigantesques machines de mort : *les chambres à gaz* et les fours crématoires avaient été délibérément conçus pour détruire des vies et des corps humains par millions : l'horrible record en revient à Auschwitz, avec vingt-quatre mille morts en une seule journée au mois d'août 1944. »[43]

« [Ce massacre] n'épargnait même pas les enfants, qui furent tués par milliers dans *les chambres à gaz*, cas unique parmi toutes les atrocités de l'histoire de l'humanité. »[44]

« Le moyen même qui fut choisi (après de minutieux essais) pour opérer le massacre était hautement symbolique. On devait employer, et on employa, le gaz toxique déjà utilisé pour la désinfection des cales de bateaux et des locaux envahis par les punaises ou les poux. »[45]

« Les convois de victimes à envoyer *aux chambres à gaz* ou à évacuer des Lager [camps] proches du front avaient la priorité sur les trains militaires. »[46]

Différences entre le vrai et le faux témoignage

Un simple calcul arithmétique montre combien « les chambres à gaz » et les mentions de « gaz » ont proliféré entre le récit de 1947 et l'appendice de 1976. Supposons que le pluriel « chambres à gaz »

---

[40] *Ibid.*
[41] *Id.*, p. 199.
[42] *Id.*, p. 201.
[43] *Id.*, p. 201-202.
[44] *Id.*, p. 202.
[45] *Id.*, p. 209.
[46] *Id.*, p. 210.

implique l'existence de deux chambres à gaz. On obtient ainsi, pour un texte de cent quatre-vingts pages, neuf occurrences du mot « gaz », soit une mention pour vingt pages, tandis que, pour un texte de quelque trente pages, on relève vingt occurrences du même mot, soit une mention pour chaque page et demie. Ainsi le témoin a-t-il multiplié, au moins par treize, les « réalités » dont il prétend rendre témoignage. Cette inflation quantitative d'au moins 1300 % s'accompagne, on l'a vu, d'une majoration qualitative tout aussi remarquable. Autant, dans le premier texte, la chambre à gaz est plutôt de l'ordre de la rumeur et, par conséquent, vague, autant, dans le second texte, l'auteur s'est efforcé de donner à ses chambres à gaz (toujours au pluriel) un peu de consistance physique.

Avant d'en venir à la description du processus qui conduit à transformer, avec le temps, un vrai témoignage en un faux témoignage, arrêtons-nous un instant sur une observation des plus simples : le cas, à lui seul, de P. Levi et l'expérience dramatique que ce juif a vécue de la résistance armée, de la déportation et de l'internement dans le camp d'Auschwitz, prouvent que les Allemands n'ont jamais pu avoir une politique d'extermination physique des juifs et n'ont jamais conçu, construit et utilisé des abattoirs chimiques pour mener à bien cette politique.

P. Levi était une preuve vivante qu'il n'y a pas eu de génocide

Si, comme on ose l'affirmer, les Allemands avaient pratiqué une politique d'extermination des juifs, ni P. Levi, ni tant d'autres juifs qui sont nés au camp d'Auschwitz ou qui y ont vécu, n'auraient survécu à la guerre. Un paradoxe veut même que sa qualité de juif ait valu à P. Levi le fait de n'avoir pas été fusillé peu après son arrestation le 13 décembre 1943. Comme l'écrit son ami Ferdinando Camon, « les fascistes l'avaient capturé en tant que partisan (il avait encore un pistolet sur lui), et il s'était déclaré juif afin de n'être pas fusillé immédiatement [conformément, ajouterons-nous, aux conventions internationales en vigueur]. Et c'est en tant que juif qu'il fut livré aux Allemands. Les Allemands l'envoyèrent à Auschwitz et ce fut Auschwitz qui fit de lui un écrivain. »[47] À Auschwitz, comme il le dira lui-même[48], c'est à peine s'il verra des SS. Assigné aux usines de Monowitz, il y sera blessé par la chute d'une poutrelle en

---

[47] F. Camon, «Levi, la mort », p. 29.
[48] P. Levi, *op. cit.,* p. 190.

fonte.[49] Il est hospitalisé. Au *Krankenbau*, où il est soigné, la soupe lui est servie au lit, il ne fait pas froid, il ne travaille pas, il peut faire la sieste.[50] Soit dit en passant, c'est là qu'on lui parle des « sélections » et des « gaz » ; un juif polonais le désigne à leurs camarades comme « l'Italien qui ne croit pas aux sélections ».[51] Il a la visite d'un compatriote, dont il dit : « [Il] a une très légère entérite, il est là depuis vingt jours, il s'y trouve bien, se repose et engraisse ; il se fiche pas mal des sélections et il a décidé de rester au K.B. jusqu'à la fin de l'hiver, coûte que coûte. »[52] P. Levi restera une vingtaine de jours au K.B.[53]

Le 11 janvier 1945, il contracte la scarlatine : « Et [je] fus », dit-il, « à nouveau hospitalisé au *K.B. Infektion-sabteilung* [section des maladies infectieuses] : une petite chambre en vérité très propre, avec dix couchettes sur deux niveaux : une armoire, trois tabourets, et le seau hygiénique pour les besoins corporels. Le tout dans trois mètres sur cinq. »[54] On lui administre de fortes doses de sulfamides[55], produit rare, à l'époque, en Europe. Il fera la connaissance d'un juif hollandais du nom de Lakmaker, âgé de dix-sept ans, grand, maigre, affable : « Il était alité depuis trois mois et on se demande comment il avait échappé aux sélections.[56] Il avait d'abord eu le typhus, puis la scarlatine ; entretemps nous avions décelé chez lui une grave malformation cardiaque, et pour finir il était couvert d'escarres au point de ne pouvoir rester allongé que sur le ventre. Avec tout ça, un appétit féroce ».[57] Lakmaker allait mourir quelques semaines après l'arrivée des Russes « à l'infirmerie russe provisoire d'Auschwitz. »[58]

Il est évident que, si les Allemands avaient conduit une politique d'extermination physique des juifs, ils n'auraient pas, à Auschwitz, préservé la vie de P. Levi, ni celle de ce juif hollandais et, après la guerre, P. Levi n'aurait pas rencontré à Katowice des rescapés juifs comme Schenk et Alcalai[59] ou, à Dortmund, en Allemagne fédérale, le rabbin

---

[49] *Id.*, p. 47.
[50] *Id.*, p. 53.
[51] *Id.*, p. 55.
[52] *Id.*, p. 57.
[53] *Id.*, p. 60.
[54] *Id.*, p. 162.
[55] *Id.*, p. 163.
[56] Sélection (en polonais du camp : « *Selekcja* ») : « Personne ne sait rien de précis, mais tout le monde en parle, même les ouvriers libres, polonais, italiens et français que nous rencontrions en cachette sur notre lieu de travail » (*id.*, p. 133).
[57] *Id.*, p. 179.
[58] *Id.*, p. 186.
[59] *Id.*, p. 186.

Mendi[60], décrit comme « fluet, fragile »[61] ; Mendi, « le rabbin moderniste », était venu de la Russie subcarpatique.[62]

Le processus du faux témoignage

Selon un processus que j'ai observé chez de nombreux rescapés d'Auschwitz ou d'autres camps de concentration, P. Levi ne ment pas d'emblée mais se trouve graduellement conduit, entre 1947 et 1976, à mentir sur son expérience d'Auschwitz. Pour commencer, cette expérience a été atroce, d'une atrocité vraie, quotidienne, sans rien de spectaculaire et, par conséquent, difficile à décrire. Le besoin de relater cette expérience et d'en faire sentir le caractère révoltant conduit à légèrement pimenter le récit d'inventions qu'en un premier temps on n'ose tout de même pas certifier vraies ; on se fait l'écho de rumeurs épouvantables qui enveloppent les réalités d'une sorte de halo sulfureux ; on crée une atmosphère ; on ne prétend pas avoir vu le diable mais on rapporte que d'autres l'ont vu. Puis, les années passant, on s'en entretient avec d'autres survivants et surtout on lit ce qui s'est écrit sur le sujet ; on finit par intéresser des auditoires qui n'ont pas connu cette expérience, des auditoires à la fois complaisants et exigeants : d'une part, ils sont prêts à croire aux pires horreurs mais, d'autre part, il faut leur en fournir de toujours plus fortes, sous peine de les décevoir. C'est alors que, pour répondre à leur attente, on va puiser dans le fond d'une sorte de tradition écrite et orale. On va « enrichir » sa propre expérience de l'expérience supposée des autres et on va s'inspirer des ouvrages prétendument historiques et savants consacrés au sujet. Peu à peu on en viendra ainsi à ne plus clairement distinguer entre ce qu'on a vécu et ce qu'on a trouvé chez autrui. Le petit mensonge deviendra un gros mensonge qui, lui-même, se mettra à enfler jusqu'à nourrir un mythe nécessaire aux chaudes retrouvailles entre gens qui ont subi les mêmes vraies souffrances et qui, par solidarité, se prêteront main forte dans la défense et l'illustration du récit de leur odyssée. C'est le mensonge d'Ulysse. Vrai témoin en 1947, P. Levi est, progressivement, devenu faux témoin en 1976. Il a cédé à la tentation du mensonge d'Ulysse ; Paul Rassinier, lui, y a résisté.[63]

---

[60] *Id.*, p. 204.
[61] *Id.*, p. 73.
[62] *Id.*, p. 111.
[63] Sur une invention un peu « forte » de P. Levi, on consultera Pierre Marais, *En lisant de près les écrivains chantres de la Shoah. Primo Levi, Georges Wellers, Jean-Claude Pressac*, p. 7-21.

***

29 juin 1993

UN GRAND FAUX TÉMOIN : ÉLIE WIESEL (SUITE)

En 1988, je publiais dans les *Annales d'histoire révisionniste*[64] un article intitulé : « Un grand faux témoin : Élie Wiesel », où j'écrivais notamment :

> « Élie Wiesel a reçu en 1986 le prix Nobel de la Paix. Il est généralement présenté comme un témoin de l'« Holocauste » des juifs et, plus particulièrement, comme un témoin de l'existence des prétendues chambres à gaz homicides […]. Mais en quoi Élie Wiesel serait-il un témoin des chambres à gaz ? De quel droit exigerait-il que nous croyions un seul instant à ce mode d'extermination ? Dans le livre autobiographique censé rapporter son expérience d'Auschwitz et de Buchenwald, il ne mentionne nulle part les chambres à gaz. Il dit bien que les Allemands exterminaient les juifs mais… par le feu, en les jetant vivants dans des fournaises en plein air au vu et au su de tous les déportés ! »[65]

Dans une note, je précisais que l'auteur de *La Nuit*, récit autobiographique, ne faisait aux gazages homicides qu'une seule allusion vague et fugace à la page 109 : Élie Wiesel, qui aime bien prendre Dieu pour interlocuteur, lui dit : « [ces hommes-ci] que Tu as laissé torturer, égorger, *gazer*, calciner, que font-ils ? Ils prient devant Toi ! »[66]

En 1992, un révisionniste suisse, Jürgen Graf[67], eut la curiosité de comparer la version originale française de *La Nuit* (1956)[68] avec la traduction en allemand parue, en 1962, sous le titre *Die Nacht zu begraben, Elischa* (La Nuit pour enterrer les morts, petit Élie).[69] Cette traduction due à Curt Meyer-Clason se révéla scrupuleusement exacte,

---

[64] *AHR*, n° 4, printemps 1988, p. 163-168, reproduit dans le volume II à la page 606.

[65] É. Wiesel, *La nuit*, p. 163.

[66] *Id.*, p. 168, n. 1.

[67] Jürgen Graf est l'auteur de *Der Holocaust auf dem Prüfstand* (L'Holocauste sur la sellette), et de *Der Holocaust-Schwindel*.

[68] *La Nuit*, préface de François Mauriac.

[69] *Die Nacht zu begraben, Elischa*, avec une introduction de Martin Walzer et la préface de François Mauriac ; la traduction de *La Nuit* occupe les pages 17-153.

sauf sur un point : il semblait que toutes les occurrences où se rencontraient, dans la version française, les mots de « crématoire(s) » ou de « four(s) crématoire(s) » avaient laissé place, sous la plume de l'excellent traducteur, au mot de « *Gaskammer(n)* » (chambres à gaz). Une révisionniste française, doublée d'une germaniste, A. W., voulut bien se charger pour moi d'un travail de vérification, dont je la remercie. Le résultat de ce travail est le suivant :

En treize occurrences, « crématoire(s) » ou « four(s) crématoire(s) » ont été changés en « *Gaskammer* (n) » et, en une occurrence, en « *Vernichtungslager* » (camp d'extermination doté de chambre(s) à gaz). En une occurrence, « exterminés » a été changé en « *vergast* » (gazés). Donc, au total, en quinze occurrences, **le traducteur allemand a mis du gaz là où l'auteur n'en avait pas mis**. Les pages où peuvent se vérifier ces manipulations sont les suivantes, respectivement dans l'édition originale française et dans la traduction allemande :

Page57 – Seite53 (2 fois) ; p. 58 – s. 54 ; p. 61 – s. 57 ; p. 62 – s. 57 ; p. 67 – s. 62 (2 fois) ; p. 84 – s. 76 ; p. 101 – s. 90 ; p. 108 – s. 95 ; p. 109 – s. 95 ; p. 112 – s. 98 ; p. 129 – s. 113 ; p. 163 – s. 140 ; p. 174 – s. 150.[70]

---

[70] Primo Levi s'est livré à une opération du même genre sans avoir recours à un traducteur. Voyez *Si c'est un homme*. La première partie du livre est la plus longue et la plus importante ; elle comprend cent quatre-vingts pages (p. 7-186) et a été rédigée en 1947 ; l'auteur dit, dès la page 19, que c'est après la guerre qu'il a appris le gazage des juifs à Birkenau ; lui-même travaillait à Buna-Monowitz et n'avait jamais mis les pieds à Birkenau ; aussi ne parle-t-il qu'en termes extrêmement vagues et seulement à cinq reprises de « la » chambre à gaz (p. 19, 48, 51, 96, 135) ; il se contente de la mentionner, toujours au singulier et comme une rumeur dont « tout le monde *parle* » (p. 51). Soudain, dans son « Appendice », écrit en 1976, soit près de trente ans plus tard, les chambres à gaz font une entrée en force : en l'espace de vingt-six pages (p. 189-214) qui, vu leur typographie plus resserrée, peuvent être comptées pour trente pages, l'auteur les mentionne à onze reprises (p. 193 (2 fois), 198 (3 fois), 199, 201 (2 fois), 202, 209, 210) ; à deux reprises, il parle de « gaz » et à neuf reprises de « chambres à gaz » (toujours au pluriel) ; il écrit comme s'il les avait vues : « Les chambres à gaz étaient en effet camouflées en salles de douches avec tuyauteries, robinets, vestiaires, portemanteaux, bancs, etc… » (p. 198). Il ne craint pas d'écrire encore : « Les chambres à gaz et les fours crématoires avaient été délibérément conçus pour détruire des vies et des corps humains par millions ; l'horrible record en revient à Auschwitz, avec vingt-quatre mille morts en une seule journée au mois d'août 1944 » (p. 201-202).
Élie Wiesel et Primo Levi ne sont pas les seuls à avoir ainsi « enrichi » leurs souvenirs.
Primo Levi était ingénieur chimiste. Sur son naufrage ou son délire au point de vue scientifique dans *Si c'est un homme*, on consultera, de Pierre Marais, *En lisant de près les écrivains chantres de la Shoah. Primo Levi, Georges Wellers, Jean-Claude Pressac* ; voy., en particulier, « Le chimiste, la batterie de camion et… les chambres à gaz » (p. 7-21), chapitre qui concerne Primo Levi. Ce dernier s'est suicidé ou est mort accidentellement le 11 avril 1987. C'est à sa qualité de juif qu'il avait dû de n'être pas fusillé lorsqu'il avait été fait prisonnier par la Milice fasciste le 13 décembre 1943, à l'âge de 24 ans. « Les fascistes l'avaient capturé en tant que partisan (il avait encore un pistolet

Il est intéressant de noter que, dans les deux dernières occurrences, le camp dont parle É. Wiesel n'est plus celui d'Auschwitz, quitté en janvier 1945, mais celui de Buchenwald. Autrement dit, le camp de Buchenwald, dont tous les historiens ont fini par admettre qu'il ne possédait pas de chambres à gaz homicides, se voit ici pourvu... de chambres à gaz homicides !

À mes yeux, la responsabilité personnelle d'É. Wiesel est engagée dans ces manipulations frauduleuses, lesquelles, comme on peut le constater, revêtent un caractère délibéré et systématique. Cette responsabilité demeurera engagée aussi longtemps que l'auteur ne se sera pas publiquement expliqué sur son rôle dans l'affaire de cette curieuse traduction en allemand.

Il est un autre point sur lequel j'attends depuis plusieurs années une explication de notre homme : pourquoi, en janvier 1945, a-t-il décidé de quitter Auschwitz avec les Allemands plutôt que d'attendre sur place les Soviétiques ? Pourquoi son père et lui ont-ils, après mûre réflexion et alors que les Allemands leur en laissaient le choix, opté pour un départ avec leurs « exterminateurs » allemands plutôt que pour une attente, sur place, de leurs « libérateurs » soviétiques ?

Il faut relire la fin de *La Nuit* sur ce troublant épisode de la vie des Wiesel, père et fils. Pour commencer, rappelons qu'É. Wiesel a toujours insisté sur le caractère strictement autobiographique de son ouvrage. Encore en 1990, il déclarait : « Every word of it is absolutely true » (Chaque mot en est absolument vrai).[71] Aux pages 124-130 de *La Nuit*, il raconte que, détenu à Auschwitz à l'âge de seize ans, il eut, un jour de la fin 1944, à souffrir d'une infection au pied droit. « Un grand médecin juif, un détenu comme nous [mon père et moi-même] » décida qu'une opération chirurgicale était nécessaire.[72] Le jeune Élie fut admis à l'hôpital d'Auschwitz « dans des draps blancs [...]. Ce n'était pas mal du tout, l'hôpital : on avait droit à du bon pain, à de la soupe plus épaisse. »[73] Son médecin assista de bout en bout à l'opération chirurgicale jusqu'au réveil du jeune patient. Peu après, en janvier 1945, les Allemands annoncèrent l'évacuation du camp : « Les malades peuvent rester à l'infirmerie. Ils ne seront pas évacués. »[74] Le jeune homme consulta son père.

---

sur lui), et il s'était déclaré juif afin de n'être pas fusillé immédiatement. Et c'est en tant que juif qu'il fut livré aux Allemands. Les Allemands l'envoyèrent à Auschwitz [...] » Ferdinando Camon, « Chimie. Levi, la mort », p. 29.

[71] *Chicago Tribune*, 8 mai 1990, section 2, p. 5, col. A.

[72] É. Wiesel, *op. cit.,* p. 124.

[73] *Ibid.*

[74] *Id.*, p. 129.

« Il était perdu dans ses méditations. Le choix était entre nos mains. Pour une fois, nous pouvions décider nous-mêmes de notre sort. Rester tous deux à l'hôpital, où je pouvais faire entrer [mon père] comme malade [ce qu'il n'était pas] ou comme infirmier [ce qu'il n'était pas non plus], grâce à mon docteur. Ou bien suivre les autres. »[75] La suite du récit nous l'apprend : bien que le jeune homme eût encore du mal à marcher, la décision fut prise d'un commun accord : ce serait – et ce fut – le départ vers l'Ouest avec les Allemands, le 18 janvier 1945.[76]

Comment tout cela peut-il s'accorder avec une politique d'extermination systématique des juifs, surtout des juifs malades ou incapables de travailler ?

Le père d'Élie Wiesel allait mourir de dysenterie à Buchenwald. Lui-même et deux de ses sœurs allaient survivre à la guerre. Élie Wiesel se fait beaucoup voir et entendre. Ses sœurs sont d'une remarquable discrétion.[77]

**

29 juillet 1993

LETTRE À ERNST NOLTE

Mon cher collègue,

Je vous remercie de votre réponse du 19 juin à ma lettre du 15 mai.

Je vous avais reproché d'avoir employé à notre égard l'expression de « *radikaler Revisionismus* ». Vous me répondez que, *pour vous*, cette expression n'a rien d'infamant. Reportez-vous à ma lettre du 15 mai. Je vous y disais : « Cette épithète (de « radikal ») implique, **que vous le vouliez ou non**, une critique… radicale ». La question n'était donc pas de savoir quelle était votre intention – non exprimée – mais quels étaient le mot et le fait exprimés. Vous êtes un historien allemand. Vous savez

---

[75] *Id.*, p. 129-130.

[76] *Id.*, p. 130-133 : « We were waiting for the Russians as I waited for the Messiah » ([A Auschwitz] nous attendions les Russes comme j'attendais le Messie). Ce mensonge flagrant a été proféré par Élie Wiesel lors d'une émission télévisée du 27 novembre 1991 : « Facing Hate With Elie Wiesel and Bill Moyers » (Face à la haine, avec Elie Wiesel et Bill Moyers), PBS, transcription, p. 8.

[77] *La Nuit* ne semble être que la version, considérablement abrégée, d'un livre de huit cents pages qu'Élie Wiesel aurait publié en yiddish, dans une ville d'Argentine, en 1956, sous un titre signifiant « Et le monde resta silencieux » (E. Devereaux, « Elie Wiesel », p. 40). Il serait probablement instructif de comparer cette première version, qui ne rencontra aucun succès, avec le condensé en français de *La Nuit*.

donc parfaitement les implications morales et politiques de cet adjectif qui est encore plus grave en allemand qu'en français, pour les historiens, les journalistes et les hommes politiques de votre pays. Vous n'aviez pas le droit de nous appliquer cet adjectif, surtout sans même avoir rencontré un seul d'entre nous, alors même que, personnellement, je vous avais proposé une telle rencontre.

À la fin de votre lettre, vous écrivez : « Pour terminer, je veux vous dire en toute sincérité la raison qui m'a fait écarter votre aimable proposition de me rendre visite à Berlin. » Précisons d'abord que je vous proposais aussi de vous recevoir à Vichy, où j'habite. Vous m'avouez ensuite, franchement, que vous avez eu *peur*. Vous avez craint que cette rencontre ne s'ébruite ; ainsi, dites-vous, votre livre se serait trouvé « liquidé » avant son édition. Je comprends cette peur mais vous auriez dû la surmonter. Personnellement, à votre place, j'aurais éprouvé une peur encore plus grande que celle-là : celle d'écrire un livre injuste et mal informé. Les historiens allemands sont décidément bien à plaindre.

En ce qui concerne l'épisode de la vieille juive que vous avez un jour aperçue sur un quai de gare et dans le train, ne craignez-vous pas de *spéculer* ? Si je compare votre récit du 23 avril avec celui du 19 juin, je relève d'étranges « enrichissements ». Vous dites maintenant que, selon toute apparence (*Anschein*), cette vieille femme était l'épouse d'un « aryen » ; vous ajoutez : d'un « aryen » mort peu auparavant. Vous dites même qu'elle a été déportée à l'Est ! Comment peut-on avancer ainsi, d'un seul et même souffle, deux hypothèses et une certitude ? Là-dessus, vous dites que vous « croyez » qu'une cruauté abstraite de ce genre n'avait pas d'analogie en France. Vous vous trompez. La France est un pays riche en décisions administratives de ce genre (et en cruautés point du tout administratives et réglementaires, et donc d'autant plus horribles dans les faits). La cruauté « abstraite », comme vous dites, et les mesures d'autorité les plus cruelles, *mais hypocrites*, sont même une spécialité des grandes « démocraties ». Pendant et après la seconde guerre mondiale, la police française a mis en camps de concentration, camps de regroupement, camps de transit une quantité de Français et d'étrangers. Tous les camps où ont été internés des juifs avaient reçu (avant mai-juin 1940) et ont reçu (à partir d'août 1944) des foules de non-juifs : Espagnols, Allemands, Autrichiens, « collabos », etc. Les fameuses photos du Vel' d'hiv' montrent, vous le savez sans doute, non pas des juifs en juillet 1942 mais des « collabos » en août 1944. Pour moi, les horreurs de l'Épuration, sur laquelle les historiens ont longtemps observé le silence des lâches, ont été telles, en bien des pays d'Europe, qu'elles ne nous autorisent pas à la dénonciation facile, le jour et la nuit, pendant près de cinquante ans, des horreurs « nazies ». Juger, c'est comparer. Si nous voulons condamner les atrocités des vaincus, observons d'abord nos propres cruautés, administratives ou non administratives (ces dernières étant, je le répète, forcément plus horribles).

Vous ne répondez pas à mes questions des pages 4 et 5.

Vous répondez à ma question sur les « chambres à gaz ». Vous écrivez qu'on n'a « **en aucune manière** apporté la preuve générale et définitive qu'une extermination en masse, notamment par le moyen de gaz toxique, **n'a pas** eu lieu, et cela ni en acte ni en intention ». Vous ajoutez : « Il faudra encore une longue période de recherches et de discussions pour élucider cette question. » Je vous répondrais que nous sommes ici dans le vague. Qu'appellerez-vous, éventuellement, le jour venu, une « preuve générale et définitive » ? Vous croyez certainement que, pendant la guerre de 14, les Allemands n'ont pas coupé des mains d'enfants belges et je suppose que vous ne croyez pas non plus à une foule de récits d'atrocités concernant l'exécution de juifs, pendant la seconde guerre mondiale, par l'eau bouillante (version *officielle* de Treblinka au procès de Nuremberg : PS-3311), par l'électricité, par des pompes à faire le vide, par le déversement en hauts-fourneaux, etc. De même pour le « savon juif », etc. Voulez-vous me dire, dans chaque cas, quelle est la preuve « définitive » et « générale » qui vous a convaincu qu'il s'agissait de mensonges ? Mais soyons précis en ce qui concerne les « chambres à gaz » : en quoi l'analyse, parmi d'autres, de Germar Rudolf ne prouverait-elle pas qu'il n'y a pas eu de chambres à gaz homicides à Auschwitz et à Birkenau ? Pouvez-vous me nommer des endroits *précis* où, d'après vous, les Allemands auraient pu gazer des juifs ? Quelles sont les « recherches » que vous appelez de vos vœux ? De quelles « discussions » précises voulez-vous parler sur ce point précis ?

Je vais, moi, répondre à vos questions.

Question n° 1 : Ma réponse est oui. Hitler a considéré les juifs comme, d'ailleurs, la plupart des juifs ont considéré Hitler et continuent de considérer Hitler.

Question n° 2 : Ma réponse est oui. On menace toujours d'anéantissement, particulièrement en temps de guerre. Un ennemi est, par définition, voué, en de tels cas, à l'anéantissement ou à l'extermination. Souvent, on va jusqu'à le déclarer « anéanti » alors qu'en fait il ne l'est pas. J'observe, par ailleurs, que les mots d'anéantissement ou d'extermination, comme ceux de *Vernichtung* ou d'*Ausrottung*, sont difficiles à définir. S'agit-il d'un anéantissement *physique*, d'une extermination *physique ?* La VIe armée allemande a été exterminée à Stalingrad. Cela veut-il dire qu'il n'y a pas eu de survivants ? Non, bien sûr. Il faut se méfier de mots de ce genre.

Questions 3 à 6 : Ces quatre questions n'en forment qu'une que je formulerais ainsi : « Hitler était-il, pour vous, *capable* de décider le génocide des juifs et d'utiliser, pour cela, la méthode (plus « humaine » dans son esprit) du gazage ? » Ma réponse est que n'importe qui, et, en particulier, les gens qui font profession de lutter pour le Bien contre le Mal, est capable des pires horreurs. Hitler était, à ce titre, capable de décider le génocide des juifs et capable d'utiliser la méthode du gazage, même et surtout si cette méthode lui paraissait particulièrement cruelle. Hitler était capable de commettre le crime de Katyn. Il était capable d'utiliser la bombe atomique contre les populations civiles. Il était capable de redécouper l'Europe à sa fantaisie, en cas de victoire, et de déporter des millions de gens. Il était capable d'une politique colonialiste et impérialiste. Il était capable de cent autres horreurs qu'on lui impute – sans les prouver – ou que ses ennemis ont bel et bien perpétrées.

Cependant, la question pour un historien est moins de savoir si Charles Quint, Napoléon, Hitler, Roosevelt, Churchill, Staline étaient *capables* de ceci ou de cela que de savoir si ces gens ont *fait* ceci ou cela. Pour commencer, ce « ceci » ou ce « cela » ont-ils existé ?

Vous *spéculez* et vous me demandez de *spéculer*. Vous pensez qu'il existe des raisons de penser que... et vous me demandez : « Gibt es Grund zu der *Annahme*, daß... » Vous continuez ainsi : « Darf man *annehmen*... ? » [Peut-on supposer... ?] ; « War die Macht Hitlers im Dritten Reich so groß, daß er *imstande* war... ? » [Le pouvoir de Hitler sous le IIIᵉ Reich était-il si grand qu'il était capable... ?] ; « Läßt sich die *Annahme* warscheinlich machen, daß... ? » [Ne peut-on supposer avec vraisemblance... ?] Que de suppositions ! Moi, j'ai fait ces suppositions et puis, *après avoir beaucoup travaillé*, j'ai vu qu'elles ne correspondaient à rien dans la réalité.

Vous employez des expressions qui exigeraient des définitions. Qu'est-ce, au juste, qu'une « superstructure sans consistance » *(luftiger Überbau)* par rapport à une force déterminante *(handlungsbestimmende Macht)* ? Et, surtout, que veut dire « une simple indication ou un signe de tête de Hitler » *(eine bloße Andeutung oder [...] ein Kopfnicken)* ? Quelle représentation physique vous faites-vous de ces choses-là ? Comment vous imaginez-vous la scène ? Hitler donnerait un signe de tête à quoi ? À qui ? En présence de qui ? Je ne l'imagine pas faisant à un fonctionnaire allemand un « signe de tête » qui équivaudrait à : « Moi, chancelier du Reich, je vous donne l'ordre de lancer une formidable opération de tuerie généralisée au moyen d'abattoirs chimiques ; vous avez mon autorisation non écrite ; vous prendrez l'argent où vous voudrez ; vous veillerez à ce qu'il n'existe pas la moindre trace du plus grand massacre de l'histoire, un massacre dont je ne veux pas – vous le voyez – prendre la responsabilité devant l'histoire ; salissez-vous, salissez l'armée, la police, mais ne me demandez pas de me salir moi-même. » Puis-je vous demander ici, mon cher collègue, si vous avez lu ce que j'ai écrit de la théorie du « *nod* » (signe de tête), chère à Christopher Browning ? Et avez-vous lu ce que j'ai écrit sur la théorie, chère à Raul Hilberg, de la « communication de pensée » (*consensus mind-reading [...] by a far-flung bureaucracy)* ?

En conclusion, voyez à quel point nous sommes dans la *spéculation*, le vague, la psychologie, la métaphysique et loin, malheureusement, de la recherche des faits vérifiables. Contrairement à ce que vous dites, je ne suis pas un historien empirique et j'espère que, de votre côté, vous n'êtes pas un naïf historien des « idéologies » confiné dans le papier (un « historien de papier »). Je cherche à commencer par le commencement. Je cherche à établir ce qui a bien pu se passer. Si j'agis ainsi, c'est par souci de prudence, par égard pour la logique et par amour, je ne vous le cacherai pas, de la difficulté. *Car rien n'est difficile comme de commencer par le commencement et de rechercher la réalité des faits,* **humblement.**

Je me permets d'attendre une réponse à cette lettre. Au reçu de votre réponse, je vous ferai savoir si j'irai, ou non, vous voir à Berlin.

***

24 août 1993

« FAURISSON » DANS HENRY COSTON, *DICTIONNAIRE DE LA POLITIQUE FRANÇAISE, IV,* À PARAÎTRE [ARTICLE SOUMIS À L'INTÉRESSÉ POUR VÉRIFICATION]

FAURISSON (Robert) – Universitaire, né le 25 janvier 1929 à Shepperton (Grande-Bretagne), de père français et de mère écossaise. Il est lui-même titulaire de la nationalité britannique et de la nationalité française. Agrégé des lettres et docteur ès lettres et sciences humaines, ce spécialiste de littérature française moderne et contemporaine ainsi que de « critique de textes et documents (littérature, histoire, médias) » a enseigné à la Sorbonne et, à partir de 1973, à l'université Lyon-II (université Lumière). Jusqu'alors noté comme « très brillant professeur, chercheur très original, personnalité exceptionnelle », il fut du jour au lendemain privé *de facto* de toute activité d'enseignement sur l'intervention, en particulier, d'associations juives qui lui reprochaient ses opinions révisionnistes. Par la suite, sa chaire d'enseignement lui fut retirée par Lionel Jospin, ministre de l'éducation, sans recours à la moindre procédure administrative. F. n'avait jamais professé ses opinions dans ses cours. Il est aujourd'hui rattaché au Centre national d'enseignement à distance. Considérant le révisionnisme non comme une idéologie mais comme une méthode, il préconise, en littérature comme en histoire, une relecture particulièrement attentive des textes et des documents. Cette méthode lui a permis de renouveler profondément l'étude de textes littéraires réputés difficiles : voy. *A-t-on* lu *Rimbaud ?*, *A-t-on* lu *Lautréamont ?*, *La Clé des* Chimères *et* Autres Chimères de *Nerval*. Secrétaire du SNE-sup, il a cotisé au Comité Maurice Audin contre la torture en Algérie ; d'une rare liberté de pensée, il fut, peu après, emprisonné à Riom, en 1962, pour avoir vivement protesté contre l'internement administratif d'un sympathisant de l'Algérie française. Il est membre de l'Union des athées. Reprenant la thèse de l'ancien député socialiste pacifiste Paul Rassinier, revenu de déportation sur un brancard et auteur du *Mensonge d'Ulysse* (1950, réédité par La Vieille Taupe, 1979), il est considéré comme le principal représentant dans le monde, avec l'Américain Arthur Butz, du révisionnisme historique. Il affirme, au terme de ses recherches, que si l'Allemagne nationale-socialiste a effectivement suivi une politique antijuive et recherché une « solution définitive de la question juive » par l'émigration si possible et la déportation si nécessaire, elle n'a jamais pratiqué une politique d'extermination physique des juifs européens ; selon lui, on ne trouve nulle trace d'un ordre, d'un plan, d'un budget pour cette extermination et « l'arme spécifique du crime spécifique », c'est-à-dire la chambre à gaz homicide, est une invention de la propagande de guerre. Parmi les nombreux auteurs révisionnistes, F. est le premier à avoir insisté sur ce qu'il appelle les « impossibilités physico-chimiques de la prétendue chambre à gaz hitlérienne ». Il a mis au jour d'importants documents sur les crématoires censés contenir, comme à Auschwitz ou à Birkenau, des chambres à gaz homicides. La controverse sur les chambres à gaz a éclaté à l'occasion de deux articles de F. dans *Le Monde* (29 décembre 1978 et 16 janvier 1979) ; un premier article avait été déjà publié dans *Défense de l'Occident* (juin 1978). Les principaux soutiens qu'il reçut lui vinrent, dès 1979, de l'ultra-gauche, réunie autour du groupe de la Vieille Taupe animé par le militant libertaire Pierre Guillaume. Ceux-ci ont publié un ouvrage collectif, *Intolérable Intolérance* (La Différence, 1981), qui comprend des contributions de Jean-Gabriel Cohn-Bendit, Éric Delcroix, Claude Karnoouh, Vincent Monteil, Jean-Louis Tristani. C'est aux éditions de la Vieille Taupe qu'en 1980 Serge Thion, chercheur au CNRS, et F., publient *Vérité historique ou vérité politique ? La question des chambres à gaz ?* Cet ouvrage contient aussi une étude du *Journal* d'Anne Frank (journal dont F. attribue la rédaction, après la guerre, au père de la jeune fille morte du typhus en mars 1945 à Bergen-Belsen). F. a également publié *Mémoire en défense contre ceux qui m'accusent de falsifier l'histoire* (précédé d'un avis de Noam Chomsky, 1980) et *Réponse à Pierre Vidal-Naquet* (1982). Il est l'auteur de nombreuses études publiées dans les *Annales d'histoire révisionniste* (1987-1990), la *Revue d'histoire révisionniste* (1990-1992) et *The Journal of Historical Review* (depuis 1980) édité à Los Angeles par l'*Institute for Historical Review*. Il conseille ou dirige de nombreux travaux en France et à l'étranger. Il a été le conseiller technique du Canadien Ernst Zündel lors de deux longs procès en 1985 et 1988 à Toronto ; ses dépositions à la barre ont fait sensation ; les contre-interrogatoires qu'il inspirait ont été désastreux pour les témoins et les historiens de la partie adverse. Il est à l'origine de l'expertise de l'Américain Fred Leuchter concluant à l'impossibilité d'existence de chambres à gaz homicides à Auschwitz, Birkenau et Majdanek ; d'autres expertises ont conclu dans le même sens. Débatteur redouté, il est interdit d'antenne à la radio et à la télévision françaises. Depuis 1978, il a subi dix agressions physiques dont l'une, le 16 septembre 1989, de la part d'une organisation se dénommant « Fils de la mémoire juive » ; cette agression, où il manqua laisser la vie, fut approuvée par Serge et Beate Klarsfeld ainsi que par François Léotard. De nombreux procès, suivis de lourdes condamnations financières et de peines de prison avec sursis, n'ont, jusqu'à présent, pas réussi à briser l'énergie d'un homme contre lequel, à l'instigation de certaines associations juives, Laurent Fabius a pris l'initiative de réclamer au parlement le vote d'une loi spéciale : la loi Fabius-Gayssot, alias « Lex Faurissonia » (13 juillet 1990) qui interdit toute contestation de la vérité officielle en ce qui concerne l'histoire des crimes contre l'humanité, tels que définis et sanctionnés par le Tribunal militaire international de Nuremberg (1945-1946). « Montrez-moi ou dessinez-moi une chambre à gaz nazie avec l'explication de sa technique et de son fonctionnement » : tel est le défi lancé par F. et pour lequel il continue, dit-il, d'attendre une réponse. François Brigneau a publié : *Mais qui est donc le Professeur Faurisson ?* (Publications F. B. 1992).

***

13 September 1993

QUELQUES DÉNONCIATIONS DU SHOAH-BUSINESS

1. *The devastating barb : « There's no business like Shoah business »
is, sad to say, a recognizable truth.*
(L'affreux jeu de mots « il n'y a pas de business qui vaille le shoah-business » est, c'est triste à dire, une vérité palpable.)

Leon A. Jick, « The Holocaust : its Use and Abuse within the
American Public », 1981, p. 316.

2. Dans le cas du génocide des Juifs, il est évident qu'une des idéologies juives, le sionisme, fait du grand massacre une exploitation qui est parfois scandaleuse.

Pierre Vidal-Naquet, *Les Juifs, la mémoire et le présent*, 1981, p. 215.

3. *Many Israelis feel offended by the way in which the Holocaust is exploited in the Diaspora. They even feel ashamed that the Holocaust has become a civil religion for Jews in the United States. They respect the works of Alfred Kazin, Irving Howe, and Marie Syrkin. But of other writers, editors, historians, bureaucrats, and academics they say, using the word Shoa, which is the Hebrew for Holocaust : « There's no business like Shoa business ».*
(Beaucoup d'Israéliens se sentent offensés par la façon dont l'Holocauste est exploité dans la diaspora. Ils ressentent même de la honte à l'idée que l'Holocauste soit devenu une religion civile pour les juifs des États-Unis. Ils respectent les travaux d'Alfred Kazin, Irving Howe et Marie Syrkin. Mais à propos des autres écrivains, rédacteurs, historiens, bureaucrates et universitaires ils disent, en utilisant le terme Shoa qui est le mot hébreu pour Holocauste : « il n'y a pas de business qui vaille le shoah-business. »)

Jacobo Timerman, *The Longest War. Israel in Lebanon*, 1982, p. 15.

4. « *The Eichmann trial in 1961 [...] was exploited in a cold-blooded way as « a means of practical policy, aimed at practical gains. – One of the principal gains, [Boaz Evron] says, was to heighten the sense of guilt of the Germans : to put Germany in a situation of permanent disadvantage in the eyes of the world and to exploit this situation not only by extracting still greater payments in reparation for the crimes of the Nazis, but by insisting at the same time (quite rightly) that mere money could not compensate for the sufferings of the Jews [...] moral blackmail [...] moral blackmail.* »

(Le procès Eichmann, en 1961, [...] a été exploité de sang-froid comme "moyen d'une politique concrète visant des bénéfices concrets. – L'un des principaux bénéfices, dit [Boaz Evron], fut d'accroître le sentiment de culpabilité des Allemands : de mettre l'Allemagne dans une situation d'infériorité aux yeux du monde entier et d'exploiter cette situation non seulement en extrayant le versement de réparations toujours plus considérables pour les crimes commis par les nazis, mais aussi en insistant en même temps (et à juste titre) sur le fait que l'argent ne peut pas compenser les souffrances des juifs [...] chantage moral [...] chantage moral.)

Michael Adams [dans un long compte rendu d'un article de Boaz Evron publié en hébreu dans le magazine littéraire *Yiton 77* de Tel Aviv], « About Use and Misuse of the Holocaust by the State of Israel », 1982.

5. [À Los Angeles, le rabbin Schulweis déclare :] « Auschwitz nous a servi d'argument définitif quand tous les autres ont échoué. C'était le moyen le plus sûr pour collecter des fonds pour des yeshivoth [écoles religieuses] ou l'enseignement du judaïsme, pour des foyers de vieillards ou des orphelinats, et pour Israël. »

Murray Zuckoff, « Contre le mauvais usage de l'holaucauste [sic] comme référence », 1982.

6. « La communauté juive américaine a le sentiment de plus en plus marqué que l'Holocauste a été et continue d'être "banalisé" et commercialisé, a récemment affirmé dans la revue *Judaism*, une universitaire, Mme Deborah Lipstadt, professeur d'études juives à la prestigieuse université de Californie (UCLA). – Elle précise qu'un nombre croissant de juifs sont d'avis qu'il y a « beaucoup trop d'Holocauste », que trop d'argent, de temps et d'énergie sont investis dans son évocation, et que l'attention dont il est l'objet a un aspect « malsain ». D'autres juifs, écrit-elle encore, prétendent que l'Holocauste a été « commercialisé » par divers groupes et institutions pour des objectifs qui leur sont propres, et que les carrières de certains

groupements et même individus « ont été édifiées sur l'exploitation grossière de l'intérêt suscité par l'Holocauste ».

Traduction d'un extrait de *Jewish Digest*, « Choa. La Banalisation de l'Holocauste ». [R. Faurisson : The English original text should be found in *Judaism* (February 1983 ?)]

7. *« I first heard the bitter pun "there's no business like Shoah business" while working at YIVO [Institute for Jewish Research], an institution almost exclusively staffed by Holocaust survivors or their children. The joke acknowledged the seemingly limitless appetite for Holocaust materials, mainly as fund-raising tools within the Jewish community, but also as a source of identity – even a perverse ethnic pride – as well as the antidote to the fascination with Nazism outlined above. »*

[J'ai entendu pour la première fois cet amer jeux de mots, « il n'y a pas de business qui vaille le shoah-business » alors que je travaillais à l'Institut Yivo (spécialisé dans la recherche sur les juifs), une institution dont le personnel est presque exclusivement composé de survivants de l'Holocaustes ou de leurs enfants. Cette plaisanterie témoignait de l'appétit apparemment sans limite dont ils témoignaient pour les documents sur l'Holocauste, qui servaient surtout à collecter des fonds à l'intérieur de la communauté juive, mais aussi de source d'identité – et même d'une certaine fierté ethnique perverse – aussi bien que d'antidote à la fascination exercée par le nazisme que j'ai évoquée plus haut.]

J. Hoberman, « Film. Shoah Business », 1986. [J. Hoberman défendait le film de Claude Lanzmann contre l'attaque lancée par Pauline Kael dans *The New* Yorker].

8. *« [In a B'nai B'rith lecture in Jerusalem, Sir Imanuel Jakobovits, the British Chief Rabbi, said that the Holocaust was not] an event different from any previous national catastroph [for the Jews] in spite of the existence of "an entire industry, with handsome profits for writers, researchers, film makers, monument-builders, museum-planners and even politicians". »*

([Dans une conférence organisée par le B'nai B'rith à Jérusalem, Sir Immanuel Jakobovits, le grand rabbin d'Angleterre, a dit que l'Holocauste n'était pas] un événement différent des autres catastrophes nationales [qui avaient affecté les juifs], en dépit de l'existence de toute une industrie qui rapportait de confortables profits aux écrivains, aux réalisateurs de films, aux constructeurs de monuments, aux muséographes et même aux politiciens. »)

Haim Shapiro [Jerusalem], « Chief Rabbi assails Holocaust "industry" », 1987.

9. *« War and Remembrance [...] only minimalizes the historical events and issues it is exploiting. The deliberate extermination of millions*

of Jews and the death and mutilation of many other millions in the Second World War are merely an expensive and logistically complex backdrop to the soap operatics of the plot, and the promotion of products sanctioned by author Herman Wouk. [...] all the sufferings [...] have once again been reduced to mere fodder for the merchants of conspicuous consumption. » (*War and Remembrance* (Guerre et souvenir) [...] ne fait que minimiser les événements et les problèmes historiques que le film exploite. L'extermination délibérée de millions de juifs ainsi que la mort et la mutilation de beaucoup d'autres millions d'hommmes au cours de la seconde guerre mondiale se réduisent à n'être plus que l'arrière-plan coûteux et complexe à installer pour une intrigue de feuilleton et la promotion de produits liés à l'auteur Herman Wouk. [...] toutes les souffrances [...] ont été une fois de plus réduite en pâtée distribuée par les marchands de consommation de prestige.)

John Haslett Cuff, « War and merchandising », 1988.

10. « *The newspaper* Ha'Aretz *(December 16) published an attack by a director of the Yad V'shem Holocaust Center on the Wiesenthal Center in Los Angeles. The displeasure of Yad V'Shem over what it sees as the commercialization of the Holocaust by the Wiesenthal Center has long been known, but this is the most open attack yet [...]. [Said the director :] "The Jewish people does many vulgar things but the Wiesenthal Center raised it to a complete level : The optimum use of sensitive issues in order to raise money..." »*

(Le journal [israélien] *Haaretz*, du 16 décembre [1988] a publié une attaque du directeur de l'Institut Yad Vashem contre le centre Wiesenthal de Los Angeles. Le mécontentement de Yad Vashem devant ce qu'il considère comme une commercialisation de l'holocauste par le centre Wisenthal est connu depuis longtemps mais cette attaque est la plus explicite à ce jour. [Le directeur a déclaré :] « Le peuple juif fait beaucoup de choses vulgaires mais le comble est atteint par le centre Wiesenthal : l'usage optimum des questions sensibles pour amasser de l'argent... »)

« Sad », *The Jewish Press*, 23 December 1988.

11. « [...] "Ce que j'appelle le Shoah business".

Ces mots ont été prononcés par Jean Kahn, dirigeant du Congrès juif européen le 7 Septembre 1989 dans un débat à la télévision française (*La Cinq*) avec un jésuite, le père Martelet, au sujet du carmel d'Auschwitz.

12. *[Said Ms Miller :] « I do not feel comfortable with the Holocaust being used as the vehicle for these huge fundraising dinners for this [Simon Wiesenthal] centre, the "celebratisation" of the Holocaust. [...] I think that using the Holocaust to raise money to sell Israel Bonds is not an appropriate way to contribute to those who died. I really don't want*

*to see the Holocaust become another fund-raising vehicle for any group.
I'm not even comfortable with all these private, large donations to the
US Holocaust Museum. » [...] Ms Miller resents commemoration being
used not only as a fund-raising tactic, but in order to gain political
support for Israel.*

([M_{me} Miller a dit :] « Je n'aime pas qu'on utilise l'Holocauste comme
support pour ces énormes dîners de bienfaisance au profit de ce centre
[Simon Wiesenthal], la « mondanisation » de l'holocauste. [...] Je pense
que se servir de l'Holocauste pour collecter des fonds et vendre des bons
d'État israéliens n'est pas une manière décente de rendre hommage à
ceux qui sont morts. Je ne veux pas voir l'Holocauste devenir un
instrument de la collecte de fonds, quelqu'en soit le groupe bénéficiaire.
Je n'aime d'ailleurs pas non plus ces énormes dons privés en faveur de
l'US Holocaust Museum. » M_{me} Miller refuse que les commémorations
prennent place non seulement dans des stratégies de collecte de fonds
mais comme des moyens d'accroître le soutien politique apporté à Israël.)

Andrew Silow Carroll, « How to Remember the Holocaust », 1990

A. S. Carroll est reporter au *Washington Jewish Week*, où cet article
est d'abord paru. Il s'entretient ici avec l'écrivain américain Judith Miller,
auteur d'un nouveau livre *One, by One, by One : Facing the Holocaust*,
qui porte sur les façons appropriées – et inappropriées – de garder le
souvenir de l'holocauste.

13. *« Too many books are written on the Holocaust. There are too
many films and television plays that exploit the subject such as [...].
There is a fascination with the Holocaust and with Nazism. There may,
in fact, be "no business like Shoah business". The problem is that many
of these productions, if not most, are historically inaccurate, sentimental,
roma[n]tic, exotic, and hyperbolic and so they ultimately distort and
cheapen the Holocaust. – The popularization and commercialization of
the Holocaust is not only unhistorical but it is antihistorical [...]. – There
are still many survivors alive and already their past has been turned into
falsification and fiction. »*

(On écrit trop de livres sur l'holocauste. Il y a trop de films de cinéma
et de télévision qui exploitent le sujet, tels [...]. Il y a une fascination
exercée par l'holocauste et par le nazisme. Il se pourrait, en fait qu'« il
n'y a[it] pas de business qui vaille le shoah-business ». Le problème vient
de ce que beaucoup de ces productions, sinon même la majorité d'entre
elles, sont historiquement inexactes, sentimentales, romantiques,
exotiques et hyperboliques, en sorte qu'en fin de compte elles déforment
et banalisent l'holocauste. La vulgarisation et la commercialisation de
l'holocauste n'est pas seulement non-historique, elle est anti-historique.

[...] Il y a encore de nombreux survivants et déjà leur propre passé a été falsifié et transformé en fiction.)

Michael N. Dobkowski (professor of religious studies), « German Reunification: a Jewish View », 1990.

14. Le rabbin Dr André Ungar, du New Jersey, USA, écrit : [Le professeur Eugen Heimler] haïssait l'emphase, l'hypocrisie, les fonceurs et les poseurs, le jargon des universitaires et la lavasse des psys, et les colporteurs professionnels de l'holocauste.

[Nécrologie] « Professor Eugene Heimler », 1990.

15. « Das Shoah-Business ist die einzige wirkliche Wachstumindustrie der Vereinigten Staaten », spottet Brewster Chamberlin, Archivar am « Holocaust Memorial Museum in Washington » [...]. Michael Lerner, Herausgeber der Zeitschrift Tikkun, orthodoxer Jude und notorischer Querdenker [sagte] : « Wir sollten langsam damit anfangen, uns eine Antwort auf diese Frage zu überlegen. "There is no business like Shoah business" wird unsere schwarzen und roten Brüder nicht zufriedenstellen. »

(« Le shoah-business est la seule industrie qui connaisse une croissance aux États-Unis » plaisante Brewster Chamberlin, archiviste au Holocaust Memorial Museum de Washington. [...] Michael Lerner, directeur de la revue Tikkun, un juif orthodoxe et un penseur non-conformiste [a dit] : « Nous devrions commencer lentement à apporter une réponse à ces questions. Le "il n'y a pas de business qui vaille le shoah-business" ne pourra pas satisfaire nos frères noirs et rouges. »)

Henryk M. Broder (juif), « Das Shoah-Business », 1993.

[Les traductions entre parenthèses sont dues aux éditeurs.]

***

22 septembre 1993

LES JUIFS POURRAIENT RENONCER AU MYTHE DE LA CHAMBRE À GAZ NAZIE

Après l'avoir dénoncé, persécuté, condamné comme le pire des criminels, les juifs se sont vus contraints, devant l'abondance des découvertes révisionnistes sur la réalité du camp de Treblinka, de relâcher John Demjanjuk, à qui ils auront, au total, infligé un calvaire de seize années. Quant à Yasser Arafat que, pendant vingt ans, ils ont présenté comme un nouvel Hitler, ils viennent de lui faire, au moins en apparence, d'importantes concessions. Dans les deux cas, les juifs ont estimé que le prestige et l'avenir de l'État d'Israël, ainsi que l'idéologie politique qu'est le sionisme, exigeaient ce genre de révisions.

La religion de l'« Holocauste » est en péril ; bâtie sur tout un ensemble de mythes, elle a exigé, de la part des juifs, bien des renoncements et elle va, dans un proche avenir, exiger d'eux un renoncement suprême : il leur faudra abandonner le mythe de la chambre à gaz nazie. La surabondance des découvertes et des publications révisionnistes sur ce mensonge se révèle accablante pour les historiens et les intellectuels juifs. Pour devenir un pur article de foi religieuse, la croyance en l'« Holocauste » des juifs devra se délester du mythe de plus en plus encombrant de cette absurde chambre à gaz qui aurait défié, si elle avait pu exister, toutes les lois de la physique et de la chimie.

Dans un récent passé, les juifs ont déjà prouvé qu'ils étaient capables, non seulement d'abandonner certains mythes de l'« Holocauste », mais de se présenter, par la même occasion, en pourfendeurs de ces mythes. Ils sont allés jusqu'à s'approprier d'importantes découvertes révisionnistes et à se présenter en champions de la vérité historique. Après avoir longtemps accusé l'Allemagne de crimes imaginaires fondés sur des rumeurs, ils l'accusent d'avoir elle-même fomenté ces rumeurs dans un esprit d'hostilité aux juifs.

C'est ainsi que, dans leur ensemble, les historiens juifs ont fini par reconnaître que l'histoire du savon juif, pourtant entérinée par le tribunal de Nuremberg, n'était qu'une fiction. Par un extraordinaire retournement, ils ont ensuite mis cette fiction sur le compte des Allemands qui, selon la nouvelle version juive, auraient colporté cette histoire de savon en vue d'effrayer les juifs.

Ces mêmes historiens ont dû admettre que le chiffre de quatre millions de morts à Auschwitz, pourtant imposé d'office par le tribunal de Nuremberg, constituait une énorme exagération. Ils avaient pris l'habitude de préciser ou de laisser entendre que la plupart de ces victimes étaient juives. En 1990, ils ont réduit ce chiffre à environ un million, un million et demi, en maintenant que la plupart des victimes étaient juives et en imputant aux Polonais l'invention du chiffre d'origine ; les Polonais, expliquent-ils, avaient ajouté de deux millions et demi à trois millions de victimes polonaises dans le but de minimiser la souffrance des juifs. Précisons, en passant, que le nouveau chiffre d'un million à un million et demi devra à son tour être réduit à probablement cent cinquante mille morts (pour la plupart dues au typhus).

Si, à son tour, le mythe de la chambre à gaz nazie devait être abandonné, les juifs ne manqueraient probablement pas d'imputer l'invention et le succès de ce mythe aux Allemands et aux Polonais. Le principal responsable deviendrait l'Allemand Rudolf Höss, prisonnier des Polonais après l'avoir été des Britanniques. Dans ses prétendus « mémoires », dont nous sommes redevables à ses geôliers polono-communistes, ce SS se voit déjà reprocher par certains juifs d'avoir glissé des absurdités ou des énormités relatives aux chambres à gaz « comme autant de bombes à retardement contre les juifs ».

Les historiens juifs, passant sous silence les découvertes révisionnistes, s'institueraient en découvreurs du « mensonge des chambres à gaz ». Ils rappelleraient que l'historienne juive Olga Wormser-Migot a écrit, dans sa thèse universitaire, en 1968, qu'Auschwitz-I était « sans chambre à gaz » et que, d'après elle, d'une façon plus générale, il existait bel et bien un « problème des chambres à gaz ». Ils citeraient l'historien juif Arno Mayer, professeur à Princeton, qui, en 1988, écrivait que « les sources pour l'étude des chambres à gaz sont à la fois rares et sujettes à caution ». Ils mentionneraient J. G. Burg et peut-être David Cole.

Sur le chapitre des persécutions subies depuis un demi-siècle par les révisionnistes, ils auraient la partie un peu moins facile mais ils pourraient décliner toute responsabilité en la matière. Les persécutions subies par les révisionnistes allemands seraient imputées aux gouvernements allemands successifs ; celles subies par les révisionnistes autrichiens seraient imputées au gouvernement autrichien et à ce « nazi » de K. Waldheim qui ont signé récemment la loi anti-révisionniste ; quant aux révisionnistes français, leur persécution serait le fait du gouvernement français et de la loi qui porte le nom d'un communiste : la loi Gayssot. Dans tous les autres pays du monde il serait possible de rejeter ainsi sur les gouvernements en place et sur leur système judiciaire la responsabilité de la persécution.

L'« Holocauste » lui-même, désormais épuré de toute contingence matérielle, n'offrirait plus de prise à la contestation. D'un sens idéalement vague et accédant au statut de vérité hypostatique, il s'intégrerait pleinement à la religion juive. Il deviendrait l'article de foi privilégié d'une religion millénaire.

Sa contestation n'en serait que plus sacrilège. Les révisionnistes se verraient alors accuser de vouloir persécuter les juifs pour leur foi. Ils seraient présentés en adeptes de l'intolérance religieuse. Les juifs, eux, se décriraient en apôtres de la tolérance religieuse et en défenseurs de la vérité historique ; la preuve : sans eux l'humanité aurait continué de croire au mythe de la chambre à gaz nazie.

Les juifs qui, par le passé, ont tant œuvré en faveur du communisme, n'ont-ils pas fini par se décrire en champions de l'anticommunisme, en dénonciateurs du « mensonge communiste » ?

***

23 septembre 1993

SUR AUSCHWITZ : ENCORE UN SCOOP BIDON

L'*Express* publie quelques articles ou documents à propos d'un ouvrage du pharmacien Jean-Claude Pressac, *Les Crématoires d'Auschwitz. La Machinerie du meurtre de masse*, éditions du CNRS.[78] On y prétend, une fois de plus, river son clou au révisionnisme historique. Mais, en réalité, une fois de plus, sous le couvert de prétendues révélations et de commentaires tonitruants, on est contraint d'y faire de nouvelles et importantes concessions aux révisionnistes.

Pour commencer, ce livre n'a rien d'une nouveauté, si l'on en juge par les extraits qu'on en a choisis et le résumé qui en est proposé. Il semble qu'il s'agisse seulement de la traduction, de l'adaptation et du résumé en français de l'énorme et grotesque ouvrage que J.-C. Pressac avait publié en 1989, à New York, à l'enseigne de la Beate Klarsfeld Foundation sous le titre prometteur et mensonger de : *Auschwitz. Technique and Operation of the Gas Chambers*. Selon toute apparence, l'ouvrage fut rapidement retiré de la vente. J'en avais rendu compte dans la *RHR* n° 3 sous le titre de « Bricolage et "gazouillages"[79] à Auschwitz et Birkenau selon J.-C. Pressac ». J'avais montré que l'auteur parlait surtout des fours crématoires et des chambres à gaz de désinfection. J'avais rappelé que des mots comme « *Vergasung* », « *Gaskammer* », « *Gasprüfer* »[80], en

---

[78] *L'Express,* 23 septembre, p. 76-80, 82-87.

[79] Le mot de « gazouillage(s) » est de Pressac qui l'emploie dans ses conversations privées où il confie volontiers qu'il ne croit pas, en réalité, à la thèse des gazages systématiques et à grande échelle mais seulement à des gazages occasionnels et improvisés que, d'un mot, il appelle des… « gazouillages ».

[80] Le 2 mars 1943, la firme Topf et fils d'Erfurt adresse à la direction des constructions d'Auschwitz une lettre concernant une commande de dix détecteurs de gaz cyanhydrique pour le Krematorium-II d'Auschwitz. Il n'y a là rien d'étrange. La lettre est commerciale et sans aucun caractère secret. Elle porte en toutes lettres « Gasprüfer-Krematorium » (détecteurs de gaz-crématoire). Les appareils sont appelés « Anzeigegeräte für Blausäure Reste » (détecteurs pour restes d'acide cyanhydrique). C'est ce que, dans mon *Mémoire en défense…*, p. 171, j'ai appelé « appareil de détection du gaz restant », qui est la traduction de « *Gasrestnachweisgerät* ». Ces appareils se trouvaient partout où s'entreposait le matériel de gazage (*Vergasung*) et partout où se pratiquaient des désinfections au Zyklon. Vu les ravages exercés par le typhus à Auschwitz et vu l'accumulation des cadavres de typhiques dans les crématoires, l'utilisation de ces détecteurs à papier sensible était normale. Depuis 1922 et encore aujourd'hui, le Zyklon

lesquels il croyait voir des « indices », disait-il, et non des « preuves », ajoutait-il, de gazages homicides n'avaient qu'un sens normal et bénin. J'avais montré qu'en passant il avait procédé, de son propre aveu, à une formidable révision des faits et des chiffres de la littérature holocaustique.

Depuis la publication de ce pensum en anglais, l'auteur s'est rendu à Moscou et à Wiesbaden. En a-t-il rapporté des documents bouleversants ? Dans le dossier de l'*Express*, je n'aperçois nulle trace de tels documents. Ceux que je vois sont connus depuis longtemps. Je constate seulement que, chez J.-C. Pressac, les incertitudes s'aggravent, les spéculations se multiplient, les récits romanesques abondent. La « chambre à gaz » que les touristes visitent à Auschwitz continue de perdre son crédit : elle n'aurait que « très peu » servi (théorie du « gazouillage » chère à l'auteur). Les gazages systématiques de Birkenau n'auraient commencé qu'en juillet 1942. Il y aurait eu beaucoup de « pannes ». Himmler aurait, en novembre 1944, donné l'ordre de cesser ces gazages mais cet ordre, présenté jusqu'ici comme écrit (et donc prouvable), est devenu « oral » (et donc improuvable).

Et, surtout, le nombre des morts d'Auschwitz continue sa descente. Il ne serait plus de 9 millions (c'est le chiffre fourni dans *Nuit et Brouillard ;* il est faux que, comme le dit l'*Express*, le chiffre donné dans ce documentaire, plein d'erreurs, soit de 4 millions), ni de 4 millions (Tribunal de Nuremberg), ni de 1,2 million (Hilberg), ni de 1,1 million (Piper), ni de 950.000 (Bédarida), mais de... 800.000. Il faudra bien, un jour, parvenir au vrai chiffre qui doit se situer aux environs de 150.000 victimes (la plupart mortes du typhus ou, comme le dit Arno Mayer, de « mort naturelle »).

Nous attendons depuis un demi-siècle un ouvrage technique intitulé non pas *Les Crématoires d'Auschwitz* mais *Les Chambres à gaz homicides d'Auschwitz*. Évidemment, cet ouvrage contiendrait ce que nous réclamons depuis si longtemps et qui serait élémentaire : une photographie, un dessin ou une maquette de cet incroyable abattoir chimique avec l'explication de sa technique et de son fonctionnement. Pourquoi cette stupéfiante lacune ?

***

30 septembre 1993

---

s'emploie à la désinfection des locaux d'habitation, des silos, des bibliothèques, des navires, etc.

LIBÉRATION, LE MONDE ET LE NOUVEL OBSERVATEUR SUR *LES CRÉMATOIRES D'AUSCHWITZ* DE JEAN-CLAUDE PRESSAC

L e 23 septembre, j'ai rendu compte du dossier consacré par *L'Express* au livre du pharmacien Jean-Claude Pressac, *Les Crématoires d'Auschwitz. La Machinerie du meurtre de masse*, CNRS éditions, 1993.

Je passerai ici en revue ce que *Libération*, *Le Monde* et *Le Nouvel Observateur* ont publié sur le même sujet. Je ne reviendrai pas sur les points déjà traités dans mon compte rendu du 23 septembre. Prochainement, je produirai une recension du livre même de Pressac.

Libération[81]

L'article de *Libération* n'apporte guère d'éléments nouveaux par rapport au dossier de *L'Express*. J.-C. Pressac s'y présente comme un ancien « proche de Faurisson », un disciple repenti. Il déclare :

« La thèse de Robert Faurisson […] s'appuyait sur une assez bonne connaissance des invraisemblances techniques du processus d'extermination [à Auschwitz] tel que les historiens l'expliquaient […]. J'ai été un proche de Faurisson qui m'a assez bien formé à la critique négationniste à la fin des années soixante-dix […]. Il faut savoir que Faurisson en savait beaucoup. Il disposait de plans et de photos qu'on n'avait jamais vus. »

Le Monde[82]

L'article du *Monde* est surprenant. Il est signé de Laurent Greilsamer, lequel, en son jargon, se félicite de ce que J.-C. Pressac « récus[e] une certaine idée de l'histoire qui voudrait que seule la mémoire soit noble ». J.-C. Pressac confie au journaliste comment il en est venu à douter des témoignages, puis à les écarter : « Personne ne pouvait m'expliquer les contradictions des témoignages auxquelles je me heurtais ». Aussi a-t-il,

---

[81] « Des documents ignorés sur la Shoah. Le devis d'Auschwitz », *Libération,* 24 septembre 1993.
[82] L. Greilsamer, « Un chercheur amateur révèle la machinerie des crématoires d'Auschwitz. Les plans de la mort », *Le Monde*, 26-27 septembre 1993.

en conséquence, « délibérément tourné le dos aux témoignages des survivants pour s'intéresser aux ruines des crématoires et aux documents préservés de la destruction ».

« Le drame », ajoute-t-il, « c'est que l'histoire de l'extermination ne reposait que sur des témoignages. Or beaucoup ne tiennent pas ». Il ne croit guère à la thèse du « langage codé » : « Il n'y a jamais eu camouflage, contrairement à ce que l'on dit » chez les SS constructeurs des crématoires et des chambres à gaz. Il évalue « à 800.000 le nombre des morts dans [le camp d'Auschwitz] alors que les chiffres les plus couramment cités étaient de plusieurs millions ». Il estime qu'« en France, la loi Gayssot interdit de s'exprimer librement ». Il révise « ce que la communauté des historiens croyait acquis ». Il dénonce la « couardise universitaire » et les chercheurs qui « se sont tus pour conserver leurs précieux fauteuils ».

L. Greilsamer a la prudence de ne pas faire état du document sur les détecteurs de gaz.

Le Nouvel Observateur[83]

L'enquête du *Nouvel Observateur* est encore plus surprenante. Elle est de Claude Weill. En plus d'une interview de J.-C. Pressac, elle comprend des interviews de Pierre Vidal-Naquet, Raul Hilberg et Claude Lanzmann. J'y suis nommé plus de vingt fois mais la parole ne m'est pas accordée une seule fois bien que je paraisse dans cette enquête en posture d'accusé et même de faussaire.

J.-C. Pressac dénonce en Faurisson « une intelligence brillante, mais perverse, diabolique ».

À la question : « Pensez-vous que dorénavant les révisionnistes seront réduits au silence ? » P. Vidal-Naquet répond : « J'en doute. Les révisionnistes sont réfractaires à tout argument. Le seul révisionniste que Pressac ait convaincu, c'est lui-même ».

Pour R. Hilberg, le livre de Pressac semble soulever plus de questions « cruciales » qu'il n'apporte de réponses.

De son côté, à la question : « Quelle importance accordez-vous à la parution du livre de Jean-Claude Pressac ? » C. Lanzmann répond :

> « C'est une pierre supplémentaire qui vient s'ajouter à l'immense édifice du savoir déjà accumulé sur la solution finale. Rien de plus, rien de moins. Cela seulement. Présenter ce livre

---

[83] C. Weill, « Auschwitz : enquête sur la mécanique de l'horreur », *Le Nouvel Observateur*, 6 octobre 1993.

comme l'ont fait le journal de *TF 1* et certains autres médias relève de la désinformation. Si l'on excepte le document de la firme Topf und Söhne sur les détecteurs de gaz, il n'y a rien dans l'immense article de *L'Express* qui ne soit archiconnu. »

C. Lanzmann emploie à six reprises, et avec raison, le mot d'« archiconnu ». (En ce qui concerne les détecteurs de gaz (*Gasprüfer*), il semble ignorer que ces instruments étaient d'un usage courant dans les opérations de *désinfection*.) Il dénonce chez Pressac un homme hanté par Faurisson et Faurisson seul :

> « Faurisson est le seul interlocuteur qui compte aux yeux de ce converti. Il doit, pour être entendu de lui, parler son langage, faire sienne sa démarche, épouser sa problématique, exhiber la preuve cruciale, l'*ultima ratio* qui convaincra son ancien maître. D'où l'importance démesurée attachée au document (qui ne sera en aucun cas, on peut en être sûr, le mot de la fin pour Faurisson) sur les détecteurs de gaz. Même pour les réfuter, on légitime ainsi les arguments des révisionnistes, qui deviennent ce par rapport à quoi, à qui, tous se situent. Les révisionnistes occupent tout le terrain. »

C. Lanzmann annonce la parution en novembre dans sa revue *Les Temps modernes* d'un « article fulgurant » montrant que l'extension du révisionnisme a pris les proportions d'une « catastrophe ».

Il juge « scandaleuses » les interviews où J.-C. Pressac frappe de suspicion ou de nullité les témoignages sur les chambres à gaz homicides.

Il vise, en particulier, l'article susmentionné de L. Greilsamer dans *Le Monde*.

Il considère que la publicité faite à l'ouvrage du pharmacien est « une faute morale ». S'en prenant, sans le nommer, à P. Vidal-Naquet, il déclare :

> « Le triste est qu'un historien, menacé sans doute dans son statut ontologique par la véracité, la force, l'évidence des témoignages [rapportés par C. Lanzmann lui-même dans son film *Shoah*] n'hésite pas à cautionner cette perversité. Un historien abdique devant un pharmacien, qui par ailleurs "révise" à la baisse, selon des calculs bien à lui, le nombre des victimes. Qu'on y prenne garde, on dira peut-être dans vingt ou cinquante ans : "Bien sûr, les chambres à gaz ont existé, mais on n'y a jamais gazé que des poux ou des menteurs." Ce sera l'ultime avatar du révisionnisme. »

Conclusion

Ces articles de *Libération*, du *Monde* et du *Nouvel Observateur* confirment l'impression donnée par le faux scoop de *L'Express*. On songe ici aux communiqués de victoire des armées en retraite. Les déclarations fracassantes, les coups de cymbales et le son du clairon ne parviennent pas à dissimuler l'ampleur du désastre. En 1943, après leur capitulation à Stalingrad, les Allemands n'avaient plus eu pour unique ressource que de vanter, sur le mode héroïque, les mérites de la « défense élastique ». On s'y croirait. C. Lanzmann, lui, est le seul à ne pas tenter de donner le change. Il voit poindre à l'horizon la victoire des révisionnistes et la capitulation des exterminationnistes. Ses affres ont leur raison. Voilà quinze ans, je prenais publiquement l'initiative – c'était la première fois au monde – de placer « le problème des chambres à gaz » sur le plan scientifique et matériel. Mon audace avait longtemps paru sacrilège. Aujourd'hui, les adversaires des révisionnistes se voient contraints d'avancer sur le terrain où j'espérais les voir s'engager. Et C. Lanzmann redoute que ne se lève cette fois-ci, pour son camp, le vent de la défaite.

***

1er octobre 1993

LETTRE À ALICE KAPLAN

aux bons soins de [la revue] *Lingua Franca*

J'ai pris connaissance de votre article sur Maurice Bardèche, dont il se trouve que je ne partage pas les idées en politique mais qui est un honnête homme et un chercheur scrupuleux, un très bon écrivain aussi.[84]

Je vous fais mes compliments de cet article. La haine y parle toute pure. Bonne chienne, ce dit-on, chasse de race. Votre père était-il Benjamin Kaplan, Sydney Kaplan ou tel autre de ces chiens de Nuremberg portant le nom de Kaplan ?

---

[84] A. Kaplan, « Out of the Past », *Lingua Franca*, 1993.

Vous nommez Céline. Relisez *Bagatelles pour un massacre* [des non-juifs, des goyim] et *L'École des cadavres* [non-juifs ou goyim].[85]

Vous avez beaucoup menti et cela commence à se savoir. Un exemple parmi cent (« le savon juif », etc.) : aux dernières nouvelles, il serait mort à Auschwitz 775.000 personnes (chiffre arrondi à 800.000) selon M. Jean-Claude Pressac, le néo-nazi repenti (il avait chez lui un buste de Hitler) et le protégé des menteurs.[86] Dans le film *Nuit et brouillard,* qu'on montre à tous les enfants de France, encore aujourd'hui, le chiffre est de neuf millions. Selon les chiens de Nuremberg, il était de quatre millions. Encore un effort et on parviendra au chiffre exact d'environ, sans doute, cent cinquante mille morts (surtout des victimes de « mort naturelle » comme le reconnaît Arno Mayer : des victimes du typhus). Mais, peut-être vous moquez-vous de l'exactitude en histoire ? Sincèrement et sans chutzpah ![87]

***

2 octobre 1993

LETTRE À ERNST NOLTE

Mon cher collègue,

Vous avez remarqué que, dans ma lettre du 27 septembre, j'ai pris soin de n'engager aucune discussion, ni sur le contenu de votre livre ou de vos interviews, ni sur aucun point de votre propre lettre du 30 août.

Réflexion faite, j'ai pensé qu'il était imprudent de ma part de vous adresser une telle lettre sans procéder, pour le moins, à une mise au point pour la postérité. Vu le train où vont les choses, la postérité me jugera et peut-être vous jugera-t-elle aussi. Je ne veux pas qu'on puisse affirmer un jour qu'après avoir lu votre *Streitpunkte* j'ai négligé de vous signaler une grave erreur que vous y avez commise à mon préjudice.

Je veux parler de ma phrase de soixante mots.

Déjà, le 16 mars 1993, ma sœur vous avait mis en garde. Elle vous écrivait alors :

---

[85] Alice Yaeger Kaplan, Américaine, professeur de français à Duke University (Caroline du Nord), est l'auteur d'un ouvrage bien connu des céliniens, *Relevé des sources et des citations dans **Bagatelles pour un massacre*** [N.d.é].

[86] J.-C. Pressac, *Les Crématoires d'Auschwitz*, p. [148].

[87] Terme yiddish qui désigne l'impudence. [N.d.é]

« Monsieur le professeur, permettez-moi de vous dire que vous avez commis une très grave erreur dans votre transcription de cette phrase. Vous avez, en effet, oublié [après le mot "mensonge"] un mot essentiel : le mot "historique" ! C'est extrêmement grave et j'insiste beaucoup sur cette gravité. En effet, un "mensonge" laisse entendre qu'il y a des menteurs. Or, jamais Robert n'a écrit que les juifs avaient menti dans cette affaire ! En revanche, un "mensonge historique" est tout autre chose et ce n'est pas à un historien comme vous que j'expliquerai la différence. »

Personnellement, je mettrai les points sur les « i » et, pour être clair, je reprendrai ici la comparaison que vous avez lue sous ma plume et que j'ai souvent utilisée devant les tribunaux français et canadiens (pour ces derniers, il existe une transcription littérale des débats) : ceux qui affirment que Néron a incendié Rome et qui propagent cette affirmation comme s'il s'agissait d'une vérité historique ne sont certes pas des menteurs ; ce sont des moutons de Panurge, des chiens de Pavlov, des perroquets, des victimes d'un mensonge historique ou, si vous préférez ce néologisme d'intellectuel, d'un « mythe ». Plus on avance dans le temps ou dans l'histoire, plus le nombre et, parfois, la conviction des victimes s'accroissent ; vous connaissez le raisonnement cher aux colporteurs de ragots : « Il n'y pas de fumée sans feu ». C'est ainsi qu'un simple mensonge ou une rumeur deviennent historiques. Les livres d'histoire en sont pleins.

Il suffit, d'ailleurs, d'un peu d'attention auditive pour se rendre compte que ma phrase est faite d'éléments qui s'appellent et se répondent l'un l'autre. J'ai tenu à conférer au début de cette phrase tout son poids d'histoire avec les trois mots suivants que je souligne pour la circonstance :

« Les prétendues chambres à gaz <u>hitlériennes</u> et le prétendu génocide des <u>juifs</u> forment un seul et même mensonge <u>historique</u> […] »

Hitler…, les juifs…, l'histoire… Sans jeu de mots, il me semble qu'il y a là toute l'histoire dont nous débattons. Si vous supprimez l'adjectif d'« historique », vous retirez à tout ce début son poids d'histoire et vous m'attribuez une phrase qui est boiteuse.

Certes, lorsque je parle ou que j'écris, il peut m'arriver d'éviter l'emploi, à chaque fois, de l'adjectif « historique ». Je ne vais pas assommer mon lecteur ou mon auditeur avec le binôme lancinant de « mensonge historique », mais soyez assuré que le contexte le plus direct est là pour leur faire entendre que « mensonge » signifie alors « mensonge historique ».

J'ai, par ailleurs, le droit d'être lu avec un minimum d'attention, surtout par un homme que le mot même d'« historique » ne saurait normalement laisser indifférent.

Je suis à votre disposition pour les références, si vous les désirez.

Cette mise au point, je le répète, me paraissait nécessaire pour l'avenir, et même pour le proche avenir.

***

13 octobre 1993

LETTRE À H. F. DOELEMAN

Amsterdam

Monsieur,

De retour d'un voyage, je trouve votre lettre du 4 octobre.

Vous m'adressez une « mise en demeure » et des « sommations » dont m'étonnent à la fois l'imprudence et l'impudence. Plutôt que d'impudence, d'ailleurs, je parlerai de « *chutzpah* ».

Le Journal d'Anne Frank, tel que l'avait fait imprimer Otto Heinrich Frank, le père de la malheureuse enfant, est une imposture. En 1986, pour essayer d'en démontrer l'authenticité, on a publié de ce journal une édition faussement savante sous le titre *Journaux d'Anne Frank* (*sic*) : *De Dagboeken van Anne Frank.* Les auteurs de cette édition, à la fois par ce qu'ils disent, par ce qu'ils déforment et par ce qu'ils cachent, confirment involontairement l'imposture. Avant de se livrer à cette escroquerie littéraire, O. H. Frank avait eu sa part, semble-t-il, de graves malversations financières ; sa banque avait eu de sérieux ennuis avec la justice ; les journaux en avaient parlé. Toute sa vie, il a aimé et pratiqué les fictions, les stratagèmes et les subterfuges. Le grand public l'ignore.

Nul doute qu'à l'occasion d'un procès (en première instance, en appel, en cassation et peut-être plus), je me ferai un *devoir* de révéler à ce grand public ce que malheureusement il ne sait pas encore. Par la même occasion, je lui dévoilerai la grande imposture du siècle : celle de la magique chambre à gaz nazie dont personne ne peut nous fournir une représentation matérielle. Bref, comme on dit en bon français : « À bon entendeur, salut ! »

***

28 octobre 1993

À PIERRE MARAIS ET À Mᵉ ÉRIC DELCROIX
POUR VALOIR CE QUE DE DROIT

Attestation concernant le Struthof

Je, soussigné, Robert Faurisson, professeur d'université, demeurant à l'adresse indiquée ci-dessus, atteste ce qui suit :

En 1979, la LIC(R)A et huit associations juives ou d'anciens déportés m'intentaient un procès pour « dommage à autrui par falsification de l'histoire » (*sic*). Ces organisations prétendaient détenir la preuve de l'existence de chambres à gaz homicides dans les camps de concentration du IIIᵉ Reich. Constatant qu'elles n'en possédaient pas, elles étaient conduites à solliciter l'accès aux archives de l'instruction du « procès du Struthof », archives détenues à Meaux par la Direction de la gendarmerie et de la justice militaire. Elles espéraient y trouver la preuve de l'existence d'une telle chambre à gaz au camp du Struthof (Natzweiler).

La consultation de ces archives, transportées au palais de justice de Paris, leur était accordée ainsi qu'à moi-même.

Du 27 mars au 5 juin 1980, lors d'un ensemble de huit séances, nous avons pu, Mᵉ Éric Delcroix, M. Pierre Guillaume, M. Jean-Claude Pressac et moi-même, consulter ces archives et prendre des notes manuscrites de leur contenu.

Il ressort de ces archives qu'en 1945 une expertise avait été demandée au professeur René Fabre, doyen de la faculté de pharmacie de Paris, afin de déterminer si une chambre à gaz homicide avait existé et fonctionné au Struthof.

Le texte de cette expertise a disparu.

Mais, par le contenu d'un rapport d'expertise de MM. les professeurs et docteurs Simonin (de Strasbourg), Piédelièvre (de Paris) et Fourcade (de Strasbourg), il est possible d'affirmer ce qui suit :

– Le rapport d'expertise du professeur René Fabre était daté du 1er décembre 1945 ;

– Il devait répondre à deux questions : le local suspecté d'être une chambre à gaz homicide fonctionnant à l'acide cyanhydrique avait-il pu fonctionner à cet usage et les cadavres d'anciens détenus du Struthof, cadavres conservés dans le formol à l'hôpital civil de Strasbourg, étaient-ils, comme on l'affirmait, ceux de personnes tuées avec de l'acide cyanhydrique ?

– Pour répondre à ces deux questions, le professeur Fabre avait, notamment, recueilli des produits de raclage et des plâtras de la « chambre à gaz » et il avait procédé à l'autopsie des cadavres ;

– Dans les deux cas, les conclusions du rapport d'expertise étaient négatives. MM. Simonin, Piédelièvre et Fourcade rapportaient ces conclusions pour les contester.

Tout cela peut se vérifier en consultant, dans le premier carton d'archives, la pièce 96 B :

– à la page 52, pour l'analyse des bocaux W (produit de raclage du mur extérieur de la chambre à gaz autour de la cheminée) et des bocaux X (plâtras provenant de la cheminée extérieure de la chambre à gaz au moment de son enlèvement) ;

– à la page 61, pour les recherches toxicologiques, les prélèvements de sang, de viscères faits au cours des autopsies (« Dans les viscères conservés dans le liquide conservateur (alcool + formol) et remis aux fins d'analyse, il n'a pas été décelé de liquides volatils, et particulièrement d'acide cyanhydrique ») ;

– à la page 67, pour les « conclusions du rapport d'expertise du professeur Fabre » : MM. Simonin, Piédelièvre et Fourcade affirment : « Les conclusions négatives du rapport d'expertise du professeur Fabre ne s'inscrivent pas en faux contre la possibilité et même la grande probabilité de l'intoxication par l'acide cyanhydrique ».

Je possède, par ailleurs, toute une série de documents ou d'informations, en provenance de ces archives ou d'autres sources, qui permettent de conclure que la prétendue chambre à gaz homicide du Struthof a été, en un premier temps, une chambre froide, puis, en un second temps, une chambre à gaz pour l'entraînement des recrues au port du masque à gaz (on utilise dans ce cas un gaz qui est très loin de posséder la toxicité du gaz cyanhydrique et qui, à la différence de ce dernier, n'adhère pas aux surfaces, s'évacue facilement et ne nécessite pas des précautions draconiennes d'étanchéité : d'où le caractère rudimentaire de l'installation).

Enfin, au procès dit du Struthof, soit en première instance (Metz, 1952), soit en appel (Lyon, 1954), il n'a plus été question de l'existence et du fonctionnement d'une chambre à gaz homicide au camp du Struthof.

***

10 novembre 1993

LES TÉMOINS DES CHAMBRES À GAZ D'AUSCHWITZ

RÉSUMÉ : Un témoignage doit toujours être vérifié. Il existe deux moyens essentiels de vérifier un témoignage en matière criminelle : la confrontation du témoignage avec les éléments matériels (en particulier avec l'expertise de l'arme du crime) et le contre-interrogatoire minutieux du témoin sur ce qu'il prétend avoir vu. Or, dans les procès où il a été question des chambres à gaz homicides d'Auschwitz, aucun magistrat, ni aucun avocat n'ont réclamé ne fût-ce qu'une expertise de l'arme du crime ; par ailleurs, aucun avocat n'a contre-interrogé les témoins en leur demandant de décrire avec précision un seul de ces abattoirs chimiques. Cela jusqu'en 1985. Lorsqu'enfin, en 1985, à Toronto, au premier procès Zündel, des témoins ont été contre-interrogés sur ces sujets, leur déroute a été totale. À cause de cet échec retentissant et en raison d'autres échecs antérieurs ou postérieurs à 1985, les défenseurs de la thèse de l'extermination des juifs ont commencé à abandonner une histoire d'Auschwitz essentiellement fondée sur les témoignages et ils s'efforcent, à l'heure actuelle, de lui substituer une histoire scientifique ou, du moins, d'apparence scientifique, fondée sur la recherche des faits et des preuves. « L'histoire-témoignage » d'Auschwitz à la manière d'Elie Wiesel et de Claude Lanzmann est discréditée. Elle a fait son temps. Il reste aux exterminationnistes à essayer de travailler comme les révisionnistes sur les faits et sur les preuves.

Dans la présente étude, « chambres à gaz » s'entend au sens de « chambres à gaz homicides » ou « chambres à gaz nazies ». Par « Auschwitz », il faut comprendre aussi bien Auschwitz-I ou Auschwitz Stammlager qu'Auschwitz-II ou Birkenau. Enfin, par « témoins des chambres à gaz », je désigne indifféremment ceux qui prétendent avoir assisté à une opération de gazage homicide en ces lieux et ceux qui se contentent de dire qu'ils y ont vu ou aperçu une chambre à gaz homicide. Enfin, par « témoins », j'entends ceux qu'on désigne habituellement comme tels, qu'il s'agisse de témoins judiciaires ou de témoins médiatiques ; les premiers se sont exprimés sous serment à la barre d'un tribunal tandis que les seconds ont porté témoignage dans des livres, des articles, des films, à la télévision ou à la radio. Il va de soi que certains témoins ont été, tour à tour, judiciaires et médiatiques.

Cette étude est dépourvue de toute considération psychologique ou sociologique sur les témoignages concernant les chambres à gaz d'Auschwitz ainsi que sur les raisons d'ordre physique, chimique, topographique, architectural, documentaire et historique pour lesquelles ces témoignages sont inacceptables. Elle vise surtout à mettre en évidence un point que les révisionnistes n'ont jusqu'ici pas relevé et qui est, pourtant, capital : jusqu'en 1985 aucun témoin judiciaire de ces chambres à gaz n'a été contre-interrogé sur la matérialité des faits rapportés ; quand, en 1985, à Toronto, au premier procès Zündel, j'ai pu obtenir que de tels témoins fussent, enfin, contre-interrogés, ils se sont effondrés ; depuis cette date, il ne s'est plus présenté devant les tribunaux de témoins des chambres à gaz sauf peut-être au procès Demjanjuk en Israël où, là encore, les témoignages se sont révélés faux.

Pour commencer, je m'attarderai sur les graves motifs pour lesquels, dès 1983, Simone Veil[88] a été conduite à reconnaître qu'il n'existait pas de témoin des chambres à gaz.

La thèse de Simone Veil

Après la fin de la guerre s'était progressivement accréditée l'illusion que les témoins des chambres à gaz d'Auschwitz étaient innombrables. À la fin des années soixante-dix, avec l'arrivée du révisionnisme historique sur la scène médiatique, particulièrement en France, il commençait d'apparaître à certains que ces témoins n'étaient peut-être pas aussi nombreux qu'on l'aurait cru. C'est ainsi que, lors des préparatifs du grand procès que m'intentaient les organisations juives, leurs avocats et, en particulier, Robert Badinter, futur ministre de la Justice, éprouvèrent au début des années quatre-vingt les plus grandes difficultés à découvrir des preuves et des témoins. Prenant leur bâton de pèlerin, ils durent se rendre en Pologne et en Israël pour en ramener, si possible, ce qu'ils ne trouvaient pas en France. Peine perdue. Vint mon procès, d'abord en première instance (1981) puis en appel (1983). Pas un seul témoin ne prit le risque de comparaître à la barre. Le 26 avril 1983, la cour d'appel de Paris rendit son arrêt. J'étais, certes, condamné, comme on pouvait s'y attendre, pour « dommage à autrui », c'est-à-dire en fait pour dommage causé aux juifs par l'exposé de mes thèses dans la grande presse. Mais la cour assortissait cette condamnation de remarques propres à jeter la consternation dans le camp de mes adversaires. Mon travail était jugé sérieux mais dangereux. Il était dangereux parce que, de l'avis des magistrats, je laissais, paraît-il, à d'autres personnes la possibilité d'exploiter mes découvertes à des fins répréhensibles ! Toutefois ce même travail était sérieux en ce sens que, de l'avis de la cour, on n'y décelait ni négligence, ni légèreté, ni ignorance délibérée, ni mensonge, et cela contrairement à ce qu'avait

---

[88] S. Veil, ancien ministre de la Justice, ancienne présidente du Parlement européen.

affirmé la partie adverse qui m'avait accusé de « dommage à autrui par falsification de l'histoire » (*sic*).

Au sujet des témoignages, la cour allait jusqu'à prononcer :

> « Les recherches de M. Faurisson ont porté sur l'existence des chambres à gaz qui, à en croire de multiples *témoignages*, auraient été utilisées durant la seconde guerre mondiale pour mettre à mort de façon systématique une partie des personnes déportées par les autorités allemandes [souligné par moi]. »

La cour résumait parfaitement ce qu'elle appelait ma « démarche logique » et mon « argumentation » en précisant que, pour moi,

> « l'existence des chambres à gaz, telles que décrites habituellement depuis 1985, se heurte à une impossibilité absolue, qui suffirait à elle seule à invalider tous les *témoignages* existants ou à tout le moins à les frapper de suspicion [souligné par moi]. »

Enfin, la cour, tirant une conclusion pratique de ces considérants, décrétait le droit pour tout Français de ne plus croire aux preuves et aux témoins des chambres à gaz. Elle prononçait :

> « La valeur des conclusions défendues par M. Faurisson [quant au problème des chambres à gaz] relève donc de la seule appréciation des experts, des historiens et du public. »

Deux semaines plus tard, Simone Veil réagit publiquement à cette décision de justice – bouleversante pour elle et pour ses coreligionnaires – par une déclaration d'une importance extrême. Elle admit l'absence de preuves, de traces et même de témoins des chambres à gaz, mais ajouta que cette absence s'expliquait facilement car :

> « Chacun sait [affirmait-elle] que les nazis ont détruit ces chambres à gaz et supprimé systématiquement tous les témoins. »

Pour commencer, « chacun sait » n'est pas un argument digne d'une juriste. Ensuite, S. Veil, croyant peut-être se tirer d'affaire, aggravait son cas ; en effet, pour soutenir ce qu'elle affirmait, il lui aurait fallu prouver non seulement que les chambres à gaz avaient existé mais que les nazis les avaient détruites et qu'ils avaient supprimé tous les témoins : vaste entreprise criminelle dont on se demande sur quel ordre, quand, avec qui et par quels moyens les Allemands l'auraient menée dans le plus grand secret.

Mais qu'importe ! On prendra acte de cette concession de S. Veil : *il n'y a ni preuve, ni traces, ni témoins des chambres à gaz*. Il va de soi que, pour tenter de rassurer son monde, S. Veil enrobait cette surprenante concession de remarques conventionnelles. Voici donc, en propres termes, ce qu'elle confiait dans une « interview-événement » de *France-Soir Magazine* dont le titre était : « La mise en garde de Simone Veil à propos des carnets de Hitler : "On risque de banaliser le génocide" » :

> « Ce qui me frappe aujourd'hui, c'est le paradoxe de la situation : on publie un journal attribué à Hitler avec grand renfort de publicité et beaucoup d'argent sans, semble-t-il, prendre de grandes précautions pour s'assurer de son authenticité, mais, dans le même temps, au cours d'un procès intenté à Faurisson pour avoir nié l'existence des chambres à gaz, ceux qui intentent le procès sont contraints d'apporter la preuve formelle de la réalité des chambres à gaz. Or chacun sait que les nazis ont détruit ces chambres à gaz et supprimé systématiquement tous les témoins. »[89]

Un choix aussi lourd de conséquences que celui de S. Veil ne s'expliquait pas seulement par le désastre du 26 avril 1983 mais par toute une série d'événements qui, pour elle, avaient fait de 1982 une année noire sur le plan de l'histoire des chambres à gaz et de la crédibilité des témoins. Je ne rappellerai ici que trois de ces événements :

1) le 21 avril 1982, des historiens, des personnalités politiques et d'anciens déportés avaient fondé à Paris une association ayant pour objet la recherche de preuves de l'existence et du fonctionnement des chambres à gaz (ASSAG : Association pour l'étude des assassinats par gaz sous le régime national-socialiste) ; un an plus tard, cette association n'avait toujours pas découvert de preuve [c'est encore le cas aujourd'hui en 1993, puisque, prévue, selon ses statuts, pour une « durée limitée à la réalisation de son objet », cette association existe toujours] ;

2) en mai 1982, le ministère des Anciens combattants avait lancé à Paris une importante « Exposition de la déportation 1933-1945 » ; cette exposition devait ensuite faire le tour de la France ; je diffusais immédiatement un texte dans lequel je démontrais le caractère fallacieux de cette exposition : aucune preuve – sinon une preuve frauduleuse – ni aucun témoignage précis de l'existence des chambres à gaz nazies n'avaient pu être montrés aux visiteurs ; aussi, Mlle Jacobs, responsable

---

[89] *France-Soir Magazine,* 7 mai 1983, p. 47.

de cette initiative au ministère, faisait-elle immédiatement supprimer cette exposition itinérante ;

3) du 29 juin au 2 juillet 1982 s'était tenu à la Sorbonne un colloque international sur « l'Allemagne nazie et l'extermination des juifs » ; ce colloque avait été annoncé comme une réplique décisive à l'offensive révisionniste en France ; il devait se clore sur une retentissante conférence de presse. La réalité avait été toute différente : le jour de l'ouverture, nous avions distribué dans le hall de la Sorbonne des exemplaires, tout récents, de ma *Réponse à Pierre Vidal-Naquet* (ce qui n'allait pas sans risques pour nous) ; le colloque allait se dérouler à huis clos et dans une atmosphère houleuse ; enfin, lors de la conférence de presse, les deux organisateurs du colloque, les historiens François Furet et Raymond Aron, n'allaient même pas prononcer l'expression de « chambre(s) à gaz ».

Je dis souvent que c'est à cette date du 2 juillet 1982 que le mythe des chambres à gaz nazies et de leurs témoins est mort ou est entré en agonie, du moins sur le plan de la recherche historique. En plein cœur de la Sorbonne, on avait ainsi découvert avec consternation l'absence de toute preuve solide et de tout témoin digne de foi. Or, on avait auparavant claironné que ce colloque mettrait fin aux « inepties de Faurisson » par la production d'une foule de preuves et de témoignages. Un tel silence après un tel fracas était éloquent.

Le témoignage écrit de Fajnzylberg-Jankowski

J'ai dit plus haut qu'à mon procès pas un seul témoin ne prit le risque de comparaître devant le tribunal. À la dernière minute, l'accusation avait tout de même fourni le témoignage *écrit* d'un juif qui vivait à Paris mais qu'on s'était bien gardé d'amener à la barre. Ce juif était le fameux Alter Szmul Fajnzylberg, né à Stockek (Pologne) le 23 octobre 1911. Cet ancien garçon de café, polonais, juif athée, communiste, délégué politique des brigades internationales en Espagne, avait été interné pendant trois ans dans le camp d'Auschwitz-Birkenau.

Dans son bref témoignage écrit, il affirmait essentiellement que, travaillant au crématoire d'Auschwitz (*Altes Krematorium* ou Krematorium-I), il avait passé une bonne partie de son temps enfermé, avec ses camarades, dans la cokerie, car, à chaque fois que les SS gazaient des juifs dans la pièce d'à côté, ils prenaient la précaution de séquestrer le *Sonderkommando* dans la cokerie pour qu'aucun juif ne pût constater *de visu* l'opération de gazage ! Une fois l'opération de gazage achevée, les Allemands libéraient les membres du *Sonderkommando* et leur faisaient ramasser et incinérer les victimes. Ainsi, aux mêmes personnes, les Allemands auraient dissimulé le crime et révélé le résultat du crime !

Ce témoin non oculaire est également connu sous les noms d'Alter Feinsilber, de Stanislaw Jankowski ou de Kaskowiak. On peut lire son témoignage sous une autre forme dans les *Cahiers d'Auschwitz*.[90]

La défaite des témoins au premier procès Zündel (1985)

L'importante victoire remportée le 26 avril 1983 par le révisionnisme en France allait se confirmer en 1985 avec le premier procès Zündel à Toronto. Je voudrais m'arrêter un instant à ce procès pour en souligner la portée à tous les points de vue et, spécialement en ce qui concerne les témoignages sur les chambres à gaz d'Auschwitz : *pour la première fois depuis la guerre, des témoins juifs allaient subir un contre-interrogatoire normal*. Par ailleurs, sans vouloir minimiser l'importance du second procès Zündel (celui de 1988), je voudrais que l'on comprenne que le procès de 1985 contient déjà en germe tous les acquis du procès de 1988, y compris le Rapport Leuchter et tous les rapports scientifiques qui, par la suite, allaient proliférer dans le sillage du rapport Leuchter.

En 1985, comme d'ailleurs, par la suite, en 1988, j'ai été le conseiller d'Ernst Zündel et de son avocat Douglas Christie. En 1985, je n'avais accepté cette lourde responsabilité qu'à la condition que tous les témoins juifs seraient, pour la première fois, *contre-interrogés sur la matérialité des faits rapportés, et cela sans ménagements particuliers*. J'avais, en effet, noté que, de 1945 à 1985, les témoins juifs avaient bénéficié d'un véritable privilège. Jamais aucun avocat de la défense n'avait pensé ou osé leur demander des explications matérielles sur les chambres à gaz (localisation précise, apparence physique, dimensions, structure interne et externe) ou sur les gazages homicides (procédure de l'opération de son début jusqu'à sa fin, instruments utilisés, précautions prises par les exécutants avant, pendant et après l'exécution). En de rares occasions, comme au procès Tesch, Drosihn et Weinbacher, des avocats avaient formulé de rares questions d'ordre matériel, quelque peu embarrassantes pour le témoin, mais celles-ci se situaient toujours en marge des questions centrales qu'il aurait fallu poser.[91] Aucun avocat n'avait exigé

---

[90] *Hefte von Auschwitz*, Sonderheft (I), 1972, S. 32-71.
[91] Sur le contre-interrogatoire du témoin Dr Charles Sigismund Bendel par l'avocat Dr Zippel, voy. « Excerpt from transcript of proceedings… », p. 30-31 (doc. NI11953). Sur cet abominable procès, il est indispensable de lire : Dr William Lindsey, « Zyklon B,

d'éclaircissements sur une arme qu'il n'avait pourtant jamais vue et qu'on ne lui avait jamais montrée. Au grand procès de Nuremberg (1945-1946), les avocats allemands avaient été sur ce point d'une totale discrétion. Au procès Eichmann de Jérusalem (1961), l'avocat D$_r$ Robert Servatius n'avait pas voulu soulever la question ; dans une correspondance sur le sujet, il m'écrivait : « Eichmann hat selbst keine Gaskammer gesehen ; die Frage wurde nicht diskutiert ; er hat sich aber auch nicht gegen deren Existenz gewandt » [Eichmann lui-même n'a pas vu de chambre à gaz ; la question n'a pas été discutée ; mais il n'a pas non plus remis en cause leur existence] (21 juin 1974).

Au procès de Francfort (1963-1965), les avocats se montrèrent particulièrement timides ; il faut dire que l'atmosphère fut irrespirable pour la défense et pour les accusés. Ce procès à grand spectacle restera comme une tache sur le blason de la justice allemande et sur la personne de Hans Hofmeyer, d'abord *Landgerichts-direktor*, puis *Senats-präsident*. Pendant plus de cent quatre-vingts sessions, les juges et les jurés, le ministère public et les parties civiles, les accusés et leurs avocats, ainsi que des journalistes venus du monde entier, acceptèrent que, pour toute représentation physique de « l'arme du crime », on leur fournît seulement une carte du camp d'Auschwitz et une carte du camp de Birkenau où figuraient, à l'emplacement des prétendues chambres à gaz homicides, cinq minuscules figures géométriques avec les mots, pour Auschwitz, d' « Altes Krematorium » et, pour Birkenau, de «Krematorium-II », « Krematorium-III », « Krematorium-IV » et « Krematorium-V » ! Ces cartes étaient exposées dans le prétoire.[92] On a souvent, chez les révisionnistes, comparé le procès de Francfort aux procès de sorcellerie des années 1450-1650. Cependant, au moins, dans ces procès-là, se donnait-on parfois la peine de décrire ou de dessiner les sabbats de sorcellerie. Au procès de Francfort, même parmi les avocats qui mirent en difficulté un témoin comme Filip Müller, pas un ne demanda à un témoin juif ou à un accusé allemand repenti de lui décrire plus en détail ce qu'il prétendait avoir vu. Malgré deux descentes de justice sur les lieux du crime, à Auschwitz, avec quelques avocats allemands, pas un seul de ces derniers n'exigea, semble-t-il, d'explication technique ou d'expertise criminologique de l'arme du crime. Au contraire, l'un d'entre eux, Anton Reiners, avocat à Francfort, poussa la complaisance jusqu'à se faire photographier par la presse en train de

---

Auschwitz, and the Trial of Dr Bruno Tesch ». Cette étude a été reproduite en partie par Udo Walendy dans *Historische Tatsachen*.

[92] Pour une reproduction de ces deux cartes, voy. H. Langbein, *Der Auschwitz Prozess…*, p. 930-933. Pour une étude magistrale du procès, voy. Dr Wilhelm Stäglich, *Der Auschwitz-Prozess, Legende oder Wirklichkeit…*

soulever le couvercle de la trappe par laquelle, disait-on, les SS déversaient les granulés de Zyklon B dans la prétendue chambre à gaz d'Auschwitz.

Aussi, à Toronto, en 1985, étais-je bien décidé à rompre avec ces anomalies, à briser le tabou et, pour commencer, à poser ou, plutôt, à faire poser par l'intermédiaire de D. Christie aux experts et aux témoins juifs les questions qu'on pose normalement dans tout procès où l'on est censé établir si un crime a été commis et, si oui, par qui, quand et comment. Heureusement pour moi, E. Zündel acceptait mes conditions et D. Christie consentait à adopter cette ligne de conduite et à poser aux experts et aux témoins les questions que je lui préparerais. J'étais convaincu que, de cette manière, tout pouvait changer et que le voile tissé par tant de faux témoignages se déchirerait. Je ne comptais pas pour autant sur l'acquittement d'E. Zündel et nous étions tous résignés à payer le prix de notre audace mais j'avais l'espoir qu'avec l'aide de cet homme de caractère aux vues si profondes et grâce à son intrépide avocat, l'histoire, sinon la justice, l'emporterait enfin sur la légende.

Dès le premier contre-interrogatoire, un vent de panique se mit à souffler dans les rangs de l'accusation. Tous les soirs et pendant une grande partie de la nuit, je préparais les questions à poser. Le matin, je remettais ces questions, accompagnées des dossiers nécessaires, à l'avocat D. Christie qui, de son côté, avec l'aide de sa collaboratrice, menait une tâche essentiellement juridique. Lors des séances de contre-interrogatoire, je me tenais tout contre le pupitre de l'avocat et, inlassablement, lui fournissais, sur des étiquettes collantes, les questions supplémentaires à improviser selon les réponses de l'expert ou du témoin.

L'expert cité par l'accusation était le Dr Raul Hilberg, l'auteur de *The Destruction of the European Jews*. Il eut à subir, jour après jour, une telle humiliation que, sollicité en 1988 par un nouveau procureur pour un nouveau procès contre E. Zündel, il refusa de revenir témoigner ; il motiva son refus dans une lettre confidentielle où il avouait sa crainte d'avoir à affronter à nouveau les questions de D. Christie. Du contre-interrogatoire du Dr Raul Hilberg il était ressorti qu'en définitive on ne possédait aucune preuve de l'existence soit d'un ordre, soit d'un plan, soit d'une instruction, soit d'un budget pour la prétendue entreprise d'extermination physique des juifs ; on ne possédait non plus ni une expertise de l'arme du crime (chambre à gaz ou camion à gaz) ni un rapport d'autopsie établissant le meurtre d'un détenu par gaz-poison. Mais, à défaut de preuves, d'arme et de cadavre, existait-il des témoins du crime ?

Un témoignage doit toujours être vérifié. Le premier moyen usuel de procéder à cette vérification est de confronter les assertions du témoin avec les résultats d'enquêtes ou d'expertises portant sur la matérialité du crime. Dans le cas présent, il n'y avait eu ni enquêtes ni expertises sur les prétendues chambres à gaz d'Auschwitz. Voilà qui rendait difficile tout contre-interrogatoire. Mais, cette difficulté ne devait pas servir d'excuse et, même, un contre-interrogatoire devenait d'autant plus indispensable car, sans lui, il ne restait plus aucun moyen de savoir si le témoin disait vrai ou faux.

Des témoins juifs enfin contre-interrogés : A. Friedman et Dr R. Vrba

Aux personnes intéressées par les moyens techniques et documentaires grâce auxquels nous fûmes néanmoins en mesure de sévèrement contre-interroger les deux principaux témoins juifs Arnold Friedman et le Dr Rudolf Vrba, je ne peux que recommander la lecture de la transcription du procès de 1985.[93] Les pages 304-371 retracent l'interrogatoire et le contre-interrogatoire d'Arnold Friedman ; ce dernier s'effondre aux pages 445-446 quand il finit par avouer qu'il n'a en fait rien vu, qu'il a parlé par ouï-dire parce que, disait-il, il avait rencontré des personnes convaincantes ; peut-être, ajoutait-il, aurait-il adopté la position de D. Christie plutôt que celle de ces personnes si D. Christie avait pu lui dire à l'époque ce qu'il lui disait maintenant !

Le Dr Vrba était un témoin d'une exceptionnelle importance. On peut même dire qu'à ce procès de Toronto l'accusation avait trouvé le moyen de recruter en matière d'« Holocauste » l'expert n° 1 avec le Dr Hilberg et le témoin n° 1 avec le Dr Vrba. Le témoignage de ce dernier avait été l'une des principales sources du fameux *War Refugee Board Report* sur les *German Extermination Camps – Auschwitz and Birkenau*, publié en novembre 1944 par l'Executive Office of the President [Roosevelt]. Le Dr R. Vrba était également l'auteur de *I Cannot Forgive*, écrit en collaboration avec Alan Bestic qui, dans sa préface, déclarait à son propos : « *Indeed I would like to pay tribute to him for the immense trouble he took over every detail ; for the meticulous, almost fanatical respect he revealed for accuracy.* »[94]

Jamais peut-être une cour de justice ne vit-elle un témoin s'exprimer avec autant d'assurance sur les chambres à gaz d'Auschwitz. Mais, au terme du contre-interrogatoire, la situation se renversa au point que le Dr

---

[93] *Queen vs. Zündel.*

[94] Rudolf Vrba, *I Cannot Forgive*, p. 2 : « Je voudrais vraiment lui rendre hommage pour la peine immense qu'il a prise à propos de chaque détail ; pour le respect méticuleux, quasi fanatique qu'il a révélé pour l'exactitude. »

Vrba n'eut plus qu'une explication pour ses erreurs et ses mensonges : dans son livre il avait, reconnaissait-il, eu recours à la « *poetic licence* » ou, comme il se plut à le dire en latin, à la « *licentia poetarum* » !

Un coup de théâtre se produisit à la fin : le procureur Griffiths lui-même, qui avait fait venir ce témoin n° 1, apparemment excédé par les mensonges du Dr. R. Vrba, le fusilla de la question suivante :

> « You told Mr. Christie several times in discussing your book *I Cannot Forgive* that you used poetic licence in writing that book. Have you used poetic licence in your testimony ? »[95]

Le faux témoin essaya de parer le coup mais le procureur Griffiths l'acheva d'une seconde question tout aussi perfide concernant, cette fois, les chiffres de gazés donnés par Vrba ; le témoin répondit par des bavardages ; Griffiths s'apprêtait à lui poser une troisième et dernière question quand, soudain, l'affaire tourna court et l'on entendit le procureur dire au juge : « *I have no further questions for Dr. Vrba.* »[96]

La mine décomposée, le témoin quitta la barre. L'interrogatoire, le contre-interrogatoire et le ré-interrogatoire de ce personnage occupent quatre cents pages de la transcription.[97] Ces pages pourraient figurer dans une encyclopédie du droit au chapitre des méthodes de détection du faux témoignage.

L'accusation renonce à convoquer des témoins

Trois ans plus tard, en 1988, lors du second procès contre E. Zündel, le ministère public jugea prudent d'abandonner tout recours à un témoin. La justice canadienne avait apparemment compris la leçon du premier procès : il n'existait pas de témoin véritable de l'existence et du fonctionnement des chambres à gaz nazies.

Tous les autres pays du monde ont peu à peu compris la leçon. En 1987, en France, au procès de Klaus Barbie, on parla des chambres à gaz d'Auschwitz mais on ne produisit pas de témoins à proprement parler de ces chambres à gaz. L'avocat Jacques Vergès, courageux mais non téméraire, préféra esquiver le sujet. Ce fut une chance pour les avocats juifs qui ne craignaient rien tant que de me voir apparaître aux côtés de J.

---

[95] *Queen vs. Zündel*, p. 1636 : « Vous avez dit à M. Christie plusieurs fois dans la discussion au sujet de votre livre *Je ne puis pardonner* que vous aviez utilisé la licence poétique en écrivant ce livre. Avez-vous utilisé la licence poétique dans votre témoignage à la barre ? »

[96] *Id.*, p. 1643 : « Je n'ai pas d'autre question pour le Dr Vrba. »

[97] *Id.*, p. 1244-1643.

Vergès. Si ce dernier avait accepté mon offre de le conseiller, nous aurions pu porter en France un redoutable coup au mythe des chambres à gaz.

Toujours en France, lors de quelques procès révisionnistes, des témoins juifs sont quelquefois venus évoquer ces chambres à gaz mais aucun n'a attesté, à la barre, en avoir vu une ou avoir assisté à un gazage homicide.

Aujourd'hui, les témoins des chambres à gaz se font extrêmement rares et le procès Demjanjuk en Israël, qui a, une fois de plus, révélé combien le faux témoignage était courant en la matière, a contribué à cette mutation. Il y a encore quelques années, il m'arrivait de me faire interpeller agressivement dans le fond du prétoire par de vieux juifs qui se présentaient à moi comme des « témoins vivants des chambres à gaz d'Auschwitz » ; ils me montraient leurs tatouages. Il me suffisait de leur demander de me regarder dans les yeux et de me décrire une chambre à gaz pour qu'immanquablement ils me rétorquent : « Comment le pourrais-je ? Si j'avais vu une chambre à gaz de mes propres yeux, je ne serais pas là aujourd'hui à vous parler ; j'aurais, moi aussi, été gazé ». Ce qui, comme on le voit, nous ramène à Simone Veil et à sa déclaration du 7 mai 1983, dont nous avons vu ce qu'il faut penser.

Les témoins médiatiques

À côté des témoins judiciaires, il existe des témoins médiatiques des chambres à gaz ou des gazages homicides d'Auschwitz ou de Birkenau. On songe ici aux noms d'Olga Lengyel, Gisela Perl, Fania Fénelon, Ota Kraus, Erich Kulka, Hermann Langbein, André Lettich, Samuel Pisar, Maurice Benroubi, André Rogerie, Robert Clary… Ma bibliothèque est pleine de ces récits qui se copient les uns les autres. Paul Rassinier a été le premier à nous indiquer de quelle manière pouvait se démontrer la fausseté de ces témoignages ; il l'a notamment fait, pour Auschwitz, dans *Le Véritable Procès Eichmann ou les Vainqueurs incorrigibles* où l'appendice V est consacré à *Médecin à Auschwitz* de Miklos Nyiszli.

Dans les années cinquante à quatre-vingt, il y avait quelque intérêt pour les révisionnistes à entreprendre de telles études critiques des témoignages. Aujourd'hui, il me semble que cet exercice est devenu superflu. Abstenons-nous de tirer sur les ambulances et laissons aux exterminationnistes eux-mêmes et à Jean-Claude Pressac, en particulier, le soin de critiquer cette sous-littérature car – ainsi qu'on peut le constater aujourd'hui – les plus farouches antirévisionnistes se mettent enfin à l'école révisionniste. Le résultat est parfois plein de sel. En octobre 1991, le périodique *Le Déporté pour la liberté*, organe de l'Union nationale des associations de déportés, internés et familles de disparus (UNADIF), annonçait en première page : « En pages centrales de ce numéro, première partie du témoignage de Henry Bily, l'un des rares rescapés d'un *Sonderkommando*. » Dans sa livraison de novembre 1991, H. Bily continuait le récit de son expérience d'Auschwitz sous le titre de « Mon histoire extraordinaire ».

Or, dans la livraison suivante du *Déporté pour la liberté*, celle de décembre 1991-janvier 1992, paraissait une « Mise au point après l'insertion dans nos colonnes du texte d'Henry Bily ». La direction et la rédaction de la publication révélaient le faux : H. Bily avait, dans la plus grande partie de son témoignage, procédé à :

> « la copie intégrale sans aucune mention de références, de passages (notamment des chapitres 7 et 28) du livre du Dr Myklos Nyiszli : *Médecin à Auschwitz*, écrit en 1946 et traduit et publié en 1961 aux éditions René Julliard. Malencontreusement, les erreurs commises à l'origine par le Dr Nyiszli ont été, elles aussi, reprises ; enfin, l'emprunt le plus long porte sur la description du fonctionnement du *Sonderkommando* d'Auschwitz-Birkenau, dans lequel Henry Bily déclare [s.e. mensongèrement] avoir travaillé…
>
> Il résulte de cette analyse qu'il n'est possible, en aucune manière, de considérer le texte d'Henry Bily comme un témoignage original et personnel. »

À un lecteur attentif de ce communiqué, la phrase « Malencontreusement, les erreurs commises à l'origine par le Dr Nyiszli ont été, elles aussi, reprises » pouvait laisser entrevoir que, pour comble de malheur, H. Bily, marchand de cravates juif, avait recopié un témoignage qui, par lui-même, était déjà un faux. Depuis longtemps, P. Rassinier avait, comme je viens de le dire, prouvé que *Médecin à Auschwitz*, œuvre chère à Jean-Paul Sartre qui, en 1951, en avait publié des fragments dans *Les Temps modernes*, ne pouvait être qu'une imposture des plus grossières. Bien des révisionnistes, et en particulier Carlo Mattogno, ont ensuite confirmé ce diagnostic. Pour ma part, dans mon compte rendu du livre de Jean-Claude Pressac *Auschwitz : Technique and Operation of the Gas Chambers*, j'ai glissé un développement intitulé : « Drôlerie [involontaire] de Pressac à propos de M. Nyiszli ». Je me permets d'y renvoyer les amateurs de faux témoignages sur Auschwitz, faux témoignages que J.-C. Pressac, à force de contorsions, d'inventions laborieuses et de spéculations oiseuses, cherche à défendre à tout prix mais que, sans le vouloir, il discrédite pour toujours.[98]

Les faux témoins Élie Wiesel et Primo Levi

Sur Élie Wiesel et Primo Levi quelques mots s'imposent.

Sur le premier, je renvoie à mon article « Un grand faux témoin : Élie Wiesel » ainsi qu'à « Un grand faux témoin : Élie Wiesel (suite) ». Dans *La Nuit*, compte rendu biographique en particulier de son internement à Auschwitz et à Buchenwald, É. Wiesel ne mentionne même pas les chambres à gaz mais il appert que, par une sorte de convention médiatique universelle, on le tient pour le témoin par excellence de l'« Holocauste » et des chambres à gaz. Selon lui, si les Allemands exterminaient des foules de juifs, c'était en les précipitant dans des brasiers ou des fournaises ! La fin de son témoignage comporte un épisode extrêmement curieux sur lequel j'attends depuis des années qu'Élie Wiesel veuille bien nous fournir une explication : en janvier 1945, nous raconte-t-il, les Allemands lui laissèrent, ainsi qu'à son père, le choix entre rester au camp pour y attendre l'arrivée des Soviétiques ou partir avec les troupes allemandes ; après s'être concertés, le père et le fils décidèrent de partir avec leurs exterminateurs pour l'Allemagne au lieu d'attendre sur place leurs libérateurs soviétiques...[99]

Curieusement, depuis quelques années, Primo Levi a, de manière posthume, accédé dans les médias au premier rang des témoins des chambres à gaz d'Auschwitz. Il est l'auteur de *Si c'est un homme*. La première partie du livre est la plus longue et la plus importante ; elle comprend cent quatre-vingts pages (p. 7-186) et a été rédigée en 1947 ; l'auteur dit, dès la page 19, que c'est après la guerre qu'il a appris le gazage des juifs à Birkenau ; lui-même travaillait à Buna-Monowitz et n'avait jamais mis les pieds à Birkenau ; aussi ne parle-t-il qu'en termes extrêmement vagues et seulement à six reprises de « la » chambre à gaz et à une seule reprise des « chambres à gaz »[100] ; il se contente de la mentionner, toujours au singulier et comme une rumeur dont « *tout le*

---

[98] R. Faurisson, « Auschwitz : Technique and Operation of the Gas Chambers... ».
[99] É. Wiesel, *La Nuit*, p. 129-133. Un point qui ne manque pas d'intérêt : dans la traduction en allemand de ce livre (*Die Nacht zu begraben, Elisha* p. 17-153), les fours crématoires de la version originale française sont supprimés pour être remplacés par des chambres à gaz (y compris à Buchenwald). Je dois cette découverte au révisionniste suisse Jürgen Graf et c'est à une révisionniste allemande vivant en France, A.W., que je suis redevable de la liste des occurrences où le traducteur allemand a cru bon, à quinze reprises, de mettre du gaz là où il n'y en avait pas dans le texte original.
[100] P. Levi, *Si c'est un homme*, p. 19, 48, 51, 96, 135, 198 et 159.

monde parle ».[101] Soudain, dans son « Appendice », écrit en 1976, soit près de trente ans plus tard, les chambres à gaz font une entrée en force : en l'espace de vingt-six pages qui, vu leur typographie plus resserrée, peuvent être comptées pour trente pages, l'auteur les mentionne à onze reprises[102] ; à deux reprises, il parle de « gaz » et à neuf reprises de « chambres à gaz » (toujours au pluriel) ; il écrit comme s'il les avait vues : « Les chambres à gaz étaient en effet camouflées en salles de douches avec tuyauteries, robinets, vestiaires, portemanteaux, bancs, etc. »[103] Il ne craint pas d'écrire encore : « Les chambres à gaz et les fours crématoires avaient été délibérément conçus pour détruire des vies et des corps humains par millions ; l'horrible record en revient à Auschwitz, avec vingt-quatre mille morts en une seule journée au mois d'août 1944. »[104]

Élie Wiesel et Primo Levi ne sont pas les seuls à avoir ainsi « enrichi » leurs souvenirs.

Primo Levi était ingénieur chimiste. Sur son naufrage ou son délire au point de vue scientifique dans *Si c'est un homme*, on consultera, de Pierre Marais, *En lisant de près les écrivains chantres de la Shoah. Primo Levi, Georges Wellers, Jean-Claude Pressac ;* voy., en particulier, « Le chimiste, la batterie de camion et... les chambres à gaz » (p. 7-21), chapitre qui concerne Primo Levi. Ce dernier s'est suicidé ou est mort accidentellement le 11 avril 1987. C'est à sa qualité de juif qu'il avait dû de n'être pas fusillé lorsqu'il avait été fait prisonnier par la Milice fasciste le 13 décembre 1943, à l'âge de vingt-quatre ans. « Les fascistes l'avaient capturé en tant que partisan (il avait encore un pistolet sur lui), et il s'était déclaré juif afin de n'être pas fusillé immédiatement. Et c'est en tant que juif qu'il fut livré aux Allemands. Les Allemands l'envoyèrent à Auschwitz [...]. »[105]

Conclusion

De 1945 à 1985, les prétendus témoins judiciaires des chambres à gaz d'Auschwitz ont bénéficié d'un extraordinaire privilège : on leur a toujours épargné l'épreuve du contre-interrogatoire sur la matérialité des faits qu'ils prétendaient rapporter. En 1985, au premier des deux procès Zündel, à Toronto, l'avocat Douglas

---

[101] *Id.*, p. 51.
[102] *Id.*, p. 189-214 : p. 193 (deux fois), 198 (trois fois), 199, 201 (deux fois), 202, 209, 210.
[103] *Id.*, p. 198.
[104] *Id.*, p. 201-202.
[105] F. Camon, « Chimie. Levi, la mort ».

Christie a bien voulu, sur ma suggestion et avec mon aide, contre-interroger selon la norme ce type de témoins. Le résultat en a été la déroute des témoins Arnold Friedman et D$_r$ Rudolf Vrba. Cette déroute a été si grave qu'on ne trouve plus aujourd'hui de témoins pour prendre le risque d'affirmer à la barre d'un tribunal qu'ils ont vu un gazage homicide à Auschwitz ou dans n'importe quel camp de concentration du III$_e$ Reich.

Les prétendus témoins médiatiques continuent de se répandre dans le monde de la radio, de la télévision et des livres, où ils ne courent guère le risque d'être mis en difficulté par des questions embarrassantes. Mais même ces témoins-là se font de plus en plus vagues et il peut leur arriver d'être dénoncés par des représentants de la thèse exterminationniste. Ces derniers se mettent, en effet, de plus en plus à l'école du révisionnisme parce qu'ils se rendent compte qu'ils ont jusqu'ici cautionné les mensonges de trop de faux témoins, des mensonges qui finissent par coûter cher à leur propre cause.

Comme il y a notoirement de plus en plus de risques à se présenter maintenant en témoin des chambres à gaz – comme le faisait encore le juif Filip Müller en 1979 – la solution qui tend à prévaloir aujourd'hui est celle que, dès le 7 mai 1983, Simone Veil avait dû adopter à la suite d'une décision de la cour d'appel de Paris du 26 avril 1983, estimant que mon travail sur le problème des chambres à gaz était sérieux, un travail où je démontrais que les prétendus témoignages se heurtaient à des impossibilités physico-chimiques radicales. La solution ou, plutôt, l'échappatoire préconisée par S. Veil consistait à dire que, s'il n'y avait effectivement ni preuves, ni traces, ni témoins du crime, c'est que les Allemands avaient détruit toutes les preuves, toutes les traces et tous les témoins. Une telle affirmation, outre qu'elle est absurde, aurait, à son tour, besoin de preuves que S. Veil ne fournit pas. Mais il importe peu. Prenons acte de cette affirmation et, après S. Veil et ceux qui, dans la pratique, semblent se rallier à sa thèse, prenons bonne note de cette évidence depuis longtemps mise au jour par les révisionnistes : non seulement il n'existe ni preuves, ni traces des chambres à gaz nazies, mais il n'en existe nul témoin.

Aujourd'hui, en cette fin d'année 1993, les témoignages sur les chambres à gaz d'Auschwitz sont discrédités y compris chez les exterminationnistes. L'histoire fondée sur les témoignages commence à laisser place à l'histoire fondée soit sur des faits, soit sur des arguments d'ordre scientifique. C'est ce que j'avais préconisé dans mon article du *Monde* du 29 décembre 1978 et dans ma lettre au *Monde* du 16 janvier 1979. Il aura fallu attendre plus de dix ans pour voir nos adversaires s'aventurer sur le terrain où je les invitais à venir se mesurer avec nous :

le terrain scientifique. J.-C. Pressac a été chargé, notamment par le couple Klarsfeld, de dénoncer « l'histoire-témoignage » et de lui substituer une histoire scientifique ou, du moins, d'apparence scientifique.

Claude Lanzmann et les tenants de « l'histoire-témoignage » en sont désespérés.[106] Les révisionnistes s'en félicitent. Un demi-siècle de témoignages non vérifiés doit maintenant laisser place, définitivement, à la recherche des faits et des preuves sur les plans judiciaire, scientifique et historique.

[Ce texte constitue un chapitre de *Grundlagen zur Zeitgeschichte, Ein Handbuch über strittige Fragen des 20. Jahrhunderts,* ouvrage collectif publié en 1994 sous la direction d'Ernst Gauss [Germar Rudolf] aux éditions Grabert de Tübingen. Le texte original français est inédit. Le professeur Faurisson a également rédigé l'avant-propos de ce livre très important, qui est classé ici à sa date de rédaction, le 23 septembre 1994. – N.d.é]

***

3 décembre 1993

LE NOUVEAU LIVRE DE PRESSAC SUR AUSCHWITZ

En 1989, le pharmacien Jean-Claude Pressac avait publié en anglais un énorme ouvrage au titre trompeur : *Auschwitz : Technique and Operation of the Gas Chambers* [Auschwitz : Technique et fonctionnement des chambres à gaz]. Dans mon compte rendu de ce livre, j'avais montré que l'auteur nous fournissait une pléthore de détails sur le camp lui-même, sur les crématoires, sur les

---

[106] Voy., notamment, l'article signé de Robert Redeker qu'il a publié, dans sa revue *Les Temps Modernes,* sous le titre : « La Catastrophe du révisionnisme » (novembre 1993, p. 1-6) ; le révisionnisme y est présenté comme le signe catastrophique d'un changement d'époque : « Auschwitz » était – et reste pour l'auteur – une « mystique », c'est-à-dire une croyance entourée d'un respect religieux ; or, « Auschwitz » devient, dit-il en le déplorant, un sujet de considérations historiques et technologiques. Cet article était sous presse quand est paru dans *L'Express* tout un dossier sur le nouveau livre de J.-C. Pressac (23 septembre 1993, p. 76-80, 82-87). C. Lanzmann a protesté avec virulence contre cette tournure prise par l'histoire de l'« Holocauste ». Il écrit : « Même pour les réfuter, on légitime ainsi les arguments des révisionnistes, qui deviennent ce par rapport à quoi, à qui, tous se situent. Les révisionnistes occupent tout le terrain » (*Le Nouvel Observateur,* 30 septembre 1993, p. 97).

fours, sur les épidémies de typhus, sur les chambres à gaz de désinfection (fonctionnant au Zyklon B ou autrement), et même sur sa vie privée.[107]

Rien sur les chambres à gaz homicides

Mais, comme je le faisais remarquer, on ne trouvait rien, dans cet ouvrage de cinq cent soixante-quatre pages, sur les prétendues chambres à gaz homicides, sinon ce que Pressac lui-même appelait, non pas des « preuves », mais seulement des « commencements de preuves » ou des « indices de crime ». La montagne avait accouché d'une souris et, en fait, la souris était révisionniste puisqu'un grand nombre des déclarations de Pressac étaient révisionnistes.

Mon défi n'a pas été relevé.

Depuis 1978 je répète le même défi :

> « Montrez-moi ou dessinez-moi une chambre à gaz *nazie* ! Cessez de m'abreuver de mots ! Cessez de me montrer un bâtiment, une porte, un mur ou même, parfois, simplement des cheveux ou des chaussures ! Il me faut une image complète de l'un de ces fantastiques abattoirs chimiques. J'ai besoin d'une représentation physique de l'arme extraordinaire d'un crime sans précédent. Si vous osez dire que ce qu'on montre aux touristes dans certains camps est, ou était, une telle chambre à gaz, eh bien, soit, dites-le… »

Ce défi n'a jamais été relevé. À Washington, le mémorial du musée de l'« Holocauste » montre aux visiteurs la porte d'une chambre à gaz, celle de la chambre à gaz de Majdanek dont Pressac dit lui-même, dans son ouvrage de 1989, qu'elle était une chambre à gaz de désinfection, c'est-à-dire non homicide ![108] Pressac n'a pas relevé mon défi en 1989. Le relève-t-il dans son dernier ouvrage, *Les Crématoires d'Auschwitz. La Machinerie du meurtre de masse* ? La réponse est manifestement : Non.

Une preuve qui n'en est pas une

Le nouveau livre de Pressac n'est essentiellement qu'un résumé de son ouvrage de 1989 en anglais. Sur les soixante documents fournis, aucun ne se rapporte véritablement aux chambres à gaz homicides, sauf

---

[107] R. Faurisson, « Auschwitz, Technique and Operation… », reproduit dans le volume III à la page 1169.
[108] J.-C. Pressac *Auschwitz : Technique and Operation*, p. 555-557.

un (et un seulement) que Pressac présente comme la preuve de l'existence d'*une* chambre à gaz homicide à Auschwitz. En réalité, il s'agit d'une simple lettre, une lettre de caractère commercial, sans aucune mention de secret, provenant de la firme allemande Topf et fils et adressée à la direction des constructions d'Auschwitz (« *Bauleitung* »). Elle concerne la fourniture de détecteurs de gaz cyanhydrique (HCN) pour l'un des crématoires. L'ingénieur signataire de la lettre écrit qu'ils ont essayé sans succès d'obtenir auprès de différents fournisseurs les dix détecteurs de gaz requis et que, dès qu'ils auront des informations à ce sujet, ils en aviseront la direction des constructions. Pressac prétend que des détecteurs de gaz cyanhydrique n'ont pas lieu d'être utilisés dans un crématoire à moins que ce dernier ne serve, comme c'était le cas, selon lui, de chambre à gaz homicide !

Il y a là une conclusion inadmissible. Le Zyklon B (composé essentiellement d'acide cyanhydrique) est un insecticide utilisé dans le commerce depuis 1922, dans la plupart des pays du monde. À Auschwitz on l'utilisait intensivement pour la désinfection des locaux, surtout pour combattre le typhus. Dans les chambres froides des crématoires on entreposait un grand nombre de cadavres et il fallait de temps en temps désinfecter les lieux. En 1980, j'avais publié un document allemand (classé par les Alliés sous la cote NI-9912) concernant la procédure à adopter en cas de désinfection à l'aide de Zyklon B : le terme utilisé pour désigner la désinfection était « *Vergasung* » (« gazage ») et celui utilisé pour désigner le détecteur de gaz était « *Gasrestnachweisgerät* » (appareil de détection du gaz restant). C'était une procédure assez répandue. À Auschwitz on utilisait le gaz pour tuer les poux, non pour tuer les gens. L'utilisation de ce gaz ne peut à lui seul démontrer l'existence d'une chambre à gaz homicide !

Huit cent mille morts à Auschwitz ?

Dans un film célèbre de 1955, *Nuit et Brouillard*, diffusé dans toutes les écoles de France, il est dit que le nombre des morts d'Auschwitz était de neuf millions. Le Tribunal de Nuremberg a entériné le chiffre de quatre millions (doc. URSS-008). Le monument d'Auschwitz-Birkenau portait également ce chiffre de quatre millions mais, en 1990, les inscriptions figurant sur ce monument ont été effacées. Dans son ouvrage de 1989 en anglais, Pressac écrivait que le chiffre oscillait entre un million et un million et demi.[109] Aujourd'hui, en 1993, dans son dernier ouvrage, il parle de 775.000 morts, chiffre arrondi à 800.000 (dont, selon lui,

---

[109] J.-C. Pressac, *op. cit.*, p. 553.

630.000 juifs gazés). Le véritable chiffre des morts d'Auschwitz, pour la période 1939-1945, est probablement plus proche de 150.000, la plupart en raison des épidémies, du manque de nourriture et de l'épuisement au travail.

Lanzmann furieux

Claude Lanzmann, auteur du film *Shoah*, est furieux contre Pressac. Tout le contenu de ce nouvel ouvrage, dit-il, est « archiconnu », mis à part le document sur les détecteurs de gaz qui, ajoute-t-il, ne convaincra certainement pas les révisionnistes. Pour lui, le révisionnisme est une catastrophe, aussi bien au sens ordinaire du terme qu'au sens philosophique, c'est-à-dire de « changement d'époque » ! Il pense que Pressac est en réalité un révisionniste qui utilise les arguments matériels et physiques d'un Faurisson (voy. *Le Nouvel Observateur*, 30 septembre 1993).

Une expertise de l'arme du crime

Pressac est en réalité un tricheur. C'est ce que j'ai démontré dans mon compte rendu de 1991 et c'est ce que je démontrerai encore dans un article que publiera *The Journal of Historical Review*. Mais l'aspect positif du livre de Pressac tient en ce que les croyants à l'« Holocauste », du moins en France, reconnaissent enfin que la question de l'« Holocauste » doit désormais être traitée de manière scientifique. Je les prends au mot et je leur dis : D'accord ! Commençons par le commencement. Il nous faut un rapport d'expertise sur l'arme du crime. Si vous estimez que Fred Leuchter a tort dans son rapport d'expertise – ainsi que Germar Rudolf, que Walter Lüftl et que l'Institut médico-légal de Cracovie (au fait, d'où vient votre silence à ce sujet ?) – il existe une solution évidente : produisez votre propre expertise, ou désignez une commission internationale à cette fin. De la sorte, vous relèverez mon défi : vous me montrerez ou me dessinerez une chambre à gaz nazie.

***

Décembre 1993

LE PROFESSEUR FAURISSON MIS À L'ÉPREUVE

D ans le célèbre magazine américain *Vanity Fair,* le journaliste Christopher Hitchens consacre un reportage au développement du révisionnisme historique aux États-Unis, en particulier dans les universités. Son article s'intitule « Whose History is it ? » [À qui appartient cette histoire ?].[110] Désireux de mettre à l'épreuve les auteurs révisionnistes mais constatant que les antirévisionnistes refusent de discuter avec les révisionnistes, il a eu l'idée de ce qu'il appelle une « expérience ». Comme on va le voir, cette expérience l'a amené à confronter, d'une part, deux professeurs antirévisionnistes (Deborah Lipstadt et Christopher Browning) et, d'autre part, un professeur révisionniste (Robert Faurisson) à propos d'une confession de Rudolf Höss au sujet, en particulier, du nombre des morts d'Auschwitz.

Rappelons que R. Höss avait été l'un des trois commandants successifs d'Auschwitz. Fait prisonnier par les Britanniques après la guerre, il avait confessé l'existence de chambres à gaz homicides dans son camp. Il en avait témoigné au procès de Nuremberg le 15 avril 1946. Livré ensuite aux communistes polonais, il avait rédigé des mémoires où il confirmait son témoignage de Nuremberg ; puis, condamné à mort, il avait été pendu à Auschwitz même. La confession, le témoignage et les mémoires de R. Höss ont toujours été tenus par les antirévisionnistes pour la preuve la plus solide de l'extermination des juifs par le gaz dans le camp d'Auschwitz.

Voici, par le journaliste américain, le récit de son expérience :
[Traduction]

« [...] [L'*Institute for Historical Review* (Institut de critique historique) de Californie] est la cible d'un livre récent de Deborah Lipstadt, professeur à Emory University à Atlanta, qui a écrit *Denying the Holocaust. The Growing Assault on Truth and Memory* [La négation de l'Holocauste : l'attaque grandissante contre la vérité et la mémoire] comme une réplique contre la prolifération de la "négation" dans les débats télévisés, sur les campus universitaires et ailleurs – sans compter, plus récemment,

---

[110] C. Hitchens, « Whose history is it ? ».

une campagne de tracts au *National Holocaust Memorial Museum* qui vient de s'ouvrir à Washington.

Deborah Lipstadt refuse tout débat en direct avec les négateurs de l'Holocauste parce qu'elle croit que ceux-ci cherchent à réhabiliter les Nazis ; elle a néanmoins accepté de m'aider pour une expérience. Prenant contact avec l'Institute for Historical Review, je leur demandai de m'envoyer leur meilleur coup. Je transmis celui-ci au professeur Lipstadt et au professeur Christopher Browning de la Pacific Lutheran University, auteur de *Ordinary Men [Des hommes ordinaires],* rapport d'activité cauchemardesque d'une équipe d'extermination nazie en Pologne pendant la guerre. Les révisionnistes m'envoyèrent un article d'un Français du nom de Robert Faurisson, d'après lequel Rudolf Höss, l'un des commandants d'Auschwitz, aurait été torturé par les Britanniques et aurait ainsi confessé un nombre fantastique et incroyable d'assassinats : "Par la présente, je déclare sous serment que, dans les années 1941 à 1943, sous ma responsabilité de commandant en exercice du camp de concentration d'Auschwitz, deux millions de juifs ont été mis à mort par le gaz et un demi-million par d'autres moyens." Cette déclaration, spécialement mise en évidence et reproduite, est une pièce importante de l'*Holocaust Memorial.*

Je me mis alors en rapport avec Lipstadt et Browning et leur demandai leurs réponses, qui furent surprenantes : "Höss a toujours été un témoin très faible et confus", dit Browning, qui avait déposé comme expert dans des procès impliquant Auschwitz. "C'est pour cette raison que les révisionnistes l'utilisent tout le temps, afin d'essayer de discréditer la mémoire d'Auschwitz dans son ensemble." Et le professeur Lipstadt me signala la page 188 de son livre, et quelle page ! Il y est dit que les histoires de nazis transformant les juifs en savon sont entièrement fausses et il y est aussi dit que, bien qu'à Auschwitz le monument de pierre lui-même indique que le nombre des victimes – juives et non juives – est de quatre millions, le vrai chiffre se situe plutôt entre un million et demi et deux millions. Comme Höss a été le commandant de l'endroit pendant une partie seulement de l'existence du camp, cela signifie que, selon les *contre-révisionnistes,* un élément important des preuves assemblées par l'*Holocaust Memorial* n'est pas digne de foi. Une sensation de vertige, s'il en fut.

"Il en va de même avec l'histoire du savon", dit Lipstadt. "Je reçois des protestations de survivants, me disant que je ne devrais pas reconnaître que ce n'est pas vrai, parce que c'est donner des munitions à l'ennemi. Mais seule m'intéresse la découverte de la vérité." Un concept passé de mode. […] »[111]

Cette « expérience » d'un journaliste américain conduit à se poser la question suivante : « Si le professeur Faurisson était, comme il le demande depuis 1978, confronté publiquement et directement aux Lipstadt et aux Browning, ne sortirait-il pas à son avantage de pareille mise à l'épreuve ? »

N. B. : À la suite de la publication de cet article de C. Hitchens, l'*Institute for Historical Review* a tenu à préciser qu'il n'avait pas, de sa propre initiative, choisi d'envoyer au journaliste l'étude de R. Faurisson intitulée : « Comment les Britanniques ont obtenu les aveux de Rudolf Höss » : c'est le journaliste qui, dans l'ensemble des écrits qui lui avaient été envoyés, a choisi cette étude-là pour son « expérience ».

---

[111] *Id.*, p. 117.

1994

7 février 1994

LETTRE À FRANÇOISE SIMON PRÉSIDENTE DE LA XIE CHAMBRE DE LA COUR D'APPEL DE PARIS

Voyez la pièce ci-jointe. Vous constaterez que s'y trouve cité à comparaître devant votre cour, le mercredi 9 février 1994, à 13 h 30, un certain Robert Faurisson né à Brunei Darussalam. Je suis né en Grande-Bretagne.

Half British, je ne cesse, depuis 1947, d'observer les magistrats français et le fonctionnement de la justice française. J'y trouve, comme j'ai eu l'occasion, je crois, de vous le dire, un sujet d'émerveillement devant la servilité des magistrats français (à de rares exceptions qui indignent leurs collègues), devant leur mauvaise tenue, leurs négligences, leur désordre et, surtout, devant le fait qu'à de rarissimes exceptions près aucune transcription des propos tenus dans un procès n'est consultable, pour la bonne raison… qu'il n'y a pas de transcription. La manière dont vous vous êtes personnellement conduite à mon égard est édifiante : pendant une heure cinquante (durée de ma défense personnelle à la barre) vous avez ostensiblement détourné votre regard de celui qui vous parlait ; quand j'ai voulu une fois – une seule fois – vous lire un court extrait du statut du tribunal militaire international de Nuremberg, vous m'avez lancé : « Ah non ! Pas de lecture ! » et cette interdiction, vous ne l'avez pas fait acter par la greffière, si bien qu'il n'en reste aucune trace. Par la suite, vous avez rendu un arrêt parfaitement inique : pour une interview, vous m'avez condamné, solidairement avec *Le Choc du mois*, à des peines dont le montant s'élevait à trois cent soixante-quatorze mille francs. À l'heure qu'il est, j'ai personnellement versé cent vingt-huit mille cinq cents francs. Je suis un professeur à salaire unique et j'ai élevé trois enfants. Mon crime : avoir dit la vérité sur l'atroce bobard – votre cher et ignoble bobard – des prétendues chambres à gaz hitlériennes. Selon l'usage, dans le texte de votre arrêt, on n'aperçoit pas l'ombre d'un seul des arguments que, pendant une heure cinquante, j'ai pu développer devant vous. Je vous ai dit l'horreur que m'inspirait votre conduite. Par la suite, j'ai appris accidentellement que mon avocat, Me Éric Delcroix, avait pris l'initiative de vous demander une entrevue afin de vous

présenter ses excuses (!) pour mon comportement à votre égard. Il n'en avait pas le droit, ainsi que je le lui ai fait savoir quelques jours plus tard.

J'ai la faiblesse de croire que j'honore ce pays, qui n'est qu'à demi le mien, par mes recherches historiques.

J'attends une convocation régulière pour décider de la suite que je donnerai aux injonctions de votre justice (française).

[La citation est adressée à « Faurisson Robert. Né le 25/01/1929 à Londres (BRUNEI DARUSSALAM) ». Par quel miracle un scribe ou une machine ont-ils pu ainsi localiser la ville de Londres (qui n'est nullement le lieu de naissance de l'intéressé) dans la ville-État du nord de Bornéo, un émirat pétrolier dont le nom officiel est effectivement "Brunei Darussalam" ? Il y a là un mystère que nous léguons aux générations futures. – N.d.é]

***

Février 1994

LES CHAMBRES À GAZ DES PÉNITENCIERS AMÉRICAINS

P our l'exécution des condamnés à mort, certains états des États-Unis emploient des chambres à gaz dites « *execution gas chambers* ». Le produit utilisé est toujours le gaz cyanhydrique (*hydrogen cyanide*). Depuis 1922, c'est précisément ce gaz que les Allemands emploient pour la destruction des parasites dans les bâtiments, les navires, les silos… ou encore dans des chambres à gaz spéciales dites chambres à gaz de désinfection, de désinfestation ou d'épouillage. La dénomination commerciale du produit, à base d'acide cyanhydrique, est « Zyklon », qui veut dire « cyclone ». Le plus répandu de ces produits s'appelle « Zyklon B ». La légende prétend que, pendant la seconde guerre mondiale, en particulier à Auschwitz, les Allemands se sont servis du Zyklon B non seulement comme insecticide mais aussi comme moyen chimique d'extermination physique des juifs.

Ceux qui, au procès de Nuremberg et dans d'autres procès du même genre, se sont permis de porter une aussi terrible accusation auraient dû exiger une expertise de l'arme du crime prétendument utilisée par les Allemands. Ils ne l'ont pas fait, sauf dans le cas du Struthof-Natzweiler (Alsace) où l'expertise du professeur René Fabre, en décembre 1945, a révélé que la prétendue chambre à gaz n'était pas une chambre à gaz homicide. Ils auraient également dû, pour comparaison, examiner les chambres à gaz des pénitenciers américains pour s'interroger sur la procédure à suivre en vue d'exécuter un individu avec du gaz cyanhydrique. Ils ne l'ont pas fait non plus. Mais le plus extraordinaire peut-être est que les révisionnistes eux-mêmes ne semblent pas avoir songé à entamer une recherche sur les chambres à gaz américaines. Les révisionnistes allemands, pourtant armés de toute la science allemande, surtout en matière de chimie, ont été particulièrement timides dans le domaine de l'investigation chimique et les révisionnistes américains, qui pourtant savaient que dans leur propre pays on exécutait des prisonniers avec du gaz cyanhydrique, ont, eux aussi, négligé l'argument chimique et, en particulier, l'argument des chambres à gaz américaines.

C'est vers 1977 que j'ai personnellement pensé qu'il était indispensable d'examiner ces chambres-là. Je connaissais déjà assez bien les procédés de désinfection, de désinfestation ou d'épouillage à l'aide du Zyklon B et j'avais notamment étudié sur ce sujet des documents relatifs aux chambres à gaz Degesch. Mais l'expérience m'avait appris à me méfier des raisonnements par analogie. Du fait qu'on sait comment utiliser le gaz cyanhydrique pour désinfecter une matière morte comme des tissus ou des vêtements, il ne s'ensuit pas qu'on sache comment tuer des êtres vivants avec ce même gaz.

Vers le milieu de 1978, je me tournais vers un avocat américain, Eugene Brugger, pour lui demander d'entreprendre une enquête auprès des pénitenciers possédant des chambres à gaz. E. Brugger apporta à ses investigations le plus grand soin. Il adressa à ces pénitenciers deux questionnaires minutieux. Il reçut de six d'entre eux des réponses qu'il me communiqua. À la simple lecture des réponses et des documents accompagnant celles-ci, il devenait d'une évidence implacable que les prétendues chambres à gaz nazies (« à l'état d'origine », « reconstruites » ou « à l'état de ruines ») n'étaient que des impostures et que les prétendus récits de gazages homicides à Auschwitz n'étaient que des inventions de la propagande de guerre. L'exécution d'un seul homme dans une chambre à gaz américaine exige une machinerie si compliquée qu'il est impensable que les Allemands aient pu, de leur côté, exécuter des centaines de milliers d'hommes dans des « chambres à gaz » aussi frustes que celles qu'on présente aux touristes d'Auschwitz ou que les témoins nous décrivent parfois si succinctement.

La première exécution d'un condamné par le moyen du gaz eut lieu à Carson City (Nevada) en 1924. Elle faillit tourner à la catastrophe. La raison de cette mésaventure vaut d'être méditée parce qu'elle permet de mesurer la naïveté de la plupart des gens – y compris des scientifiques, des ingénieurs et même parfois des toxicologues – qui parlent des chambres à gaz nazies. Ces gens ont tendance à oublier que, de toutes les armes, le gaz toxique est probablement la plus difficile à utiliser, surtout si on l'applique à la matière humaine.

C'est, semble-t-il, vers 1917 que des Américains épris d'idées humanitaires ont imaginé qu'une exécution par un gaz mortel constituerait un procédé à la fois plus humain, plus discret et plus *aisé* que la fusillade, la pendaison ou la chaise électrique. Ils se trompaient. Se tuer soi-même avec un gaz peut être relativement facile (encore que beaucoup de tentatives de suicide par le gaz se soldent par des échecs, par des explosions ou par des catastrophes pour l'entourage) mais tuer avec un gaz quelqu'un d'autre que soi sans encourir de risques pour autant est particulièrement difficile.

Sur les champs de bataille de la première guerre mondiale, en Europe, il est souvent arrivé que l'usage d'un gaz contre l'ennemi se soit retourné contre l'utilisateur. Plus récemment, un désastre comme celui de Bhopal, en Inde, montre à quel point, malgré les progrès de la science, on maîtrise encore mal l'emploi de certains gaz particulièrement toxiques. Aujourd'hui encore, soixante-dix ans après l'expérience de Carson City, le problème n° 1 des chambres à gaz américaines reste celui… de l'étanchéité ! Il faut savoir que l'acide cyanhydrique présente la particularité de ronger jusqu'aux joints d'étanchéité. Après chaque exécution, il est d'usage de changer tous ces joints en vue d'une nouvelle exécution ou d'un nouvel essai.

J'ai expliqué par ailleurs la procédure du gazage d'exécution aux États-Unis et je n'y reviendrai donc pas. Je me contenterai d'apporter ici huit photographies de la chambre à gaz du pénitencier de Baltimore que j'avais déjà publiées en France en 1980[112], avec leurs explications et j'y ajouterai quelques observations complémentaires. Mais, auparavant, il convient sans doute d'aller au-devant de certaines objections qui pourraient se résumer ainsi :

Si les chambres à gaz américaines sont si compliquées, ne serait-ce pas à cause d'une propension – bien américaine – au luxe de précautions, à la sophistication scientifique, aux égards pour le condamné et même, dans ces dernières années, au souci de ménager l'environnement ? Les nazis, eux, étaient brutaux, rudimentaires et n'avaient aucun égard pour leurs victimes.

Cet argument n'a pas grande valeur. Il est sûr qu'avec le temps la technologie des chambres à gaz américaines a bénéficié des acquis les plus récents de la science ; par exemple, au lieu d'un simple stéthoscope, le médecin qui surveille les battements de cœur du condamné dispose

---

[112] Serge Thion, *Vérité historique ou vérité politique ?*, p. 301-309.

maintenant d'un stéthoscope électronique. Mais, si on passe en revue tous les détails de cette technologie (en prenant pour exemple une chambre à gaz américaine des années trente, quarante ou cinquante) et si on élimine tous les détails dont l'existence peut être due soit à un excès de sophistication, soit aux égards pour le condamné, on découvre que la simple nécessité de protéger ceux qui emploient la chambre à gaz exige des mesures draconiennes, bien plus encore que pour les chambres à gaz qui servent à la désinfection des vêtements. En effet, au terme d'une opération de désinfection, on peut, sans trop de difficultés, chasser les molécules de gaz cyanhydrique qui se sont accumulées dans les vêtements : des courants d'air chaud et d'air froid chassent une grande partie de ces molécules et les vêtements peuvent être battus, tandis qu'au terme de l'exécution d'un homme par le même gaz il est extrêmement difficile de chasser ces molécules car celles-ci se sont *incrustées* dans la peau, la graisse et les humeurs : on ne peut ni chauffer ni battre ce cadavre pour en chasser le gaz. On a besoin, dans ce dernier cas, d'instruments particuliers et d'une procédure spéciale. Le médecin et ses deux aides qui vont pénétrer dans la chambre à gaz où se trouve le cadavre du prisonnier doivent d'abord attendre que des ventilateurs orientables et un système d'aspiration puissant balaient et expulsent le gaz qui est dans la chambre à gaz. Ce gaz est expulsé vers un barboteur où il est neutralisé (au moins partiellement). Après une attente plus ou moins longue, ce médecin et ses deux aides, munis de masques à gaz, de tabliers et de gants de caoutchouc, doivent *décontaminer le cadavre et ses vêtements*. Le médecin commence par secouer la chevelure du cadavre, puis les deux aides vont laver le cadavre lui-même à grande eau, jusque dans ses ouvertures naturelles, sans oublier le pli des bras et des jambes : rien de comparable avec une désinfection de vêtements !

Au début de 1988, Ernst Zündel, révisionniste établi à Toronto (Canada), me demandait de lui communiquer les lettres que j'avais reçues des différents pénitenciers américains munis de chambres à gaz. Grâce à ces lettres, son avocate, Barbara Kulaszka, put se mettre en rapport avec Bill Armontrout, directeur de l'un de ces pénitenciers, qui lui signala que le meilleur spécialiste des chambres à gaz aux États-Unis était Fred Leuchter, lequel habitait Boston.

Sur la demande d'E. Zündel, je rencontrais F. Leuchter à Boston. Je découvris que ce dernier croyait, comme presque tout Américain, à l'existence des chambres à gaz nazies sans s'être jamais posé de questions sur la nature exacte, la configuration et le fonctionnement de ces extraordinaires abattoirs chimiques, capables, si l'on en croit la légende, de performances qui auraient laissé loin derrière elles les performances des chambres à gaz américaines. F. Leuchter, à qui je montrais des photographies et des documents concernant les prétendues chambres à gaz nazies, commença à se poser des questions. Rapidement il se rendit compte qu'il existait un « problème des chambres à gaz » nazies. Par la suite, il accepta de se rendre à Toronto pour y analyser la question de plus près, notamment en examinant les maquettes qu'E. Zündel avait fait construire par Hans Beisner à l'aide des plans que j'avais trouvés à Auschwitz en 1976. Il accepta de se rendre en Pologne, bien décidé à tirer l'affaire au clair, et en rapporta son fameux rapport sur les présumées chambres à gaz d'Auschwitz et de Majdanek.

Visite de la chambre à gaz de Baltimore

L e 14 septembre 1979, je visitais la chambre à gaz du pénitencier de Baltimore (Maryland) sous la conduite du lieutenant Walter Farrier. Celui-ci n'avait pas assisté à une exécution et ce qu'il me dit fut, par conséquent, simplement ce qu'il lui avait fallu apprendre pour le cas où il aurait eu à procéder à une exécution. Il chargea un prisonnier, James F. P…, de prendre huit photographies selon mes instructions. On trouvera ci-dessous ces photographies.[113]

La chambre à gaz de Baltimore a été bâtie dans les années cinquante mais, d'après la documentation que j'avais obtenue d'autres pénitenciers, sa technologie n'était pas essentiellement différente de celle des chambres à gaz des années trente ou quarante.

Le lieutenant me fournit des explications sur la chambre, sur son fonctionnement ainsi que sur l'exécution du condamné et sur le traitement du cadavre. Ces explications corroboraient celles que j'avais puisées dans ma documentation écrite (avec des variantes, parfois surprenantes comme on en découvre toujours chez les « spécialistes » ou prétendus tels). Je compris, par exemple, que s'il suffit de quelques milligrammes de cyanure pour tuer un homme, il faut, en réalité, jusqu'à une ou deux livres de cyanure dans une chambre à gaz car tout l'espace de la chambre doit être rempli du gaz mortel (ce qui complique l'opération d'évacuation de quantités si importantes). Il m'expliqua également pourquoi l'habitacle devait être fait d'acier et, pour les vitres, de verre Herculite (avec un dispositif pour empêcher la formation de buée).

À la fin de la visite, il me demanda la raison de ma curiosité. Je lui répondis que je m'intéressais aux chambres à gaz nazies. C'est alors que cet homme me dit : « Terrible ! Have you seen *Holocaust* ? » Il voulait parler du *soap-opera* consacré au prétendu génocide des juifs. Cet

---

[113] Elles seront reproduites dans le cahier photographique à paraître.

homme sensé venait de m'expliquer combien l'exécution d'une seule personne, aux États-Unis, par le moyen du gaz, était compliquée et dangereuse, et voilà que ce même homme n'éprouvait apparemment aucune difficulté à croire qu'en Allemagne on avait, pendant des années et le plus aisément du monde, gazé des milliers de personnes par jour.

Au cours des années suivantes, j'allais me rendre compte que même des ingénieurs, des toxicologues, des médecins, des scientifiques et des professeurs, même des spécialistes de la désinfection des vêtements au gaz cyanhydrique, avaient de ces naïvetés-là. Il y a, même chez l'homme bardé de connaissances, une forme de crédulité particulièrement déconcertante.

Le meilleur ouvrage technique que je puisse personnellement recommander sur les chambres à gaz américaines est The Third Leuchter Report : A Technical Report on the Execution Gas Chamber at Mississippi State Penitentiary, Parchman, Mississippi.

Sur mes conseils, E. Zündel a juxtaposé, à la page 2, la porte de la chambre à gaz de ce pénitencier et une porte de la prétendue chambre à gaz d'Auschwitz-I : une misérable petite porte vitrée. La juxtaposition des deux photographies est parlante.

Au sujet de la première exécution en chambre à gaz, celle de Gee Jon à Carson City (Nevada) en 1924, et au sujet de quelques autres parmi les premières exécutions aux États-Unis, on peut lire Frederick Drimmer, *Until You Are Dead / The Book of Executions in America*.

***

Février 1994

DÉBUT, EN FRANCE, DE LA CONTROVERSE RÉVISIONNISTE (1974-1978)

Au début de 1974, je décidais d'adresser à de nombreux destinataires, historiens et spécialistes connus, à travers le monde, une lettre à en-tête de la Sorbonne (où j'enseignais alors). En voici le texte :

> « Puis-je me permettre de vous demander votre sentiment, votre sentiment personnel, sur un point particulièrement délicat de l'histoire contemporaine : les chambres à gaz hitlériennes vous semblent-elles avoir été un mythe ou une réalité ? Auriez-vous

l'obligeance de me préciser éventuellement dans votre réponse quel crédit, selon vous, il convient d'accorder au "document Gerstein", à la confession de R. Höss, au témoignage Nyiszli (faut-il dire Nyiszli-Kremer ?) et, d'une façon générale, à ce qui s'est écrit de ce point de vue sur Auschwitz, sur le gaz Zyklon B, sur le sigle "N. N." ("*Nacht und Nebel*" ou "*Nomen Nescio*" ?) et sur la formule de "solution finale" ? Votre opinion sur la possibilité d'existence de ces chambres a-t-elle varié depuis 1945 ou bien reste-t-elle aujourd'hui ce qu'elle était il y a vingt-neuf ans ?

Je n'ai pu, jusqu'à présent, découvrir de photographies de chambres à gaz qui paraissent présenter quelque garantie d'authenticité. Ni le Centre de documentation juive de Paris, ni l'*Institut für Zeitgeschichte* de Munich n'ont pu m'en fournir. Auriez-vous, pour votre part, connaissance de photographies à verser au dossier de la question ?

Merci d'avance pour votre réponse et peut-être pour votre aide. »

Au nombre de mes destinataires se trouvait le D$_r$ Kubovy, responsable d'un centre de documentation juive à Tel Aviv. Mais – je l'ignorais alors – le D$_r$ Kubovy était décédé. Ses héritiers confièrent ma lettre au quotidien *Yedioth Aharonoth*, qui la publia le 26 mai 1974, sous une forme tronquée. En France, *Tribune juive* se fit l'écho de l'affaire le 14 juin de la même année. Puis, un hebdomadaire satirique, *Le Canard enchaîné*, fit de même le 17 juillet. Les autorités de la Sorbonne dénoncèrent mes « allégations » et je fus ultérieurement chassé de mon syndicat.

Pendant trois ans, les médias pratiquèrent la politique du silence. Mais, pendant ces trois années, tout en continuant mon travail de recherche, je ne cessais d'adresser au *Monde* et à quelques autres publications un abondant courrier sur le problème des chambres à gaz et du génocide.

C'est alors que *Le Monde* décida de passer à l'offensive contre le révisionnisme historique. Le journaliste Pierre Viansson-Ponté consacra une chronique venimeuse à la version française de la brochure de Richard Harwood *Did Six Million Really Die ?*[114] Je redoublais donc d'activité et accablais *Le Monde* de lettres. En août 1977, le magazine *Historia* publia une lettre de moi où je parlais de « l'imposture du génocide ». En juin 1978, une publication d'extrême droite, *Défense de l'Occident*, dirigée par Maurice Bardèche, l'auteur de *Nuremberg ou la Terre promise*

---

[114] P. Viansson-Ponté, « Le Mensonge ».

(1948) et de *Nuremberg II ou les Faux Monnayeurs* (1950), publia une étude que j'avais intitulée « Le Problème des chambres à gaz ».

La pression montait.

En 1978, Pierre Viansson-Ponté repartit à l'attaque et préconisa le recours à des poursuites judiciaires contre les révisionnistes.[115] Le 28 octobre, le magazine *L'Express* publia une retentissante interview de Darquier de Pellepoix, ancien commissaire de Vichy chargé des questions juives et réfugié alors en Espagne. Celui-ci était censé avoir déclaré : « Je vais vous dire, moi, ce qui s'est vraiment passé à Auschwitz. On a gazé. Oui, c'est vrai. Mais on a gazé les poux. »[116] Bien des raisons donnent à penser que cette interview ne fut que le résultat d'un montage dû à un journaliste discrédité, Philippe Ganier-Raymond, déjà condamné en justice, sur mon intervention, pour un montage de textes signés de Louis-Ferdinand Céline. Il est probable qu'en France certains milieux, inquiets d'apprendre qu'un professeur d'université déployait une intense activité pour rendre publics ses arguments révisionnistes, avaient décidé d'allumer un contre-feu afin de pouvoir présenter éventuellement un jour R. Faurisson comme un continuateur du « nazi » Darquier de Pellepoix. Le journal *Le Matin de Paris* montait, à son tour, une provocation et me mettait directement et nommément en cause.[117] Tous les médias, à l'unisson, se déchaînèrent. L'indignation contre l'hérétique prit de telles proportions qu'un journaliste juif et des organisations juives allèrent jusqu'à suggérer l'usage de la violence contre le professeur. J'enseignais alors à l'université de Lyon-II. Le 20 novembre, je fus violemment agressé à deux reprises. La presse relata les faits, à sa manière.

En France, il existe, du moins en principe, ce qu'on appelle le « droit de réponse ». En vertu de ce droit, toute personne nommée ou désignée dans un journal peut exiger, sous certaines conditions précises, la publication d'un « texte en droit de réponse ». *Le Monde* se vit ainsi contraint de publier un texte à la fin duquel je glissais les phrases suivantes :

> « J'attends un débat *public* sur un sujet que manifestement on esquive : celui des "chambres à gaz". Au *Monde* que, depuis quatre ans, je sollicite en ce sens-là, je demande de publier enfin mes deux pages sur "La Rumeur d'Auschwitz". Le moment est venu. Les temps sont mûrs. »

---

[115] P. Viansson-Ponté, « Le Mensonge (suite) ».
[116] *L'Express,* p. 173.
[117] *Le Matin de Paris,* p. 17.

Il est évident que les lecteurs du *Monde* n'auraient pas compris que leur journal refuse de publier les deux pages en question. On peut dire que *Le Monde*, en fin de compte, se trouvait pris à son propre piège. Pendant des années, il avait traité un universitaire révisionniste soit par la calomnie, soit par le silence. Il lui fallait maintenant, à contrecœur, donner la parole à cet universitaire. Le 29 décembre 1978, *Le Monde* publiait donc « La Rumeur d'Auschwitz », non sans accompagner mon texte d'un ensemble impressionnant d'autres textes uniformément hostiles au révisionnisme, lesquels m'ouvraient, automatiquement, un nouveau droit de réponse. Le 16 janvier 1979, *Le Monde* publiait mon droit de réponse sous le titre « Une lettre de M. Faurisson ». La controverse allait se poursuivre longtemps encore mais sans que le journal m'accorde le moindre droit de répliquer aux innombrables mises en cause dont je devenais l'objet.

On trouvera ci-dessous mon article et ma lettre tels que *Le Monde* les publiait respectivement dans ses livraisons du 29 décembre 1978 et du 16 janvier 1979[118], déclenchant ainsi ce qu'on appellerait plus tard « la déferlante révisionniste ».[119]

En France, le feu de la controverse s'est donc allumé en 1974 ; puis, il s'est vite éteint, du moins en apparence, mais il couvait sous la cendre. Pourquoi a-t-il repris en 1978 avec une telle virulence et pour ne plus s'éteindre depuis ce temps-là ?

On peut imaginer plusieurs motifs qui tiennent aussi bien à l'action des révisionnistes en France et dans le monde qu'à la réaction des antirévisionnistes.

Pour ma part, je formulerais une hypothèse : c'est à partir du moment où j'ai utilisé l'argumentation matérielle (à base de considérations physiques, chimiques, topographiques et architecturales) que la partie adverse s'est sentie véritablement en danger. Dans la lettre qu'en 1974 j'avais adressée au Dr. Kubovy et à bien d'autres historiens et spécialistes, mon argumentation, implicite, restait de nature historique. En revanche, dans les lettres que j'ai ensuite adressées au *Monde* et, en particulier, dans mon article sur « Le Problème des chambres à gaz ou la Rumeur d'Auschwitz », je m'engageais sur un terrain plus solide. Faisant appel 1) aux plans des crématoires d'Auschwitz-Birkenau, 2) à des documents sur le gazage de désinfection au Zyklon B et 3) au système américain d'exécution en chambre à gaz, je quittais le terrain trop mouvant de l'histoire pour celui, plus ferme, de la science. C'est pour cette raison, me semble-t-il, que l'adversaire a perdu pied et que, dans son affolement, il a désormais répondu par des manifestations de

---

[118] Ces articles sont reproduits ci-dessus, pp. XXX et XX, t. 1.
[119] *Courrier international*, p. 38.

schizophrénie collective ainsi que par d'incessantes manœuvres de diversion et d'intimidation, montrant par là qu'il voulait à tout prix éviter les risques d'un débat que – non sans raison – il sentait perdu d'avance.

***

12 mars 1994

À PROPOS DE TITICUT FOLLIES

Titicut Follies est un documentaire – impressionnant – qui a été tourné en 1966. Il aurait été interdit de projection pendant vingt-six ans.

(*Arte*, samedi 12 mars 1994, 20 h 40, documentaire américain de Frederick Wiseman.)

Je n'en retiens qu'un aspect qui intéresse le fonctionnement des chambres à gaz américaines (au début des années soixante ?).

On y entend un gardien de la prison-hôpital de Bridgewater raconter à un collègue quelques épisodes à propos d'exécutions dans un pénitencier, peut-être du Massachusetts (?). Il dit qu'après une exécution il avait suspendu ses vêtements dans la garde-robe. Tous les autres vêtements en avaient été empuantis par le gaz. Il avait fallu, pendant huit jours, surchauffer l'endroit (la garde-robe et le couloir ?) et faire fonctionner les ventilateurs à plein régime. C'est la chaleur, précisait-il à juste titre, qui permet la disparition du gaz. À un moment, il dit : « Une bouffée, ça me rend malade. » Il raconte aussi qu'après une absence il était revenu au pénitencier. Il ne savait pas qu'une exécution avait eu lieu. Il s'en était rendu compte par l'odeur. « J'ai regardé le registre et j'ai compris : il y avait eu une exécution deux jours auparavant. »

Comme je n'ai saisi qu'au vol ce passage du documentaire, je ne garantis pas l'exactitude absolue du résumé que j'en fais là. Mais je garantis que le sens général en était le suivant : au début des années soixante, une exécution par le HCN aux États-Unis n'était pas une sinécure. Imagine-t-on Auschwitz avec ses milliers de gazés par jour ?

***

15 mars 1994

« WANNSEE » N'EST PLUS « WANNSEE »

Les uns après les autres, les historiens juifs de l'« Holocauste » abandonnent la « vérité », dont ils se sont tant servis, selon laquelle les Allemands auraient décidé l'extermination physique des juifs à la conférence de Berlin-Wannsee le 20 janvier 1942. Dans un entretien avec Roger-Pol Droit, Léon Poliakov déclare :

> « [L]a date à laquelle les nazis ont décidé le génocide des juifs n'est pas encore nettement établie. Tout le monde croit que c'est le 20 janvier 1942, à la conférence de Wannsee. Cela permet aux révisionnistes allemands de souligner que personne n'est coupable de cette décision tardive, prise par un SS inconnu dans le désarroi qui a suivi la défaite de Moscou. Nous sommes aujourd'hui un groupe d'universitaires français et allemands pour qui il existe une très forte présomption pour que la décision soit bien antérieure. »[120]

On remarquera que, selon la coutume, un historien juif de l'« Holocauste », au lieu de confesser son erreur et celle de ses confrères, estime que, s'il s'est trouvé des gens pour exploiter cette erreur, ce sont… les révisionnistes !

***

20 mars 1994

À PROPOS D'UN ARTICLE D'ALAIN GENESTAR SUR TOUVIER

Paul Touvier souffre d'un cancer. Il a à peu près soixante-dix-neuf ans. Il est présumé innocent... Alain Genestar le traite, en propres termes, de lâche, d'ordure, de salaud, de médiocre, de minus, de minus-salaud, de minus malgré tout. Il s'élève contre

---

[120] *Le Monde,* 15 mars 1994, p. 2.

l'intolérance. Il voudrait des procès, encore et toujours des procès. Revenant à Touvier, il lui souhaite douze balles dans la peau.[121]

Alain Genestar va-t-il mourir d'un cancer ?

Ce serait dommage. Ne mériterait-il pas les douze balles dans la peau qu'il souhaite à un vieillard cancéreux ?

* * *

22 mars 1994

LES JUIFS ONT BESOIN DU RÉVISIONNISME

Paul Touvier affirme qu'il ne se souvient pas d'avoir pris conscience, pendant la guerre, de beaucoup de déclarations ou d'événements concernant les juifs. On ne le croit pas. On l'accuse de feindre l'amnésie. On a tort.

À l'époque, le judéo-centrisme ne régnait pas comme il règne aujourd'hui, où l'attention se concentre (se focalise) sur les juifs. Ni le chancelier Hitler, ni le maréchal Pétain, ni le président Roosevelt, ni le camarade Staline ou Churchill, premier ministre de Grande-Bretagne, n'accordaient aux juifs l'attention qu'on leur porte aujourd'hui. Hitler se souciait plus du peuple allemand et des dangers du communisme que du sort des juifs. La guerre était mondiale. Elle se déroulait sur les cinq continents, sur terre, sur mer et dans les airs. Chacun des belligérants cherchait à ne pas perdre cette guerre atroce. Si le conflit a provoqué un million de morts juives sur un total de quarante à cinquante millions de victimes, il n'y a pas de raison pour que ce million-là l'emporte, dans la mémoire des peuples, sur les autres millions (des civils pour la plupart, des femmes, des enfants).

Le *révisionnisme* invite à « *revoir* » les événements en *élargissant sa vue* à tous les événements. Galilée apportait une nouvelle vision de notre monde (le globe terrestre) en ce qu'il replaçait ce petit monde (ce canton de l'univers) dans un ensemble beaucoup plus vaste. Il faisait de plus remarquer que ce petit monde ne constituait pas du tout le *centre* de l'univers.

Les juifs ramènent tout aux juifs. C'est ainsi que, non contents d'avoir une vision ou une image fausse de la réalité, ils se complaisent dans une atmosphère intellectuelle confinée, propice à l'étroitesse d'esprit, à la rancœur, à la méfiance, à la haine. Le reste du monde les intéresse, certes,

---

[121] A. Genestar, *Le Journal du Dimanche*, 20 mars 1994, p. 1.

et même beaucoup, mais pour autant que le centre de ce monde reste le ghetto auquel, en pensée, ils reviennent inlassablement et dans lequel on dirait qu'ils veulent vivre et mourir.

Le révisionnisme peut avoir pour les juifs une valeur curative. Il peut les aider à s'extraire de leur ghetto. Il apprend d'abord à analyser et à vérifier les détails puis, en un second temps, à classer et à placer ces détails, là où il le faut et comme il le faut, dans de vastes ensembles. Il se nourrit de l'esprit d'analyse et il développe l'esprit de synthèse. Les juifs en ont besoin.

[Publié dans *Nouvelles Visions,* n° 33, juin-août 1994, p. 11-12.]

***

11 avril 1994

JUSQU'EN AVRIL 1945, PERSONNE N'A VRAIMENT SU L'EXTERMINATION PHYSIQUE DES JUIFS PAR LES ALLEMANDS

En avril 1945, à la découverte des charniers de typhiques dans les camps de Bergen-Belsen, Dachau et Buchenwald, les Alliés ont su (ou cru savoir) que les Allemands avaient physiquement exterminé des êtres humains, en particulier dans des chambres à gaz. Jusque-là d'innombrables rumeurs avaient couru sur le sujet, à partir, semble-t-il, de la fin de 1941, mais ces rumeurs étaient vagues, gravement contradictoires et, par moments, visiblement fantaisistes. Les autorités alliées avaient, bien sûr, dénoncé à plusieurs reprises la politique d'« extermination » pratiquée, selon elles, par l'Allemagne nationale-socialiste à l'endroit des Polonais, des Russes et de tous les peuples occupés mais elles n'avaient pas repris à leur compte les accusations de gazages systématiques. En 1943, elles avaient envisagé de le faire, puis s'étaient ravisées devant l'insuffisance de preuves.[122] En novembre 1944, un rapport du *War Refugee Board*, publié sous le timbre de la présidence des États-Unis et portant sur des « camps d'extermination » allemands avait été diffusé mais il n'avait pas rencontré grande créance.

En 1987, Stéphane Courtois et Adam Rayski publiaient *Qui savait quoi ? L'extermination des juifs 1941-1945*, La Découverte. Dans cet ouvrage, ils cherchaient à démontrer que la presse clandestine des

---

[122] R. Faurisson, « Mon expérience du révisionnisme », vol. III.

communistes juifs avait, à plusieurs reprises, fait état d'informations sur l'extermination physique des juifs. En quelques mots l'historienne juive Annette Wieviorka a fait justice de cette prétention. Elle écrit :

> « Mais l'interrogation majeure réside dans le fait que ceux-là mêmes qui confectionnaient cette presse et la distribuaient – je pense en particulier à Henri Krasucki [...] – ignoraient tout des chambres à gaz d'Auschwitz. Si savoir c'est, comme l'écrit le *Petit Robert* "pouvoir affirmer l'existence de", ou encore "être conscient de", force est de constater que ceux-là mêmes qui avaient confectionné ou distribué ces textes ne savaient pas. »[123]

En 1964, l'historien Léon Poliakov, rapportant une réflexion des juifs de Salonique (déportés à Auschwitz du 20 mars au 18 août 1943), écrit :

> « Avec le recul du temps, une telle crédulité paraît invraisemblable ; mais à l'époque, même dans les pays occupés de l'Occident, l'existence des camps d'extermination était communément considérée comme une invention de la propagande britannique. »[124]

En 1979, le même L. Poliakov devait déclarer dans une interview :

> « Songez que déjà, pendant la guerre, la plupart des juifs eux-mêmes étaient persuadés que les déportés rentreraient des camps de concentration. Je puis en témoigner, j'étais bien renseigné, étant agent de liaison. Et cela jusqu'en 1945, où ont été découverts Auschwitz et Buchenwald. Encore une fois, il y avait l'idée de bobards de guerre, venant de Londres... Et puis il faut le dire, l'inexistence de précédents qui rendait la "solution finale" inimaginable. D'où des gens qui nient aujourd'hui l'existence des chambres à gaz. »[125]

Entre-temps, en 1973, Georges Wellers avait publié un ouvrage à la fois historique et biographique : *L'Étoile jaune à l'heure de Vichy. De Drancy à Auschwitz*. La préface était de Jacques Delarue et la postface du R. P. Riquet. Dans sa préface, J. Delarue rappelle que G. Wellers fut

---

[123] A. Wieviorka, « Histoire et mémoire », p. 86.
[124] L. Poliakov, *Auschwitz*, p. 31.
[125] L. Poliakov, « L'Antisémitisme : les racines du mal... », p. 153.

« le seul témoin français au procès d'Adolf Eichmann à Jérusalem ».[126]
Il ajoute :

> « Aucun de ces milliers de futurs déportés que Wellers vit pendant les dernières heures précédant le départ n'avait le moindre soupçon concernant le terrible sort qui l'attendait. »[127]

G. Wellers écrit pour sa part :

> « Au fur et à mesure que le temps s'écoule il devient de plus en plus difficile de faire le partage entre ce que l'on savait réellement à l'époque et ce que l'on apprit depuis la fin de la guerre. L'extermination systématique des juifs, l'existence des chambres à gaz spécialement construites à cet effet en Pologne appartiennent à cette catégorie de vérités que l'on ignorait à l'époque. »[128]
>
> « Je peux affirmer d'une façon catégorique que l'on n'avait aucun soupçon concernant l'assassinat systématique auquel en réalité étaient voués les juifs au bout du voyage en déportation. »[129]

G. Wellers dit que c'est sur place, à Auschwitz, à l'occasion d'une conversation, qu'il a enfin compris « la vérité tellement incroyable ». Il ajoute :

> « Et si quelqu'un me trouve naïf et sot, qu'il sache que tous les juifs étaient pareillement naïfs et sots. »[130]

En 1991, Lucie Aubrac déclarait :

> « À Lyon, en 1943, personne n'était au courant des tortures, des camps de la mort. Cela paraît énorme de dire ça aujourd'hui, mais à l'époque on pensait que les gens arrêtés allaient en prison. »[131]

En 1992, André Frossard écrivait :

---

[126] G. Wellers, *L'Étoile jaune à l'heure de Vichy. De Drancy à Auschwitz*, p. III.
[127] *Id.*, p. V.
[128] *Id.*, p. 4.
[129] *Id.*, p. 5.
[130] *Id.*, p. 7.
[131] *Le Figaro*, 15 octobre 1991.

« J'ai vécu, mieux vaudrait dire j'ai survécu longtemps dans la "Baraque aux juifs" du Fort Montluc, à Lyon, où j'ai eu des centaines et des centaines de compagnons, souvent livrés à la police allemande par la Milice. Pas un seul d'entre eux n'avait la moindre idée du sort qui l'attendait en Allemagne et pourtant il y avait là, je vous le garantis, des esprits curieux. Ils s'imaginaient qu'ils seraient envoyés dans un camp de travail et qu'ils y seraient sans doute malheureux, mais moins qu'en prison, et qu'en tout cas ils échapperaient aux rafles d'otages qui dépeuplaient inopinément la baraque le jour ou la nuit. Je n'en ai jamais entendu aucun mettre cette illusion en doute, et quand on les alignait dans la cour pour les embarquer, ils avaient un dernier regard presque compatissant pour ceux qui ne partaient pas et restaient exposés aux représailles. Moi-même, lorsque j'ai appris le 12 août 1944 que je serais déporté le 16, j'ai accueilli la nouvelle avec une sorte de soulagement. Ni en prison ni au dehors, je n'ai entendu quelqu'un parler de la "solution finale" avant le retour des rescapés et le dévoilement de l'horreur. »[132]

Ces remarques aident à mieux comprendre pourquoi Pierre Laval, sur intervention notamment des autorités religieuses, avait demandé que les enfants juifs pussent être déportés afin d'éviter la dislocation des familles. Ces mêmes remarques permettent aussi de saisir pourquoi il existait des « optants » pour la déportation.[133] Enfin, elles expliquent qu'en certains cas les parents aient eu le droit de voter pour ou contre la déportation de leurs enfants.[134]

Tel était le degré de connaissance que les autorités juives françaises pouvaient avoir d'une politique d'extermination physique des juifs.

Il en était de même pour toutes les autorités juives de tous les pays occupés, y compris de Pologne, ainsi que pour les autorités juives de Palestine ou des organisations internationales comme le *World Jewish Congress*, l'*American Jewish Congress*, la *Jewish Agency*. C'est même pour cette raison que des responsables juifs comme Ben Gourion se sont élevés contre l'idée d'un bombardement d'Auschwitz.[135] À Londres, Raymond Aron n'avait pas entendu parler de chambres à gaz. En 1981, interrogé sur le génocide, il répondait :

---

[132] A. Frossard, *Excusez-moi d'être français*, p. 68-69.
[133] S. Klarsfeld, *Mémorial de la déportation...*, page (non numérotée) précédant la liste alphabétique du convoi n° 21.
[134] G. Wellers, « Déportation des juifs... », p. 106.
[135] E. Matz, « Britain and the Holocaust », p. 59.

« La vérité, c'est que je ne sais pas exactement ce que j'ai su. Bien entendu, j'ai su qu'il y avait des persécutions. Je suis sûr que je n'ai pas connu à Londres l'existence des chambres à gaz. Est-ce que j'ai su que des millions de juifs étaient exterminés ? Je crois que je ne l'ai pas su, mais je suis tenté aujourd'hui de penser que c'était encore une forme de confort émotionnel. Je ne voulais pas y songer. Je savais naturellement que les juifs de l'Ouest étaient déportés vers l'Est. Je savais aussi qu'il y avait des camps de concentration. [...] Je n'ai jamais imaginé le génocide. [...] Finalement, quand ai-je connu de manière certaine le génocide ? En France, plus tard, quand ça a été publié, quand ça a été écrit. »[136]

Aucun gouvernement allié, y compris le gouvernement soviétique (même après la libération, par ses troupes, du camp d'Auschwitz le 27 janvier 1945) n'a agi jusqu'en avril 1945 comme s'il avait cru à une extermination physique des juifs. Le Vatican, remarquablement renseigné (sur les événements de Pologne en particulier), le Comité international de la Croix-Rouge (dont un représentant s'était rendu au camp d'Auschwitz en septembre 1944), la Résistance allemande à Hitler, le Foreign Office, Edouard Bénès, n'ont, pas plus que les organisations juives d'Europe ou d'Amérique, su, vraiment su, que le IIIe Reich avait une politique d'extermination physique des juifs et tuait des juifs dans des chambres à gaz. Tous les accusés du procès de Nuremberg (1945-1946), y compris les plus portés à s'accuser eux-mêmes (Baldur von Schirach, Hans Frank et Albert Speer), ont affirmé n'avoir rien su d'une telle politique et d'une telle arme. À ce procès, seul Rudolf Höss, l'un des trois commandants d'Auschwitz, a déclaré qu'un tel crime avait été perpétré dans son camp. Or, nous savons aujourd'hui que ses aveux lui ont été extorqués si bien que les historiens de l'« Holocauste » des juifs n'accordent plus de crédit à la « confession » de R. Höss.[137]

Dans leurs mémoires respectifs, ni Winston Churchill, ni le général Eisenhower, ni le général de Gaulle, pourtant tous si résolument hostiles à l'Allemagne hitlérienne et à l'esprit de la Collaboration avec cette Allemagne, n'ont mentionné l'existence de « camps d'extermination » ou de « chambres à gaz homicides ».

Comment Paul Touvier aurait-il su ce que tout le monde, à considérer *les documents d'époque*, semble avoir soit totalement ignoré ou « su » de façon tout à fait vague. Pour reprendre la remarque de l'historienne

---

[136] R. Aron, *Le Spectateur engagé*, p. 102.

[137] Voy. Raul Hilberg, Jean-Claude Pressac et Christopher Browning sur le sujet ainsi que le texte intitulé « Le témoignage du "commandant d'Auschwitz" est déclaré sans valeur », en date du 3 mars 1994.

Annette Wieworka et la définition du *Petit Robert*, personne à cette époque ne savait l'existence du génocide et de ces véritables abattoirs chimiques qu'avaient constitué les chambres à gaz. Personne ne pouvait en affirmer l'existence, personne n'était conscient de cette existence. Comment Paul Touvier pouvait-il en savoir plus que Léon Poliakov, Georges Wellers, Lucie Aubrac, André Frossard, Pierre Laval, Ben Gourion, le président Bénès, Winston Churchill, le général Eisenhower, le général de Gaulle, le Vatican, la Croix-Rouge, la Résistance allemande, les organisations juives européennes, américaines et palestiniennes et, enfin, s'il faut les en croire, le maréchal Göring, le maréchal Keitel, le général Jodl ?

***

11 avril 1994

LES JUIFS BRUNS ONT COLLABORÉ AVEC L'ALLEMAGNE DE HITLER

Les « juifs bruns », c'est-à-dire les juifs de la collaboration avec l'Allemagne nationale-socialiste, ceux des Conseils juifs à travers toute l'Europe occupée (« l'internationale juive de la collaboration »), n'auraient évidemment pas donné leur accord aux déportations s'ils avaient su que celles-ci aboutissaient à l'assassinat de leurs coreligionnaires dans des abattoirs chimiques. En France, l'Union générale des Israélites de France (UGIF) avait collaboré à la rafle du Vel' d'hiv'. En 1947, au procès de Xavier Vallat, Mlle Libers rappelait dans quelles circonstances elle avait été engagée comme assistante par l'UGIF le 16 juillet 1942 :

« Je suis venue me présenter à l'UGIF parce que, journaliste n'ayant plus d'emploi pendant la guerre, j'ai pensé qu'étant assistante sociale à l'UGIF je pourrais secourir quelques misères humaines. — Je m'y suis présentée en mai 1942. Il me fut répondu qu'en ce moment, il n'y avait pas de travail. J'attendis, et c'est le 15 juillet 1942 au soir que je reçus un pneumatique me priant de me présenter à l'UGIF le 16 juillet au matin. Le 16 juillet au matin, je me rendis à 9 heures à l'UGIF et me trouvais là devant d'autres personnes qui venaient solliciter du travail à l'UGIF. Nous assistions, à ce moment, à une véritable mise en scène, c'est-à-dire qu'on nous faisait préparer des étiquettes avec une petite ficelle, qui devaient certainement servir à être accrochées à quelque chose ou quelque part. — Le 16 juillet, dans la nuit, eurent lieu les rafles monstres de femmes et d'enfants juifs. Nous comprîmes, le 17 au matin, qu'on nous avait fait préparer ce travail parce qu'on savait déjà dès le 15 que les rafles auraient lieu. »[138]

La même Mlle Libers ajoute que l'UGIF pourvoyait ses assistantes sociales d'ordres de mission signés des autorités SS pour aller chercher des enfants juifs et les amener au centre Lamarck d'où ils étaient ensuite conduits à Drancy.[139] On sait que, de Drancy, certains étaient ensuite envoyés à Auschwitz.

Le camp de Drancy était, sous la surveillance des autorités allemandes et françaises, largement autogéré par les juifs.[140]

Pour juger de la politique de l'État français vis-à-vis des juifs, il importe grandement d'écouter aussi la voix et les arguments de l'accusé. Le livre susmentionné sur le procès de Xavier Vallat est, à ce point de vue, d'une importance primordiale. X. Vallat replace dans la perspective historique la loi portant statut des juifs. Il rappelle qu'avant et après cette loi il a existé en France des lois contre certaines catégories de Français. Avant cette loi, à l'occasion de la séparation de l'Église et de l'État, quatre-vingt-dix mille citoyens et citoyennes français se sont vu interdire les droits de posséder, d'ester, de s'associer, d'enseigner, d'exercer des professions publiques ; leurs biens ont été confisqués et n'ont pas, comme ceux des juifs, été confiés à la Caisse des dépôts et consignations. Après cette loi, on a également pu voir cent mille citoyens et citoyennes français transformés en « morts vivants » grâce à l'ordonnance du 26 décembre 1944 créant l'indignité nationale.[141]

Le produit de la vente d'un bien juif était versé, au nom du juif propriétaire, à la Caisse des dépôts et consignations où il portait intérêt ; un dixième était prélevé pour les juifs pauvres, c'est-à-dire essentiellement pour l'UGIF.[142] L'Alliance israélite était subventionnée par le maréchal Pétain et quand, à la suite d'attentats contre leurs troupes, les Allemands infligèrent aux juifs une amende d'un milliard de francs, ces derniers se tournèrent vers le maréchal Pétain pour implorer son aide. Celui-ci leur obtint un prêt d'un milliard garanti par le Syndicat des

---

[138] *Le Procès de Xavier Vallat*, p. 366-367. Mlle Libers témoignait à charge.
[139] *Id*, p. 368-369.
[140] M. Rajsfus, *Drancy. Un camp de concentration très ordinaire 1941-1944.*
[141] *Le Procès de Xavier Vallat*, p. 90-91.
[142] *Id*, p. 96, 125, 257.

banques[143] (soit dit en passant était-ce là le comportement d'un État coupable d'antisémitisme à la manière des nationaux-socialistes ?). L'UGIF pouvait ainsi s'abstenir de taxer les juifs et de recourir à son propre argent ; en fin de compte, elle ne versa aux Allemands que le quart du prêt et conserva par devers elle le reste de l'argent.[144] Après la Libération, l'affaire de la collaboration de l'UGIF avec les Allemands sera étouffée et le procès public évité. Un jury d'honneur se réunira sous la présidence de Léon Meiss, président du CRIF. Il acquittera les accusés en première instance et en appel. Les pièces du procès n'ont jamais été publiées. Personne ne sait ce que sont devenus les sept cent cinquante mille francs que s'est appropriés l'UGIF : le CRIF se les est-il, à son tour, appropriés ?[145]

Le Consistoire central des Israélites de France, fondé en 1808, quitta Paris pour Lyon en 1940.[146] Il refusa d'abord toute représentation au sein de l'UGIF et voulut sauvegarder son indépendance et la maîtrise de ses propres fonds. Il conserva des liens privilégiés avec l'Aumônerie générale israélite et le grand rabbinat. Son président, Jacques Helbronner, entretint des rapports suivis avec le maréchal Pétain qu'il rencontra à vingt-sept reprises en un an et en qui il voyait le « père de la patrie ».[147] Il fut arrêté par les Allemands le 19 octobre 1943 pour des raisons obscures ; il fut déporté et ne revint pas de déportation. Son successeur fut Léon Meiss (1896-1966) qui fonda le CRIF en 1944. Le Consistoire multiplia, bien sûr, interventions et protestations en faveur des juifs mais tint jusqu'au bout à observer une attitude légaliste qui, à bien des Français non juifs, devait valoir, pour « collaboration avec l'ennemi », l'exécution sommaire, la fusillade ou la prison. On lui attribue parfois une protestation datée du 25 août 1942 mais ce texte, que publie S. Klarsfeld dans son *Mémorial de la déportation des juifs de France* (d'après des documents du Centre de documentation juive contemporaine de Paris), est hautement suspect ; il ne porte, en particulier, ni en-tête, ni signature ; il s'agit d'un texte dactylographié anonyme et manifestement incomplet.

Les archives du Consistoire central sont actuellement soustraites à la communication pour la période postérieure à 1937. Il faudrait, semble-t-

---

[143] *Id.*, p. 131-132.

[144] P. Boukara, « French Jewish Leadership during the Holocaust » p. 50.

[145] Dans d'autres pays européens, les anciens responsables des Conseils juifs qui avaient collaboré avec l'Allemagne allaient bénéficier de la même indulgence (voy. Raul Hilberg, *Perpetrators, Victims, Bystanders*, p. 112-117).

[146] Ce paragraphe est repris de « A propos de l'arrêt Touvier. L'affaire des "juifs bruns" », vol. III, p. 1421-1433. [N.d.é]

[147] J. Helbronner approuvait en novembre 1940 certaines mesures prises par l'État français contre les étrangers et parlait de « normal antisémitisme » (D. Peschanski, « Les statuts des juifs du 3 octobre 1940 et du 2 juin 1941 »).

il, attendre l'an 2037 pour les voir ouvrir aux chercheurs. Elles ont été déposées aux archives des Hauts-de-Seine (à Nanterre) avec, peut-être, une copie à l'Université hébraïque de Jérusalem. Maurice Moch, archiviste du Consistoire central, aurait écrit un ouvrage sur le Consistoire central pendant les années 1939-1944 mais ce texte, truffé de documents, nous dit-on, n'a pu encore voir le jour.[148]

En France comme dans tous les autres pays occupés, y compris la Pologne et la Lituanie, il s'est trouvé de nombreux juifs pour collaborer avec l'Allemagne. À la différence des autres collaborateurs, ils ont quasiment tous été dispensés de rendre des comptes à la justice de leur pays.[149] Les organisations juives en place à la Libération les ont aidés à se soustraire à cette justice. Encore aujourd'hui, elles exigent le châtiment de tous ceux qui se seraient rendus coupables d'un « crime contre l'humanité » (déportation en particulier) sauf s'il s'agit de juifs. Pourquoi ?

[Voir aussi « A propos de l'arrêt Touvier. L'affaire des "juifs bruns" », *RHR* n° 6, mai 1992, p. 69-82. Voir plus haut.]

✱✱✱

14 avril 1994

LETTRE À Me PATRICK QUENTIN

Maître,

Vos plaidoiries – vous avez pu le constater – ont le don de me réjouir. Elles sont creuses et vous jouez merveilleusement faux. On sent le petit bonhomme inintelligent et paresseux. Au lieu de travailler, vous jouez de la corde sensible. C'est facile pour peu qu'on manque de sensibilité vraie.

Le honteux procès intenté à Paul Touvier vous a permis, une fois de plus, de mettre votre absence de talent au service du trust des martyrs. S'il faut en croire le journal *La Montagne* d'aujourd'hui, vous avez évoqué votre femme (juive), votre belle-mère et votre bébé. Cette étonnante belle-mère, une miraculée d'Auschwitz, aurait « pendant quelques semaines, à Auschwitz, été chargée de déshabiller les enfants qui allaient à la chambre à gaz » ; ensuite « pendant un an » [après votre mariage et la naissance de votre bébé], elle aurait été « incapable de prendre votre bébé dans ses bras ».

---

[148] Voy. *Le Monde Juif*, octobre-décembre 1987, p. 200.
[149] Pour une notable exception en France, voyez le cas de Joseph Joinovici.

Vous voilà nanti d'une belle-mère qui, *nolens, volens*, a participé à un crime contre l'humanité. Mais peut-être ignorait-elle sur le moment la portée de son acte ? L'avez-vous dit ? Et le journaliste aurait-il omis de dire que vous l'aviez dit ? En ce cas, où, quand et comment la merveilleuse belle-mère a-t-elle appris qu'elle avait participé à un tel crime ? Quelle preuve en a-t-elle eu ? Lui intentera-t-on un procès pour établir si elle savait ou si elle ne savait pas ? Va-t-on nous expliquer pourquoi, au bout de « quelques semaines », les Allemands extrayaient d'Auschwitz une femme qui en savait ou pouvait en savoir le plus lourd secret ?

J'espère vous rencontrer à l'un de mes prochains procès. Je ne vous épargnerai ni mes questions ni quelques succulentes révélations sur l'imposture, titubante, de la magique chambre à gaz.

PS. Mes compliments à votre confrère Freitag qui semble ignorer que même le général Lucius Clay a dénoncé le mythe des abat-jour en peau humaine : peau de **chèvre** à l'analyse !

***

25 avril 1994

PROCÈS TOUVIER
ME TRÉMOLET DE VILLERS, LA SHOAH ET
BALDUR VON SCHIRACH

Le 20 avril 1994, en France, un homme âgé de soixante-dix-neuf ans, qu'on venait de soigner pour un cancer, a été condamné à la réclusion à perpétuité. Il a été condamné cinquante ans après l'action qui lui était reprochée, et cela sur le fondement d'une loi rétroactive. En un demi-siècle, cette loi qui punit les « crimes contre l'humanité » a successivement reçu cinq définitions différentes. Les avocats de l'accusé ont accepté de plaider pour leur client, Paul Touvier, sans pouvoir obtenir que le tribunal veuille bien préciser auparavant quelle était la définition retenue pour le procès, ou si, par hasard, une sixième définition ne serait pas, pour la circonstance, créée sur mesure. Même le journaliste juif Laurent Greilsamer, dont les comptes rendus suaient la haine à l'égard de l'ancien milicien, a dû écrire au terme du procès Touvier :

« Pour la première fois [en France], un justiciable ayant fait l'objet d'une grâce présidentielle (en 1971) et d'un non-lieu général (en 1992) se voit, au terme de son procès [en 1994], signifier la réclusion à vie. »[150]

Sur l'ensemble de ce procès et sur le système de défense adopté par les deux avocats de P. Touvier, je me réserve de publier éventuellement mes observations dans quelques mois. Mais il est un point sur lequel je souhaite, d'ores et déjà, formuler une remarque. Il concerne ce que le principal avocat, Me Jacques Trémolet de Villers, a dit au sujet de la Shoah et à propos de l'Allemand Baldur von Schirach.

S'il faut en croire la presse, Me Trémolet de Villers a présenté la Shoah (c'est-à-dire l'extermination physique et systématique des juifs d'Europe) comme un fait avéré. Il aurait lancé : « [Paul Touvier] est-il complice de la Shoah ? Non ! »[151] Comme exemple de cette Shoah, il aurait évoqué *l'extermination* de cinquante mille juifs de Vienne :

« Von Schirach, le Gauleiter de Vienne, responsable de l'extermination de cinquante mille juifs, a été condamné à vingt ans de prison. »[152]

En réalité, le tribunal de Nuremberg a condamné Baldur von Schirach, *Gauleiter* (c'est-à-dire préfet de district) de Vienne, à vingt ans de prison pour avoir sciemment *participé, sans l'avoir provoquée,* à la *déportation* (et non à l'extermination) de soixante mille juifs de Vienne.

L'erreur, grave, commise par l'avocat se comprend. Elle prouve, s'il en était besoin, que les tribunaux devraient s'abstenir de juger l'histoire. Ni les juges, ni les jurés, ni le ministère public, ni les avocats de l'une ou l'autre partie, n'ont la compétence, le temps ni les moyens de faire œuvre d'historiens. Me Trémolet de Villers n'avait pas disséqué l'interrogatoire de B. von Schirach à Nuremberg ni le bref passage du jugement de condamnation et il n'avait fait appel pour l'éclairer sur ce point à l'aide d'aucun historien spécialiste du procès de Nuremberg et des procès du même genre.

Il suffit, en un premier temps, de lire avec attention l'équivalent d'une seule page du jugement de Nuremberg pour se rendre compte de l'erreur commise par l'avocat de Touvier.[153]

---

[150] L. Greilsamer, « La Leçon Touvier », p. 1.
[151] *Id.*, p. 14.
[152] *Ibid.*
[153] *TMI*, I, p. 342-343.

En un second temps, on se reportera à la page des débats où l'avocat général américain, qui cherchait à impliquer B. von Schirach dans une entreprise *d'extermination des juifs* de Vienne, fut soudain obligé de battre en retraite.[154] Les juges de Nuremberg mentionnent à deux reprises le chiffre de « cinquante mille » mais ce n'est pas à propos des juifs déportés de Vienne. Le chiffre qu'ils retiennent pour ces juifs-là est de soixante mille (chiffre deux fois cité). Ils rappellent qu'à la fin de 1940 Adolf Hitler, excipant de la crise du logement à Vienne (en temps de guerre, rappelons-le), a fait déporter, presque tout au long des années 1941 et 1942, soixante mille juifs de Vienne vers le Gouvernement Général de Pologne (où il envisageait, ajouterons-nous, la création d'une vaste zone juive dans la région de Lublin). Tous les historiens qui défendent la théorie de la Shoah s'accordent à reconnaître qu'à l'époque où Hitler prit cette décision, il ne songeait pas à exterminer les juifs. Quant au rôle que joua personnellement B. von Schirach dans cette affaire, les juges de Nuremberg le résument en trois phrases :

> « Le Tribunal estime que Schirach, bien que n'ayant pas provoqué la déportation des juifs de Vienne, a participé à cette déportation après être devenu Gauleiter de cette ville. Il savait que ce que les juifs pouvaient espérer de plus favorable, c'était de vivre une existence misérable dans les ghettos de l'Est. Son service recevait des rapports sur l'extermination des juifs. »[155]

Dans la première phrase, les juges parlent de déportation et non d'extermination ; pour eux, l'accusé n'a pas provoqué cette déportation mais il y a participé.

Dans la deuxième phrase, les juges concèdent implicitement que l'accusé était de bonne foi lorsque tout au long du procès il avait, à l'instar de tous les autres accusés, déclaré n'avoir jamais rien su d'une extermination des juifs.

La troisième phrase est intéressante. Les juges qui venaient d'admettre implicitement l'ignorance de B. von Schirach ne pouvaient plus l'accuser de savoir. Aussi, pour contourner la difficulté et pour faire tout de même apparaître le mot d'« extermination », ont-ils, à défaut de déclarer : « Il recevait des rapports sur l'extermination des juifs », prononcé : « *Son service* recevait des rapports sur l'extermination des juifs ».

---

[154] *TMI*, XIV, p. 542.
[155] *TMI*, I, p. 342-343.

Or, ces rapports accusateurs ne furent ni lus devant le tribunal ni présentés à B. von Schirach, pas même par extraits. L'avocat général T. J. Dodd, qui comptait utiliser cette arme contre l'accusé, renonça de lui-même à toute lecture. Il faut dire que B. von Schirach venait de démontrer à l'avance, en quelques mots précis et percutants, qu'il ne pouvait pas avoir eu connaissance de tels rapports.[156]

Il est regrettable que Me Trémolet de Villers, aux mérites éclatants duquel il sied par ailleurs de rendre hommage, ait été conduit, pour les besoins de la cause de P. Touvier tels qu'il les estimait, à condamner une nouvelle fois B. von Schirach encore plus sévèrement que ne l'avaient fait les juges de Nuremberg en 1946. Sur les quatre chefs d'accusation possibles, ces juges n'avaient retenu à l'endroit de l'accusé qu'un seul chef d'accusation : celui de « crimes contre l'humanité ». Un seul « crime contre l'humanité » était, à leurs yeux, établi : celui d'avoir *participé,* sur ordre, à la *déportation* des juifs de Vienne vers la Pologne.

Me Trémolet de Villers a manifestement voulu montrer que son client, responsable de la mort de sept juifs, ne pouvait être comparé à un Allemand responsable de cinquante (ou soixante) mille morts juives, mais il est dommage qu'il ait pour cela pris ses aises avec la vérité d'un texte : celui du jugement de Nuremberg qui, par lui-même, était déjà passablement entaché de parti pris et d'erreur.

Et puis, en posant la Shoah comme un fait avéré et en présentant B. von Schirach comme un assassin patenté, n'a-t-il pas renforcé les juges et les jurés dans la conviction que Touvier s'était, à son échelle, fait le complice d'un régime qui aurait tué les juifs de manière systématique et par millions ? En toute circonstance, mieux vaut être exact.

N.B. « Avocat et nazi, c'est incompatible ! » aurait lancé Me Trémolet de Villers. En réalité, on peut être avocat et avoir, bien sûr sans les manifester, des convictions nationales-socialistes tout comme on peut, à la façon de Me Joë Nordmann, être avocat et stalinien ou communiste ; on se rappelle le comportement de ce dernier dans le procès Kravchenko.

***

3 mars 1994

---

[156] *TMI.*, XIV, p. 541-542.

LE TÉMOIGNAGE DU « COMMANDANT D'AUSCHWITZ » EST DÉCLARÉ SANS VALEUR !

Depuis près d'un demi-siècle, les historiens avaient l'habitude d'avancer le témoignage de Rudolf Höss, l'un des trois commandants successifs du camp d'Auschwitz, comme la preuve par excellence de la réalité du prétendu génocide des juifs et des prétendues chambres à gaz nazies. Or, voici que ce témoignage vient d'être désavoué par deux professeurs américains, l'un et l'autre connus pour leur engagement en faveur de la thèse de l'« Holocauste » : Christopher Browning et Deborah Lipstadt. Les révisionnistes avaient donc raison, qui, depuis longtemps, déniaient toute valeur à ce témoignage, extorqué, disaient-ils, par la torture. C. Browning, collaborateur de l'*Encyclopædia of the Holocaust*, est l'auteur d'un livre consacré aux activités d'un bataillon de police allemande sur le front de l'Est (*Ordinary Men*) ; toute la presse française en fait actuellement l'éloge. D. Lipstadt a publié en 1993 un ouvrage antirévisionniste dont il sera parlé ci-dessous.

Certes, en 1985, au premier procès du révisionniste Ernst Zündel, à Toronto, j'avais, par l'intermédiaire de l'avocat Douglas Christie qui lui posait des questions que j'avais moi-même préparées, contraint le professeur Raul Hilberg à de surprenantes concessions quant au témoignage de Rudolf Höss. L'auteur de ce monument de fausse science qu'est *The Destruction of the European Jews* (*La Destruction des juifs d'Europe*) avait dû admettre à propos de la déposition de R. Höss (doc. PS-3868) :

> « [It] seems to have been a summary of things [Höss] said or may have said or may have thought he said by someone who shoved a summary in front of him and he signed it, which is unfortunate. »[157]

En 1989, Jean-Claude Pressac, à son tour, avait dit que les « erreurs » commises par R. Höss au sujet des gazages s'expliquaient par le fait que « Höss was present without seeing. »[158] En 1993, il dénonçait chez Höss tout à la fois « une invraisemblance de taille », un « anachronisme net »,

---

[157] « [Cette déposition] semble avoir été un résumé de choses que [Höss] a dites ou qu'il a peut-être dites ou qu'il a peut-être pensé qu'il avait dites, un résumé que quelqu'un lui a fourré sous le nez et qu'il a signé, ce qui est fâcheux. », *Queen vs. Zündel*, p. 1230.

[158] « Höss, tout en étant présent, n'avait rien vu. », J.-C. Pressac, *Auschwitz : Technique and Operation...*, p. 128.

des « erreurs chronologiques [...] fréquentes », une « visite imaginaire par Himmler », des chiffres de morts « régulièrement multipliés par deux ou trois » et il concluait : « Höss, malgré son rôle essentiel dans la "Solution finale", ne peut plus être considéré actuellement comme un témoin fiable sur les dates et les chiffres ».[159]

Le témoignage de Höss était, par conséquent, remis en question par les défenseurs mêmes de la thèse de l'extermination des juifs, mais il gardait beaucoup de son prestige et de son utilité pour la légende d'Auschwitz.

Or, s'il faut en croire un journaliste de *Vanity Fair*, le célèbre magazine de la vie culturelle des États-Unis, C. Browning vient de porter le coup de grâce à ce témoignage et D. Lipstadt ne serait pas loin de partager le jugement de C. Browning. La sentence vient de tomber : « *Höss was always a very weak and confused witness* » (Höss a toujours été un témoin très faible et confus) et, pour mieux faire comprendre que ce témoignage n'est plus bon qu'à jeter aux chiens, C. Browning ajoute au sujet de Höss : « *The revisionists use him all the time for this reason in order to try and discredit the memory of Auschwitz as a whole.* » (C'est pour cette raison que les révisionnistes l'utilisent tout le temps afin d'essayer de discréditer la mémoire d'Auschwitz dans son ensemble). Cette dernière remarque est d'une rare impudence si l'on se souvient que le moyen le plus traditionnel de répliquer aux révisionnistes était, immanquablement, de leur lancer à la face le nom de R. Höss.[160] Voilà qu'aujourd'hui C. Browning ose prétendre que c'est nous qui « utilisons tout le temps » le nom de R. Höss !

D. Lipstadt qui, elle, est d'origine juive, se contente, quand on l'interroge sur R. Höss, de renvoyer à la page 188 de son récent ouvrage : *Denying the Holocaust. The Growing Assault on Truth and Memory* (La Négation de l'Holocauste : l'attaque grandissante contre la vérité et la mémoire), mais le contenu de cette page *revient* à dire qu'on ne peut pas faire confiance au témoignage de l'ex-commandant d'Auschwitz ; il semble que, pour elle, les chiffres qu'il a donnés pour les morts de ce camp soient plus ou moins à ranger dans la même catégorie que le mythe du savon juif, qu'elle dénonce également.

Christopher Hitchens – tel est le nom du journaliste de *Vanity Fair* – a procédé avec un mélange d'ingénuité et d'ingéniosité. Constatant que les tenants de la thèse de l'« Holocauste » des juifs refusent tout débat

---

[159] J.-C. Pressac, *Les Crématoires d'Auschwitz*, p. 102-103.
[160] Encore tout récemment, un certain Richard Malher, de Vancouver (Canada), croyait trouver une parade décisive contre l'argumentation révisionniste en m'opposant le témoignage de R. Höss (« Even Holocaust criminals refute prof's numbers » (Même les criminels de l'Holocauste réfutent les chiffres du prof).

avec les révisionnistes, il a eu l'idée de ce qu'il appelle une
« expérience ». Il s'est tourné vers C. Browning et D. Lipstadt pour leur
demander de l'aider dans son expérience et il a apparemment obtenu leur
accord. Il s'est alors adressé à l'Institute for Historical Review de Los
Angeles qui, depuis 1979, a publié des milliers de pages de littérature
révisionniste. Il raconte qu'il a demandé à cet institut de lui envoyer son
meilleur « coup » et qu'en réponse il a reçu « un article d'un Français du
nom de Robert Faurisson, d'après lequel Rudolf Höss, l'un des
commandants d'Auschwitz, aurait été torturé par les Britanniques et
aurait ainsi confessé un nombre fantastique et incroyable de crimes » (il
semble qu'en réalité notre institut lui ait envoyé une importante
documentation dans laquelle le journaliste a jeté son dévolu sur mon
article[161]). Puis, s'adressant à nouveau à C. Browning et D. Lipstadt, il a
sollicité leur opinion sur cet article. Mais laissons la parole à C. Hitchens :

> [Traduction]
> « [...] [L'*Institute for Historical Review* (Institut de critique
> historique) de Californie] est la cible d'un livre récent de Deborah
> Lipstadt, professeur à Emory University à Atlanta, qui a écrit
> *Denying the Holocaust. The Growing Assault on Truth and
> Memory* [La négation de l'Holocauste : l'attaque grandissante
> contre la vérité et la mémoire] comme une réplique contre la
> prolifération de la "négation" dans les débats télévisés, sur les
> campus universitaires et ailleurs – sans compter, plus récemment,
> une campagne de tracts au *National Holocaust Memorial Museum*
> qui vient de s'ouvrir à Washington.
>
> Deborah Lipstadt refuse tout débat en direct avec les négateurs
> de l'Holocauste parce qu'elle croit que ceux-ci cherchent à
> réhabiliter les Nazis ; elle a néanmoins accepté de m'aider pour
> une expérience. Prenant contact avec l'Institute for Historical
> Review, je leur demandai de m'envoyer leur meilleur coup. Je
> transmis celui-ci au professeur Lipstadt et au professeur
> Christopher Browning de la Pacific Lutheran University, auteur de
> *Ordinary Men [Des hommes ordinaires],* rapport d'activité
> cauchemardesque d'une équipe d'extermination nazie en Pologne
> pendant la guerre. Les révisionnistes m'envoyèrent un article d'un
> Français du nom de Robert Faurisson, d'après lequel Rudolf Höss,
> l'un des commandants d'Auschwitz, aurait été torturé par les
> Britanniques et aurait ainsi confessé un nombre fantastique et

---

[161] R. Faurisson, « Comment les Britanniques ont obtenu les aveux de Rudolf Höss,
commandant d'Auschwitz », reproduit dans le volume II à la page 657.

incroyable d'assassinats : "Par la présente, je déclare sous serment que, dans les années 1941 à 1943, sous ma responsabilité de commandant en exercice du camp de concentration d'Auschwitz, deux millions de juifs ont été mis à mort par le gaz et un demi-million par d'autres moyens." Cette déclaration, spécialement mise en évidence et reproduite, est une pièce importante de l'*Holocaust Memorial*.

Je me mis alors en rapport avec Lipstadt et Browning et leur demandai leurs réponses, qui furent surprenantes : "Höss a toujours été un témoin très faible et confus", dit Browning, qui avait déposé comme expert dans des procès impliquant Auschwitz. "C'est pour cette raison que les révisionnistes l'utilisent tout le temps, afin d'essayer de discréditer la mémoire d'Auschwitz dans son ensemble." Et le professeur Lipstadt me signala la page 188 de son livre, et quelle page ! Il y est dit que les histoires de nazis transformant les juifs en savon sont entièrement fausses et il y est aussi dit que, bien qu'à Auschwitz le monument de pierre lui-même indique que le nombre des victimes – juives et non juives – est de quatre millions, le vrai chiffre se situe plutôt entre un million et demi et deux millions. Comme Höss a été le commandant de l'endroit pendant une partie seulement de l'existence du camp, cela signifie que, selon les *contre-révisionnistes,* un élément important des preuves assemblées par l'*Holocaust Memorial* n'est pas digne de foi. Une sensation de vertige, s'il en fut.

"Il en va de même avec l'histoire du savon", dit Lipstadt. "Je reçois des protestations de survivants, me disant que je ne devrais pas reconnaître que ce n'est pas vrai, parce que c'est donner des munitions à l'ennemi. Mais seule m'intéresse la découverte de la vérité." Un concept passé de mode. [...] »[162]

La soudaine concession de nos deux historiens de l'« Holocauste » est plus grave que toutes les concessions successives, tous les abandons, toutes les révisions déchirantes auxquelles, depuis quelques années, l'histoire officielle s'est vue contrainte sous la poussée du révisionnisme historique.

Le 15 avril 1946, au procès de Nuremberg, le témoignage de R. Höss avait bouleversé le monde entier. À l'époque, il était apparu si peu « faible et confus » que pas un avocat allemand n'avait osé contre-interroger le témoin sur ses fantastiques allégations. C'est ce témoignage qui avait servi de pièce maîtresse aux accusateurs de l'Allemagne vaincue

---

[162] C. Hitchens, « Whose history is it ? », p. 117.

et il figure en bonne place dans le texte même du jugement de Nuremberg. R. Höss, en fait, avait été torturé par des juifs de la sécurité militaire britannique. Il lui avait fallu, à peine conscient, signer une déclaration dont on peut dire qu'elle était, en fait, tout droit sortie de cerveaux malades. Puis, R. Höss avait été livré aux communistes polonais. Là encore l'attendaient des juifs. Il « améliora » son témoignage et l'étendit considérablement. Après quoi, condamné à mort, il fut pendu à Auschwitz le 16 avril 1947. Onze ans plus tard, pour la honte de la science historique allemande, il se trouva un historien du nom de Martin Broszat, membre à l'époque – et futur directeur – de l'Institut d'histoire contemporaine de Munich, qui, en 1958, publia ces écrits, non sans les tronquer, comme s'il s'agissait d'une œuvre sincère et authentique. Au cœur de l'*Holocaust Memorial Museum* de Washington qui a été inauguré le 22 avril 1993, les deux principales preuves de l'extermination physique des juifs sont une porte de chambre à gaz... d'épouillage (reconnue comme telle même par un Jean-Claude Pressac) et le témoignage de R. Höss. Enfin, est-il besoin de l'ajouter, les manuels d'histoire contemporaine de nos lycées font état de ce même témoignage comme d'un document authentique de la plus grande portée.

Les révisionnistes ne cessent de proposer à leurs adversaires un débat public.

L'article de *Vanity Fair* nous permet de comprendre pourquoi ces derniers fuient comme la peste l'offre d'un tel débat. C. Browning, en particulier, a des raisons personnelles de l'esquiver. En 1988, il avait commis l'imprudence de venir témoigner contre E. Zündel au second procès de Toronto (R. Hilberg, échaudé par son expérience du premier procès, en 1985, avait refusé de revenir à la barre). L'avocat Douglas Christie, que je conseillais là encore sur le plan historique, avait littéralement anéanti C. Browning, qui était apparu non comme un historien – son ignorance était stupéfiante – mais comme une sorte de procureur remarquablement naïf pour qui l'histoire de l'« Holocauste » des juifs ne peut s'écrire qu'en écoutant l'accusation. C. Browning n'avait jamais soupçonné que, lorsqu'un « nazi » ou un « criminel de guerre » comparaissaient en justice, il leur fallait composer avec l'accusation, entrer dans le jeu de l'adversaire tout-puissant et feindre d'admettre l'existence des pires horreurs, quitte à minimiser ou à nier leur participation personnelle à ces horreurs. Aujourd'hui, C. Browning joue les autorités en matière d'histoire de l'« Holocauste » !

D'une certaine façon, C. Hitchens m'a personnellement mis à l'épreuve et confronté avec C. Browning. Je constate que mon étude sur le témoignage de R. Höss a bien surmonté l'épreuve. Je m'en réjouis mais non sans un regret : celui de n'avoir pas eu en face de moi un homme capable d'affirmer que ce sont les révisionnistes qui « utilisent tout le temps » le cas de Höss. Il me semble que je lui aurais demandé compte d'une telle affirmation qui me paraît constituer l'un des plus hardis mensonges de ces dernières années. Je lui aurais aussi demandé pourquoi, à son avis, R. Höss avait « toujours été un témoin très faible et confus » devant ses interrogateurs britanniques, devant ses interrogateurs américains, devant le tribunal de Nuremberg, devant ses interrogateurs polonais et devant le tribunal de Cracovie.

Mais oublions ces considérations et saluons ici l'une des plus importantes avancées de la science historique : le témoignage de R. Höss est enfin déclaré sans valeur ; du même coup s'effondre la « preuve » la plus accablante dont on se soit jamais servi pour accuser l'Allemagne vaincue du plus horrible des crimes.

Pour reprendre l'expression de C. Hitchens, on en éprouve « une sensation de vertige, s'il en fut ».

[Publié dans *Nouvelles Visions*, n° 33, juin-août 1994, p. 111-117.]

***

25 mai 1994

UNE NOUVELLE FOIS, JEAN-CLAUDE PRESSAC RÉVISE À LA BAISSE LE NOMBRE DES MORTS D'AUSCHWITZ

Dans *Les Crématoires d'Auschwitz, La Machinerie du meurtre de masse*, le pharmacien Jean-Claude Pressac évaluait le nombre des morts d'Auschwitz à 775.000, chiffre arrondi à 800.000.[163]

Dans ma Réponse à Jean-Claude Pressac…, j'écrivais :

> « Je sais, mais ne puis ici dévoiler ma source, que Pressac envisage, le moment venu, d'abaisser le total des morts d'Auschwitz à 700.000 si les esprits lui semblent préparés à accepter cette nouvelle baisse. En 1989, il évaluait le nombre des

---

[163] J.-C. Pressac, *Les Crématoires d'Auschwitz…*, p. 148.

seuls gazés à un chiffre compris entre "un million et un million et demi". »[164]

Or, voici qu'aujourd'hui, dans la toute récente traduction en allemand de son livre de 1993, il évalue le nombre des morts d'Auschwitz aux chiffres – arrondis – de 630.000 à 710.000 ; parmi ces morts, il faudrait compter de 470.000 à 550.000 juifs gazés.[165] J.-C. Pressac qualifie d'« émotionnel » le chiffre de morts à Auschwitz retenu par les juges du procès de Nuremberg (1945-1946). Rappelons qu'en France il est défendu de contester ce même chiffre de quatre millions de morts à Auschwitz sous peine de prison et d'amendes, sanctions prévues par la loi Fabius-Gayssot sur « la liberté de la presse » (*sic*) ; cette loi est parue au *Journal officiel de la République française,* le 14 juillet 1990, sous la signature de François Mitterrand. Jugée insuffisante par les organisations juives, elle sera renforcée à la fin de 1994 par une loi Pasqua-Gaubert (Goldenberg) qui a déjà reçu l'aval de Pierre Méhaignerie, ministre de la Justice.

Rappelons aussi qu'à la fin de *Nuit et Brouillard,* film d'Alain Resnais datant de 1955 et constamment projeté dans toutes les écoles de France depuis près de quarante ans, le chiffre des morts d'Auschwitz est censé s'élever à neuf millions : « Neuf millions de morts hantent ce paysage » !

[Publié dans *Nouvelles Visions*, n° 33, juin-août 1994, p. 119.]

***

8 juillet 1994

CONDAMNATION D'UN LIBRAIRE

À Bordeaux, Jean-Luc Lundi, libraire de trente-neuf ans, père de dix enfants, a été dénoncé au parquet pour avoir détenu, dans ses rayonnages, les *Annales d'histoire révisionniste* et la *Revue d'histoire révisionniste* (quatorze volumes).

Le président Louis Montamat (né le 11 novembre 1939 à Tarbes) le condamne, le 6 juillet 1994, à un an d'emprisonnement dont six mois ferme, à vingt mille francs d'amende et, probablement, à d'autres peines

---

[164] R. Faurisson, *Réponse à J.-C. Pressac...*, note 4 au bas des pages 13-14, citant J.-C. Pressac, *Auschwitz, Technique and Operation...*, p. 553.
[165] J.-C. Pressac, *Die Krematorien von Auschwitz*, p. 202.

financières encore. Le condamné annonce son intention de faire appel. *La Montagne* ne souffle pas mot de l'affaire.

Ce même 8 juillet, j'apprends que, le 6 juillet, la police s'est présentée au domicile de Pierre Guillaume aux fins de perquisition, une fois de plus. P. Guillaume est convoqué le 11 août (n-ième convocation).

Alain Guionnet est sorti de prison.

Pour ma part, j'apprends que le procès, que j'ai perdu, contre *Libération* va me coûter environ cinquante mille francs. *Libération* avait imprimé que nous avions été condamnés *Le Choc du Mois* et moi-même à 30.000 F + 30.000 F d'amende en tout et pour tout. J'avais alors adressé au journal une lettre en "droit de réponse" où j'avais rappelé que la condamnation s'élevait, au total, non pas à soixante mille mais à trois cent soixante-quatorze mille francs ; j'avais ajouté que nous étions en attente de deux autres procès pour la même interview de moi dans *Le Choc du Mois* et que cela faisait, au total, trois procès pour un même écrit.

***

30 août 1994

PAS DE CHAMBRE À GAZ NAZIE À L'*HOLOCAUST MEMORIAL MUSEUM* DE WASHINGTON !

J'ai visité, à Washington, l'Holocaust Memorial Museum le 30 août 1994. À la fin de ma visite, j'ai inscrit, sur le registre des visiteurs, les mots suivants :

> « I have visited this Museum on August 30, 1994. I have not found any answer to my challenge : Show me or draw me a Nazi gas chamber ! WHY ? »[166]

J'ai signé ce texte.

Puis j'ai rendu visite à Michel Berenbaum, responsable scientifique de ce musée. En présence de quatre témoins (deux de son côté et deux du mien) il m'a répondu :

---

[166] « J'ai visité ce musée le 30 août 1994. Je n'ai trouvé aucune réponse à mon défi : montrez-moi ou dessinez-moi une chambre à gaz nazie ! POURQUOI ? »

« The decision had been made not to give any physical representation of the Nazi gas chambers. »[167]

Imaginons le Vatican décidant de ne donner plus aucune représentation physique de « la croix de la crucifixion de Jésus-Christ » !

À l'origine, le musée devait contenir deux très minces *commencements* de description qui figurent à la p. 138 du livre-guide (*The World Must Know*) publié le jour même de la cérémonie d'inauguration : une porte métallique avec son entourage de briques et une photographie représentant un mur de « chambre à gaz » avec des taches bleues dues au gaz cyanhydrique. Mais, à l'époque, j'ai fait immédiatement savoir à la presse que cette porte et cette « chambre à gaz » appartenaient, selon Pressac lui-même, à une chambre à gaz de désinfestation de Majdanek. – M. Berenbaum n'a pas même essayé de défendre la maquette "artistique" et absurde de M. Stobierski. Les SS ne pouvaient certainement pas déverser de Zyklon B par des "trous à cet effet" dans le toit du Krema-II. N'importe quel touriste peut constater que de tels trous n'ont jamais existé.

No holes, No « Holocaust » !

(Pas de trous, pas d'« Holocauste »)

***

21 septembre 1994

LIVRE DE CHAIR APRÈS LIVRE DE CHAIR

Le 9 décembre 1992, Mme Françoise Simon, présidente d'une section de la XIe chambre de la cour d'appel de Paris, nous condamnait *Le Choc du Mois* et moi-même à une peine de 374.000 F (soit 187.000 F pour chacun). Il s'agissait d'amendes et de dommages-intérêts à des associations principalement juives. L'argent que possédait *Le Choc du Mois* aux NMPP était saisi, soit 257.000 F. Je versais la moitié de la somme, soit 128.500 F, à M. Penciolelli, responsable financier du *Choc du Mois*. M. Penciolelli a toujours refusé de m'adresser un quitus et des remerciements.

J'ai dû, pour ce procès, payer mon avocat (en première instance et en appel) ainsi que mon avoué.

---

[167] « Nous avions pris la décision de ne donner aucune représentation physique des chambres à gaz nazies. »

Le 19 septembre 1994, le Trésor me réclamait 30.688 F au titre de l'amende (fixée à 30.000 F).

Entre-temps, le 18 mars 1993, M_{me} Violette Hannoun, présidente elle aussi d'une section de la XI_e chambre de la cour d'appel de Paris, me condamnait à un surplus de 44.000 F pour avoir demandé un échelonnement du paiement de ces 30.000 F (4.000 F pour chacune des onze associations qui, s'opposant à cet échelonnement, n'avaient délégué qu'un seul et même avocat).

Libération à la curée

Le 24 mai 1994, M_{me} Violette Hannoun, toujours elle, me condamnait à verser 20.000 F à *Libération* pour avoir demandé à ce journal de publier un texte en droit de réponse qu'à son avis je n'avais pas le droit de demander. L'huissier Benabu, de Vichy, vient de m'envoyer, en conséquence, des commandements aux fins de saisie-vente d'un total de 45.914,42 F (6.251,10 + 31.240. 10 + 8.423,22). Je sais de source sûre qu'il s'apprêtait à opérer une descente à mon domicile avec le commissaire de police et un serrurier. Le 19 septembre, j'ai versé 5.000 F + 1.500 F = 6.500 F en espèces à cet huissier.

***

23 septembre 1994

PRÉFACE À *GRUNDLAGEN ZUR ZEITGESCHICHTE* (FONDEMENTS POUR L'HISTOIRE CONTEMPORAINE)

Le révisionnisme historique est la grande aventure intellectuelle de la fin de ce siècle.

Malgré ses dimensions, le présent ouvrage n'offre qu'un aperçu de cette aventure ; aussi me paraît-il nécessaire de rappeler ici d'abord sur quel problème historique précis les révisionnistes ont concentré leurs recherches, puis comment le révisionnisme a pris naissance dans les années quarante et comment il s'est développé dans les années 1951 à 1978 ; enfin, comment il a vraiment pris son essor dans les années 1978-1979 pour connaître aujourd'hui une telle extension que, malgré les pires mesures répressives, plus rien ne semble devoir arrêter sa marche en avant.

Au procès de Nuremberg (1945-1946), l'Allemagne avait été jugée et condamnée pour des « crimes contre la paix », pour des « crimes de guerre » et pour des « crimes contre l'humanité ». Or, par leurs découvertes successives sur ces trois points, les révisionnistes ont été en quelque sorte conduits à demander la révision du procès de Nuremberg. Sur les deux premiers points, les révisionnistes ont pu présenter leurs arguments sans trop de difficultés et il est probable qu'aujourd'hui aucun historien sérieux ne contestera qu'en matière de « crimes contre la paix » et de « crimes de guerre », l'Allemagne n'avait de leçon à recevoir de personne : il est, en effet, devenu évident que les Alliés ont, de leur côté, leur part de responsabilité dans le déclenchement de la guerre et qu'ils ont, de leur côté, commis d'innombrables « crimes de guerre » (si cette expression a un sens car la guerre elle-même peut être tenue pour un crime). En revanche, sur le troisième point, c'est-à-dire sur les « crimes contre l'humanité », l'Allemagne, nous répète-t-on encore à satiété, aurait eu l'exclusivité de l'horreur avec le « génocide » des juifs. C'est sur l'étude de ce point précis que les révisionnistes ont concentré leurs efforts. Aussi, peu à peu, le révisionnisme historique est-il devenu ce que les Américains appellent maintenant *Holocaust Revisionism*.

Selon ses accusateurs, l'Allemagne ne se serait pas contentée de persécuter les juifs, de les déporter et de les mettre dans des camps de concentration ou dans des camps de travail forcé ; ces « crimes »-là – tout historien le sait – sont malheureusement fréquents dans l'histoire des hommes et il suffit aujourd'hui d'ouvrir son poste de télévision pour constater que toutes sortes de communautés humaines continuent à souffrir de tels « crimes ». L'Allemagne, affirment encore ses accusateurs, serait allée beaucoup plus loin. Opérant un saut de géant dans l'horreur, elle aurait décidé vers 19411942 l'extermination totale des juifs européens et, afin de perpétrer ce crime *spécifique*, elle aurait mis au point et utilisé une arme *spécifique* : la chambre à gaz (ou le camion à gaz) homicide. S'aidant d'abominables abattoirs chimiques, elle aurait entrepris un assassinat collectif aux proportions industrielles. Ce crime (le génocide) et cette arme du crime (la chambre à gaz homicide) sont, en ce sens, indissociables et il est par conséquent impossible de prétendre, comme le font certains, que « chambre à gaz ou pas, il n'y a pas de différence fondamentale ». L'Allemagne aurait, de cette manière, commis contre les juifs un crime intrinsèquement pervers. Les juifs ajoutent que le monde entier aurait, en connaissance de cause, laissé les Allemands perpétrer ce crime. Le résultat paradoxal d'une si vaste accusation est qu'aujourd'hui, dans le box des accusés, les

« criminels » Hitler, Himmler et Goering sont rejoints par leurs « complices » : Roosevelt, Churchill, Staline, le pape Pie XII, le Comité international de la Croix-Rouge ainsi que les représentants de bien d'autres pays et instances. C'est ce qu'aux États-Unis, par exemple, de Los Angeles à Washington, on s'acharne à répéter dans les « musées de l'Holocauste » où les juifs d'aujourd'hui s'érigent en accusateurs du monde entier ; ils vont jusqu'à incriminer les responsables juifs qui vivaient durant la guerre en Europe, en Amérique ou en Palestine ; ils osent leur reprocher soit leur collaboration, soit leur indifférence, soit la mollesse de leurs réactions devant « l'extermination systématique » de leurs coreligionnaires.

Les premières rumeurs d'un gazage des juifs par les Allemands auraient circulé en décembre 1941 dans le ghetto de Varsovie.[168] Mais, pendant toute la guerre, de telles rumeurs n'ont trouvé qu'un faible écho dans les milieux hostiles à l'Allemagne. Il suffit de lire un ouvrage comme celui de Walter Laqueur, *The Terrible Secret* pour se rendre compte que le scepticisme était général. Pendant la seconde guerre mondiale, on gardait encore un souvenir vivace des inventions de la propagande d'atrocités durant la première guerre mondiale où déjà se colportaient des histoires de gazages de populations civiles (dans des églises ou ailleurs) ainsi que des histoires d'usines à cadavres. Le Foreign Office ne voyait dans les nouvelles rumeurs de la seconde guerre mondiale que des inventions juives et beaucoup de milieux américains partageaient cette conviction.[169] Edward Benes, président (en exil à Londres) de la Tchécoslovaquie, déclarait en novembre 1942, *après enquête de ses services*, que les Allemands, contrairement à ce qu'on lui avait rapporté, n'exterminaient pas les juifs.[170] L'Américain d'origine juive, Felix Frankfurter, juge à la Cour suprême, déclarait sur le sujet à Jan Karski : « I can't believe you. »[171] En août 1943, Cordell Hull, *Secretary of State*, prévenait par un télégramme l'ambassadeur américain à Moscou qu'il convenait de supprimer dans le projet de déclaration commune des Alliés sur « les crimes allemands en Pologne » toute mention des chambres à gaz parce que, comme le faisaient remarquer les Britanniques, les preuves en la matière étaient insuffisantes (« *insufficient evidence* »).[172]

---

[168] « Stockholm, Dec. 21 (JTA).– More than 1,000 victims of spotted fever in the densely crowded Warsaw ghetto have been put to death by gas [...], it is learned today from reliable sources » (*Jewish Telegraphic Agency Bulletin*, December 22, 1941, p. 1).

[169] *Ibid.*, voy. « Foreign Office » dans l'index ainsi que p. 83, 91, 94, 116, 225, etc.

[170] *Ibid.* p. 162-163.

[171] « Je ne peux pas vous croire. », *Ibid.*, p. 237.

[172] *Foreign Relations of the United States, Diplomatic Papers*, vol. 1 of 1943, p. 416-417.

Même après la guerre, de hauts responsables alliés, comme Eisenhower, Churchill et de Gaulle, allaient s'abstenir, dans leurs mémoires respectifs, de mentionner l'existence et le fonctionnement de chambres à gaz nazies. D'une certaine manière, tous ces sceptiques étaient, à leur façon, des révisionnistes. Ni le Vatican, ni le Comité international de la Croix-Rouge, ni la Résistance allemande n'agirent comme s'ils ajoutaient foi à des rumeurs qui, d'ailleurs, prenaient les formes les plus fantastiques : invariablement les Allemands passaient pour exterminer les juifs mais les modes d'extermination étaient, eux, des plus variables : la vapeur d'eau, le gaz, l'électricité, le feu, l'acide, la piqûre d'air, la noyade, la pompe à faire le vide, etc. On ne sait trop exactement pourquoi, le gaz a fini par l'emporter sur le marché de cette *Greuel-propaganda*.

Le Français Paul Rassinier fut le premier véritable révisionniste d'après-guerre. En 1950, cet ancien déporté commença à dénoncer dans *Le Mensonge d'Ulysse* et dans toute une série d'ouvrages le « mythe des chambres à gaz ».[173] En 1976, l'Américain Arthur Robert Butz publia *The Hoax of the Twentieth Century* qui constitue à ce jour l'ouvrage révisionniste le plus profond sur le sujet du génocide et des chambres à gaz.[174] En 1979, un magistrat allemand, le Dr Wilhelm Stäglich, publia à son tour *Der Auschwitz Mythos* ; étude consacrée principalement à la manière dont les tribunaux allemands ont pu collaborer à la fabrication d'un mythe, un peu de la même manière que, dans le passé, les juges des procès de sorcellerie, surtout de 1450 à 1650, ont cautionné les récits les plus extravagants sur les pals, les grils et les fours de Satan.[175]

Sans vouloir réduire l'importance majeure de P. Rassinier, d'A. R. Butz et de W. Stäglich, j'espère qu'on me permettra de dire qu'à la fin des années soixante-dix le révisionnisme allait cette fois devenir matérialiste et scientifique avec les recherches menées sur le terrain par le Suédois Ditlieb Felderer ainsi qu'avec mes propres découvertes à Auschwitz même, avec mes considérations sur l'emploi du Zyklon B pour la désinsectisation (*Entlausung*) et avec mes réflexions sur l'utilisation, dans les chambres à gaz des pénitenciers américains, du gaz cyanhydrique pour exécuter des condamnés à mort. Ni P. Rassinier, ni A.

---

[173] P. Rassinier, *Le Mensonge d'Ulysse*. Voy. également *Was ist Wahrheit ? Die Juden und das Dritte Reich*, qui constitue la traduction d'une autre œuvre de P. Rassinier.
[174] A. Butz, *The Hoax of the Twentieth Century*... Il convient de lire l'édition de 1993 qui contient, en trois suppléments distincts, les conférences prononcées par l'auteur en 1979, 1982 et 1992. Dans la conférence de 1982, je recommande l'éblouissante démonstration contenue dans les pages 350-362 autour de « l'histoire de l'éléphant invisible ».
[175] W. Stäglich, *Der Auschwitz-Mythos*.... L'ouvrage a été détruit sur ordre des autorités allemandes. Une seconde édition a été publiée en Grande-Bretagne en 1984. Dans les deux éditions, la documentation photographique provient de mes archives.

Butz, ni W. Stäglich ne s'étaient rendus en Pologne sur les lieux supposés du crime et aucun d'entre eux n'avait pu encore vraiment utiliser dans toute leur étendue les arguments d'ordre physique, chimique, topographique et architectural qui aujourd'hui, à la suite des enquêtes de D. Felderer et de mes propres enquêtes, sont couramment employés par la plus jeune génération des chercheurs révisionnistes. Les chercheurs juifs, défenseurs de la théorie de l'extermination des juifs, étaient, eux, résolument demeurés ce que j'appelle des « historiens de papier » : Léon Poliakov et Raul Hilberg étaient restés dans le papier, dans les mots et dans le domaine des spéculations.

Il est surprenant que l'Allemagne, si riche en chimistes et en ingénieurs, et que les USA, eux-mêmes non dépourvus d'esprits scientifiques qui disposaient sur place de l'exemple de leurs chambres à gaz fonctionnant à l'acide cyanhydrique, n'aient pas aperçu le champ immense de l'argumentation proprement scientifique. En 1976, je découvrais à Auschwitz à la fois la configuration exacte des crématoires censés avoir contenu des chambres à gaz homicides, les chambres à gaz de désinsectisation (*Entlausungs-gaskammern*) et les plans (jusque-là cachés) de certains crématoires. En 1978-1979, je publiais dans *Le Monde*[176] deux textes où je résumais certaines de mes découvertes. En 1979, à la première conférence de l'*Institute for Historical Review*, à Los Angeles, je présentais le détail de ces découvertes. Parmi mes auditeurs se trouvait Ernst Zündel, un Allemand établi à Toronto. À partir de 1985, ce dernier allait se révéler le plus ardent, le plus efficace et aussi – beaucoup semblent l'ignorer – l'un des esprits les plus novateurs parmi tous les révisionnistes. Il a été le premier à comprendre pourquoi j'insistais tellement sur l'argument chimique et, en particulier, sur l'importance, pour nous, de la technologie des chambres à gaz américaines dans les années trente et quarante. Il a compris pourquoi je souhaitais qu'un spécialiste de ces chambres à gaz américaines aille examiner sur place, en Pologne, les prétendues chambres à gaz d'exécution. Ayant, grâce à ma correspondance des années soixante-dix avec les pénitenciers américains, découvert un tel spécialiste en la personne de Fred Leuchter, c'est E. Zündel, et lui seul, qui eut l'idée géniale de demander à ce dernier non seulement un examen des lieux mais un prélèvement d'échantillons de matériaux constituant, d'une part, les chambres à gaz de désinsectisation et, d'autre part, les prétendues chambres à gaz d'exécution. En février 1988, il prit le risque d'envoyer à ses frais en Pologne F. Leuchter et toute une équipe pour y étudier les prétendues chambres à gaz d'exécution d'Auschwitz, de Birkenau et de

---

[176] *Le Monde*, 29 décembre 1978 et 16 janvier 1979.

Majdanek. Le résultat de l'étude des lieux et de l'analyse des échantillons prélevés se révéla spectaculaire et totalement en faveur de la thèse révisionniste. Dans les années suivantes, d'autres rapports allaient confirmer la justesse du « rapport Leuchter »[177] : d'abord l'expertise, très savante, de Germar Rudolf[178], puis la contre-expertise, embarrassée et secrète, des Polonais[179] et enfin l'étude de l'Autrichien Walter Lüftl.[180]

Il reste à dire que, si les accusateurs de l'Allemagne ne sont pas satisfaits de ces études, il leur est loisible de procéder eux-mêmes à leur propre expertise. Qu'attendent-ils, depuis cinquante ans, pour le faire au grand jour ?

Il faut comprendre le désarroi des accusateurs de l'Allemagne devant les succès du révisionnisme. Pendant un demi-siècle, ils ont sincèrement cru que la tragédie vécue par les juifs durant la seconde guerre mondiale avait été d'une gravité et d'une ampleur exceptionnelles alors que cette tragédie-là, ramenée à ses proportions réelles, c'est-à-dire sans génocide et sans chambres à gaz, s'inscrit parmi bien d'autres tragédies de cet atroce conflit. Leurs historiens ont dû progressivement admettre, sous la poussée des enquêtes révisionnistes, que, pour le prétendu génocide des juifs, on ne trouvait ni un ordre, ni un plan, ni un budget[181] ; que Wannsee n'était tout au plus qu'une « silly story »[182] ; qu'il n'existait aucune expertise de l'arme du crime concluant : « Ce local (soit intact, soit "reconstruit", soit en ruines) a servi de chambre à gaz homicide » ; que

[177] F. Leuchter, *An Engineering Report on the alleged execution gas chambers at Auschwitz, Birkenau and Majdanek, Poland.* Ernst Zündel a publié ce rapport avec une préface que j'ai rédigée le 23 avril 1988 [reproduite dans le vol. II, p. 778. – N.d.é]
[178] Rüdiger Kammerer, Armin Solms, eds., *Das Rudolf Gutachten*, Cromwell Press, Londres, 1993 ; la première édition de ce rapport est de 1991.
[179] *Die offizielle polnische Antwort auf dem Leuchter-Bericht* (voy. note 11).
[180] Walter Lüftl, « Holocaust », p. 391-420.
[181] En 1961, dans la première édition de *The Destruction of the European Jews*, R. Hilberg affirme tranquillement l'existence d'un ordre (et même de deux ordres consécutifs !) pour l'extermination des juifs. En 1985, dans la seconde édition de son livre, il change du tout au tout son explication des faits ; il ne mentionne plus aucun ordre ; il écrit qu'il n'y eut pas de « basic plan » (p. 53) et que « no single organization directed or coordinated the entire process [of destruction] » (p. 55) ; il ajoute : « No special agency was created and no special budget was devised to destroy the Jews of Europe » (p. 62). Il explique toute la prétendue entreprise d'extermination des juifs par… la transmission de pensée ou la divination par télépathie au sein de la bureaucratie allemande : « an incredible meeting of minds, a consensus-mind-reading by a far-flung bureaucracy. » (propos tenus dans une conférence le 22 février 1983 et confirmés par R. Hilberg lors de son contre-interrogatoire au procès Zündel à Toronto en 1985, transcription, p. 846-848.)
[182] Y. Bauer, professeur à l'université hébraïque de Jérusalem, déclare exactement : « The public still repeats, time after time, the silly story that at Wannsee the extermination of the Jews was arrived at . » (*The Canadian Jewish News*, 20 janvier 1992, p. 8, reproduisant une dépêche du *Jewish Telegraphic Agency*.)

pas une autopsie ne permettait de conclure : « Ce cadavre est celui d'un déporté tué par gaz-poison » ; que l'aveu de Rudolf Höss n'avait plus aucune valeur (« *Höss was always a very weak and confused witness* »[183]) ; que leurs prétendus témoins n'avaient probablement jamais vu de chambres à gaz ou de gazages puisque, en 1988, le meilleur d'entre eux, le fameux Rudolf Vrba, avait dû admettre devant un juge et un jury canadiens que, dans son fameux livre sur le sujet, il avait usé de la « *poetic licence* » ou « *licentia poetarum* »[184] ; que le savon juif n'avait jamais existé[185] ; que le chiffre de quatre millions de victimes à Auschwitz n'était qu'une fiction[186] ; et que les « *sources for the study of the gas chambers are at once rare and unreliable* [...]. *Besides, from 1942 to 1945, certainly at Auschwitz, but probably overall, more Jews were killed by so-called "natural" causes [starvation, disease, sickness and overwork] than by "unnatural" ones* ».[187] Dès le 2 juillet 1982, à la fin d'un colloque international qu'ils avaient organisé à la Sorbonne (Paris) pour tenter de me donner la réplique, les exterminationnistes s'étaient révélés incapables de produire la moindre preuve de l'existence et du fonctionnement d'une seule chambre à gaz. En mai 1992, je lançais mon défi : « *Show me or draw me a Nazi gas chamber !* » Jean-Claude Pressac, sur qui les exterminationnistes comptaient tant, s'était révélé incapable d'apporter autre chose que ce qu'il appelait des « indices du crime » et il s'était bien gardé de nous fournir une représentation physique totale de l'arme du crime.[188]

---

[183] C. Browning, collaborateur de l'*Encyclopedia of the Holocaust*, à Christopher Hitchens « Whose history is it ? », p. 117. Le professeur a eu l'aplomb d'ajouter : « *The revisionists use [R. Höss] all the time for this reason, in order to try and discredit the memory of Auschwitz as a whole.* »

[184] Procès Zündel à Toronto en 1985, sténogrammes, p. 1447-1448, 1636. Le livre en question est : R. Vrba, *I cannot Forgive*.

[185] Shmuel Krakowski, directeur des archives de Yad Vashem, et le professeur Yehuda Bauer ont fini par admettre en 1990 que « *the Nazis never made soap from human fat* » (*The Jerusalem Post International Edition*, 5 mai 1990). Dans un cimetière de Nice (France), un monument porte l'inscription suivante : « Cette urne renferme du savon à la graisse humaine fabriquée par les Allemands du IIIe Reich avec les corps de nos frères déportés. »

[186] Pour Jean-Claude Pressac, le total des morts d'Auschwitz se situe, en chiffres ronds, entre 630.000 et 710.000 ; parmi ceux-ci il faudrait compter de 470.000 à 550.000 juifs gazés (*Die Krematorien von Auschwitz*, p. 202).

[187] Arno J. Mayer, *The « Final Solution » in History*, p. 362, 365. L'auteur, d'origine juive, est professeur d'histoire à l'université de Princeton (États-Unis).

[188] Il est remarquable que dans aucun de ses ouvrages J.-C. Pressac ne se hasarde, lui qui sait pourtant dessiner, à nous proposer une représentation concrète de la totalité d'une chambre à gaz avec l'explication de sa « technique and operation ». Dans son énorme ouvrage *Auschwitz, Technique and Operation...*, il dit qu'il n'existe pas de « *direct*

Le 30 août 1994, je rencontrai dans son bureau, en présence de quatre témoins (deux de son côté et deux du mien), Michael Berenbaum, responsable scientifique de l'*Holocaust Memorial Museum* de Washington. Je le contraignais à admettre que son musée ne contenait, paradoxalement, aucune représentation concrète d'une chambre à gaz nazie (la maquette du Krema-II n'étant qu'une création artistique sans rapport avec la réalité). Je lui demandais pourquoi. Il finit par me répondre : « *The decision had been made [by us] not to give any physical representation of the Nazi gas chambers* ». Sa réponse équivalait à celle d'un prêtre catholique – M. Berenbaum est un théologien juif – qui aurait décidé de supprimer dans son église toute représentation de la Croix. Pour en arriver à de telles extrémités, il faut se sentir aux abois.

Je pense que les coreligionnaires de M. Berenbaum finiront par abandonner la chambre à gaz comme ils ont abandonné le savon juif et les quatre millions d'Auschwitz. Ils iront plus loin. Comme dans ces deux derniers cas, ils se présenteront en découvreurs du mythe et accuseront les Allemands, les Polonais ou les communistes d'avoir fabriqué le « mythe des chambres à gaz ». Ils invoqueront alors à l'appui de leur impudente thèse les noms de juifs totalement ou partiellement révisionnistes (J. G. Burg, Jean-Gabriel Cohn-Bendit, Roger-Guy Dommergue, Arno Mayer, David Cole, Christopher Hitchens, Stephen Hayward…). Ils se donneront le beau rôle.

Mais, en même temps, transformant l'« Holocauste » des juifs en une croyance religieuse, cette fois-ci débarrassée de tout contenu matériel, ils n'en seront que plus inflexibles pour dénoncer chez les authentiques révisionnistes des « négateurs » ou des « négationnistes », intolérants, sans cœur, bassement matérialistes et hostiles à la libre expression des sentiments religieux. Pour ces juifs, les vrais révisionnistes resteront donc diaboliques en esprit, même s'il faudra leur donner raison sur le plan des faits.

Les révisionnistes ne sont ni diaboliques ni négatifs. Ils n'ont rien de « l'esprit qui nie ». Ils sont positifs. Ils affirment, au terme de leurs recherches – qui sont de caractère positiviste – que certaines croyances ne sont que des mythes. Ces mythes sont nocifs en ce qu'ils entretiennent la haine. Les révisionnistes s'efforcent de décrire ce qui s'est passé et non pas ce qui ne s'est pas passé. À la pauvre humanité, ils annoncent, somme toute, une bonne nouvelle. Recherchant la simple exactitude historique, ils se trouvent lutter contre la calomnie et pour la justice. Ils ont souffert

---

proof » mais des « *criminal traces* » (des « indices du crime ») ou des « *indirect proof[s]* » (p. 429).

et ils continueront de souffrir mais je crois qu'en fin de compte l'histoire leur donnera raison et leur rendra justice.[189]

[Ce texte constitue la préface de *Grundlagen sur Zeitgeschichte*, ouvrage collectif publié en 1994 sous la direction d'Ernst Gauss [Germar Rudolf] aux éditions Grabert de Tübingen. L'ouvrage fut saisi et pilonné tandis que le responsable et les auteurs de certaines contributions étaient condamnés. G. Rudolf a connu, à cette occasion, sa troisième descente de police avec saisie de toutes ses archives et de tout son matériel informatique. Il s'est exilé à l'étranger avec sa famille. L'ouvrage est évidemment disponible sur Internet, où il a été publié d'abord par le CODOH (http ://www.codoh.com) et repris ensuite par plusieurs sites révisionnistes. – N.d.é]

***

24 septembre 1994

EN FRANCE, LA RÉPRESSION DU RÉVISIONNISME (SUITE)

Mon avocat, Me Éric Delcroix, vient de publier *La Police de la pensée contre le révisionnisme. Du jugement de Nuremberg à la loi Fabius-Gayssot*. En guise d'illustration de son étude on pourrait méditer l'expérience que, personnellement, je viens de vivre à mon retour des États-Unis, le 17 septembre 1994 au soir.

Aux États-Unis, j'ai pu, en quelques semaines, d'abord participer à la conférence internationale de l'Institute for Historical Review à Los Angeles puis donner, dans l'Alabama, une conférence au sein d'une université, sur le révisionnisme historique. Diverses chaînes de radio et de télévision ont reproduit mes propos.

Les Américains sont étonnés d'apprendre qu'en France il existe une loi qui permet de condamner à des peines de prison ou à de lourdes sanctions financières ceux qui, comme moi, affirment qu'ils ne croient pas aux magiques chambres à gaz hitlériennes. Ils me demandent : « Mais la France n'a-t-elle pas pour devise : Liberté, Égalité, Fraternité ? » Je ne manque pas de leur répondre que cette devise, qui figure au fronton de toutes nos prisons, date de 1792, année où fut pour la première fois

---

[189] Un ouvrage de base, indispensable à l'étude du révisionnisme historique, est celui de l'avocate canadienne Barbara Kulaszka, *Did Six Million Really Die ? Report of the Evidence in the Canadian « False News » Trial of Ernst Zündel – 1988*.

utilisée la guillotine. La France a une longue tradition de guerres civiles. Elle est à la fois anarchiste et monarchiste ou napoléonienne ; parce qu'elle est intimement portée au désordre gaulois, elle est aussi dirigiste et policière ; profondément indisciplinée, elle aspire souvent à la trique et au dirigisme d'État. Elle est peut-être la première au monde pour la répression qu'elle a, pendant des siècles, exercée contre ses intellectuels. La liste est impressionnante des auteurs qui ont été, dans notre pays, embastillés, contraints à l'exil, exécutés, épurés.

À mes auditoires américains, j'ai souvent dit que lorsque l'avion me ramène en France ma gorge se noue. Je sais le sort que me réservent mes compatriotes.

Le 17 septembre 1994 au soir, j'apprenais qu'un huissier s'apprêtait à opérer une descente à mon domicile en compagnie du commissaire de police de la ville et d'un serrurier. Me précipitant chez cet huissier, j'ai pu, en lui versant une somme de six mille cinq cents francs (sur quarante-six mille qui m'étaient réclamés), faire annuler provisoirement une telle descente. Rentré à mon domicile, je découvrais dans mon courrier un avis du Trésor public exigeant que je paie dans les trente jours une amende de trente mille francs. Bien entendu, tout cet argent m'est réclamé sur le fondement de condamnations judiciaires pour « contestation de crimes contre l'humanité ». En cinq mois, je viens déjà de verser 128.500 F. Par ailleurs, comme, juste après ma condamnation à verser ces trente mille francs, j'avais demandé à un tribunal de m'accorder la faveur d'un paiement étalé sur plusieurs mois, la cour d'appel de Paris, présidée par la juive Violette Hannoun, avait décidé non seulement de me refuser cette faveur, mais de m'obliger à verser, au surplus, quatre mille francs supplémentaires à chacune des organisations juives et autres qui s'étaient opposées à ma demande ; autrement dit, me voici contraint de verser 30.000 F + 44.000 F + les frais d'avoués de la partie adverse + mes propres frais d'avocat et d'avoué. Et je ne parle pas d'autres sommes à verser pour d'autres condamnations…

Telle est la France où règne ce qu'Annie Kriegel elle-même appelle la « police juive de la pensée ».

***

4 octobre 1994

ERNST NOLTE EST UN EXTERMINATIONNISTE DE DROITE

L e 3 octobre 1994, l'hebdomadaire *Der Spiegel* a publié une longue interview de l'historien Ernst Nolte.

Le même jour, sous la date du 4 octobre, *Le Monde* se fait l'écho de cette interview. Les extraits qu'il donne de l'interview sont à peu près exacts mais la présentation d'ensemble est tendancieuse tandis que le titre est fallacieux.

E. Nolte semble appartenir à la droite conservatrice. Il est hostile au national-socialisme. Il n'est pas révisionniste mais exterminationniste. Il soutient la thèse selon laquelle le III$_e$ Reich a pratiqué une politique d'extermination des juifs, notamment par le moyen de chambres à gaz homicides. Il est vrai qu'il défend cette thèse d'une manière qui ne plaît pas aux juifs. Il prétend que la politique d'extermination des juifs par Hitler est une sorte de réponse à la politique d'extermination d'une classe sociale par Staline ! Cette interprétation – plutôt spéculative – tend, pour les juifs, à relativiser le génocide perpétré, disent-ils, par Hitler.

En 1988, l'Américain Fred Leuchter avait rédigé une étude technique sur les présumées chambres à gaz d'exécution à Auschwitz, Birkenau et Majdanek : le « Rapport Leuchter ». Dans l'interview du *Spiegel*, on demande à E. Nolte si, à son avis, ce rapport constitue « une enquête sérieuse et scientifique » (*eine seriöse wissenschaftliche Untersuchung*). Sa réponse est non.[190]

Or, E. Nolte, « historien des idéologies », ne semble pas avoir la moindre connaissance du monde pratique, matériel, technique et scientifique. Il veut bien admettre qu'il se cache dans les écrits des révisionnistes une « once de vérité »[191] et il lui arrive même de rendre hommage à l'étendue des connaissances chez certains révisionnistes mais il tient à se dire personnellement « convaincu qu'il y a eu, sur une grande échelle, de massives exterminations dans des chambres à gaz ».[192]

Pourquoi en est-il « convaincu » ? Pour une raison qu'il exprime obscurément et qui est – je le cite : « l'emploi fréquent du mot "humain" dans ce contexte » ![193] Ce qui paraît signifier que, selon E. Nolte, les nazis

---

[190] E. Nolte, *Die Spiegel*, p. 85.

[191] *Ibid.* : *ein Körnschen Wahrheit.*

[192] *Id.*, p. 87 : *überzeugt, daß es in großem Umfang Massenvernichtungen in Gaskammern gegeben hat.*

[193] *Ib.* : *der häufige Gebrauch des Wortes « human » in diesem Zusammenhang.*

ont fréquemment parlé des chambres à gaz homicides comme d'un moyen « humain » de perpétrer de massives exterminations physiques ! E. Nolte ne fournit qu'un exemple, et cela dans un langage allusif que je traduis pour le lecteur. Il dit que, dans l'une de ses toutes dernières déclarations, Adolf Hitler, qui va mourir, se déclare rempli de satisfaction à la pensée que le principal responsable des horreurs de la guerre – le judaïsme international – a expié sa faute « fût-ce de manière plus humaine »[194] que la manière utilisée par les Alliés pour affamer ou massacrer les hommes, les femmes et les enfants européens. Pour E. Nolte, les mots « fût-ce de manière plus humaine » contiendraient une claire allusion à une politique d'extermination des juifs et à l'emploi massif d'abattoirs chimiques appelés chambres à gaz !

Une telle spéculation est arbitraire.

Le texte d'Hitler auquel il fait allusion est le « testament politique » rédigé par le chancelier du Reich le 28 avril 1945, soit l'avant-veille de son suicide. On le trouve dans les documents du procès de Nuremberg.[195] Ce texte est remarquablement commenté par le D͟r Wilhelm Stäglich dans *Der Auschwitz Mythos*.[196] Hitler impute la responsabilité principale de la guerre en Europe au judaïsme international (celui qui règne à l'Est comme à l'Ouest et qui a voulu une croisade en Europe). Il rappelle qu'il avait prévenu les juifs que, si pour leurs intérêts financiers ils voulaient déclencher une guerre en Europe, ils le paieraient cher. Hitler précise que, si des millions d'enfants européens devaient mourir de faim, si des millions d'hommes adultes devaient périr sur les champs de bataille et si des centaines de milliers de femmes et d'enfants devaient brûler et mourir dans l'incendie des villes, le coupable devrait expier sa faute, « fût-ce par des moyens plus humains » (*wenn auch durch humanere Mittel*).

Hitler n'a pas précisé ces moyens et nous n'avons pas à spéculer là-dessus mais, s'il fallait le faire, pourquoi ne pas commencer par les suppositions les plus simples et les plus probables avant d'en venir aux plus hardies et aux plus improbables (et même, les révisionnistes le savent, aux plus impossibles pour des raisons d'ordre physique et chimique) ? À elles seules, la déportation des juifs et leur mise dans des camps de concentration ou de travail forcé ne pouvaient-elles pas être considérées comme des « moyens plus humains » que l'extermination par la famine, par le fer et par le feu ?

---

[194] *Id.*, p. 90 : *wenn auch auf humanere Weise*.
[195] *TMI*, XLI, p. 548-552.
[196] W. Stäglich, *Der Auschwitz Mythos*, 1979, p. 85-89 et p. 83-87 de la version française.

Je saisis l'occasion de cette mise au point pour signaler que dans l'ouvrage qu'il a publié en 1993, *Streitpunkte*[197], Nolte commet de nombreuses et de graves erreurs à la fois sur le chapitre de ce qu'il appelle l'extermination des juifs et sur celui du révisionnisme. Tout récemment, il a commis d'autres erreurs (notamment en rapportant des chiffres attribués à Jean-Claude Pressac), dans un article publié par la *Frankfurter Allgemeine Zeitung* du 23 août 1994 (« *Ein Gesetz für das Außergesetzliche* »).

✳✳✳

28 octobre 1994

TRAITER UNE PERSONNE DE « FAURISSONNISTE » C'EST L'INJURIER !

L e bateleur Guy Bedos avait traité publiquement de « faurissonniste » un critique du *Figaro-Magazine*. Il devra verser à ce dernier trente mille francs de dommages-intérêts. D'autres sanctions financières s'ajoutent probablement à cette sanction-là.

> *Le Figaro,* 29-30 octobre 1994, p. 9 : « Guy Bedos vient d'être condamné par le tribunal de Paris à payer trente mille francs de dommages et intérêts au critique du *Figaro Magazine* Jacques Nerson pour l'avoir traité de "faurissonniste", terme que le jugement qualifie d'"injurieux".
> M. Bedos s'en était pris à M. Nerson lors de l'émission "Synergie", le 4 janvier sur France-Inter […]. »

Déjà en 1990, le professeur Bernard Lugan avait obtenu la condamnation du radioteur Ivan Levaï pour un motif identique. Pour avoir tenu des propos « assimilant Bernard Lugan à Robert Faurisson »,

---

[197] Dans cet ouvrage (p. 306-307), E. Nolte m'imputait la responsabilité des agressions physiques dont j'avais été l'objet. Il estimait que les juifs pouvaient à bon droit s'estimer offensés notamment par la manière « agressive » dont j'avais, en une phrase de soixante mots, résumé le point de vue révisionniste. Pour commencer, il se rendait coupable d'une fâcheuse omission en reproduisant ma phrase. Enfin, en février 1994, il était à son tour l'objet d'une agression à Berlin en raison de ses écrits, sans doute jugés trop peu conformes à la norme.

I. Levaï s'était vu condamner à verser à B. Lugan un franc de dommages-intérêts pour diffamation publique. À cette sanction de principe s'était ajoutée une condamnation à verser six mille francs, sans compter les frais du procès.[198]

En 1992, le même B. Lugan avait obtenu la condamnation d'une publication satirique, *Le Canard enchaîné*, qui l'avait traité de « révisionniste ». La publication avait été condamnée à verser à B. Lugan cinquante mille francs de dommages-intérêts. À cette sanction s'ajoutait une condamnation à verser huit mille francs, sans compter les frais du procès.[199]

Parlant de ce qu'il appelait les « thèses révisionnistes », le président du tribunal avait écrit : « [...] il est admis par tous et notamment par la jurisprudence que ces thèses sont blessantes pour les survivants des persécutions raciales et de la déportation, et outrageantes pour la mémoire des victimes ».

Mais, en 1610, un tribunal n'avait-il pas, en quelque sorte, décidé que les thèses de Galilée étaient blessantes et outrageantes pour les chrétiens ?

L'ennui est que ces thèses-là allaient être corroborées par les données de l'observation astronomique. De même, aujourd'hui, les « thèses » révisionnistes sur les prétendues chambres à gaz homicides d'Auschwitz sont corroborées par les données de l'analyse chimique (à ce jour, quatre expertises différentes sur le contenu desquelles la grande presse se fait particulièrement discrète).

***

21 octobre 1994

RABIN, PRIX NOBEL DE LA PAIX EN FAVEUR DE LA TORTURE, DU NETTOYAGE ETHNIQUE ET DE L'APARTHEID

Tel-Aviv. – [...] « Yitzhak Rabin va par ailleurs demander au Parlement des pouvoirs spéciaux pour réprimer le Hamas[200] responsable

---

[198] TGI de Paris, 1re chambre, 1re section, présidente : Mme Lefoyer de Costil, 23 mai 1990.

[199] TGI de Paris, XVIIe chambre, président : Jean-Yves Monfort, 8 juillet 1992.

[200] Le Hamas, acronyme en arabe du Mouvement de la Résistance islamique, prône « l'expulsion de tous les juifs de la Palestine », y compris du territoire israélien. « Notre

de trois attentats en moins de deux semaines. Le Premier ministre souhaite prolonger la détention préventive, actuellement limitée à six mois.

Il demande par ailleurs que les interrogatoires de terroristes soient conduits sans restriction.

"Nous avons besoin d'une séparation entre nous et les Palestiniens, pas seulement pour quelques jours, mais dans notre manière de vivre", a résumé, mercredi soir [19 octobre], le Premier ministre.[201] [...] »

***

14 novembre 1994

ATTENTION ! CECI N'EST PAS UN APPEL À L'AIDE MAIS UNE INFORMATION

Les pages qui suivent portent sur mes dernières condamnations financières pour délit de révisionnisme historique. Au terme de trois récents procès il m'a déjà fallu verser plus de cent cinquante mille francs en l'espace de dix-huit mois (avril 1993-octobre 1994) ; il me reste à verser près de cent dix mille francs. Deux autres procès sont en cours.

Depuis 1979, j'avais déjà fait l'objet de bien d'autres condamnations pour le même motif.

Par ailleurs, de novembre 1978 à mai 1993, j'ai été la cible de dix agressions physiques de la part de personnes qui me reprochent de dire que les prétendues chambres à gaz nazies constituent une impossibilité physico-chimique (fait maintenant prouvé par quatre expertises que la grande presse s'attache à passer sous silence).

Depuis 1950, d'innombrables révisionnistes ont connu un sort identique au mien, en France et à l'étranger. Voyez Éric Delcroix, avocat au barreau de Paris, *La Police de la pensée contre le révisionnisme*.

« *Never complain, never explain* ». Je ne me plains ni ne m'explique ; j'informe. Et je n'informe que parce que les grands médias, dès qu'il s'agit de l'argumentation révisionniste ou de la répression qui s'abat sur les révisionnistes, mentent, cachent ou déforment.

---

lutte contre les juifs est une manière de vénérer Dieu », a affirmé [le 20 octobre] un des principaux responsables [du Hamas], Imad Faloji.

[201] « La riposte d'Israël », *La Montagne*, vendredi 21 octobre 1994, p. 10.

Condamnations financières pour un universitaire publiant le résultat de ses recherches

– Septembre 1990 : Le magazine *Le Choc du mois* publie une interview où je dénonce la toute récente loi Fabius-Gayssot du 13 juillet 1990 instituant le délit de révisionnisme historique ; cette loi interdit toute « contestation des crimes contre l'humanité » ; un an plus tard, le député RPR Jacques Toubon, pour sa part, qualifiera cette loi de stalinienne et prononcera que « le délit de révisionnisme fait reculer le droit et affaiblit l'histoire ».[202] « [La loi Gayssot] est une très mauvaise loi parce qu'elle consacre un délit d'opinion. »[203] « Cette loi Gayssot est une loi atroce qui crée le délit d'opinion en France. »[204] Voyez également, Me Éric Delcroix, *La Police de la pensée contre le révisionnisme historique*.

– 10 avril 1992 : L'hebdomadaire *Rivarol* publie un article où je rends compte du documentaire télévisé « Premier Convoi ».

– 9 décembre 1992 : Par un arrêt de la XIe chambre de la cour d'appel de Paris (Mme Françoise Simon), nous sommes condamnés, *Le Choc du mois* et moi-même, à verser au Trésor, séparément, 30.000 F d'amende chacun et, à onze associations parties civiles, solidairement, 313.000 F de dommages divers. Le total des condamnations s'élève ainsi à 373.000 F (30.000 F + 30.000 F + 313.000 F). Pour ma part, j'aurai donc à payer 30.000 F d'amende et 156.500 F de dommages divers.

– 10 décembre 1992 : *Le Quotidien de Paris* et *Libération*, tronquant la vérité des faits et des chiffres, publient que nous sommes condamnés, le magazine et moi-même, à 30.000 F d'amende chacun et ils passent sous silence les 313.000 F de dommages divers à verser aux associations parties civiles.

– 24 décembre 1992 : Sur ma demande, *Le Quotidien de Paris* publie un texte en droit de réponse où je rétablis la vérité des faits et des chiffres et où j'ajoute que « *contrairement au principe* "non bis in idem", *deux autres procès sont en cours pour la même interview. Nos frais ont été jusqu'ici considérables. L'ensemble des peines et des frais dépassera vraisemblablement un million de francs. Dans le passé, on a déjà saisi mon salaire. Je suppose que mon salaire (unique) sera saisi pour le restant de mes jours. [...]* »

---

[202] *Journal officiel de la République française*, Assemblée nationale, 22 juin 1991, p.3571-3573.
[203] Me Thierry Lévy.
[204] Me Yves Baudelot, avocat du *Monde*, dans *Libération*, 17 octobre 1994, p. 18.

J'envoie à *Libération* la page même du *Quotidien de Paris* où est paru ce texte en droit de réponse. D'une personne appartenant au service juridique du journal j'obtiens la promesse que le même texte paraîtra dans *Libération*. Mais la promesse n'est pas tenue et je porte donc plainte pour refus de droit de réponse. L'affaire trouvera sa conclusion le 24 mai 1994, date à laquelle, par un arrêt de la XIᵉ chambre de la cour d'appel de Paris (Mᵐᵉ Hannoun), je suis débouté de ma plainte et, au surplus, condamné à verser à *Libération*, d'une part, **et** à Serge July, d'autre part, la somme de 30.000 F (5.000 F et 10.000 F pour *Libération* ainsi que 5.000 F et 10.000 F pour Serge July).

– 29 janvier 1993 : *Le Choc du mois* et moi-même, nous avions sollicité le paiement échelonné sur deux ans des 313.000 F dus aux onze associations parties civiles ; par ordonnance de référé, le tribunal de grande instance de Paris (Mᵐᵉ Ramoff) nous refuse tout délai de grâce et nous condamne aux dépens. Nous interjetons appel.

– 20 février 1993 : Sans attendre la décision de la cour d'appel, la SCP des huissiers Lévy et Lachkar (156, rue Montmartre, 75002 Paris), sur la demande des onze associations, saisit aux NMPP la totalité des sommes appartenant au magazine, soit 259.253,69 F.

– 19 avril 1993 : Je suis donc contraint de rembourser au magazine victime de la saisie environ la moitié des sommes qui lui ont été prises, soit 128.500 F. J'opère ce jour même un premier versement de 30.000 F.

– 18 mai 1993 : Par un arrêt de la XIᵉ chambre de la cour d'appel de Paris (Mᵐᵉ Hannoun, encore une fois) se trouve confirmé le refus de tout délai ; nous sommes, au surplus, condamnés à verser 4.000 F à chacune des onze associations, soit un total de 44.000 F alors que ces associations ne s'étaient fait représenter devant la cour que par un avocat et un seul.

– 28 mai 1993 : J'opère un deuxième versement de 30.000 F au profit du magazine, victime de la saisie.

– 28 juin 1993 : Troisième versement (35.000 F).

– 28 juillet 1993 : Quatrième versement (15.000 F).

– 29 août 1993 : Cinquième et dernier versement (18.500 F).

J'ai donc versé, à la date du 29 août 1993, 128.500 F au magazine victime de la saisie diligentée par la SCP des huissiers Lévy et Lachkar.

– 6 septembre 1993 : Par un jugement de la XVIIᵉ chambre du tribunal de grande instance de Paris (Mᵐᵉ Ract-Madoux), nous sommes condamnés, l'hebdomadaire *Rivarol* et moi-même, pour l'article du 10 avril 1992 à 10.000 F d'amende chacun, à 9.750 F de dommages-intérêts chacun et aux frais d'une publication judiciaire. Total : 39.500 F + frais de publication judiciaire.

– Juin-octobre 1994 : Le cabinet des huissiers Giolitto et Benabu, de Vichy, me délivre divers commandements (aux fins de saisie-vente) ou autres pièces et exige le versement de diverses sommes réclamées dans le cadre de l'affaire de *Libération* ou dans le cadre de l'affaire du *Choc du mois* (demandes de parties civiles, de leurs avoués, etc.), cependant que le Trésor, de son côté, me réclame le versement sous trente jours des trente mille francs d'amende dans le cadre de l'affaire du *Choc du mois*. Dans la semaine se terminant le samedi 17 septembre, le cabinet Giolitto-Benabu, informé (!) de ce que je suis à l'étranger, demande au commissaire de police de Vichy, Yves Maille, de procéder à une saisie-vente à mon domicile avec l'aide d'un serrurier. Le commissaire de police suggère qu'on attende mon retour de l'étranger. Je rentre de l'étranger le samedi 17 septembre au soir. Le lundi 19 septembre, je passe au cabinet Giolitto-Benabu où je me vois réclamer 45.914,33 F (6.251,10 F pour l'avoué d'une association dans l'affaire du *Choc du mois* + 31.240,10 F pour *Libération* et Serge July + 8.423,22 F pour l'avoué de *Libération* et de Serge July). Rentré à mon domicile, je trouve dans mon courrier l'avis du Trésor public me réclamant 30.688 F (amende dans l'affaire du *Choc du mois*). Pour cette seule journée du 19 septembre 1994 je me vois donc réclamer 76.602,33 F (45.914,33 F par les parties civiles + 30.688 F par le Trésor).

– 19 septembre 1994 : Je verse aux huissiers de Vichy 6.500 F pour le compte des intimés (procès *Libération*).

– 30 septembre 1994 : J'ai achevé le versement des 9.750 F de dommages-intérêts du procès *Rivarol*.

– 12 octobre 1994 : Je verse aux huissiers de Vichy 4.000 F pour le compte des intimés (procès *Libération*).

– 3 novembre 1994 : Dans l'affaire de *Libération*, mon propre avoué me réclame par lettre RAR la somme de 4.390,09 F en complément des 3.558 F que je lui ai versés à titre de provision.

– 7 novembre 1994 : Le Trésor public m'annonce que le 15 novembre la somme de 10.600 F me sera réclamée dans le cadre de l'affaire de *Rivarol* (10.000 F d'amende).

Le total de mes versements aux parties civiles ou intimés (procès contre *Le Choc du mois*, *Rivarol* et *Libération*) est de : 148.750 F (128.500 F + 9.750 F + 10.500 F) et à mon avoué de 3.558 F. Au 15 novembre, il me restera donc à verser aux parties civiles (dommages-intérêts et frais d'avoués pour les procès *Le Choc du mois* et *Libération*) 63.414,33 F (28.000 F + 45.914,33 F 10.500 F), au Trésor public 41.288 F (30.688 F + 10.600 F) et à mon avoué 4.390,09 F.

Nous ne vivons, mon épouse et moi-même, que sur mon salaire de professeur d'université en fin de carrière (20.844,44 F nets par mois). Nous sommes accablés de dettes parce qu'il nous a fallu emprunter une bonne partie des sommes jusqu'ici versées dans ces trois seules affaires du *Choc du mois,* de *Rivarol* et de *Libération* **et** Serge July, soit 152.308 F (128.500 F + 9.750 F + 10.500 F + 3.558 F).

À cette somme de 152.308 F il convient d'ajouter les frais d'avocat qu'il m'a fallu verser, sans compter les frais – considérables – de correspondance, de téléphone, de photocopies, de recherches, de voyage et de séjour dans la capitale pour les différentes instances des différents procès ainsi que pour la recherche d'emprunts financiers afin de subvenir, pour partie, au paiement des sommes que je suis condamné à verser.

Bien d'autres sommes ne m'ont pas encore été réclamées à ce jour mais risquent de l'être sous peu, notamment les frais dus aux avoués des parties civiles qui ne se sont pas encore manifestés. Deux autres procès pour ma seule interview du *Choc du mois* sont à prévoir.

Le 26 janvier 1995, je serai à la retraite et mes revenus baisseront en conséquence.

En résumé

Je me suis vu demander à ce jour :
– dans le cadre de l'affaire du Choc du mois :
- par les parties civiles :156.500,00 F
- par l'un de leurs avoués :6.251,10 F
- par le Trésor : 30.688,00 F

– dans le cadre de l'affaire de Rivarol :
- par les parties civiles : 9.750,00 F
- par le Trésor :10.600,00 F

– dans le cadre de l'affaire de Libération :
- par les intimés : 31.240,10 F
- par leur avoué : 8.423,22 F
- par mon avoué : 7.948,09 F
  TOTAL : 261.400,51 F

ET J'AI VERSE A CE JOUR :
- dans le cadre de l'affaire du *Choc du mois* :128.500,00 F
- dans le cadre de l'affaire de *Rivarol* :9.750,00 F
- dans le cadre de l'affaire de *Libération* :14.058,00 F
  TOTAL :152.308,00 F

Il me faut donc encore verser (au moins) : 109.092,51 F.

***

Novembre 1994

Deux additifs à ma
Réponse à Jean-Claude Pressac[205]

L'ouvrage de Jean-Claude Pressac sur Auschwitz[206] vient d'être traduit successivement en allemand[207] et en anglais.[208] Ces deux traductions sont riches de révélations à la fois sur le travail et sur la personnalité de J.-C. Pressac, pharmacien à La Ville-du-Bois (Essonne).

Dans la traduction en allemand, l'auteur révise une nouvelle fois à la baisse son estimation du nombre des morts d'Auschwitz. En 1989, il évaluait le nombre des *seuls gazés* à un chiffre compris entre « 1.000.000 et 1.500.000 »[209], ce qui laissait supposer que, pour lui, le total des *morts* devait s'élever à un chiffre compris entre 1.500.000 et 2.000.000. En 1993, dans l'ouvrage auquel j'ai répondu, J.-C. Pressac réduisait le total des *morts* au chiffre de 775.000 (chiffre arrondi à 800.000), dont, précisait-il, 630.000 juifs *gazés*.[210] Dans ma *Réponse à J.-C. Pressac,* j'annonçais que cette révision à la baisse serait probablement suivie d'une autre révision à la baisse. J'écrivais en note :

> « Je sais, mais ne puis ici dévoiler ma source, que Pressac envisage, le moment venu, d'abaisser le total des morts d'Auschwitz à sept cent mille si les esprits lui semblent préparés à accepter cette nouvelle baisse. »[211]

Or, dans la traduction en allemand, J.-C. Pressac évalue le nombre des *morts* d'Auschwitz aux chiffres – arrondis – de 630.000 à 710.000, dont, précise-t-il, de 470.000 à 550.000 juifs *gazés*.[212]

La traduction en anglais est encore plus intéressante. Pour commencer, elle ne contient plus aucune évaluation du nombre total des morts ou du nombre des gazés !

---

[205] Robert Faurisson, *Réponse à Jean-Claude Pressac sur le problème des chambres à gaz.*
[206] J.-C. Pressac, *Les Crématoires d'Auschwitz. La Machinerie du meurtre de masse.*
[207] J.-C. Pressac, *Die Krematorien von Auschwitz. Die Technik des Massenmordes.*
[208] J.-C. Pressac with Robert-Jan van Pelt, « The Machinery of Mass Murder at Auschwitz », chapitre 8 (p. 183-245) de l'ouvrage collectif publié par Yisrael Gutman et Michael Berenbaum, *Anatomy of the Auschwitz Death Camp.*
[209] J.-C. Pressac, *Auschwitz : Technique and Operation of the Gas Chambers,* p. 553.
[210] J.-C. Pressac, *Les Crématoires...,* p. 148.
[211] R. Faurisson, *Réponse à J.-C. Pressac,* note 4 au bas des pages 13-24.
[212] J.-C. Pressac, *Die Krematorien...,* p. 202.

Je savais, mais là non plus je ne pouvais révéler ma source, que J.-C. Pressac rencontrait des difficultés à publier son ouvrage aux États-Unis, en anglais. Il était en tractations délicates avec Michael Berenbaum, directeur, sur le plan scientifique, de l'*Holocaust Memorial Museum*, musée qui s'est ouvert à Washington en avril 1993. J.-C. Pressac, qui cherche à compenser une personnalité fragile par des attitudes de bravoure, assurait qu'il « ne se laisserait pas faire ». Or, la traduction en anglais, parue en juillet 1994, montre non seulement qu'il « s'est laissé faire » mais qu'il a consenti à l'une des pires humiliations que puisse connaître un auteur : il s'est vu imposer un tuteur ! On l'a obligé à amputer son ouvrage, à le refondre et à le réduire aux dimensions d'un chapitre d'un ouvrage collectif, et tout cela sous la surveillance d'un homme de confiance de M. Berenbaum. Pour commencer, on lui a interdit de publier ses propres chiffres de morts ou de gazés. Il faut voir en quels termes M. Berenbaum remet à sa place le pharmacien. Il écrit en effet :

> « Robert-Jan van Pelt a travaillé étroitement avec M. Pressac afin de garantir qu'un article technique fût clair et transparent en même temps que précis et fondé sur les plus récentes données de la science. »[213]

Comment mieux faire entendre qu'au goût de M. Berenbaum le livre de J.-C. Pressac en français *(Les Crématoires...)* était confus, obscur, imprécis et insuffisamment scientifique ? Il faut dire que, malgré les efforts de R. J. Van Pelt, le texte de J.-C. Pressac est aussi détestable en anglais qu'il l'était en français.

Le même ouvrage collectif en anglais *(Anatomy...)* confirme que, dès 1982 (!), J.-C. Pressac, qui aimait à se présenter en chercheur indépendant, recevait de l'argent d'une riche fondation juive (la Beate Klarsfeld Foundation). M. Berenbaum écrit :

> « Depuis 1982, le travail de M. Pressac a été encouragé et soutenu sur le plan documentaire, éditorial et financier par la Beate Klarsfeld Foundation. »[214]

En 1955, à la fin de *Nuit et Brouillard,* film d'Alain Resnais constamment projeté, aujourd'hui encore, dans toutes les écoles de

---

[213] Y. Gutman et M. Berenbaum, *Anatomy...*, p. XV.
[214] *Id.*, p. XIII.

France, le chiffre des morts d'Auschwitz est censé s'élever à neuf millions : « 9.000.000 de morts hantent ce paysage » !

Pourtant, dix ans auparavant, au procès de Nuremberg, un document ayant « valeur de preuve authentique » *(sic)* avait évalué ce nombre à quatre millions.

En 1989, J.-C. Pressac réduisait le total des morts à un chiffre vraisemblablement compris entre 1.500.000 et 2.000.000. En 1993, il réduisait ce total à un chiffre d'environ 775.000. En 1994, il en vient à un chiffre compris entre 630.000 et 710.000. Du coup, on le fait taire. Et il accepte de se taire.

Les révisionnistes, eux, ne se tairont pas. Ils persisteront à poser des questions et à proposer leurs réponses :

1. Quel est le total des morts d'Auschwitz ? Est-ce neuf millions, comme on ose encore l'enseigner aux enfants de France ? Ou bien est-ce peut-être 630 000, comme l'envisage aujourd'hui J.-C. Pressac ?

Les révisionnistes proposent, étude à l'appui, le chiffre de cent cinquante mille.

2. Pourquoi persiste-t-on à ne nous fournir aucune représentation physique de la chambre à gaz nazie, ce fantastique abattoir chimique à l'acide cyanhydrique ? Pourquoi s'abstient-on maintenant, dans les ouvrages historiques, de montrer en photographie la prétendue chambre à gaz homicide d'Auschwitz-I, qui a été jusqu'ici visitée par des millions de touristes ? Pourquoi l'accusation n'a-t-elle jamais osé nous présenter une expertise de l'arme du crime ?

Les révisionnistes, eux, ont des arguments pour dire que la plupart des morts d'Auschwitz sont dues aux épidémies et qu'il suffit d'un peu de jugeote pour se rendre compte que les locaux « en état d'origine », « reconstruits » ou « à l'état de ruines » n'ont jamais pu être des chambres à gaz homicides mais… de typiques chambres froides pour la conservation des cadavres en attente de crémation. Et les révisionnistes disposent d'expertises (rapport Leuchter, rapport Rudolf, document Lüftl et même l'ébauche d'un rapport polonais) pour soutenir ce qu'ils avancent.

Seules les personnes indifférentes aux faits et aux chiffres pourront prétendre que tout cela n'a pas d'importance.

∗∗∗

19 décembre 1994

DEUX ARTICLES DU JOURNAL *LA MONTAGNE* AMÈNENT À SE POSER DES QUESTIONS SUR L'INTÉGRISME JUIF

« Décédé après trente-deux ans et cinq semaines de prison pour avoir refusé de divorcer », *La Montagne*, 6 décembre 1994, p. 20

Jérusalem. – Le plus ancien détenu d'Israël, Yihye Avraham, est décédé dimanche après avoir passé trente-deux ans et cinq semaines en prison pour avoir refusé de divorcer.

Yihye Avraham avait été incarcéré en 1962 sur ordre d'un tribunal rabbinique qui voulait le contraindre à se séparer de sa femme. Pendant douze ans, avant son arrestation, il avait refusé de céder aux injonctions des rabbins. Son épouse Ora, aujourd'hui âgée de soixante-six ans, a toujours affirmé que son mari ne l'avait jamais aimée et qu'il ne s'était jamais occupé de leurs deux filles.

Israël est-il un état laïque ? Se soucie-t-il des droits de l'homme et de la femme ?

À en croire cet article, un homme aurait, pendant douze ans, refusé de céder aux injonctions des rabbins qui voulaient le contraindre à se séparer de sa femme. En conséquence, il aurait été incarcéré dans une prison de l'État d'Israël en 1962. Il serait resté en prison de 1962 à 1994 et, en 1994, après trente-deux ans de prison, il serait mort dans sa prison. Cet homme n'est-il pas une victime du fanatisme, de l'intégrisme, de l'esprit de secte ? Il aura subi douze ans de pression ou de persécution, suivis de trente-deux ans de prison, jusqu'à la mort, pour n'avoir pas accepté un divorce prononcé par un tribunal religieux. En vertu de quelle loi l'État d'Israël, le ministre de l'Intérieur et le ministre de la Justice ont-ils pu cautionner ainsi la décision d'un tribunal rabbinique ?

Je suis persuadé qu'il y a eu des protestations mais ces protestations-là ne semblent pas avoir trouvé d'écho véritable dans les médias internationaux, en particulier, auprès de ceux qui s'émeuvent des cas de Salman Rushdie ou Taslima Nasreen. Pourquoi ?

Un autre information amène à se poser les mêmes questions sur l'intégrisme et le fanatisme juifs :

« Malédiction. Un divorce vieux de deux mille cinq cents ans empêche le mariage », *La Montagne*, 19 décembre 1994, p. 20

Jérusalem. – Lorsque Massoud Cohen demanda la main de Chochana Hadad, il n'imaginait pas qu'un ancêtre de son élue avait fauté il y a deux mille cinq cents ans. Le Grand rabbinat d'Israël s'en est souvenu et empêche depuis dix ans ces Israéliens de se marier, en raison de ce péché héréditaire. En l'an 580 avant J.-C., un lointain ancêtre de Chochana avait épousé une divorcée, enfreignant l'interdiction faite à un « cohen » (« prêtre » en hébreu) par la loi juive. Sa descendance été frappée du même interdit. Le rabbinat de Tibériade a décrété que Chochana ne pouvait pas épouser Massoud, 45 ans, car il est « divorcé », que leur liaison ne pourrait jamais être reconnue et que l'enfant né il y a peu de leur union resterait le fils d'une célibataire.

***

23 décembre 1994, 22h.

UN JOUR DANS LA VIE D'UN RÉVISIONNISTE

En quelques heures de cette journée, j'apprends que :
– Thies Christophersen est obligé de quitter son refuge du Danemark ;
– Schönborn avait fait de même ;
– Althans est effectivement en prison à Munich pour dix-huit mois ;
– En Suède, Felderer est condamné à un an de prison ferme, ses livres et documents sont confisqués ; d'autres procès lui sont intentés sur demande de tribunaux allemands pour les écrits qu'il avait autrefois envoyés des îles Canaries à Wiesenthal et Cie ; le gouvernement suédois a accordé un million et demi de couronnes pour l'érection d'un monument de l' » Holocauste » à Stockholm ; les juifs suédois demandent l'édification d'un musée de l' » Holocauste » en Suède, et cela à l'heure où le même gouvernement suédois décide d'importantes réductions de l'aide sociale.

Je reçois, pour ma part, une lettre comminatoire des huissiers Ggiolitto et Benabu après avoir reçu hier une lettre du même genre de Trésor public-amendes.

Toujours en Suède : une maison d'édition communiste avait publié *Mein Kampf* avec une préface évidemment antinazie ; elle est poursuivie sur la demande d'un tribunal de Munich.

Un révisionniste doit s'attendre à une mauvaise nouvelle par jour et à une humiliation par semaine.

***

1994

QUELQUES ÉVÉNEMENTS QUI SUIVIRENT LA SIGNATURE DU PACTE GERMANO-SOVIÉTIQUE DU 23 AOÛT 1939

23 août 1939 : Signature à Moscou du pacte de non-agression germano-soviétique. Pour l'Allemagne, Ribbentrop. Pour l'URSS, Molotov. Un protocole secret est annexé au texte de ce pacte. Il y est dit que les deux plénipotentiaires

« ont examiné au cours d'un entretien extrêmement confiant la question de la détermination des zones d'influence respectives en Europe orientale ».

Les résultats de l'entretien intéressent les États baltes (Finlande, Estonie, Lettonie et Lituanie), la Pologne et la Bessarabie. En termes diplomatiques, il est dit que l'URSS aura les mains libres en ce qui concerne la Finlande, l'Estonie et la Lettonie, qu'elle se partagera la Pologne avec l'Allemagne et qu'elle pourra s'emparer de la Bessarabie, laquelle appartient à la Roumanie. L'Allemagne aura les mains libres en ce qui concerne la Lituanie, elle se partagera la Pologne avec l'URSS et elle se déclare complètement inintéressée par la Bessarabie. Le partage de la Pologne se fera sensiblement selon la ligne des rivières Pissa, Narev, Vistule et San. La formule diplomatique utilisée est :

« Pour le cas où il se produirait une modification territoriale et politique (dans tels États ou telles régions)... »

Une photographie représente la signature à Moscou de ce pacte. Molotov est assis ; debout, à la droite de Staline souriant, se trouvent Joachim von Ribbentrop et, à la droite de ce dernier, le colonel R. Schulze-Kossens.

28 août 1939 : Signature du pacte d'assistance mutuelle entre la Grande-Bretagne et la Pologne.

1er septembre 1939 : l'Allemagne attaque la Pologne.

3 septembre 1939 : À 11 h la Grande-Bretagne déclare la guerre à l'Allemagne ; à 17 h, la France « entre en guerre » contre l'Allemagne.

17 septembre 1939 : l'Armée rouge pénètre en Pologne.

29 septembre 1939 : Capitulation polonaise. Partage de la Pologne. Les armées allemande et soviétique s'étaient rencontrées le 19 septembre en Pologne à Brest-Litowsk. C'est dans cette ville qu'aura lieu un défilé commun de la victoire des armées allemande et soviétique.

31 octobre 1939 : Discours de Molotov devant le Soviet suprême. Voici un extrait de ce discours, tel qu'il a été publié en première page de la *Pravda* du 1er novembre 1939 :

> « Il est possible d'admettre ou de repousser l'idéologie de l'hitlérisme comme celle de n'importe quel autre système idéologique. Mais chacun comprend qu'on ne peut pas anéantir par la force une idéologie, qu'on ne peut pas en finir avec elle par la guerre. C'est pourquoi il n'est pas seulement insensé mais aussi criminel de mener une guerre comme la guerre "pour la destruction de l'hitlérisme" en couvrant celle-ci du faux drapeau de la lutte pour la "démocratie". »

14 novembre 1939 : l'Union soviétique est exclue de la Société des Nations, comme l'avait été, avant elle, l'Allemagne et l'Italie.

2 janvier 1940 : l'Union soviétique attaque la Finlande.

12 mars 1940 : Signature, à Moscou, d'un traité de paix entre l'URSS et la Finlande.

10 mai 1940 : début de l'offensive allemande sur le front de l'Ouest. 14 juin 1940 : les troupes allemandes entrent dans Paris.

15 juin 1940 : l'Union soviétique occupe Kowno et Vilna en Lituanie.

18 juin 1940 : à Londres, le général (à titre provisoire) Charles de Gaulle lance un appel aux Français pour continuer la guerre contre l'Allemagne et l'Italie.

21 juin 1940 : à Rethondes, Hitler reçoit les plénipotentiaires français. (Son « pas de danse à Rethondes » n'a pas existé ; il s'agit d'un montage de deux cinéastes canadiens pour un film satirique contre Hitler.)

22 juin 1940 : à Compiègne, signature d'un armistice entre la France et l'Allemagne.

26 juin 1940 : l'Union soviétique lance un ultimatum à la Roumanie.

26 juin-1er juillet : l'Union soviétique occupe en Roumanie la Bessarabie et la Bukovine du Nord.

3-6 août 1940 : l'Union soviétique occupe l'Estonie, la Lettonie et la Bessarabie, qu'elle transforme en républiques de l'URSS.

7 octobre 1940 : l'Allemagne occupe la Roumanie.

Le 22 juin 1941, l'Allemagne, l'Italie et la Roumanie déclarent la guerre à l'Union soviétique.

1995

11 janvier 1995

AUSCHWITZ : LES FAITS ET LA LÉGENDE

Au début de 1940, Auschwitz n'était encore qu'une ville de Haute-Silésie allemande, peuplée de treize mille habitants. En mai 1940, dans la banlieue d'Auschwitz commença de s'édifier, sur l'emplacement d'une caserne d'artillerie de l'armée polonaise, un « camp de transit » pour dix mille détenus polonais. Dans les années qui suivirent, avec l'aggravation de la guerre, Auschwitz devint le centre d'un ensemble de près de quarante camps et sous-camps et la capitale d'un énorme complexe agricole et industriel (mines, pétrochimie, usines d'armement…) où travaillaient de nombreux détenus, polonais et juifs en particulier, aux côtés de travailleurs civils. Auschwitz fut, à la fois ou successivement, un camp de prisonniers de guerre, un vaste camp de transit, un camp-hôpital, un camp de concentration et un camp de travail forcé et de travail libre. Il ne fut jamais un « camp d'extermination » (expression inventée par les Alliés). En dépit de mesures d'hygiène drastiques et de la multiplicité des édifices ou des baraquements hospitaliers, parfois munis des derniers perfectionnements de la science médicale allemande, le typhus, qui était endémique dans la population juive polonaise et chez les prisonniers de guerre russes, opéra, avec la fièvre typhoïde et d'autres épidémies, des ravages dans les camps et dans la ville d'Auschwitz au sein de la population concentrationnaire, même parmi les médecins allemands, et dans la population civile. C'est ainsi que, durant toute l'existence du camp, ces épidémies, alliées, pour certains détenus, à de terribles conditions de travail dans cette zone de marécages, à la faim, à la chaleur et au froid, causèrent, du 20 mai 1940 au 18 janvier 1945, la mort de probablement cent cinquante mille détenus.[215]

La rumeur d'Auschwitz

---

[215] Ce chiffre de cent cinquante mille *morts* correspond peut-être au nombre des *tués* du plus grand « crématoire-pour-vivants » du monde : celui du bombardement de Dresde, la « Florence de l'Elbe », en février 1945, par les aviateurs anglo-américains.

Comme il est normal en temps de guerre et de propagande de guerre, de multiples rumeurs se développèrent à partir de ces faits dramatiques. Surtout vers la fin de la guerre et surtout dans les milieux juifs extérieurs à la Pologne, on se mit à raconter que les Allemands tuaient à Auschwitz des millions de détenus de manière systématique, sur un ordre venu de Berlin. Selon ces rumeurs, les Nazis avaient installé des « usines de mort », notamment pour les juifs ; ils disséquaient les détenus vivants (vivisection) ou bien ils les brûlaient vivants (dans des fosses, dans des hauts-fourneaux ou dans des crématoires) ; ou encore, avant de les brûler, ils gazaient les juifs dans des abattoirs chimiques appelés « chambres à gaz ». On retrouve là certains des mythes de la première guerre mondiale.[216]

L'embarras des libérateurs soviétiques

Les Soviétiques occupèrent Auschwitz le 27 janvier 1945. Ce qu'ils découvrirent était tellement contraire à ce que colportait la propagande qu'on peut dire qu'ils en restèrent bouche bée. Par son organisation même et par ses installations sanitaires, tellement modernes aux yeux des Soviétiques, ce camp était tout le contraire d'un « camp d'extermination ». Aussi, pendant plusieurs jours, la *Pravda* resta-t-elle silencieuse et, sur le moment, aucune commission d'enquête alliée ne fut invitée à venir constater sur place la vérité d'Auschwitz. Enfin, le 1er février, la *Pravda* sortit de son silence. Ce ne fut que pour mettre dans la bouche d'un prisonnier, et d'un seul, les mots suivants :

> « Les hitlériens tuaient par le moyen de gaz les enfants, les malades ainsi que les hommes et les femmes inaptes au travail. Ils incinéraient les cadavres dans des fours spéciaux. Dans le camp il y avait douze de ces fours. »

Et d'ajouter que le nombre des morts était évalué à « des milliers et des milliers » et non à des millions. Le lendemain, le grand reporter officiel du journal, le juif Boris Polevoï, affirma que le moyen essentiel

---

[216] Pendant la première guerre mondiale, les Alliés ont accusé les Allemands d'utiliser des églises comme chambres à gaz et de faire fonctionner des usines à cadavres. Sur le premier point, voyez « Atrocities in Serbia, 700,000 victims » (*The Daily Telegraph*, 22 mars 1916, p. 7) à comparer avec « Germans Murder 700,000 Jews in Poland. Travelling Gas Chambers » (*The Daily Telegraph*, 25 juin 1942, p. 5).

utilisé par les Allemands pour exterminer leurs victimes était... l'électricité :

> « [On utilisait une] chaîne électrique où des centaines de personnes étaient simultanément tuées par un courant électrique ; les cadavres tombaient sur une bande lentement mue par une chaîne et avançaient ainsi vers un haut-fourneau. »

La propagande soviétique était dans le désarroi et put seulement montrer dans ses films les personnes mortes ou mourantes que les Allemands, en retraite, avaient laissées sur place. Il y avait aussi, comme le montrent les actualités de l'époque sur la libération du camp, de nombreux enfants vivants ainsi que des adultes en bonne santé. La propagande juive vint alors au secours de la propagande soviétique.

La propagande juive à la fin de 1944

Au printemps 1944, deux juifs évadés d'Auschwitz s'étaient réfugiés en Slovaquie. Là, avec l'aide de coreligionnaires, ils commencèrent à mettre au point une histoire des camps d'Auschwitz, de Birkenau (camp annexe d'Auschwitz) et de Majdanek, décrits par eux comme des « camps d'extermination ». Le plus connu de ces juifs était Walter Rosenberg, alias Rudolf Vrba, lequel vit encore aujourd'hui au Canada. Leur récit, hautement fantaisiste, passa ensuite, toujours dans des milieux juifs, en Hongrie, en Suisse et, enfin, aux États-Unis. Il prit la forme d'un rapport dactylographié publié par le *War Refugee Board*, en novembre 1944, sous le timbre de la présidence des États-Unis ; le *War Refugee Board* devait sa création à Henry Morgenthau Junior (1891-1967), secrétaire au Trésor, qui allait se rendre célèbre par le « plan Morgenthau » qui, s'il avait été suivi par Roosevelt et Truman, aurait abouti à l'anéantissement physique, après la guerre, de millions d'Allemands.

Ce rapport servit de matrice à la « vérité » officielle d'Auschwitz. Les Soviétiques s'en inspirèrent pour leur document URSS-008 du 6 mai 1945 qui, au procès de Nuremberg, se vit accorder, comme leur rapport sur Katyn, le statut de document « à valeur authentique », qu'il était interdit de contester. Selon ce document, les Allemands avaient tué à Auschwitz plus de quatre millions de personnes, notamment en les gazant avec l'insecticide appelé « Zyklon B ». Cette « vérité » officielle allait s'effondrer en 1990.

La confession de Rudolf Höss

Le 15 avril 1946, l'un des trois commandants successifs d'Auschwitz, Rudolf Höss (à ne pas confondre avec Rudolf Hess) « confessa » sous la foi du serment, devant ses juges et devant les journalistes du monde entier, que, du temps de son commandement, c'est-à-dire du 20 mai 1940 au 1er décembre 1943, au moins deux millions et demi millions de détenus d'Auschwitz avaient été exécutés par le gaz et qu'au moins cinq cent mille autres avaient succombé à la faim et à la maladie, ce qui faisait un total d'au moins trois millions de morts pour cette seule période. Pas un instant, R. Höss ne fut interrogé ou contre-interrogé sur la *matérialité* des faits extraordinaires qu'il rapportait. Il fut livré aux Polonais. Sous la surveillance de ses geôliers communistes, il rédigea au crayon une confession en bonne et due forme. Après quoi, il fut pendu à Auschwitz le 16 avril 1947. Curieusement, il fallut attendre 1958 pour avoir communication, partielle, de cette confession connue du grand public sous le titre de *Commandant à Auschwitz*.

Impossibilités physico-chimiques

La description, extrêmement vague et rapide, de l'opération de gazage des détenus, telle que la relatait R. Höss dans sa confession écrite, était impossible pour des raisons physique et chimique. Il ne faut pas confondre un gazage d'exécution avec un gazage suicidaire ou accidentel : dans un gazage d'exécution, on veut tuer sans être tué !
Le Zyklon B est un insecticide à base d'acide cyanhydrique, utilisé depuis 1922 et encore aujourd'hui. Il est d'une grande dangerosité. Il adhère aux surfaces. Il est difficile à évacuer. Il est explosible. Les Américains utilisent le gaz cyanhydrique pour l'exécution, dans certains états, de leurs condamnés à mort. Une chambre à gaz d'exécution est nécessairement très sophistiquée et la procédure est longue et dangereuse. Or, R. Höss, dans sa confession, disait que l'équipe chargée d'extraire deux mille cadavres d'une chambre à gaz pénétrait dans les lieux dès la mise en marche d'un ventilateur et procédait à cette tâche herculéenne en mangeant et en fumant, c'est-à-dire, si l'on comprend bien, sans même un masque à gaz. Impossible. Personne n'aurait pu ainsi pénétrer dans un océan d'acide cyanhydrique pour y manipuler des milliers de cadavres cyanurés, eux-mêmes devenus intouchables parce qu'imprégnés d'un violent poison qui tue par contact. Même avec des masques à gaz au filtre spécial pour l'acide cyanhydrique la tâche eût été impossible car ces

filtres ne pouvaient pas résister en cas de forte respiration due à un effort physique, même de faible intensité.

Une réponse de trente-quatre historiens

Dans *Le Monde* du 29 décembre 1978 et du 16 janvier 1979, j'exposais brièvement les raisons pour lesquelles, connaissant les lieux et la prétendue procédure suivie, j'estimais que les gazages d'Auschwitz étaient techniquement impossibles. Le 21 février 1979, toujours dans *Le Monde*, parut une déclaration de trente-quatre historiens qui se concluait ainsi : « Il ne faut pas se demander comment, *techniquement*, un tel meurtre de masse a été possible. Il a été possible techniquement puisqu'il a eu lieu. » Selon moi, les « exterminationnistes », comme je les appelle, signaient là une capitulation en rase campagne. Sur le plan de la science et de l'histoire, le mythe des chambres à gaz nazies venait de recevoir un coup fatal. Depuis cette date, aucun ouvrage exterminationniste n'est venu nous apporter des éclaircissements sur ce point, et surtout pas celui de Jean-Claude Pressac, fallacieusement intitulé *Auschwitz : Technique and Operation of the Gas Chambers*. Pour commencer, le temps est fini où les historiens osaient nous dire qu'était authentique telle chambre à gaz présentée aux touristes comme « en état d'origine », « à l'état de reconstitution » ou « à l'état de ruines » (des ruines peuvent être parlantes). Les prétendues chambres à gaz d'Auschwitz n'étaient que des chambres froides pour la conservation des cadavres en attente de leur crémation, ainsi que l'attestent les plans que j'ai découverts en 1976.

Montrez-moi ou dessinez-moi...

En mars 1992, je lançais à Stockholm un défi de portée internationale : « Montrez-moi ou dessinez-moi une chambre à gaz nazie ! » Je précisais que je n'étais intéressé ni par un bâtiment censé contenir une telle chambre à gaz, ni par un pan de mur, ni par une porte, ni par des cheveux, ni par des chaussures. Je voulais une représentation complète de l'arme du crime, de sa technique, de son fonctionnement. J'ajoutais que, si l'on prétendait maintenant que les Allemands avaient détruit cette arme, il fallait qu'on me dessine cette arme. Je refusais de croire à une « réalité matérielle » dépourvue de représentation matérielle.

L'Holocaust Memorial Museum

Le 30 août 1994, je visitais l'*Holocaust Memorial Museum* de Washington. Je n'y trouvais aucune représentation physique de la magique chambre à gaz. Devant quatre témoins, dans son bureau, je demandais alors à Michael Berenbaum, *Research Director* du musée, de m'expliquer cette anomalie. Après s'être violemment emporté, il finit par me répondre que « la décision avait été prise de ne donner aucune représentation physique de la chambre à gaz nazie » ! Il ne chercha même pas à invoquer l'existence dans son musée d'une maquette artistique du crématoire-II de Birkenau. Il savait que cette maquette, qu'il ne reproduisait d'ailleurs pas dans son livre-guide du musée[217], n'était qu'une création artistique sans rapport avec la réalité.

La débâcle exterminationniste

À M. Berenbaum, j'eus l'occasion de rappeler quelques événements désastreux pour la cause exterminationniste.

En 1968, dans sa thèse, l'historienne juive Olga Wormser-Migot avait reconnu qu'il existait un « problème des chambres à gaz » et elle avait écrit qu'Auschwitz-I était « sans chambre à gaz » (cette « chambre à gaz » visitée par des millions de touristes !).[218]

En 1983, un Britannique, pourtant défenseur de la légende de l'extermination, révélait comment Rudolf Höss, avant de déposer devant le tribunal de Nuremberg, avait été torturé par des membres, juifs, de la Sécurité militaire britannique, puis était passé aux aveux à force de coups de pied, de coups de poing, de coups de cravache, d'exposition au froid et de privation de sommeil.[219]

En 1985, au premier procès d'Ernst Zündel à Toronto, le témoin n° 1, Rudolf Vrba, et l'historien n° 1 de la thèse exterminationniste, Raul Hilberg, s'étaient effondrés lors de leur contre-interrogatoire mené par l'avocat Douglas Christie, que j'assistais.[220]

En 1988, l'historien juif américain Arno Mayer, qui affirmait croire au génocide et aux chambres à gaz, écrivait :

> « *Sources for the study of the gas chambers are at once rare and unreliable [...]. Besides, from 1942 to 1945, certainly at*

---

[217] *The World Must Know, The History of the Holocaust...*, p. 137-143.
[218] O. Wormser-Migot, *Le Système concentrationnaire nazi...*, p. 157, 541-545.
[219] R. Butler, *Legions of Death*, page des « acknowledgements » et p. 234-238.
[220] B. Kulaszka, *Did Six Million Really Die ?* voy. dans l'index « Vrba, Rudolf » et « Hilberg, Raul ».

Auschwitz, but probably overall, more Jews were killed by so-called "natural" causes than by "unnatural" ones. »[221]

En 1992, Yehuda Bauer, professeur à l'Université hébraïque de Jérusalem, qualifiait de « *silly* » (inepte) la thèse selon laquelle la décision d'exterminer les juifs avait été prise le 20 janvier 1942 à Berlin-Wannsee.[222]

En 1993, J.-C. Pressac évaluait le nombre des morts d'Auschwitz (juifs et non juifs) à un total de 775.000 et, en 1994, à un chiffre compris entre 630.000 et 710.000.[223]

Cette même année, le professeur Christopher Browning, collaborateur de *l'Encyclopedia of the Holocaust*, déclarait : « *Höss was always a very weak and confused witness* » et il avait l'aplomb d'ajouter : « *The revisionists use him all the time for this reason, in order to try and discredit the memory of Auschwitz as a whole. »*[224]

À Auschwitz, jusqu'au début de 1990, tout le monde pouvait constater que, sur dix-neuf plaques de métal du grand monument de Birkenau, était inscrit en dix-neuf langues différentes que quatre millions de personnes étaient mortes dans ce camp ; or, ces plaques étaient retirées vers avril 1990 par les autorités du musée d'Auschwitz qui, aujourd'hui encore, ne savent toujours pas par quel chiffre remplacer le chiffre mensonger devant lequel étaient venus s'incliner tous les grands de ce monde, y compris le pape Jean-Paul II.

À l'appui de leur thèse, les révisionnistes disposent de trois expertises différentes (F. Leuchter, G. Rudolf, W. Lüftl) et même du commencement d'une expertise polonaise tandis que les exterminationnistes n'osent toujours pas entreprendre une expertise de l'arme du crime.

Tous les survivants juifs d'Auschwitz et, en particulier, les « enfants d'Auschwitz », c'est-à-dire ceux qui sont nés dans le camp ou qui y ont

---

[221] « Les sources pour l'étude des chambres à gaz sont à la fois rares et sujettes à caution […]. Cela dit, de 1942 à 1945, certainement à Auschwitz, mais probablement aussi partout ailleurs, les causes dites "naturelles" tuèrent plus de juifs que les causes "non naturelles" [sous-alimentation, maladie, épidémie, épuisement]. » A. Mayer, *The « Final Solution » in History*, p. 362, 365.

[222] « Wannsee's importance rejected », Jewish Telegraphic Agency, *The Canadian Jewish News*, 30 January 1992.

[223] J.-C. Pressac, *Les Crématoires d'Auschwitz*, p. 148 ; *Die Krematorien von Auschwitz*, p. 202.

[224] « Höss a toujours été un témoin très faible et confus. C'est pourquoi les révisionnistes l'utilisent tout le temps en vue d'essayer de jeter le discrédit sur la mémoire d'Auschwitz dans sa totalité. » Cité par C. Hitchens, « Whose History is it ? », p. 117.

vécu leurs jeunes années, sont des preuves vivantes qu'Auschwitz n'a jamais pu être un camp d'extermination.

Non seulement il n'a existé ni un ordre, ni un plan, ni trace d'une instruction ou d'un budget pour cette vaste entreprise qu'aurait été l'extermination systématique des juifs ; non seulement il n'existe ni un rapport d'autopsie établissant la mort d'un détenu par gaz-poison, ni une expertise officielle de l'arme du crime, mais il n'existe aucun *témoin* des chambres à gaz en dépit de ce que quelques auteurs de best-sellers voudraient nous faire croire. Dans *La Nuit*, témoignage autobiographique publié en 1958, Élie Wiesel ne mentionne pas une seule fois les chambres à gaz d'Auschwitz ; il dit que les juifs étaient exterminés dans des fournaises ou dans des fours crématoires ! En janvier 1945, les Allemands lui laissèrent le choix, ainsi qu'à son père, d'attendre les Soviétiques sur place ou de partir vers le cœur de l'Allemagne. Après mûre réflexion, le père et le fils décidèrent de fuir avec leurs « exterminateurs » allemands plutôt que d'attendre leurs libérateurs soviétiques. Cela se trouve en toutes lettres dans *La Nuit*, qu'il suffit de lire avec attention.[225]

Le mensonge d'Auschwitz

En 1980, je déclarais : « Attention ! Aucun des soixante mots de la phrase que je vais prononcer ne m'est dicté par une opinion politique. Le prétendu génocide des juifs et les prétendues chambres à gaz hitlériennes forment un seul et même mensonge historique, qui a permis une gigantesque escroquerie politico-financière dont les principaux bénéficiaires sont l'État d'Israël et le sionisme international et dont les principales victimes sont le peuple allemand – *mais non pas ses dirigeants* – et le peuple palestinien tout entier ».

Aujourd'hui, je ne vois pas un mot à retirer de cette déclaration malgré les agressions physiques, malgré les procès, malgré les amendes dont j'ai souffert depuis 1978 et malgré l'emprisonnement, l'exil ou la persécution de tant de révisionnistes. Le révisionnisme historique est la grande aventure intellectuelle de la fin de ce siècle. Je n'ai qu'un regret : c'est de ne pouvoir, dans les limites de cet article, trouver la place nécessaire pour rendre hommage aux cent auteurs révisionnistes qui, depuis le Français Paul Rassinier et en passant par l'Américain Arthur R. Butz, l'Allemand

---

[225] É. Wiesel, *La Nuit*, p. 128-130. Il est à remarquer que, dans l'édition allemande de ce célèbre ouvrage, les mots de « crématoire(s) » ou de « fours crématoires » ont été systématiquement remplacés par le mot de « chambre(s) à gaz » (en allemand « *Gaskammer(n)* ») afin de mettre du gaz là où E. Wiesel, en 1958, avait oublié d'en mettre.

Wilhelm Stäglich, l'Italien Carlo Mattogno et l'Espagnol Enrique Aynat, ont accumulé sur la réalité historique de la seconde guerre mondiale tant de travaux aux mérites éclatants.

Un dernier mot : les révisionnistes ne sont ni des négateurs ni des personnages animés de sombres intentions. Ils cherchent à dire ce qui s'est passé et non pas ce qui ne s'est pas passé. Ils sont positifs. Ce qu'ils annoncent est une bonne nouvelle. Ils continuent de proposer un débat public, en pleine lumière, même si, jusqu'ici, on leur a surtout répondu par l'insulte, par la violence, par la force injuste de la loi ou encore par de vagues considérations politiques, morales ou philosophiques. La légende d'Auschwitz doit, chez les historiens, laisser place à la vérité des faits.[226]

**

19 janvier 1995

LES FALSIFICATIONS D'AUSCHWITZ D'APRÈS UN DOSSIER DE *L'EXPRESS*

« Auschwitz : la mémoire du mal ». C'est sous ce titre que *L'Express* présente un dossier de vingt pages sur le camp de concentration d'Auschwitz-Birkenau.[227] Éric Conan est le principal responsable de ce dossier qui, tout en reprenant la thèse habituelle de l'extermination des juifs, tend à donner raison aux révisionnistes sur deux points principaux : on a beaucoup exagéré le nombre des morts et, sur le chapitre de la « chambre à gaz » qu'on visite à Auschwitz-I, on a eu recours aux « falsifications », au « travestissement » et à « l'artifice ».

Sur le premier point, le public pourra prendre connaissance du nouveau nombre des morts, considérablement révisé à la baisse, mais sans qu'on lui révèle quel était l'ancien nombre (4 millions) et sans qu'on lui dise que ce nouveau nombre (1,5 million) est, lui aussi, contestable car il résulte non pas d'une enquête historique proprement dite mais d'une décision de la présidence de la République polonaise !

Sur le second point, le public continuera d'être trompé : « Pour l'instant, on laisse [la chambre à gaz] en l'état et on ne précise rien au

---

[226] Pour les publications révisionnistes en français, voy. *RHR* et, pour celles en anglais ou en allemand, Samisdat Publishers ou Institute for Historical Review.

[227] *L'Express*, semaine du 19 au 25 janvier 1995, p. 54-73.

visiteur. C'est trop compliqué. On verra plus tard », a déclaré Krystyna Oleksy, l'une des responsables du musée national d'Auschwitz.

Colligeons, page après page, les extraits révisionnistes de ce dossier exterminationniste. Les soulignements sont de notre fait. Nous nous limitons à l'article même d'Éric Conan.

– Pages 54-55, légende de la photographie : « Nous ne pouvons pas prendre le risque de susciter de nouvelles accusations de **falsification.** »

– Page 57 : « des bâtiments **à l'authenticité déjà bien malmenée** [...]. Quelle part de ces vestiges date encore de 1945 ? "Au moins 60 %", précise Witold Smrek [conservateur général], agacé par les critiques qui s'élèvent à présent contre quarante années de **préservation-construction** d'Auschwitz. [...] Toutes ces précautions — ce souci de bien faire, de ne pas être taxé de **falsification** — illustrent les efforts **récents** des autorités polonaises pour délivrer l'ancien camp d'extermination de quarante ans d'une mémoire communiste qui avait **modelé** le site jusqu'à en **nier** la signification. » [Commentaire : les communistes sont ici accusés d'avoir été des négateurs ou des négationnistes.]

– Page 58 : « La morgue du crématoire [I] servit à cet usage [de gazage homicide] dans les premiers mois de 1942 » [Commentaire : É. Conan cherche à minimiser la durée d'activité de cette embarrassante chambre à gaz qui, selon la version officielle, aurait fonctionné de l'automne 1941 jusqu'à la fin de l'année 1942].

– Page 60 : Stefan Wilkanowicz [vice-président du Comité international du Musée d'État d'Auschwitz] : « **Les plus grosses énormités** ont été rectifiées, mais les principales discussions n'en finissent pas et sont loin d'être tranchées. **Je peux même dire que des débats essentiels, douloureux, parfois imprévus, ne font que commencer !** »

« Le Comité international a tout de même été contraint, il y a seulement quelques semaines, de mettre un terme à **une controverse qui durait depuis cinq ans.** Il vient de remplacer, pour les prochaines cérémonies du cinquantième anniversaire, la plaque commémorative de Birkenau (en vingt langues) qu'il avait fait immédiatement déposer en 1990. Elle était le signe le plus visible et le plus gênant de l'emprise communiste sur le site. On pouvait, en effet, y lire : "Ici, de 1940 à 1945, quatre millions d'hommes, de femmes et d'enfants ont été torturés et assassinés par les meurtriers hitlériens". Non seulement le chiffre était

grossièrement erroné, mais le texte ne faisait aucune allusion à l'identité juive de 90 % des victimes. [...] »

« Pendant des dizaines d'années, cette **négation du judéocide** fut l'une des constantes de l'approche stalinienne. » [Commentaire : Pendant quarante ans, les grands de ce monde, y compris Valéry Giscard d'Estaing et le pape Jean-Paul II, ont cautionné ce chiffre mensonger de quatre millions en venant s'incliner devant les dix-neuf – et non les vingt – plaques commémoratives. Les communistes sont, ici, à nouveau accusés d'avoir « nié » le « génocide des juifs ». En réalité, ils ont bel et bien mentionné les juifs parmi les victimes, allant jusqu'à leur consacrer un pavillon particulier dans le musée. Selon l'usage, É. Conan accuse les communistes pour décharger les juifs.]

– Page 62 : [Commentaire : É. Conan explique que, pendant cinq ans, on s'est disputé sur le nouveau chiffre à inscrire sur le monument de Birkenau. Il dit :] « Selon les évaluations les plus sérieuses – celles de Raul Hilberg, Franciszek Piper et Jean-Claude Pressac – de 800.000 à 1,2 million de personnes ont été **assassinées** à Auschwitz, dont de 650.000 à 1 million de juifs. » [Commentaire : ces totaux sont ceux des *morts* et non des *assassinés*. En 1993, J.-C. Pressac évaluait le nombre des morts à 775.000, chiffre arrondi à 800.000[228], mais, l'année suivante, il révisait ces chiffres à la baisse : de 630.000 à 710.000 morts et, parmi ceux-ci, de 470.000 à 550.000 juifs gazés.[229] F. Piper, lui, évalue le nombre des morts à un chiffre compris entre 1,1 et 1,5 million.[230] Par conséquent, les estimations du nombre des *morts* vont de 630.000 à 1,5 million, ce qui donne une idée du caractère spéculatif de ces estimations.]

« La discussion fut tendue. La solution logique consistait à reprendre l'estimation – 1,1 million de tués, dont 960.000 juifs – établie par le département d'histoire du musée et issue de dix ans de travaux de Franciszek Piper. Ou à **n'indiquer aucun chiffre, comme le proposait le musée**. Serge Klarsfeld **suggérait de ne pas mentionner de chiffre global, inconnu** [...]. Stefan Wilkanowicz, en bon conciliateur, avait proposé la formule : "Plus d'un million". Faute d'accord au sein du comité, **l'affaire fut finalement tranchée à la chancellerie de la présidence de la République : 1,5 million"**. Il n'y eut, en revanche, aucune

---

[228] J.-C. Pressac, *Les Crématoires d'Auschwitz...*, p. 148.

[229] J.-C. Pressac, *Die Krematorien von Auschwitz...*, p. 202.

[230] Y. Gutman and M. Berenbaum (editors), *Anatomy of the Auschwitz Death Camp*, p. 71-72.

discussion sur la nécessité de combler l'"oubli" à propos de l'identité juive de la majorité des victimes. Le texte définitif est explicite : "Que ce lieu où les nazis ont **assassiné** un million et demi d'hommes, de femmes et d'enfants, en majorité des juifs de divers pays d'Europe, soit à jamais pour l'humanité un cri de désespoir et un avertissement. »

– Page 68 : « Autre sujet délicat : que faire des **falsifications** léguées par la gestion communiste ? Dans les années cinquante et soixante, plusieurs bâtiments, qui avaient disparu ou changé d'affectation, furent reconstruits, avec de **grosses erreurs**, et **présentés comme authentiques**. Certains, **trop "neufs"**, ont été fermés au public. **Sans parler de chambres à gaz d'épouillage présentées parfois comme des chambres à gaz homicides**. Ces **aberrations** ont beaucoup servi aux négationnistes qui en ont tiré l'essentiel de leurs affabulations. L'exemple du crématoire-I, le seul d'Auschwitz-I, est significatif. Dans sa morgue fut installée la première chambre à gaz. Elle fonctionna peu de temps, au début de 1942 : l'isolement de la zone, qu'impliquaient les gazages, perturbait l'activité du camp. Il fut donc décidé, à la fin d'avril 1942, de transférer ces gazages mortels à Birkenau, où ils furent pratiqués, sur des victimes essentiellement juives, à une échelle industrielle [Commentaire : É. Conan fait du roman]. Le crématoire-I fut, par la suite, transformé en abri antiaérien, avec salle d'opération. En 1948, lors de la création du musée, le crématoire-I fut reconstitué **dans un état d'origine sup posé**. *Tout y est faux :* les dimensions de la chambre à gaz, l'emplacement des portes, les ouvertures pour le versement du Zyklon B, les fours, rebâtis selon les souvenirs de quelques survivants, la hauteur de la cheminée. À la fin des années soixante-dix, **Robert Faurisson** exploita d'autant mieux ces **falsifications** que **les responsables du musée rechignaient alors à les reconnaître.** Un négationniste américain vient de tourner un film vidéo dans la chambre à gaz (toujours présentée comme authentique) : on l'y voit interpeller les visiteurs avec ses « révélations ». Jean-Claude Pressac, l'un des premiers à établir exactement l'histoire de cette chambre à gaz et de ses modifications pendant et après la guerre, propose de la restaurer dans son état de 1942, en se fondant sur des plans allemands qu'il vient de retrouver dans les archives soviétiques. [Commentaire : FAUX. R. Faurisson avait trouvé ces plans en 1976 et les avait publiés en 1979 ; ces plans et les ruines actuelles – très parlantes – prouvent que les révisionnistes avaient raison !] D'autres, comme Théo Klein [ancien président du Conseil représentatif des institutions juives de France], préfèrent la laisser en l'état, mais en expliquant au public le **travestissement :** "l'Histoire est ce qu'elle est ; il suffit de la dire, même lorsqu'elle n'est pas simple, plutôt que de **rajouter de l'artifice à l'artifice.**" Krystyna Oleksy, dont le bureau directorial, qui occupe l'ancien hôpital des SS, donne directement sur le crématoire-I, ne s'y résout pas : **"Pour l'instant, on la laisse en l'état et on ne précise rien aux visiteurs. C'est trop compliqué. On verra plus tard."** » [Commentaire : autrement dit, on a menti, on ment, on mentira.]

Conclusion

En quoi peut-on me reprocher d'avoir dénoncé « à la fin des années soixante-dix » tant de falsifications ? Pourquoi m'a-t-on alors traité de falsificateur ? Pourquoi, aujourd'hui encore, me traite-t-on de falsificateur et pourquoi continue-t-on de me poursuivre devant les tribunaux, où trois procès sont encore pendants pour « contestation » de la vérité historique officielle ?

Le dossier de *L'Express* constitue une révision de l'histoire mensongère d'Auschwitz. Bien d'autres révisions de cette histoire sont à venir. S. Wilkanowicz a raison de déclarer que « des débats essentiels, douloureux, parfois imprévus, ne font que commencer ». Il faudra progressivement admettre qu'il n'a pas existé à Auschwitz la moindre chambre à gaz homicide et que le total des morts – surtout à cause des épidémies – a dû s'élever à 150.000 personnes. En attendant, les innombrables visiteurs du crématoire-I pourront, d'ores et déjà, soumettre aux guides la déclaration de M_{me} Oleksy et exiger des explications sur l'imposture de la « chambre à gaz ».

***

3 février 1995

DES ORGANISATIONS JUIVES ET L'ÉTAT D'ISRAËL OBTIENNENT LE SABORDAGE D'UN MAGAZINE JAPONAIS TIRANT À DEUX CENT CINQUANTE MILLE EXEMPLAIRES

« Le plus grand tabou de l'histoire de l'après-guerre : les chambres à gaz nazies n'ont pas existé. » : c'est sous ce titre que le magazine de luxe *Marco Polo*, tirant à deux cent cinquante mille exemplaires, a publié un article de dix pages du Dr Masanori Nishioka.

Des organisations juives établies au Japon et aux États-Unis ainsi que l'État d'Israël ont immédiatement lancé une campagne de protestation et de pression à la fois auprès de l'éditeur, auprès des annonceurs publicitaires du magazine, auprès de la représentation diplomatique japonaise aux États-Unis et de la représentation diplomatique américaine au Japon et, enfin, auprès du ministre des affaires étrangères à Tokyo. En un premier temps, l'éditeur a fermement défendu l'article incriminé ; en un second temps, le groupe de presse dont il dépend, la puissante Bungei Shunju C°, a proposé la publication d'un contre-article. La proposition a été refusée sur un ton outragé. De prestigieux annonceurs ont fait savoir qu'ils retiraient toute publicité au magazine ; parmi eux, le bijoutier français Cartier, les fabricants d'automobiles allemandes Volkswagen et japonaises Mitsubishi, ainsi que les groupes Philip Morris et Microsoft. La Bungei Shunju C°, estimant sans doute que ce boycottage risquait de s'étendre à toutes les publications de son groupe, a décidé le sabordage du magazine. Déjà, en 1994, des organisations juives avaient obtenu que fût retiré du commerce un livre sur Hitler. Comme d'habitude, l'organisation qui a pris la tête de cette campagne de l'« insupportable police juive de la pensée » (Annie Kriegel) a été le « Centre Simon Wiesenthal » de Los Angeles, dirigé par les rabbins Marvin Hier et Abraham Cooper.

En France, l'AFP et le journal *Libération* (27 janvier) ont rendu honnêtement compte de l'affaire. En revanche, *Le Monde* (2 février), sous la signature de son correspondant à Tokyo Philippe Pons, a totalement masqué le rôle des organisations juives et de l'État d'Israël et a présenté le sabordage de la revue comme une initiative purement japonaise dictée par une indignation spontanée ! *Le Monde* ajoute que l'opinion publique japonaise a une perception « naïve » d'une prétendue « conspiration mondiale » des juifs.

Il est, certes, naïf de croire à une conspiration ou à une conjuration juive comme il l'est de crier au complot antijuif mais la puissance juive dans le monde est une réalité. Les organisations juives et l'État d'Israël s'accommodent fort bien, quand ils n'en tirent pas profit, d'un antisémitisme qui reste verbal mais le révisionnisme historique, avec ses arguments imparables et ses conclusions scientifiques, leur inspire panique, colère et violence.

Ce sabordage du magazine japonais prouve, une fois de plus, qu'aucune puissance financière au monde ne peut enfreindre le tabou des chambres à gaz nazies sous peine de boycottage à l'échelle de la planète. Il en va de même pour les hauts dirigeants politiques. Un haut dirigeant – fut-il arabe et antisioniste – qui maintiendrait que ces chambres à gaz n'ont pas existé exposerait son pays au boycottage, au blocus, à la famine.[231]

Pour Raymond Aron, « Israël est né par la violence, ne dure que par la violence et risque de périr demain par la violence ».[232]

Les révisionnistes, eux, répugnent à la violence. Ils persistent à proposer un débat public.

***

4 février 1995

SUR AUSCHWITZ, LENTEMENT, LA VÉRITÉ REPREND SES DROITS

Sur Auschwitz, les exterminationnistes ont beaucoup divagué[233] et ils continuent de divaguer. Le cinquantième anniversaire de la « libération » du camp par les Soviétiques a donné lieu à l'habituel sabbat médiatique sur le thème des « chambres à gaz » et du « génocide » mais, pour l'observateur de la presse française, la fausse peinture dont on a ainsi recouvert les réalités d'Auschwitz continue de s'écailler, inexorablement. Sans bruit, en douceur, furtivement, les tenants de la légende eux-mêmes se voient contraints de revenir à la réalité des faits. Du 19 janvier au 4 février 1995, soit en une quinzaine de jours et pour ne se limiter qu'à quatre périodiques français (*L'Express,*

---

[231] L'État d'Israël est déjà un partisan décidé du blocus de l'Irak qui aboutit, pour beaucoup d'enfants irakiens, à la famine et à la mort.

[232] R. Aron, *Mémoires*, Julliard, 1983, p. 658.

[233] Voy. R. Faurisson, « Auschwitz : les faits et la légende », ci-dessus p. 1633.

Le Monde, L'Humanité-Dimanche et *Libération*), on a pu relever de nombreux indices de cette rectification insensible de l'histoire officielle d'Auschwitz.

Éric Conan dans L'Express

Dans sa livraison du 19 janvier, *L'Express* publie un dossier d'Éric Conan d'où il ressort que le nombre officiel des morts d'Auschwitz n'est plus aujourd'hui de quatre millions, comme en avaient décidé les juges de Nuremberg en 1946, mais d'un million et demi, comme vient de le décréter Lech Walesa en accord avec les autorités juives. E. Conan se garde de rappeler que, pour Jean-Claude Pressac, le vrai chiffre serait de 630.000 à 710.000[234] et, bien entendu, il ne révèle pas pour quelles raisons les révisionnistes proposent, eux, le chiffre de 150.000 (la plupart victimes du typhus, de la dysenterie, des conditions de travail et de logement). Mais il dénonce, à son tour, bien tardivement, une quantité de falsifications exterminationnistes signalées depuis vingt ans par les révisionnistes. Il emploie les mots suivants : « falsification », « authenticité déjà bien malmenée », « falsification », « les plus grosses énormités », « grossièrement erroné », « falsifications », « grosses erreurs » ; il écrit : « Certains [bâtiments d'Auschwitz], trop "neufs", ont été fermés au public. Sans parler de chambres à gaz d'épouillage présentées parfois comme des chambres à gaz homicides. » Il parle d'« aberrations » ; il ajoute : « En 1948, lors de la création du musée, le crématoire-I [visité depuis cette date par des millions de touristes abusés] fut reconstitué dans un état d'origine supposé. Tout y est faux […]. À la fin des années soixante-dix, Robert Faurisson exploita d'autant mieux ces falsifications que les responsables du musée rechignaient alors à les reconnaître. » É. Conan parle aussi de « travestissement » et Théo Klein d'« artifice ». Il montre que la « chambre à gaz » encore aujourd'hui visitée par tant de touristes constitue un tel amas de falsifications, de travestissements et d'artifices que les autorités d'Auschwitz ne savent plus comment se tirer d'affaire ; un membre de la direction du musée déclare à propos de cette chambre à gaz : « Pour l'instant, on la laisse en l'état et on ne précise rien aux visiteurs. C'est trop compliqué. On verra plus tard. » Stefan Wilkanowicz, vice-président du Comité international du Musée d'État d'Auschwitz, déclare pour sa part : « Les plus grosses énormités ont été rectifiées mais les principales discussions n'en finissent

---

[234] J.-C. Pressac, *Die Krematorien von Auschwitz*, p. 202.

pas et sont loin d'être tranchées. Je peux même dire que des débats essentiels, douloureux, parfois imprévus, ne font que commencer. »[235]

Georges Snyders dans Le Monde

Dans sa livraison du 22-23 janvier, *Le Monde* publie un article de Georges Snyders sur la « libération » d'Auschwitz par les Soviétiques. Cet ancien élève de l'École normale supérieure a l'honnêteté de confesser son embarras sur la réalité des sélections soit pour le travail, soit pour la « chambre à gaz », sélections qui, selon la légende, se seraient pratiquées à l'arrivée des trains de déportés. Il écrit : « Nous passons devant un officier allemand qui désigne, d'un mouvement de tête, ceux qui doivent prendre le chemin de gauche, qui mène à la mort, et ceux qui iront vers la droite : le camp de travail. Mais cette scène, je n'arrive pas à savoir si je l'ai vécue ou si je l'ai vue dans un film américain sur la déportation – à moins que le film n'ait reproduit la réalité. »[236]

Serge Klarsfeld dans L'Humanité-Dimanche

Dans sa livraison du 26 janvier, *L'Humanité-Dimanche* publie un article de Jacques Dion où l'on peut lire à propos de Serge Klarsfeld : « Son père Arno est mort à Auschwitz après avoir assommé un kapo qui l'avait frappé. »

Rappelons qu'un kapo était un détenu, juif ou non juif. Or, à plusieurs reprises, dans le passé (proche ou lointain), Serge Klarsfeld, d'une part, et son épouse Beate Klarsfeld, d'autre part, avaient affirmé qu'Arno Klarsfeld était mort « assassiné » ou « gazé ». En 1977, S. Klarsfeld avait déclaré son père « assassiné ».[237] En 1979, il confiait : « Je ne sais comment il est mort, gazé ou à l'infirmerie. »[238] En 1980, il le déclarait « assassiné ».[239] En 1991, Beate Klarsfeld déclarait sur les marches du tribunal de Malden (Massachusetts), devant la télévision américaine, que le père de son mari était mort « *in the gas chambers* » (19 février 1991). En 1993, la famille Klarsfeld rappelait, dans une annonce nécrologique, qu'il avait été « assassiné ».[240] Il est probable, tout compte fait, qu'Arno

---

[235] É. Conan, « Auschwitz : la mémoire du mal ».
[236] G. Snyders, « La Libération d'Auschwitz », p. 13.
[237] S. Klarsfeld, *Die Endlösung der Judenfrage in Frankreich*, p. 5.
[238] A. Harris et A. de Sédouy, *Juifs et Français*, p. 112.
[239] S. Klarsfeld, *Additif* [n°1] au *Mémorial* ..., p. 2.
[240] *Le Monde*, 1er octobre 1993, p. 22.

Klarsfeld est mort à l'infirmerie d'Auschwitz des suites d'une rixe avec un co-détenu.[241]

Il serait intéressant de savoir à quel titre A. Klarsfeld a été arrêté ; est-ce pour avoir été dans la Résistance (S. Klarsfeld déclarait sur FR3 le 14 février 1986 que son père avait appartenu à ladite Résistance) ? « Il est évident », écrit S. Klarsfeld, « que les résistants nuisaient à la sécurité de l'occupant. »[242] Il serait également intéressant de savoir le motif de la rixe.

Jean-Marc Théolleyre dans Le Monde

Dans sa livraison des 29 et 30 janvier, *Le Monde* publie un article de Jean-Marc Théolleyre, propagandiste de l'« Holocauste » et amateur d'atrocités fictives. Il s'agit du compte rendu d'un spectacle créé à partir d'écrits de Charlotte Delbo. Ce spectacle comprend la récitation des noms des femmes parties de Romainville le 24 janvier 1943 pour arriver à Auschwitz le 27. Il est remarquable que les noms des mortes soient suivis de la mention : « Morte au Revier (infirmerie) de Birkenau » et non pas de la mention « Assassinée [ou : gazée] au camp d'extermination de Birkenau ». Et le journaliste de demander : « Morte de quoi ? » et de répondre : « Du typhus, de la dysenterie, de l'épuisement, des coups (“on ne s'habitue pas à voir battre les autres”) ou de la seule et soudaine renonciation à la condition humaine. »[243]

Élie Wiesel dans Le Magazine de Libération

Dans sa livraison du 4 février, *Le Magazine de Libération* publie des propos d'Élie Wiesel d'où il ressort que le chantre de l'« Holocauste » aimerait bien que la curiosité du lecteur s'arrête au seuil de la chambre à gaz. Il répugne même à nommer ces abattoirs chimiques dont, pendant un demi-siècle, on nous a narré les prouesses. J'ai mis É. Wiesel et les autres « témoins » au défi de me décrire avec précision les chambres à gaz, leur technique, leur fonctionnement. Ils se sont dérobés. La dérobade d'É. Wiesel prend ici la forme d'une pudeur révérencielle à nommer et à décrire l'instrument privilégié du supplice des juifs. Il déclare : « Je pense toujours au passage d'un livre de Vassili Grossman qui raconte l'histoire d'une mère raflée dans le ghetto, il la suit dans le train, jusqu'au camp,

---

[241] J. Dion, « Un militant de la mémoire ».
[242] [S. Klarsfeld], « Serge Klarsfeld répond à Henri Noguères ».
[243] J.-M. Théolleyre, « Un poignant requiem de Charlotte Delbo pour ses compagnes d'Auschwitz ».

dans sa marche vers *là où vous savez* et puis il écrit : "Maintenant, lecteur, arrêtons-nous. On n'a pas le droit de suivre." *Oui, on n'a pas le droit de regarder, pas même d'imaginer.* Un mort a le droit au respect, alors que ceux qui l'ont condamné n'ont pas eu ce respect. Spielberg ne va pas jusque-là, même si je n'aurais pas gardé cette scène sous la douche. »[244] Rappelons que Spielberg, dans *La Liste de Schindler* (une fiction cinématographique inspirée d'un roman), montrait des femmes pénétrant dans une « chambre à gaz » qui, soudain, se révélait être une douche. Au gré de certains, l'épisode était apparu scabreux par son révisionnisme latent. Dès 1989, à l'occasion de la sortie de son film *Shoah*, Claude Lanzmann n'avait pu dissimuler son embarras devant l'absence de tout document prouvant l'existence des chambres à gaz et l'impossibilité de fournir une représentation physique de l'arme du crime. En 1993, il parlait encore de la difficulté « d'accoucher la chose » et de l'absence d'images d'archives ; il ajoutait : « De toute façon, même si j'en avais trouvé, je les aurais détruites ! »[245] Le 30 août 1994, Michael Berenbaum, responsable scientifique du Memorial Holocaust Museum de Washington, me déclarait en présence de quatre témoins que, si ce musée ne contenait pas de représentation physique de la chambre à gaz nazie, c'était précisément « parce que la décision avait été prise » de n'en donner aucune « représentation physique » !

Conclusion

Le nombre *officiel* des morts d'Auschwitz, passant de 4 millions à 1,5 million, fait *officiellement* l'objet d'une réduction de 2,5 millions de morts (en attendant d'autres révisions à la baisse) ! La « chambre à gaz » la plus visitée du monde (avec celle de Dachau où, *officiellement*, il n'y a jamais eu de gazages) n'a *officiellement mais confidentiellement* plus rien d'authentique : « **TOUT Y EST FAUX** » ! L'histoire de la sélection au débarquement des trains à Auschwitz entre aptes et inaptes au travail, les seconds étant condamnés au gazage, inspire des doutes à un ancien déporté juif à Auschwitz qui se demande s'il a réellement vécu cette sélection ou s'il ne l'aurait pas vue dans un film américain sur la déportation ! Serge Klarsfeld, qui n'hésitait pas à décrire en son père un juif gazé uniquement en sa qualité de juif, se demande si ce père, qui faisait de la résistance aux Allemands, n'est pas, plus simplement, mort à l'infirmerie du « camp d'extermination » (expression forgée par les Alliés) à la suite d'une rixe avec un co-détenu exerçant la fonction de

---

[244] É. Wiesel, « Si c'est Auschwitz... », p. 16 ; souligné par moi.
[245] David Szerman, « Shoah », *Le Chroniqueur*, 30 juin 1993, p. 38.

kapo ! Des déportées envoyées dans ce même « camp d'extermination » sont déclarées mortes à l'infirmerie d'une maladie, d'une épidémie ou d'épuisement ! Élie Wiesel, chantre de l'« Holocauste », souhaite qu'on ne s'intéresse plus de trop près aux chambres à gaz ; il estime probablement que sur ce point la curiosité de l'historien ou du scientifique pourrait laisser place à la révérence de tous pour le sacré !

À en juger par ses fruits, la méthode révisionniste est la bonne. Les pires ennemis des révisionnistes donnent, à leur corps défendant, raison aux révisionnistes sur des points essentiels de la controverse.

De quel droit accusait-on les révisionnistes de « falsification de l'histoire » ? Où étaient les falsificateurs ?

À ces questions on aimerait avoir la réponse d'Éric Conan, de Georges Snyders, de Serge Klarsfeld, de Jean-Marc Théolleyre et d'Élie Wiesel. Mais surtout on aimerait avoir la réponse des magistrats français qui se sont permis de lourdement condamner les révisionnistes. Personnellement, j'attends, en particulier, les réponses, parmi bien d'autres, de Claude Grellier, de Jean-Yves Monfort, de Martine Ract-Madoux, de Françoise Simon et de Violette Hannoun, toutes personnes que je ne manquerai pas de placer devant leurs responsabilités personnelles dès que l'occasion s'en présentera, c'est-à-dire dès que j'aurai à me défendre, une nouvelle fois, à Paris, devant leur juridiction ou devant celle de leurs collègues. Ce sera le cas le 9 mai 1995, à 13 h 30, où je comparaîtrai, à la XVIIe chambre du tribunal correctionnel de Paris, devant Martine Ract-Madoux, et cela sur la plainte du ministère public et d'associations diverses pour avoir publié ma *Réponse à Jean-Claude Pressac*. Je suis poursuivi pour avoir « contesté », en particulier, les « crimes » commis par l'Allemagne à Auschwitz, tels qu'ils ont été décrits et chiffrés par le tribunal de Nuremberg en 1946 !

***

2 mars 1995

LES PLAIDOIRIES SOUMISES À CENSURE AU PROCÈS DE NUREMBERG

Au procès de Nuremberg, les plaidoiries des avocats étaient **suivies** des plaidoiries du ministère public ! Autrement dit, la plaidoirie des avocats était prise en étau entre, au début, l'accusation formulée par le ministère public et, à la fin, l'accusation formulée à nouveau par le même ministère public.

(À la fin, bien entendu, les accusés eux-mêmes avaient le droit à une très courte déclaration avant la délibération des juges et le prononcé de la sentence.)

Les plaidoiries des avocats devaient être écrites et préalablement soumises aux juges qui autorisaient ou censuraient à leur discrétion la lecture de tel ou tel passage. Si bien qu'aujourd'hui, à la lecture des plaidoiries, on constate que reviennent de façon intermittente, dans la bouche des avocats s'adressant au président, des formules signifiant : « Je laisse ici de côté les pages tant à tant dont le Tribunal ne permet pas la lecture » !

**

10 mars 1995

Un exemple de bidonnage journalistique Rommel, Hitler et les chambres à gaz

Dans le jargon du journaliste, le bidonnage consiste à fabriquer, à partir d'un peu de vrai, du faux qui fasse sensation. Sur la seconde guerre mondiale les journalistes bidonnent considérablement. Pour peu qu'on les peigne comme tout droit venus de l'Enfer, Hitler, la croix gammée, les SS, Mengele, Auschwitz et la Gestapo font vendre du papier. Sur le terrain de cette sorte de production pornographique, c'est à qui, chez les journalistes, parviendra à battre leur confrère Christian Bernadac. En ce domaine, la presse de province rivalise avec le journal *Le Monde*.

Puisons un exemple dans un organe de presse de la France profonde : le quotidien *La Montagne*, édité à Clermont-Ferrand, et arrêtons-nous un instant sur le cas de l'un de ses journalistes : Daniel Desthomas. Depuis de longues années, avec son confrère Jean Baruch, lequel signe « J. B. », il publie dans la rubrique « On en parle » des articles où il joue à l'érudit, en particulier sur le sujet de la seconde guerre mondiale.

Il y a quelques mois, dans un article intitulé « Le Renard du désert », D. Desthomas apprenait ainsi à ses lecteurs que le maréchal Rommel, à son retour d'Afrique, avait fait à Berlin deux terribles expériences. Pour commencer, il avait tout d'un coup vu « clair » en apprenant

« l'ignominie des chambres à gaz ». Puis, il s'en était allé trouver Hitler, mais ici écoutons le journaliste :

> « Bouleversé, [Rommel] va rencontrer Hitler et dénonce l'intolérable, propose la dissolution de la Gestapo et des SS au profit des troupes régulières. Hitler l'écoute mais lui signifie qu'il ne changera pas ses méthodes. »

Dans le passé, j'avais, à de nombreuses reprises, mis en garde D. Desthomas, J. Baruch et les responsables de *La Montagne* contre ce genre d'informations manifestement inventées de toutes pièces. Je le faisais en leur fournissant ou en leur proposant l'envoi de tous les documents désirables. En pure perte. Cette fois-ci, je décidais de procéder autrement. Je priais ma collaboratrice de bien vouloir adresser une lettre à D. Desthomas pour lui demander ses sources sur un point, un seul, et cela afin d'être plus simple : d'où venait l'information selon laquelle le maréchal Rommel avait soudainement appris l'existence des chambres à gaz ?

La réponse se fit longuement attendre. À vrai dire, le journaliste commença par ne pas répondre du tout, même après une lettre de relance. Il fallut en appeler à la direction du journal pour qu'enfin D. Desthomas fît, non sans aplomb, la réponse suivante :

> « Mes sources sont multiples. Il s'agit du témoignage du fils du maréchal, Manfred Rommel, actuellement maire de Stuttgart, dans l'hebdomadaire *Die Woche* du 25 mai au 1er juin 1994 relaté par l'Agence France-Presse ; de l'article d'Alain Decaux, dans le numéro d'*Historia* de mars 1978 ; du récit de la comtesse Waldeck, amie d'Erwin Rommel, récit paru dans le numéro de janvier 1949 de *Sélection du Reader (*sic) *Digest.* »

Sur quoi ma collaboratrice lui fit quatre observations :

1) Ces trois prétendues sources n'étaient que des références.

2) La comtesse Waldeck avait quitté l'Allemagne en 1931 pour aller s'établir aux États-Unis. Elle n'était pas en Allemagne pendant la guerre. L'article en question ne mentionnait tout simplement pas les chambres à gaz.[246]

3) Alain Decaux avait écrit : « [Rommel] a appris l'extermination des Juifs, l'existence des camps de concentration, des chambres à gaz. Il est

---

[246] « La Vérité sur la mort de Rommel », *Reader's Digest*, janvier 1949, p. 17-21.

atterré, bouleversé. »[247] Or, selon son habitude, A. Decaux avait écrit là un article de style plus romanesque qu'historique. Non seulement il n'indiquait aucune source mais il commettait une grave erreur. Rommel savait, en effet, depuis des lustres l'existence des camps de concentration puisque le régime hitlérien, dès 1933, se vantait de ces réalisations-là et les présentait volontiers aux visiteurs étrangers comme plus humaines que les prisons.

4) Manfred Rommel avait effectivement donné une interview à l'hebdomadaire *Die Woche* mais voici ce qu'on y trouvait sur le sujet : « [Manfred Rommel au sujet de son père Erwin Rommel] Vers la même époque (fin 1943, début 1944) il apprit du maire de Stuttgart que les Juifs déplacés étaient mis à mort dans des chambres à gaz. – *Die Woche :* Cela se savait donc ? – *Manfred Rommel :* Pas au point d'être généralement connu. C'était en quelque sorte un bruit. »[248]

Ma collaboratrice ajoutait :

> « Bien que l'affirmation plutôt vague de Manfred Rommel et sa réponse embarrassée à la question du journaliste (« C'était en quelque sorte un bruit. ») ne m'aient pas semblé de nature à affirmer que le maréchal Rommel tenait pour sûre l'existence des chambres à gaz, j'ai voulu vérifier ces propos à la *source*, c'est-à-dire en consultant le livre de Karl Strölin : *Verräter oder Patrioten ? Der 20. Juli 1944 und das Recht auf Widerstand.* Pas un instant Strölin, maire de Stuttgart de 1933 jusqu'à la fin de la guerre, n'y mentionnait les chambres à gaz. »

D. Desthomas aurait également pu se voir rappeler qu'au procès de Nuremberg K. Strölin, entendu comme témoin, le 25 mars 1946, avait parlé du maréchal Rommel sans évoquer le moins du monde les chambres à gaz.[249] En conclusion, D. Desthomas avait bidonné deux fois : d'abord en lançant une information dénuée de fondement et, ensuite, en cherchant à se justifier, de manière tardive et laborieuse, par la production de références fallacieuses.

En poussant le jeu un peu plus loin, il aurait été intéressant de le voir répondre à la question subsidiaire que nous avions décidé de lui épargner : d'où venait l'autre information, celle selon laquelle le maréchal Rommel avait dénoncé devant Hitler en personne l'emploi des chambres à gaz, lequel Hitler lui avait signifié qu'il continuerait

[247] A. Decaux, « Rommel choisit sa mort », *Historia*, mars 1978, p. 25-35.
[248] A. Juhnke, « Das war unsere Befreiung ».
[249] *TMI*, X, p. 55-81.

d'employer des chambres à gaz ? Car là aussi D. Desthomas avait bidonné.

Additif

Dix mois plus tard, nullement échaudé par l'affaire, le même journaliste signait dans la même rubrique un article de plus sur le sujet des chambres à gaz.[250] Cette fois-ci, il m'obligeait à adresser personnellement une lettre au directeur de la publication où j'épinglais D. Desthomas à propos de ses bourdes et inepties : Heydrich, en personne, avait préconisé l'asphyxie par le gaz ; le bourreau des juifs s'appelait Heichmann (*sic*) ; il y avait eu « quelque 5.978.000 victimes juives dont 2.800.000 pour la seule Pologne », etc.

Le cas de D. Desthomas, journaliste à Clermont-Ferrand, est malheureusement typique de la profession : on fabrique une information ; on l'assène avec aplomb ; prié de citer ses sources, on fait la sourde oreille ; contraint de répondre, on répond n'importe quoi ; placé devant l'évidence d'une fabrication journalistique, on ne manque pas de récidiver avec encore plus d'aplomb dès que l'occasion s'en présente.

✳✳✳

18 mars 1995

L'ÉDITION CRITIQUE DES *JOURNAUX D'ANNE FRANK*

– Rijksinstituut voor Oorlogsdocumentatie, *De Dagboeken van Anne Frank*, Uitgeverij Bert Bakker, Amsterdam, 1986, XX-716 p. + livret de 22 p.

– Niederländisches Staatliches Institut für Kriegsdokumentation, *Die Tagebücher der Anne Frank*, S. Fischer Verlag, Frankfurt-am-Main, 1988, X-792 p. + livret de 30 p.

– Institut national néerlandais pour la documentation de guerre, *Les Journaux d'Anne Frank*, Calmann-Lévy, 1989, 765 p. (livret intégré).

– The Netherlands State Institute for War Documentation, *The Diary of Anne Frank. The Critical Edition*, Doubleday, New York, 1989, 719 p. (livret intégré).

---

[250] D. Desthomas, « De l'existence des chambres à gaz ».

Il s'agit d'une entreprise maladroite qui, si l'on y regarde de près, confirme que j'avais raison d'incriminer Otto Frank.[251] Par ailleurs, on ne répond pas à mes arguments physiques et matériels ; d'abord on donne un résumé caricatural de ces arguments ; ensuite, on ne reproduit plus aucun plan des lieux ! L'expertise d'écriture du laboratoire de Wiesbaden (traces d'une encre de stylo à bille) n'est ni clairement présentée ni clairement réfutée.

Les trois expertises sur lesquelles se fondait Otto Frank pour déclarer que le journal était authentique sont, cette fois-ci, toutes les trois déclarées sans valeur ! De même pour le livre d'Ernst Schnabel, *Spur eines Kindes*, publié en 1958 !

Enfin, pour en revenir à l'écriture des manuscrits, on a, depuis la publication de cette « édition critique » (en 1986 dans sa version néerlandaise), découvert des spécimens de l'écriture d'Anne Frank qui sont sans rapport avec les spécimens d'écriture présentés dans cette « édition critique ».

Last, not least, les responsables de cette « édition critique », pressentant que j'allais m'intéresser à la vie d'Otto Frank avant et après 1945, ont préféré prendre les devants et créer des contre-feux. C'est ainsi qu'ils ont été conduits à faire d'extraordinaires révélations sur les malversations financières, sinon les pures et simples escroqueries financières d'Otto Frank et de son frère (tous deux possédaient une banque bien avant la guerre en Allemagne). Après la guerre, Otto Frank a également eu des ennuis avec la justice néerlandaise pour collaboration économique de son entreprise commerciale avec l'ennemi pendant la guerre.

D'une manière générale, l'image d'Otto Frank qui se dégage de la lecture de certains chapitres initiaux de ce gros livre est plutôt celle d'un malhonnête homme sur le plan de la finance *et de l'édition*.

Cette « édition critique » ne présente aucun modèle de l'écriture d'Isa Cauvern qui, avant de se suicider en 1947, avait collaboré avec son mari et avec Otto Frank à la confection du *Journal d'Anne Frank*. Le rôle joué par Miep Gies est tout à fait trouble et celui d'Anneliese Schütz est quasiment passé sous silence.

Le *Livre des Contes* n'est ni présenté, ni étudié. J'en ai vu le manuscrit à Bâle en 1977. Ce manuscrit est stupéfiant par son écriture d'adulte, sa présentation et… son répertoire : le tout semble l'œuvre d'un vieux comptable et non d'une jeune fille.

Dans l'« édition critique », j'ai noté l'absence, dans les versions néerlandaise, française et anglaise, de la fameuse lettre (20 février 1944)

---

[251] Voy. leur propre « Conclusion », p. 207-208 de l'édition française.

du « tapis brossé toutes fenêtres fermées », qui est présente dans la version allemande. Il est probable qu'une comparaison attentive des quatre versions ferait apparaître d'autres anomalies.

[Publié, en espagnol, dans : Enrique Aynat, *El holocausto a debate. Respuesta a César Vidal*, Apartado de Correos 12.803, 46020 Valencia, Espagne, 1995, 189 p. ; voy. Apendice 4. « La edición critica del diario de Ana Frank. Un comentario de Robert Faurisson », p. 175-
176. Le texte est inédit en français.]

***

30 mars 1995

SERGE KLARSFELD DIVISE PAR QUATRE LE NOMBRE DES FUSILLÉS DU MONT VALÉRIEN

(Commentaire de deux articles datés du 30 mars 1995, parus dans Le Monde *et* Le Figaro, *ce dernier étant intitulé « Mont-Valérien : les vrais chiffres. De janvier 1941 à juin 1944, les nazis y ont fusillé 1007 résistants et non 4500. »)*

On y apprend que S. Klarsfeld vient de publier « la liste exhaustive » des 1007 personnes fusillées entre le 1er janvier et le 15 juin 1944 au Mont-Valérien, à Suresnes. « Afin de rétablir la vérité historique, M$_e$ Klarsfeld demande au ministre des Anciens combattants et victimes de guerre, Philippe Mestre, de rectifier ce nombre. Cela permettrait, selon [Klarsfeld], « de revaloriser le rôle des juifs dans la Résistance, le nouveau chiffre évaluant à 17 % la participation des juifs au martyre du Mont-Valérien au lieu de 3,5 % alors qu'ils représentaient 0,8 % de la population française. » (*Le Figaro*) Passons sur le calcul sordide et l'absurdité des considérations que ces chiffres entraînent dans l'esprit manifestement dérangé de cet avocat et notons la réaction du ministère, donnée par *Le Monde* : « [Cette rectification rapide] ne se fait pas d'un trait de plume et cela demande des contacts avec l'ensemble des groupes de résistants, explique un membre du cabinet. Est-il opportun de le faire juste avant les commémorations du cinquantenaire ? » Le journaliste Greilsamer rappelle que, « en 1987, la communauté juive avait modifié la plaque commémorative de la grande rafle du Vélodrome d'hiver pour indiquer que 8160 personnes, dont 4.115 enfants, avaient été internées dans l'enceinte du stade en 1942, et non trente mille ».

S. Klarsfeld vit dans la hantise des révisionnistes. Il cherche à leur couper l'herbe sous le pied. Les révisionnistes n'ont cessé de dire que tous les chiffres officiels portant sur les « victimes du nazisme » sont considérablement gonflés. On en a ici un nouvel exemple. Au Mont-Valérien, les Allemands ont fusillé environ mille « résistants » ou « terroristes » et on en a ajouté environ trois mille. Pourquoi se gêner ? Il est à noter que tous les arguments utilisés par Klarsfeld sont précisément ceux des révisionnistes. Klarsfeld est soucieux de valoriser les juifs. Il le fait ici, une fois de plus, à sa manière. Les Allemands avaient raison – on le voit – de considérer que les juifs jouaient un rôle primordial dans la « Résistance ». Les « tueurs à la balle et au couteau » étaient souvent juifs ou aidés par les juifs. (« Ohé, les tueurs à la balle et au couteau, tuez vite ! » ; ces paroles du *Chant des Partisans* sont de deux juifs : Joseph Kessel et Maurice Druon.)

***

31 mars 1995

COMMENTAIRE D'UNE LETTRE OUVERTE DE MICHAEL SHERMER

Le 14 mars 1995, Michael Shermer, directeur du « Skeptics Society » et de *Sceptic Magazine* a publié une « Lettre ouverte aux révisionnistes de l'Holocauste », dans laquelle il consacre une section de trois cent mots à une conversation que nous avions eue tous deux, à Los Angeles, en septembre 1994, à mon invitation. Il ne m'a pas envoyé de copie de cette lettre ouverte. Aujourd'hui, 31 mars, j'en ai reçu une copie du Dr Töben (Australie), que je remercie de bien vouloir publier le présent commentaire [dans *Adelaide Institute*].

J'avais appelé l'attention de M. Shermer sur le fait qu'en accusant les Allemands

1/ d'avoir décidé la construction d'abattoirs chimiques pour tuer les juifs de façon systématique et en grandes quantités,

2/ d'avoir construit cette « arme du crime », et

3/ de l'avoir utilisée pendant des années en usant d'une technique spéciale et d'un mode d'emploi spécifique, c'est à lui qu'incombait, du même coup, la charge de la preuve. Personnellement je lui ai demandé, comme c'est l'usage en matière criminelle, quelles étaient ses preuves matérielles ou physiques. Pour commencer, j'aurais aimé qu'il répondît à mon simple défi : « Montrez-moi ou dessinez-moi une chambre à gaz nazie ».

Les mots « Montrez-moi » signifient que, s'il croit que les chambres à gaz nazies qu'on montre à Auschwitz ou ailleurs sont en fait de vraies chambres à gaz nazies, il lui suffisait de prendre la simple responsabilité de dire : « Voici une chambre à gaz nazie. » Nous en aurions alors tous deux discuté.

Les mots « ... ou dessinez-moi » signifient que, s'il considère que « les Allemands ont détruit toutes leurs chambres à gaz d'exécution » ou que « les chambres à gaz nazies montrées aux touristes sont incomplètes, reconstruites ou non-authentiques », il lui suffirait de me montrer, par un dessin, ce qu'était dans la réalité une vraie chambre à gaz nazie avec, bien sûr, sa technique et son mode d'emploi. Nous en aurions alors tous deux discuté.

Dans son article, M. Shermer n'a rien montré ni dessiné de ce genre. Dans notre conversation, il n'a pas traité du sujet. Il m'a demandé ce que j'entendais par « preuve ». Mais j'avais déjà répondu à cette question : c'était, comme dans une affaire criminelle, une représentation physique ou matérielle de l'arme du crime. S'il n'en était pas d'accord, il lui fallait me dire ses raisons et m'apporter ce que, pour sa part, il appelait une preuve, non en théorie mais dans la pratique.

J'ai insisté et répété que, pour sa part, il n'avait à me fournir qu'*une* preuve de son cru. Après tout, il avait formulé une accusation [contre l'Allemagne] ; la preuve lui incombait ; il ne dépendait que de lui de décider quel genre de preuve il nous fournirait. Nous aurions alors tous deux discuté de cette preuve. Malheureusement il n'a jamais rien soumis à notre réflexion.

Aujourd'hui, le voilà qui écrit : « Je pensais que peut-être l'esprit [de Faurisson] prendrait une tournure philosophique. » Mais c'est précisément parce que j'ai l'habitude d'entendre tant de considérations « intellectuelles » ou « philosophiques » (les Français en sont friands), que je m'en méfie beaucoup lorsque le sujet de la discussion porte sur un crime ou sur l'arme d'un crime. J'insiste alors sur l'importance des preuves matérielles ou physiques, car je préfère Sherlock Holmes ou Scotland Yard à Socrate ou à Pyrrhon (le sceptique).

Andrew Allen assistait à notre conversation. Je reconnais avoir « pointé mon doigt, avec insistance », sur le visage de M. Shermer. Il ne s'agissait pas de « tactique ». La raison en était que je répétais : « *Vous* êtes l'accusateur. *Vous* et personne d'autre ici. En conséquence, fournissez-moi une preuve, une seule preuve à l'appui de votre terrible accusation. »

C'était une façon de dire à M. Shermer : « N'esquivez pas *votre* responsabilité ! »

Bref, aujourd'hui encore, nous en sommes à attendre de M. Shermer qu'il nous montre à quoi pouvait bien ressembler une chambre à gaz nazie (l'arme du crime) avec, bien sûr, sa technique et son mode d'emploi.

Je rappelle que, le 30 août 1994, en présence de quatre témoins, Michael Berenbaum, directeur de recherches à l'*Holocaust Memorial Museum* de Washington, a été amené à répondre en ces termes à mon défi : « Nous avons pris la décision de ne donner aucune représentation physique de la chambre à gaz nazie. » Sur ce point ainsi qu'en ce qui concerne l'absurde maquette du Krematorium-II [censé contenir une chambre à gaz homicide] ainsi que mon argumentation sur « *No holes, no "Holocaust"* » (pas de trous, pas d'« Holocauste »), voyez *Adelaide Institute*, 10 novembre 1994, p. 4-5.

Publié dans *Adelaide Institute*, n°25, 20 avril 1995, p. 5.

***

31 mars 1995

SELON LE TALMUD, JÉSUS EST, POUR L'ÉTERNITÉ, PLONGÉ DANS DES EXCRÉMENTS EN ÉBULLITION

Le Talmud imprègne profondément la vie juive, y compris dans les aspects matériels de l'existence quotidienne. Il est la transcription de la tradition orale juive. Ouvrage fondamental du judaïsme, il est destiné à servir de code du droit canonique et, aussi, du droit civil.

Les juifs se plaignent souvent de l'image que donnent d'eux à la fois l'Évangile et la doctrine chrétienne. Mais quelle image trouve-t-on, par exemple, de Jésus dans le Talmud ?

Cette image est atroce. À lui seul, le sort réservé à Jésus après sa mort fournit un exemple de ce que le Talmud raconte sur le « faux Messie ».

> « Au premier siècle de notre ère, [dit le Talmud] un certain Onkelos, fils de Kalonikos [ou Kolonikos] et de la sœur de l'empereur Titus, envisagea de se convertir au judaïsme. En conséquence il décida d'évoquer par la nécromancie les ombres de trois ennemis jurés des juifs : Titus, Balaam et Jésus. Titus avait

ruiné Jérusalem en l'an 70 ; Balaam avait été un prophète mésopotamien envoyé par le roi Moab pour maudire les Hébreux ; Jésus avait été un « faux Messie ».

Aux trois, Onkelos posa la même question : « Qui, dans l'autre monde, est tenu dans la plus haute estime ? » Tous trois répondirent : « Israël. » Et Jésus, pour sa part, conseilla à Onkelos, à propos des juifs : « Recherche leur bien-être, ne cherche pas à leur faire de mal. Quiconque les touche touche à la prunelle de ses yeux. »

Puis, à chacun des trois, Onkelos posa une autre question : « Quelle est votre punition ? »

– Titus lui répondit que, chaque jour, ses cendres étaient rassemblées, faisaient l'objet d'une condamnation, étaient brûlées à nouveau et, enfin, répandues sur les sept mers.

– Balaam lui répondit qu'il était plongé dans du sperme en ébullition.

– Jésus, pour sa part, lui répondit qu'il était plongé dans des excréments en ébullition. »

Sources :
1) *Der Babylonische Talmud* [*Gittin,* V, VI, Fol. 57], neu übertragen durch Lazarus Goldschmidt, Berlin, Jüdischer Verlag, 1932, p. 368 (« Mit siedendem Kote ») ;

2) *The Babylonian Talmud* [*Seder Nashim, Gittin,* Fol. 57], under the editorship of Rabbi D_r I. Epstein, London, The Soncino Press, 1936, p. 260-261 (« With boiling hot excrement »).

P.S. La version juive allemande fait apparaître le nom de Jésus dans le corps même du texte et la version juive anglaise dans une note située en bas de page.

Explication : j'ai rédigé ce texte pour l'avocat de Marcel Junin, professeur retraité de l'enseignement catholique. Dans une lettre à *Sud-Ouest*, M. Junin avait, en termes modérés, exprimé son désaccord avec M_gr Eyt, archevêque de Bordeaux, qui, dans une conférence, avait dit que seuls les Romains avaient été les responsables de la mort de Jésus. Le grand rabbin de Bordeaux est intervenu pour dire que les juifs n'avaient aucune responsabilité dans la mort de Jésus, vu que le récit évangélique était sur ce point truffé d'invraisemblances. La LICRA a porté plainte en justice contre M. Junin. En première instance, ce dernier a été acquitté mais la LICRA a interjeté appel. L'appel a été plaidé à Agen. L'arrêt sera rendu le 12 juin. L'avocat est pessimiste.

C'est à Arthur Butz que je dois textes et références. Il paraît que dans ses versions actuelles, sauf les versions en hébreu, le Talmud est couramment falsifié. Voyez l'extraordinaire petit livre d'Israël Shahak, *Jewish History, Jewish Religion, The Weight of Three Thousand Years.*[252]

***

5 avril 1995

UN ÉTONNANT NUMÉRO SPÉCIAL D'*HISTORIA* SUR « LES CAMPS DE LA MORT » (MARS-AVRIL 1995)

L e magazine *Historama-Historia* vient de consacrer son numéro spécial n° 34 à une série d'articles sur « Les camps de la mort ». Dans l'amas habituel d'exagérations et d'inventions sur le sujet, on discerne quelques articles ou quelques éléments d'articles qui témoignent de l'avancée du révisionnisme historique dans l'esprit d'historiens et de journalistes pourtant attachés à la défense de la thèse du génocide des juifs et des chambres à gaz nazies.

La tragédie de Lübeck

Aux pages 10-11 figure un tableau intitulé « Les camps de travail et les camps de la mort dans le Grand Reich ». À propos du camp de Neuengamme on note :

> « Particularité : des avions britanniques coulent, le 3 mai 1945, quatre navires chargés de déportés évacués [de Neuengamme], provoquant la mort de 7.300 déportés et 600 Allemands (c'est la tragédie de Lübeck). »[253]

Passons sur les détails et relevons ici un tragique fait de guerre, parmi bien d'autres, où ce sont les Alliés et non les Allemands qui sont justement rendus responsables de la mort de milliers de déportés.

---

[252] L'ouvrage a depuis été traduit en français sous le titre *Histoire juive, religion juive. Le poids de trois millénaires*, Paris, Librairie du Savoir, 1997. [N.d.é]
[253] *Historama-Historia*, p. 10.

Les Tsiganes : des chiffres revus et corrigés

Aux pages 14-17, Denis Peschanski, chercheur au Centre national de la recherche scientifique, attaché à l'Institut d'histoire du temps présent, résume en un article son dernier ouvrage : *Les Tsiganes en France 1939-1946*. Il écrit :

> « Jusqu'à ce jour l'historiographie la plus sérieuse retenait, pour la France, les chiffres suivants : 30.000 Tsiganes internés dans les camps, un peu plus de 20.000 déportés et 18.000 morts. Or, on a pu déterminer aujourd'hui que 3.000 Tsiganes seulement (ce qui est déjà considérable) ont connu les camps français entre 1940 et 1946. À l'échelle de l'Europe, le chiffre de 500.000 déportés avancé par certains historiens semble, là encore, très au-dessus de la réalité. — Il y a indéniablement crime contre l'humanité puisque perpétré contre des gens non pour ce qu'ils ont fait mais parce qu'ils sont nés. Mais il n'y a pas eu d'entreprise exterminatrice à l'échelle européenne, comme ce fut le cas pour les Juifs. »[254]

La formule « non pour ce qu'ils ont fait mais parce qu'ils sont nés » relève de l'effet de style ; elle pourrait s'appliquer pour toutes les guerres et pour toutes les victimes d'actes de guerre. Les enfants des cités allemandes brûlées au phosphore mouraient, eux aussi, à ce compte, « parce qu'ils étaient nés ». Ni pour les juifs, ni pour les Tsiganes, ni pour quelque autre groupe que ce fût, il n'y a eu d'ordre, de plan ou de politique d'extermination physique. Pour ne s'en tenir qu'au groupe ici considéré, celui des Tsiganes, rappelons que, durant la guerre, certaines troupes de Tsiganes ont bénéficié d'une relative liberté de mouvement tandis que d'autres ont été, pour des raisons de sécurité notamment, internées dans des camps administratifs ou de concentration. Contentons-nous, pour l'heure, de retenir que « l'historiographie la plus sérieuse » avait multiplié par dix le nombre réel des Tsiganes *internés* en France. Pour ce qui est du nombre des *morts*, « l'historiographie la plus sérieuse » avançait le chiffre de dix-huit mille. D. Peschanski, lui, n'avance aucun chiffre de morts dans son article, de crainte, sans doute, qu'on se rende compte que, sur ce chapitre, « l'historiographie la plus sérieuse » a multiplié le chiffre réel par bien plus de dix.

---

[254] *Id.*, p. 17.

Révision de Höss et de l'importance des chambres à gaz d'Auschwitz

Aux pages 25-33, Michaël Marrus, professeur d'histoire à l'université de Toronto (Canada), traite du « Rôle d'Auschwitz dans la solution finale ». M. Marrus, qui est juif et qui a tenu sur les révisionnistes les propos les plus insultants, avait publié en français, avec l'Américain Robert Paxton, *Vichy et les Juifs*. Les tenants de la thèse du génocide des juifs ont fait grand cas, pendant près de cinquante ans, de l'aveu de Rudolf Höss, l'un des trois commandants successifs du camp d'Auschwitz. Pour ces historiens, il fallait croire R. Höss quand, dans ses aveux aux vainqueurs, il prétendait avoir été informé au milieu de l'année 1941, à Berlin, par Himmler, de ce qu'Auschwitz allait devenir un camp d'extermination et allait ainsi inaugurer une politique d'extermination physique des juifs. Au début des années quatre-vingt, les historiens officiels ont commencé à mettre en doute cet aveu, si commode pour leur thèse, de R. Höss. Mais à quelle date fallait-il faire commencer cette politique d'extermination physique ? Là, faute de preuves, on s'est livré à des supputations, toutes plus arbitraires les unes que les autres. M. Marrus, pour sa part, semble se rallier à la thèse de Jean-Claude Pressac pour lequel cette politique n'a pas pu commencer en juin 1941 mais durant l'été 1942. Il écrit :

> « [...] Jean-Claude Pressac pense que Höss s'est trompé de toute une année et que la réunion [avec Himmler, à Berlin] n'eut lieu en réalité qu'au mois de juin de l'année suivante [soit, juin 1942]. Rien ne semble indiquer qu'on se soit préparé à assassiner les Juifs sur une vaste échelle au cours de l'été et de l'automne 1941, ni même de l'hiver 1941-42. »[255]

M. Marrus balaie, en une phrase lourde de sens, toutes les élucubrations, même les plus récentes, sur le nombre des prétendus gazés d'Auschwitz. Il écrit :

> « Personne ne sait avec précision combien de déportés furent assassinés ni par quels moyens. »[256]

Puis, ce qu'il dit des prétendues chambres à gaz homicides devient particulièrement significatif du désarroi des exterminationnistes. Pour M.

---

[255] *Id.*, p. 29.
[256] *Id.*, p. 33.

Marrus, il ne faudrait plus mettre l'accent sur ces chambres à gaz et sur leurs prouesses. Dans son désir manifeste de passer discrètement sur le sujet des chambres à gaz, il en vient à écrire que, pour ce qui est d'exterminer, la science américaine a dépassé, et de loin, la science allemande ! Mentionnant le « projet Manhattan », c'est-à-dire le projet américain de fabrication des bombes atomiques sous la responsabilité, en particulier, de R. Oppenheimer, un juif américain, il en vient à écrire :

> « Le caractère "remarquable" d'Auschwitz, a-t-on dit parfois, réside dans l'application sans précédent de technologies de pointe et de méthodes scientifiques ultramodernes au meurtre d'êtres humains et à l'élimination de leurs cadavres [...]. Il ne faudrait pourtant pas exagérer [le] niveau d'efficacité technique ou scientifique [des chambres à gaz nazies]. Auschwitz n'était pas l'équivalent allemand du projet Manhattan [...]. La machine de destruction construite par Topf et les autres entrepreneurs SS n'avait rien d'une merveille scientifique. Le personnel de Topf et ses employeurs SS se servirent sans nul doute de leur savoir pour résoudre leurs problèmes d'assassins, mais leur travail fait penser bien plus à un atelier d'artisan qu'à un vrai laboratoire scientifique. L'histoire d'Auschwitz montre que, quelle que soit la manière dont leur vint l'idée d'assassiner les Juifs d'Europe, les nazis consacrèrent peu de temps à la manière dont ils viendraient à bout de leur tâche. »[257]

M. Marrus conclut :

> « Ce que nous pouvons dire avec certitude, c'est qu'ils voulaient la mort des Juifs et qu'ils la voulurent plus que jamais lorsque les perspectives du Reich s'assombrirent en 1943 et 1944. »[258]

Toutefois, pas un instant M. Marrus ne nous dit sur quoi il fonde cette « certitude » qui ressemble plus à une persuasion du cœur qu'à une conviction de l'esprit.

Révision des chiffres de la déportation en France

---

[257] *Ibid.*
[258] *Ibid.*

Aux pages 54-59, Olivier Lalieu, qui participe au séminaire d'histoire de la Shoah à l'université de Paris-I et qui est l'auteur de *La Déportation fragmentée* (La Boutique de l'Histoire, 1994), signe un article intitulé « Survivre au quotidien ». Il révise à la baisse, de façon sensible, les chiffres jusqu'ici généralement admis, d'abord pour le nombre des déportés de France, raciaux ou non raciaux, puis, parmi ceux-ci, pour le nombre des morts. Il écrit :

> « En France, entre 1940 et 1944, 63.085 personnes sont déportées par les nazis au titre de droit commun, de résistants et d'otages. 59 % d'entre elles reviennent [en France]. En revanche, sur les 75.721 juifs acheminés vers les camps d'extermination, seuls 2.000 retrouvent le sol national en 1945, soit 3 %. »[259]

Ce qui revient à dire qu'au bout de cinquante ans d'exagérations et de dissimulations on avance aujourd'hui, de source officielle, que près de cent quarante mille personnes ont été déportées de France (y compris les criminels de droit commun) et que près de quarante mille ont survécu. Mais le chiffre des survivants juifs est entièrement à revoir. Sans le préciser ici, O. Lalieu ne fait que reprendre les affirmations de Serge Klarsfeld. Ce dernier, qui évalue le nombre des survivants à deux mille cinq cents, et non à deux mille, dans son *Mémorial de la déportation des juifs de France*[260], a ajouté des survivants dans les *Additifs* de son mémorial et, surtout, *il a dû admettre* qu'il n'avait essentiellement comptabilisé comme survivants que les juifs qui étaient revenus en France et qui avaient pris la peine, sans qu'on le leur demande officiellement, de venir se déclarer vivants au ministère des Anciens combattants, et cela avant le 1er janvier 1946 ![261] Rappelons que la grande majorité des juifs déportés de France étaient étrangers ou apatrides et qu'on voit mal pourquoi beaucoup d'entre eux auraient voulu, après la guerre, revenir dans notre pays au lieu de rester dans le pays dont ils étaient originaires ou de s'expatrier vers la Palestine, les États-Unis ou d'autres pays. Je répète ici ce que j'ai si souvent dit : « Le vrai chiffre des survivants juifs de la déportation peut, avec les moyens modernes de l'informatique, être déterminé à l'aide des innombrables documents détenus, en Allemagne mais sous la responsabilité du Comité international de la Croix-Rouge (CICR), par le Service international de recherches d'Arolsen-Waldeck (SIR). Mais ce service a dissous en 1978

---

[259] *Id.*, p. 54.
[260] S. Klarsfeld, *Mémorial...*, p. 10.
[261] *Id.*, p. 10.

sa "Section historique" et refuse tout accès aux chercheurs indépendants ».

La tenue rayée des déportés

Détail qui a son importance pour l'image qu'on se fait en général du déporté, *Historia* écrit au sujet du plus sévère de tous les camps, celui de Mauthausen :

> « La tenue rayée est réservée à ceux qui travaillent hors du camp. Les autres détenus portent des vêtements civils. »[262]

D'ailleurs, cette tenue rayée ressemblait à s'y méprendre à la tenue rayée de certains bagnes américains d'avant-guerre, notamment dans l'Alabama.

La raison des horreurs de Bergen-Belsen

Le même O. Lalieu reconnaît que les visions horribles de Bergen-Belsen sont dues aux ravages exercés par le typhus. Il écrit :

> « À Bergen-Belsen, l'épidémie de typhus prend [à la fin de la guerre] une tournure dramatique. Sur les 1.200 survivants français à l'arrivée des Anglais le 14 avril 1945, les deux tiers vont mourir avant leur rapatriement. »[263]

Une résistance mythique

Aux pages 66-71, Jean-Michel Chaumont, auteur d'un livre *Autour d'Auschwitz*, écrit, dans un article intitulé « Soulèvements, révoltes et résistance » :

> « Presque tout ce qui a été écrit sur la résistance dans les camps de concentration relève davantage de l'apologie que de l'histoire *stricto sensu*. »[264]

---

[262] *Id.*, p. 56.
[263] *Id.*, p. 58.
[264] *Id.*, p. 66.

Regarder la vérité en face

J.-M. Chaumont conclut sur le sujet :

> « Après cinquante ans, il faut se résoudre à regarder la vérité en face. »[265]

Que dirait aujourd'hui François Mauriac de la propagande de guerre et de haine, lui qui, ainsi que le rapporte Gérard Chauvy[266], estimait, dès le 1er juin 1945, que l'horrible réalité de tous ces cadavres *ainsi que de toutes ces villes détruites* imposait qu'on se passe désormais de propagande ? Il écrivait, en effet :

> « Commençons par cela : efforçons-nous désormais de penser, parler, de regarder sans souci de propagande. La propagande, voilà l'ennemie. Devant ces images *dont elle cherche à créer en nous l'obsession*, pénétrons-nous de cette vérité que l'espèce humaine vient de subir le plus grand de ses désastres, que les villes anéanties ne sont que l'apparence d'une immense ruine invisible. » (souligné par moi)

Révision d'Auschwitz par Pressac

Aux pages 114-125, J-C. Pressac, pharmacien d'officine dans la région parisienne, propose une « Enquête sur les camps de la mort ». Jusqu'à la troisième colonne de la page 119, il se contente de rappeler la thèse qu'il a développée dans son ouvrage *Les Crématoires d'Auschwitz*. J'ai commenté cet ouvrage, dépourvu de toute valeur scientifique, dans ma *Réponse à Jean-Claude Pressac sur le problème des chambres à gaz*. Je ne reviendrai pas ici sur les multiples concessions faites par J.-C. Pressac aux conclusions des révisionnistes. En bref, pour Pressac, les Allemands n'ont nullement conçu de vastes abattoirs chimiques mais seulement des crématoires classiques et normaux ; puis, à une date indéterminée, sans ordre ni instruction et selon une procédure dont on ignore tout, ils auraient bricolé ces crématoires de manière à transformer des chambres froides pour la conservation des cadavres en chambres à gaz homicides ! Pressac ne fournit pas la moindre représentation physique du résultat de ces bricolages ; il ne montre aucune photographie,

---

[265] *Id.*, p. 71.
[266] *Id.*, p. 90.

aucune maquette, aucun dessin qui nous permettrait de voir à quoi ces extraordinaires abattoirs chimiques auraient pu ressembler et quels auraient pu être leur technique et leur fonctionnement.[267] Il ne nous explique pas non plus comment les Allemands pouvaient entreposer, puis incinérer les cadavres de tous ceux, internés ou gardiens, qui mouraient de maladie ou d'épidémie, puisque, aussi bien, les crématoires auraient été transformés en « usines de mort ». L'originalité de la thèse aberrante de Pressac est là : en fin de compte, il n'y avait pas à Auschwitz-Birkenau de crématoires !

À partir de la fin de la page 119 et jusqu'à la fin de son article, Pressac va étendre son analyse, toujours selon le même système, à Belzec, Treblinka, Sobibor, Majdanek et Dachau. Il régale alors son lecteur de considérations tellement iconoclastes que les tenants de la thèse officielle sur l'extermination des juifs ne peuvent qu'en frémir. Il accumule de graves accusations contre « l'historiographie la plus sérieuse ».

Révision de Belzec, Treblinka, Sobibor par Pressac

Pour Belzec, Treblinka et Sobibor, il rejette la version, jusqu'ici dotée du statut de vérité intangible, selon laquelle ces camps avaient été conçus et avaient fonctionné comme des « camps d'extermination » (expression forgée par les Alliés), dotés de chambres à gaz homicides. Pour lui, dans les témoignages sur ce point – en l'absence de tout document prouvant des gazages homicides – il y a des éléments « incompréhensibles », des « bizarreries » (pour Treblinka encore plus que pour Belzec) et des « contradictions ». L'hypothèse – car, à ses yeux, on en est maintenant réduit à une hypothèse – est que ces camps étaient dotés de chambres à gaz d'épouillage comme pouvaient l'être des camps de transit ; les Allemands auraient ensuite bricolé ces chambres d'épouillage pour en faire des chambres à gaz homicides ! Pressac en profite pour glisser que ces abattoirs fonctionnaient au « monoxyde de carbone » fourni par un « moteur à essence ». Sans doute s'est-il rendu compte que les révisionnistes ne pouvaient qu'avoir raison quand ils montraient que la version jusqu'ici retenue du gazage avec un « moteur Diesel » constituait une absurdité. Il conclut sur ce point :

---

[267] Il est remarquable qu'ayant à fournir des illustrations Pressac ait proposé deux dessins, grotesques, de David Olère : l'un représente le « vestiaire » de la chambre à gaz et l'autre la salle des fours crématoires ; il n'y a, en revanche, aucun dessin de la chambre à gaz (p.120).

« Si l'existence des stations d'épouillage est reconnue, ainsi que leur aménagement en installations homicides, et que le passage des Juifs par les camps de la mort, après avoir été sélectionnés aptes au travail, est plus amplement établi, *l'histoire actuelle de ces [trois] camps devra être profondément remaniée.* »[268]

Révision de Majdanek par Pressac

Sur Majdanek, l'article de Pressac est dévastateur. Certes, on y lit :

« Ainsi à Majdanek, seules deux pièces du bloc d'épouillage ont servi à tuer des personnes – juives en majorité – avec du monoxyde de carbone durant quelques mois de l'été 1943. Le Zyklon B était réservé à l'épouillage des habits des détenus et son usage homicide est ici à exclure. »[269]

Mais cette affirmation, qui n'est étayée d'aucune preuve, a toute l'apparence d'une concession minimale à la thèse des gazages, concession qui permet à Pressac de dénoncer absurdités, confusion, erreurs graves et fausseté dans l'histoire officielle des gazages de Majdanek (chiffres des victimes compris). Dans ce camp, selon lui, on n'aurait, en fait, gazé qu'un nombre indéterminé de personnes durant une brève période, non délimitée, de l'été 1943. Nous voilà déjà loin de la thèse officielle selon laquelle les Allemands auraient gazé des centaines de milliers de personnes au cours de plusieurs années.

Mensonges soviétiques, dit Pressac

Pressac met en accusation les Soviétiques qui libérèrent le camp dès le 24 juillet 1944 et le trouvèrent intact. « L'histoire de ce camp », dit-il, « fut moulée dans un cadre "antifasciste" ». Les Soviétiques présentèrent un projet allemand de chambres d'épouillage comme un projet de chambres à gaz homicides.[270]

Mensonges du musée de l'Holocauste, dit Pressac

---

[268] *Id.*, p. 122 ; souligné par moi.
[269] *Id.*, p. 123.
[270] Pressac omet de préciser que Léon Poliakov allait reprendre à son compte l'accusation des Soviétiques dans *Das Dritte Reich und die Juden*, p. 137.

Mais Pressac va beaucoup plus loin et il dénonce le musée de l'Holocauste à Washington. En particulier, il taille des croupières à l'auteur du livre-guide de ce musée, *The World Must Know*, qui n'est autre que Michael Berenbaum, directeur scientifique du musée. À propos de la « confusion » commise par les Soviétiques en 1944 entre chambres à gaz d'épouillage et chambres à gaz homicides, il écrit :

> « Cette confusion, compréhensible au moment de la libération, mais que le régime soviétique a laissé perdurer jusqu'à nos jours pour raisons politiques, conduit à de graves erreurs sur les chambres à gaz de Majdanek et qui sont actuellement diffusées massivement aux États-Unis dans, par exemple, le catalogue *The World Must Know* (Le monde doit savoir) du musée de l'Holocauste à Washington. Ironiquement, les historiens américains ont accepté en 1990, par manque de contrôle historique, des données communistes pipées alors qu'en 1945 l'armée américaine, ayant commis la même erreur initiale à Dachau en présentant cinq cellules d'épouillage au Zyklon B comme homicides, avait, après expertise, abandonné cette accusation infondée. »[271]

Mensonges des musées d'Auschwitz et de Majdanek, dit Pressac

Pressac dénonce enfin les autorités du musée d'Auschwitz et du musée de Majdanek, toutes deux responsables d'un « blocage historique entraîné par l'axiome selon lequel les chambres à gaz furent directement projetées dans un but homicide ». En son patois, Pressac veut dire que ces autorités posent en principe et sans aucune preuve que les Allemands ont voulu créer des chambres à gaz homicides en tant que telles, alors qu'en réalité, selon lui, mieux vaudrait prendre en considération l'hypothèse selon laquelle les Allemands n'avaient pas l'intention de gazer les juifs mais, se décidant à le faire, ont dû bricoler des chambres froides ou des chambres d'épouillage pour en faire des chambres à gaz homicides !

Mensonges des Américains sur Dachau, dit Pressac

---

[271] *Id.*, p. 122.

Sur Dachau, Pressac dénonce les « conclusions hâtives » des Américains. Ceux-ci commencèrent par prendre des chambres à gaz d'épouillage pour des chambres à gaz homicides. Puis, ils appelèrent « chambre à gaz » homicide un local qui, en fait, dans des plans retrouvés, était une « morgue » (chambre froide). Alors, les juges américains firent tout simplement disparaître ces plans de leur dossier. Pressac fait remarquer qu'ils auraient pu utiliser la commode théorie du « codage » selon laquelle, quand les Allemands voulaient cacher une réalité gênante, ils lui donnaient un nom de code ; mais, dit-il, cette théorie, qu'il dénonce, n'apparut qu'ultérieurement. Il écrit en propres termes :

> « Les Américains, ayant saisi intacts les dossiers de la direction des constructions SS du camp, retrouvèrent celui du crématoire. Malheureusement, sur les plans du bâtiment, le « *Brausebad* » [douche], avec ses fausses douches, était désigné sous le nom de morgue. Très gênés par ce fâcheux détail et ne pouvant s'appuyer sur la théorie du « codage » des mots qui apparaîtra ultérieurement, les juges américains épurèrent le dossier afin que toute trace de la fonction initiale de la pièce disparaisse. »[272]

Pressac pense apporter « une réponse probablement définitive » sur la « chambre à gaz » de Dachau mais, dit-il, il faudrait se méfier de « la présentation mémorielle de l'histoire du camp » et il conviendrait que les Américains daignent « communiquer au musée de Dachau les archives de la direction des constructions SS saisies en 1945 et que personne n'a exploitées ». L'histoire, dit-il, est « en cours ».[273]

On aura noté que, pour Pressac, les juges américains « épurèrent le dossier ». Le phénomène n'aurait rien de surprenant. Le Tribunal militaire international de Nuremberg donnait alors l'exemple de ce procédé avec l'autorisation qu'il s'était généreusement accordée de « rayer du procès-verbal des débats » tout ce qui pouvait lui déplaire.[274]

Conclusion

On se demande si ce n'est pas pour contrebalancer tant d'observations de nature proprement révisionniste que le magazine *Historia* s'achève sur un article violemment antirévisionniste, signé de Charles Le Mesnil, sous

---

[272] *Id.*, p. 124.
[273] *Id.*, p. 125.
[274] Voy., par exemple, in R. H. Countess, « Le Sergent John Woods, bourreau de Nuremberg ».

le titre : « Le révisionnisme a osé la négation des chambres à gaz » et dont voici la conclusion :

> « Pour conclure, le révisionnisme, qui aurait pu avoir un sens noble et constructif en précisant l'histoire du génocide afin de valoriser les témoignages des déportés, fut perverti par Faurisson. Par son refus d'accorder la moindre valeur aux récits des participants, victimes et bourreaux, il s'est voué à une exécration générale et méritée. Il est à condamner sans recours pour toutes les existences que son idée fixe a insultées, brisées, fait mourir ou fait basculer dans la déchéance. »[275]

S'il est des personnes habitées d'une idée fixe, ce sont celles qui, depuis un demi-siècle, ressassent, sur le mode de l'obsession, l'histoire de l'« Holocauste » et de la « Shoah » pour réclamer vengeance contre l'univers entier et pour en exiger des compensations financières ou politiques.

Les révisionnistes nourrissent, eux, une idée fixe des plus normales : ils veulent un débat public. Ce débat, ils le recherchent d'autant plus que, depuis une quinzaine d'années, et ainsi que le confirme ce numéro spécial d'*Historia*, les tenants de « l'historiographie la plus sérieuse » se rapprochent de plus en plus de l'historiographie révisionniste. On compte cent exemples d'ouvrages orthodoxes qui vont dans le sens des découvertes révisionnistes ; en revanche, il ne s'en est pas trouvé un seul pour aller dans le sens contraire de ces découvertes. Pour les chiffres, il n'y a eu de réévaluations qu'à la baisse et, pour les faits, il n'y a eu de révisions que dans le sens indiqué par les révisionnistes.

***

27 avril 1995

Libération, 27 avril 1995, p. 11. En titre :
« Immolation en Allemagne »

« Un Allemand de 75 ans est mort après s'être immolé par le feu en plein centre de Munich pour protester contre *« le flot de mensonges »* proférés à l'occasion du cinquantième anniversaire de la capitulation allemande. »

---

[275] *Id.*, p. 137.

D'après une dépêche de Munich (AP), un Allemand de 75 ans, Reinhold Elstner, s'est immolé par le feu le mardi 25 avril 1995 vers 20 h en plein centre de Munich sur la plate-forme du monument des généraux commandants en chef (la *Feldenherrenhalle*). Il s'agit d'un ancien soldat de la Wehrmacht, *réfugié des Sudètes*. Il entendait protester contre le « Niagara de mensonges » (*Niagara-Lügerflut*) qui se déverse sur l'Allemagne depuis cinquante ans et, en particulier, à l'occasion du cinquantième anniversaire de la fin de la guerre. Dans une lettre envoyée à un « éditeur d'extrême-droite », il a écrit :

> « Cinquante années de diffamation et de diabolisation, cela suffit. »

D'après la police, il s'agissait d'un retraité sans activité politique. (Communiqué AP/bj/kn du 26 avril 1995, 14 :03.)

Silence total de la presse française (sauf de *Libération* dans cette ultra-« brève »), de la radio et de la télévision. Imaginez l'immolation d'un juif !

***

29-30 avril 1995

LES RÉVISIONNISTES AVAIENT DONC RAISON !

Une information qui vient de faire le tour du monde prouve que les révisionnistes avaient raison d'affirmer que l'on ne possédait aucune preuve technique de l'existence et du fonctionnement des « chambres à gaz nazies ». Voici cette information telle que rapportée, par exemple, dans un journal français et dans un journal australien :

France : *Var-Matin*, 29 avril 1995, p. 15 :
Découverte de la première « preuve technique »
des chambres à gaz
Un ventilateur, utilisé par les nazis pour aspirer le gaz contenu dans la chambre à gaz de l'ancien camp de concentration autrichien de Mauthausen après la mort des victimes, a été découvert par des historiens autrichiens qui affirment qu'il s'agit du « premier élément technique » témoignant de l'existence des chambres à gaz.

« Cette découverte est capitale », a précisé Florian Freund, l'un des historiens à l'origine de la découverte. C'est l'élément supplémentaire démontant les théories révisionnistes.

[Noter : « pour *aspirer* le gaz contenu dans *la* chambre à gaz de Mauthausen ».]

Australie : *Sunday Times*, (Perth, Western Australia)
30 avril 1995, p. 7 :
Gas chamber proof discovered
Vienna : Historians have found what they say is the first technical proof that the Nazis used gas chambers to exterminate concentration camp victims during World War II.

"It is to my knowledge the only piece of technical equipment from gas chambers found until now. This is a major discovery", said historian Florian Freund. The discovery was of a ventilator used to pump poison into gas chambers at the Mauthausen concentration camp 120 km west of Vienna.

He said it was part of a body of evidence refuting revisionists' claims that gas chambers never existed because there was no technical proof.

In the last months of 1945, the Nazis had destroyed all trace of the equipment from gas chambers.

Freund said historians discovered the Mauthausen ventilator in the Czech Republic, thanks to a photograph taken in May 1945.

[Noter : « pour *injecter* le gaz dans *les* chambres à gaz de Mauthausen ».]

Commentaire

Une nouvelle qui fait le tour du monde : des historiens auraient découvert la première « preuve technique » de l'existence des prétendues chambres à gaz nazies : un ventilateur ! En soi, la présence, ici, d'un ventilateur ne prouve l'existence d'aucun crime. Si des historiens avaient consulté des spécialistes, ils sauraient que les chambres à gaz de désinfection, système Degesch, étaient dotées d'un... ventilateur. L'intérêt de la nouvelle est ailleurs : à leur corps défendant, ces historiens (et les journalistes) donnent implicitement raison aux révisionnistes sur un point de grande importance ; ces derniers affirmaient que, jusqu'ici, ni Jean-Claude Pressac ni personne d'autre, n'avait, en cinquante ans, fourni de « preuves techniques » de l'existence de prétendues chambres à gaz nazies. On insultait, on agressait, on faisait condamner en justice des gens qui – on le constate aujourd'hui – disaient vrai sur un point essentiel de la controverse historique. Quant aux Allemands, ils ont, pendant un demi-siècle, été accusés et condamnés, pour un crime gigantesque, sans même une seule « preuve technique »…

***

8 mai 1995

Toronto : la maison d'Ernst Zündel dévastée par un incendie criminel

Hier, 7 mai, vers 5 h 30 du matin on a mis le feu à la maison d'Ernst Zündel à Toronto. Le film de la caméra d'observation, actuellement aux mains de la police, montre un homme à chapeau de cow-boy déversant de l'essence au pied de la maison. Un incendie, très puissant, a dévasté une bonne partie de la salle de documentation qui occupait le devant de la maison et a complètement détruit le toit. Une bonne partie de la documentation a été détruite soit par le feu, soit par l'eau (déversée par les pompiers). Trois jeunes gens d'une maison voisine ont échappé de justesse à l'incendie.

Quelques heures après, des manifestants (« communistes », « trotskistes », « antiracistes ») sont venus manifester leur joie.

Seul Jürgen Neumann était à la maison d'où il a pu s'enfuir pour donner l'alerte. Ernst Zündel est en train de revenir de Vancouver.

***

14 mai 1995

PROCÈS FAURISSON
COMPTE RENDU DE L'AUDIENCE DU 9 MAI 1995
TROIS MOIS DE PRISON POUR LE PROFESSEUR
FAURISSON ? – LES EMBARRAS DU TÉMOIN
JEAN-CLAUDE PRESSAC

E n France, depuis près de cinq ans, sévit une loi « sur la liberté de la presse » (*sic*) qui permet d'envoyer en prison quiconque se permet de « contester » l'existence des chambres à gaz nazies.

François Cordier, substitut du procureur de la République, a requis, le 9 mai 1995, une peine de trois mois d'emprisonnement ferme à l'encontre du professeur Robert Faurisson sur le fondement de la loi Fabius-Gayssot du 13 juillet 1990 qui réprime la « contestation de l'existence de crimes contre l'humanité » tels que définis et sanctionnés en 1945-1946 par le Tribunal militaire international de Nuremberg.

Le ministère public avait cité le professeur Faurisson à comparaître devant la XVIIe chambre du tribunal correctionnel de Paris pour avoir « contesté » dans sa *Réponse à Jean-Claude Pressac sur le problème des chambres à gaz* l'accusation selon laquelle les Allemands auraient, pendant la seconde guerre mondiale, pratiqué une politique d'extermination physique des juifs notamment par l'emploi, à Auschwitz, de chambres à gaz homicides qui auraient fonctionné à l'insecticide Zyklon B. Robert Faurisson répondait dans son ouvrage à Jean-Claude Pressac qui venait de publier *Les Crématoires d'Auschwitz. La Machinerie du meurtre de masse.*

Prévoyant la peine réclamée par le substitut ainsi que par Me Serge Lorach représentant deux associations d'anciens déportés (la FNDIR et l'UNADIF), le professeur a déclaré en préambule de sa déposition : « Je suis prêt à aller en prison ; pour moi, ce serait un honneur et, pour ceux qui m'y enverraient, un déshonneur. Si je baissais pavillon, les générations présentes me le pardonneraient à cause du climat de terreur intellectuelle dans lequel nous vivons mais les générations futures, elles, noteraient simplement que j'ai faibli, et cela, je ne le veux pas. »

Me Éric Delcroix, avocat du professeur, a fait l'objet d'une plainte de la part de son confrère Me Lorach qui l'accuse d'avoir, dans ses conclusions écrites, pris fait et cause pour son client sur le plan historique.

Jean-Claude Pressac perd pied

Un témoignage était très attendu : celui de Jean-Claude Pressac, pharmacien à La Ville-du-Bois (Essonne), cité non par les associations d'anciens déportés ou par le ministère public mais par le professeur Faurisson.

Avant la comparution du témoin, le professeur a déclaré à la barre que, dans son livre, J.-C. Pressac prouvait fort bien l'existence – non contestée – des crématoires d'Auschwitz mais nullement celle – contestée – des chambres à gaz homicides. R. Faurisson a ajouté que, dans le dossier photographique du livre de J.-C. Pressac, figuraient soixante photographies ou documents, parmi lesquels on ne trouve aucune photographie, aucun dessin, aucune maquette qui permette de se faire une idée d'un seul de ces « abattoirs chimiques » dont la structure et le fonctionnement auraient nécessairement été d'une extrême complexité. Le professeur a ajouté que J.-C. Pressac n'avait fourni aucune photographie de la prétendue chambre à gaz d'Auschwitz (camp central) visitée depuis 1946 par des millions de touristes, ni aucune photographie des ruines d'une prétendue chambre à gaz que tout le monde peut voir sur place aujourd'hui à Auschwitz-Birkenau. Comment de telles abstentions peuvent-elles s'expliquer dans un ouvrage sur Auschwitz, sinon par le fait qu'un lecteur attentif, avec de pareilles photographies sous les yeux, risquerait de déceler l'imposture ?

J.-C. Pressac n'a nulle part décrit la procédure du gazage, a rappelé le professeur. Il n'a fourni aucune preuve ni du crime, ni de l'arme du crime, ni aucune expertise. Il s'est exclusivement appuyé, en la matière, sur des *témoignages* écrits ou oraux alors que, pourtant, dans l'introduction de son ouvrage, il se fait fort d'apporter au lecteur « une reconstitution historique enfin affranchie des témoignages oraux ou écrits, toujours faillibles ».

Aucune preuve

J.-C. Pressac a perdu pied dès la première question posée par Me Delcroix, qui lui a dit : « À la page 2 de votre livre, vous promettez "une reconstitution historique enfin affranchie des témoignages oraux ou écrits, toujours faillibles et se contractant en sus avec le temps" ; or, à la page 34, quand vous parlez du "premier gazage perpétré au camp d'Auschwitz", vous n'invoquez, en propres termes, que des "témoignages" ; comment expliquez-vous cette contradiction ? »

À cette question, comme à toutes les questions qui ont suivi, J.-C. Pressac a tenté de se dérober en multipliant les digressions. Devant l'incapacité du pharmacien à répondre aux questions de Me Delcroix, la présidente du tribunal a essayé, à son tour, d'obtenir des explications. Là encore, en pure perte. J.-C. Pressac s'est montré particulièrement confus. Nerveux, agité, incapable de rester à la barre où la présidente l'invitait plusieurs fois à reprendre place devant le micro, perdant son sang-froid, levant les bras au ciel, déclarant qu'on lui en demandait trop, qu'il n'avait qu'une vie, qu'il était seul dans son combat, tentant de s'isoler dans des apartés avec Me Lorach, se portant vers le tribunal pour essayer de tenir avec la présidente des conversations à voix basse de sorte que personne d'autre ne pouvait entendre ses propos, adoptant un véritable comportement de fuite, le pharmacien semble avoir consterné le tribunal par ses réponses dilatoires, par des références à des documents non produits, ou même par le recours au bluff quand, par exemple, sommé de montrer dans son livre une seule représentation physique d'une chambre à gaz nazie, il a désigné des extraits d'un plan allemand du 10 mars 1942 intitulé « Disposition des canaux d'aération et de désaération » ![276]

La présidente a réclamé des *preuves*, Me Delcroix a réclamé des *preuves*, M. Faurisson, revenu à la barre, a réclamé des *preuves*. Pas une preuve n'a été produite.

La présidente a interrogé J.-C. Pressac sur les « aveux » relatifs aux gazages que Rudolf Höss, ex-commandant du camp d'Auschwitz, avait successivement faits, d'abord à ses gardiens britanniques, puis à ses gardiens polonais. « Höss a-t-il été torturé » ? a demandé la présidente. J.-C. Pressac a répondu que Höss avait été incontestablement torturé et que, « malheureusement », au lieu de revenir sur des absurdités que les Britanniques « lui avaient mises dans la tête », il s'était tellement pénétré de ces absurdités qu'il les avait répétées à ses gardiens polonais !

J.-C. Pressac avait écrit à propos d'Himmler : « [Il] assista à la sélection d'un convoi de Juifs hollandais et au gazage des inaptes dans le Bunker-2. Enfin, il se rendit à la "Buna" de Monowitz qui n'était alors qu'un immense chantier ».[277] Un appel de note renvoyait le lecteur à la note suivante, placée à la fin de l'ouvrage : « [Archives du musée national d'Auschwitz,] les trente photos de Himmler à Monowitz, nég. n°361 à 390 ». Me Delcroix a demandé quelle *preuve* le pharmacien pouvait bien avoir de ce que Himmler avait assisté à une « sélection » et à un « gazage ». Il n'a reçu aucune réponse sinon un développement sur la visite, par Himmler, du chantier de Monowitz.

---

[276] *Id.*, « Documents 13-14-15 ».
[277] J.-C. Pressac, *Les Crématoires d'Auschwitz,* p. 44.

J.-C. Pressac s'est vu demander sur quelle *preuve* il se fondait pour écrire : « Fin novembre, sur ordre verbal de Himmler, les gazages homicides furent arrêtés. »[278] Là encore aucune réponse claire n'a pu être obtenue.

Interrogé sur les considérables révisions à la baisse du nombre des morts d'Auschwitz, J.-C. Pressac s'est livré à de nouvelles digressions.

Jusqu'à 1990, ce total était de quatre millions. Il vient d'être officiellement réduit à un million et demi : tel est le chiffre qui sera désormais inscrit à Auschwitz sur décision de Lech Walesa, président de la République polonaise. Or, pour J.-C. Pressac, le vrai chiffre était, en 1993, de 775.000 mais, en 1994, dans la version allemande de son livre, ce total était à nouveau réduit pour se situer entre 630.000 et 710.000 ! « Comment ces révisions s'expliquent-elles ? » a demandé Me Delcroix. Aucune réponse claire n'a pu être obtenue.

Un témoin de fantaisie

L'embarras du pharmacien n'a fait que croître lorsqu'il a été interrogé sur son témoin privilégié « à la fiabilité absolue », le dessinateur David Olère. Question de Me Delcroix au sujet du document n° 32 : « Ce dessin de David Olère montre une salle de fours crématoires située à Auschwitz-Birkenau. On y aperçoit, dans le fond et à droite, une porte – la porte d'une "chambre à gaz" – s'ouvrant sur un amas de corps qui viennent d'être gazés. Mais, dans votre commentaire, vous dites vous-même que ce dessin ne peut pas correspondre à la réalité puisque la prétendue chambre à gaz et la salle des fours ne se situaient pas au même niveau du bâtiment : la prétendue chambre à gaz était en sous-sol et la salle des fours au rez-de-chaussée. Donc, non seulement vous avez recours, contre vos engagements mêmes, à un témoignage mais, d'après vos propres dires, ce témoignage est démenti par la réalité ; vous précisez vous-même : "en réalité". Expliquez-vous ! »

J.-C. Pressac, dans une réponse évasive, a invoqué le droit pour son témoin privilégié – un artiste – au « raccourci artistique » et au « droit d'imagination » !

Une sensation

Me Delcroix a créé une sensation en évoquant un énorme ouvrage que J.-C. Pressac avait publié en 1989 sous le titre *Auschwitz : Technique and*

---

[278] *Id.*, p. 93.

Operation of the Gas Chambers. À la page 258 de cet ouvrage, le document 84 était constitué par un dessin de D. Olère intitulé : « Gazage par Zyklon B ». Il représentait des personnages en train de mourir dans la chambre à gaz d'un crématoire d'Auschwitz-Birkenau. Sur le sol, une boîte ouverte de Zyklon B laissait échapper ses granulés imprégnés d'acide cyanhydrique. Me Delcroix a demandé comment ce dessin pouvait se concilier avec la thèse de J.-C. Pressac selon laquelle un SS, se déplaçant sur le toit de la chambre à gaz, ouvrait une ou plusieurs boîtes de Zyklon B et en déversait le contenu dans quatre orifices spécialement aménagés dans ce toit : les granulés se seraient accumulés au fond de chacune des quatre colonnes métalliques correspondant aux orifices ; ces colonnes auraient été perforées afin de permettre au gaz de s'épandre dans la chambre à gaz.[279] Réduit à quia, J.-C. Pressac s'est écrié : « **J'ai finalement acquis la conviction qu'Olère n'a pas réellement vu de scène de gazage** ». [Il faut dire que, dans son ouvrage en anglais, J.-C. Pressac était allé jusqu'à écrire que ce dessin pouvait être « entièrement imaginaire », que, dans ses différents dessins, D. Olère cherchait à « faire impression », qu'il commettait « certaines erreurs » et des « fautes », qu'il usait de « licence poétique », que ses créations pouvaient être « allégoriques », « symboliques » et même que le dessinateur souffrait de « Krematorium delirium » (*sic*).][280]

Au lieu de preuves, des « indices »

Avec une remarquable bonne volonté, le tribunal a voulu obtenir des éclaircissements sur ce que J.-C. Pressac a appelé, à défaut de preuves, des « indices criminels » et, en particulier, sur une commande de « détecteurs de gaz cyanhydrique » ou sur des documents contenant les mots de « *Gasraum* » ou de « *Gaskeller* ». Comme l'avait montré le professeur dans sa *Réponse à J.-C. Pressac*, il n'y avait aucun « indice criminel ; » dans la présence de ces mots qui servaient tout simplement à désigner des chambres d'épouillage et des appareils de détection

---

[279] Une simple investigation des lieux fait justice de cette élucubration. Le toit, aujourd'hui effondré, du Krematorium-II ne comporte pas la moindre trace de ces quatre orifices. Si l'on se glisse sous le toit effondré, on constate qu'en fait de colonnes métalliques perforées il n'y a que de robustes piliers de béton. La salle en question était une banale chambre froide, partiellement enterrée et destinée à l'entreposage des cadavres en attente d'incinération (en allemand : *Leichenkeller*, comme indiqué sur les plans découverts par le professeur Faurisson). Soulignant une telle absence de trous (pas de trous dans le toit, pas de colonnes perforées sous le toit), le professeur, dans sa déclaration au début de l'audience, a rappelé ce qu'il avait été amené à dire lors d'une conférence tenue à Los Angeles en septembre 1994 : « No holes, no "Holocaust" ».
[280] *Id.*, p. 258-259, 359, 493, 556.

indispensables pour les opérations de désinfestation au Zyklon B. Les questions du tribunal ont été claires et brèves. J.-C. Pressac a formulé des réponses embrouillées et riches de digressions.

Le professeur Faurisson a rappelé qu'à la fin des années soixante-dix il avait lancé un défi ; il avait demandé qu'on lui apporte « une preuve, une seule preuve » de l'existence et du fonctionnement d'une seule chambre à gaz nazie. En 1989, dans l'énorme ouvrage en anglais que nous avons mentionné ci-dessus, J.-C. Pressac, tout en soutenant la thèse des gazages homicides, condamnait sévèrement les historiens qui jusqu'ici avaient soutenu cette thèse ; d'après lui, ces historiens avaient, dit-il, écrit « une histoire fondée principalement sur des témoignages, assemblés pour les besoins du moment, tronqués pour correspondre à une vérité arbitraire et parsemés de quelques documents allemands de valeur inégale et sans lien les uns avec les autres ». J.-C. Pressac affirmait que sa propre étude en anglais démontrait « d'ores et déjà la complète faillite de l'histoire traditionnelle (et, de là aussi, des méthodes et des critiques des révisionnistes) ». Me Delcroix lui a fait remarquer qu'à ce compte, jusqu'en 1988, les représentants de l'histoire traditionnelle avaient, pour répondre au professeur Faurisson, utilisé des arguments dont J.-C. Pressac lui-même reconnaissait ainsi qu'ils n'avaient eu aucune valeur… Embarras du pharmacien ! Dans ce même livre en anglais, il s'était fait fort de relever le défi du professeur. Mais, au lieu d'apporter une preuve, il avait fourni… trente-neuf indices du crime. Un chapitre de son livre en anglais était même naïvement intitulé : « "Une preuve… une seule preuve" : trente-neuf indices du crime (*criminal traces*). » Or, un indice n'est qu'un « signe apparent rendant probable l'existence d'une chose ».

Un impudent mensonge et une complète faillite

J.-C. Pressac a mis le comble à ses errements en osant prétendre que le « rapport Leuchter » (du nom d'un spécialiste américain des chambres à gaz) avait conclu à l'existence de chambres à gaz homicides à Auschwitz. Me Delcroix a rappelé que Fred Leuchter avait abouti à une conclusion diamétralement opposée et il a promis au tribunal l'envoi dudit rapport.

Faillite pour faillite, la prestation du pharmacien J.-C. Pressac devant la XVIIe chambre du tribunal correctionnel de Paris a été un modèle du genre. On ne peut que remercier Me Delcroix d'avoir, par une citation devant le tribunal assortie des menaces légales de poursuites en cas de non-comparution, contraint le témoin J.-C. Pressac à venir ainsi s'expliquer dans l'enceinte d'un prétoire.

Robert Faurisson

Pour sa part, le professeur Faurisson a fait face à ses responsabilités. Il a déclaré que son seul crime était d'avoir eu raison avec quinze ans d'avance sur Éric Conan qui, dans *L'Express* du 19 janvier 1995, venait d'écrire à propos de la chambre à gaz d'Auschwitz, c'est-à-dire à propos de cette chambre à gaz véritablement emblématique et visitée depuis 1946 par des millions de touristes : « Tout y est faux […]. À la fin des années soixante-dix, Robert Faurisson exploita d'autant mieux ces falsifications que les responsables du musée rechignaient alors à les reconnaître. »[281]

À Auschwitz, on continue de mentir aux visiteurs, a dit le professeur qui a cité, toujours d'après *L'Express*, les propos d'une responsable du musée : « Pour l'instant on la laisse [cette chambre à gaz] en l'état et on ne précise rien aux visiteurs. C'est trop compliqué. On verra plus tard », ainsi que ceux du vice-président du Comité international du musée qui, de son côté, annonce : « Les plus grosses énormités ont été rectifiées, mais les principales discussions n'en finissent pas et sont loin d'être tranchées. Je peux même dire que des débats essentiels, douloureux, parfois imprévus, ne font que commencer ! »[282]

R. Faurisson a déclaré que, si d'aucuns ont décidé – et c'est leur droit – de persister dans le mensonge, il continuerait, lui, de rechercher la vérité historique et de publier le résultat de ses recherches, quoi qu'il puisse lui en coûter. Le droit au doute et la liberté de recherche ne peuvent avoir de limites.

Éric Delcroix

Au cours d'une plaidoirie érudite et charpentée, dont on ne peut ici mentionner que quelques arguments juridiques et historiques, Me Delcroix a souligné que le Parquet avait fait preuve d'une insigne légèreté en ne produisant même pas le texte du jugement de Nuremberg que M. Faurisson était censé avoir « contesté ». De ce texte nous ne connaissons qu'une version officieuse et commerciale, d'ailleurs difficile à se procurer et coûteuse. Ce jugement, devenu en quelque sorte partie intégrante de la loi, aurait dû être publié au *Journal officiel* pour pouvoir être invoqué contre un justiciable (règle d'opposabilité).

Me Delcroix a fait observer que l'article de loi antirévisionniste (article 24 bis rajouté par la loi du 13 juillet 1990 à la loi sur la liberté de la presse

---

[281] É. Conan, « Auschwitz, la mémoire du mal », p. 68.
[282] *Id.*, p. 60.

du 29 juillet 1881) est inapplicable en ce qu'il enfreint la Convention européenne des droits de l'homme. Certes, cette convention prévoit de nombreuses restrictions à l'usage de la liberté d'expression mais elle ne prévoit pas de restriction au droit au doute et à la liberté de recherche. Elle n'autorise pas qu'on décrète : « Tel sujet d'histoire a été traité de manière définitive à telle date, par telles personnes, pour l'éternité et ne peut plus être sujet à révision ». Imagine-t-on un tel oukase, il y a un siècle, empêchant à jamais la révision du procès du capitaine Dreyfus ? En outre, Jacques Toubon n'a-t-il pas réclamé le 21 juin 1991 à l'Assemblée nationale l'abrogation de cette loi antirévisionniste ? Ne l'a-t-il pas comparée aux lois de Staline ; ? N'a-t-il pas déclaré : « Je suis contre le délit de révisionnisme parce que je suis pour le droit et pour l'histoire, et que le délit de révisionnisme fait reculer le droit et affaiblit l'histoire » ?

Me Delcroix a cité son confrère, Me William Goldnagel, avocat, vice-président du Renouveau juif et président de l'Association des juristes juifs pour les droits de l'homme, lequel a déclaré au périodique *Cactus*, organe du Bétar, en mai 1991 : « Je suis très réservé sur la possibilité pour les tribunaux de dire l'histoire [...]. Que cette loi [loi Gayssot] porte le nom d'un député communiste est un magnifique cadeau fait à nos adversaires, car c'est un parti spécialiste de la contre-vérité historique ».

Me Delcroix a rappelé que, dans un jugement en date du 18 avril 1991 rendu contre le professeur Faurisson, la XVIIe chambre correctionnelle avait elle-même « contesté » le jugement de Nuremberg bien plus que ne l'avait fait le professeur lui-même. Le tribunal avait prononcé : « Des critiques peuvent, à juste titre, être développées concernant l'organisation, la structure et le fonctionnement du Tribunal militaire international de Nuremberg, sur le plan tant juridique qu'historique ou philosophique ».

Me Delcroix a souligné un extraordinaire paradoxe : la chambre à gaz nazie, arme effroyable d'un crime effroyable, n'a fait l'objet d'aucune expertise criminalistique complète de la part des accusateurs de l'Allemagne sauf dans le cas du Struthof-Natzweiler (Alsace) où la double expertise du professeur René Fabre, doyen de la faculté de pharmacie de Paris, a abouti, le 1er décembre 1946, à un résultat doublement négatif, aussi bien en ce qui concernait la prétendue chambre à gaz qu'en ce qui concernait les cadavres de prétendus gazés conservés à Strasbourg.

Mᵉ Delcroix a cité Arno Mayer, professeur d'origine juive à l'université de Princeton : « Les sources pour l'étude des chambres à gaz sont à la fois rares et douteuses »[283]

Mᵉ Delcroix a prouvé par documents et citations que l'école historique officielle ne cessait, tout en l'invectivant, de se rapprocher du professeur Faurisson : toutes les révisions de faits et de chiffres, sans exception, vont dans le sens révisionniste.

Il a souhaité que le tribunal ordonne une expertise de « l'arme du crime ». Pour terminer, il a déclaré que, s'il se félicitait d'avoir, dans le passé, pris la défense de Sakharov et de Soljenitsyne, il s'estimait aujourd'hui heureux de défendre le professeur Faurisson « dont le désintéressement et le courage personnels honorent la France ».

Le jugement sera rendu le 13 juin 1995.[284]

***

24 mai 1995

UN AUTRE JOUR DANS LA VIE D'UN RÉVISIONNISTE

Lu dans *Die Bauernschaft* (de mars 1995) maintenant édité par Zündel et non plus par Thies Christophersen, hospitalisé.

> « J'ai été hospitalisé à la suite d'une attaque cardiaque. Mon hôte, Dᵣ Jörgen Kistrup, un Danois, mais qui habite en Allemagne, m'avait protégé et se tenait à mes côtés. Les suites : sa famille s'est dressée contre lui et sa femme l'a chassé de leur demeure commune. Le 16 janvier il s'est suicidé.
>
> Il me faut maintenant conduire un procès contre la communauté de ses co-héritiers (en plus d'autres procès dont l'un avec menace d'une peine de 500.000 DM). Ma femme n'ose à peu près plus me rendre visite à l'hôpital parce qu'elle ne supporte pas la terreur psychologique.
>
> Néanmoins, je ne renie rien, » etc. (p. 2)

---

[283] A. Mayer, *La « Solution finale » dans l'histoire*, p. 406.

[284] Henri Roques, directeur de publication de la *RHR,* a également comparu pour avoir diffusé l'ouvrage du professeur Faurisson.

Voilà qui s'ajoute à l'incendie criminel de la maison de Zündel à Toronto, au colis piégé reçu par ce dernier, à l'immolation par le feu de l'Allemand de soixante-quinze ans pour protester contre le Niagara de mensonges déversés sur son pays.

La voiture de T. Christophersen a été totalement détruite. Son avocat Jürgen Rieger a été attaqué et blessé par une douzaine de prétendus « anarchistes » ; sa voiture a été incendiée. Idem pour Wolfgang Juchen, etc.

***

25 mai 1995

RÉPONSE À ME JEAN-SERGE LORACH, PAGE PAR PAGE, ALINÉA PAR ALINÉA

Pour comprendre cette « Réponse... » de six pages, il faut savoir que, sur l'initiative du ministère public, j'étais cité à comparaître devant la XVIIᵉ chambre correctionnelle de Paris. On me faisait grief d'avoir, dans ma *Réponse à Jean-Claude Pressac sur le problème des chambres à gaz*, enfreint l'interdiction de « contester » l'existence des « crimes contre l'humanité » tels que définis et condamnés par le tribunal militaire international de Nuremberg en 1945-46. Le 9 mai 1995, jour de l'audience des plaidoiries, deux associations d'anciens déportés et internés, représentées par Me Jean-Serge Lorach, joignaient leurs plaintes respectives à la plainte du ministère public (substitut François Cordier).

Nous avions demandé l'audition de Jean-Claude Pressac sous peine des poursuites d'usage.

J.-C. Pressac est venu et a fourni une prestation tellement désastreuse qu'à un moment, perdant pied, il a cru devoir lâcher dans un souffle que l'Américain Fred Leuchter, auteur du fameux rapport sur les présumées chambres à gaz d'exécution à Auschwitz, Birkenau et Majdanek (1988), avait lui-même admis qu'à Auschwitz il y avait eu des chambres à gaz d'exécution ! Mon avocat, Me Éric Delcroix, est immédiatement intervenu pour dire au tribunal que J.-C. Pressac avait dit là le contraire de la vérité. Il promettait l'envoi au tribunal d'un exemplaire de la traduction en français du « Rapport Leuchter ». Me Éric Delcroix a tenu parole et, dès le lendemain de l'audience, il a envoyé cet exemplaire au tribunal avec une note d'accompagnement.

M$_e$ Lorach a commis l'imprudence de vouloir répondre, manifestement après avoir consulté Pressac. Dans sa réponse, il ne conteste à aucun moment que ce dernier ait osé affirmer au sujet de F. Leuchter une énorme contre-vérité. Simplement, il se met à attaquer la crédibilité de l'Américain et la valeur de son rapport, ce même rapport sur lequel Pressac avait tenté auparavant de s'appuyer.

Notre propre « Réponse [...] », ci-jointe, a suscité de la part de M$_e$ Lorach une réplique dépourvue d'arguments et riches d'insultes à mon égard. M$_e$ Delcroix, de son côté, a écrit à la présidente du tribunal pour lui dire qu'il n'entendait pas répondre à M$_e$ Lorach sinon par l'envoi de coupures de presse des 29 et 30 avril 1995 faisant état d'une découverte supposée être sensationnelle : celle de « la première preuve technique de l'existence des chambres à gaz ». Des historiens autrichiens se vantaient d'avoir découvert à Mauthausen un... ventilateur, « première preuve technique de l'existence des chambres à gaz » !

À elle seule, cette nouvelle montre que nous avions raison d'affirmer que les « preuves » du malheureux J.-C. Pressac ne valaient rien du tout.

Page 1, alinéas 1-2-3 (Fred Leuchter)

Le « rapport Leuchter » (cent quatre-vingt-douze pages), de 1988, sur les présumées chambres à gaz homicides d'Auschwitz, de Birkenau et de Majdanek avait provoqué l'irritation de certaines organisations juives des États-Unis et du Canada qui, faute de pouvoir y répondre par des arguments techniques ou scientifiques, se faisaient fort d'obtenir la condamnation de F. Leuchter en justice. La Beate Klarsfeld Foundation, sise à New York, déléguait sur place à Malden (Massachusetts) Beate Klarsfeld elle-même. Tout donnait à croire qu'on s'acheminait vers un long et très coûteux procès. En fin de compte, le juge acceptait une solution d'apaisement : F. Leuchter renoncerait à faire état de son titre d'ingénieur, en particulier à l'occasion de toute diffusion de son fameux rapport ou de rapports du même genre mais pourrait, s'il le voulait, faire acte de candidature en vue d'obtenir son inscription à la chambre des ingénieurs diplômés.

Dans la pièce JSL (Jean-Serge Lorach)-1, on n'a pas traduit les termes de cet accord à l'amiable (*agreement*). Cet accord serait inconcevable si le juge et la Chambre des ingénieurs diplômés avaient eu la conviction que, dans le passé, F. Leuchter avait abusé du titre d'ingénieur ou avait été un « faussaire » (*sic*). Selon nos renseignements, l'état du Massachusetts où exerçait F. Leuchter comptait à l'époque cinquante-cinq mille ingénieurs (*engineers*) dont cinq mille ingénieurs diplômés (*professional engineers*). F. Leuchter faisait partie des cinquante mille ingénieurs (*engineers*) dont beaucoup travaillaient pour le célèbre *Massachusetts Institute of Technology*. Il avait des brevets à son nom : l'un pour le système de codage optique des satellites de surveillance et l'autre pour le premier sextant électronique en usage dans l'US Navy. Il était l'auteur du système d'injection pour l'exécution des condamnés à mort. Il était spécialiste (*consultant*) des chambres à gaz d'exécution des pénitenciers américains.

Il est à noter que F. Leuchter a accepté de signer cet accord et n'a fait aucun acte de candidature. Commentaire de son avocat Kirk Lyons : « Klarsfeld peut sans mentir déclarer que F. Leuchter n'est pas un ingénieur enregistré au *Commonwealth of Massachusetts* mais prétendre qu'il n'est pas un ingénieur est un mensonge patent. À suivre la théorie de Klarsfeld, Benjamin Franklin, Thomas Edison, Henry Ford, Alexander Graham Bell et les frères Wright auraient, tous, dû être arrêtés pour avoir pratiqué une activité d'ingénieurs sans avoir été enregistrés comme tels. »

Loin d'être l'œuvre d'un « faussaire », le « rapport Leuchter » constituait en 1988 un travail dont le caractère scientifique a été, par la suite, pleinement confirmé.

Les deux pays où les révisionnistes subissent la répression la plus sévère sont l'Allemagne et l'Autriche. F. Leuchter, lui-même, est payé pour le savoir. Il n'empêche que le ministre allemand de la Justice, se rendant à l'évidence, a fait répondre par ses services, le 14 février et le 13 mars 1990, qu'il tenait le « rapport Leuchter » pour « une enquête scientifique » (*eine wissenschaftliche Untersuchung*), non sujette, en tant que telle, à une poursuite judiciaire. (*Revue d'histoire révisionniste* n° 1, p.163 ; copie des originaux à la disposition du TGI de Paris.)

Les conclusions du « rapport Leuchter » ont été confirmées par le « rapport Rudolf » (Allemagne) et le « Rapport Lüftl » (Autriche) :

– le « Rapport Rudolf (1992) » ne concerne qu'Auschwitz et Birkenau. Germar Rudolf est ingénieur chimiste diplômé du prestigieux Max-Planck Institut de Stuttgart. Il confirme pleinement les conclusions du « Rapport Leuchter » et, en particulier, les analyses de laboratoire portant « sur la formation de liaisons cyanurées dans les chambres à gaz d'Auschwitz et sur la possibilité de les rechercher ».

– l'ingénieur diplômé Walter Lüftl, président de la Chambre des ingénieurs d'Autriche, a rédigé un mémoire intitulé *L'Holocauste, croyances et faits* (*Holocaust, Glaube und Fakten*) qui a été publié en anglais dans *The Journal of Historical Review*. Ce mémoire ou rapport confirme les conclusions du « Rapport Leuchter » et même réfute sur le plan technique ou scientifique d'autres points de l'histoire de l'« Holocauste ». Il a provoqué une vive émotion au parlement autrichien et W. Lüftl a dû démissionner de son poste de président de la chambre des ingénieurs. Une plainte a été déposée en justice. Cette plainte a abouti à un non-lieu en date du 8 juin 1994, porté à la connaissance de W. Lüftl le 15 juin 1994.[285] Si son procès avait eu lieu, l'ingénieur Lüftl aurait pu démontrer à la face du monde que l'existence et le fonctionnement des prétendues chambres à gaz nazies sont matériellement inconcevables, comme l'avait si bien démontré ce pionnier de la science qu'a été F. Leuchter.

Page 1, alinéas 2-3, et page 2, alinéas 1-6
(Georges Wellers et Jean-Claude Pressac)

Très embarrassés par le fait que, plus de quarante ans après la guerre, on relève d'abondantes traces de ferri-ferrocyanures dans les chambres à gaz de désinfection au gaz cyanhydrique (Zyklon B, inventé en 1922) et des traces soit nulles, soit infinitésimales dans les chambres froides (*Leichenhalle* ou *Leichenkeller*) prétendument utilisées comme des chambres à gaz homicides, les adversaires de F. Leuchter recourent, en gros, soit à la thèse de G. Wellers, soit à celle de J.-C. Pressac, toutes deux évoquées par M$_e$ J.-S. Lorach :

– *Thèse de G. Wellers* : les poisons gazeux « entrent dans le corps humain avec chaque mouvement d'inspiration et y restent fixés chimiquement de sorte que l'air expiré n'en contient plus. Résultat : à chaque mouvement respiratoire, le corps de la victime s'enrichit en poison et dans l'air ambiant sa concentration diminue d'autant.[286]

F. Wellers commence par reconnaître que F. Leuchter a raison de noter avec insistance que les « chambres à gaz » homicides ne possédaient aucun système de chauffage permettant de porter la température des pièces à un minimum de + 25,7° nécessaire au développement normal et à l'efficacité du Zyklon B. Puis, il affirme qu'aucun système de chauffage n'était nécessaire. S'exprimant au présent, comme si le fait était avéré alors que celui-ci est l'objet même de la controverse, il ne craint pas d'écrire : « Cette masse humaine déshabillée réchauffe en peu de minutes l'atmosphère, les murs, les plafonds, les planchers sans aucune installation de chauffage à une température bien supérieure à 25,7°. » C'est oublier qu'une masse humaine, quelle qu'elle soit, nue, dans une vaste pièce de béton (30m x

---

[285] *The Journal of Historical Review*, hiver 1992-1993, p. 391-420 ; *Aula* [Vienne], juillet-août 1994, p. 15, portant copie de l'attestation officielle [*Amtszeugnis*] selon laquelle l'instruction préalable [*Voruntersuchung*] est arrêtée [*eingestellt*].

[286] G. Wellers, « A propos du "rapport Leuchter" et les chambres à gaz d'Auschwitz », p. 47.

7m) conçue comme une chambre froide pour la conservation des cadavres, n'obtiendrait jamais, surtout par temps d'hiver silésien, qu'*au niveau du sol*, là où se trouveraient les granulés de Zyklon B, la température se porte « en peu de minutes » à plus de 25,7°. Il ne faut pas oublier que le gaz cyanhydrique est moins dense que l'air et qu'il monte du sol au plafond.

– *Thèse de J.-C. Pressac :* « Si l'on a trouvé, dans les chambres destinées à l'épouillage des vêtements, beaucoup plus de restes d'acide cyanhydrique que dans les chambres à gaz homicides, c'est qu'il fallait de nombreuses heures pour tuer les poux, de telle sorte que l'acide avait le temps de s'imprégner dans les parois, tandis que, pour tuer les hommes, quelques minutes hélas suffisaient… »[287]

Dans sa propre déposition, le professeur Faurisson a fait justice de ces affirmations sans preuves. Prenant l'exemple du crématoire II de Birkenau dont subsistent des ruines tout à fait parlantes, il a rappelé que les molécules du poison en question ne choisissent pas les endroits où se poser ; celles-ci ne se seraient pas cantonnées exclusivement dans l'appareil respiratoire des victimes mais seraient allées se fixer partout, au plancher, au plafond, aux murs, aux piliers de soutènement de la chambre froide semi-enterrée (*Leichenkeller*-1) ainsi que sur toute la surface des corps, dans les ouvertures naturelles de ces corps et qu'il se serait aussi formé des poches de gaz entre ces corps. Pénétrer dans une telle chambre à gaz encombrée, paraît-il, de deux mille cadavres (qui auraient été cyanurés) serait revenu à plonger dans un océan de gaz cyanhydrique ; ce gaz, partout fixé, aurait continué d'émaner de partout ; l'eau de condensation aurait, elle aussi, fixé ce gaz mortel ; quant au travail de Titan nécessaire pour dégager les cadavres enchevêtrés et pour les transporter, il aurait été impossible : les efforts physiques auraient nécessité une intense activité respiratoire alors que, dans la réalité, le moindre effort physique est à proscrire parce qu'il risque d'intensifier l'activité respiratoire et d'empêcher ainsi le filtre des masques de faire son office.

Dans ses écrits, le professeur a maintes fois rappelé que, de l'aveu même de ses fabricants, le Zyklon B présentait malheureusement l'inconvénient d'une « ventilabilité : difficile et longue à cause de la forte adhérence du gaz aux surfaces ».[288] Au tribunal, il a rappelé ses visites et entretiens au laboratoire central de la préfecture de Police de Paris (rue de Dantzig), ses entretiens et sa correspondance avec le toxicologue Louis Truffert, son étude des chambres à gaz du pénitencier de Baltimore

---

[287] Déposition de J.-C. Pressac du 9 mai 1995 telle que rapportée par Me Lorach, p. 2.
[288] « *Lüftbarkeit : wegen starken Haftvermögens des Gases an Oberflächen erschwert u. langwierig.* » Document de Nuremberg NI-9908, tableau final des huit gaz produits.

en 1979. Il a accumulé une considérable documentation technique sur les chambres à gaz de désinfection, sur le gazage au Zyklon B des nuisibles, sur le traitement au gaz Zyklon B des arbres fruitiers, du tabac, etc., sur les chambres à gaz pour l'entraînement des recrues au port du masque à gaz (dans ce cas on utilise généralement du bromure de benzyle, lequel est inoffensif par rapport au gaz cyanhydrique) ; dans ses différents procès, le professeur a déposé une abondante documentation sur ces sujets et, en particulier, sur le danger extrême que présente la pénétration de personnes, même munies de masques spéciaux, en un lieu où a sévi le gaz cyanhydrique ; il a insisté sur les précautions drastiques à prendre pour la manipulation d'un cadavre qui vient d'être abondamment imprégné de gaz cyanhydrique. Il a rappelé que, selon le « témoignage » de Rudolf Höss, si souvent invoqué dans le passé le plus récent, le personnel chargé de débarrasser les prétendues chambres à gaz d'Auschwitz ou de Birkenau pénétrait dans les lieux en mangeant et en fumant, c'est-à-dire sans masque à gaz, ce qui est radicalement impossible. Il a souvent rappelé que, loin d'être utilisées pendant un court laps de temps, ces prétendues chambres à gaz étaient décrites comme fonctionnant jour et nuit, et cela afin d'éliminer les victimes dans des proportions industrielles. Ces locaux abusivement décrits comme des abattoirs chimiques fonctionnant à plein rendement auraient donc dû, comme les chambres à gaz de désinfection, « exsuder », avec le temps, de grandes quantités de bleu prussique, visibles à l'œil nu. Or, ce n'est absolument pas le cas.

M$_e$ J.-S. Lorach, probablement induit en erreur par G. Wellers, semble tout ignorer de la dangerosité du Zyklon B, lui qui parle de « cadavres de femmes tondues après le gazage » ! D'abord, il n'existait aucune place dans le bâtiment pour procéder à cette opération. Ensuite, l'intoxication des « coiffeurs » aurait été immédiate. Rappelons, par exemple, trois textes qui avertissent du danger extrême :

1. Le 12 août 1942, à Auschwitz, le commandant R. Höss signe un « Sonderbefehl » (ordre spécial) concernant un cas de léger empoisonnement par acide cyanhydrique. Il rappelle les termes du règlement pour tous ceux qui participent à une opération de gazage de pièces d'habitation. Au moment de l'ouverture des pièces, les SS (qui sont de garde autour du bâtiment et ne portent pas de masque à gaz) doivent attendre au moins cinq heures et se tenir à une distance d'au moins quinze mètres. Il leur faut, en particulier, veiller à la direction du vent. Le document est distribué à trente-neuf exemplaires en direction de multiples instances.[289]

---

[289] J.-C. Pressac, *Auschwitz : Technique and Operation of the Gas Chambers*, p. 201.

2. En 1943, un manuel technique de l'armée américaine sur le masque à gaz (manuel traduit en français pour l'usage de l'armée française) porte notamment :

> « (2) On doit également se souvenir qu'un homme peut perdre connaissance par absorption d'acide cyanhydrique gazeux à travers la peau ; une concentration de 2 % d'acide cyanhydrique est suffisante pour faire perdre connaissance à un homme, au bout de 10 minutes. Par conséquent, même en portant un masque, l'exposition à des concentrations supérieures ou égales à 1 % en volume d'acide cyanhydrique gazeux ne doit être tolérée qu'en cas de nécessité et pour une durée ne dépassant pas 1 minute. En général, les locaux où l'on trouve ces gaz doivent être aérés avant que le porteur du masque y pénètre, la concentration en acide cyanhydrique gazeux ayant été ramenée ainsi à un faible pourcentage. »[290]

3. Le 3 avril 1981, Louis Truffert, toxicologue, expert honoraire près la cour d'appel de Paris, président de l'Association internationale d'expertise scientifique, envoyait au professeur Faurisson une lettre par laquelle il rectifiait le contenu d'une lettre adressée à Me Korman le 16 février 1981 ; il déclarait :

> « Toutefois, l'observation que j'ai faite, concernant la possibilité d'entrer sans masque dans une pièce contenant des corps d'intoxiqués par l'acide cyanhydrique, concerne le cas d'une chambre à gaz au niveau du sol, débouchant à l'air libre et il est évident que d'importantes réserves doivent être faites dans le cas d'installations en sous-sol. Une telle situation nécessiterait un dispositif de ventilation très important et des précautions draconiennes pour éviter des pollutions susceptibles d'être à l'origine d'accidents. »

Le 25 mars 1981, M. Truffert, d'abord trompé par la description qui avait pu lui être faite des prétendues chambres à gaz homicides, n'avait pu cacher au professeur Faurisson et à l'éditeur Pierre Guillaume, sa stupéfaction devant les photographies et les plans montrant l'emplacement réel et la forme réelle des locaux.

JAMAIS les antirévisionnistes n'ont répondu aux arguments les PLUS SIMPLES des révisionnistes : comment pouvait-on déverser des

---

[290] Washington, 22 septembre 1943, Manuel technique TM 3-205, *Le Masque à gaz*, p.55.

granulés de Zyklon B dans le toit, par exemple, de la prétendue chambre à gaz du crématoire II de Birkenau puisque, aussi bien, les prétendus quatre orifices de déversement n'ont jamais existé, ainsi qu'on peut le constater encore aujourd'hui *de visu ?* Le trou qu'on peut voir, de forme totalement irrégulière avec fers à béton cisaillés et repliés est le résultat d'un défoncement du toit après la guerre pour permettre la pénétration d'une personne, de corpulence normale, sous ce toit : c'est ainsi qu'on découvre que la prétendue chambre à gaz n'était, comme indiqué sur les plans découverts par le professeur, qu'une pièce nue avec piliers de soutènement et sans aucune de ces prétendues conduites perforées qui auraient permis le déversement des granulés de Zyklon B, leur accumulation au fond de ces conduites et l'émanation du gaz.

Jamais non plus on n'a répondu aux révisionnistes qui faisaient remarquer que, si les chambres froides avaient été, comme on le prétend, des chambres à gaz homicides, AUCUN ESPACE dans tout le crématoire n'aurait pu accueillir les cadavres (environ deux mille, nous dit-on) en attente de leur incinération et alors que, de leur côté, les nouvelles victimes attendaient déjà dans la prétendue salle de déshabillage. Jamais on n'a expliqué aux révisionnistes où pouvaient être entreposés les cadavres des victimes journalières du typhus ou de toute autre « mort naturelle » (gardiens, détenus, travailleurs libres, etc.).

Page 2, alinéas 7-8, et page 3, alinéas 1-2 (l'expertise du Soviétique Robel)

Le professeur Faurisson a bel et bien informé F. Leuchter de cette expertise dont il avait traité dès 1982 dans sa *Réponse à Pierre Vidal-Naquet*.[291] Cette expertise de l'ingénieur soviétique Robel ne présente aucun intérêt puisque, au lieu de porter sur la prétendue arme du crime, elle concerne des objets dont rien ne prouve qu'ils aient été des éléments d'un crime quelconque. Rien ne prouve que ces fermetures en zinc provenaient « des orifices de la chambre à gaz (*Leichenkeller*-I) du crématoire-II de Birkenau » ; d'ailleurs, de tels orifices n'existent tout simplement pas à cet endroit, ainsi qu'on peut le constater aujourd'hui. Rien ne prouve non plus que ces vingt-cinq kilos (et demi) de cheveux provenaient « des cadavres de femmes tondues après le gazage » ; dans toute l'Europe en guerre et en disette on a collecté des cheveux d'hommes et de femmes pour les désinfecter (par exemple au Zyklon B) et pour les employer dans l'industrie de la confection. Il est, en revanche,

---

[291] R. Faurisson, *Réponse à Pierre Vidal-Naquet*, p. 34-35.

remarquable qu'on n'ait procédé à aucune expertise ou qu'on n'ait publié aucune expertise de l'arme même du crime.

Page 3, alinéa 3 (Ernst Zündel)

E. Zündel a été définitivement acquitté par un arrêt retentissant de la Cour suprême du Canada en date du 27 août 1992. Les juges sont allés jusqu'à déclarer anticonstitutionnelle la loi sur le fondement de laquelle il avait été persécuté pendant neuf ans sous la pression constante, en particulier, d'une association dirigée par Mme Sabina Citron (*Canadian Holocaust Remembrance Association*). Ils ont prononcé que cette loi était contraire à la Constitution garantissant la liberté d'expression ; cette liberté a ses limites, ont-ils dit, mais, en l'espèce, E. Zündel devait pouvoir librement exposer ses vues. Cette loi a été abrogée.

Page 3, alinéa 4 (Robert Faurisson)

Si le professeur s'était, depuis 1974, laissé aller à des « élucubrations » (*sic*) dans tous ses écrits et, en particulier, dans sa *Réponse à Jean-Claude Pressac*, la communauté des historiens et des scientifiques l'auraient publiquement confondu depuis beau temps. Au lieu de cela, il ne se passe pas de mois qu'on ne lui concède, ainsi qu'à l'ensemble grandissant des révisionnistes dans le monde, que le révisionnisme historique avait, en fin de compte, raison sur un nombre considérable de points importants et même capitaux.

Depuis un demi-siècle, les révisionnistes attendent, de la part de leurs adversaires, soit une expertise de l'arme du crime prétendument utilisée à Auschwitz et à Birkenau, soit, plus simplement, pour commencer, une photographie, un dessin ou une maquette représentant cette arme et son fonctionnement. Le professeur Faurisson demande respectueusement au tribunal présidé par Mme Ract-Madoux d'ordonner une telle expertise.[292]

---

[292] Tout aussi respectueusement il met en garde le tribunal contre la tentation d'accorder foi aux propos que le Tribunal militaire international attribue à Rudolf Höss ou à Adolf Eichmann. R. Höss a été torturé et son témoignage sur les chambres à gaz est déclaré par le professeur Christopher Browning, collaborateur de l'*Encyclopædia of the Holocaust*, « très faible et confus » (C. Hitchens, « Whose History is it ? », p. 117). Quant à A. Eichmann, il est complètement faux qu'il ait déclaré que « cette politique [d'extermination physique] avait causé la mort de six millions de Juifs, dont quatre millions périrent dans les camps d'extermination » (Jugement in *Procès des grands criminels de guerre*, I, p. 266). Le professeur Faurisson a déjà eu l'occasion de le rappeler, preuves à l'appui, le tribunal de Nuremberg SAVAIT que ce propos était prêté à Eichmann par Wilhelm Höttl, collaborateur du ministère public américain, et a refusé, en

Il rappelle que J.-C. Pressac, dans son livre *Les Crématoires d'Auschwitz*, a accumulé plusieurs centaines d'affirmations *sans preuve*, qu'il n'a reproduit aucune photographie des locaux ou ruines de locaux censés avoir servi d'abattoirs chimiques, qu'il n'a fourni aucun plan, aucun dessin ni aucune maquette de la chambre à gaz nazie et qu'il a, dans un ouvrage réputé scientifique, entièrement passé sous silence l'existence des rapports de l'Américain Fred Leuchter, de l'Allemand Germar Rudolf et de l'Autrichien Walter Lüftl (ce dernier étant, à l'époque, président de la chambre des ingénieurs d'Autriche), sans parler d'une tentative d'expertise de l'Institut de criminologie de Cracovie tenue secrète par les Polonais mais révélée par les révisionnistes. Or, dans une controverse historique il faut exposer la thèse adverse, donner référence des écrits et s'efforcer d'y répondre. C'est ce que, pour leur part, les révisionnistes n'ont cessé de faire.

À titre d'information sur l'inévitable complexité d'une exécution par le gaz cyanhydrique, le tribunal voudra bien trouver ci-joint une copie des pages 301-322 de l'ouvrage publié en 1980 par Robert Faurisson et Serge Thion : *Vérité historique ou vérité politique ? La question des chambres à gaz* ainsi qu'un texte d'une page intitulée « Juger, c'est comparer » et montrant deux photographies dont la simple juxtaposition donne matière à réflexion : la première montre la porte de la chambre à gaz de Baltimore (1954, technologie des années trente et quarante) ; la seconde montre la petite porte vitrée du crématoire-I d'Auschwitz (elle s'ouvre vers l'espace où, paraît-il, s'entassaient des centaines de cadavres).

« Il n'appartient pas aux tribunaux de dire l'histoire ». Il peut arriver que des magistrats ne rappellent d'abord ce principe que pour mieux l'oublier ensuite dans la pratique. Le professeur Faurisson demande respectueusement au tribunal de ne se faire d'aucune façon juge de l'histoire, ni dans le principe, ni dans la pratique. En la circonstance, l'histoire d'Auschwitz devient de plus en plus mouvante depuis le début des années quatre-vingt. Les historiens orthodoxes accumulent, à un rythme qui s'accélère, les révisions les plus déchirantes dans le sens même que préconisaient les révisionnistes. Par exemple, le 18 janvier 1995, la chambre à gaz d'Auschwitz était encore « authentique » mais, le lendemain, les lecteurs français de *L'Express*, et eux seuls, apprenaient

---

fin de compte, de convoquer Höttl pour l'interroger là-dessus ; Eichmann, en 1961, s'est indigné de cette allégation ; Höttl, en 1987, a fini par battre en retraite et a confié à une publication autrichienne qu'il ne fallait pas accorder trop d'attention à ce propos qu'Eichmann aurait tenu à Budapest, un jour qu'il était ivre, vers août-septembre 1944. Le professeur Faurisson tient à la disposition du tribunal présidé par Mme Ract-Madoux tous les éléments de sa démonstration sur ce point comme sur tout autre point.

qu'en réalité « Tout y est faux ». À en croire Pierre Vidal-Naquet lui-même, la tentation est grande chez « des personnes bien intentionnées » d'abandonner l'argument de l'existence des chambres à gaz nazies : « Qu'ils me pardonnent, mais c'est là capituler en rase campagne. »[293] Or, cet abandon est inéluctable comme l'a été celui du « savon juif », de « l'ordre de Hitler », de « Wannsee », du « document Gerstein », des « quatre millions de victimes d'Auschwitz », des « confessions » de Höss, du « langage codé », de l'« abondance de preuves », des « témoignages innombrables ». Dès 1968, l'historienne Olga Wormser-Migot le reconnaissait dans sa thèse sur *Le Système concentrationnaire nazi (1933-1945)* : il existe un « problème des chambres à gaz ».[294] Et, avant cela, dès 1951, Léon Poliakov avait admis, au sujet de ce qu'il appelait « la campagne d'extermination des juifs » : « Aucun document n'est resté, n'a peut-être jamais existé. »[295] Des magistrats pourraient-ils, eux, en savoir plus que ces historiens orthodoxes ?

Enfin, si des magistrats ne peuvent se faire juges de l'histoire, sans doute peuvent-ils encore moins se faire les juges (encore une fois sans recours à des experts) d'un débat historique qui nécessite aussi bien des recherches en chimie, en médecine, en technologies diverses que des investigations *in situ*. Note : Me J.-S. Lorach n'ayant fourni que deux documents, nous nous astreignons à ne fournir, à notre tour, au tribunal que deux documents, mais nous sommes à la disposition du tribunal pour lui communiquer toute preuve ou tout document à l'appui des divers points de cette « Réponse à Me J.S. Lorach, page par page, alinéa par alinéa ».

∗∗∗

---

[293] *Le Nouvel Observateur*, 21 septembre 1984, p. 80.
[294] O. Wormser-Migot, *Le Système concentrationnaire*, p. 541-545.
[295] L. Poliakov, *Bréviaire de la haine*, p. 171.

1er juin 1995

MILICES JUIVES : QUINZE ANS– ET PLUS – DE TERRORISME, EN FRANCE

D ans sa livraison de juin 1991, le mensuel *Le Choc du mois* publiait une étude intitulée : « Milices juives. Quinze ans de terrorisme ». Le sous-titre en était le suivant :

« "Groupe d'action juive", "Organisation juive de combat", "Organisation juive de défense"… Sous ces diverses appellations, des activistes juifs ne cessent depuis une quinzaine d'années de semer la terreur, dans la plus totale impunité. Des provocations qui n'ont d'autre but que de susciter des représailles. Comme si certains voulaient que la communauté juive se sente menacée… »[296]

L'étude passe en revue, du 19 juin 1976 au 20 avril 1991, cinquante cas d'agressions physiques commises par des juifs organisés en groupes. Ne sont donc pas mentionnées les agressions physiques, de toute façon assez rares, commises par des individualités juives.

Dans les cinquante cas répertoriés par *Le Choc du mois*, les victimes se sont comptées par centaines. Chez les victimes de ces milices on relève : mort d'homme, blessures suivies de coma profond, infirmités à vie, séquelles graves ainsi que vitriolage, « commission d'actes de barbarie », œil crevé, tabassage en règle en la présence de policiers ou de gardes refusant d'intervenir, nombreuses hospitalisations, nombreux guet-apens, dont un, au moins, avec la complicité de la presse (cas du journal *Libération*). La plupart de ces agressions sont passées sous silence par les médias ou brièvement rapportées. Certaines sont approuvées par des publications ou des organisations juives qui, en général, après quelques mots de réprobation, donnent à entendre que les victimes méritent leur sort, que c'est « naturel et normal » et qu'il ne faut s'attendre, dans l'avenir, à aucune indulgence si jamais on suscite à nouveau la « colère » des juifs.

Il est remarquable que pas un seul juif n'ait été, en revanche, la victime d'une seule attaque d'un seul groupe dit « d'extrême droite » ou « révisionniste » (puisque, aussi bien, la presse fait l'amalgame entre « révisionnisme » et « extrême droite » alors que le révisionnisme

---

[296] « Milices juives – Quinze ans de terrorisme », p. 7.

historique est, en réalité, un phénomène qui intéresse tous les groupes de pensée, de l'ultra-gauche à l'extrême droite en passant par tous les partis, sauf le parti communiste, et cela sans compter les apolitiques. Paul Rassinier, fondateur du révisionnisme historique en France, était socialiste).

Parmi les attaques ou les agressions commises par des milices ou des organisations juives, on se bornera à citer celles dont ont été victimes François Duprat, un colloque du GRECE, Marc Fredriksen, Charles Bousquet et, à nouveau, Mark Fredriksen, Michel Caignet, Pierre Sidos, Olivier Mathieu, Pierre Guillaume, les « Amis de Saint-Loup » et Robert Faurisson. Beaucoup d'autres cas seraient à citer de 1976 (où, le 2 novembre, l'immeuble dans lequel habitait Jean-Marie Le Pen devra être entièrement détruit après avoir été ébranlé sur cinq étages lors d'un attentat à la dynamite revendiqué par un « Groupe du souvenir juif ») jusqu'en 1991 (où, le 2 avril, Fabrice Benichou, vendeur à la criée d'un journal de Jean-Edern Hallier, meurt à son domicile après avoir été roué de coups dans le quartier juif du Sentier à Paris).

François Duprat

Membre de la direction du Front national, auteur et diffuseur d'écrits révisionnistes, F. Duprat a été tué le 18 mars 1978 dans sa voiture par l'explosion d'une bombe sophistiquée. Sa femme a été grièvement blessée. L'attentat est revendiqué par un « Commando du souvenir ». En accord avec Serge et Beate Klarsfeld, l'escroc Patrice Chairoff avait publié, dans *Dossier néo-nazisme,* le nom et l'adresse de F. Duprat ainsi que de plusieurs autres personnes suspectées de fascisme, de néo-nazisme ou de révisionnisme.[297]

Dans *Le Droit de vivre*, organe de la Ligue contre le racisme et l'antisémitisme (LICA devenue, par la suite, LICRA), Jean Pierre-Bloch, directeur de cet organe et de cette publication, commente l'assassinat de F. Duprat sans dire un mot du sort de Mme Duprat. Son commentaire reflète une mentalité cabalistique : J. Pierre-Bloch affecte de réprouver un crime « inqualifiable » mais, pour lui, ce crime est dû au fait que, à l'en croire, s'installent en France en ces années 1977-1978 « l'anarchie et le règne du règlement de comptes politique » et que des « appels criminels sont lancés contre les immigrés, des juifs ou des tziganes ». On aura noté que J. Pierre Bloch met ici en regard des *actions* criminelles incontestables avec des « *appels* criminels » dont il n'indique ni la teneur ni les conséquences dans la réalité. Plus révélateur encore est le passage

---

[297] *Le Monde*, 23 mars 1978, p. 7 ; 26 avril 1978, p. 9.

suivant de sa déclaration : « Oui, c'est vrai ; nous sommes prêts à nous battre et à mourir pour permettre à nos adversaires de dire ce qu'ils pensent en toute liberté, dès lors qu'ils ne font pas l'apologie du crime ou qu'ils n'entretiennent pas la haine raciale. »[298] Replacés dans le contexte d'un assassinat précis, ces mots constituent un avertissement à l'endroit de ceux qui pourraient déplaire aux juifs en suivant l'exemple de F. Duprat.

D'ailleurs, quelques mois plus tard, J. Pierre-Bloch, décrivant le professeur Faurisson comme un émule de Louis Darquier de Pellepoix, ancien commissaire général aux Questions juives dans le gouvernement de Vichy, annonçait : « Darquier sera extradé. Ceux qui marchent sur ses traces ne feront pas d'aussi vieux os. Tôt ou tard, ils trouveront les antiracistes sur leur route. »[299] La LICRA a été fondée en 1927 par Bernard Lecache sous le nom de « Ligue contre les pogroms » pour défendre un juif russe qui, l'année précédente, avait assassiné à Paris le général ukrainien Simon Petlioura. Le tapage mené en faveur de l'assassin amena à son acquittement ; le même genre de tapage devait beaucoup plus tard conduire à d'autres acquittements d'assassins (par exemple, le 5 mai 1976, l'acquittement du braqueur et assassin Pierre Goldmann).

Dans une chronique du *Monde*, le journaliste Pierre Viansson-Ponté se livrera à une opération de pure délation au sujet d'une brochure révisionniste anglaise qui avait été diffusée en France par F. Duprat ; dans cette chronique il s'abstiendra de toute allusion à l'assassinat de F. Duprat.[300]

Un colloque du GRECE

Le 9 décembre 1979, le XIVe colloque national du GRECE (Groupe d'études et de recherches sur la civilisation européenne) est attaqué par une centaine d'individus casqués qui saccagent des stands de livres. Ces individus déploient des calicots portant le nom de l'« Organisation juive de défense » (OJD). Une quinzaine de participants sont blessés. L'un d'entre eux perdra un œil. Plusieurs assaillants sont arrêtés par la police, puis relâchés le soir-même sur l'intervention de Jean-Pierre Pierre-Bloch, fils de J. Pierre-Bloch et ami de Jacques Chirac. Jean-Pierre Pierre-Bloch

---

[298] *Le Monde*, 7-8 mai 1978.
[299] *Le Droit de vivre*, décembre 1978, p. 23.
[300] P. Viansson-Ponté, « Le mensonge (suite) ».

avait été et sera, par la suite, impliqué dans d'autres agressions ou d'autres interventions en faveur d'agresseurs identiques.

Marc Fredriksen

Le 19 septembre 1980, un commando de l'« Organisation juive de défense » (OJD) attaque au Palais de justice de Paris des sympathisants de Marc Fredriksen, responsable de la FANE (Fédération d'action nationale et européenne). On relève six blessés, dont deux graves. Les gardes du Palais de justice, pourtant chargés du maintien de l'ordre, laissent, en fait, agir, librement ou plus ou moins librement, les milices juives dans cette circonstance comme dans toutes les autres circonstances identiques. Quant à Jean Pierre-Bloch, il déclarera : « La loi du talion pourrait réapparaître [...]. Si un seul des nôtres est touché, nous appliquerons la formule : œil pour œil, dent pour dent [...]. S'il faut nous organiser militairement nous le ferons. »[301] La formule « Si un seul des nôtres est touché... » signifie qu'en fait pas un seul juif n'a été touché. Ce qui était vrai en 1980 reste vrai en 1995. Dans le cadre de leur combat contre les nationalistes ou les révisionnistes, les juifs touchent, blessent ou tuent mais ne sont ni touchés, ni blessés, ni tués ; si cela avait été le cas, les médias du monde entier auraient publié avec force commentaires des photographies (non suspectes) qui en auraient attesté : juifs à œil crevé, à face vitriolée, dans le coma, déchiquetés, hospitalisés, transportés à la morgue, etc. Imagine-t-on l'exploitation qui aurait été faite de ces horreurs sur les cinq continents ?

Charles Bousquet, Mark Fredriksen

Le 3 octobre 1980, un attentat a lieu contre la synagogue de la rue Copernic, provoquant quatre morts et vingt-sept blessés. Les quatre morts sont des passants ; parmi ceux-ci se trouve une Israélienne dont la présence n'a jamais été expliquée. Christian Bonnet, ministre de l'Intérieur, reçoit, dans la journée même, des informations qui lui permettent d'identifier en la circonstance un attentat palestinien mais, sous la pression des organisations juives et avec l'accord de la grande presse, il laisse croire à une action de l'extrême droite. On apprendra par la suite que l'attentat a été effectivement commis par un Palestinien venu de Chypre. Le soir même de l'attentat, les locaux de la FANE sont dévastés et la Librairie française, rue de l'Abbé Grégoire, fait l'objet

---

[301] *Le Monde*, 1er octobre 1980.

d'une nouvelle tentative d'incendie. Cette librairie, dont le propriétaire est Jean-Gilles Malliarakis, connaîtra en quelques années plus de dix attaques ou attentats. Le siège de l'Œuvre française, de Pierre Sidos, est mitraillé. Des scènes de lynchage se déroulent dans Paris où des groupes de manifestants juifs s'en prennent à de jeunes passants isolés, grands, blonds et à cheveux courts.[302]

Le 7 octobre, à Neuilly, Charles Bousquet, quatre-vingt-quatre ans, est attaqué et vitriolé à son domicile par un groupe d'inconnus qui l'ont apparemment confondu avec le militant nationaliste Pierre Bousquet (sans rapport avec René Bousquet). Il sera hospitalisé pendant un mois à l'hôpital Foch au service des grands brûlés. Il conservera des séquelles de ses blessures. Il renonce à porter plainte parce que son fils Pierre, professeur d'histoire à l'Université de Paris IV, lui a demandé d'agir ainsi « à cause des Israélites » : « Ils sont à Jérusalem ou à Tel-Aviv, ceux qui ont fait cela. Tout serait inutile. Je veux oublier. »[303]

Le 12 octobre 1980, Mark Fredriksen est roué de coups et admis, dans un état grave, à l'hôpital de Rambouillet. En son absence, son appartement est dévasté. En traitement à Berck-sur-Mer pour de multiples fractures, il manque de subir une nouvelle agression ; trois jeunes gens se présentent qui demandent à le voir ; leur signalement correspond à celui du groupe Aziza qui, ultérieurement, vitriolera Michel Caignet (voy. ci-dessous).

Le 20 octobre, l'écrivain André Figueras est attaqué à son domicile.

Michel Caignet

Le 29 janvier 1981, Michel (Miguel) Caignet, vingt-six ans, étudiant préparant un doctorat de linguistique anglais-allemand, quitte son domicile de Courbevoie pour se rendre à l'Université lorsqu'il est abordé par quatre individus à proximité de son immeuble. Ceux-ci le renversent, l'immobilisent. L'un des quatre individus lui arrose de vitriol le visage et la main droite.

M. Caignet avait appartenu à la FANE et il était révisionniste. Il avait été dénoncé par l'hebdomadaire VSD. À la suite du vitriolage, son visage est devenu si atroce que seuls deux journaux ont osé en publier la photographie. L'auteur principal de l'agression, Yves Aziza, étudiant en médecine, fils de Charles Aziza (préparateur en pharmacie à Montreuil), a été connu de la police dans l'heure même qui a suivi l'agression mais la police et la justice françaises ont, dans des conditions scandaleuses et

---

[302] Le Monde, 9 octobre 1980, p. 12.
[303] Interview accordée à R. Faurisson le 2 mai 1984.

dont le détail est connu, laissé tout le temps à Y. Aziza de s'enfuir vers l'Allemagne et vers Israël. Au ministère de la Justice, un dénommé Main, appartenant à la direction des Affaires criminelles (directeur Raoul Béteille), élude sur un ton sarcastique toute question sur le retard considérable (quatorze jours !) apporté à l'ouverture d'une instruction judiciaire… Parmi les correspondants d'Y. Aziza, on découvre le nom de Daniel Ziskind, fils de Michèle Ziskind, sœur de Jean-Pierre Pierre-Bloch, lui-même fils de Jean Pierre-Bloch.

Pierre Sidos

Le 18 septembre 1981, deux cents membres de l'« Organisation juive de combat » (OJC) font la loi au Palais de justice de Paris où se déroule le procès en diffamation intenté par Pierre Sidos, président de l'Œuvre française, à Jean Pierre-Bloch. Comme d'habitude, les juifs rouent de coups plusieurs assistants.

Le 25 novembre, les locaux de la librairie *Études et documentation* sont incendiés par un commando.

Le 8 mai 1988, place Saint-Augustin à Paris, des commandos de l'OJC attaquent à coups de barres de fer des militants de l'Œuvre française qui participaient au défilé traditionnel en l'honneur de Jeanne d'Arc ; ils font une quinzaine de blessés, dont deux très grièvement atteints. Quatre des personnes agressées seront hospitalisées. Un septuagénaire restera plusieurs semaines dans le coma. Dix membres de l'OJC sont interpellés par la police. Le soir même, Jean-Pierre Pierre-Bloch intervient en leur faveur auprès de la police judiciaire. Des poursuites sont engagées contre quelques agresseurs. Certaines sont abandonnées avec la mention suivante du juge d'instruction : « Instruction inopportune » ; d'autres agresseurs sont jugés non sans que des pressions « venues du plus haut niveau politique » se soient exercées sur le parquet. Au total, seuls trois agresseurs seront jugés ; ils seront condamnés à deux ans de prison *avec sursis !*

Olivier Mathieu

Le 6 février 1990, des millions de téléspectateurs ont pu assister à l'agression commise sur la personne d'Olivier Mathieu lors d'une émission animée par Christophe Dechavanne. Jean-Pierre Pierre-Bloch est venu sur le plateau avec un groupe de militants de l'OJC. O. Mathieu a juste le temps de lancer : « Faurisson a raison ». Une dizaine de nervis le rouent de coups ainsi que sa fiancée et Marc Botrel. Un personnage important des milices juives est présent : Moshe Cohen, ancien sous-lieutenant de l'armée israélienne, responsable, à l'époque, du Tagar, la branche étudiante du Bétar (59, boulevard de Strasbourg, Paris X_e). Les agressions continuent en dehors du plateau et jusque dans la rue. Un agresseur sera interpellé par la police et relâché quelques heures plus tard sur l'intervention de Jean-Pierre Pierre Bloch.

Pierre Guillaume

Pierre Guillaume, qui appartient à l'ultra-gauche, est le responsable de la Vieille Taupe, qui a publié des ouvrages révisionnistes, notamment du professeur Faurisson. Il a été la victime d'un nombre important d'agressions, soit contre sa personne à la Sorbonne, dans sa librairie de la rue d'Ulm, au Palais de justice de Paris (où les gardes ne sont pas intervenus), soit contre ses biens (dépôt de livres, matériel vidéo, librairie). En 1991, des groupes de manifestants, principalement juifs, sont venus assiéger sa librairie de la rue d'Ulm de façon régulière et ont fini par obtenir la fermeture de cette librairie en 1992 à force de violences diverses (bris de vitrine, injection de produits chimiques, intimidations physiques et autres).

Les « Amis de Saint-Loup »

Le 20 avril 1991, à la « Maison des Mines », à Paris, une cinquantaine d'individus se réclamant du Groupe d'action juive (GAJ), armés de barres de fer et de battes de base-ball, attaquent les participants d'un colloque organisé en hommage à l'écrivain Saint-Loup (Marc Augier). On relève treize blessés, en majorité des personnes âgées, dont deux très grièvement atteints. Juliette Cavalié, soixante-sept ans, évacuée vers l'hôpital Beaujon, y tombera dans le coma pour une durée d'environ trois mois ; reprenant conscience, elle sera condamnée pour le restant de ses jours à ne plus pouvoir s'alimenter seule ni marcher. Le journaliste Alain Léauthier, de *Libération*, et proche de Julien Dray, député socialiste et maximaliste juif, a assisté, de bout en bout, aux préparatifs et à la perpétration de l'attaque. Il en fournit un compte rendu satisfait et ironique.[304]

Robert Faurisson

---

[304] A. Léauthier, « Un commando sioniste s'invite au meeting néo-nazi ».

Le professeur a été la victime de dix agressions physiques entre le 20 novembre 1978 et le 31 mai 1993 (deux à Lyon, deux à Vichy, deux à Stockholm et quatre à Paris). Sept de ces agressions sont dues à des organisations ou à des milices juives françaises (deux à Lyon, une à Vichy, une à Stockholm du fait de juifs français venus par avion de Paris et associés à des juifs suédois, une à la Sorbonne et une au Palais de justice de Paris).

La première de ces sept agressions a eu lieu le 20 novembre 1978 ; elle a été annoncée dans *Libération-Lyon* par le journaliste juif Bernard Schalscha qui a indiqué le jour, le lieu et l'heure des cours du professeur. Des membres de l'Union des étudiants juifs venus en train de Paris, en première classe, attaquent le professeur à l'Université ; le Dr Marc Aron, cardiologue, président du comité de liaison des institutions et des organisations juives de Lyon, est présent sur les lieux.

La deuxième agression a eu lieu lorsque le professeur a tenté de reprendre ses cours quelques semaines plus tard ; le Dr Marc Aron était encore présent ce jour-là à l'Université.

Le 12 septembre 1987, à la Sorbonne, des membres d'une milice juive ont attaqué Henry Chauveau (grièvement blessé), Michel Sergent, Pierre Guillaume et Freddy Storer (Belge) ainsi que le professeur Faurisson, tous blessés. Les gardes de la Sorbonne ont appréhendé l'un des agresseurs. Un responsable, en civil, de la police a fait relâcher l'agresseur et a utilisé la violence pour expulser le professeur de l'enceinte de l'université. Rappelons que R. Faurisson avait enseigné à la Sorbonne.

Le 16 septembre 1989, un guet-apens était tendu à R. Faurisson près de son domicile, dans un parc de Vichy, par un groupe de trois jeunes gens ; sans l'intervention d'un passant, il aurait été achevé à coups de pieds dans la tête. Blessé, il devait subir une longue opération chirurgicale. L'enquête de la police judiciaire confirmera que l'agression était imputable à de « jeunes activistes juifs parisiens ». La veille de l'agression, R. Faurisson avait noté avec surprise la présence, à proximité de ce parc, d'un certain Nicolas Ullmann, né en 1963 ; le 12 juillet 1987, ce dernier avait violemment frappé le professeur au Sporting-Club de Vichy. À la police judiciaire, N. Ullmann, interrogé sur les raisons de sa présence en ces lieux, donnait des réponses vagues et contradictoires ; en outre, il prétendait avoir participé, le jour même de l'agression, à Paris, à un « bal masqué », d'où l'impossibilité pour quiconque, sinon son hôte et ami, d'attester de sa présence ce jour-là à Paris. Il est à noter que le juge d'instruction de Cusset, près de Vichy, n'a jamais convoqué le professeur pour l'entendre ; ce juge, Jocelyne Rubantel, ne l'a reçu dans son bureau, comme un criminel, que pour lui signifier qu'elle demanderait un non-lieu. Ce qu'elle a obtenu. Aucune perquisition n'a été opérée au siège du Betar-Tagar à Paris. Une telle perquisition aurait causé trop de « colère » dans la communauté juive.

Le 16 octobre 1989, soit un mois, jour pour jour, après l'attentat de Vichy, une bombe explose devant la porte des locaux du *Choc du mois*, à Paris, qui sont saccagés. L'attentat est revendiqué par l'OJC et des groupes d'extrême gauche. Éric Letty, qui avait consacré un article au professeur Faurisson, aurait été tué par la bombe s'il n'avait pas, par miracle, décelé à temps l'imminence de l'explosion.

La place nous manque pour évoquer ici les autres agressions dont le professeur Faurisson a été la cible.

Autres cas

De nombreux autres cas pourraient être cités d'attaques ou d'agressions en groupe menées par des juifs : en plus des cas répertoriés par l'article du *Choc du mois* pour les années 1976-1991, il faudrait prendre en considération les cas non répertoriés et, enfin, des cas qui se sont produits depuis 1992.

Répétons-le, le total des victimes s'élève à plusieurs centaines tandis que pas un juif, en revanche, n'a été la cible d'une attaque physique concertée.

Le 14 janvier 1988, à Lyon, le professeur Jean-Claude Allard était hospitalisé à la suite d'une attaque en groupe revendiquée par l'OJC qui lui avait tendu une embuscade sur le parking de l'Université Lyon-III ; en juin 1985, il avait présidé le jury de la thèse du révisionniste Henri Roques sur « les Confessions de Kurt Gerstein » (thèse dont la soutenance a été annulée, fait sans précédent dans les annales de l'Université française, sous la pression des juifs « en colère »).

Le 13 avril 1994, lors d'une interruption de séance au procès des « houligans du Parc des Princes » (l'un, au moins, de ces houligans était juif), des miliciens juifs armés se livraient à de nouvelles violences ; pourtant, ces houligans avaient fait des victimes parmi les policiers et non parmi des juifs. Les miliciens s'étaient introduits au Palais de justice avec armes et barres de fer ; parmi leurs victimes allait figurer un garde du Palais. « Détail intéressant : aucune enquête n'a été décidée pour tirer cette affaire au clair et la seule arrestation a été celle d'un des "militants nationalistes" agressés et qui avait osé se défendre ? »[305]

---

[305] « Les milices juives font la loi », *Le Libre Journal*, 27 avril 1994, p. 9 ; voy. aussi : « Le Betar fait la loi au palais de justice », *Rivarol*, 22 avril 1994, p. 5.

Le 28 avril 1994, l'Allemand Ludwig Watzal, invité officiel de l'Université de Nanterre, était frappé par des membres d'organisations juives ou de gauche.

Les saccages de librairie ont été nombreux : en plus de Bleu-Blanc-Rouge, d'Ogmios, de la Librairie française, de la Librairie de la Vieille Taupe, on peut citer la Librairie Grégori et la Librairie de la Joyeuse Garde (dans ce dernier cas, bris de vitrine, glu empêchant l'ouverture du rideau de fer, excréments, etc.). Des bureaux, des immeubles, une église (Saint-Nicolas-du Chardonnet, à Paris, le 21 décembre 1978), des expositions, un dépôt de livres ont été la cible d'attentats revendiqués par des organisations juives.

Le lieu le plus dangereux de France : le Palais de justice de Paris et ses abords

Pour les victimes désignées de ces milices, la ville la plus dangereuse de France est Paris. Dans Paris, l'un des arrondissements les plus dangereux est le premier arrondissement. Dans cet arrondissement, le point le plus dangereux est constitué par le Palais de justice et ses abords immédiats. Pourtant, ce point est particulièrement surveillé par la police puisque le Palais possède son « commandement militaire » doté de centaines de gardes armés et puisque se trouve, à côté du Palais, le « Quai des Orfèvres », siège de la police judiciaire. Mais, précisément, gardes et policiers ont, durant ces dernières années, laissé se perpétrer de nombreuses violences, en particulier contre les révisionnistes convoqués au tribunal ou venus assister aux procès. Quand une milice juive décide de faire irruption au Palais, le scénario est invariablement le suivant : les nervis, dont le comportement trahit les intentions belliqueuses, ne sont en aucune manière tenus par les gardes à distance des victimes désignées ; aucun officier de la garde ne cherche à prendre contact avec le meneur de ces troupes de choc pour lui signifier qu'aucune violence ne sera tolérée ; on laisse les assaillants insulter, provoquer, puis frapper ; quelques gardes s'efforcent de protéger quelques victimes ; si un militant se signale par une extrême violence, trois gardes l'emmènent précipitamment, puis le libèrent ; les victimes sur lesquelles pleuvent les coups ne peuvent ni faire interpeller les brutes, ni connaître leur identité. Une fois que la milice a fait son œuvre et qu'elle s'éclipse, les gardes se portent vers les victimes ensanglantées ou tuméfiées et affectent un comportement de nounous éplorées.

Le 9 mai 1995, un procès du professeur Faurisson s'est déroulé sans la présence des milices en question. Rien de surprenant à cela : l'avocat

Jean-Serge Lorach, représentant les associations parties civiles, déclarait dans sa plaidoirie qu'il avait demandé aux « survivants » (et aux journalistes) de ne pas venir assister au procès. Mais, en fait, le responsable du Betar-Tagar était présent avec quelques complices devant la XVIIᵉ chambre correctionnelle, puis à la sortie du Palais de justice : Moshe Cohen, en personne. À la sortie du Palais, il surveillait avec quatre hommes, dont l'un muni d'un radiotéléphone, le professeur Faurisson, son avocat et les personnes les accompagnant. Cette équipe disposait d'une voiture banalisée (une R 19 immatriculée 356 JEK 75) rangée sur le trottoir de la grande grille du Palais (en position de départ). Moshe Cohen, l'homme de toutes les basses besognes du Betar-Tagar, était donc là avec l'autorisation du commissaire du 1ᵉʳ arrondissement de Paris, Robert Baujard, et avec l'assentiment du colonel Roger Renault, commandant les gardes du Palais, lesquels avaient pour consigne de répondre aux curieux que cette voiture appartenait « à la police ».

Collusion du ministère de l'Intérieur et des milices juives

Mᵐᵉ Françoise Castro et son époux, Laurent Fabius, sont tous deux juifs. En 1986, à l'époque où L. Fabius était le premier ministre de la France, F. Castro a révélé que les milices juives et le ministère de l'Intérieur travaillaient main dans la main. Elle a déclaré :

> « Extraordinaire nouveauté dans le comportement politique, la gauche a permis à des milices juives de s'installer dans des quartiers de Paris, mais aussi à Toulouse, à Marseille, à Strasbourg [et d'avoir] des contacts réguliers avec le ministre de l'Intérieur. »[306]

Par une sorte d'assentiment général il semble convenu que les juifs doivent être traités en France comme une minorité privilégiée, dont il faut excuser « la colère » (ce mot revient de façon lancinante dans la presse). Leurs milices sont les seules en France à bénéficier du droit d'être armées.[307] La police judiciaire française est paralysée dans ses enquêtes sur les crimes commis par ces milices (« les jeunes activistes juifs parisiens », comme il lui est arrivé de les appeler pudiquement).

---

[306] *Le Monde*, 7 mars 1986, p. 8.
[307] Voy. la photographie d'un juif armé d'un pistolet-mitrailleur sur le toit d'un immeuble de la rue de Nazareth, *Libération*, 14 octobre 1986, p. 56.

En France, ces milices jouissent d'une garantie d'impunité au moins partielle. Le pire que ses membres aient à craindre est d'avoir à s'exiler pour un temps en Allemagne ou en Israël.

Les apologistes de la violence juive

Simone Veil, ancien secrétaire général du Conseil supérieur de la magistrature et ancien ministre, présente l'exemple même de ces personnes de la communauté juive française qui incitent à l'assassinat. En 1985, à propos de Klaus Barbie, elle a déclaré : « Écoutez, très sincèrement, je crois que je n'aurais pas été choquée par une exécution sommaire [de Klaus Barbie] »[308] Elle a récidivé le 22 avril 1992, lors d'une émission de la seconde chaîne de télévision consacrée à : « Vichy, la mémoire et l'oubli », où elle a déclaré à propos du procès Touvier qui l'avait déçue (malgré la condamnation d'un octogénaire cancéreux à une peine de prison à vie) : « Si on voulait un procès dans lequel on parle vraiment des choses, qui ne se termine pas comme le procès Touvier, eh bien, il aurait fallu au fond que quelqu'un, comme moi par exemple, à un moment quelconque froidement assassine quelqu'un. » Cet assassin aurait alors été en mesure, selon S. Veil, d'expliquer publiquement les raisons de son acte. S. Veil a, une nouvelle fois, récidivé en 1994 à l'occasion de l'assassinat de René Bousquet, perpétré par un illuminé enivré d'appels à la vengeance qui se multipliaient dans toute la presse française et dans les milieux juifs, lorsqu'elle a déclaré : « D'ailleurs, si j'avais eu du courage, je serais allée le tuer moi-même. »[309]

Le 14 décembre 1992, sur les ondes d'une radio américaine, on a pu entendre le professeur Pierre Vidal-Naquet déclarer en anglais : « Je hais Faurisson. Si je le pouvais, je le tuerais personnellement ».

La liste serait longue des déclarations incendiaires de responsables juifs français appelant à la violence physique. L'assassinat politique est une pratique à laquelle les juifs ne répugnent guère. Sur le sujet, on peut lire le récent ouvrage de Nachman Ben-Yehuda, *Political Assassination by Jews, A Rhetorical Device for Justice*. On sait le rôle considérable joué par les juifs dans la Révolution bolchevique : Lénine et Trotski n'étaient que les deux juifs les plus sanguinaires de la police politique des bolcheviks. En France, le chant des partisans a été écrit par deux juifs, Joseph Kessel (1898-1979) et Maurice Druon, tous deux membres, par la

---

[308] *Le Monde*, 24 décembre 1985, p. 14.
[309] *Globe Hebdo*, 11-17 mai 1994, p. 21.

suite, de l'Académie française ; le refrain de ce chant est connu : « Ohé !
Les tueurs à la balle et au couteau / Tuez vite ! »

Le cas des époux Klarsfeld

Dans sa *Lettre à un képi blanc*, Bernard Clavel écrit : « La guerre
empoisonne la paix. Regarde cette Allemande, Beate Klarsfeld, qui passe
sa vie dans la haine, qui n'existe que pour la vengeance. »[310]

À la suite de l'inculpation de Kurt Lischka, à Cologne, Serge
Klarsfeld déclarait le 24 juillet 1978, lors d'une conférence de presse
tenue à Paris :

> « Nous ne cherchons pas la vengeance. Si tel était notre but, *il
> nous aurait été facile d'abattre tous les criminels nazis dont nous
> avons retrouvé la trace.* » « Et si le tribunal de Cologne refusait de
> juger Lischka ? » lui demande-t-on. Réponse de S. Klarsfeld : « *Ce
> serait en quelque sorte signer son arrêt de mort.* »[311]

En 1982, les Klarsfeld louaient les services d'un sicaire, un socialiste
bolivien d'origine indienne, du nom de Juan Carlos, pour assassiner
Klaus Barbie mais l'opération devait échouer.[312]

En 1986, Beate Klarsfeld se laissait aller à des confidences dans un
journal américain : « [Elle raconte] comment elle a pourchassé au moins
trois anciens Nazis jusqu'à ce qu'ils se suicident ou meurent ; comment
elle a organisé des tentatives pour en kidnapper d'autres ; comment elle
a eu recours à des trucs pour obtenir de la presse des gros titres permettant
de traîner en justice des gens convaincus que le monde les avait oubliés
ou permettant de ruiner leur carrière. » « [Elle raconte] comment elle a
giflé en public le chancelier [allemand] Kurt Kiesinger en 1968. » « Une
fois, avec plusieurs amis, elle avait essayé de kidnapper Kurt Lischka »
mais la voiture prévue n'avait malheureusement que deux portes au lieu
de quatre. Quant à Ernst Ehlers, « harcelé par les manifestations que les
Klarsfeld organisaient devant sa maison, il a d'abord démissionné de son
poste [de juge], puis il s'est suicidé ». Les Klarsfeld avaient retrouvé la
trace de Walter Rauff au Chili ; ils manifestèrent devant son domicile et
brisèrent ses fenêtres. L'homme « mourut quelques mois plus tard. J'étais
heureuse parce qu'aussi longtemps que ces gens vivent, ils constituent
une offense pour leurs victimes ». « Mon mari et moi, nous ne sommes

---

[310] B. Clavel, *Lettre à un képi blanc*, p. 93.
[311] *Le Monde*, 26 juillet 1978, p. 4.
[312] *Life*, février 1985, p. 65.

pas des fanatiques [...]. Un jour, mon mari a placé un pistolet sur la tempe de Rauff juste pour lui montrer que nous pouvions le tuer, mais il n'a pas appuyé sur la détente. »[313]

En 1988, S. Klarsfeld déclarait : « Personne ne s'est vraiment mobilisé contre Le Pen. Il aurait fallu provoquer des affrontements pour [...] qu'il aille jusqu'au bout de ses positions. »[314]

En 1990, lors de la convention de l'Union des étudiants juifs de France se tenant à Lyon où avait enseigné le professeur Faurisson et où enseignait encore Bernard Notin, S. Klarsfeld déclarait aux étudiants : « Dans votre vie de juif, passez aux actes pour défendre la mémoire, pour défendre l'État juif. »[315]

En 1991, Beate Klarsfeld s'introduisait en Syrie avec de faux papiers pour renouveler devant le domicile supposé d'Aloïs Brunner (déjà défiguré et sans presque plus de doigts aux mains à la suite de l'explosion de lettres piégées) le type d'opération mené devant les domiciles d'anciens nationaux-socialistes ou devant le domicile (fracturé, pillé et dévasté) de Paul Touvier en 1972.

En 1992, les Klarsfeld organisaient ce que Le Monde appelait « L'équipée sauvage du Betar à Rostock » « semant la terreur sur la place centrale de l'hôtel de ville de Rostock, drapeaux français et israéliens déployés, traitant les passants de "sales Allemands, sales nazis !" »[316]

Beate Klarsfeld approuvait ensuite l'attaque de l'Institut Goethe à Paris par le Betar et y voyait une « violence légitime » parce que les policiers de Rostock avaient interpellé quelques agresseurs, pour les relâcher.[317] On avait relevé neuf blessés parmi les policiers dont plusieurs, battus à coups de battes de baseball et de barres de fer et aspergés de gaz « de défense », avaient dû être hospitalisés.

Le 8 juin 1993, René Bousquet, ancien secrétaire général de la police à l'époque du gouvernement de Vichy, puis déporté par les Allemands, était abattu à son domicile parisien par un illuminé ; ce dernier, régurgitant des propos à la Klarsfeld, expliquait son geste comme celui d'un justicier qui, auparavant, avait cherché à abattre Paul Touvier. Annick Cojean, du journal Le Monde, écrivait à propos de S. Klarsfeld :

« N'était-il pas le pourfendeur de Bousquet ? Celui qui l'a traqué, poursuivi, attaqué, contraint de démissionner de toutes ses responsabilités entre 1978 et 1989 ? Et ne lui a-t-on pas [par cet

---

[313] The Chicago Tribune, 29 juin 1986.
[314] Le Soir (de Bruxelles) d'après Rivarol, 1er juillet 1988, p. 5.
[315] Le Progrès de Lyon, 2 novembre 1990, p. 6.
[316] Le Monde, 21 octobre 1992, p. 4.
[317] Der Standard (Vienne), 23 octobre 1992.

assassinat] volé ainsi un procès attendu, préparé de longue date ?
– L'avocat sourit doucement : « Pourquoi le nier ? Ce que j'éprouve aujourd'hui, c'est avant tout du soulagement. Et tant pis si cela va à l'encontre des intérêts de la cause ! Je ne peux pas souhaiter la vie de ces gens-là. C'est plus fort que moi. »[318]

Déjà, le 16 septembre 1989, en apprenant l'attentat perpétré contre le professeur Faurisson, S. Klarsfeld avait déclaré sur les ondes de « Radio J » (« J » pour « juive ») :

« Ce n'est pas tellement surprenant car quelqu'un qui provoque depuis des années la communauté juive doit s'attendre à ce genre d'événement. On ne peut pas insulter la mémoire des victimes sans qu'il y ait des conséquences. C'est quelque chose, je dirais, de regrettable peut-être, mais de normal et de naturel. »

Beate Klarsfeld, de son côté, affirmait :

« Quoi de plus normal que quelques jeunes gens se soient peut-être mis en colère et aient essayé de donner une leçon à Faurisson ? »[319]

L'avocat S. Klarsfeld, officier de l'Ordre national du mérite, n'a jamais caché son goût pour l'action violente dès lors qu'il estime avoir affaire à ceux qu'il appelle des « criminels ». Son recours au mensonge et au chantage, il ne le cache pas non plus.[320]
En 1989, à la suite de l'attentat dont il avait été la victime à Vichy, le professeur Faurisson avait confié au *Choc du mois*[321] des réflexions qui, avec le recul du temps et, en particulier, avec l'assassinat de R. Bousquet, prennent un certain relief comme, par exemple, celle-ci : « […] il est aisé [pour les Klarsfeld ou tel conseiller d'ambassade israélien à Paris] d'échauffer les esprits et de susciter l'action de justiciers. » Le professeur concluait :

---

[318] *Le Monde*, 10 juin 1993, p. 28.
[319] *Le Monde*, 19 septembre 1989, p. 14.
[320] Voy. Arno Klarsfeld, « Pourquoi je suis juif » et S. Klarsfeld, « Lettre à François Mitterrand », où se lit la phrase suivante adressée au président de la République : « D'où m'est venue l'insolence d'évoquer seul votre passé à Vichy et de vous manipuler [par une fausse information] pour vous diriger dans le bon sens : une lecture vraie des crimes consentis par Vichy ? »
[321] C. Ville, « Entretien avec R. Faurisson ».

« J'estime [...] qu'il existe un terrorisme juif ; il est "gémissant" ; les gémissements couvrent les bruits des coups et les cris des victimes [...]. Pour me faire taire, il faudra me tuer. Une foule de révisionnistes, en France et à l'étranger, prendra alors la relève. »

Violences autres que physiques

La présente recension porte sur les violences *physiques* perpétrées par les milices juives. Elle prouve que, dans notre pays, la communauté juive, « heureuse comme Dieu en France » (proverbe yiddish), bénéficie de privilèges exorbitants.

Des violences qui ne sont pas physiques illustreraient tout aussi bien ces privilèges. Ne prenons que deux exemples : à l'université Lyon-II, Robert Faurisson et, à l'université Lyon-III, Bernard Notin avaient le droit – incontestable aux yeux de la loi – d'exercer leur métier et de reprendre leurs cours. Le Dr Marc Aron en a décidé autrement et, avec lui, des organisations comme l'Union des étudiants juifs de France qui, cyniquement, ont déclaré que pour eux *jamais plus* ces enseignants ne pourraient travailler. Se sont pliés à cet oukase, sans un murmure, tous les présidents de la République successifs, tous les premiers ministres, tous les ministres de l'Éducation, tous les présidents d'université et tous les syndicats. R. Faurisson a appris, par un courrier ordinaire, plusieurs mois après la décision et sans aucune forme d'explication, que sa chaire de professeur, dont il était titulaire, avait été supprimée. Quand, en juin 1994, Bernard Notin a cru trouver une issue et lorsque *Le Monde* a annoncé : « Bernard Notin part enseigner au Maroc »[322], on a pu lire que l'annonce de son départ pour l'université d'Oujda « avait provoqué une réaction "scandalisée" de l'Union des étudiants juifs de France (UEJF) qui demande l'annulation de la convention signée entre les deux établissements [français et marocain] et "la radiation définitive de M. Notin du corps enseignant" ».[323] Dans la grande presse, pas une voix ne s'est élevée pour faire remarquer que le Dr Marc Aron et ses institutions ou organisations enfreignaient gravement les droits de fonctionnaires, entravaient la liberté de travail et causaient un dommage considérable non seulement à des individus mais au fonctionnement normal des institutions de ce pays. Le Dr Marc Aron et ses milices sont obéis dans la crainte et le tremblement. En un premier temps, ils veillent à ce que les professeurs qui suscitent leur « colère » ne puissent plus exercer leur

---

[322] *Le Monde*, 9 juin 1994, p. 14.
[323] *Le Monde*, 11 juin 1994, p. 6.

métier ; en un second temps, ils peuvent compter sur *Le Canard enchaîné* pour dénoncer le scandale de ces professeurs qui sont payés (à la portion congrue) et ne travaillent pas !

Les représentants de la communauté juive et leurs organes de transmission triomphent dans la répression judiciaire ou médiatique. « La force injuste de la loi » s'exerce au profit de cette communauté et aux dépens de gens qualifiés d'« antijuifs » ; ceux-ci, pour le moindre mot, pour la moindre pensée jugés hérétiques, se voient lourdement condamner. Amendes, dommages-intérêts, peines de prison brisent les vies, détruisent les ménages, accablent les enfants. Les médias, dont jamais ne sèchent les glandes à venin, apportent leur contribution à cette hystérie vengeresse.

À l'étranger, le terrorisme juif semble présenter les mêmes caractéristiques : excepté dans le cadre particulier de la guerre judéo-palestinienne, les juifs se comportent en agresseurs sans être, de leur côté, physiquement agressés par aucun groupe antijuif ou réputé tel.

Conclusion

Pour la période ici prise en considération (1976-1995), la France n'a jamais connu de groupes, de commandos ou de milices qui aient exercé des violences physiques sur les juifs (les attentats arabo-palestiniens sont une autre affaire). Mais cette évidence semble échapper aux observateurs politiques de toutes tendances. Le bilan est, jusqu'ici, le suivant : d'un côté, une cinquantaine d'agressions organisées et perpétrées par des milices armées avec, pour résultat, des centaines de victimes et, de l'autre côté, des agressions physiques et des victimes dont le total s'élève à… zéro !

Avec le Betar-Tagar, la minorité juive française possède, en accord avec le ministère de l'Intérieur, des formations paramilitaires dont l'équivalent n'existe pour aucune autre partie de la population française ni pour aucune autre minorité étrangère sur le sol de la France.

Ainsi que le notait *Le Choc du mois* dans son dossier sur ces milices[324], la cinquième chaîne de télévision française diffusait, le 4 avril 1990, un reportage sur les militants du Betar-Tagar. Un étudiant y était vu se faisant tabasser par les « Tagarim » à la sortie de la faculté d'Assas, à Paris. Le 18 mai 1990, la même chaîne de télévision diffusait un second reportage consacré à l'entraînement, « calqué sur celui du soldat israélien », que les militants du Betar-Tagar recevaient deux fois par semaine dans un château des environs de Sarcelles (banlieue parisienne) :

---

[324] « Milices juives. Quinze ans de terrorisme »

exercices paramilitaires et entraînement au combat rapproché sous les plis du drapeau israélien. En soi, des exercices de ce type peuvent constituer une sorte de simulacre ou de « cinéma » pour des esprits faibles mais, avec le Betar-Tagar, ces activités trouvent leur expression soit dans des attentats criminels, soit dans des actions de commandos qui bénéficient de l'appui du ministère de l'Intérieur, du soutien (dans les faits sinon dans les paroles) de ligues ou d'organisations dites antiracistes et d'un traitement de faveur de la part des médias.

Annie Kriegel dénonçait en 1990 « une insupportable police juive de la pensée ».[325] Effectivement, cette police a force de loi grâce au rabbin Sirat, qui a lancé l'idée d'une loi antirévisionniste[326], et grâce à Laurent Fabius qui a pu revendiquer à juste titre l'initiative parlementaire du vote de cette loi.[327] Le répugnant montage médiatique organisé autour de la profanation de tombes juives dans le cimetière de Carpentras (profanation dans laquelle semble impliqué le fils d'un officiant de synagogue) a paralysé toute opposition au vote final de la loi Sirat-Fabius-Gayssot.

Mais, à côté de cette insupportable police de la pensée, il existe en France une insupportable police armée, de style israélien, qui s'exerce à force ouverte.

Le 7 mai 1995, à Toronto (Canada), la maison du révisionniste Ernst Zündel a été dévastée par un incendie criminel. Quelques jours plus tard, le même E. Zündel recevait un colis piégé (finalement remis à la police, qui l'a fait exploser). Bien d'autres exemples de cette violence – précédée d'une haineuse campagne de presse – seraient à signaler. Sur le sujet, on lira la brochure de Mark Weber : *The Zionist Terror Network*. En France, de telles violences risquent de se multiplier, si la minorité juive continue à disposer de milices armées.

Nous réclamons la fin du privilège dont bénéficie cette communauté.

En attendant que soit prise une décision politique en ce sens, nous exigeons, à titre de première mesure d'urgence, que le Palais de justice de Paris *et ses abords immédiats* soient interdits à tout groupe ou à tout responsable de groupe (à la Moshe Cohen) dont les intentions terroristes sont manifestes. Il est inadmissible qu'une certaine catégorie de justiciables et les personnes qui les accompagnent aient à redouter de

---

[325] *Le Figaro*, 3 avril 1990, p. 2, et *L'Arche*, avril 1990, p. 25.

[326] *Bulletin de l'Agence télégraphique juive*, 2 juin 1986, p. 1.

[327] François Cordier, substitut du procureur de la République, vient de requérir, le 9 mai 1995, une peine de trois mois d'emprisonnement ferme à l'encontre de Robert Faurisson sur le fondement de la loi Sirat-Fabius-Gayssot, du 13 juillet 1990 ; le professeur est, en effet, coupable de contester l'existence des chambres à gaz nazies. Le jugement sera rendu le 13 juin 1995 par la XVIIe chambre du tribunal correctionnel de Paris.

passer directement des environs de la XVII_e chambre correctionnelle (présidée par Martine Ract-Madoux ou Jean-Yves Monfort) ou de la XI_e chambre de la cour d'appel (présidée par Françoise Simon ou Violette Hannoun) à l'hôpital. Il est odieux que des responsables de milices campent à demeure au Palais avec tous les privilèges accordés aux membres des différents corps de la police nationale. « Les petits nazillons ont reçu la raclée qu'ils méritaient devant le Palais de justice », lançait en 1980 Jean Pierre-Bloch à propos de lynchages qui s'étaient produits *dans et devant* le Palais de justice.[328] Personne ne peut prétendre ignorer ces violences physiques que le président de la LICRA approuvait publiquement il y a quinze ans et qui, depuis quinze ans, se reproduisent *avec la complicité des forces de l'ordre*. Depuis quinze ans, ni les magistrats, ni les avocats, ni leurs syndicats respectifs n'ont exigé que cesse cet état de fait qui déshonore la justice française. Quant au dénommé Moshe Cohen, il serait temps de lui rappeler les déclarations qu'il a faites à *L'Événement du jeudi* (26 septembre 1991), et selon lesquelles tout juif aurait ses racines et son avenir en Israël et serait ainsi, en France, « une personne déplacée » (*sic*). À près de cinquante ans, M. Cohen qui, à l'heure même où nous écrivons, est en Israël avant de revenir en France, serait bien inspiré de faire définitivement son *aliyah*, c'est-à-dire, sa « montée » (*sic*) en Israël.

Le présent texte, fondé sur une documentation fournie par le professeur Faurisson, a valeur d'avertissement et de mise en garde. Il s'adresse aux autorités françaises et, en particulier, à celles qui portent les dix noms de la liste ci-dessous. Traduit en anglais, il sera diffusé auprès d'instances internationales.

Destinataires :
Jacques CHIRAC, président de la République,
Jacques TOUBON, ministre de la Justice,
Jean-Louis DEBRÉ, ministre de l'Intérieur,
Pierre DRAI, premier président de la Cour de cassation,
Myriam EZRATTY, premier président de la cour d'appel de Paris,
Colonel Roger RENAULT, commandement militaire du Palais de justice de Paris,
Robert BAUJARD, commissaire de police du premier arrondissement de Paris,
Moshe COHEN, responsable du Betar-Tagar,
Henri HAJDENBERG, président du Conseil représentatif des institutions juives de France (CRIF),

---

[328] *Libération*, 24 septembre 1980.

Jean-Marc SAUVÉ, secrétaire général à la censure et du gouvernement.

Pièces jointes (à diffusion restreinte) :
– « Entretien avec le professeur Faurisson », *Le Choc du mois*, décembre 1989, p. 42-43,
– « Milices juives. Quinze ans de terrorisme », *Ibid.*, juin 1991, p. 7-13,
– « Ces milices qui sèment la terreur », *Ibid.*, avril 1992, p. 37-39,
– Photographies : « M. Fredriksen à l'hôpital » ; « M. Caignet vitriolé » ; « R. Faurisson à l'hôpital » ; « Juliette Cavalié avant de sombrer dans le coma » ; « Tabassage par un groupe de juifs » ; « Homme à kippa armé d'un pistolet mitrailleur, à Paris ».

Sous presse : Emmanuel Ratier, *Les Guerriers d'Israël* (Enquête sur les milices sionistes).

P.S. Dans la presse de la communauté, les appels à la violence physique sont monnaie courante ; à ce titre, voici la citation de la semaine : « Jacques Kupfer, président du Herout de France, a, quant à lui, une idée précise de la riposte juive au FN : "Je n'ai jamais considéré que l'antisémitisme se réglait à coup de communiqués ou de discussions philosophiques, dit-il. Mais je sais comment on règle le problème des antisémites : d'une manière très physique. La jeunesse juive doit être prête à cela : il ne faut ni pleurer, ni craindre, ni se lamenter" […]. »[329]

***

1er juillet 1995

AUSCHWITZ. DOCUMENTAIRE TÉLÉVISUEL

La Mort en face (2) : La machine [du meurtre de masse].

Deuxième d'un ensemble de trois émissions, apparemment d'une heure chacune, sur Auschwitz. Documentaire de William Karen et Blanche Finger (1995) avec la collaboration de Philippe Alfonsi. Télévision câblée « Planète » ; émission probablement du 31 mai 1995. Voix de Jean-Claude Dauphin.

Le personnage central est le « témoin », survivant d'un *Sonderkommando*, Henryk Mandelbaum.

Or, par inadvertance, les auteurs du documentaire discréditent par avance ce témoin. Au début, on entend, en effet, Franciszek Piper,

---

[329] A. Ben Abraham, « Le Pacte communautaire », p. 15.

responsable du musée d'Auschwitz, déclarer que le nombre des victimes d'Auschwitz se situe entre 1 million et 1,1 million et que le chiffre de 4 millions a été donné par les Soviétiques qui se sont fondés sur des témoignages et, en particulier, celui de H. Mandelbaum ! Donc, ce témoin présente l'inconvénient d'avoir multiplié les chiffres par près de quatre.

Le récit entraîne légendes et ragots habituels sur les 1) Allemands) qui ont tout détruit des traces de leurs crimes, 2) sur le « langage codé » à décoder pour comprendre ce que les nazis voulaient dire, 3) sur l'ordre de Himmler d'arrêter les gazages, sur les enfants jetés vivants dans les flammes des bûchers ou des fours crématoires.

On recourt aux des photos de l'*Album d'Auschwitz* qui, en fait, plaident toutes contre la thèse de l'extermination et des chambres à gaz.

On utilise les grotesques dessins de David Olère (qui souffrait, d'après Pressac lui-même, de « *Krematorium delirium* »).

On ne nous épargne même pas les trois photos constamment citées comme preuves : femmes nues ainsi que cadavres sur le sol avec fumée claire dans le fond.

Un comble : nous avons droit aux bûchers près desquels on recueillait la graisse coulant des cadavres ! On récupérait cette graisse et on la reversait sur les bûchers !

Des vues de Mauthausen, de Majdanek, d'une évacuation de Dachau, etc. nous sont montrées comme s'il s'agissait d'Auschwitz.

Aucune représentation physique de l'arme du crime. Le Krema-I et sa chambre à gaz nous sont présentés comme s'ils étaient authentiques alors que « tout y est faux ».[330] On se garde bien de nous montrer les deux petites portes de bois de la chambre à gaz. La procédure prétendument utilisée est vaguement décrite sans qu'à aucun moment on ne nous montre les lieux (orifices d'introduction, emplacement de la salle de déshabillage, de la chambre à gaz, place pour entreposer les cadavres en attente d'incinération). Mandelbaum dit qu'ils travaillaient, lui et ses collègues, sans masque à gaz dans la chambre à gaz où s'amoncelaient les cadavres. « Il y avait encore une odeur de gaz. » « Il en restait certainement » mais « nous devions le faire [ce travail] » !

Un témoin parle des « trois fenêtres » par lesquelles les SS versaient trois boîtes de Zyklon.

Les Allemands avaient planté des arbres de sorte qu'on ne pouvait pas voir le lieu du crime !

Au sujet de la connaissance que les internés pouvaient avoir des « gazages », on nous dit indifféremment soit : « Personne ne savait »,

---

[330] Éric Conan rapportant les propos des autorités d'Auschwitz dans *L'Express* du 19 janvier 1995, p. 68.

soit : « Tout le monde savait ». Pour sa part, l'ingénieur Igor Trochanski déclare qu'il savait tout.

Le charpentier Wladislaw Foltyn raconte une histoire impossible, vue la configuration réelle des lieux : il parle d'une chambre à gaz de Birkenau comme si celle-ci était à la surface du sol et comme si, la porte s'ouvrant, les cadavres étaient visibles.

On nous débit les histoires habituelles sur *Vergasungskeller* (le mot n'est pas prononcé), sur les testeurs de gaz, sur les extravagantes prouesses des fours, sur Topf et sur Prüfer. On nous annonce qu'un SS a avoué ; en fait, il a simplement vu, un jour, des cadavres.

La musique, le son, la voix du commentateur, les images, tout est à l'aune de ce contenu où l'on note pléthore de clichés vagues, vides, émotionnels.

***

2 juillet 1995

SIMON LE MENTEUR

En décembre 1945, soit sept mois après sa libération du camp de Mauthausen, Simon Wiesenthal, installé à Linz (Autriche), terminait un livre de quatre-vingt-cinq pages intitulé *KZ Mauthausen*. Il s'agissait d'un recueil de dessins ou de caricatures de la plus basse qualité artistique. Déjà épris de vengeance, l'auteur avait choisi pour épigraphe la prière suivante : « Seigneur, **ne** leur pardonnez **pas**, car ils **savaient** ce qu'ils faisaient ! » Le petit ouvrage s'ouvrait sur de prétendues « confessions sur son lit de mort » (*Totenbett-geständnisse*) de Franz Ziereis, commandant du camp de Mauthausen, grièvement blessé par des sentinelles américaines. Juste avant de mourir, F. Ziereis, qu'on avait laissé agoniser pendant six à huit heures au lieu de le soigner, avait, à ce qu'on dit, avalisé une « confesson » qui était des plus folles par ses exagérations et ses extravagances. Je ne reviendrai pas sur ces dernières que j'ai déjà signalées dans « Bibliographie critique au second rapport Leuchter (Dachau, Mauthausen, Hartheim) ».[331]

---

[331] Voy. p. 99-100, 110 sur le document de Nuremberg PS-1515 du 24 mai 1945. **Voir ici-même, vol. III, p. 1073. D**ans cette bibliographie critique, j'écrivais : « Cette séance de torture [subie par F. Ziereis] s'est déroulée en la présence du général américain Seibel, commandant la 11e Divisions blindée et toujours vivant, en 1989, à Defiance, dans l'Ohio. » La revue autrichienne *News* (17 avril 1995, p. 43-44), qui consacre un compte rendu élogieux à la réédition en 1995 de l'ouvrage de S. Wiesenthal, publie une

Parmi les dessins du livre de S. Wiesenthal figurait, sous le titre « Der Galgen » (La potence), un dessin représentant trois détenus en tenue rayée aux corps pantelants encore attachés aux poteaux où ils viennent d'être fusillés. Ce dessin était accompagné d'un commentaire où S. Wiesenthal évoquait le plaisir sadique que les bourreaux SS prenaient, paraît-il, à voir et à photographier de telles exécutions.

En 1984, le révisionniste David McCalden consacrait une étude à la supercherie : S. Wisenthal s'était inspiré d'une photographie parue dans *Life* du 11 juin 1945, p. 50, et montrant trois soldats allemands fusillés par des soldats américains pour avoir revêtu des uniformes américains durant l'offensive des Ardennes (*the Battle of the Bulge*) en décembre 1944.[332]

Il faut croire que les révisionnistes avaient raison quand ils dénonçaient à la fois cette supercherie et l'emploi fait par S. Wiesenthal de la prétendue confession de F. Ziereis. L'ouvrage de S. Wiesenthal vient d'être luxueusement réédité. On n'y trouve plus ni la confession de F. Ziereis, ni le dessin des trois internés, prétendument fusillés à Mauthausen par les Allemands.[333]

Un détail à noter : en 1946, S. Wiesenthal se présentait, en page de garde de son livre, comme ingénieur diplômé. Bien des révisionnistes ont contesté qu'il ait jamais possédé cette qualité et de diplôme. En 1995, S. Wiesenthal n'en fait plus état.

Entre Élie Wiesel et Simon Wiesenthal, qui se détestent cordialement, il est difficile d'opérer un choix et de décider à qui revient la palme du faux témoignage.[334]

***

3 juillet 1995

---

photographie de Richard Seibel observant F. Ziereis sur son lit de mort ; il est assis tout près de la tête du lit ; Ziereis, la mine défaite, semble parler à ses interlocuteurs. *News* décrit cette photographie comme « jusqu'ici inconnue ». Une autre photographie montre S. Wiesenthal et R. Seibel côte à côte en 1995, comme des amis de longue date. R. Seibel, 88 ans, rit à pleines dents. Il est dit « colonel ».

[332] D. Mc Calden, *Simon Wiesenthal exposed.*

[333] S. Wiesenthal, *Denn sie wussten, was sie tun. Zeichnungen und Aufzeichnungen aus dem KZ Mauthausen.*

[334] Voy. M. Weber, « Simon Wiesenthal, le faux "chasseur de nazis" ».

ENCORE UN JOUR DANS LA VIE D'UN RÉVISIONNISTE

En cette seule après-midi du 3 juillet 1995, je suis passé à ma banque pour l'affaire du versement de 42.208 F au Trésor public (Paris-Amendes) et chez les huissiers de mes adversaires pour leur verser en espèces mille francs comme je le fais chaque mois.

À peine rentré à mon domicile, mon avocat me téléphone pour me dire que Me Lorach me réclame ses quatre mille francs d'un très récent procès où nous sommes condamnés à verser 29.000 F.

Le 14 octobre 1994 (nouvelle mouture le 14 novembre), dans mon texte intitulé « Attention ! Ceci n'est pas un appel à l'aide mais une information », j'écrivais, à la page 4, que j'avais versé en l'espace de dix-huit mois (avril 1993–octobre 1994) 152.308 F et qu'il me restait à verser, au 14 octobre (14 novembre) 1994, 109.092, 51 F.

Depuis ce 14 octobre (14 novembre) 1994, je peux dire qu'à la date d'aujourd'hui (3 juillet 1995), j'ai versé 52.508 F (10.300 F aux huissiers et 42.208 F. au Trésor).

Autrement dit, en 18 mois, j'ai versé 152.308 : 18 soit 8.460 F par mois ; puis, en huit mois, j'ai versé 52.508 : 8 soit 6.563 F par mois. Au total, en 18 + 8 mois = 26 mois, j'ai versé 152.308 F + 52.508 F = 204.816 F, soit une moyenne de 7.877 F par mois.

Et je ne parle pas de multiples frais annexes. En gros, le révisionnisme me coûte huit mille francs par mois, au minimum, pour les seuls procès. Et ce n'est pas fini !

***

31 août 1995

L'HISTORIEN FERNAND BRAUDEL (1902-1985)

Le *Figaro littéraire* du 31 août 1995 consacre un dossier à « Braudel : bilan de la nouvelle histoire ». Ce titre est celui d'un article d'Alain-Gérard Slama qui écrit à propos de Fernand Braudel, fondateur de ce qu'on a appelé « la nouvelle histoire de l'école des Annales » :

Dans un manuel rédigé par Braudel en 1963, et réédité en 1987 sous le titre de *Grammaire des civilisations*, on ne lit pas sans surprise, par exemple, que la Révolution soviétique a créé une nouvelle civilisation, et que « l'annonce d'un plan de vingt ans qui conduira l'URSS aux félicités de la société communiste n'est pas un vain projet » (p. 3).

En effet, le plus prestigieux de nos historiens d'après la guerre de 1939-1945 croyait, comme beaucoup de ses collègues, aux félicités, toujours à venir, du communisme soviétique.

Mais il y a mieux : encore une fois comme beaucoup de ses collègues, il croyait également aux chambres à gaz nazies.

En 1979, *Le Monde* du 21 février 1979 avait publié un dossier intitulé « Les camps nazis et les chambres à gaz. La politique hitlérienne d'extermination : une déclaration d'historiens ». Cette déclaration, rédigée sur l'initiative de Léon Poliakov et de Pierre Vidal-Naquet, avait été signée par F. Braudel. Elle constituait une réplique à deux textes que j'avais publiés dans *Le Monde*, où j'exposais succinctement que, pour toutes sortes de raisons, en particulier techniques, les prétendues chambres à gaz nazies ne pouvaient pas avoir existé. Cette « déclaration d'historiens » s'achevait sur les mots suivants :

> « Il ne faut pas se demander comment, *techniquement*, un tel meurtre de masse a été possible. Il a été possible techniquement puisqu'il a eu lieu. Tel est le point de départ obligé de toute enquête historique sur ce sujet. Cette vérité, il nous appartenait de la rappeler simplement : il n'y a pas, il ne peut y avoir de débat sur l'existence des chambres à gaz. »

Le texte portait les signatures de trente-quatre historiens. En plus des noms de L. Poliakov, de P. Vidal-Naquet et de F. Braudel se trouvaient également ceux de Philippe Ariès, Alain Besançon, Pierre Chaunu, Marc Ferro, François Furet, Jacques Julliard, Ernest Labrousse, Jacques Le Goff, Emmanuel Leroy-Ladurie, Robert Mandrou, Roland Mousnier, Madeleine Rebérioux, Maxime Rodinson, Jean-Pierre Vernant et Paul Veyne.

F. Braudel, qu'on présente en France et à l'étranger comme un génie de la science historique, aura cru, les yeux fermés, aux deux plus grossières et impudentes mystifications du XX$_e$ siècle : le paradis du communisme soviétique et l'enfer des chambres à gaz nazies.

Le pape de la nouvelle recherche historique au XX$_e$ siècle, « le pionnier, l'organisateur, le maître », comblé d'honneurs, encensé par les médias, avait un jour déclaré : « Il y a deux choses que je comprends mal : la psychologie et la religion. »[335]

Mais comprenait-il l'histoire, qui veut, comme ne cessent de le rappeler les révisionnistes, qu'on établisse les faits avant de les commenter ? J'en doute. Comme je doute que ce brillant professeur du Collège de France ait médité l'histoire de la dent d'or telle que nous la conte Fontenelle dans son *Histoire des Oracles*.

***

25 septembre 1995

LA LOI FABIUS-GAYSSOT (1990) AVAIT UN PRÉCÉDENT : UNE LOI DU DICTATEUR TRUJILLO (1955)

L a loi Fabius-Gayssot du 13 juillet 1990 institue et réprime, en France, le délit de révisionnisme historique. Cette loi, qui a eu pour inspirateurs principaux le rabbin Sirat et l'historien Pierre Vidal-Naquet, permet d'envoyer devant les tribunaux et de condamner à de lourdes peines de prison ou d'amende tout Français qui affirme publiquement ne pas croire aux chambres à gaz nazies ou au génocide des juifs durant la seconde guerre mondiale.

J'avais écrit que cette loi, qui décrète que la vérité historique sur un important aspect de la seconde guerre mondiale a été établie une bonne fois pour toutes en 1946 par le Tribunal militaire international de Nuremberg, n'avait pas de précédent, même en Union soviétique.

Je me trompais, s'il faut en croire Hans-Magnus Enzensberger qui, dans un ouvrage publié en 1964, écrivait à propos du règne du dictateur dominicain Rafael Trujillo (1891-1961) :

> « 1955, im Jahre XXV der "Ära Trujillo", verabschiedete der dominikanische Kongreß ein Gesetz, das alle öffentlichen Äußerungen, die mit der historischen Wahrheit nicht überstimmten, als Geschichtsfälschung unter Strafe stellte. Was als

---

[335] *Le Figaro littéraire*, 31 août 1995, p. 1, 3.

historische Wahrheit zu gelten hatte, darüber befand die Historische Akademie in Ciudad Trujillo. »[336]

Le livre d'H.-M. Enzensberger est paru en français trois ans plus tard. On y lit :

> « En 1955, soit en l'an XXV de l'« ère Trujillo », le Congrès dominicain prit un décret selon lequel toute déclaration publique qui ne correspondrait pas à la vérité historique serait considérée comme une falsification de l'Histoire et punie par la loi. Pour ce qui était de la vérité historique, c'était à l'Académie d'histoire de Ciudad Trujillo d'en décider. »[337]

Les juges dominicains de l'« ère Trujillo » devaient consulter l'Académie d'histoire de leur pays. Les juges français de l'ère Mitterrand-Chirac ne consultent personne. Ils exécutent aveuglément l'ordre qu'ils ont reçu de châtier les révisionnistes qui ne croient pas à la version juive de l'histoire de la seconde guerre mondiale.

La loi Fabius-Gayssot a été discutée et votée (par la majorité socialo-communiste de l'époque) dans l'atmosphère d'hystérie due à la découverte de tombes violées dans le cimetière juif de Carpentras. Une formidable campagne était lancée en France et à l'étranger contre les lepénistes et les révisionnistes, immédiatement accusés, sans aucune preuve, d'avoir suscité cette violation de sépultures. En première page de sa livraison du 13-14 mai 1990, le journal *Le Monde* publiait un dessin de Plantu où, à côté de tombes juives violées et d'un juif en pleurs, se tenaient deux brutes à crâne rasé, dont l'une portait sous le bras un ouvrage intitulé *Thèse révisionniste*. Laurent Fabius avait, avec son collègue Pierre Joxe, ministre de l'Intérieur, pris la tête de cette campagne. François Mitterrand, président de la République, s'était personnellement joint, dans la rue, à un cortège hérissé de drapeaux israéliens ; Jean-Marie Le Pen était dénoncé comme un assassin ; Robert Faurisson également.[338]

Or, voici qu'en septembre 1995, soit cinq ans plus tard, l'autorité judiciaire déclare abandonner toute piste idéologique ou politique : la violation de sépulture serait due à des jeunes gens en goguette, originaires de la région.

---

[336] H.-M. Enzensberger, *Politik und Verbrechen*, p. 46.
[337] H.-M. Enzensberger, *Politique et crime*, p. 38.
[338] *Le Nouvel Observateur*, 17 mai 1990, p. 68.

En 1990, pétrifiés par l'atmosphère de chasse aux sorcières, députés et sénateurs hostiles à la loi Fabius-Gayssot n'avaient pas osé en saisir le Conseil constitutionnel. Le 21 juin 1991, le député Jacques Toubon demandait l'abrogation de cette loi scélérate en faisant observer que les événements de Carpentras étaient maintenant bien loin. Peine perdue. Aujourd'hui, le même J. Toubon, devenu ministre de la Justice, est rentré dans le rang. Il est aujourd'hui en faveur d'une loi qu'il trouvait, il y a quatre ans, digne de Staline. Il fallait dire : digne de Trujillo.

**

15 novembre 1995

QUESTIONS À JACQUES VERGÈS ET À JACQUES TRÉMOLET DE VILLERS

Jacques Vergès, avocat de Klaus Barbie devant la cour d'assises du Rhône en 1987, et Jacques Trémolet de Villers, avocat de Paul Touvier devant la cour d'assises des Yvelines en 1994, se sont comportés avec courage et même avec panache. Personne n'a mis en doute leur talent d'avocat. K. Barbie, cancéreux, est mort en prison et P. Touvier, cancéreux, risque d'y mourir.

Placés dans une situation périlleuse, J. Vergès et J. Trémolet de Villers semblent n'avoir pas voulu aggraver leur propre cas en risquant le tout pour le tout dans la défense de leurs clients respectifs. Leur système de défense a été «de connivence » plutôt que « de rupture ». Ils n'ont pas fait montre d'une audace comparable à celle de leur confrère canadien Douglas Christie, le « *battling-barrister* », qui, placé dans des conditions identiques, a bravé non seulement la fureur des médias mais aussi celle des juges. D. Christie que, dès 1985, je n'avais consenti à assister, devant les tribunaux de Toronto, qu'à la condition qu'il ne tiendrait aucun compte des interdits ou des tabous, a eu à défendre au Canada des hommes accusés de divers crimes contre les juifs (crime de révisionnisme dans le cas d'Ernst Zündel, « crimes contre l'humanité » dans le cas du Canadien d'origine hongroise Imre Finta, sans compter d'autres cas de même espèce). Son audace a consisté à exiger de l'accusation et des juges tout, absolument tout, ce qu'un avocat est en droit d'attendre, sans faire la moindre concession à l'esprit du temps qui veut que, dans de pareils procès, *on se montre indulgent avec les témoins de l'accusation, accommodant sur la qualité des preuves, conciliant sur les règles de la procédure*. Il se trouve, d'ailleurs, que D. Christie, au cours d'un exténuant combat de dix années, est parvenu jusqu'ici, soit à obtenir l'acquittement de ses clients, soit à leur éviter toute condamnation définitive ; il a même obtenu de la Cour suprême du Canada qu'elle déclare finalement contraire à la Constitution la loi qui avait permis l'atroce persécution judiciaire du révisionniste E. Zündel.

J. Vergès et J. Trémolet de Villers ont écrit, chacun de son côté, un livre sur le procès de leurs clients respectifs.[339] Dans ces livres, publiés après les verdicts, j'ai fait les mêmes constatations, lesquelles me conduisent à leur poser à peu près les mêmes questions au sujet du système de défense que les deux avocats ont adopté dans le prétoire.

K. Barbie était *principalement* accusé de complicité dans l'assassinat de cinquante juifs arrêtés à Izieu, internés à Lyon, transférés à Drancy, puis déportés, par d'autres que K. Barbie, vers l'Est où ils auraient tous été exterminés soit à Auschwitz, soit ailleurs. Quant à P. Touvier, il était *principalement* accusé de complicité d'assassinat de sept juifs fusillés, près de Lyon, à Rillieux-la-Pape.

En soi, ces accusations étaient graves mais ce qui leur donnait un caractère de gravité exceptionnelle, c'est que ces crimes étaient censés avoir été commis « **dans le cadre du plan concerté d'extermination des juifs** ». Or, loin d'exiger, comme l'aurait fait D. Christie, qu'on leur prouve l'existence de ce plan abominable, les deux avocats en ont affirmé, avec insistance, la réalité. De quel droit ? Même une sommité de l'historiographie juive comme Raul Hilberg avait fini par écrire, deux ans *avant* le procès Barbie, que ce qu'il appelait « la destruction des juifs européens » s'était fait sans « plan préétabli » ; il ajoutait même qu'il n'y avait eu, pour mener à bien une aussi gigantesque entreprise criminelle, ni « agence unique », ni « organisme central chargé de diriger et coordonner à lui seul l'ensemble du processus », ni « organisme spécial », ni « budget particulier ». L'explication de R. Hilberg tenait de la magie : il y avait eu « une incroyable rencontre des esprits, une consensuelle divination par télépathie au sein d'une vaste bureaucratie ».[340] La machine administrative allemande avait ainsi fonctionné à la communication de pensée !

---

[339] J. Vergès, *Je défends Barbie* et J. Trémolet de Villers, *L'Affaire Touvier*.
[340] *The Destruction of the European Jews*, 1985, p. 53, 55, 62. *La Destruction des juifs d'Europe*, 1988, p. 51, 53, 60. « T*hus came about not so much a plan carried out, but an incredible meeting of minds, a consensus-mind reading by a far-flung bureaucracy* » (Ainsi se produisit-il non tant un plan mis à exécution qu'une incroyable rencontre des esprits, une consensuelle divination par télépathie au sein d'une vaste bureaucratie). Ces propos de R. Hilberg prononcés lors d'une conférence ont été rapportés par G. DeWan, « The Holocaust in Perspective », p. II-3. Au premier procès d'E. Zündel, en 1985, à Toronto, l'avocat D. Christie, que j'assistais, a obtenu confirmation de ces propos, et

Nos deux avocats ont agi comme s'ils avaient ignoré que, dès le début des années quatre-vingt, les historiens avaient renoncé aux fallacieuses explications du « génocide des juifs » par « l'ordre de Göring du 31 juillet 1941 »[341], par « la conférence de Wannsee » du 20 janvier 1942, par « l'opération Reinhardt », etc. Ces historiens du « génocide » des juifs avaient fini par se scinder en deux groupes : celui des « intentionnalistes », convaincus qu'il avait *dû* exister un ordre, introuvable, de Hitler d'exterminer physiquement les juifs, et le groupe, bien plus nombreux, des « fonctionnalistes », suggérant, sans aucune preuve, que tout avait *dû* se passer pour ainsi dire automatiquement, sans aucun ordre, sans aucun plan.

J. Vergès et J. Trémolet de Villers auraient pu, en dix minutes, démontrer que leurs clients respectifs ne pouvaient pas avoir agi « dans le cadre d'un plan concerté d'extermination » puisque celui-ci n'avait tout simplement pas existé. Prétendre que cet assassinat concerté de millions d'hommes avait effectivement eu lieu mais que leurs clients l'ignoraient n'était ni vrai ni vraisemblable.

Pourquoi les deux avocats, que j'avais mis ou fait mettre au courant des derniers acquis de la science historique la plus officielle, ont-ils, l'un et l'autre, tenu, en matière d'histoire (car ils ne se sont pas abstenus de considérations historiques sur le sujet !), des propos totalement périmés quant au « génocide » des juifs ? Pourquoi ont-ils refusé de déstabiliser une armada d'accusateurs qui ne craignaient rien tant que de voir révéler en plein prétoire, devant les médias assemblés, que les historiens spécialisés ne croyaient plus au « plan concerté de l'extermination des juifs » ?

J. Vergès est allé encore plus loin dans la défense « de connivence ». Il n'a même pas exigé qu'on lui fournisse la preuve que les quarante-quatre enfants[342] et les six adultes d'Izieu avaient été assassinés. Pourquoi ? Il aurait fallu cinquante dossiers, témoignant, en particulier, de recherches menées en Allemagne auprès du Service international de recherches d'Arolsen-Waldeck sur le sort véritable de ces cinquante personnes. Par ailleurs, J. Vergès ne semble pas avoir insisté pour obtenir l'audition ou, à tout le moins, la déposition sous serment de Laja Feldblum, une responsable de la maison d'enfants d'Izieu, revenue de

---

d'autres de même nature, de la bouche même de Raul Hilberg témoignant sous serment. Transcription du procès « Queen versus Ernst Zündel », 1985, p. 846-848.

[341] J. Vergès, *op. cit.,* p. 152.

[342] De l'un d'entre eux, Hans Ament, Serge Klarsfeld n'hésite pas à écrire qu'il a été « assassiné à Sobibor ou à Maïdanek » mais, si on ne sait où est morte une personne, comment peut-on savoir si elle est morte et de quelle façon ? (*Les Enfants d'Izieu...,* p.39).

déportation et qu'on avait miraculeusement retrouvée en Israël. On a propagé la rumeur selon laquelle cette personne avait perdu l'esprit mais où sont l'expertise médicale et la contre-expertise sur l'aptitude ou l'inaptitude de L. Feldblum à témoigner ? Tous les procès comparables au procès Barbie reposent sur le scandaleux postulat israélien (voy. le procès Eichmann à Jérusalem en 1961) selon lequel, dans le cas des juifs, la déportation signifiait l'assassinat ; en conséquence, si la déportation est établie, on se dispense de prouver l'assassinat du déporté. Avec le cas de L. Feldblum, J. Vergès avait l'occasion de dénoncer ce postulat, adopté par la cour d'assises du Rhône, et de rappeler que les survivants juifs d'Auschwitz étaient encore si nombreux en 1987 qu'ils peuplaient toutes sortes d'associations en France et à l'étranger. Pourquoi ne l'a-t-il pas fait ? Enfin, où est l'expertise des locaux réputés avoir servi de chambres à gaz homicides, locaux dont certains qui sont soit « à l'état d'origine », soit à l'état de vestiges largement intacts, méritaient une enquête criminalistique ?[343] Hors du prétoire, J. Vergès a déclaré à la télévision, en réponse à une question du journaliste

Patrick Poivre d'Arvor, qu'« évidemment » les chambres à gaz nazies avaient existé. En est-il si sûr ? Il sait que j'ai personnellement de bonnes raisons de penser qu'il ne croit pas à ces « chambres à gaz ».

J. Trémolet de Villers n'a cessé d'affirmer l'existence du « plan concerté d'extermination des juifs ». Pourquoi l'a-t-il fait avec une telle insistance ? Et pourquoi a-t-il laissé le procès de Paul Touvier se dérouler, de bout en bout, sans exiger au préalable que la cour d'assises des Yvelines réponde aux conclusions qu'il avait déposées pour savoir quelle définition du crime contre l'humanité était retenue contre P. Touvier. Comment peut-on défendre un homme contre une accusation qui reste indéfinie ?[344]

Dans les siècles passés et, en particulier, de 1450 à 1650 mais aussi encore à la fin du XVIIIe siècle, les avocats des sorciers et des sorcières accusés d'avoir participé aux entreprises du Diable (avec ses pals, ses grils et ses fours) respectaient un interdit. Ils n'osaient mettre en cause le « plan concerté » entre le Malin et ses serviteurs. Aussi, tout en défendant leurs clients, cautionnaient-ils le système de persécution et de répression judiciaire qui allait condamner d'abord ces mêmes clients, puis bien

---

[343] De telles enquêtes ont été menées, à titre privé, par Fred Leuchter (USA), Germar Rudolf (Allemagne) et Walter Lüftl (Autriche). Leurs résultats ont confirmé le point de vue révisionniste sur les « chambres à gaz ». On attend toujours une enquête criminalistique, une « expertise de l'arme du crime », conduite par les adversaires des révisionnistes.

[344] Le 30 juin 1992, Éric Delcroix s'est trouvé dans la même situation. En plein prétoire, il a retiré sa robe d'avocat et n'a accepté de la reprendre qu'après que le tribunal de Fontainebleau eut clarifié sa position.

d'autres accusés, par la suite, lors d'une infinité d'autres procès du même genre.

J. Vergès et J. Trémolet de Villers, en dépit, encore une fois, de leur courage et de leur talent, ont-ils fait mieux que leurs confrères des procès de sorcellerie ? Pourquoi ne se sont-ils pas battus comme leur prestigieux confrère canadien, D. Christie, lequel, sans entrer le moins du monde en conflit avec les règles en vigueur, a simplement exercé les droits, *tous* les droits, et les devoirs, *tous* les devoirs, de l'avocat ?[345]

Qu'on ne vienne pas prétendre que j'espérais voir les deux avocats français défendre la thèse révisionniste de la non-existence du « génocide » et des « chambres à gaz » ! Ils n'avaient, dans ces affaires, à ne prendre parti ni pour cette thèse ni pour son contraire. Or, ils ont pris parti pour la thèse officielle, celle que, depuis le 13 juillet 1990, défend la loi Sirat-Fabius-Gayssot.

L'essentiel des questions que je leur pose peut, au fond, se résumer dans l'interrogation suivante :

– Pourquoi avez-vous pris parti pour une thèse historique, celle de l'extermination physique des juifs ? Pourquoi, au surplus, avez-vous choisi de défendre, *de facto*, la forme la plus périmée de cette thèse, celle d'une extermination physique conduite selon un plan concerté ? Pourquoi, dans le cas de vos clients respectifs, n'avez-vous pas exigé que fussent observés tous les usages relatifs à l'administration des preuves, au contre-interrogatoire des témoins et au déroulement de la procédure, des usages qu'on voit normalement respecter aussi bien dans une affaire de simple vol par effraction que dans une affaire criminelle jugée en cour d'assises ?

J'ai lu de près les livres de ces deux éminents avocats français. J'espère, pour paraphraser Montaigne, qu'ils comprendront que mes questions, auxquelles j'aimerais avoir leurs réponses, sont celles d'« un lecteur de bonne foi ».

***

16 novembre 1995

---

[345] D'une éloquence typiquement anglo-saxonne, c'est-à-dire dépourvue d'emphase, de grande taille et de belle prestance, D. Christie a toujours opposé un mépris de fer aux médias ; il refuse d'adresser la parole aux journalistes ou de répondre à leurs questions.

APOLOGIE DU CRIME
(ARTICLE 24 DE LA LOI DU 29 JUILLET 1881)

Le 8 juin 1993, Christian Didier, qui avait tenté d'assassiner Klaus Barbie dans sa prison de Lyon, parvenait à tuer de cinq balles de revolver René Bousquet, à Paris.

Il vient d'être condamné à dix années de réclusion criminelle.

Des individualités ou des groupes ont fait l'apologie de son crime.

L'un de ses deux avocats, Me Arnaud Montebourg, a, lui aussi, approuvé cet assassinat :

> « Il s'agit d'un crime d'utilité publique et d'initiative privée. »[346]

Quant à l'avocat général Philippe Bilger, il a dénoncé non le crime, mais le mobile du crime et il n'a déploré que la médiocrité intellectuelle de l'exécutant. Avec des circonlocutions, il a révélé qu'il aurait préféré un crime politique et non « passionnel » (c'est son mot) :

> « C'est vrai, on aurait peut-être souhaité quelqu'un d'autre dans le box. Un criminel plus structuré, plus intelligent, qui vienne dire : "J'ai tué un salaud. Jugez-moi." C'est vrai. »[347]

L'avocat général s'est, en quelque sorte, mis à l'école de Simone Veil qui, lors de trois déclarations successives à propos de Klaus Barbie, de Paul Touvier et de René Bousquet, exprimait le regret que personne ne se fût levé pour assassiner chacun de ces trois hommes afin de pouvoir, ensuite, déclarer qu'il avait tué « un salaud » :

– au sujet de K. Barbie, S. Veil avait dit : « Je crois que je n'aurais pas été choquée par une exécution sommaire. »[348]

– au sujet de P. Touvier, elle avait affirmé : « Il aurait fallu que quelqu'un, comme moi par exemple, à un moment quelconque, froidement assassine quelqu'un. »[349]

– au sujet de R. Bousquet, elle avait confié : « D'ailleurs, si j'avais eu du courage, je serais allée le tuer moi-même. »[350]

---

[346] *Le Figaro*, 14 novembre 1995, p. 11.
[347] *Libération*, 14 novembre 1995, p. 16.
[348] *Le Monde,* 24 décembre 1985, p. 14.
[349] Deuxième chaîne de la télévision française, « Vichy, la mémoire et l'oubli », 22 avril 1992.
[350] *Globe-Hebdo*, 11-17 mai 1994, p. 21.

Dans cette atmosphère d'appels au meurtre ou à la violence, on n'est pas surpris d'entendre l'organisation Ras l'Front lancer : « Pour Le Pen une balle, pour le FN une rafale. »[351] L'organisation SCALP-Réflex préconise, quant à elle, de « frapper » les révisionnistes.[352]

Arnaud Montebourg, Philippe Bilger, Simone Veil et cent autres de leurs pareils font l'apologie du crime, de façon claire ou voilée. La justice française les épargne.

[Éditorial du *Libre journal de la France courtoise*, dirigé par S. de Beketch, n° 82, 21 novembre 1995, p. 3.]

***

17 novembre 1995

VASSILIJ GROSSMAN ET ILYA EHRENBURG

La presse mène grand tapage au sujet de la traduction en français d'un ouvrage rédigé juste après la guerre en langue russe par deux juifs soviétiques, Vassilij Grossman et Ilya Ehrenburg : Le Livre noir. Voyez, en particulier, Claude Roy, « La bête et le héros », et Nicole Zand, « Les voix du massacre », ainsi que Nicolas Weill, « Mémorial ou document ? ».

V. Grossman et I. Ehrenbourg n'étaient que de grossiers propagandistes soviétiques. À titre provisoire, voici une pièce à verser au dossier de V. Grossman, qu'on trouve sous la plume de Pierre Vidal-Naquet lui-même, dans *Les Juifs, la mémoire et le présent*.[353]

> « Cette histoire a, bien entendu, comme tous les récits historiques, besoin d'être critiquée. La critique peut et doit être menée à plusieurs niveaux. D'abord, toute une sous-littérature qui représente une forment proprement immonde d'appel à la consommation et au sadisme doit être impitoyablement dénoncée.[354] Est à éliminer aussi ce qui relève du fantasme et de la

---

[351] *National-Hebdo*, 16-22 novembre 1995, p. 2.

[352] *Cahier du Centre d'études de la vie politique française*, CNRS, septembre 1995 [n°13], p. 110.

[353] P. Vidal-Naquet, *Les Juifs, la mémoire et le présent*, p. 212-213.

[354] « Chacun complétera ce que j'indique ici. Les noms de Christian Bernadac, de Silvain Reiner, de Jean-François Steiner viennent immédiatement au bout de la plume. Voir le bel article de Cynthia Haft : « Écrire la déportation. Le sensationnel, avilissement du tragique », et la conclusion de son livre : *The Theme of Nazi Concentration Camps in*

propagande. La tâche n'est pas toujours facile, car et le fantasme et la propagande prennent largement appui sur la réalité. Mais il existe des exemples clairs, ainsi celui qui a échappé à l'ardeur des révisionnistes, d'un théologien protestant, Charles Hauter, qui fut déporté à Buchenwald, ne vit jamais de chambres à gaz, et qui délire à leur propos : « Le machinisme abondait littéralement quand il s'agissait de l'extermination : celle-ci, devant se faire vite, exigeait une industrialisation spéciale. Les chambres à gaz répondaient à ce besoin de façon fort diverse. Certaines, d'un goût raffiné, étaient soutenues par des piliers à matière poreuse à l'intérieur desquels le gaz se formait pour traverser ensuite les parois. D'autres étaient de structure plus simple. Mais toutes présentaient un aspect somptueux. Il était facile de voir que les architectes les avaient conçues avec plaisir, en y arrêtant longuement leur attention, en apportant les ressources de leur sens esthétique. C'étaient les seules parties du camp vraiment construites avec amour[355], Côte propagande, on mentionnera le reportage du journaliste soviétique V. Grossman sur Treblinka[356], où tout est déformé et monstrueusement exagéré, depuis le nombre des victimes qui est multiplié par plus de trois (d'environ neuf cent mille à trois millions jusqu'aux techniques utilisées pour donner la mort. »

***

French Literature, p. 190-191 ; voir aussi R. Errera, « La déportation comme best-seller », p. 918-921. J'ai moi-même dénoncé en son temps une des plus infâmes de ces falsifications, *Et la terre sera pure* de Silvain Reiner (voir *Le Nouvel Observateur* du 8 décembre 1969) et contribué, avec Roger Errera, à faire saisir ce livre pour contrefaçon de *Médecin à Auschwitz* de M. Nyiszli. Je suis en revanche tombé dans le piège tendu par *Treblinka* de J.-F. Steiner ; cf. mon article du *Monde*, 2 mai 1966, dont je ne renie pas le fond. » [Note de P. V.-N.]

[355] Ch. Hauter, « Réflexion d'un rescapé », p. 525-526. [Note de P. V.-N.]

[356] V. Grossman, *L'enfer de Treblinka* ; pour un dossier sérieux, voy. A. Rückerl (éd.), *NS Vernichtungslagern in Spiegel deutscher Strafprozesse*, ou A. Donat (éd.), *The Death Camp Treblinka*.

24 novembre 1995

WINSTON CHURCHILL EN FAVEUR DE LA « PURIFICATION ETHNIQUE » APPELÉE « DÉMÊLEMENT » ET « TRANSFERT » DE POPULATIONS

(15 décembre 1944)

« En ce qui concerne la Russie et la Grande-Bretagne, les Polonais sont libres d'étendre leur territoire à l'Ouest aux dépens de l'Allemagne. Je ne me propose pas d'entrer dans les détails exacts mais les agrandissements [*extensions*], qui recevront l'appui de la Grande-Bretagne et de la Russie, liées entre elles comme elles le sont par une Alliance vieille de vingt ans, sont d'une haute importance. C'est ainsi que [les Polonais] gagneront, à l'Ouest et au Nord, des territoires plus importants et plus hautement développés que ceux qu'ils perdront à l'Est. D'après ce que nous entendons dire, un tiers de la Pologne devra être cédé mais je dois mentionner que ce tiers comprend la vaste zone des Marais du Pripet, région tout à fait désolée qui, tout en grossissant la superficie, n'augmente pas la richesse de ceux qui la possèdent.

« J'ai donc, devant cette Chambre, esquissé à grands traits l'offre que font au peuple polonais les Russes sur qui repose encore le poids principal de sa libération. Je ne puis croire que la Pologne rejette cette offre. Bien sûr, cela devrait s'accompagner du démêlement [*disentanglement*] des populations à l'Est et dans le Nord. Le transfert [*transference*] de plusieurs millions de personnes devrait être effectué de l'Est vers l'Ouest ou le Nord ainsi que l'expulsion [*expulsion*] des Allemands – car c'est ce qui est proposé : l'expulsion totale des Allemands – de l'espace à acquérir par la Pologne à l'Ouest et au Nord. En effet, l'expulsion est la méthode, autant qu'on a pu le voir, qui sera la plus satisfaisante et la plus durable. Il n'y aura pas de mélange [*mixture*] de populations pour causer d'interminables ennuis [*endless trouble*] comme cela a été le cas en Alsace-Lorraine. Je n'éprouve pas de craintes à la perspective de ce démêlement [*disentanglement*] de populations, ni même à cause de ces vastes transferts [*transferences*], qui sont plus possibles dans les conditions modernes qu'ils ne l'ont jamais été dans le passé. [W.

Churchill donne ensuite comme exemple d'un « démêlement » réussi celui des populations grecque et turque après la première guerre mondiale.]

« Je ne vois pas non plus pourquoi il n'y aurait pas de place en Allemagne pour les populations allemandes de Prusse orientale et des autres territoires que j'ai mentionnés. Après tout, six ou sept millions d'Allemands ont déjà été tués dans cette effroyable guerre où ils n'ont pas hésité, pour la seconde fois en une génération, à plonger toute l'Europe. À présent, on nous dit qu'ils ont dix ou douze millions de prisonniers ou d'étrangers qu'ils utilisent comme esclaves en Allemagne et qui, nous l'espérons, regagneront leurs demeures et leurs pays quand la victoire sera acquise. En outre, nous devons nous attendre à ce que bien plus d'Allemands soient tués dans la bataille qui occupera le printemps et l'été [1945] et qui, nous devons nous y attendre, connaîtra les combats les plus grands et les plus acharnés que nous ayons livrés dans cette guerre.

« [...] En fait, il n'y a pour moi absolument aucun doute que les grandes Puissances, si elles se mettent d'accord, pourront effectuer ce transfert [*transference*] de population. »³⁵⁷

***

7 décembre 1995

JEAN-FRANÇOIS KAHN A LA MÉMOIRE COURTE [LETTRE À *NATIONAL HEBDO*]

Dans *National-Hebdo*, « Topoline » se réjouit – ou affecte de se réjouir – de ce que Jean-François Kahn ait « fait preuve d'un peu de bon sens » en 1990 à propos de l'affaire de Carpentras. Topoline cite un extrait de *L'Événement du jeudi* du 16 novembre 1995 où J.-F. Kahn déclare :

« Lorsque *L'Événement du jeudi* écrivit [en 1990], au lendemain de la profanation de Carpentras, que le Front national [de Jean-Marie Le Pen], quelle que soit l'ampleur de ses turpitudes par ailleurs, n'y était probablement pour rien, ce n'était peut-être pas politiquement correct, mais c'était vrai. Et si on avait fait

---

³⁵⁷ W. Churchill, Prime Minister, *House of Commons,* 15 December 1944, Hansard, p. 1483-1484, 1486.

l'économie, à l'époque, d'un certain panurgisme hystérique, on ne lui aurait pas fait cadeau d'un argument susceptible, aujourd'hui, de lui faire recruter quelques nouveaux adeptes. »[358]

J'ai eu la curiosité de me reporter à la livraison de L'Événement du jeudi à laquelle J.-F. Kahn fait référence. J'y ai constaté que, dans son éditorial, le responsable du magazine écrivait :

> « Il faut le dire sans complexe : il est fort improbable que ce forfait [la violation du cimetière juif] de Carpentras ait été commis par des adhérents ou des sympathisants du Front national. De ce crime contre la mort, mais de celui-là seulement, Le Pen est sans doute innocent [...]. Voilà le paradoxe. Le Pen est coupable de l'avant et de l'après Carpentras. Sans doute pas de Carpentras. »[359]

Mais, comme le donne d'ailleurs à entendre cette dernière phrase, il s'agit là d'une clause de style. En réalité, en 1990, J.-F. Kahn a saisi l'occasion de « ce forfait » pour se livrer à des attaques hystériques contre Jean-Marie Le Pen, Marie-France Stirbois, le Front national tout entier, Henry Coston, les révisionnistes et... Giscard d'Estaing.

À l'époque, en effet, sous sa signature et sous celles de Nicolas Domenach, Florence Assouline, Maurice Szafran, Jacques Derogy, Serge Faubert, Richard Bellet, Michel Winock et Jérôme Garcin, la profanation du cimetière juif de Carpentras était présentée, dans les termes les plus affirmatifs, comme la révélation, par excellence, du racisme et de l'antisémitisme français. Une caricature montrait Le Pen compissant un arbre à sept branches et la légende portait : « Is fecit cui prodest » (le coupable est celui à qui le crime profite). À onze reprises, un cartouche représentait un chien serrant un os dans ses crocs et dans ses babines sanglantes, ce qui était une façon comme une autre de dénoncer ce « chien de Le Pen » (Claude Sarraute), déterreur de cadavres. Un dessin représentait des mains tenant un soufflet à la « flamme tricolore » du Front national qui attisait un feu d'enfer où dansaient trois diables brandissant des fourches. Un autre dessin représentait un rat immonde se libérant de ses liens. Une caricature représentait Le Pen levant les bras au ciel et s'écriant : « C'est pas moi. J'ai rien fait ! J'ai juste donné l'idée ! »

À elle seule, cette caricature, qui reflétait le contenu de tous ces articles de 1990, y compris l'éditorial de J.-F. Kahn, inflige aujourd'hui un démenti au même J.-F. Kahn qui, en 1995, ose venir affirmer que son

---

[358] National-Hebdo 23 au 29 novembre 1995, p. 17.
[359] J.-F. Kahn, L'Événement du jeudi, 17 au 23 mai 1990, p. 8.

magazine avait, il y a cinq ans, fait preuve de clairvoyance en affirmant, au lendemain de la profanation de Carpentras, que le Front national, « quelle que soit l'ampleur de ses turpitudes par ailleurs, n'y était probablement pour rien ».

La page de couverture de *L'Événement du jeudi* en question portait alors : « Contre la lèpre antisémite, la déchéance raciste, la haine de l'autre : LA FRANCE ! », et cela sur un fond montrant une foule de manifestants dont tout donnait à penser qu'il s'agissait de la foule de Français qui, François Mitterrand en tête, avait manifesté contre Le Pen, sur la place de la République, à Paris. En réalité, J.-F. Kahn s'était permis une incroyable supercherie. Cette foule n'était pas française mais... allemande. On ne distinguait sur la photographie aucune *kippa*, aucun drapeau israélien, aucun mannequin représentant Le Pen en coupable mais beaucoup de têtes blondes et même le képi d'un agent de police allemand. J.-F. Kahn avait substitué à une vue de la manifestation place de la République à Paris une vue de la manifestation des Berlinois à l'occasion de la chute du mur de Berlin !

Pourquoi cette supercherie ? L'hebdomadaire *Rivarol* proposait une explication :

> « L'un des plus proches collaborateurs de Jean Kahn [président du Congrès juif européen ainsi que du Conseil représentatif des Israélites de France] aurait confié : "Kahn a exigé [pour la page de couverture] un cliché sans *kippa* pour faire croire à ces lecteurs que cette manifestation était surtout celle de Français". »[360]

En tout état de cause, J.-F. Kahn avait pris la décision de refouler une photographie de la manifestation de la place de la République à l'intérieur même de son imposant dossier (voy. p. 12), un dossier qu'inspirait vraiment, pour reprendre son expression, « un certain panurgisme hystérique ».

J.-F. Kahn devrait se relire. Il devrait aussi montrer un peu plus de souci pour la vérité des faits.

[Publié sous le titre de « Jean-François Kahn a la mémoire courte », *National Hebdo*, n° 594, 7-13 décembre 1995, p. 12.]

***

18 décembre 1995

---

[360] *Rivarol*, 8 juin 1990, p. 4.

COMBIEN DE MORTS À AUSCHWITZ ?

9 millions de personnes, selon le film documentaire *Nuit et Brouillard* (1955), dont les conseillers historiques étaient l'historien Henri Michel et l'historienne Olga Wormser.[361]

8 millions de personnes, selon l'Office français de recherches des crimes de guerre et le Service français d'information des crimes de guerre (1945).[362]

7 millions de personnes, selon Raphaël Feigelson (1945).[363]

6 millions de juifs, selon Tibère Kremer, préfacier de Miklos Nyiszli (1951).[364]

5 millions à 5,5 millions personnes, selon Bernard Czardybon (1945 ?), selon des aveux attribués à des SS et selon le journal *Le Monde* (1978), qui ajoutait : « dont 90 % de juifs ».[365]

4,5 millions selon Henryk Mandelbaum (1945).[366]

---

[361] *Nuit et Brouillard* (1955), film en noir et blanc de trente-deux minutes inlassablement diffusé depuis quarante ans dans tous les lycées et collèges de France ainsi qu'à la télévision française. Réalisateur : Alain Resnais. Conseillers historiques : Henri Michel (président du Comité d'histoire de la deuxième guerre mondiale) et Olga Wormser [plus tard : Wormser-Migot] (tous deux avaient publié : *Tragédie de la déportation (1940-1945)*, ouvrage couronné en 1955 par l'Académie française). Texte : Jean Cayrol. Prix Jean Vigo 1956. Dans ce film, il est dit que « rien ne distinguait la chambre à gaz [singulier] d'un block ordinaire ». On y montre le plafond de béton de la « chambre à gaz » « labouré par les ongles » et l'on ajoute à ce propos : « même le béton se déchirait ». On y affirme qu'avec les corps « on veut fabriquer du savon ». « Quant à la peau » des corps, l'image nous montre que les Allemands la tannaient. Ces histoires de béton griffé, de savon humain et de peau tannée par les Allemands sont de l'ordre du mythe. La caméra s'attardant sur le paysage de Birkenau, le commentateur dit : « Neuf millions de morts hantent ce paysage ». Cette phrase est prononcée vers la fin du film.

[362] Jacques Billiet, directeur du Service d'information des crimes de guerre, *Documents pour servir à l'histoire de la guerre...*, p. 7 (J. Billiet lui-même) ainsi que p. 196 (Série de rapports de l'Office de recherches des crimes de guerre ; ces mêmes rapports évaluent à vingt-six millions le nombre de prisonniers de guerre ainsi que des détenus politiques morts dans tous les camps d'Allemagne et des territoires occupés, p. 197). Cet ouvrage a été rédigé par Eugène Aroneanu.

[363] *Id.*, p. 196.

[364] « Six millions d'innocents sont passés par les cheminées des fours d'Auschwitz parce qu'un de leurs ascendants proches ou éloignés était de religion israélite », écrit Tibère Kremer dans sa préface à un texte attribué au Dr Miklos Nyiszli, « "SS Obersturmführer Docteur Mengele"... »

[365] Bernard Czardybon au procès R. Höss de Cracovie, selon F. Piper, *Auschwitz...*, p. 7-8. Pour les aveux attribués à des SS, *id*, p. 8. « Auschwitz, où périrent plus de cinq millions d'hommes, de femmes et d'enfants, dont 90 % de juifs » dans « Manifestation du souvenir à Paris devant le mémorial du martyr juif inconnu » (*Le Monde*, 20 avril 1978).

[366] Henryk Mandelbaum au procès R. Höss de Cracovie, selon F. Piper, *Auschwitz...*, 1992, p. 7.

4 millions de personnes, selon un document soviétique auquel le tribunal de Nuremberg a donné valeur de « preuve authentique ». Ce chiffre a été inscrit dix-neuf fois, avec un commentaire en autant de langues différentes, sur le monument d'Auschwitz-Birkenau. Il a été repris par un nombre considérable de personnes, dont l'historien polonais Franciszek Piper. Il sera déclaré faux en 1990 et remplacé, sur le monument, en 1995, par le chiffre de 1.500.000 avec l'accord du même F. Piper pour lequel ce chiffre est un maximum tandis que le chiffre minimum est de 1,1 million. Selon Miriam Novitch (1967), sur les 4 millions de morts, 2,7 millions étaient juifs. Selon le rabbin Moshe Weiss (1991), plus de 4 millions de personnes sont mortes à Auschwitz dont 3 millions de juifs.[367]

3,5 millions de personnes, selon l'avocat d'un accusé allemand au procès de Nuremberg (1946) et selon le *Dictionnaire de la langue française* publié par Hachette (1991). Selon Claude Lanzmann (1980), il y a eu 3,5 millions de gazés dont 95 % de juifs ainsi que beaucoup d'autres morts.[368]

---

[367] De 1945 à 1990, c'est ce chiffre de quatre millions qui aura force de loi. Il émane d'un document soviétique en date du 6 mai 1945. Le document a eu, pour le Tribunal de Nuremberg, valeur de « preuve authentique » grâce au stupéfiant article 21 du statut de ce tribunal (*TMI*, XXXIX, p. 241-261). L'original russe a été traduit en allemand et c'est cette traduction en allemand qui a été reproduite dans l'édition française. Le résumé, en français, placé en tête du document, porte notamment : « Plus de quatre millions d'êtres humains emmenés des pays occupés par l'Allemagne furent tués dans le camp [d'extermination d'Auschwitz], la plupart gazés dès leur arrivée. » (p. 241) En fait, le document lui-même porte, en allemand : « pas moins de quatre millions » (p. 261). Pour le nombre considérable de personnes qui ont repris à leur compte ce chiffre de quatre millions ou d'environ quatre millions, on pourra, pour commencer, se reporter aux noms des anciens détenus Shlomo Dragon, Henry Tauber, Erwin Olszowka, du juge d'instruction Jan Sehn, du procureur Pechalski, du professeur-ingénieur Roman Dawidowski, des juges du Tribunal national suprême de Pologne, de procureurs de tribunaux militaires américains, de toutes sortes d'auteurs ou historiens et de responsables du musée d'Auschwitz tels que Kazimierz Smolen, Danuta Czech et Franciszek Piper (selon F. Piper, *Auschwitz...*, 1992, p. 7-8, 12-14). « Sur les quatre millions de victimes d'Auschwitz, 2,7 millions étaient des juifs et 1,3 des non juifs. » (M. Novitch, *La Vérité sur Treblinka*, p. 39) « More than 4,000,000 people perished [in Auschwitz] ; almost 3,000,000 of them were Jews. » (Rabbi Dr Moshe Weiss, Former Vice President Mizrachi-Hapoel Hamizrachi, « Yom Ha-Shoah-Holocaust Remembrance »).
[368] Bon gré, mal gré, les avocats des accusés du procès de Nuremberg ont souvent fait cause commune avec l'accusation. C'est ainsi, par exemple, que Dr Gustav Steinbauer, avocat d'Arthur Seyss-Inquart, a déclaré le 19 juillet 1946 devant le tribunal : « Auschwitz a englouti, à lui seul, trois millions et demi d'êtres humains, hommes, femmes et enfants » (*TMI*, XIX, p. 55). « Auschwitz : [...] un grand camp d'extermination où périrent environ trois millions et demi de juifs et Polonais entre 1940 et 1945. » (*Dictionnaire de la langue française*, Hachette, 1991) L'année suivante, la maison d'édition Hachette réduira ce chiffre à un million (voy. note 2, p. 1735). « Il n'est pas possible de donner au millier près le nombre exact de ceux qui périrent dans les

3 millions de personnes **jusqu'au 1er décembre 1943**, selon un aveu extorqué à R. Höss (1946), ex-commandant d'Auschwitz.[369]

3 millions de juifs gazés, selon David Susskind (1986) et selon *Heritage*, le plus important hebdomadaire juif californien (1993).[370]

2,5 millions de personnes, selon Rudolf Vrba pour le procès Eichmann (1961).[371]

---

chambres à gaz de Birkenau (les estimations les plus sérieuses tournent autour de trois millions et demi), mais par extermination il faut entendre essentiellement celle du peuple juif. Quatre-vingt-quinze pour cent des gazés de Birkenau étaient des juifs [...]. Beaucoup [d'autres détenus] encore ont perdu la vie [...]. » (Préface de C. Lanzmann à Filip Müller, *Trois ans dans une chambre à gaz...*, p. 12.)

[369] Le 5 avril 1946, Rudolf Höss, le premier des trois commandants successifs d'Auschwitz, signe dans sa prison de Nuremberg, pour le lieutenant-colonel américain Smith W. Brochart, Jr., une déclaration sous serment *en anglais* où il déclare : « *I commanded Auschwitz until 1 December 1943, and estimate that at least 2,500,000 victims were executed and exterminated there by gassing and burning, and at least another half million succumbed to starvation and disease, making a total dead of about 3,000,000* » (doc. PS-3868). Dix jours plus tard, le procureur adjoint américain (associate trial counsel), le colonel John Harlan Amen, lui lira devant le tribunal des extraits du document PS-3868, dont l'extrait ci-dessus, et lui demandera : « Tout cela est-il vrai, témoin ? » R. Höss répondra : « *Ja, es stimmt* » (Oui, c'est exact) (*TMI*, XI, p. 426 ; *IMG*, XI, p. 458). R. Höss avait été torturé. Il a fallu attendre 1983 pour obtenir, de la bouche même de l'un de ses tortionnaires (des juifs appartenant à la Sécurité militaire britannique), les circonstances et le détail des tortures (R. Butler, *Legions of Death*, page des « Acknowledgements » et p. 234-238). Sur ce point et sur les manipulations et tricheries dont les textes attribués à R. Höss ont été l'objet de la part du ministère public américain ainsi que sur des révélations connexes, R. Faurisson, « Comment les Britanniques ont obtenu les aveux de Rudolf Höss, commandant d'Auschwitz », vol. II, p. 657. Jusqu'à ces dernières années, R. Höss était tenu par la majorité des historiens de l'« Holocauste » pour le témoin n° 1 des crimes d'Auschwitz (gazages homicides et nombre des victimes). En 1993, l'un de ces historiens, le professeur américain Christopher Browning, prié par un journaliste britannique juif de donner son opinion sur l'article de R. Faurisson, a fini par répondre : « *Höss was always a very weak and confused witness* ». Le même professeur n'hésitait pas à conclure : « *The revisionists use him all the time for this reason, in order to try and discredit the memory of Auschwitz as a whole.* » (Ch. Hitchens, « Whose History is it ? », p. 117) R. Höss a donné bien d'autres estimations que celle de trois millions de morts jusqu'au 1 er décembre 1943.

[370] « Lorsque vous citez le chiffre d'un million et demi juifs, là encore vous falsifiez les chiffres. Ce sont trois millions de juifs qui furent exterminés à Auschwitz-Birkenau. » (David Susskind, président du Centre communautaire laïc juif de Bruxelles, lettre publiée dans *Le Nouvel Observateur*, 30 mai 1986, p. 29) Dans un éditorial consacré à l'affaire des Carmélites d'Auschwitz, *Heritage*, the Californian largest Jewish weekly, affirme : « [...] *huge quantities of poisonous Zyklon B pellets [...] ended the lives of some Three Million Jews at Auschwitz.* » (7 juin 1993). L'affirmation prouve l'indifférence des rédacteurs de cet hebdomadaire au fait que, depuis trois ans déjà, la presse mondiale, dans son ensemble, avait révélé qu'un tel chiffre constituait une énorme exagération.

[371] « *Consequently, on the basis of my calculations the final death roll in Concentration Camp Auschwitz was 2,500,000.* » c'est ce que déclare sous serment Rudolf Vrba le 16 juillet 1961 à l'ambassade d'Israël à Londres pour le procès Eichmann à Jérusalem. R.

2 millions (?) à 4 millions (?) selon l'historien Yehuda Bauer (1982).[372]

2 millions à 3 millions de juifs tués ainsi que des milliers de non juifs, selon un aveu attribué à un responsable SS, Pery Broad.[373]

2 millions à 2,5 millions de personnes tuées, selon un aveu attribué à un médecin SS, Dr Friedrich Entress (1945 ?).[374]

2 millions de personnes, selon l'historien Léon Poliakov (1951) ; 2 millions de juifs gazés, selon l'historien Georges Wellers (1973) et selon l'historienne Lucy Dawidowicz (1975).[375]

1,6 million de personnes, selon l'historien Yehuda Bauer (1989), dont 1.352.980 juifs.[376] (Ce dernier chiffre est de Georges Wellers, 1983.)

Vrba a l'aplomb d'ajouter que ce chiffre rejoint celui donné par R. Höss au procès de Nuremberg, alors que ce dernier avait estimé le nombre des morts à trois millions jusqu'au 1er décembre 1943, sans fournir d'évaluation pour les quatorze mois suivants. R. Vrba ajoute : « *Thus my estimations of the death-roll in Auschwitz, and the estimations of the death roll made by Rudolf Höss, though made independently of each other and using different methods, were nevertheless in good agreement.* » (R. Vrba and A. Bestic, *I Cannot Forgive*, p. 269-272.)

[372] Il est probable que, pour l'historien Yehuda Bauer, le total des morts d'Auschwitz est de deux à quatre millions vu qu'il écrit, en 1982, à propos des seuls gazés : « *Between April 1942 and November 1944, in addition to the Soviet POWs, the gas extinguished the lives of probably up to 2,000 gypsies (in 1944), a few hundred more Soviet POWs, and between 1,500,000 and 3,500,000 Jews.* » (*A History of the Holocaust*, p. 215). En 1989, soit sept ans plus tard, Y. Bauer estimera le total des morts (gazés ou non gazés) à 1,6 million dont 1.352.980 juifs (voy. note 3, p. 1734).

[373] Le sergent SS Pery Broad, membre de la Section politique (dite « Gestapo ») du camp, est censé avoir écrit : « Deux à trois millions de juifs furent mis à mort [à Auschwitz] ! Outre des milliers de Polonais, Russes, Tchèques, Yougoslaves, etc. » (« Erinnerungen von Broad », *KL Auschwitz in den Augen der SS*, p. 141).

[374] « An SS physician, Friedrich Entress, who served as the camp doctor in 19421943, stated that, in his view, 2,000,000 to 2,500,000 people were killed in Auschwitz. » (F. Piper, *Auschwitz...*, p. 8).

[375] « Par prudence, nous allons donc nous arrêter au chiffre de deux millions [de morts à Auschwitz]. » (L. Poliakov, *Bréviaire de la haine*, p. 496). « [...] on ne saura jamais le nombre exact des juifs assassinés dans les chambres à gaz à la descente des trains. L'estimation prudente est de l'ordre de deux millions... » (G. Wellers, *L'Étoile jaune à l'heure de Vichy...*, p. 290) ; cette estimation ne concernant que le nombre (1) des juifs, (2) gazés, (3) à leur arrivée, il est probable que pour l'auteur le nombre total des personnes mortes à tout moment et pour toute raison est bien supérieur au chiffre de deux millions ; dix ans plus tard, ce nombre total sera évalué par le même auteur à moins d'un million et demi de personnes (voy. note 5, ci-dessous). Pour Lucy Dawidowicz, le chiffre de deux millions semble être celui des juifs gazés (*The War against the Jews...*, p. 148-149).

[376] « *There were never four million victims in Auschwitz [...]. The total number of people who died there [...] was in the neighbourhood of 1,600,000 [...]. The figure for Jews murdered by gassing is 1,323,000, with 29,980 dying in the camp* » (Y. Bauer, « Auschwitz and the Poles. Fighting the distortions », p. 6). L'auteur dit qu'il fait ici état des estimations de G. Wellers en 1983 mais il a transformé le total de 1.471.595 (chiffre de G. Wellers) en... 1.600.000 ! Pour sa propre estimation en 1982, voy. note 3, p. 1733.

1,5 millions de personnes : ce chiffre, choisi par Lech Walesa, a remplacé, en 1995, sur le monument de Birkenau, celui de 4 millions qui avait été retiré en 1990.[377]

1.471.595 personnes, dont 1.352.980 juifs, selon l'historien Georges Wellers (1983).[378]

1,25 million de personnes environ, dont 1 million de juifs tués et plus de 250.000 non juifs morts, selon l'historien Raul Hilberg (1985).[379]

1,1 millions à 1,5 million personnes, selon les historiens Yisrael Gutman, Michael Berenbaum et Franciszek Piper (1994).[380]

1 million de personnes, selon Jean-Claude Pressac (1989) et selon le *Dictionnaire des noms propres* publié par Hachette (1992).[381]

800.000 à 900.000 personnes, selon l'historien Gerald Reitlinger (1953).[382]

---

[377] Jusqu'au 3 avril 1990, les plaques commémoratives d'Auschwitz-Birkenau portaient : « Ici, de 1940 à 1945, 4 millions d'hommes, de femmes et d'enfants ont été torturés et assassinés par les génocides hitlériens ». Le nouveau texte, mis au point après des années de tergiversations, est le suivant : « Que ce lieu où les nazis ont assassiné 1.500.000 hommes, femmes et enfants, en majorité des juifs de divers pays d'Europe, soit à jamais pour l'humanité un cri de désespoir et un avertissement. » (L. Rosenzweig, « Auschwitz, la Pologne et le génocide »).

[378] G. Wellers, *L'étoile jaune à l'heure de Drancy...*, 1983. À comparer avec l'évaluation du même auteur en 1973 (voy. note 2, ci-dessus).

[379] « *Auschwitz [...] Number [of Jews] Killed : 1,000,000 [...]. The number of non-Jews who died in Auschwitz may be estimated on the basis of registrations and transfers at more than 250,000. Most were Poles.* » (R. Hilberg, *The Destruction of the European Jews*, 1985, p. 895). Pour R. Hilberg, il semble que les juifs soient toujours « tués » tandis que les non juifs sont simplement « morts ».

[380] « *At least 1,500,000 people were murdered at Auschwitz-Birkenau* » (p. 11). « *At least 1,100,000 persons were killed or died in the camp. But if this number is regarded as a minimum estimate, what figure can we accept as a hypothetical ceiling ? [...] about 1,350,000 [Jews], with the total number of Auschwitz victims reaching about 1,500,000.* » (p. 71-72) La phrase de la page 11 figure sur une carte insérée dans un chapitre signé d'Yisrael Gutman, « Auschwitz – An Overview ». Les phrases des pages 71-72 figurent dans un chapitre signé de Franciszek Piper, « The Number of Victims » (*Anatomy of the Auschwitz Death Camp*). Auparavant, pour F. Piper, le chiffre des morts d'Auschwitz était de quatre millions (voy. note 6, p. 1731).

[381] « *The figure of 4,000,000 victims is now recognized as "emotional" and should really [be] more in the order of 1,000,000.* » (J.-C. Pressac, *Auschwitz : Technique and Operation...*, p. 264). « *Auschwitz [...]* où périrent environ 1.000.000 de juifs et de Polonais entre 1940 et 1945. » (*Le Dictionnaire des noms propres*, Hachette, 1992) Pour l'évaluation de J.-C. Pressac en 1993, voy. note 4 ci-dessous et, pour son évaluation en 1994, voy. note 5, ci-dessous. Pour l'évaluation d'un dictionnaire édité par Hachette en 1991, voy. note 1, p. 1732.

[382] « *The stark and inescapable fact that 800,000 to 900,000 human beings perished in Auschwitz, its gas chambers and its camps* » (Gerald Reitlinger, *The Final Solution*, 1971, p. 500).

775.000 à 800.000 personnes, selon Jean-Claude Pressac (1993) dont 630.000 juifs gazés.[383]

630.000 à 710.000 personnes, selon Jean-Claude Pressac (1994) dont de 470.000 à 550.000 juifs gazés.[384]

À ma connaissance, cette dernière estimation (de 630.000 à 710.000 personnes) est la plus basse qu'aient jamais fournie ceux qui croient à l'extermination physique des juifs. On dit parfois qu'en 1946-1947 les autorités judiciaires polonaises ont admis le chiffre de 300.000 morts. C'est une erreur. Ces autorités ont estimé le total des morts à trois cent mille personnes enregistrées à leur arrivée, mais à ce chiffre elles ont ajouté celui de trois à quatre millions de personnes non enregistrées.[385]

Pendant plus de quarante ans, les autorités soviétiques, polonaises et de la République fédérale d'Allemagne se sont montrées très discrètes sur l'existence de registres mortuaires (*Sterbebücher*) qui avaient été tenus pendant la guerre par les autorités du camp d'Auschwitz. Sous la pression des révisionnistes (Robert Faurisson et Ernst Zündel), notamment aux deux procès Zündel (Toronto, 1985 et 1988), ces autorités ont fini par faire des révélations sur ces registres à partir de 1989. Elles affirment n'avoir retrouvé de registres que pour la période du 29 juillet 1941 au 31 décembre 1943, non sans quelques lacunes. Comme le camp a été ouvert le 20 mai 1940 et que les Allemands l'ont évacué vers le 18 janvier 1945, cette période représente un peu plus de la moitié de la durée d'existence du camp sous leur autorité. Les registres retrouvés sont, paraît-il, au nombre de 51 et relèveraient 68.864 décès (et non pas 74.000 comme il a été dit par certains journalistes).[386]

Les tenants de la version officielle de l'« Holocauste » ont éprouvé quelque gêne devant la nécessité, imposée par les révisionnistes, de réviser à la baisse, dans de pareilles proportions, le nombre des morts d'Auschwitz.

Comment expliquer qu'au procès de Nuremberg (1945-1946) une telle imposture ait été considérée d'emblée comme ayant valeur de « preuve authentique » grâce à l'article 21 du statut de ce tribunal ?

---

[383] « Total des morts : 775.000 [mais ce chiffre] peut comporter des lacunes. C'est pourquoi est à retenir actuellement le chiffre global de 800.000 victimes » (J-C. Pressac, *Les Crématoires d'Auschwitz/...*, p. 148). Pour l'évaluation de J.-C. Pressac en 1989, voy. note 2, ci-dessus et, pour son évaluation en 1994, voy. note 5, ci-dessous.

[384] « Total des morts : 631.000 – 711.000 ; [...] on évalue le nombre des victimes à 630.000 à 710.000 » (J.-C. Pressac, *Die Krematorien von Auschwitz...*, p. 202). Pour l'évaluation de J.-C. Pressac en 1989, voy. note 2 p. 1735 et, pour son évaluation en 1993, voy. note 4, ci-dessus.

[385] Voy. F. Piper, *op. cit.*, 1992, p. 12-13 ; les références au procès Höss sont fournies par l'auteur.

[386] Th. Grotum et J. Parcer, « Computer-aided Analysis of the Death Book Entries ».

ROBERT FAURISSON

Comment expliquer que, pendant des dizaines d'années, on ait laissé ce chiffre mensonger de quatre millions, dix-neuf fois répété, sur le monument d'Auschwitz-Birkenau ? Comment expliquer que, lors de cérémonies officielles, on ait demandé à tant de grands de ce monde, y compris le pape Jean-Paul II, de venir s'incliner devant une telle invention de charlatans ? Comment expliquer qu'en 1990 la France se soit dotée d'un article de loi antirévisionniste interdisant de contester les « crimes contre l'humanité » tels que décrits et évalués par le tribunal de Nuremberg ? Et puis, comment préserver de toute révision le chiffre de 5.100.000 (R. Hilberg) à 6.000.000 juifs morts pendant toute la guerre, s'il faut à ce point réviser le chiffre des morts d'Auschwitz ?

Aujourd'hui, des juifs expliquent que les Polonais, et eux seuls, auraient inventé le mensonge des quatre millions d'Auschwitz. Animés à la fois par l'antisémitisme et par la fierté nationaliste, les Polonais auraient ajouté à près de 1,5 million de morts juives environ 2,5 millions de morts polonaises ou autres ![387] Cette explication n'est qu'un artifice. La vérité est que, dès la fin de la guerre, non seulement les juifs communistes mais aussi les autorités judiciaires de Pologne avaient répété que la majorité des morts d'Auschwitz était juive. À Cracovie, en 1946-1947, à propos du cas de Rudolf Höss, aussi bien le juge d'instruction que l'accusation avaient conclu qu'en plus de quelques centaines de milliers de morts « enregistrées » il y avait eu à Auschwitz soit quatre millions, soit au moins deux millions et demi de morts, « la

---

[387] En 1983, G. Wellers n'imputait ni aux Polonais, ni aux Russes, ni aux communistes ce mensonge ou cette erreur aux dimensions spectaculaires. Il écrivait : « Depuis quelques années, ayant compris les difficultés de ce problème, et ayant retrouvé la lucidité du jugement, on évite d'avancer des chiffres, mais on sait que quatre millions de morts à Auschwitz est un chiffre exagéré, dû au traumatisme, au choc naturel, inévitable qui dominait le psychisme des survivants pendant les premières années après la fin de la guerre, après la fin de leur cauchemar. » (G. Wellers, *op. cit.*, 1983, p. 138-139). G. Wellers mettait donc en cause les « survivants », tout en oubliant de rappeler sa propre « estimation prudente » de 1973 (voy. note 2, p. 1734). En 1989, Y. Bauer accuse les « *official Polish propagandists* » ; il dit que « *some Poles disseminate the wrong figures [...] in order to create a national myth* » ; il dénonce « *the Poles' concept of themselves as the crucified nation, the real sufferers of Europe.* » (« Auschwitz and the Poles. Fighting the distortions »). « *The figure propagated by the Communist regime was that 2,000,000 Jews and 2,000,000 non-Jews, mainly Poles, were killed.* » (B. Helfgott, Chairman of Yad Vashem Charitable Trust, London, *The Independent*, 3 August 1990). « *The communists tried to "de-Judaize" Auschwitz [...], said Lerman who is also a member of the International Council of the State Museum of Auschwitz* » (« *The Polish communist's false Auschwitz story.* », *The Philadelphia Inquirer*, 29 mars 1992, p. A1, 10). Luc Rosenzweig met en cause « la vulgate national-communiste » (« Auschwitz, la Pologne et le génocide »).

plupart juives ».[388] Durant l'hiver 1963-1964, un monument spécifique fut construit en mémoire des « millions de juifs, martyrs et combattants » exterminés dans ce camp ; l'inscription était en polonais, en yiddish et en hébreu.[389]

Ajoutons enfin que, pour les historiens de l'« Holocauste », la plupart des juifs d'Auschwitz auraient été **tués** au moyen d'un insecticide : le Zyklon B. Pour Arthur R. Butz et pour d'autres révisionnistes, le nombre total des morts d'Auschwitz a dû s'élever à quelque cent cinquante mille, dont environ cent mille juifs.[390] Pour eux, la plupart des juifs n'ont pas été **tués** mais sont **morts**, surtout à cause des épidémies de typhus. Les révisionnistes font observer que, si les Allemands avaient disposé de plus grandes quantités de l'insecticide Zyklon B précisément pour combattre ces épidémies, il serait mort moins de personnes à Auschwitz non seulement parmi les juifs, les Polonais, les Russes et d'autres détenus mais aussi parmi les médecins, les fonctionnaires et les gardiens allemands.

Résumé et conclusion

Selon les historiens officiels (ceux que protègent les lois de la République française et le pouvoir médiatique), ce nombre varie de 9.000.000 (c'est le chiffre de *Nuit et Brouillard*, film imposé depuis 1955 à tous les lycéens de France) à un nombre compris entre 630.000 à 710.000 (c'est le chiffre d'un auteur récemment publié par le Centre national de la recherche scientifique française) ; selon ces historiens, ces personnes auraient été, pour la plupart, victimes d'une politique d'extermination physique. Mais, selon les auteurs révisionnistes, le nombre des morts serait de 150.000, pour la plupart victimes d'épidémies diverses et, en particulier, du typhus.

---

[388] Voy. note 6, p. 1735. En outre, on remarquera, dans notre liste récapitulative des diverses estimations, que les juifs eux-mêmes ont souvent indiqué pour le nombre de leurs coreligionnaires morts à Auschwitz des chiffres supérieurs à celui de 1.500.000. Ils n'ont donc pas le droit d'imputer leurs propres exagérations à des non juifs.

[389] « *In memory of the millions of Jews martyrs and fighters exterminated at the Auschwitz-Birkenau camp by the Hitlerian race murderers, 1940-1945* ». Cette inscription figurait sur un monument bâti, d'après J.-C. Pressac, durant l'hiver 1963-1964 et plus tard (?) supprimé [subsequently removed] (J.-C. Pressac, *Auschwitz : Technique and Operation...*, p. 262-263).

[390] « *I feel reasonably secure in placing the total in the range 100,000-150,000, probably closer to the former [...]. The number of Jewish dead of natural causes at Auschwitz seems less than 100,000.* » (A. R. Butz, « Compte rendu de *Why Did the Heavens not Darken...* », p. 369-370 ; voy. aussi « Some Thoughts on Pressac's Opus... », p. 26).

Sous l'influence des auteurs révisionnistes, les historiens officiels en sont venus à pratiquer de si importantes révisions à la baisse qu'on ne comprend pas de quel droit on pourrait continuer en France d'imposer, par la force de la loi, tel ou tel chiffre. À elles seules, les deux inscriptions officielles portées successivement sur le monument d'Auschwitz-Birkenau, d'abord jusqu'en 1990, puis à partir de 1995, prennent aujourd'hui, sans qu'on l'ait voulu, valeur d'avertissement : elles rappellent que, ni en histoire ni ailleurs, il ne devrait exister de vérité officielle.

Inscription sur le monument d'Auschwitz-Birkenau jusqu'au 3 avril 1990
« ICI, DE 1940 À 1945, 4 MILLIONS D'HOMMES, DE FEMMES ET D'ENFANTS ONT ÉTÉ TORTURÉS ET ASSASSINÉS PAR LES GÉNOCIDES HITLÉRIENS. »[391]
Inscription sur le même monument à partir de 1995
« QUE CE LIEU OÙ LES NAZIS ONT ASSASSINÉ UN MILLION ET DEMI D'HOMMES, DE FEMMES ET D'ENFANTS, EN MAJORITÉ DES JUIFS DE DIVERS PAYS D'EUROPE, SOIT A JAMAIS POUR L'HUMANITÉ UN CRI DE DÉSESPOIR ET D'AVERTISSEMENT. »

N.B. Cette étude ne constitue qu'une esquisse des réponses données ou imposées à la question : « Combien de morts à Auschwitz ? » Il serait facile de fournir des milliers d'autres références. La difficulté du travail tient, en revanche, à ce que, selon les cas, les évaluations peuvent porter sur des catégories de morts très différentes : dans tel cas, on évalue le nombre des « tués », des « gazés », des « juifs » et, dans tel autre cas, on parle de « morts », de « victimes » et on ne distingue pas les « juifs » des « non juifs ». Quelquefois aussi les évaluations ne portent que sur une période limitée. Pour ma part, j'ai évité toute extrapolation numérique à partir d'un chiffre donné pour une courte période de la vie du camp d'Auschwitz.

Note bibliographique

Chez les historiens qui soutiennent la thèse selon laquelle Auschwitz aurait été un camp d'extermination, les principales études portant sur le

---

[391] En anglais : « *Four million people suffered and died here at the hands of the Nazi murderers between the years 1940 and 1945* » ; en allemand : « *Martyrerund Todesort von 4 Millionen Opfern ermordet von nazistischen Völkermordern, 1940-1945* ».

nombre des morts dans ce camp sont, respectivement, celles du Français Georges Wellers publiées en 1983 et 1990 et celles du Polonais Franciszek Piper publiées en 1991, 1992 et 1994 :

– G. Wellers, « Essai de détermination du nombre des morts au camp d'Auschwitz », *Le Monde Juif*, octobre-décembre 1983, p. 127-159 ;

– « A propos du nombre de morts au camp d'Auschwitz », *Le Monde Juif*, octobre-décembre 1990, p. 187-195 ;

– F. Piper, « Estimating the Number of Deportees to and Victims of the Auschwitz-Birkenau Camp », Jerusalem, *Yad Vashem Studies*, XXI (1991), p. 49-103.

Cette dernière étude, corrigée et augmentée, a été publiée sous la forme d'une brochure en langue anglaise imprimée en Pologne :

– *Auschwitz. How Many Perished. Jews, Poles, Gypsies...*, [completed reprint], printed in Poland by Poligrafia ITS, 30-306, Krakow, 1992, 68 p. On peut aussi consulter :

– « The Number of Victims » in Yisrael Gutman and Michael Berenbaum eds, *Anatomy of the Auschwitz Death Camp*, published in association with the United States Holocaust Memorial Museum, Bloomington and Indianapolis, Indiana University Press, 1994, p. 61-80.

De ces cinq études, les plus intéressantes sont, pour G. Wellers, celle de 1983 et, pour F. Piper, celle de 1992, soit, en abrégé ci-dessous : « G. Wellers, *op.ci t.*, 1983 » et « F. Piper, *op. cit.*, 1992 ». Les deux auteurs procèdent au rappel – douloureux pour eux – des « erreurs » commises dans le passé quant au nombre des morts d'Auschwitz. À ce propos, je recommande la lecture de G. Wellers, *op. cit.*, 1983, p. 138-139, et celle de F. Piper, *op. cit.*, 1992, p. 5-16. Rien ne montre mieux que ces pages à quel point, sur ce sujet pourtant si grave du nombre des morts, on s'est laissé aller aux pires fantaisies.

***

20 décembre 1995

CONSEILS À CERTAINS RÉVISIONNISTES (« FUYEZ LA THÉORIE, INTERROGEZ LA RÉALITÉ ! »)

[L'ensemble ci-après a été rédigé en anglais. Je l'ai adressé à quelques révisionnistes rencontrés à Munich et en Bavière du Sud en octobre 1993. Certains de ces révisionnistes m'avaient, je dois le dire,

déçu par la suffisance avec laquelle ils développaient soit des vues théoriques, soit des considérations pédantes sur le problème des « chambres à gaz » nazies ou sur le fonctionnement et le rendement des fours crématoires dans les camps de concentration allemands. À ces révisionnistes je me permets, dans le présent texte, de recommander plus de modestie, plus de prudence et un plus grand souci de l'humble réalité. Sur un aspect du problème des « chambres à gaz », c'est-à-dire sur le risque pratique d'explosion du gaz cyanhydrique, je leur cite la lettre d'un ingénieur californien et, sur un autre aspect de ce même problème, c'est-à-dire sur le risque pratique d'intoxication pour toute personne habitant près d'un lieu à désinsectiser par un gaz hautement toxique, je leur cite un récent article de journal inspiré par un communiqué de l'Agence allemande de presse.]

La théorie n'est pas la *vraie* vie et le pédantisme n'est pas la *vraie* science.

Liberty Bell, décembre 1994, p. 36-37.

Si l'on désire savoir ce que sont *dans la réalité* les dangers du gaz cyanhydrique ou de tout autre gaz hautement toxique, il faut *commencer* par vérifier ce que sont ces dangers *dans la réalité* et non pas d'après des théories, des spéculations, des extrapolations. Si l'on désire savoir quelles étaient les possibilités *réelles*, à supposer qu'il y en ait eu, pour les Allemands, dans les années quarante, d'exécuter des millions de personnes avec du gaz cyanhydrique, il faut *commencer* par vérifier ce qu'était *en réalité* une chambre à gaz d'exécution aux États-Unis à cette époque (matériau, forme, technique, fonctionnement). Si l'on désire savoir quelles étaient les possibilités *réelles* pour ces Allemands d'incinérer des millions de cadavres dans des crématoires, il faut *commencer* par vérifier combien de cadavres au maximum un four crématoire peut *en réalité*, aujourd'hui, incinérer en l'espace d'un mois (il ne faut pas demander combien de temps est nécessaire pour incinérer un cadavre ; cette question est trop théorique et, des réponses obtenues, on risquerait de déduire des extrapolations erronées).

Dans la livraison d'octobre 1994 de *Liberty Bell*, vous avez publié un article de Friedrich Berg sous le titre : « Les machinistes devaient porter un masque à gaz quand ils s'occupaient des fourneaux ». J'avais pris part au débat par une lettre que vous aviez publiée dans la livraison d'avril 1993 de *Liberty Bell ;* il y était question du caractère explosif du HCN [acide cyanhydrique] et de mon expérience, en tant qu'ingénieur, du matériel anti-explosion utilisé pour le gaz naturel.

Ce n'est pas l'existence d'une proportion tonnante air-gaz qui détermine l'installation de dispositifs anti-explosion. Ce qui préoccupe, c'est le fonctionnement défectueux du matériel ou l'erreur de l'opérateur dans la manipulation des gaz inflammables à proximité d'un foyer ouvert. En particulier, les fuites, par le matériel, de gaz plus lourd que l'air (ce qui n'est pas le cas du HCN) dans des locaux fermés. Pour l'industrie, c'est le propane qui est le mauvais larron. Dans la plupart des cas, on exagère le danger, mais les installations se font néanmoins conformément au règlement de la National Electric [Company]. Ce qui ne veut pas dire que telles étaient les exigences en Allemagne nationale-socialiste. Je suis certain que tous les plans de l'époque, pour toute installation qui comportait normalement la présence de quelque proportion que ce fût de HCN dans l'atmosphère, prévoyaient du matériel anti-explosion, quoi qu'on en pense à la firme Du Pont [de Nemours].

Il est exact que les limites d'inflammabilité du HCN s'étendent de 5,6 à 40 % en volume dans l'air, mais ces li mites valent pour les conditions normales et elles s'élargissent en fonction de la température et, je pense, de la pression. Si bien que, si une poche de mélange air-gaz prend feu, le brusque accroissement de température enflammera également les volumes plus dilués de mélange air-gaz, ajoutant ainsi à la masse enflammée, donc à l'explosion.

Récemment, en feuilletant ma collection d'anciens numéros du magazine *Life*, je tombais sur un article (*Life*, 22 décembre 1947, p. 31) avec des photos d'une maison de Los Angeles « avant » et « après » une fumigation au gaz cyanhydrique. La photo d'« après » montrait la maison totalement effondrée après la dévastation provoquée par l'explosion. Par ailleurs, cette année [1994], au cours des informations, on a rapporté qu'une maîtresse de maison avait ouvert, pour une seule opération, vingt-cinq boîtes de désinfectant (bombes anti-punaises), ce qui avait provoqué une explosion.

Dans la vie réelle, le HCN explose bel et bien. Je reconnais aussi que la plupart des gens qui l'utilisent en ignorent généralement le danger.

R. T., Californie

[R.T. est un ingénieur répondant à F. Berg qui minimisait les
dangers d'explosion du HCN.]

Kreiszeitung Böblinger Bote, *16 novembre 1995, p. 7,* *d'après « DPA » [Deutsche Pressagentur].*

Désinsectisation improvisée

Le ratage a été complet. Trois habitants de la localité ont été intoxiqués tandis qu'une quantité d'insectes xylophages en ont réchappé : tel est le bilan d'une opération désastreuse entreprise contre des nuisibles dans une église de la localité touristique de Lovran, près de Rijeka en Croatie. À cause du travail improvisé des désinsectiseurs, il a fallu, pour raison de sécurité, évacuer plusieurs centaines d'habitants de la localité.

Les désinsectiseurs avaient voulu s'attaquer de nuit, au moyen d'un gaz hautement toxique, à des vers à bois dans l'église Saint-Juraj de Lovran. Comme ils n'avaient pas obturé le bâtiment dans les règles de l'art, le gaz s'était échappé vers les maisons voisines où les habitants étaient déjà en train de dormir. « Subitement pris de nausées, les gens se sont heureusement tout de suite éveillés, ce qui les a sauvés d'une mort certaine », écrit le journal *Vecernji List*. Cependant, trois habitants ont souffert d'intoxication grave. Le maire a décidé l'évacuation du centre de la localité. Les désinsectiseurs ont été arrêtés. Les vers à bois ont survécu.

Je dois la communication de cet article à l'obligeance du chimiste allemand Germar Rudolf qui avait participé aux rencontres révisionnistes de Munich et de Bavière du Sud et qui m'écrivait, le 5 décembre 1995 :

« L'information de l'Agence allemande de presse est parue dans bien d'autres journaux. Cette information prouve en fait ce que vous avez toujours affirmé [sur le sujet] – contre le scepticisme de maint révisionniste, y compris moi-même. »

***

26 décembre 1995

DE QUEL DROIT LES VAINQUEURS DE LA SECONDE GUERRE MONDIALE DÉNONCENT-ILS LES PILLAGES EXERCÉS PAR LE VAINCU ?

L e père de l'ordinateur était un Allemand du IIIe Reich dont les recherches furent financées par les autorités du IIIe Reich.

Si on mène grand bruit autour des pillages, les uns réels et les autres supposés, de Hitler, de Göring ou des autorités allemandes d'occupation pendant la dernière guerre, on est, en revanche, discret sur les plus vastes pillages qu'ait probablement connus l'histoire mondiale : ceux qu'ont perpétrés, en Allemagne, à partir de 1945, les vainqueurs de la seconde guerre mondiale. En particulier, le vol des brevets et des découvertes scientifiques semble avoir atteint des proportions considérables. Par ailleurs, dans une Allemagne exsangue, dont on démantelait les usines et dont on emprisonnait ou poursuivait devant les tribunaux une grande partie des élites dirigeantes de l'économie, de la science et de l'enseignement, beaucoup de savants et d'ingénieurs de tout premier ordre n'avaient d'autre ressource que de se mettre au service des vainqueurs.

Il faudrait pouvoir comparer en toute sérénité la politique économique de l'Allemagne dans les territoires qu'elle a occupés pendant la guerre avec la politique économique des Américains, des Britanniques, des Français et des Soviétiques pendant la guerre et *après la guerre* dans les pays qu'ils ont, à leur tour, occupés. On a tendance à exagérer l'aide apportée par les Américains à l'Allemagne avec le « plan Marshall ». Cette aide fut tardive (1948-1952) et les États-Unis ne firent là que restituer une petite partie de ce qu'ils avaient auparavant volé à l'Allemagne (ou de ce qu'ils avaient permis à d'autres vainqueurs de voler à l'Allemagne). « Passe-moi ta montre, je te dirai l'heure ! » Avec le plan Marshall, les Américains ont « dit l'heure » aux Allemands des « années zéro ». Je dois cette remarque au révisionniste Ernst Zündel.

Au sujet de la politique économique de l'Allemagne dans les territoires qu'elle a occupés pendant la guerre, il est un aspect qu'on néglige souvent : celui de *l'aide* apportée par ce pays aux économies européennes menacées d'effondrement à cause, en particulier, du blocus exercé d'abord par les Britanniques seuls, puis par les Britanniques et les Américains réunis. Sans doute l'Allemagne était-elle mue par la nécessité de sauvegarder autant que possible l'économie et la monnaie des pays occupés mais ainsi a-t-elle agi en la circonstance. Il faut donc le dire et non le cacher.

La Grèce, par exemple, était menacée, à cause du blocus anglais, à la fois par la famine et par l'effondrement de sa monnaie. L'Allemagne fut amenée à prendre en faveur de la Grèce qu'elle occupait des mesures que les manuels d'histoire passent sous silence parce qu'elles ne correspondent pas du tout à l'image qu'on se fait ordinairement de l'Allemagne nationale-socialiste. En pleine guerre, L'Allemagne qui, pourtant, manquait cruellement d'or et de ravitaillement, envoya à la Grèce (et à l'Albanie) un million trois cent mille livres d'or, soixante-mille tonnes d'aliments divers ainsi que des produits d'exportation *allemands*. À partir d'une certaine époque, en accord avec les Britanniques, « le bateau suédois *Halaren* quittait chaque mois Trieste ou Venise pour le Pirée, chargé de ravitaillement *allemand* destiné à la Grèce ». Du moins est-ce là ce que rapportait, sans être démenti, l'ambassadeur Hermann Neubacher, ancien maire de Vienne, qui déclarait devant le Tribunal de Nuremberg qu'« ainsi, en accord avec le Plan de quatre ans [c'est-à-dire avec l'accord d'Hermann Göring], Funk [ministre de l'Économie] avait consenti le sacrifice le plus lourd pour l'Allemagne, à savoir : envoyer en Grèce une grande quantité d'or pour retarder l'inflation. »[392]

Il semble que bien des exemples aussi étonnants que celui-là pourraient être cités à propos de la politique économique de l'Allemagne dans les territoires occupés, y compris en Pologne, dans les pays Baltes et en Ukraine.

---

[392] *TMI*, XI, p. 441-443.

1996

[Jacques DUPONT]

20 février 1996

CONTRE LE RÉVISIONNISME HISTORIQUE

Sous le titre, laborieux et contourné, de *Comment l'idée vint à M. Rassinier*, un étudiant du nom de Florent Brayard vient de consacrer un factum à «la naissance du révisionnisme».

Il arrive que la qualité morale d'un auteur puisse se juger à la simple lecture des premières et des dernières lignes de son ouvrage. C'est ici le cas. Le livre s'ouvre sur deux brèves épigraphes qui laissent entendre que les écrits révisionnistes, à commencer par ceux de Paul Rassinier (ancien résistant, ancien déporté, et père du révisionnisme), ne peuvent que laisser des « plaies » au cœur de leurs victimes et sont des « crachat[s] de dément[s] ». Et le même livre se clôt sur un alinéa où l'auteur remercie la veuve de P. Rassinier de lui avoir communiqué les archives de son mari !

Entre ces premières et ces dernières lignes coule, au long de quatre cent cinquante pages, un flot de basses spéculations sur le compte de P. Rassinier et de quelques autres révisionnistes. On ne constate aucun effort de réflexion. Le désordre règne. Les titres et sous-titres des chapitres ou des sections ne permettent guère de discerner une progression logique. Le quart du texte se compose de notes à tiroir où l'auteur a entassé pêle-mêle des matériaux qu'il ne savait où placer. L'expression est embarrassée. Elle s'encombre d'images et de clichés empruntés au mauvais journalisme. Trop souvent, le ton est celui de la plus pesante ironie.

F. Brayard réalise une prouesse. Il escamote presque entièrement la pièce centrale de l'argumentation révisionniste qui, comme on le sait, est d'ordre matérialiste et physico-chimique. Il ne souffle mot du résultat matériel des enquêtes du Français Robert Faurisson, de l'Américain Fred Leuchter, de l'Allemand Germar Rudolf, de l'Autrichien Walter Lüftl (ancien président de la Chambre des ingénieurs d'Autriche), du Canadien John Ball, du Germano-Canadien Ernst Zündel. Il nomme Michel de Boüard mais sans mentionner le ralliement au révisionnisme, à partir de 1986, de cet ancien déporté, membre éminent de l'Université de Caen et du Comité d'histoire de la deuxième guerre mondiale. Il dénature la thèse d'Henri Roques. La personnalité de R. Faurisson, auquel il consacre tout un chapitre, le subjugue ou le hante comme un cauchemar qui paralyserait toute faculté d'analyse. Il passe sous silence ce que l'exterminationniste Yehuda Bauer a dit de l'« ineptie » de « Wannsee » et ce que l'exterminationniste Christopher Browning a déclaré sur la non-valeur du témoignage de Rudolf Höss. Pas un mot non plus d'Éric Conan et de son enquête de *L'Express* (19-25 janvier 1995) sur les manipulations du musée d'Auschwitz !

À l'exemple de tous ceux qui, en France, font profession d'écrire contre le révisionnisme, l'auteur a pris soin de n'aller interroger aucun révisionniste. L'ouvrage est préfacé par Pierre Vidal-Naquet. Avant sa publication en 1996, sous sa forme présente, il n'était, à l'origine, qu'un mémoire universitaire dont la soutenance se serait déroulée en 1991 ; on nous précise : « sous la direction de Pierre Nora (au jury, Pierre Vidal-Naquet) ».

Jacques Dupont

✳✳✳

12 mars 1996

UNE ILLUSTRATION AUTRICHIENNE DU MYTHE DES CHAMBRES À GAZ

Brigitte Bailer-Galanda, Wolfgang Benz, Wolfgang Neugebauer sont les trois principaux auteurs d'un ouvrage sur « la vérité et "le mensonge d'Auschwitz" » destiné, nous dit-on, à combattre « la propagande "révisionniste" ».[393] Il s'agit d'un recueil d'articles qui émanent principalement de collaborateurs du Centre de documentation de la Résistance autrichienne (DÖW). W. Benz, lui, dirige le centre de recherches sur l'antisémitisme de l'Université technique de Berlin.

La préface d'un imposteur

La préface est de Simon Wiesenthal dont les mensonges ne se comptent plus. Sur ce chapitre, je renvoie, d'une part, à l'article que j'ai

---

[393] B. Bailer-Galanda, W. Benz, W. Neugebauer, *Wahrheit und « Auschwitzlüge »*.

intitulé « Simon le menteur » (2 juillet 1995)[394] et, d'autre part, à la dévastatrice émission « Panorama » de la première chaîne de télévision allemande (ARD) consacrée, le 8 février 1996, aux mensonges de S. Wiesenthal.[395] Dans cette émission on voit se succéder une série de personnalités juives qui ont fini par dénoncer l'imposteur. Ces personnalités sont notamment : Eli Rosenbaum (responsable de l'*Office of Special Investigations*, organisme rattaché au ministère de la Justice aux États-Unis et spécialisé dans la recherche des « criminels de guerre »), Rafi Eitan (qui avait dirigé l'opération de l'enlèvement d'Eichmann), Isser Harel (ancien responsable du Mossad), Ottmar Katz (reporter abusé par S. Wiesenthal dans l'affaire Mengele), Benjamin Weiser Varan (ancien ambassadeur d'Israël à Asuncion) et Neal Sher (prédécesseur d'Eli Rosenbaum). Les responsables de la *Commission of Inquiry on War Criminals* du Canada joignent leurs voix à ce concert d'accusations.[396]

Un ouvrage fallacieux

L'ouvrage contient vingt-quatre illustrations mais on n'y trouve aucune réponse à mon défi : « Montrez-moi ou dessinez-moi une chambre à gaz nazie. » On n'y découvre nulle photographie, nul dessin de ces prétendus abattoirs chimiques que, sur place, on continue de présenter aux touristes soit « à l'état d'origine », soit « reconstruits », soit « en ruines ». Et cela, qu'il s'agisse, en particulier, d'Auschwitz, de Birkenau ou de Mauthausen.

Les 29 et 30 avril 1995, les médias du monde entier annonçaient à son de trompe la « Découverte de la première preuve technique des chambres à gaz ». On ajoutait qu'il s'agissait d'un ventilateur utilisé à Mauthausen par les nazis pour aspirer le gaz contenu dans la chambre à gaz après la mort des victimes.

« Cette découverte est capitale », précisait Florian Freund, l'un des historiens à l'origine de la découverte.[397] Or, F. Freund est précisément l'un des auteurs du livre en question. Son chapitre sur « les meurtres par gaz-poison à Mauthausen et Gusen » est indigent. Il ne contient pas la moindre information véritablement technique, à l'exception d'une photographie de mai 1945, qui représente un Américain extrayant deux

---

[394] Reproduit dans le présent volume à la page 1714.

[395] Voy., également, M. Weber, « Simon Wiesenthal, le faux "chasseur de nazis" ».

[396] Voy. L. Millot, « Une émission déboulonne Wiesenthal. Le chasseur de nazis présenté comme un imposteur à la télé allemande » ou encore L. Delattre, « Le "chasseur de nazis" Simon Wiesenthal est critiqué aux États-Unis et en Israël ».

[397] Voy. *Var Matin*, 29 avril 1995, p. 15, ou *The Sunday Times* (Australie), 30 avril 1995.

boîtes d'un kit de gazage. On se garde bien de nous dire qu'il s'agit d'un kit de gazage... de désinfection ! Quant à la prétendue chambre à gaz visitée par des foules de touristes à Mauthausen, F. Freund explique qu'elle a été, depuis 1945, « restaurée » et à ce point « retouchée » dans sa substance qu'on ne peut plus dire exactement quel pouvait en être l'état d'origine.[398]

Nulle question de ventilateur. Or, ce ventilateur a été trouvé soit avant, soit après la rédaction du livre ; dans le premier cas, le fait qu'on ne le mentionne pas dans ce livre signifie que F. Freund s'est aperçu que cette « preuve technique » n'en était pas une ; dans le second cas, l'annonce de la « découverte de la première preuve technique » prouve que F. Freund n'a pas apporté la moindre preuve technique dans son chapitre.

D'Auschwitz, on nous montre une partie des ruines du Krematorium-II, censé avoir contenu une chambre à gaz homicide, mais la photographie est prise de telle façon qu'au lieu de nous donner à voir les ruines de cette prétendue chambre à gaz on nous fait voir les ruines... du prétendu vestiaire. Il faut dire que les ruines de la « chambre à gaz » sont gênantes : on peut, encore aujourd'hui, y constater l'absence, dans le toit, de tout prétendu orifice d'introduction des granulés de Zyklon B ! Pour éviter d'appeler l'attention du lecteur sur cette fausse chambre à gaz, on lui a donc montré un faux vestiaire. En réalité, il s'agissait de deux chambres froides (*Leichenkeller*) pour les cadavres en attente de crémation.

Le refus obstiné d'une expertise

Tous ces vestiges ou toutes ces ruines seraient à expertiser. Les révisionnistes l'ont fait. Qu'attendent les exterminationnistes pour entreprendre, à leur tour, une telle expertise technique et pour en publier les résultats ?

Le 5 mai 1992, le révisionniste Gerd Honsik était condamné par le tribunal de Vienne à une peine de dix-huit mois et dix jours d'emprisonnement. Son avocat était Herbert Schaller. Le président du tribunal s'appelait Walter Stockhammer. L'expert (*sic*) de l'accusation était le professeur Gerhard Jagschitz. Dans sa scandaleuse expertise, ce dernier avait conclu à l'existence de chambres à gaz homicides à

---

[398] Sur l'imposture de la « chambre à gaz » de Mauthausen et sur les versions successives et contradictoires fournies aux visiteurs, au cours des ans, par les autorités du musée quant à la description et au fonctionnement de cette « chambre à gaz », on peut lire de F. Leuchter, « Le Second Rapport Leuchter (Dachau, Mauthausen, Hartheim), préparé à la demande de Ernst Zündel, 15 juin 1989 ». D'abord rédigé en anglais, ce rapport a également été publié en allemand avec une bibliographie critique de R. Faurisson, reproduite ci-dessus dans le vol. III, p. 1073.

Auschwitz. Il l'avait fait à partir de documents allemands – fort connus des révisionnistes – mentionnant des gazages... de désinfection. Aucune expertise technique de l'arme du crime n'avait été fournie au tribunal. Aucune preuve technique non plus, puisque, aussi bien, comme on vient de le voir, c'est seulement en 1995, soit trois ans plus tard qu'on prétendrait saluer « la première preuve technique » ! Le soir du verdict, un long débat consacré à l'affaire Honsik rassemblait huit personnes à la télévision autrichienne. Les participants étaient, d'une part, l'avocat H. Schaller et, d'autre part, tous ligués contre lui, sept personnes et l'animateur. L'avocat, manifestement effrayé par la perspective d'être à son tour poursuivi pour délit de révisionnisme, eut tout de même le courage, au début et à la fin de l'émission, de dire qu'une expertise technique semblait nécessaire. Le professeur Jagschitz bredouilla qu'une telle expertise était possible mais seulement à titre de « complément » de ce que rapportaient témoins et documents (ce qui n'a pas de sens). Tous les autres participants esquivèrent le sujet. Tous, sauf un : W. Benz, qui se déclara contre une telle expertise, sans donner ses raisons.

W. Benz est l'un des trois auteurs principaux de la publication de *Wahrheit und « Auschwitzlüge »*. Cet universitaire s'est fait une spécialité, en Allemagne, de la dénonciation des révisionnistes. Il doit savoir qu'une expertise officielle confirmerait inévitablement les expertises révisionnistes et, en particulier, celles, successivement, de l'Américain F. Leuchter, de l'Allemand Germar Rudolf et de l'Autrichien Walter Lüftl, ancien président de la chambre des ingénieurs d'Autriche. À cause de ses conclusions, W. Lüftl a été contraint de démissionner de ce poste de haute responsabilité. Le ministère public a voulu le poursuivre puis, a renoncé à toute poursuite. Et pour cause : W. Lüftl aurait démontré, dans son procès, à la face du monde entier, l'imposture des chambres à gaz.

Conclusion pratique

En Autriche, sous le règne de Simon Wiesenthal, le juge Stockhammer, le professeur Jagschitz et le Centre de documentation de la Résistance autrichienne (DÖW) ont collaboré dans le mensonge des prétendues chambres à gaz nazies.

Le livre de B. Bailer-Galanda, de W. Benz, de W. Neugebauer, de F. Freund et de huit autres auteurs – livre préfacé par S. Wiesenthal lui-même – est remarquable par son indigence, ses insuffisances et ses silences. Il illustre le mythe qui s'est, pendant un demi-siècle, développé autour des prétendues chambres à gaz d'Auschwitz (en Pologne) et de Mauthausen (en Autriche). Les exterminationnistes ont obstinément refusé l'expertise technique de ces chambres à gaz parce qu'ils devaient savoir – et parce qu'aujourd'hui, mieux que jamais, ils doivent savoir – qu'une telle expertise ne pourrait que confirmer les expertises techniques menées, sur la demande des révisionnistes, à Auschwitz, à Mauthausen et dans quelques autres anciens camps de concentration du III\ :unselectable: Reich.

Le devoir des citoyens allemands et des citoyens autrichiens est devenu clair : il est d'exiger une expertise technique de l'arme du crime. On n'a plus le droit de les renvoyer à des « témoignages », à des « aveux », à des décisions judiciaires, à des livres, à des films et à des articles : on doit leur fournir la preuve matérielle que les locaux désignés aux touristes comme ayant servi d'abattoirs chimiques ont pu être utilisés et ont été effectivement utilisés à de telles fins criminelles. Ce qui s'impose dans l'étude des crimes les plus ordinaires s'impose, à plus forte raison, dans l'étude du plus extraordinaire des crimes. Tout le reste n'est que littérature. Tout le reste n'est que diversion et n'a pas plus de valeur que le pitoyable ouvrage du DÖW, préfacé par l'imposteur Simon Wiesenthal.[399]

***

9 février 1996

ÉLIE WIESEL : UN MENSONGE DE PLUS

L e 7 février, Élie Wiesel, prix Nobel de la Paix, professeur à l'université de Boston, a reçu les insignes de docteur *honoris causa* de l'université (de Picardie) Jules Verne. Dans sa livraison du 9 février, *Le Courrier Picard* écrit à propos de la conférence donnée par É. Wiesel :

« Dans le public une question fuse : "Et que pensez-vous de l'émergence des courants révisionnistes et négationnistes ?" É. Wiesel répond : "Ce sont des antisémites virulents, vicieux, structurés et bien financés. Le jour où j'ai reçu le prix Nobel, ils

[399] Les auteurs de cet ouvrage ont cherché à donner le change en invoquant, selon la tradition, une expertise polono-communiste de l'Institut d'expertise de Cracovie. Datée du 15 décembre 1945, cette expertise porte sur des pièces de zinc « d'orifices d'aération », des cheveux ou des objets métalliques retrouvés à Auschwitz. Elle ne décrit ni n'analyse aucun local censé avoir servi de chambre à gaz homicide. Le paradoxe est que les Polonais, qui disposaient pourtant d'un institut d'expertises judiciaires, n'ont précisément pas expertisé l'arme du crime !

étaient des centaines dans la rue à manifester contre moi. Jamais je ne leur accorderai la dignité du débat. Ce sont des êtres moralement malades. Je crois savoir combattre l'injustice, je ne sais pas combattre la laideur." »

On reconnaît là le langage habituel d'Élie Wiesel mais la phrase « le jour où j'ai reçu le prix Nobel, ils étaient des centaines dans la rue à manifester contre moi » est nouvelle et constitue un mensonge de plus chez ce « grand faux témoin », comme je l'ai appelé, ou chez ce « marchand de Shoah », comme l'a appelé Pierre Vidal-Naquet.[400]

Pour avoir été présent sur les lieux, à Oslo, en décembre 1986, je peux certifier que le nombre des manifestants contre Élie Wiesel était égal à zéro. Trois personnes distribuaient un tract, rédigé en suédois et en anglais, sur "Élie Wiesel, un grand faux témoin". Il s'agissait de trois Français : Pierre Guillaume, Serge Thion et moi-même.

[Publié dans *Rivarol*, 15 mars 1996, p. 2.]

***

15 mars 1996

UNE NOUVELLE VERSION JUIVE DE L'« HOLOCAUSTE »

Il y a deux ans et demi, j'annonçais que les juifs seraient un jour contraints d'abandonner progressivement le mensonge des chambres à gaz nazies mais qu'ils le feraient non sans maintenir avec aplomb que l'« Holocauste » reste une vérité inchangée.[401]

Ce jour est arrivé le 15 décembre 1995.

Ce jour-là, Michel Korzec, professeur néerlandais d'origine juive polonaise, a publié dans le périodique *Intermediair*[402] un long article où il déclare qu'on a trop insisté sur l'importance des chambres à gaz et sur le nombre des gazés. Il ajoute, au prix d'une contorsion dialectique digne de la Cabale, que les Allemands, et non les juifs, sont responsables de cette erreur.

---

[400] P. Vidal-Naquet, Entretien avec. Michel Folco, p. 57.

[401] R. Faurisson, « Les juifs pourraient renoncer au mythe de la chambre à gaz nazie », 22 septembre 1993, reproduit dans le présent volume à la page 1542.

[402] M. Korzec, « De mythe van de efficiënte massamoord ».

Il estime que sur les cinq [et non les six] millions de juifs victimes de l'« Holocauste », seuls « peut-être sept cent mille à huit cent mille [et non des millions] ont été gazés ». Il ne nous dit pas comment il est parvenu à cette estimation, qui est d'autant plus surprenante de sa part qu'il avoue ne pas savoir combien de juifs ont péri dans des « camps d'extermination comme Treblinka et Sobibor », ni même à Auschwitz ou à Birkenau.

Sa théorie est qu'il existe un « mythe de l'efficace meurtre de masse » selon lequel un petit nombre d'Allemands auraient conçu et fait fonctionner un petit nombre d'abattoirs chimiques liquidant (grâce à une technique moderne) des foules de juifs alors qu'en réalité, pour lui, le « meurtre de masse » s'est produit en un grand nombre de lieux situés en Europe de l'Est (grâce à « des moyens primitifs » comme les exécutions, les coups, les pendaisons, la famine provoquée), ce qui implique qu'ont pris part au meurtre un nombre très important d'Allemands.

M. Korzec, qui n'en est pas à une impudence près, insinue que, si la justice allemande punit ce qu'elle appelle « le mensonge d'Auschwitz », c'est peut-être pour accréditer la version la plus favorable aux Allemands à savoir que seul un petit nombre d'Allemands ont été impliqués dans le « meurtre de masse » des juifs.

Le Belge Siegfried Verbeke, qui publie des ouvrages et un périodique révisionnistes, fait montre d'un courage et d'une activité exceptionnels. Dans une récente livraison de son périodique 3, il a reproduit l'intégralité de l'article de M. Korzec. Il présente cet article comme un document significatif ; un universitaire juif, tout en critiquant les révisionnistes, y reconnaît la valeur de leurs arguments et demande qu'on ne fasse plus tomber le révisionnisme sous le coup de la loi. S. Verbeke pense également que l'universitaire néerlandais entame ainsi une discussion sur un sujet qui est tabou aux Pays-Bas.

Le Suisse Jürgen Graf, auteur d'ouvrages révisionnistes en allemand et en français, déploie dans son domaine le même courage et la même activité que S. Verbeke.[403] C'est à lui que je dois la traduction de l'article de M. Korzec. Il se demande si l'article néerlandais constitue un cas isolé ou s'il est un ballon d'essai pour tester les réactions à une nouvelle version de l'« Holocauste ». Il penche pour la seconde hypothèse parce qu'il ne croit pas qu'aux Pays-Bas un professeur juif peut se permettre une telle audace sans avoir consulté les hautes autorités juives de son pays.

---

[403] Jürgen Graf est notamment l'auteur de *Der Holocaust auf dem Prüfstand* (1992), *Der Holocaust Schwindel* (1993), *L'Holocauste au scanner* (1993) (livre interdit de circulation en France par arrêté ministériel du 19 décembre 1994), *Auschwitz, Tätergeständnisse und Augenzeugen des Holocaust* (1994), *Todesursache Zeitgeschichtsforschung* (1995).

Pour moi, je vois dans l'article de M. Korzec une initiative personnelle qui s'inscrit dans un processus inévitable de révision, par les juifs eux-mêmes, de l'histoire de l'« Holocauste ». Les juifs avaient déjà abandonné le mythe du savon juif en osant affirmer qu'il s'agissait d'un mensonge allemand et ils avaient aussi renoncé au mythe des quatre millions de morts d'Auschwitz en osant prétendre qu'il s'agissait d'un mensonge polonais. Il me semble donc normal qu'un juif vienne aujourd'hui insinuer que le mythe des chambres à gaz comme instrument principal de l'« Holocauste » est un mensonge qui sert l'intérêt des Allemands.

Je rappelle qu'il y a quelques années déjà deux juifs français envisageaient l'hypothèse selon laquelle les Allemands, en créant le mensonge des chambres à gaz, avaient tout simplement mis au point « une bombe à retardement » contre les juifs.[404]

**

19 mars 1996

LE MONDE JUIF CONTRE JEAN-CLAUDE PRESSAC

Jean-Claude Pressac est ce pharmacien que Serge Klarsfeld avait engagé à son service contre le révisionnisme. D'après Michael Berenbaum, directeur scientifique de l'*Holocaust Memorial Museum* à Washington, « depuis 1982, le travail de M. Pressac a été promu et soutenu au niveau de la documentation, de l'édition et des finances par la Fondation Beate Klarsfeld. »[405]

J.-C. Pressac est notamment l'auteur d'un livre salué en 1993-1994 par les grands media du monde entier comme une œuvre qui donnait une réplique définitive à l'argumentation révisionniste : *Les Crématoires d'Auschwitz, La Machinerie du meurtre de masse*, CNRS éditions, 1993.

Dans sa *Réponse à J.-C. Pressac sur le problème des chambres à gaz*, Robert Faurisson soutenait que l'ouvrage de Pressac ne possédait pas la moindre valeur scientifique, qu'il fourmillait de trucages, n'indiquait guère de sources et paraissait l'œuvre d'un romancier. Immédiatement cité devant la XVIIe chambre, le professeur exigeait et obtenait la comparution du pharmacien qui, sous les coups de boutoir des questions

---

[404] Lettre d'Ida Zajdel et Marc Ascione publiée dans le périodique *Article 31*.
[405] *Anatomy of the Auschwitz Death Camp*, p. XIII.

préparées par R. Faurisson et formulées par son avocat, Me Éric Delcroix, s'effondrait littéralement, à la consternation de ses amis et du Parquet.

Ses amis le jettent maintenant aux chiens. En cinq pages du *Monde Juif*, Maurice Cling exécute le pharmacien. Voici quelques-uns des mots qu'il en vient à utiliser à propos d'une seule page des *Crématoires d'Auschwitz* : « trucage de texte… ne mentionne pas sa source… aucune source n'est citée... aucune source… substitution… absence de toute mention des sources… utilisation douteuse (d'un) texte… ce qui témoigne d'un talent littéraire incontestable ; sont ajoutés le sourire et l'odeur, pour faire bonne mesure… dissimulation des sources… trucage du texte d'origine… Élucubrations… hypocrisie, affirmation aberrante. »[406]

Enfin vient la plus grave des accusations : J.-C. Pressac serait un disciple de R. Faurisson.

Il n'y a qu'un dommage pour le *Monde Juif* : contrairement à une légende tenace, jamais J.-C. Pressac n'a été révisionniste. S'il est un auteur que le professeur Faurisson, à la différence de certains révisionnistes, n'a jamais épargné, c'est bien ce pharmacien. Le professeur a même été condamné par la XVIIe chambre précisément pour sa *Réponse à Jean-Claude Pressac*.

[Publié dans *Rivarol*, 22 mars 1996, p. 8.]

***

Jessie Aitken

PAUVRE PRESSAC !

D ans un article du *Monde Juif* autre que celui dont parle J. Aitken, Pressac est attaqué pour un chapitre de *La Déportation, le système concentrationnaire nazi*, ouvrage publié sous la direction de François Bédarida et de Laurent Gervereau à l'occasion du cinquantenaire de la libération des camps : un chapitre qui soulève « une véritable indignation »[407] et « dont on aimerait comprendre pourquoi les directeurs de publication l'ont accepté ».[408] Les auteurs de l'article, parmi lesquels Georges Bensoussan, rédacteur en chef du *Monde Juif*, dénoncent chez Pressac « perversités », « amalgame »,

---

[406] *Le Monde Juif,* janvier-avril 1996, p. 192-196.
[407] *La Déportation, le système concentrationnaire nazi*, p. 185.
[408] *Id.*, p. 186.

« assertion mensongère », « rapprochement fallacieux » et ils déclarent que « la comptabilité des victimes, toujours fixée à la baisse, n'est que la partie visible du révisionnisme de l'auteur ».[409] Et j'en passe !
[Publié dans *Rivarol*, 12 avril 1996, p. 4.]

***

4 avril 1996

DUCASSE (1846-1870) ET NON LAUTRÉAMONT

Né le 4 avril 1846 à Montevideo où son père est chancelier délégué du consulat de France, Isidore Ducasse est envoyé en France pour y faire ses études aux lycées de Tarbes, puis de Pau. Après ses années de lycée, il vient se fixer à Paris en 1867. L'année suivante, il fait paraître une plaquette anonyme contenant le premier des *Chants de Maldoror* (texte ensuite inséré dans une revue publiée à Bordeaux), dont l'édition complète en six chants paraît en 1869, à Paris, sous le titre de : *Les Chants de Maldoror par le Comte de Lautréamont*. En 1870, sous le nom d'Isidore Ducasse, il publie deux minces fascicules : *Poésies (I)* et *Poésies (II)*, qui sont, délibérément, de la prose la plus plate. Il meurt à Paris, à l'âge de vingt-quatre ans, le 24 novembre 1870, probablement d'une « fièvre maligne ». On n'a jusqu'à présent retrouvé de lui qu'une demi-douzaine de lettres, dont l'une est adressée à Victor Hugo[410], et quelques mots d'envoi adressés à des revuistes.

La gloire de celui qu'on appelle Lautréamont sera posthume et sulfureuse. Les surréalistes en feront leur génie tutélaire et Valery Larbaud parlera de son « romantisme flamboyant ». En 1971, je publie dans *La Nouvelle Revue Française*[411] ; un article sur « Les divertissements d'Isidore ». Michel Polac m'invite à la télévision. Il jubile. Quelques extraits des *Chants de Maldoror* ont suffi à mettre en joie le public venu assister à l'émission cependant que, sur le plateau, des représentants de l'intelligence critique paraissent offusqués. Je viens de révéler que, pour moi, les *Chants* et les *Poésies* sont, en réalité, deux fantaisies bouffonnes.

---

[409] *Id.*, p. 188-189.
[410] Une seule édition des œuvres complètes d'Isidore Ducasse est à recommander, celle des « fac-similés des éditions originales », publiée par La Table Ronde en 1970.
[411] *La Nouvelle Revue Française*, janvier 1971, p. 67-75.

Une soutenance, un match

Le 17 juin 1972, l'amphithéâtre Richelieu de la Sorbonne est plein. Il va entendre, à ce que disent les connaisseurs, la plus animée des soutenances de thèse qu'ait jamais vécue l'Université française.

Onze ans auparavant, j'avais troublé la quiétude des sorbonagres, et en particulier celle de René Étiemble, en publiant chez J.-J. Pauvert un petit ouvrage intitulé *A-t-on lu Rimbaud ?*[412] Cette fois-ci, le sujet de ma thèse est « La Bouffonnerie de Lautréamont », en instance de parution chez Gallimard sous le titre d'*A-t-on lu Lautréamont ?* Jacques Robichez préside le jury. Pierre-Georges Castex est le rapporteur (le « patron ») de la thèse. Les deux autres membres du jury sont Pierre Citron et Pierre Albouy. La séance commence à 14 h et s'achèvera à 20 h par la proclamation du résultat : la thèse est admise avec la mention très honorable [c'est-à-dire très bien] ; le jury aurait pu me tenir rigueur de mes saillies à l'endroit de certains de ses membres ; il a été indulgent. Jacqueline Piatier, du journal *Le Monde*, était présente et signera un papier très favorable où elle dira : « On rit et c'est là l'important ».[413] L'enregistrement de la soutenance de thèse au magnétophone atteste de ce qu'en cinq heures de débat (il convient, en effet, de défalquer environ une heure pour les suspensions de séance) le public s'est fait entendre cent-vingt fois, dont une fois, m'écrira un calculateur, par une rafale d'applaudissements de trente-cinq secondes pour saluer un exposé de l'impétrant sur sa méthode d'analyse des textes. Parfois aussi on entend des protestations ou des invectives : le Front homosexuel d'action révolutionnaire (FHAR), qui, à l'époque, donnait dans un théâtre de Paris un récital Lautréamont, s'insurgeait contre la thèse sacrilège. Peu après la soutenance, une algarade s'en était suivie : un nez avait saigné.

Au cours de la soutenance, les échanges entre le candidat et le jury avaient, selon P.-G. Castex, pris les allures particulièrement vives d'un match d'escrimeurs. Pierre Citron, pour sa part, avait évoqué « l'autre grand match » et l'assistance avait compris qu'il s'agissait du championnat de boxe Bouttier-Monzon attendu pour le soir même par une bonne partie de la France.

La mystification d'Isidore

---

[412] Robert Faurisson, *A-t-on lu Rimbaud ?*
[413] Jacqueline Piatier, « Maldoror entre M. Prudhomme et M. Fenouillard », *Le Monde*, 23 juin 1972.

« Cent ans. La mystification aura duré cent ans » ; c'est par cette phrase que commençait ma thèse. Je m'étonnais de ce que tant de grands noms de la littérature, de la critique et de l'université eussent parlé d'Isidore Ducasse sans l'avoir lu de près. *Les Chants de Maldoror* abondaient en attrapes auxquelles s'étaient laissé prendre les étourdis. Dès les premières lignes du vaste canular, les étourneaux auraient dû noter ce « chemin abrupt [...] à travers les marécages ». Comment n'ont-ils pas vu les plongeurs glissant « dans la masse aqueuse les bras étendus entre la tête, et se réunissant aux mains » ? Et les mamelles fécondes de ce vieux célibataire qu'est l'océan ? Et le serpent se retrouvant affublé de sandales boueuses ? Les chiens qui se mettent à aboyer comme un chat ? La sueur du rhinocéros ? Les applaudissements du morpion ? Et que dire de « l'obstination, cette agréable fille du mulet », pour peu qu'on se souvienne que le mulet est stérile ? J'en passe et d'aussi cocasses : les évolutions champêtres des poissons, les dunes de sable mouvant, le scalpel qui ricane, les genoux de l'océan, le chasse-neige de la fatalité, la main de la figure, les paupières ployant sous les résédas de la modestie, l'intelligence de Maldoror qui, de l'aveu même de l'intéressé, se met à prendre des proportions immenses. Ce ne sont qu'apostrophes emphatiques, épithètes homériques, cuistreries, périphrases ampoulées, tours vicieux, janotismes : un salmigondis général. À la fin des *Chants de Maldoror*, le diabolique Isidore va jusqu'à se payer, presque franchement, la tête du bon lecteur : il compte que celui-ci lui rendra justice et reconnaîtra : « Il m'a beaucoup crétinisé » !

Une tradition française

La veine bouffonne et les personnages bouffons occupent une place relativement importante dans la littérature française (ou gauloise). Les personnages inventés par le Gascon Ducasse sont à rapprocher de ceux des soties du Moyen Âge et de certaines créations satiriques dues à la verve de Rabelais, Molière, Racine, Boileau, Fontenelle, Voltaire, Musset, Monnier, Baudelaire, Flaubert, Rimbaud, Labiche, Villiers de l'Isle-Adam (Tribulat Bonhomet), Jarry et Christophe, sans compter même des caractères comiques imaginés par Proust ou Giraudoux. Isidore Ducasse et Pierre Dac sont parfois si proches l'un de l'autre que, dans une liste d'inventions, de formules et d'effets de style signés de ces deux loustics, il est pour ainsi dire impossible de distinguer ce qui revient respectivement à l'auteur de Maldoror et à celui de Furax. Autrefois – les dictionnaires l'attestent –, on disait « gasconner quelqu'un » au sens de mystifier quelqu'un par d'énormes exagérations. Ducasse a gasconné son monde. *Les Chants de Maldoror par le Comte de Lautréamont* et les

Poésies sont deux fantaisies bouffonnes où Lautréamont ressemble à un Tartarin ou à un Fenouillard du vice ou de la vertu bravant « le crabe de la débauche » et « le boa de la morale absente ». Il est probable que, dans les *Chants*, Ducasse parodie son chancelier de père, au ton noble et sentencieux, et, dans les *Poésies*, son professeur de rhétorique pour qui les chefs-d'œuvre de la langue française sont les discours de distribution des prix. De même que Gorgibus n'est pas un pseudonyme de Molière ou de Jean-Baptiste Poquelin, de même le pompeux comte de Lautréamont n'a-t-il pas un trait de ressemblance avec Isidore Ducasse. Il n'est ni le porte-parole, ni le pseudonyme de ce dernier. Il est à l'opposé de son facétieux créateur. Isidore se moque de Lautréamont et de Maldoror.

Vraiment drôle ?

Ducasse voulait être drôle. L'est-il vraiment ? Pour ma part, j'estime que non, car ses deux œuvres sont expédiées comme des pochades. En revanche, rien ne devrait susciter la gaîté comme le sérieux avec lequel la Critique et surtout la Nouvelle Critique telquéliste, derridienne, kristevienne, épistémique et intertextuelle commentent les écrits de ces deux représentants de la bêtise prudhommesque que sont le Chantre et le Poète imaginés par notre farceur. De ce côté-là, le spectacle continue…

Heureusement, quelques esprits libres publient sur Isidore Ducasse le résultat de recherches dépourvues de tout chiqué. Parmi eux, un amateur éclairé, Jean-Jacques Lefrère.[414]

[Publié dans *Rivarol*, 5 avril 1996, p. 11.]

***

17 avril 1996

LE PROFESSEUR FAURISSON CRÉATEUR DE MILLIERS D'EMPLOIS ?

L e 15 avril, l'Union des étudiants juifs de France (UEJF) assignait en référé, devant son juge de dilection, Jean-Pierre Marcus, neuf prestataires d'accès à Internet. Il s'agissait

---

[414] A. Guillot-Muñoz, A. Rodríguez, F. Caradec, *Lautréamont à Montevideo* ; J.-J. Lefrère, *Le Visage de Lautréamont*, Horay, 1977, et, à partir de 1987, la revue semestrielle des *Cahiers Lautréamont*.

d'obtenir l'interdiction de la présence de textes du professeur Faurisson sur le réseau mondial. Le juge devait donner sa réponse le 12 avril. On l'attend toujours.

A la veille de la décision de J.-P. Marcus, *Le Monde* a interrogé Alexandre Braun, secrétaire national de l'UEJF, lequel a répondu :

> « Plusieurs fournisseurs d'accès ont déclaré que la surveillance permanente du réseau mobiliserait des milliers de personnes. C'est beaucoup, mais, en même temps, cela prouve bien que ce n'est pas techniquement impossible. »[415]

De fait, il est techniquement possible pour l'État de former et de salarier, aux frais du contribuable, des milliers de censeurs qui auraient pour tâche de guetter, jour et nuit, toute apparition sur Internet de textes ou de photographies du professeur : par exemple, la photographie de son visage à la suite d'une grave agression physique, agression que Serge et Beate Klarsfeld avaient jugée « normale et naturelle ».[416]

Le professeur se trouverait ainsi à l'origine de la création, en France, de milliers d'emplois et, en Europe, de dizaines de milliers d'emplois. C'est du moins ce que peut donner à entendre une récente déclaration de Jean Kahn, qui souhaite une « Europe éthique » s'inspirant de la législation française pour la répression du racisme et du révisionnisme.[417] J. Kahn est, à la fois, président du consistoire israélite de France, président de la Commission racisme et xénophobie de l'Union européenne et président de la Commission nationale consultative des droits de l'homme (secrétaire général : Gérard Fellous) auprès du premier ministre, Alain Juppé.

[Publié dans Le Libre Journal de la France courtoise, 20 avril 1996, p.7.]

***

---

[415] *Le Monde*, section Multimédia, 14-15 avril 1996, p. 28.
[416] *La Lettre télégraphique juive*, 18 septembre 1989, p. 1; *Le Monde*, 19 septembre 1989, p. 14.
[417] *Le Figaro*, 15 avril 1996, p. 10.

19 avril 1996, 22 h 30

Communiqué de presse

Je prends connaissance, dans *Le Monde* daté du 20 avril, de l'article de Nicolas Weill intitulé « L'abbé Pierre soutient les aberrations négationnistes de Roger Garaudy ».

À supposer que N. Weill dise vrai, voici mes réactions au contenu de cet article :

1. Je me réjouis de ce que tant de personnes, depuis quelques mois, volent au secours de la victoire révisionniste ;

2. je déplore qu'il ait fallu attendre 1996 pour que ces personnes commencent à entrevoir ce qui, dès 1979, aurait dû être, pour tout le monde, d'une clarté aveuglante : le prétendu génocide des juifs perpétré notamment grâce aux prétendues chambres à gaz nazies n'est qu'un mensonge historique ; je rappelle que j'avais souligné le caractère techniquement impossible de ces prétendus abattoirs chimiques ; or, dans *Le Monde* du 21 février 1979, trente-quatre historiens français se réunissaient pour signer une déclaration commune qui valait acte de reddition ; ils me répondaient piteusement : « Il ne faut pas se demander comment, *techniquement*, un tel meurtre de masse a été possible. Il a été possible techniquement puisqu'il a eu lieu » ;

3. j'attends que, selon l'usage, les personnes mises en cause par l'article de N. Weill viennent prétendre qu'elles n'ont pas dit ce qu'elles ont dit, qu'elles n'ont pas écrit ce qu'elles ont écrit ; j'attends que ces personnes se livrent à des surenchères d'antinazisme (quel courage !) ;

4. Je trouve que ces personnes continuent de tourner autour du sujet. Il faut appeler un chat un chat : ce génocide et ces chambres à gaz sont une imposture. J'ajoute que, si j'étais juif, j'aurais honte à la pensée que, pendant plus d'un demi-siècle, tant de juifs ont propagé ou laissé se propager une pareille imposture, cautionnée par les grands médias du monde entier.

***

22 avril 1996, 22 h

COMMUNIQUÉ DE PRESSE

Roger Garaudy, l'abbé Pierre, Jacques Vergès et Jean Ziegler font machine arrière et se mettent à dénoncer le révisionnisme ! Je l'avais prévu (voy. mon communiqué du 19 avril, 22 h 30).

Les médias, de leur côté, donnent une version édulcorée du livre de R. Garaudy, *Les Mythes fondateurs de la politique israélienne* et veulent nous faire croire que l'auteur conteste surtout le chiffre de six millions de morts juives. En réalité, la plus grave des contestations de R. Garaudy porte sur l'existence des chambres à gaz et des camions à gaz nazis ; elle est, d'ailleurs, entièrement reprise de mes propres écrits, citations comprises !

Dans *Les Mythes fondateurs...*, il faut lire les pages 125-135. Le chapitre sur « Les témoignages » s'achève ainsi (p. 125) :

> « Ce "Shoah-business" n'utilise que des "témoignages" évoquant diverses manières de "gazer" les victimes, sans qu'il nous soit jamais montré le fonctionnement d'une seule "chambre à gaz" (dont Leuchter a démontré l'impossibilité physique et chimique), ni un seul de ces innombrables camions qui auraient servi, par l'émanation du Diesel, de "chambres à gaz ambulantes". Ni les tonnes de cendres des cadavres enfouis après leur crémation. »
>
> « *Il n'existe aucune photographie des chambres à gaz et les cadavres sont partis en fumée. Il reste des témoins.* »
>
> **Source : *Le Nouvel Observateur*, 26 avril 1985.**
>
> « L'interminable navet de Claude Lanzmann est ainsi conçu. L'auteur lui-même nous dit : "*Il fallait faire ce film avec du rien, sans documents d'archives, tout inventer.* " »
>
> **Source : *Libération*, 25 avril 1985, p. 22.**

Quant au chapitre sur « L'arme du crime », la fin en est tout aussi explosive (p. 135) :

> « Ce n'est certes pas un livre comme celui de Pressac *Les Crématoires d'Auschwitz. La Machinerie du meurtre de masse* (1993), qui ne consacre qu'un chapitre de vingt pages (sur 147) aux "chambres à gaz" et qui ne cite même pas le Rapport Leuchter

auquel il a consacré, en 1990 (toujours financé par la Fondation Klarsfeld), une "réfutation" à laquelle nul n'ose plus se référer, qui équilibrera les analyses de Leuchter.

Tant que n'aura pas lieu, entre spécialistes de compétence égale, un débat scientifique et public sur le rapport de l'ingénieur Fred Leuchter, la contre-expertise de Cracovie de 1990 et celle de Vienne, qui la confirmèrent et l'ensemble du débat sur les « chambres à gaz », le doute existera et même le scepticisme.

Jusqu'ici, à l'égard des contestataires de l'histoire officielle les seuls arguments employés furent le refus de discuter, l'attentat ou la répression. »

Ces pages se trouvent au cœur de l'ouvrage de R. Garaudy et lui donnent tout son sens. Ce sont elles – et nulle autre – qu'il convient de rappeler à la mémoire défaillante de leur auteur et de ses amis. Quant aux journalistes, ils n'ont plus le droit d'occulter l'essentiel : le problème des chambres à gaz.

***

24 avril 1996, 11 h 45

COMMUNIQUÉ DE PRESSE

L a thèse des prétendues chambres à gaz nazies et du prétendu génocide des juifs est au plus mal.

Le journal *Le Monde* ne sait plus quoi inventer pour la sauver. Sur le sujet, Laurent Greilsamer et Nicolas Weill sont devenus, dans ce journal, les spécialistes du silence concerté ou de la fausse information. Sur le chapitre des prétendues chambres à gaz (une impossibilité technique démontrée par les révisionnistes), ils préfèrent imiter « de Conrart le silence prudent ». N. Weill parle chiffres. C'est plus facile à manipuler. Il dit que Raul Hilberg a retenu le chiffre d'un million de victimes (faux : il a retenu le chiffre de 1.250.000) ; que Pressac a proposé le chiffre de 700.000 victimes juives (faux : ce chiffre est, pour Pressac, celui des victimes juives et non juives) ; il ajoute que, quel que soit ce chiffre particulier, le chiffre total de six millions de juifs morts, à Auschwitz et ailleurs, « reste en tout cas une hypothèse de travail sérieuse ».[418] Ce n'est plus de l'arithmétique ! C'est de la science cabalistique.

À propos des variations extravagantes auxquelles, depuis 1945, se sont livrés les historiens de cour, les juges et les journalistes – en particulier ceux du *Monde* – on pourra consulter ma recension intitulée « Combien de morts à Auschwitz ? ». Selon le scandaleux film *Nuit et Brouillard* (1955) imposé à tous les enfants de France, le chiffre des morts d'Auschwitz aurait atteint 9 millions. Selon le tribunal de Nuremberg (1945-1946), le chiffre était de 4 millions. C'est ce chiffre que les Polonais, avec l'accord au moins tacite des organisations juives, avaient inscrit en dix-neuf langues différentes sur les stèles du monument d'Auschwitz-Birkenau devant lequel tous les grands de ce monde venaient s'incliner. Sous la pression des découvertes révisionnistes de 1988, il a fallu, en avril 1990, retirer ce chiffre. Pendant cinq ans, on s'est disputé sur le nouveau chiffre à inscrire. En 1994, Franciszek Piper (et non : Pipper) donnait celui de 1.100.000 à 1.500.000. En 1995, on se décidait pour celui de 1.500.000 : c'est celui qu'on a inscrit sur les nouvelles stèles. Le seul Jean-Claude Pressac donnait successivement, en 1989, le chiffre d'un million ; en 1993, celui de 800.000 ; en 1994, celui de 630.000 à 710.000 ; et, en 1995, celui de 600.000 à 800.000. Ce n'est plus une révision. C'est une débâcle.

Le vrai chiffre des morts d'Auschwitz, juifs et non juifs confondus, a peut-être été de 150.000 personnes de mai 1940 à janvier 1945 : 150.000 victimes, en particulier, des épidémies de typhus, épidémies qui ont également tué des médecins allemands, des gardes et des membres de leurs familles.

Je continuerai d'observer Laurent Greilsamer, Nicolas Weill et le journal *Le Monde*, dont je répertorie avec soin les variations, les erreurs et les manipulations sur le sujet du prétendu génocide et des prétendues chambres à gaz.

***

---

[418] *Le Monde*, 24 avril 1996, p. 10.

27 avril 1996

QUELQUES RÉFLEXIONS SUR L'AFFAIRE GARAUDY-ABBÉ PIERRE

O n me rapporte la réflexion de M_e Jean Stévenin, avocat au barreau de Paris : « C'est l'affaire Faurisson qui continue ! » Pour lui, au fond, l'affaire Garaudy-abbé Pierre est (au même titre qu'autrefois l'affaire Roques ou l'affaire Notin) un surgeon, une résurgence, une continuation de l'affaire Faurisson, laquelle avait commencé en 1974 pour éclater à la fin de 1978.

Je note jusqu'ici la timidité, pour ne pas dire le quasi-silence, des journalistes sur le sujet des chambres à gaz. Tous auraient dû, sur-le-champ, dénoncer le profond scepticisme de Garaudy en la matière. Mais telle est précisément la caractéristique du tabou : ceux qui ont pour mission de le préserver n'osent pas même révéler qu'il a été profané. Garaudy a pénétré dans le saint des saints et il a découvert que le tabernacle censé contenir la magique chambre à gaz était vide. Taisons la nouvelle !

L'article du *Point* témoigne d'une assez bonne connaissance du révisionnisme. Il reproduit un fragment de mon premier communiqué[419] :

> « Il faut appeler un chat un chat : ce génocide et ces chambres à gaz sont une imposture. [J'ajoute que,] si j'étais juif, j'aurais honte à la pensée que, pendant plus d'un demi-siècle, tant de juifs ont propagé ou laissé se propager une pareille imposture. »[420]

Les journalistes du *Point* ont amputé mon texte d'un ensemble de huit mots ; j'avais écrit : « [...] une pareille imposture, cautionnée par les grands médias du monde entier. »

Ils décrivent les révisionnistes comme formant une « secte minuscule mais acharnée ».

Le mot de secte est impropre puisqu'il n'y a, en la circonstance, ni croyance religieuse, ni guide spirituel mais les adjectifs « minuscule » et « acharnée » conviennent. Le nombre, en France, des révisionnistes actifs a été dérisoire : une dizaine ont entrepris et mené à bien des recherches et une vingtaine d'autres ont consacré une partie de leur vie et de leurs ressources au soutien des premiers. Se monte à quelques centaines le

---

[419] Communiqué du 19 avril, 22 h 30, ci-dessus.
[420] *Le Point,* 27 avril, p. 54-55.

nombre des révisionnistes de conviction qui se sont abstenus de toute activité suivie. Des milliers de sympathisants ont observé le spectacle.

Il se pose là une question : comment, en définitive, une poignée d'hommes et de femmes sont-ils parvenus à briser un silence de plomb qu'imposait au monde entier le groupe humain le plus riche, le plus puissant, le plus influent et le plus craint de tout l'Occident ? Ce groupe est celui des juifs. À ce point de vue, que pesait n'importe lequel d'entre nous par rapport au seul Edgar Bronfman, le richissime empereur des alcools, président du Congrès juif mondial, pour lequel il n'y avait pas, disait-il, de tâche plus urgente que de réprimer le révisionnisme ?

Cette disproportion entre leur force et notre faiblesse, je l'ai personnellement mesurée à Oxford, en juillet 1988, à l'occasion de l'un des plus impressionnants colloques internationaux qu'on ait jamais organisés contre le révisionnisme. L'instigateur en était le milliardaire escroc Lajbi ou Ludvik Hoch, alias Robert Maxwell. Pour faire échouer cette entreprise pharaonesque, nous avons été... deux (je le répète : deux) : un Français et une Française, aidés de deux autres Français au rôle plus discret, mais, très vite, les participants se sont sentis en état de siège. Quelques actions audacieuses et rapides aux points les plus névralgiques de ce colloque ont fait perdre leurs moyens aux invités se déplaçant en Bentley avec chauffeurs et hébergés dans des hôtels de luxe. La police britannique était aux aguets mais comment aurait-elle pu imaginer que seuls deux individus résolus menaient une opération à si grande échelle avec si peu de moyens matériels et financiers ? À la fin du colloque, dans un journal de son empire de presse, R. Maxwell, à bout de nerfs, signait un article vengeur contre les journalistes britanniques, accusés de n'avoir pas su accorder à ce colloque toute son importance. Le titre de l'article portait, en français : « J'accuse ! »

En cette fin du mois d'avril, l'affaire Garaudy-abbé Pierre bat son plein. Elle ne semble pas près de s'apaiser même si les deux principaux intéressés veillent à prendre leurs distances d'avec le révisionnisme. Les juifs ne pardonnent jamais la moindre atteinte à leur tabou. Les excuses, les rétractations, les explications, les flatteries ne répareront pas l'offense qui leur a été faite. Ils seront sans pitié. Ils frapperont d'autant plus fort celui qui aura, ne fût-ce qu'un instant, ployé l'échine.

L'affaire Garaudy-abbé Pierre me rend heureux et amer.

Je suis heureux parce que je vois des gens à la mode reprendre à leur compte ce que je me suis tué à répéter pendant près d'un quart de siècle. Et puis, à la fin de l'année 1995, quand j'ai constaté que le révisionnisme faisait irruption sur Internet et que les juifs en réclamaient la censure à cor et à cri, j'ai ressenti quelque soulagement. L'historien Jean-Pierre Azéma vous l'eût probablement dit en son langage : « Faurisson buvait du petit lait. Avec Garaudy, ça a été du gâteau et, avec l'abbé Pierre, pain béni ».

Mais j'éprouve aussi de l'amertume parce que, pendant vingt-deux ans, ces gens-là et leurs amis m'ont, soit insulté, soit laissé me battre seul ou à peu près seul. Là encore, on pasticherait volontiers le style de J.-P. Azéma : « Faurisson avait fait, à lui seul, presque tout le boulot. Il en avait pris plein la gueule et pour pas un rond. Aujourd'hui, ils viennent lui faire les poches tout en l'insultant. » Pour ma part, j'ajouterais que ces ouvriers de la onzième heure que sont Garaudy et l'abbé Pierre se livrent, en plus, à des surenchères d'antinazisme. Quelle témérité de leur part ! On en frémit pour eux.

À la fin de ses émissions télévisées, Bernard Pivot demande aux auteurs qu'il a invités quels sont leur mot préféré, leurs goûts en toutes sortes de matières et puis, pour finir, il sollicite leur imagination : « Si Dieu existait, qu'aimeriez-vous lui entendre vous dire ? »

B. Pivot, dont le comportement passé et présent montre qu'il tremble devant la LICRA, ne m'invitera jamais. Mais, pour le coup, imaginons qu'il m'invite. Voici ce que je lui répondrais :

> « Vos questions sur mes goûts sont indiscrètes. Je n'étalerai pas sur la place publique ce qui est du domaine de l'intimité. Mais l'athée que je suis va répondre à votre ultime question ; ma réponse est la suivante : "J'aimerais que Dieu me dise : 'Ici, là-haut, ce n'est pas comme en bas et ce n'est surtout pas comme chez Bernard Pivot ; ici règne la liberté d'expression'. »

Et c'est alors, dans cette réponse, que je trouverais confirmation de ce qu'à la fois Dieu, notre survie et le royaume de la liberté d'expression ne sont que des rêves.

On s'enquiert souvent de mes opinions politiques. C'est vain et, malheureusement, bien français. En France, tout pustule de politique. En quoi mes opinions politiques donneraient-elles un début de consistance soit au dogme de l'existence des chambres à gaz, soit à la thèse de l'inexistence de ces chambres ? Que je sois de droite ou de gauche, philosémite ou antisémite, en quoi cela ferait-il naître une chambre à gaz nazie à Auschwitz où il n'y en eut jamais ?

Parlons de mon entourage avec toute la discrétion requise.

Avant de connaître les plaisirs que je goûte aujourd'hui et qui, comme on le voit, se teintent d'amertume, je crois pouvoir dire que j'ai traversé l'enfer. J'ai d'abord connu une solitude totale, puis quelques amis sont venus. En général, par la suite ils me sont restés fidèles mais, quitte à surprendre ceux qui n'ont pas l'expérience des plus durs combats, je dois confesser qu'il m'a fallu me défendre aussi contre ces amis-là ou, du moins, contre la plupart d'entre eux. Ils m'accablaient de leurs conseils et de leur sagesse. À vrai dire, j'ai, pendant de longues années, vécu au milieu d'amis qui s'estimaient plus futés que moi. Ils brillaient, eux, par le sens de la stratégie, de la tactique, de la diplomatie et de la psychologie. Ils ne se faisaient pas faute de m'expliquer les vertus de la modération, de la prudence dans le maniement des esprits ; ils savaient comment s'y prendre pour convaincre ; ils m'enseignaient qu'un langage direct présente trop d'inconvénients et qu'au lieu d'affirmer platement que le roi est nu, mieux vaut faire naître chez les gens, par des voies subtiles et détournées, le soupçon que peut-être le roi n'est pas revêtu des habits magiques que les escrocs prétendent lui avoir fait endosser. Pour moi, j'avais le tort de me croire sur un ring où je ne savais pratiquer que quatre ou cinq mouvements, toujours les mêmes : le direct du droit, le direct du gauche, le crochet du gauche suivi du crochet du droit et puis, en fin de course, cet uppercut qui fait mal. Pour quelques coups donnés, adroitement me semble-t-il, je recevais une avalanche de coups, de préférence au-dessous de la ceinture, avec le plein assentiment des juges-arbitres. Sonné, groggy, plus d'une fois je me retrouvais à terre, presque pour le compte. À chaque fois je me relevais. Je titubais. On me déclarait vaincu. Partout on claironnait que c'en était fini et qu'on ne me reverrait plus sur un ring. Mes amis me prodiguaient alors des conseils pour l'avenir. En fait de conseils, ils préconisaient la plus savante des esquives, celle qui consiste à éviter toute nouvelle rencontre. Pas de « folie Faurisson » surtout ! Et Faurisson, irrémédiablement buté, envoyait au diable ces amis-là. L'ingrat ! À sa brutalité native il joignait l'ingratitude.

Pour moi, je reproche à ces amis de ne s'être pas affichés révisionnistes et de n'avoir pas clamé sur les toits que chambres à gaz et génocide ne sont qu'un mensonge, une calomnie, une diffamation. En France, je me suis retrouvé seul à le dire *et à le répéter publiquement*. Nos adversaires avaient beau jeu de dénoncer un homme seul. Si quelques révisionnistes avaient affiché leur conviction au lieu de jouer aux fins stratèges, dès février 1979, après la pitoyable déclaration des trente-quatre historiens parue dans *Le Monde* du 21 février 1979, déclaration dont le contenu prouvait l'inexistence des chambres à gaz, je suis persuadé que le révisionnisme serait sorti de l'obscurité au début des années quatre-vingt.

Nous verrons bien comment se terminera cette interminable affaire. Je mets en garde les responsables des organisations juives et je préviens mes amis : je ne changerai pas. Qu'ils gardent pour eux, les uns, leurs procédés d'intimidation et les autres, leurs conseils. Le révisionnisme historique est une aventure intellectuelle que je vivrai jusqu'au bout et dans le style, bon ou mauvais, que j'ai choisi pour toujours.

***

29 avril 1996

COMMUNIQUÉ

S'il faut en croire *Libération*, le grand rabbin de France, Joseph Sitruk, pense qu'il faut « bien évidemment réunir les historiens pour débattre de la Shoah ». Depuis quarante-six ans, c'est-à-dire depuis la parution en France, en 1950, du *Mensonge d'Ulysse*, écrit par Paul Rassinier, ancien résistant et ancien déporté, l'ensemble des révisionnistes réclame ce débat.

Pour ma part, j'ai, à partir de 1974, proposé un débat public sur ce qu'on appelle le génocide des juifs.

En ma qualité à la fois de spécialiste de la « critique de textes et documents (littérature, histoire, médias) » et d'auteur, depuis vingt-deux ans, de divers écrits révisionnistes, je suis prêt à prendre part au débat que propose et que, je l'espère, continuera de proposer le grand rabbin de France.

***

1er mai 1996

L'ABBÉ PIERRE

Deux preuves, sinon trois, viennent de nous être administrées de ce que le génocide de six millions de juifs et les chambres à gaz nazies ont réellement existé.

Première preuve : sous la pression du grand rabbin Joseph Sitruk et d'organisations comme le Conseil représentatif des institutions juives de France (CRIF) et la Ligue internationale contre le racisme et l'antisémitisme (LICRA), l'abbé Pierre a expressément reconnu l'existence des chambres à gaz nazies ; selon lui, il n'y a même pas lieu d'en réviser le nombre.

Deuxième preuve : sous la pression du même grand rabbin et des mêmes organisations, le même abbé Pierre a estimé qu'il n'y avait pas lieu de vérifier le chiffre des six millions.

Troisième (possible) preuve : Jean Kahn[421], président d'un grand nombre d'institutions juives aussi bien françaises qu'internationales, aurait déclaré à la radio, le 30 avril, qu'on pouvait fort bien prouver l'existence des chambres à gaz nazies mais que procéder à la démonstration reviendrait à tuer une nouvelle fois les morts.

Après quelques tergiversations, la LICRA vient de déclarer, en ce 1er mai, que les rétractations de l'abbé Pierre n'étaient pas satisfaisantes ; elle a décidé l'exclusion de l'abbé.

Or, voici ce que j'écrivais le 27 avril » :

> « En cette fin du mois d'avril, l'affaire Garaudy-abbé Pierre bat son plein. Elle ne semble pas près de s'apaiser même si les deux principaux intéressés veillent à prendre leurs distances d'avec le révisionnisme. Les juifs ne pardonnent jamais la moindre atteinte à leur tabou. Les excuses, les rétractations, les explications, les flatteries ne répareront pas l'offense qui leur a été faite. Ils seront sans pitié. Ils frapperont d'autant plus fort celui qui aura, ne fût-ce qu'un instant, ployé l'échine. »

Dans sa livraison de novembre 1992, en page 8, *Le Droit de vivre*, organe de la LICRA, publiait la liste alphabétique des cent un « membres à titre personnel » du comité directeur de la LICRA. De Pierre Aidenbaum à Daniel Zinskind, en passant par Marc Aron, Robert Dreyfus, Patrick Gaubert, Alain Jakubowitz, Arno Klarsfeld, Charles Libman, Jean, Jean-Pierre et Claude Pierre-Bloch, Rita Thalmann et Michel Zaoui, il semble qu'environ 90 % de ces membres étaient juifs. Il faut se rappeler que la LICRA, dirigée successivement par Bernard Lecache, Jean Pierre-Bloch et, aujourd'hui, Pierre Aidenbaum, a toujours été, et reste, beaucoup plus préoccupée par l'antisémitisme que par le racisme.

Le 25 avril, au terme de son passage devant le grand sanhédrin de la LICRA, l'abbé Pierre avait demandé à Pierre Aidenbaum la permission de l'embrasser.[422]

---

[421] « Roi de France » comme Ignatz Bubis est « empereur d'Allemagne ».

[422] « Puis, se tournant vers le président Pierre Aidenbaum qui le raccompagnait à sa voiture, le vieux prêtre a ajouté : "Permettez-vous que je vous embrasse ?" » (*France-Soir*, 26 avril, 1996 p. 2). On pourra se faire une idée de la probité de P. Aidenbaum en notant que, le 1er mai, aux informations de 20 h de France 2, on a vu et entendu ce dernier

On n'embrasse pas son bourreau.

***

2 mai 1996

Une « immense victoire » pour la cause révisionniste

Dans *L'Événement du jeudi* de cette semaine, paru ce matin, Jean-François Kahn intitule sa chronique : « Comment, avec l'abbé Pierre, on sert la soupe à Le Pen et Faurisson. »[423]
Il estime que les médias font trop de bruit autour des succès de ces deux hommes. On a, dit-il, ainsi ouvert « un véritable boulevard non seulement devant les séides de Le Pen, mais devant ceux de l'ignoble Faurisson ». Il ajoute : « Car les faits sont là : la cause révisionniste, sinon négativiste, vient de remporter une immense victoire » avec l'affaire Roger Garaudy-abbé Pierre.

À l'occasion de cette affaire, Joseph Sitruk, grand rabbin de France, avait souhaité l'organisation d'une grande confrontation de spécialistes sur la réalité de l'holocauste. J.-F. Kahn demande : « Faurisson et Le Pen, même dans leurs rêves les plus fous, pouvaient-ils espérer mieux ? »[424]

Il note que *Le Figaro* a publié une lettre de lecteur où il est dit : « Je sais que la Shoah a été le scandale, l'abomination de l'Histoire, mais que répondre à mon fils s'il me dit que, s'il faut une loi pour y croire, c'est faux ? »

Pour terminer, J.-F. Kahn déplore que le président croate Tudjman vienne de « réitérer des prises de position quasiment "négationnistes", et cela dans l'indifférence générale ».

Sur les antennes de France-Inter, Ivan Levaï s'est fait largement l'écho, ce matin, de cet article de J.-F. Kahn.

---

présenter les révisionnistes comme des personnes qui contestent l'existence des... « camps de concentration » (*sic*).

[423] J.-F. Kahn, *L'Événement du jeudi*, 2 mai 1996, p. 12-13.

[424] Henri Roques et moi avons immédiatement fait savoir, chacun de notre côté, que nous désirions participer à cette confrontation. Mais le grand rabbin est vite revenu sur ce souhait ; il dit maintenant qu'il ne faut surtout pas d'une confrontation de spécialistes sur le sujet.

***

8 mai 1996

LETTRE À AUGUST VON KAGENECK

Monsieur,

À en croire *Le Monde*, vous auriez écrit que cette Wehrmacht à laquelle vous avez appartenu aurait « servi d'instrument au plus monstrueux crime de l'Histoire ». Le plus curieux est que vous n'auriez personnellement rien vu de ce crime ; vous auriez tout juste « *entendu parler* » d'un massacre de juifs, à peine votre « unité avait-elle quitté la petite ville ukrainienne ».[425]

Supposons un instant que D. Vernet ait fait de votre livre un fidèle compte rendu. Je dirais qu'à mon avis, de ce crime (« le plus monstrueux crime de l'Histoire »), vous n'avez pas pris le soin d'établir la réalité. Je doute fort que vous vous soyez livré à une étude de tous les crimes *réels* de l'Histoire, préalable pourtant nécessaire à une comparaison des crimes commis respectivement par les vainqueurs et par les vaincus de la seconde guerre mondiale.

Je crains que vous ne soyez de ces Allemands qui goûtent un plaisir morbide à s'humilier devant les vainqueurs, notamment les juifs.

En classant ce papier de D. Vernet dans le dossier qui porte votre nom, j'ai retrouvé la lettre que vous m'adressiez le 30 septembre 1987. Vous m'écriviez : « Car je crois à l'existence des chambres à gaz, comme je crois au témoignage de Rudolf Höss réuni dans un livre (« Kommandant in Auschwitz ») *que j'estime être le document de base pour la compréhension du phénomène national-socialiste* ». Ces derniers mots, c'est moi qui les souligne. Voyez ce que je vous ai répondu le 2 octobre 1987. Et constatez enfin, avec mon article du 3 mars 1994 et ses pièces jointes (« Le témoignage du "commandant d'Auschwitz" est déclaré sans valeur ! »), qu'au terme d'un combat de plusieurs années pour le rétablissement de l'exactitude des faits, ce que je vous disais sur le sujet a reçu comme une confirmation officielle : « Höss a toujours été un témoin très faible et [très] confus », a été obligé de dire Christopher Browning, qui a eu l'aplomb d'ajouter : « C'est pour cette raison que les révisionnistes l'utilisent tout le temps, afin d'essayer de discréditer la mémoire d'Auschwitz dans son ensemble » !!!

---

[425] D. Vernet, « Fin du mythe de la Wehrmacht ».

Il vous faudra trouver un autre document. Je vous en suggère un : au lieu de la confession de Rudolf Höss, extorquée par ses geôliers juifs (britanniques ou polonais), la confession de l'abbé Pierre. Ce dernier vient, enfin, d'admettre que Roger Garaudy avait tort de se montrer profondément sceptique sur l'existence des chambres à gaz nazies ; les organisations juives et ses amis juifs ont obtenu qu'il avoue l'existence de ces abattoirs chimiques. C'est bien la meilleure preuve que l'arme du plus monstrueux crime de l'Histoire a existé. Un prêtre, vivant dans un pays démocratique, aurait-il la moindre raison de mentir ?

Si D. Vernet a déformé le contenu et le sens de votre livre, je vous conserve mon estime. S'il a dit vrai, vous n'avez plus mon estime.

P.J. – Votre lettre du 30 septembre 1987 ;

– Ma réponse du 2 octobre 1987 ;

– Mon article du 3 mars 1994 (avec, notamment, l'extrait de *Vanity Fair* contenant la déclaration de Christopher Browning sur R. Höss[426]).

***

15 mai 1996

AU SUJET DU TÉMOIGNAGE ROGERIE LETTRE À MAX CLOS RESPONSABLE DE LA RUBRIQUE « OPINIONS » DU FIGARO

Dans *Le Figaro* de ce jour, André Rogerie a signé un étrange témoignage. Il n'a pas le droit d'écrire : « J'ai assisté à la Shoah à Birkenau », ni d'écrire que les juifs non gazés « savaient aussitôt que la famille qu'ils venaient de quitter avait été gazée ». Dans *Vivre, c'est vaincre*, écrit en 1945, imprimé, paraît-il, en 1946, et réédité en 1988 par Hérault-éditions (Maulévrier, Maine-et-Loire), A. Rogerie dit seulement qu'il a *entendu parler* de chambres à gaz.[427] La description extrêmement succincte qu'il en donne, ainsi d'ailleurs que des fours[428], est contraire à la version aujourd'hui en vigueur à propos de Birkenau : gaz arrivant par les pommes de douches (!) et fours électriques (!). Les photos aériennes prises par l'aviation alliée durant l'été 1944 – quand A. Rogerie se trouvait à Birkenau – prouvent

---

[426] Ch. Hitchens, « Whose History isn't it ? ».
[427] A. Rogerie, *Vivre, c'est vaincre*, p. 70, 85.
[428] *Id.*, p. 75.

que les cheminées des crématoires n'avaient pas de cette « fumée, noire et épaisse » montant tous les jours « par l'énorme cheminée ». Ce qui semble vrai, en revanche, c'est que notre homme bénéficiait, dans ce camp même d'Auschwitz-Birkenau, d'un sort privilégié. Il était installé au bloc des « caïds »[429], bénéficiant d'une « planque royale » dont il garde de « bons souvenirs ».[430] Il y mangeait des crêpes à la confiture et y jouait au bridge.[431] Certes, « il ne se pass[ait] pas que des événements gais »[432] mais, au moment de quitter Birkenau, il a eu cette pensée : « À l'encontre de bien d'autres, j'y ai été moins malheureux que partout ailleurs ».[433]

***

17 mai 1996

LE MYTHE DE L'« HOLOCAUSTE » EN TROIS MOTS JUIFS

L e prétendu « Holocauste » des juifs et les prétendues chambres à gaz nazies forment une seule et même imposture. La gravité, l'étendue et la durée de cette imposture ne peuvent surprendre que ceux qui ignorent tout un aspect de la tradition juive. Pour illustrer cet aspect et pour en expliquer le caractère naturel chez les juifs, il suffit de connaître le sens et la portée de deux mots hébreux et d'un mot yiddish : ceux de « Shoah », de « shutzpah » et de « schnorrer ».

Au terme de « génocide » ou d'« Holocauste », les juifs préfèrent souvent un mot de leur cru, celui de « *Shoah* », lequel signifie « catastrophe ». Étant hébreu, ce mot présente, aux yeux des juifs, l'avantage de mieux distinguer le malheur qu'ils ont subi pendant la seconde guerre mondiale de tous les malheurs qu'ont pu connaître pendant la même période tous les non juifs (également appelés « gentils » ou « *goïm* »). Et c'est ainsi que nous sommes priés de croire que six millions de morts juives pèsent beaucoup plus que quarante millions de morts chez les *goïms*.

---

[429] *Id.*, p. 82.
[430] *Id.*, p. 83.
[431] *Id.*, p. 84.
[432] *Id.*, p. 84.
[433] *Id.*, p. 87.

Les juifs sont généralement convaincus qu'ils sont le peuple « élu », et cela dans tous les sens du mot, c'est-à-dire qu'ils ont été choisis par Dieu pour le meilleur et pour le pire. Ils constituent la meilleure part de l'humanité (selon Jean Kahn, ils ont « un supplément d'âme ») mais, en même temps, quand ils souffrent, leur souffrance est spécifique et infinie. Pour cette raison, un crime commis contre un seul juif doit bouleverser l'humanité entière et réclamer vengeance jusqu'à la fin des temps. Aux yeux d'une telle élite, le fait qu'en février 1945 des dizaines de milliers d'hommes, de femmes et d'enfants allemands ont été engloutis dans les fournaises du bombardement de Dresde (« le plus grand crématoire du monde pour vivants ») n'est rien en comparaison du fait que, *peut-être, selon des témoins juifs*, un Britannique d'origine polonaise aurait, en 1941-1942, sous l'occupation allemande, tué trois juifs en Biélorussie. Sous la pression d'organisations juives, cet homme de quatre-vingt-cinq ans va être jugé pour meurtre.[434] Pendant ce temps, à Londres, le responsable du « crématoire pour vivants » de Dresde, le maréchal de la *Royal Air Force*, Sir Arthur Harris, a sa statue.

Le mot hébreu de « shutzpah » désigne l'impudence, le culot, l'aplomb. Les juifs donnent parfois comme exemple humoristique de *shutzpah* celui d'un fils qui, après avoir tué successivement son père, puis sa mère, s'avise de réclamer une pension d'orphelin.[435]

Le mot yiddish de « *schnorrer* » désigne le mendiant institutionnel. Le *schnorrer* estime qu'il a droit à l'aumône et que c'est à lui de déterminer, en toute liberté, le montant de cette aumône. Il insulte ceux qui lui refusent son dû ou lui en contestent le montant. Pour faire valoir ses droits et pour châtier les récalcitrants, il en appellera aux institutions.[436]

Afin d'illustrer ce qu'un *schnorrer*, doté de *shutzpah*, peut tirer d'une habile exploitation de la Shoah[437], on consultera *Le Paradoxe juif*, livre

---

[434] Cas de Szymon Serafinowicz. En Allemagne, voyez le cas de Theodor Oberländer, âgé de quatre-vingt-onze ans, totalement aveugle et à demi paralysé ; déjà persécuté par le régime communiste allemand qui l'avait condamné par contumace (jugement cassé après la réunification de l'Allemagne), il passe maintenant en jugement à Cologne. De son côté, le juif Markus Wolf, ex-éminence de la police communiste de la RDA, joue les vedettes médiatiques.

[435] On découvre une récente illustration de ce qu'est la *shutzpah* dans la plainte de la chanteuse Régine Schekroun (« la reine des boîtes de nuit ») contre la compagnie American Airlines ; pour les détails, voy. « La contre-attaque de Régine », *Le Figaro*, 21 mai 1996, p. 10.

[436] Sur certains traits de ce mendiant institutionnel, voy. L. Rosenzweig, « Schnorrer », p.29.

[437] Les juifs eux-mêmes désignent par l'expression « Shoah Business » l'exploitation du prétendu « Holocauste ». Ils disent même : « *There's no business like Shoah Business* ».

de Nahum Goldmann, président du Congrès juif mondial et « presque le pape des juifs ».[438] Pour ce personnage, qui avait le franc-parler du parfait cynique : « La vie juive est composée de deux éléments : ramasser de l'argent et protester. » Le récit de ses tractations avec Konrad Adenauer, chancelier d'Allemagne fédérale, est hallucinant pour un *goy*. Ce haut représentant de la communauté juive internationale ne fait mystère d'aucun des subterfuges, ni d'aucun des chantages qui lui ont permis d'extorquer d'une Allemagne encore exsangue l'engagement d'avoir à verser aux juifs et à l'État d'Israël quatre-vingts milliards de DM.[439] Il raconte, par exemple, deux épisodes qui appartiennent, dit-il, « au chapitre "Comment gagner des millions en racontant des histoires" ». Ces histoires-là sont dignes d'un pur *schnorrer*. Le chantage auquel il se livre auprès de Raab, chancelier d'Autriche, est tout aussi parlant. Raab, juif et ancien détenu d'un camp de concentration, refuse d'abord de lui verser une somme de trente millions de dollars pour un « arrangement » en faveur des juifs. C'est alors que N. Goldmann le menace de louer à Vienne une salle de deux mille places pour y faire projeter gratuitement le film de l'entrée de Hitler dans la capitale autrichienne en 1938 : on y constate l'enthousiasme des Viennois.[440] Raab cède. Quelques années plus tard, lors d'une visite à Washington, Raab se voit à nouveau réclamer la même somme par N. Goldmann. Il se rebiffe et dit : « Nous avons conclu un arrangement : comment pouvez-vous revenir dessus ? » N. Goldmann lui fait alors comprendre, menace voilée à l'appui, qu'on peut toujours revenir sur un arrangement. Raab lui cède donc une nouvelle fois. Son successeur au poste de chancelier d'Autriche devient Kreisky, un juif lui aussi. N. Goldmann va trouver le nouveau chancelier et lui

---

L'expression, issue des milieux juifs new-yorkais, semble remonter au début des années soixante-dix.

[438] Nahum Goldmann, *Le Paradoxe juif* [Conversations en français avec Léon Abramowicz], Stock, 1976 ; voy., en particulier, les pages 67, 152-167, 231.

[439] Le gouvernement de Bonn semble avoir versé à ce jour cent milliards de DM. Il prévoit de verser des « réparations » jusqu'en l'an 2030. À ces sommes il convient d'ajouter les importantes contributions accordées aux juifs ou à l'État d'Israël par les *Länder* (c'est-à-dire les provinces), par les grandes entreprises industrielles ou bancaires et par nombre d'associations allemandes. Par ailleurs, d'autres pays se voient, eux aussi, contraints de verser, sous peine de boycottage américain ou international, des « réparations » ; tel est, en ce moment, le cas de la Suisse ou de la Hongrie. La France, pour sa part, va verser de l'argent aux juifs en conséquence de la déclaration qu'au lendemain de son élection à la présidence de la République Jacques Chirac a cru devoir faire sur la culpabilité des Français dans « les crimes de l'État français (1940-1944) ». Le paradoxe est qu'en France un ancien résistant sera ainsi amené à payer pour des « crimes » qu'il combattait.

[440] On oublie trop souvent que, dès 1918, les Autrichiens ont manifesté leur désir d'être rattachés à l'Allemagne. Le 12 novembre 1918, la république est proclamée à Vienne ; elle se rattache au Reich allemand. Ce n'est qu'en raison de l'opposition des Alliés que cette dernière décision est annulée.

réclame une nouvelle tranche de trente millions de dollars, mais, l'affaire n'ayant pas trouvé sa fin au moment de la rédaction du livre, nous ignorons si le *schnorrer* Nahum Goldmann a encore une fois obtenu satisfaction.

Personnellement, je donne tort à ceux qui tentent d'expliquer le mensonge du prétendu « Holocauste » par l'idée d'un « complot juif ». Dans un tel cas, les juifs n'ont nul besoin d'ourdir un complot.[441] Il leur suffit, tout simplement, d'obéir à des usages millénaires, ceux de la tradition juive.

**

17 mai 1996

EN ALLEMAGNE : TROIS ÉVÉNEMENTS RÉVISIONNISTES LE MÊME JOUR

Ce 17 mai 1996, Udo Walendy a été condamné par le tribunal de Bielefeld à une peine de dix-huit mois de prison ferme pour diverses publications révisionnistes. Le tribunal a refusé d'entendre l'expert dont l'inculpé avait demandé l'audition parce que cet expert avait reconnu à Walendy une certaine expertise.

La *Deutsche National Zeitung* fait le point sur l'affaire du Dr Erwin Adler, maître de conférences de sciences politiques à l'Institut Scholl de l'université de Munich. D'après la *Süddeutsche Zeitung*, l'universitaire aurait dit que, certes, des juifs ont été, pendant le temps du IIIe Reich, arrêtés, placés en camps de concentration ou tués, mais que la question était : « Les juifs ont-ils été systématiquement gazés ou bien n'ont-ils pas été gazés ? » Il aurait dit qu'il n'avait, personnellement, pas de réponse à cette question et il aurait ajouté qu'il ne fallait pas s'accrocher bec et ongles à cette question de « gazage ou non gazage » puisqu'un juif frappé à mort, abattu à coups de fusil ou bien tué par la famine était, tout autant qu'un juif gazé, une victime. D'une part, les grands journaux et, d'autre part, les autorités universitaires et l'association cultuelle juive de Munich

---

[441] Il est plaisant d'entendre les juifs se plaindre ou se moquer de ce que certains *goïms* parlent de « complot juif ». Nul n'est plus porté à voir partout des complots que le juif élevé dans la croyance que l'antisémitisme est le résultat d'une sorte d'entente millénaire qui va des Égyptiens de l'Antiquité aux Allemands du IIIe Reich en passant, pour ainsi dire, par tous les peuples de la terre, de siècle en siècle et pour l'éternité. L'idée de « complot » est, en ce sens, typiquement juive.

manifestent d'autant plus d'émoi que l'Institut Scholl porte le nom de Hans et Sophie Scholl, ces conjurés de « la Rose blanche » exécutés à Munich le 22 février 1943 pour résistance au national-socialisme.[442]

La *Frankfurter Allgemeine Zeitung* publie un « Appel des Cent : La liberté d'opinion est en péril ! » Cent universitaires, scientifiques, éditeurs, libraires s'élèvent contre, notamment, la pratique judiciaire qui consiste à répéter qu'un fait est « de notoriété publique » et qu'il n'y a pas lieu de prendre en considération les arguments contestant la réalité de ce fait.[443]

***

17 mai 1996

LA CROISADE DES DÉMOCRATIES (À PARTIR D'UNE IDÉE DE D. IRVING)

Extrait. Parliamentary debates, House of Commons, Official Report, Wednesday 26th Jan., 1949. Volume 460, n° 46, p. 950 :

> « Mr. Churchill : … But I think the day will come when it will be recognised without doubt, not only on one side of the House but throughout the civilised world, that the strangling of Bolshevism at its birth would have been an untold blessing to the human race.
> Mr. Cocks (Broxtowe) : If that had happened we should have lost the last war.
> Mr Churchil : No, it would have prevented the last war. »[444]

Il est courant de se tromper d'ennemi et de conclure au terme d'une effroyable boucherie : « *We killed the wrong pig.* »

La Grande-Bretagne, poussée par les Américains et les juifs (à ce qu'avait dit Chamberlain dans un moment de confidence à Joseph Kennedy, ambassadeur des États-Unis en Irlande), a décidé de partir en

---

[442] *Deutsche National Zeitun*, 17 mai 1996, p. 5.

[443] *Frankfurter Allgemeine Zeitung*, 17 mai 1996, p. 12.

[444] M. Churchill : … Mais je pense que le jour viendra où l'on reconnaîtra, et non pas seulement d'un seul côté de cette Assemblée mais dans tout le monde civilisé, que, sans l'ombre d'un doute, si l'on avait étranglé le bolchevisme dans son berceau, cela aurait été un incommensurable bienfait pour toute la race humaine. – M. Cocks (de Broxtowe) : Si cela était arrivé, nous aurions perdu la dernière guerre. – M. Churchill : Non, cela aurait empêché la dernière guerre.

croisade contre l'Allemagne le 3 septembre 1939. C'était... pour la Pologne et pour arrêter Hitler ! Quatorze jours plus tard, ce motif n'avait plus de sens : Staline attaquait à son tour la Pologne. Le motif, pour continuer la guerre contre cet admirateur de l'Angleterre et de l'Empire britannique qu'était Adolf Hitler (voyez la mission Rudolf Hess), devint... la sauvegarde de l'empire britannique. Pour cela, Winston Churchill fit alliance avec Franklin Roosevelt dont l'une des principales préoccupations était de contribuer à la fin de l'empire britannique et de l'empire français. La guerre des démocraties et, en particulier, de la démocratie (royale) des Britanniques perdait de plus en plus de son sens avec la formidable expansion de la tyrannie soviétique en Europe et en Asie. Les démocraties armaient l'Union soviétique et pilonnaient l'Europe, s'acharnant à tuer les populations civiles allemandes, sans aucun souci pour les trésors artistiques à jamais détruits (de l'abbaye de Monte Cassino jusqu'à Dresde, la Florence de l'Elbe). Dotées d'une puissante économie, elles développaient, mieux que tout autre régime, tous les moyens imaginables et inimaginables (la bombe atomique) de tuer un peu partout dans le monde. Elles couvraient les crimes commis par les Soviétiques à Katyn et ailleurs. Leur guerre devenait (sauf pour l'économie américaine qui, enfin, se sortait du marasme) de plus en plus suicidaire.

Et puis, miracle, dans une Allemagne ravagée, l'armée britannique découvrit le camp de Bergen-Belsen, lui-même dévasté par le typhus. Des émissaires allemands étaient allés au-devant des troupes de Sa Majesté pour les prévenir du danger. Mais quelle aubaine pour Churchill ! Un grand coup de cymbale de la propagande et le camp où, faute de ravitaillement, de médicaments et d'insecticide Zyklon B, les gens mouraient comme des mouches, devint, en un tour de main, un camp « d'extermination » où les Allemands tuaient systématiquement leurs détenus. Churchill découvrait enfin pourquoi la Grande-Bretagne se battait : ce n'était plus ni pour la Pologne, ni pour l'empire britannique mais... pour la civilisation !

Pas moins ! On avait été barbare... pour la civilisation. On allait d'ailleurs persister dans la barbarie en instituant de faire juger les vaincus par les vainqueurs. Le Tribunal militaire international (trois mensonges en trois mots) et tous les tribunaux de même espèce allaient, de 1945 à 1996 (au moins), condamner des soldats, des officiers, des bureaucrates qui avaient pour seul tort d'avoir perdu la guerre.

***

8 juin 1996

« Pour ce qui est des chambres à gaz,
je suis prêt à vous suivre. »
(René Rémond, 23 novembre 1978)

(DANS LE STYLE – RECHERCHÉ – DE JEAN-PIERRE AZÉMA) JE BOIS DU PETIT LAIT

Hier, avec Garaudy, c'était du gâteau. Avec l'abbé Pierre, c'était pain béni. Et, avec Régine, ça fumait.

Aujourd'hui, avec les nageuses olympiques, ça baigne. Avec la prof de chimie, ça gaze. Et, avec la zizanie des intellos du *Monde*, c'est la vie en rose.

Et demain ?

Pour demain, j'en attends de belles et de bonnes.

Il faudra bien que crève la baudruche. « C'est un bidon phénoménal, ce grand martyre de la race juive » (Céline, 1937). Les menteurs et les bonimenteurs ont voulu nous enfler avec leurs magiques chambres à gaz et nous promener dans leurs impossibles camions à gaz. L'intox n'a pas marché. Elle ne marchera jamais. Les chambragazeries pètent de partout. « Auschwitz über alles ! », c'est terminé, c'est kaputt. Il ne restera que l'« Holocauste », une idée creuse, pleine de vide, pleine de vent, avec laquelle on n'a pas fini de nous bassiner.

On panique dans les chaumières juives. On foire au *Monde* et à *Libé*. À la télé, les spécialistes de l'entourloupe se grattent : le moment venu, comment annoncer que le mur de Judée s'est effondré ?

Là, mon petit doigt vient de m'en apprendre une qui vaut son pesant de *shuzpah* (en juif : culot). On envisage de « préparer les esprits ». Le grand soir venu, quand, après plus de cinquante ans de bobard et d'arnaque, il faudra tout balancer, le zombie de service, l'œil rivé au prompteur, n'aura qu'à nous réciter :

« Découverte d'une nouvelle horreur nazie ! Les chambres à gaz nazies n'ont, en fait, jamais existé ! Goebbels avait inventé ce mensonge pour discréditer les juifs ! »

Ce sera le couronnement de plus d'un demi-siècle de canulars holocaustiques et journalistiques, une mirobolante carpentrasserie, un vrai nanan.

En attendant, je bois du petit lait !

***

18 juin 1996

AFFAIRE NOTIN : LES ORGANISATIONS JUIVES FONT LA LOI

D epuis 1990, Bernard Notin, maître de conférences en sciences économiques à l'université Lyon-III, ne peut plus exercer son métier, parce qu'ainsi en ont décidé – envers et contre les lois de la République – les institutions et les organisations juives de Lyon représentées par le D_r Marc Aron[445] ainsi que l'Union des étudiants juifs de France (UEJF).

Tout le monde se tait devant cette anomalie : les collègues de B. Notin, le président de son université, le ministre de l'Éducation nationale, la Ligue des droits de l'homme, les grands médias. On se tait, soit parce qu'on approuve un tel excès de pouvoir, soit parce qu'on a peur de ces organisations qui sont capables, on le sait, de déclencher à volonté la chasse aux hérétiques. Le 7 juin 1994, quand le quotidien *Le Monde* a cru devoir annoncer que le maître de conférences allait être mis à la disposition de l'université Mohamed I_{er} d'Oujda (Maroc) sur la demande du doyen de la faculté de sciences économiques, l'UEJF a exercé de telles pressions sur le plan international que cette université a, dans les quarante-huit heures, fait savoir qu'elle n'envisageait pas d'engager B. Notin.[446]

Le quotidien *Le Monde* s'est, dès le début, acharné sur la victime. En particulier, il a servi d'organe de transmission aux chasseurs de révisionnistes avec un article d'Edwy Plenel intitulé : « Un article jugé raciste et révisionniste suscite des protestations ».

Le crime de l'universitaire était d'avoir signé, dans une revue spécialisée au tirage confidentiel et publiée avec le concours du Centre national de la recherche scientifique (CNRS), une étude iconoclaste sur

---

[445] Le D r Marc Aron porte, plus que personne, la responsabilité de la situation qui m'a été faite pendant dix-sept ans et qui est aujourd'hui faite, depuis plus de six ans, à B. Notin. Le Dr M. Aron présidait, à la fin des années soixante-dix, le comité de liaison des institutions et organisations juives de Lyon ; membre éminent de la loge, exclusivement juive, des B'naï B'rith, il présidait également la section européenne du Congrès juif mondial. Pour sa situation au début des années quatre-vingt-dix, voy. E. Ratier, *Mystères et secrets du B'naï B'rith...*, p. 284-287.
[446] E. Plenel, « Un article jugé raciste et révisionniste suscite des protestations ».

le rôle des médias en France.[447] En passant, l'auteur évoquait le traitement, par ces médias, du sujet des chambres à gaz homicides ; il laissait voir son scepticisme sur l'existence de ces abattoirs chimiques et donnait pour référence, à ce propos, le livre de Serge Thion : *Vérité historique ou vérité politique ?*

La campagne alors déclenchée contre le jeune enseignant (trente-neuf ans, cinq jeunes enfants, salaire unique) allait passer les bornes de ce qu'on a pu connaître en la matière. La *Revue d'histoire révisionniste* en a traité et je n'y reviendrai pas.[448]

Le 11 juillet 1990, le tribunal de grande instance de Paris condamnait B. Notin sur le fondement de l'article 1382 (dommage causé à autrui) à verser vingt-cinq mille francs de dommages-intérêts au Mouvement contre le racisme et pour l'amitié entre les peuples (MRAP). Jugement confirmé par un arrêt du 15 mai 1991. En appel, la condamnation était portée à vingt-neuf mille francs.

Sur le plan administratif, le Conseil national de l'enseignement supérieur et de la recherche (CNESER) décidait également de prendre une sanction mais l'affaire est, aujourd'hui encore, pendante devant le Conseil d'État.

B. Notin a tenté de reprendre ses cours mais les organisations juives sont venues sur place pour l'en empêcher. Chaque année, régulièrement, il demande par écrit au président de son université de l'affecter à une tâche d'enseignement et de lui fournir, en conséquence, un « emploi du temps ». Il ne reçoit aucune réponse à ses lettres. Le 3 février 1993, il avait été conduit à signer un communiqué de presse à valeur d'abjuration publique. Dans ce texte, après avoir protesté contre le sort qui lui était fait (« On prétend de nouveau, illégalement, et par la pression physique, m'interdire d'enseigner et d'exercer le métier pour lequel les contribuables me paient »), il déclarait qu'il ne remettait pas en cause l'existence du génocide des juifs ainsi que des chambres à gaz nazies ; il ajoutait que son ambition n'avait jamais été de « réécrire l'histoire de travers » et concluait notamment : « Si j'ai causé, involontairement, la moindre souffrance à qui que ce soit, je lui en demande pardon ». Peine perdue : l'obstruction continuait.

Le dernier cours de B. Notin remonte au 2 mai 1990. Depuis plus de six ans, la situation du maître de conférences, aujourd'hui âgé de quarante-cinq ans, constitue une anomalie du point de vue de la loi et du droit. Les organisations juives savent qu'aucune loi ne les autorise à prendre de telles sanctions de fait. Ces organisations portent atteinte au

---

[447] B. Notin, « Le rôle des médias dans la vassalisation nationale : omnipotence ou impuissance ? »

[448] Voy., en particulier, la *RHR* n° 1, p. 143-146 ; n° 2, p. 155-162 ; n° 3, p. 206.

droit de chacun d'exercer le métier pour lequel il est payé. Quant aux autorités de l'Éducation nationale, elles ne peuvent ignorer qu'un fonctionnaire a le droit, dans l'exercice de sa fonction, à la protection de l'État.

Les institutions et les organisations juives, porte-parole de la communauté juive, bénéficient, en France, de privilèges. L'affaire Notin montre qu'elles peuvent dicter leur loi à l'État. Je ne connais, dans notre pays, aucune autre institution, aucune autre organisation, aucune autre communauté capable de lancer une affaire de ce genre, de persécuter un homme avec cet acharnement, de le poursuivre jusque dans l'exil, et tout cela, sinon avec l'approbation de tous, du moins dans le silence général.

On aime à répéter qu'en France « les juifs sont comme tout le monde ». Personnellement, au vu de l'affaire Notin, j'ai peine à le croire.

***

27 juin 1996

LA VICTOIRE DES RÉVISIONNISTES ?

La page de couverture de *L'Événement du jeudi* comporte une photographie de l'abbé Pierre et a pour titre : « Holocauste : la victoire des révisionnistes ». L'essentiel du dossier consacré à ce sujet s'étend sur dix pages ; on trouve aussi des éléments sur le sujet à quelques autres pages.[449]

Tous les articles sont uniformément hostiles aux révisionnistes. A ces derniers on ne donne jamais directement la parole et les propos qu'on leur prête sont, en général, déformés ou tronqués.

Le directeur de la publication explique que la première victoire des révisionnistes est d'avoir imposé l'utilisation du mot « révisionnistes » en page de couverture pour bien faire comprendre quel était le sujet traité. Le mot de « négationnistes » n'aurait pas convenu.

On reconnaît que les révisionnistes ont remporté tant de succès que, dans le camp de leurs adversaires, « le désarroi concurrence la confusion » et que « la panique a gagné les rangs des démocrates ».[450]

Simone Veil pense qu'il faut désormais abroger la loi Gayssot (loi essentiellement antirévisionniste). Pierre Vidal-Naquet, Bernard-Henri Lévy et Pierre-André Taguieff ne savent plus que faire. P. Vidal-Naquet

---

[449] « Holocauste : la victoire des révisionnistes », p. 16-25 et p. 3, 5, 10, 13.
[450] *Id.*, p. 23.

déclare, lui qui, dans le passé, m'a chargé jusque devant les tribunaux : « Je suis prêt à tuer Faurisson, mais pas à le poursuivre en justice »[451] et, à propos de l'abbé Pierre, il ne voit qu'une solution : il faut le ridiculiser, « le caricaturer, le délégitimer ». Le philosophe Alain Finkielkraut « rage » (sic). Jean-François Kahn se pose des questions sur les constantes accusations portées contre les révisionnistes dans les médias : « à quoi rime cette espèce de chasse aux sorcières délirante, ce maccarthysme retourné qui consiste, deux fois par semaine, à démasquer, à traquer, à débusquer un nouveau "révisionniste" ou "négationniste" ? » Il ajoute qu'« on organise un lynchage [de révisionniste] par semaine ». « De grands historiens ont été ébranlés par Faurisson », reconnaît P.-A. Taguieff.

Nos adversaires sont convaincus que, pendant plus de quinze ans, nous avons, Pierre Guillaume, ses amis et moi-même, agi en fins stratèges.

La réalité est différente : les révisionnistes ont accumulé des découvertes. Ce sont leurs seules vraies victoires.

Car nous ne parvenons pas, du moins en France, à obtenir un débat avec la partie adverse et à faire entendre nos voix dans les grands médias. Le jour même où *L'Événement du jeudi* annonçait « la victoire des révisionnistes », le tribunal de grande instance de Bordeaux condamnait le libraire bordelais Jean-Luc Lundi, père de onze enfants, à un mois de prison avec sursis et cinq mille francs d'amende pour exposition et vente de livres révisionnistes. Assorti d'une mise à l'épreuve de cinq ans, le jugement a, en outre, ordonné la destruction des livres saisis dans sa boutique : c'est-à-dire cinquante-deux exemplaires, soit des *Annales d'histoire révisionniste*, soit de la *Revue d'histoire révisionniste*. On peut s'étonner d'une telle mesure puisque ces deux revues n'ont fait l'objet d'aucune interdiction de publication ; en revanche, un arrêté de Pierre Joxe en date du 2 juillet 1990 les a frappées d'une interdiction de publicité.

« Et si l'abbé Pierre avait raison ? » La question vient d'apparaître, dans Paris, sur des affiches en caractères jaunes sur fond noir. Nos censeurs de *L'Événement du jeudi* sont perturbés par cet affichage public tout autant que par l'utilisation d'Internet par les révisionnistes.

Ils savent que, pour eux, le danger vient actuellement, d'une part, de l'influence de l'abbé Pierre et, d'autre part, de la puissance d'Internet.

---

[451] Interrogé à Paris le 14 décembre 1992 par la correspondante de la station américaine *National Public Radio* sur ma condamnation du 9 décembre, Pierre Vidal-Naquet avait répondu en anglais : « Je hais Faurisson. Si je le pouvais, je le tuerais personnellement » (voy. samizdat : « Pierre Vidal-Naquet tuerait Faurisson », 10 mars 1993)

Prochains rendez-vous à la XVII_e chambre du tribunal correctionnel de Paris (4, boulevard du Palais) pour deux procès instruits sur le fondement de la loi Fabius-Gayssot :

– mardi 24 septembre 1996, à 13 h 30, contre M_e Éric Delcroix pour son livre sur *La Police de la pensée contre le révisionnisme* ;

– vendredi 15 novembre 1996, à 13 h 30, contre moi-même pour mon communiqué du 19 avril 1996 à l'AFP à propos de l'affaire Garaudy-abbé Pierre ; ma dernière condamnation remonte au 13 juin 1995 pour mon livre *Réponse à Jean-Claude Pressac*.

***

1_{er} septembre 1996

LA RÉPRESSION DU RÉVISIONNISME EN FRANCE

La loi antiraciste du 13 juillet 1990 contient une disposition antirévisionniste qui prévoit une peine de un mois à un an de prison et une amende de deux mille à trois cent mille francs, sans compter d'autres sanctions, contre ceux qui auront contesté « l'existence des crimes contre l'humanité » tels que définis et punis à Nuremberg en 1945-1946 par les vainqueurs de la seconde guerre mondiale. Cette loi porte le nom de « loi Gayssot », du nom du député communiste Jean-Claude Gayssot qui en a eu l'initiative parlementaire. Elle s'appelle aussi, chez les révisionnistes, « loi Fabius-Gayssot » ou loi « Sirat-Fabius-Gayssot », ou « loi Faurisson », ou « lex Faurissonia ». Le grand rabbin de France, René-Samuel Sirat, en a émis l'idée en 1986. Le président de l'Assemblée nationale, le socialiste Laurent Fabius, qui est juif, est intervenu directement au parlement pour en obtenir le vote. Cette loi du 13 juillet 1990 visait en particulier mes travaux ainsi que mon action en faveur du révisionnisme historique.

Il faut bien comprendre que, dans son origine, c'est-à-dire dans l'esprit de J.-C. Gayssot et du Parti communiste français, cette loi était seulement destinée à renforcer la lutte contre le racisme. Ce sont les responsables de la communauté juive et du Parti socialiste (en particulier, L. Fabius) qui sont parvenus à insérer, dans cette loi antiraciste, une disposition antirévisionniste.

Avant d'en venir à l'étude de cette loi et à son application, rappelons ce qu'a été, en France, la répression antirévisionniste antérieurement au 13 juillet 1990.

Pour ce rappel, comme pour la suite, je m'inspirerai largement de l'ouvrage d'Éric Delcroix, avocat au barreau de Paris, *La Police de la pensée contre le révisionnisme*. J'ai collaboré à la documentation de cet ouvrage qui, aujourd'hui, fait l'objet d'une poursuite judiciaire précisément sur le fondement de la « loi Fabius-Gayssot ». L'audience de plaidoirie est prévue pour le 24 septembre 1996 devant la XVIIe chambre du tribunal correctionnel de Paris.

La répression de 1949 à 1989

De 1949 à 1989, en l'absence de toute loi spécifique contre le révisionnisme, les tribunaux ont condamné les révisionnistes pour les raisons et les prétextes les plus divers.

En 1954, l'universitaire Maurice Bardèche, chassé de l'Université, se voit condamner par la cour d'appel de Paris à un an de prison et cinquante mille francs d'amende pour « apologie de crime ». Son délit avait consisté à écrire *Nuremberg ou la Terre promise*, une œuvre qu'il avait courageusement fait suivre de *Nuremberg II ou les Faux Monnayeurs*. L'auteur, sans en contester vraiment l'existence, tendait à mettre en doute le « génocide des juifs » et les « chambres à gaz nazies ». En 1950, Paul Rassinier, résistant et ancien déporté, publie *Le Mensonge d'Ulysse* où il commence à mettre en doute l'existence de ces chambres à gaz. Il est condamné par la cour d'appel de Lyon à quinze jours de prison avec sursis et à cent mille francs (de l'époque) d'amende ainsi qu'à de lourds dommages-intérêts pour injure et diffamation à l'égard des anciens déportés. La Cour de cassation casse l'arrêt. En mai 1955, la cour d'appel de Grenoble le relaxe. Mais, jusqu'à la fin de sa vie (1967), il connaîtra d'autres démêlés avec la justice ; dans un cas, il sera débouté de sa plainte ; dans un autre cas, il sera condamné pour diffamation. C'est en novembre 1978 que débute « l'affaire Faurisson ». Les poursuites judiciaires commenceront dès 1979. Jusqu'en 1989, de nombreux révisionnistes seront, comme moi, poursuivis ou condamnés pour les motifs les plus divers : diffamation envers un particulier, diffamation raciale, provocation à la haine raciale, apologie de crime, propagation de fausse nouvelle, trouble de l'ordre public, procédure « abusive » contre, par exemple, des diffamateurs, etc., mais, par-dessus tout, les censeurs poursuivront les révisionnistes devant les juridictions civiles sous prétexte de « dommage causé à autrui ». Leur argument sera qu'en contestant « génocide » et « chambres à gaz », les révisionnistes causent aux juifs un dommage moral pour lequel ils doivent réparation aux organisations représentant les intérêts des juifs. C'est ainsi que ces organisations ont cherché à me faire condamner pour « dommage par falsification de l'histoire ». En première instance, elles ont failli obtenir satisfaction grâce à un jugement prononcé par un tribunal que présidait Pierre Drai, un juif connu pour son attachement à la cause juive, mais même P. Drai n'a pas osé retenir le grief de « falsification » (il lui aurait fallu fournir une preuve, au moins, de falsification et c'était impossible). J'ai donc été condamné pour légèreté ou négligence. Mais, dans un arrêt retentissant, la cour d'appel de Paris a reconnu que, dans mes travaux sur ce qu'elle appelait elle-même le « problème » des chambres à gaz, il n'y avait ni légèreté, ni négligence et, ajoutait-elle, ni ignorance délibérée ni mensonge. En conséquence, elle déclarait :

> « La valeur des conclusions défendues par M. Faurisson [sur ce sujet] relève donc de la seule appréciation des experts, des historiens et du public. »[452]

La cour autorisait ainsi la contestation des chambres à gaz nazies. Elle me condamnait néanmoins pour un motif qu'on pourrait résumer en ces termes : le professeur Faurisson est, certes, honnête et sérieux dans son travail mais il manque de cœur et ne montre pas de respect pour la souffrance des déportés (lire : des juifs). Cet arrêt provoquait la déception des juifs et, en particulier, celle de l'historien de l'antiquité Pierre Vidal-Naquet, qui écrivait :

> « Le procès intenté en 197[9] à Faurisson par diverses associations antiracistes a abouti à un arrêt de la cour d'appel de Paris en date du 26 avril 1983, qui a reconnu le sérieux du travail de Faurisson, ce qui est un comble, et ne l'a, en somme condamné que pour avoir agi avec malveillance en résumant ses thèses en slogans. »[453]

De son côté, Georges Wellers, directeur du *Monde Juif* (revue du Centre de documentation juive contemporaine de Paris) écrivait :

---

[452] Cour d'appel de Paris, première chambre, section A, François Grégoire, Paul Fouret, Germain Le Foyer de Costil, 26 avril 1983.
[453] P. Vidal-Naquet, *Les Assassins de la mémoire*, p. 182.

« En appel, la cour a reconnu que [Faurisson] s'était bien documenté. Ce qui est faux. C'est étonnant que la cour ait marché. »[454]

Si je m'attarde à ces réactions, c'est qu'elles expliquent pourquoi des personnalités comme P. Vidal-Naquet et G. Wellers se sont ensuite retrouvées au côté du grand rabbin Sirat pour demander la création d'une loi spécifique contre les révisionnistes.

En juin 1985, Henri Roques est reçu docteur de l'université de Nantes pour une thèse sur les « confessions » de l'officier SS Kurt Gerstein. Sa thèse est révisionniste. Le feu couve pendant quelques mois où, fébrilement, G. Wellers prépare une réplique. En avril 1986 éclate, avec la publication de cette prétendue réplique, « l'affaire Roques ». L'émoi est considérable. La pression des organisations juives aboutit à l'annulation de la soutenance de thèse pour vices de forme.

Serge Klarsfeld demande la création d'une loi antirévisionniste. Il use pour cela d'un argument fallacieux. Il prétend que l'Allemagne dispose déjà d'une loi spécifique contre le révisionnisme. C'est faux et il le sait bien. Dans les années soixante-dix, il avait lancé en Allemagne le projet d'une loi dite « du mensonge d'Auschwitz », une « *lex Klarsfeld* », mais, au terme de longues années de discussion, le Bundestag avait simplement voté l'article 194 du code pénal allemand. Cet article n'interdit nullement la contestation des « crimes [du vaincu] contre l'humanité ». Il autorise seulement un procureur à déposer plainte pour dommage causé « au membre d'un groupe qui a été persécuté sous un gouvernement de violence ou d'arbitraire, national-socialiste ou autre » ; le mot « autre » vise, par exemple, le gouvernement d'un pays communiste (*wenn der verletzte als Angehöriger einer Gruppe unter der national-sozialistischen oder einer anderen Gewaltund Willkürherrschaft verfolgt wurde*). Le procureur peut alors poursuivre l'inculpé sur le fondement de l'ensemble des lois punissant, en particulier, la diffamation des morts (*Verunglimpfung Verstorbener*). C'est dans ce cadre qu'est effectivement poursuivie l'« *Auschwitz-Lüge* » (mensonge d'Auschwitz) et que pourrait être, en théorie, poursuivie la « *Vertreibungslüge* » (mensonge de l'expulsion [des Allemands de l'Europe de l'Est]). Le 2 juin 1986, sous l'égide du grand rabbin Sirat, un groupe d'universitaires et de personnalités, toutes (sauf une) d'origine juive, formule « l'espoir d'une extension à tous les pays européens de la loi allemande interdisant la mise en doute du génocide ».[455] Dans ce groupe figurent notamment P. Vidal-

---

[454] G. Wellers, *Le Droit de vivre*, juin-juillet 1987, p. 13.
[455] *Bulletin quotidien de l'Agence télégraphique juive*, p. 13.

Naquet, G. Wellers et S. Klarsfeld. Le 7 juillet 1987, Charles Pasqua, ministre (gaulliste) de l'Intérieur, reçoit un certain nombre d'organisations juives ou d'organisations de défense contre l'antisémitisme pour leur proposer « d'inventer ensemble un arsenal juridique garantissant, dans l'avenir, la vérité sur les chambres à gaz ».[456]

Le 13 septembre 1987, au cours d'une émission de radio, Jean-Marie Le Pen, président du Front national, interrogé sur la manière dont les juifs auraient été exterminés, répond que cette manière (les chambres à gaz nazies) constitue un « point de détail » de l'histoire de la seconde guerre mondiale. Une formidable tempête médiatique s'ensuit. Dix jours plus tard, J.-M. Le Pen est condamné en référé pour « trouble ». Beaucoup plus tard, le 18 mars 1991, la cour d'appel de Versailles, présidée par Pierre Estoup, le condamnera, pour « dommage à autrui » par « consentement à l'horrible » (sic), à la peine stupéfiante d'un million deux cent mille francs ; il s'agit là, principalement, de dommages-intérêts cumulés au profit d'une kyrielle d'associations invoquant un seul et même préjudice moral.

Le 20 septembre 1987, Charles Pasqua déclare que, s'il ne dépendait que de lui, le professeur Faurisson « irait en prison ».[457]

Le 8 octobre 1987, par un tour de passe-passe, Albin Chalandon, ministre de la Justice, parvient, en pleine nuit, à faire voter par l'Assemblée nationale deux amendements à une loi sur la protection de la jeunesse contre la drogue ; ces amendements permettront d'empêcher, dans la pratique, la vente publique d'ouvrages révisionnistes.

Le 2 avril 1988 voit la mise en route, sur l'initiative de L. Fabius, d'une proposition de loi antirévisionniste devant le Parlement. Le 23 mars 1989, le député Jacques Chirac [futur président de la République] se prononce en faveur d'une loi antirévisionniste. Il avait d'abord été hostile à une telle loi mais il avait changé d'avis à la suite d'une rencontre avec les responsables du B'naï B'rith, organisation exclusivement juive, de caractère maçonnique.[458] Le 16 septembre 1989, je suis l'objet d'une grave agression physique revendiquée par « Les Fils de la Mémoire juive ». Cette agression est justifiée par Serge et Beate Klarsfeld qui la trouvent « naturelle » et « normale ».[459]

---

[456] *Actualité juive.*
[457] *Le Figaro*, 21 septembre 1987, p. 7.
[458] *Le Monde*, 26-27 mars 1989, p. 18.
[459] *Radio J*[uive], le 16 septembre, et *Le Monde,* 19 septembre 1989, p. 14.

Préparatifs et adoption de la loi antirévisionniste
(avril-juillet 1990)

En janvier 1990 éclate « l'affaire Notin ». Bernard Notin, maître de conférences en sciences économiques à l'université Jean-Moulin de Lyon, se voit reprocher d'avoir écrit dans une revue de sociologie un article sur la puissance des médias, article où il manifeste, en passant, son scepticisme quant aux preuves et aux témoins de l'existence des chambres à gaz nazies.[460] Le scandale prend des proportions internationales. B. Notin et sa famille connaîtront un véritable calvaire. Malgré son abjuration et sa condamnation du révisionnisme, il ne pourra plus jamais reprendre ses cours parce qu'ainsi en a décidé le Dr Marc Aron, président du Comité de liaison des institutions et des organisations juives de Lyon, et, avec lui, l'Union des étudiants juifs de France (UEJF). Le 1er et le 2 avril 1990, l'ancienne communiste Annie Kriegel, bien que juive, s'inquiète de voir la communauté juive française apparaître « comme un groupe exigeant que règne en sa faveur une véritable police de la pensée […] une insupportable police juive de la pensée ».[461] Pour les débats au Parlement (c'est-à-dire à l'Assemblée nationale et au Sénat), on consultera le *Journal officiel de la République française* aux dates suivantes de l'année 1990 : 3 mai, 12, 29 et 30 juin, 1er juillet.[462] La mise en condition de l'opinion française atteint de telles proportions que même les adversaires d'une telle loi osent à peine soulever d'objections.

L'historien Henri Amouroux dénonce la loi mais, par peur, affecte de n'y voir qu'une loi dirigée contre J.-M. Le Pen ; lui, l'historien, il n'ose même pas révéler à ses lecteurs que la « loi Gayssot » vise les historiens et cherche à mettre ces derniers en tutelle.[463] Bien que timide, l'opposition au vote d'une disposition antirévisionniste est certaine.

C'est alors qu'éclate, providentiellement pour les adversaires des révisionnistes, l'affaire de la violation de sépultures du cimetière juif de Carpentras. Nous sommes le 10 mai 1990. Pêle-mêle, J.-M. Le Pen et les révisionnistes sont immédiatement dénoncés par les médias et par le monde de l'établissement politique (y compris François Mitterrand, président de la République, qui signera la « loi Gayssot ») comme les responsables moraux de cette « profanation ». Cette fois, l'intimidation est totale. A la veille du vote définitif de la loi par l'Assemblée nationale, le juriste François Terré écrit : « Face à la proposition Gayssot le silence

---

[460] *Le Monde,* 28-29 janvier 1990, p. 9.
[461] *L'Arche,* avril 1990, p. 25-26 ; *Le Figaro,* 2 avril 1990, p. 2.
[462] Pour plus de détails, voy. É. Delcroix, *La Police de la pensée…*, p. 79.
[463] *Le Figaro Magazine*, 5 mai 1990, p. 82-83.

infini de presque tous les juristes, de presque tous les historiens effraie. »[464]

Le 2 juillet 1990, Pierre Joxe, ministre de l'Intérieur, socialiste d'origine juive, prend des arrêtés interdisant, dans la pratique, la vente publique de trois revues révisionnistes (souvent poursuivies en justice, pour deux d'entre elles).

Le 14 juillet 1990, le texte de la loi Fabius-Gayssot paraît au *Journal officiel*, Lois et décrets, p. 8333-8334, sous la signature de F. Mitterrand. Huit pages plus loin paraît le décret de nomination au grade de chevalier de la Légion d'honneur de « M. Vidal-Naquet (Pierre), historien ; 35 ans d'activités littéraires » sur proposition de Jack Lang, socialiste d'origine juive, ministre de la Culture. Pour le juif P. Vidal-Naquet, c'est l'honneur tandis que, pour le révisionniste R. Faurisson, c'est le banc d'infamie des tribunaux.

Applications de la loi antirévisionniste

Depuis 1990, la loi antirévisionniste semble s'être appliquée une trentaine de fois. Les sanctions financières sont parfois si lourdes qu'elles ont pu entraîner, par exemple, la disparition d'une revue, de qualité exceptionnelle : *Le Choc du mois*. Il faut noter que, comme dans ce dernier cas, les condamnations au nom de la loi Gayssot sont quelquefois associées à des condamnations au nom d'autres lois comme, par exemple, la traditionnelle loi antiraciste du 1er juillet 1972, dite loi Pleven. Personnellement, pour une seule interview publiée dans *Le Choc du mois*, j'ai été l'objet de trois procédures judiciaires distinctes en dépit de l'adage « *non bis in idem* » (que les Anglo-Saxons connaissent sous la forme « *ne bis in idem* »). À plusieurs reprises, des peines de prison avec sursis ont été prononcées. À quelques reprises, des peines de prison ferme ont été requises. En un cas, celui d'Alain Guionnet, la peine de prison (trois mois) a été effectivement subie.

Mais cette répression judiciaire est loin d'être aussi grave et aussi lourde qu'en Autriche et en Allemagne, par exemple. Sur le modèle de la France, l'Autriche a adopté, le 19 mars 1992, une loi spécifiquement antirévisionniste. L'Allemagne a suivi, le 1er décembre 1994. Puis, la Suisse le 1er janvier 1995, la Belgique le 30 mars 1995 et, enfin, l'Espagne le 11 mai 1995.

---

[464] *Le Figaro*, 29 juin 1990, p. 2.

Velléités de résistance contre la loi antirévisionniste

Dès l'entrée en vigueur de cette loi, j'ai déclaré :

> « La clause antirévisionniste va à l'encontre de l'évolution des mœurs. Elle rétablit clairement la censure. Elle institue une vérité historique officielle protégée par la police, la gendarmerie, les magistrats et les gardiens de prison. Elle crée un dogme, un catéchisme, un décalogue : celui de Nuremberg. On veut nous faire croire qu'un tribunal – un tribunal « militaire » – aurait, lui, écrit l'histoire une fois pour toutes. Il sévissait depuis longtemps une histoire officielle de la seconde guerre mondiale. Quand je le disais, nos tartuffes se récriaient. Aujourd'hui, ils ne peuvent plus protester [...]. Je ne chercherai pas à tourner la nouvelle loi, je lui ferai front. »[465]

Et j'ai, depuis six ans, tenu parole. À tous mes juges successifs, je déclare que je me moque de cet ukase et j'ajoute : « Je suis prêt à aller en prison. Pour moi, ce serait un honneur. Pour ceux qui m'y enverraient, ce serait un déshonneur ».

Six ans après, ce sont mes adversaires et mes juges qui se lassent. Ils expriment naïvement leur fatigue d'avoir à constater que dans mon cas les condamnations semblent ne servir à rien. Je peux même dire qu'à chaque procès le ton monte et que je prouve, par mon attitude et par mes propos, que je ne me laisserai pas intimider. Un jeune révisionniste, Vincent Reynouard, adopte, à Caen, la même attitude. Il refuse de justifier devant un tribunal ce qu'il a pu écrire ou publier soit dans sa revue (aujourd'hui disparue faute d'argent), *Nouvelle Vision*, soit dans des tracts.

Le 21 juin 1991, Jacques Toubon, député gaulliste, a demandé l'abrogation de cette loi, affirmant que « le délit de révisionnisme fait reculer le droit et affaiblit l'histoire ».[466] Il était alors dans l'opposition. Quand la droite et les gaullistes sont arrivés au pouvoir, J. Toubon est devenu ministre de la Justice. Il a alors déclaré qu'il n'était plus question, pour lui, d'abroger cette loi qu'en 1991 il avait trouvée digne de Staline. Il affirme maintenant : « Remettre en cause cette loi, ce serait maintenant donner raison dans l'opinion aux négationnistes. »[467]

---

[465] *Le Choc du mois*, septembre 1990, p. 9-11.
[466] *Journal officiel*, Assemblée nationale, 22 juin 1991, p. 3571-3573.
[467] *Paris-Match*, 6 juin 1996, p. 63.

Les récentes protestations contre la loi antirévisionniste

À l'occasion de l'affaire Garaudy-abbé Pierre, on a récemment entendu une série de protestations, plus ou moins sincères, contre cette loi. Je ne mentionnerai ici que les noms des personnes citées à ce propos dans *L'Événement du jeudi* de la semaine du 27 juin au 3 juillet 1996 ; on voudra bien garder à l'esprit que toutes ces personnes sont hostiles au révisionnisme :

- à la page 3, Albert du Roy, directeur de ce magazine de l'établissement, écrit que Simone Veil a raison de plaider pour l'abandon de toute attitude dogmatique dans le style de la « loi Gayssot » ;
- à la page 13, Jean-François Kahn dénonce la traque des révisionnistes ; il demande : « À quoi rime cette espèce de chasse aux sorcières délirante, ce maccarthysme retourné [c'est-à-dire : à rebours] qui consiste, deux fois par semaine, à démasquer, à traquer, à débusquer un nouveau « révisionniste » ou « négationniste » […] ? » et il se plaint de ce qu'« on organise un lynchage par semaine » ;
- à la page 20, on rappelle le mot de P. Vidal-Naquet : « Je suis prêt à tuer Faurisson, mais pas à le poursuivre en justice. » ;
- à la page 21, Dominique Jamet signe un article intitulé : « L'Histoire ne relève pas des tribunaux. » ;
- à la page 22, Simone Veil est interrogée ; elle demande l'abrogation de «la loi Gayssot» ;
- à la page 23, on rappelle : « En 1980, Chomsky défendant Faurisson [sur le plan de la liberté d'expression] ébranlait une partie de la gauche. » ;
- à la page 21, on pouvait lire : « "De grands historiens ont été ébranlés par Faurisson", reconnaît Taguieff. » ;
- à la même page 23, un avocat farouchement antirévisionniste, Mᵉ Korman, propose l'amendement de la loi.[468]

Je n'entretiens cependant aucune illusion au sujet de ces soudaines manifestations en faveur du bon sens et de la justice. Des personnes comme P. Vidal-Naquet et M. Rebérioux ont une main droite qui ignore ce que fait leur main gauche. Ces personnes m'ont, dans le passé, poursuivi jusque devant les tribunaux où elles m'accusaient alors d'être un faussaire de l'histoire ! Il se trouve simplement que, devant la farouche détermination de certains révisionnistes (pas tous,

---

[468] *Le Monde,* 21 mai 1996, p. 14.

malheureusement !) et devant la répugnance de certains magistrats à utiliser pleinement la loi antirévisionniste, des intellectuels ou des responsables juifs commencent à sentir qu'une telle répression les dessert. De fait, lorsqu'on regarde de près les arguments invoqués par ces tartufes contre « la loi Gayssot », on s'aperçoit que l'argument le plus souvent invoqué est… l'intérêt des juifs.

La réalité présente de la répression

La répression du révisionnisme a pris en France un caractère à ce point vicieux que, peu à peu, les révisionnistes se sont vus priver d'une série de droits pourtant inscrits dans la loi. Dans la pratique, leurs procès, par exemple, ne sont plus vraiment publics car plus un seul représentant de la grande presse n'y assiste ; en effet, que viendrait faire un journaliste ? Il ne pourrait, en aucun cas, reproduire soit les propos incriminés, soit les arguments révisionnistes développés à la barre par l'accusé. Un journaliste risquerait, par ailleurs, de compromettre sa carrière si on voyait qu'il s'intéresse de près au procès d'un révisionniste.

Dans la pratique, un révisionniste ne peut plus utiliser le « droit de réponse » aux attaques incessantes et aux calomnies de la grande presse, de la radio ou de la télévision car lui donner la parole ce serait prendre le risque d'encourir les foudres de la loi antirévisionniste. Toujours dans la pratique, un révisionniste ne peut plus exiger une protection contre la diffamation, l'agression physique, le vol de documents, le refus d'accès à un centre de recherches. L'expérience enseigne, en effet, que, s'il porte plainte, les tribunaux risquent fort de lui donner raison mais seulement en théorie. C'est l'adversaire, en fin de compte, qui l'emportera. Par exemple, un tribunal décidera que « traiter Faurisson de faussaire, c'est le diffamer, **mais de bonne foi** ». Cette bonne foi est systématiquement du côté du diffamateur et non du diffamé.

Pour les révisionnistes, en France, il n'y a plus de justice ; ni foi, ni loi, ni droit : ils ne peuvent plus compter sur rien.

Je sais d'avance qu'il ne me sert à rien de porter plainte contre un juif qui me frappe ou qui me cause un tort ou un dommage quelconque. Je suis, dans mon pays, traité en Palestinien.

L'affaire Notin : les organisations juives font la loi

J'ai déjà mentionné « l'affaire Notin ». J'y reviens pour signaler que ce jeune maître de conférences, père de cinq jeunes enfants, ne disposant pour toute sa famille que de son seul salaire, a donné son dernier cours à l'université de Lyon le 2 mai 1990. Depuis cette date, année après année, il a demandé – comme il en avait le droit, reconnu par la loi et par les autorités administratives – d'exercer son métier d'enseignant, pour lequel il est payé. En pure perte. Chaque année, le président de son université lui répond **oralement** (afin que nulle pièce écrite n'en atteste) qu'il « sait bien que ce n'est pas possible » (*sic*). Il n'est pas possible de lui prescrire un « emploi du temps » parce que les autorités juives ont opposé, une fois pour toutes, leur veto à la reprise des activités de cet enseignant.

En désespoir de cause, B. Notin a cru trouver un poste d'enseignant à l'université d'Oujda (Maroc). Immédiatement, le journal *Le Monde* a répandu la nouvelle et les organisations juives ont manifesté leur émotion et leur colère[469] ; dans les quarante-huit heures, l'université d'Oujda s'est inclinée et a fait savoir qu'elle n'engagerait pas le malheureux universitaire. Depuis plus de six ans, la situation du maître de conférences, aujourd'hui âgé de quarante-cinq ans, constitue une anomalie du point de vue de la loi et du droit. Par un arrêt du 15 mai 1991, B. Notin avait été condamné en justice pour son article. Quant à la procédure administrative, elle n'est toujours pas achevée. Mais personne n'a le droit de l'empêcher d'exercer le métier pour lequel il est payé. Les organisations juives le savent mais elles se moquent de la loi. Les autorités de l'Éducation nationale le savent, elles aussi, mais elles ont manifestement peur. Les présidents de la République successifs, les milliers de collègues de B. Notin, les journalistes, tous sont au courant de cette criante anomalie. Mais tous se taisent. Les institutions et les organisations juives, porte-parole de la communauté juive, bénéficient en France de privilèges. L'affaire Notin montre qu'elles peuvent dicter leur loi à l'État. Je ne connais, dans notre pays, aucune autre communauté capable de déclencher une affaire de ce genre, de persécuter un homme avec cet acharnement, de le poursuivre jusque dans l'exil, et tout cela, sinon avec l'approbation de tous, du moins dans le silence général.

Les milices juives au secours de la « loi Gayssot »

En France, les milices armées sont strictement interdites sauf… pour les juifs. En 1986, à l'époque où L. Fabius était premier ministre, sa femme, Françoise Castro, également juive, a révélé que des milices juives et le ministère de l'Intérieur travaillaient main dans la main :

> « Extraordinaire nouveauté dans le comportement politique, la gauche a permis à des milices juives de s'installer dans des

[469] *Le Monde*, 7 juin 1994.

quartiers de Paris, mais aussi à Toulouse, à Marseille, à Strasbourg [et d'avoir] des contacts réguliers avec le ministre de l'Intérieur. »[470]

À ceux qui souhaiteraient plus de détails sur les actions criminelles des milices, je recommande de consulter, sur les sites révisionnistes d'Internet, un texte du 1er juin 1995 intitulé : « Milices juives : quinze ans – et plus – de terrorisme en France ». On y verra notamment comment, au mépris de la loi, les milices du Bétar ont pour habitude de faire la loi au Palais de justice de Paris, en particulier quand les révisionnistes viennent y passer en jugement pour avoir enfreint la « loi Gayssot ». J'ai moi-même été blessé, comme d'autres révisionnistes, le 22 mars 1991, par des membres de cette milice.

La situation aujourd'hui même

Mes deux dernières condamnations remontent au 6 septembre 1993 et au 13 juin 1995. Je dois la première de ces condamnations au fait que, rendant compte d'un documentaire sur Auschwitz et Birkenau, j'ai simplement parlé des « réalités qui prouvent que ces camps n'étaient pas des "camps d'extermination" malgré les ravages exercés par les épidémies de typhus ». Je dois la seconde de ces condamnations à ma *Réponse à Jean-Claude Pressac sur le problème des chambres à gaz*. Le 29 février 1996, j'étais miraculeusement acquitté dans deux autres procès. Le 15 novembre prochain, je comparaîtrai pour un communiqué de presse envoyé le 19 avril 1996 à l'Agence France-Presse sur l'affaire Garaudy-abbé Pierre. Roger Garaudy a été simplement « mis en examen », ainsi que son éditeur Pierre Guillaume, pour avoir publié, dans une revue distribuée aux seuls abonnés, *Les Mythes fondateurs de la politique israélienne*. Le 3 janvier 1996, Vincent Reynouard a été condamné par le tribunal de Caen qui n'a pas craint d'accuser dans son jugement le jeune révisionniste de « véhiculer ses *idées fausses* » ; cette formulation prouve bien que, comme au siècle dernier, on peut en France, aujourd'hui, être condamné pour des « idées » qu'un tribunal se permet de juger « fausses ». Comme je l'ai dit plus haut, Éric Delcroix, avocat au barreau de Paris, passera en jugement le 24 septembre 1996 pour avoir écrit et publié à son compte *La Police de la pensée contre le révisionnisme*.

Le moindre mot, la moindre attitude qui puisse laisser supposer qu'on a des pensées ou même, plus simplement, des arrière-pensées

---

[470] *Le Monde*, 7 mars 1986, p. 8.

révisionnistes expose aujourd'hui à des poursuites judiciaires sur le fondement de la « loi Gayssot », loi dite officiellement « sur la liberté de la presse ».

Et à l'avenir ?

En ce domaine, rien ne permet de présager de l'avenir. On peut aussi bien craindre une aggravation des mesures de répression, notamment par l'adoption d'une loi encore plus sévère que la « loi Gayssot » qu'espérer une sorte de relâchement ou de tolérance. Cette dernière éventualité est concevable à cause du progrès d'Internet. Récemment, l'UEJF, découvrant que certains de mes textes étaient consultables sur Internet, a saisi le juge Jean-Pierre Marcus, juif, en vue d'obtenir une interdiction judiciaire de certains sites. Le juge s'est rendu compte qu'une mesure de censure était impossible. L'UEJF semble avoir compris que la « loi Gayssot » est, dans un tel cas, inapplicable. Les révisionnistes français ont aujourd'hui tendance à diffuser leurs écrits sur Internet au lieu de les confier à l'imprimerie.

Mise à jour (31 décembre 1996)

Depuis le 1er septembre 1996, date de rédaction de cette étude, la répression du révisionnisme en France s'est aggravée.

Le 5 septembre, la radio *Ici et Maintenant* a dû cesser ses émissions à la suite d'une décision du Conseil supérieur de l'audiovisuel qui reproche à cette radio des « propos racistes, antisémites et négationnistes ».

Le 7 septembre, quatre jeunes juifs ont agressé Patrick Hélin, bouquiniste des bords de Seine, qu'ils ont traité de « révisionniste ».

Le 22 octobre, mon avocat, Éric Delcroix, a été condamné pour avoir écrit et publié *La Police de la pensée contre le révisionnisme ;* à la suite de cette condamnation, l'Ordre des avocats, en la personne de l'avocat Bernard Vatier, s'est empressé d'entamer une procédure contre son confrère É. Delcroix.

Le 30 novembre, M. Piscoci-Danesco, le libraire déjà agressé le 16 juillet (avec deux cent cinquante mille francs de dégâts dans sa boutique, somme dont l'assurance ne lui remboursera rien), voit trois jeunes juifs briser sa vitrine.

Le 20 décembre, Vincent Reynouard, professeur de mathématiques et de physique, est suspendu d'enseignement *sine die*. Le recteur Philippe Lucas lui fait grief de ses convictions révisionnistes. Le jeune professeur, marié, père de deux enfants (salaire unique), est menacé de radiation et de chômage. Mon propre procès pour un communiqué de presse au sujet de l'affaire Garaudy-abbé Pierre est remis au 6 juin 1997.

Bibliographie

En plus de l'ouvrage d'Éric Delcroix, que j'ai mentionné, le chercheur devra consulter la *Revue d'histoire révisionniste* dont les six livraisons ont paru de mai 1990 à mai 1992. Les articles suivants concernent plus spécialement le sujet :
- « L'affaire Notin » (*RHR* n°1, p. 143-146) ;
- « Arrêté [du] ministère de l'Intérieur » (*RHR* n°2, p. 8) et « Contre le révisionnisme historique, la loi Fabius alias Gayssot » (*Id.*, p. 16-35) ;
- Éric Delcroix, « Un séquestre pour l'éternité ? » (*RHR* n°3, p. 33-43) ;
- « Trois juges français dénaturent un procès-verbal » (*RHR* n°3, p. 204-
- 205) ; « Deleatur dans l'affaire Notin » (*Id.*, p. 206) ; « Non-lieu dans l'affaire de Nantes » (*Id.*, p. 207) ;
- Henri Roques, « La *RHR* devant le Conseil d'État » (*RHR* n°4, p. 9-11) ; « Procès Faurisson » (*Id.*, p. 107-133) ; « Wannsee : une dénaturation confirmée » (*Id.*, p. 192-193).

***

2 et 3 septembre 1996

UN HISTORIEN ORTHODOXE ADMET ENFIN QU'IL N'Y A PAS DE PREUVES DES CHAMBRES À GAZ NAZIES

Jacques Baynac, né en 1939, est un historien français que ses sympathies portent vers la gauche.[471] Il nourrit une hostilité certaine à l'égard des révisionnistes (qu'il appelle des « négationnistes ») et, en particulier, à l'égard de Pierre Guillaume et de ma propre personne. Il a toujours affirmé l'existence des chambres à gaz

---

[471] J. Baynac a notamment écrit *La Terreur sous Lénine, Ravachol et ses compagnons, Mai [1968] retrouvé, Les Socialistes révolutionnaires russes (1881-1917), La Révolution gorbatchévienne.*

nazies ; or, il vient de révéler que, tout compte fait, force est d'admettre, même si c'est « pénible à dire comme à entendre », que les témoignages ne suffisent pas et qu'il est décidément impossible de prouver, sur le plan scientifique, que ces chambres à gaz ont existé. Mais, ajoute-t-il curieusement, à défaut de preuve directe, il conviendra, à l'avenir, de chercher une preuve indirecte et, puisqu'on ne peut pas prouver que les chambres à gaz nazies ont existé, il faudra essayer de prouver qu'elles n'ont pas pu ne pas exister !

C'est sous la forme de deux longs articles consécutifs que J. Baynac développe ses vues dans *Le Nouveau Quotidien* de Lausanne.[472]

La dérobade des historiens

Dans le premier article, il commence par déplorer l'existence, en France, d'une loi antirévisionniste, la loi Fabius-Gayssot, du 13 juillet 1990, qui, dit-il, permet à « la secte négationniste » de se servir des tribunaux comme de tribunes. Il souligne que cette loi a été critiquée par Claude Imbert (du *Point*), Pierre Vidal-Naquet (historien qui a dit : « Je suis prêt à tuer Faurisson, mais pas à le poursuivre en justice ! »), Madeleine Rebérioux (ancienne présidente de la Ligue des Droits de l'homme), Me Charles Korman (avocat antirévisionniste) et plusieurs députés RPR. Il affirme que les révisionnistes ou négationnistes ont tout lieu de se réjouir, surtout depuis que l'affaire de l'abbé Pierre a « changé l'atmosphère » en leur faveur. Il note que, chez les adversaires des révisionnistes, « le désarroi a succédé à la consternation », que P. Vidal-Naquet «se désole », que Bernard-Henri Lévy « s'affole », que Pierre André Taguieff « s'effraie » et que *L'Événement du jeudi* a choisi pour titre de couverture : « La victoire des révisionnistes. » Il dénonce l'irresponsabilité d'un intellectuel, d'un ancien déporté, Jorge Semprun, qui, dit-il, a « assassiné » le livre que Florent Brayard a écrit contre le révisionniste Paul Rassinier. À gauche, estime-t-il, il s'est développé une « paranoïa », une « chasse aux sorcières » (comme le dit Jean-François Kahn) et un « tohu-bohu désastreux ». Il affirme que Simone Veil et Dominique Jamet sont, eux aussi, hostiles à la loi Fabius-Gayssot et qu'« on refuse le débat » avec les révisionnistes. Rappelant la stupéfiante déclaration de « trente-quatre historiens réputés » parue dans *Le Monde* du 21 février 1979, déclaration par laquelle on refusait de me répondre et de m'expliquer comment, *techniquement*, les magiques chambres à gaz nazies pouvaient bien avoir fonctionné, il parle de la « dérobade » des

---

[472] 2 septembre 1996, p. 16, et 3 septembre 1996, p. 14.

historiens en général. Il écrit en propres termes que « les historiens se sont défilés ».

Ni documents, ni traces, ni preuves

Dans le second article, il déplore que les vrais historiens aient accordé leur confiance à Jean-Claude Pressac, pharmacien et « historien amateur », qui, on le voit maintenant, est parvenu à la conclusion que le nombre des morts juives et non-juives à Auschwitz s'élève « à un total de 600.000 victimes ».[473] Il tourne en dérision François Bayrou, ministre de l'Éducation nationale et historien lui-même, qui, conscient des difficultés qu'on rencontre à prouver le génocide et les chambres à gaz, préconise, dans ce cas, le recours à une méthode historique « allégée » ; J. Baynac voit là un « concept d'histoire light ». Il affirme que les chambres à gaz nazies ont existé mais que, pour le prouver, on a trop utilisé le discours « ascientifique » et insuffisamment le discours « scientifique ». Le premier est celui où « le témoignage prime » tandis que le second est celui du document. Or, dit-il avec regret, on ne peut que constater « l'absence de documents, de traces ou d'autres preuves matérielles ». Il rappelle le constat déjà dressé en 1988 par l'historien juif américain Arno Mayer : « Les sources dont nous disposons pour étudier les chambres à gaz sont à la fois rares et peu sûres. »[474] J. Baynac dit que « nous ne disposons pas des éléments indispensables à une pratique normale de la méthode historique ». Il écrit que « l'on doit rester coi faute de documents. » Il conclut : « Il faut reconnaître que le manque de traces entraîne l'incapacité d'établir directement la réalité de l'existence des chambres à gaz homicides. » Quand il écrit « le manque de traces », il veut dire en fait, ainsi qu'il l'a précisé plus haut, « l'absence de documents, de traces ou d'autres preuves matérielles ».

Des preuves pour demain ?

Son étude prend fin sur la suggestion qu'on a vue : puisqu'il est décidément impossible de prouver que les chambres à gaz ont existé,

---

[473] *La Déportation. Le Système concentrationnaire nazi*, p. 196 (de 600.000 à 800.000 morts, dit J.-C. Pressac, ce qui nous met loin des 9 millions de *Nuit et Brouillard*, des 4 millions du procès de Nuremberg et des inscriptions du monument d'Auschwitz selon ancienne version, ou du chiffre de 1,5 million selon la nouvelle version depuis 1995).
[474] A. Mayer, *La « Solution finale » dans l'histoire*, p. 406. L'édition originale, américaine, porte : « *Sources for the study of the gas chambers are at once rare and unreliable* », *The "Final Solution" in History*, p. 362 ; *unreliable* signifie *non fiable[s]*.

essayons à l'avenir de prouver que ces chambres à gaz n'ont pas pu ne pas exister !

Il s'agit là d'un constat de carence pour le présent et d'un acte de foi en l'avenir. J. Baynac est naïf. Il s'imagine que, si les historiens ont tellement affirmé la réalité de ces horreurs et si tant de rescapés ont déclaré les avoir vues, c'est qu'elles ont certainement existé. Il oublie qu'avec le temps on découvre que l'écriture de l'histoire (au singulier) est pleine d'histoires (au pluriel) qui sont plus ou moins imaginaires. J. Baynac continue de croire aux chambres à gaz comme il persiste, semble-t-il, à croire au communisme. Demain, on trouvera la preuve des chambres à gaz. Demain, le communisme sera vrai. Demain, on rasera gratis. Demain, on aura enfin la preuve que le national-socialisme est l'incarnation du mal et le communisme l'incarnation du bien. Saluons ici l'éternelle jobardise de l'intelligentsia française.

J. Baynac rejoint la cohorte des « trente-quatre historiens réputés » qui, ainsi que je l'ai dit plus haut, ont proféré dans *Le Monde* l'une des plus monumentales âneries de l'Université française : « Il ne faut pas se demander comment, *techniquement*, un tel meurtre de masse a été possible. Il a été possible techniquement puisqu'il a eu lieu. »

J. Baynac ajoute ainsi son nom aux noms des historiens orthodoxes qui, à contrecœur, se sont vus obligés de donner raison, sur tel ou tel point capital, aux historiens révisionnistes. Cela dit, comment des juges pourraient-ils encore condamner des révisionnistes pour contestation d'un crime qui – on le voit par l'étude de J. Baynac – n'est toujours pas prouvé ?

Encombrantes chambres à gaz

Il est manifeste que les chambres à gaz nazies encombrent de plus en plus les historiens ou les auteurs qui défendent la thèse de l'extermination des juifs. Dès 1984, P. Vidal-Naquet mettait en garde ceux, parmi ses amis, que tentait déjà l'abandon de ces chambres à gaz : ce serait, disait-il, « capituler en rase campagne » (« Le Secret partagé », *Le Nouvel Observateur*, 21 septembre 1984, p. 80). En 1987, une publication violemment hostile au révisionnisme reproduisait, dans le courrier de ses lecteurs, une lettre de deux enseignants d'origine juive, Ida Zajdel et Marc Ascione, suggérant que les nazis avaient truqué leurs aveux et n'y avaient mentionné les chambres à gaz que pour en faire, contre les juifs, « une "bombe" à retardement, un instrument de diversion et, pourquoi pas, de chantage ».[475]

---

[475] *Article 31*, janvier-février 1987, p. 22.

Il y aurait bien d'autres exemples à citer ; ce serait trop long ; je me contenterai de trois exemples récents : celui d'Élie Wiesel (en 1994), celui du professeur néerlandais d'origine juive polonaise, Michel Korzec (en 1995), et, enfin, celui de l'historien juif américain Daniel Jonah Goldhagen (en 1996) :

– en 1994, le premier écrivait dans ses mémoires : « Les chambres à gaz, il vaut mieux qu'elles restent fermées au regard indiscret. Et à l'imagination » ; ce qui, en bon français, signifie : « Ne cherchons ni à voir, ni même à imaginer une chambre à gaz nazie » ; et la suite du développement montrait le complet scepticisme du même É. Wiesel quant aux prétendus témoignages sur le sujet[476] ;

– en 1995, M. Korzec déclarait qu'on avait trop insisté sur l'importance et sur le nombre des gazés ; il ajoutait, au prix d'une contorsion dialectique digne de la Cabale, que les Allemands, et non les juifs, étaient responsables de cette erreur ; selon lui, beaucoup plus d'Allemands, un peu partout en Europe, ont pris part au meurtre des juifs que les quelques Allemands préposés au seul gazage de leurs victimes[477] ;

– en 1996, D. J. Goldhagen écrit dans un ouvrage d'un antigermanisme exacerbé : « *Gassing was really epiphenomenal to the German's slaughter of Jews* »[478] ; dans une interview donnée à un périodique de Vienne il déclare : « *Die industrielle Vernichtung der Juden ist für mich nicht die Kernfrage zur Erklärung des Holocaust [...]. Die Gaskammern sind ein Symbol. Es ist aber ein Unsinn zu glauben, daß der Holocaust ohne Gaskammern nicht stattgefunden hätte.* »[479]

Les chambres à gaz ne sont plus, en 1996, qu'un symbole !

Un journal suisse donne l'exemple

Durant ces dernières années, j'ai décrit à diverses reprises, soit dans des textes samizdat, soit dans des interviews enregistrées, au Canada, par Ernst Zündel, cette évolution des exterminationnistes sur la question des chambres à gaz nazies ; dans un texte daté du 22 septembre 1993, je suis allé jusqu'à prédire le terme ultime de ces changements. Déjà, le musée de l'Holocauste à Washington a décidé de ne plus donner aucune

---

[476] É. Wiesel, *Tous les fleuves vont à la mer*, p. 97

[477] M. Korzec, « De mythe van de efficiënte massamoord ».

[478] « Le gazage fut vraiment un épiphénomène du massacre des juifs par les Allemands », D. Goldhagen, *Hitler's Willing Executioners*, p. 521, note 81.

[479] « L'anéantissement industriel des juifs n'est pas pour moi la question centrale pour l'explication de l'Holocauste [...]. Les chambres à gaz sont un symbole. Mais il est absurde de croire que, sans les chambres à gaz, l'Holocauste n'aurait pas eu lieu. », D. Goldhagen, *Profil*, 9 septembre 1996, p. 75.

représentation matérielle des chambres à gaz (une maquette « artistique » et absurde mise à part).

Les deux articles de J. Baynac marquent une simple étape de cette métamorphose de l'historiographie officielle. Ils ne peuvent surprendre que les juges, de profession ou de vocation, qui, sans rien savoir, tranchent de tout en matière d'histoire. Ils confirment que, depuis beau temps, les historiens ont rompu une unanimité de façade. Ces historiens ont progressivement rejeté les conclusions, par trop simplistes, du tribunal de Nuremberg sur les chambres à gaz et le génocide. Sur ce sujet, on ne peut plus parler de vérité historique prétendument « notoire ». Quand les juges français estiment que contester l'existence des chambres à gaz, c'est contester ce « crime contre l'humanité » qu'aurait été le génocide des juifs, ils ont raison ; mais, par voie de conséquence, s'il n'y a plus de preuve de l'arme spécifique, il n'y a plus de preuve du crime spécifique. Cette conclusion, bien embarrassante pour les juges qui osent condamner le révisionnisme, découle de la prise de position de J. Baynac, prise de position qui, encore une fois, ne lui est nullement particulière mais représente toute une tendance de l'historiographie orthodoxe.

J. Baynac dit tout haut ce que ses confrères pensaient tout bas.

En France, ces deux articles venus de Suisse ne pourront décontenancer, par exemple, que les bons lecteurs du *Monde*, habitués à la douce somnolence entretenue par la censure sur le sujet de l'« Holocauste ».

En publiant ces deux articles de J. Baynac, *Le Nouveau Quotidien* de Lausanne, pourtant si prévenu contre le révisionnisme, a fait preuve de respect pour ses lecteurs, et de discernement.[480]

Pour l'heure, la situation des deux universitaires français peut se décrire ainsi :

Jacques BAYNAC :
« Il n'y a pas de preuves, mais je crois. »
Robert FAURISSON :
« Il n'y a pas de preuves, donc je refuse de croire. »

Pour le premier, liberté d'expression.

Pour le second, une peine d'un mois à un an de prison, une amende de 2.000 à 300.000 F et d'autres peines encore.

Le devoir d'un universitaire n'est-il pas de refuser de croire, quoi qu'il lui en coûte ?

---

[480] Dans la livraison du 2 septembre, on corrigera trois menues erreurs : dans la deuxième colonne, on lira : Florent Brayard (au lieu de : Florent *Rassinier*) ; dans la troisième : Jean-François Kahn (au lieu de : *Khan*) ; et dans la quatrième : « il ne faut pas se demander comment » (au lieu de : se demander *si*).

***

30 septembre 1996

UN ROMANCIER DU KGB : L'HISTORIEN GERALD FLEMING

G erald Fleming, chargé d'enseignement émérite en allemand à l'université du Surrey (Grande-Bretagne) est, si j'ose dire, un romancier du KGB. Il est plus un romancier qu'un historien. Les autorités soviétiques et les publications soviétiques l'estimaient. Encore récemment, après l'effondrement de l'Union soviétique, il continuait de rendre hommage au talent exceptionnel de l'Armée Rouge quand il s'agissait d'interroger les prisonniers allemands et de leur extorquer les confessions désirées, que l'Armée américaine, elle, avait été incapable d'obtenir.

En septembre 1984, dans un compte rendu de son livre *Hitler and the Final Solution*, un journaliste pourtant complaisant devait admettre : « Son style parfois flamboyant et la composition de son livre à la manière d'un roman à suspense agacera certains historiens. »[481]

Selon l'un de ses coreligionnaires juifs, « son livre a reçu un accueil favorable dans des publications de Riga et de Moscou et il pensait, dit-il, que les autorités soviétiques lui accorderaient la permission d'examiner les archives de l'Armée Rouge. »[482]

Hitler and the Final Solution est la traduction de son *Hitler und die Endlösung*. Le livre était censé répondre au défi de David Irving qui réclamait un document, un seul document, montrant que Hitler avait connaissance avant la fin de 1943 d'une extermination des juifs. G. Fleming se révéla, bien sûr, incapable de fournir un tel document. Il aurait donc dû s'abstenir de présenter son livre comme une réponse à cette question et il aurait dû éviter d'écrire que la thèse de D. Irving (selon laquelle il n'avait pas existé d'ordre de Hitler de liquider les juifs d'Europe) se réduisait à « eine Fiktion ».[483]

Il était absurde de consacrer un livre à l'existence d'un document qu'on ne pouvait ni trouver, ni montrer. Mais G. Fleming eut l'idée qu'il pouvait fournir un autre document, peut-être aussi sensationnel, un document prouvant que les Nazis avaient eu un programme

---

[481] *The New York Times*, 28 décembre 1984, p. C23.
[482] *Jewish Chronicle*, 12 octobre 1984, p. 4.
[483] G. Fleming, *Hitler und die Endlösung,* p. 37, n. 56.

d'extermination des juifs. C'est ainsi qu'il osa publier *A Resettlement Action Report* (Rapport d'une opération de transfèrement) aujourd'hui à peu près oublié mais qui fut révélé à l'époque (1982) comme une découverte extraordinaire. Il s'agissait d'un faux. Même un profane, non intoxiqué par la propagande holocaustique, aurait pu noter au premier abord que ce prétendu rapport, dépourvu de date et de signature, était plein de détails aberrants sur Auschwitz.

Les personnes intéressées par le sujet pourront trouver une excellente analyse de ce rapport sous la plume d'un jeune révisionniste canadien, Brian A. Renk, « The Franke-Gricksch "Resettlement Action Report" : Anatomy of a Fabrication ».

Le lecteur désireux de se faire rapidement une idée de G. Fleming et de sa qualité d'historien peut examiner quelques photos du livre. Sur la même page figurent deux photos en provenance du ministère [communiste] polonais de la Justice. L'une est supposée montrer un camion à gaz (*Gaswagen*) pour asphyxier des êtres humains tandis que l'autre fait voir deux prisonniers allemands tenant des boîtes de Zyklon B comme ils étaient censés le faire quand ils asphyxiaient des détenus à Majdanek. En fait, le camion à gaz était un camion Magirus ordinaire sans rien de suspect et les prisonniers (manifestement apeurés) tenaient des boîtes de Zyklon B utilisées pour la désinfestation.

En 1993, les médias du monde entier se mirent à corner que Fleming avait découvert dans les archives soviétiques la preuve que des chambres à gaz homicides avaient été construites et utilisées à Auschwitz. G. Fleming avait effectivement écrit un long article à sensation sous le titre : « Engineers of Death » ainsi que « Protokolle des Todes ».

En réalité, Fleming n'avait découvert aucun document de ce type mais seulement des procès-verbaux d'interrogatoires, par la police militaire soviétique, de quatre ingénieurs allemands qui, pendant la guerre, avaient participé à la construction des crématoires d'Auschwitz-Birkenau pour la compagnie Topf et Fils et qui, après la guerre, continuaient de travailler, à Erfurt, dans la même compagnie.

L'armée américaine avait interrogé ces ingénieurs et les avait relâchés. Mais quand Erfurt fut remise à l'armée soviétique, les Soviétiques arrêtèrent les ingénieurs, les interrogèrent et… obtinrent d'eux les confessions attendues.

Les plus importants de ces ingénieurs étaient Fritz Sander et Kurt Prüfer. Le premier mourut d'une attaque cardiaque dès le commencement de son interrogatoire. Le second mourut d'une hémorragie cérébrale en 1952 ; on possède une photo de K. Prüfer en liberté et une photo du même lorsqu'il fut aux mains des Soviétiques : la différence est criante et je dirais de la figure de K. Prüfer, photographiée par les Soviétiques, qu'elle est terrifiante ![484]

Les confessions étaient extrêmement vagues et du style de : « J'ai entendu dire... On m'a dit... J'ai vu de l'extérieur... »[485] Et il se trouve que les très rares réponses qui sont précises ne coïncident ni avec les détails de l'histoire des gazages telle qu'on nous la raconte aujourd'hui, ni avec ce que nous pouvons voir à Auschwitz. Par exemple, l'un des confessés déclara : « Dans le toit (de la " chambre à gaz " du Krematorium-II), il y avait des ouvertures carrées de 25 cm x 25 cm. »[486] L'ennui est que même aujourd'hui on peut constater qu'il n'existe pas une seule ouverture dans le plafond. Je renvoie ici à mon argument : « *No holes, no Holocaust* » (Pas de trou, pas d'« Holocauste »).

En 1994, Fleming fut l'auteur, avec la collaboration de l'architecte (juif canadien) Robert Jan Van Pelt, du documentaire [Auschwitz] *Blueprints of Genocide* (*Plans pour un génocide*), BBC, 9 mai 1994. Le point culminant du film était atteint avec un document présenté en ces termes :

> « [Ce document] dit très clairement : Vous serez capable de tuer et vous serez capable de brûler simultanément dans ce bâtiment [le Krematorium II]. »

Toutefois, pour commencer, le film ne nous montre ce document que subrepticement et de telle sorte que personne ne peut en voir les mots allemands. Ensuite, ce document ne dit, en fait, rien de tel. Il s'agit d'une simple note pour mémoire en date du 23 janvier 1943 au sujet... d'un approvisionnement en électricité ! Cette note ne porte pas même le timbre, très courant, de « Secret ». En réalité, elle mentionne une *Verbrennung mit gleichzeitiger Sonderbehandlung*, ce qui signifie une *crémation* (ou) *combustion avec traitement spécial simultané*. On remarquera que les falsificateurs ont traduit *traitement spécial* par *tuer* et qu'ils sont allés jusqu'à intervertir l'ordre des mots pour placer d'abord *tuer*, puis *brûler*. Le texte allemand, même avec cette traduction abusive par « *tuer* », n'aurait jamais pu désigner une activité criminelle consistant *d'abord* à gazer des êtres humains, *puis* à brûler les corps des gazés. À la place où on le trouve, le mot de *Sonderbehandlung* (traitement spécial) peut avoir tous les sens qu'on voudra mais non celui de *tuer* puisque ce traitement spécial ne faisait qu'accompagner l'action de brûler.

---

[484] G. Fleming, « Protokolle des Todes », p. 160.
[485] « Oui, j'ai vu la chambre à gaz – de l'extérieur », *ibid.*
[486] *Id.*, p. 162.

Il va de soi que, si G. Fleming et R. J. Van Pelt avaient découvert un texte allemand qui aurait « dit très clairement » ce que les historiens de l'« Holocauste » cherchent depuis si longtemps, ce texte-là aurait été publié, montré et commenté dans tous les journaux, films, livres et musées de l'« Holocauste ». Raul Hilberg, Élie Wiesel, Simon Wiesenthal, Serge Klarsfeld auraient célébré la découverte du siècle. Au lieu de quoi, ils n'ont pas pipé mot.

À la fin du film, G. Fleming a cité, en déformant totalement leurs propos, ce que les ingénieurs allemands avaient confessé aux Soviétiques. Le film lui-même ne contient rien sur la technique et le fonctionnement des chambres à gaz nazies et rien non plus au sujet des prétendues ouvertures carrées dans le toit de la « chambre à gaz » du Krematorium-II.

Le 28 janvier 1995, le journaliste australien Jan Taylor annonçait dans *The Sydney Morning Herald* que R. J. Van Pelt envisageait de « construire sur ordinateur un modèle du camp [d'Auschwitz] ». Nous en sommes à attendre le résultat. Personnellement, il m'intéresserait de voir si l'architecte osera nous montrer les quatre ouvertures spéciales dans le toit de cette « chambre à gaz », à travers lesquelles, nous dit-on, on versait les granulés de Zyklon B.

G. Fleming n'est pas seulement un romancier du KGB ; il est aussi un imposteur.

Notes

Les personnes qu'intéresse la transcription du commentaire d'*Auschwitz, Blueprints of Genocide* ont le choix entre la version britannique et la version américaine. La première présente un « texte adapté de l'émission diffusée le 9 mai 1994 » ; le document allemand y est reproduit à la page 20 avec un commentaire fallacieux en anglais. La transcription américaine est plus fidèle bien qu'on nous prévienne : « Cette transcription n'a pas été vérifiée d'après la bande vidéo. ». Les références sont les suivantes : Horizon, *Blueprints of Genocide,* Texte adapté de l'émission diffusée le 9 mai 1994, 26 p. + 6 p. Voy. Mariette Jackson, Acting Publishing Manager, Broadcasting Support Service, 252 Western Avenue, London W3 6XJ, Royaume Uni. Pour l'émission américaine, même titre, Nova Show # 2204. Date de diffusion : 7 février 1995, 8 p. sur deux colonnes, WGBH Educational Foundation, Journal Graphics, POBox 2222, South Easton, MA 02375, USA.

[Publié en anglais dans *Adelaide Institure Newsletter*, n° 50, décembre 1996, p. 23-25. Inédit en français.]

***

1er novembre 1996

BILAN DE L'AFFAIRE GARAUDY-ABBÉ PIERRE (JANVIER-OCTOBRE 1996)

L'affaire Garaudy a commencé en janvier 1996 et celle de l'abbé Pierre en avril de la même année. Les deux affaires, confondues, ont occupé une place importante dans les médias jusqu'à la rétractation de l'abbé Pierre, annoncée le 23 juillet. Leur retombée principale est constituée par deux articles de l'historien Jacques Baynac publiés le 2 et le 3 septembre dans *Le Nouveau Quotidien* de Lausanne.

Il est regrettable que Roger Garaudyet l'abbé Pierre n'aient pas manifesté plus de courage. Dès qu'en France la tempête médiatique s'est élevée contre eux, ils ont commencé à battre en retraite. Leurs moyens financiers et les multiples appuis dont ils bénéficiaient depuis des années à l'étranger leur ont permis, pendant un certain temps, de s'absenter de France, l'un pour les pays arabes et l'autre pour l'Italie et la Suisse. On ne leur en tiendra pas rigueur. Il faut savoir la violence de ces tempêtes ; les plus vigoureux y prennent peur ; à plus forte raison, des hommes de leur âge. Jusque-là, tous deux avaient connu, dans leur vie respective, quelques rudes épreuves. Ils savaient ce qu'est la haine, d'autant plus que, l'un comme l'autre, ils avaient, pour leur part, pratiqué la haine de l'ennemi. R. Garaudy a, en effet, longtemps considéré les anticommunistes et même les antistaliniens comme des sous-hommes et l'abbé Pierre a, dans son activité politique, fait la preuve d'un remarquable manque de charité à l'égard de ses adversaires. Mais, enfin, la vie avait fini par choyer ces deux hommes. Or, là, soudain, en 1996, le ciel leur tombait sur la tête. Et, manifestement, ils en étaient, au plein sens du mot, atterrés.

La première édition du livre de R. Garaudy

En décembre 1995, Pierre Guillaume, responsable de la revue *La Vieille Taupe*, publie, de R. Garaudy, *Les Mythes fondateurs de la politique israélienne*. Il le fait avec toutes sortes de précautions, pour éviter les foudres de la loi Fabius-Gayssot (ou *lex Faurissonia*). Le livre est vendu hors commerce comme un « bulletin confidentiel réservé aux

Amis de la Vieille Taupe » ; alors que toute la partie révisionniste du livre est faite d'emprunts manifestes à mes propres textes, mon nom est soigneusement évité ; il n'apparaît qu'une fois[487], et encore seulement comme celui d'un professeur victime de la répression antirévisionniste mais sans qu'on sache au juste pourquoi : ni un livre, ni un article de ce professeur ne sont cités.

Les considérations religieuses et politiques du livre de R. Garaudy peuvent froisser certains adeptes de la religion juive et la plupart des sionistes ; mais les pages qui déchaînent, en France d'abord, puis, dans une bonne partie du monde occidental, l'ire des organisations juives et des médias sont les quelque soixante-quinze pages d'inspiration révisionniste qui occupent le cœur de l'ouvrage.[488] Elles portent sur « le mythe de la justice de Nuremberg », sur la « solution finale », sur « les témoignages », sur « les procès », sur « l'arme du crime » (c'est-à-dire les chambres à gaz nazies) et sur « le mythe de l'Holocauste ». Sur les chambres à gaz, cœur du cœur de ce sujet brûlant, l'auteur exprime son doute «et même [son] scepticisme ».[489] Ces soixante-quinze pages ont été écrites hâtivement ; elles se composent de pièces disparates ; l'exposé est plutôt décousu ; les négligences foisonnent ; il y a aussi des erreurs, notamment sur David Irving qui, l'auteur aurait dû le savoir, ne peut servir de référence ni sur l' « Holocauste » puisque D. Irving n'a jamais étudié le sujet, ni sur le *Journal* d'Anne Frank puisque l'historien anglais n'en a jamais fourni la moindre analyse et qu'il est allé jusqu'à prendre à son compte la rumeur, fondée sur une grossière méprise, selon laquelle le livre avait été écrit par un certain Meyer Levin !

Mais, tel quel, avec toutes ses insuffisances, le livre de R. Garaudy ne pouvait qu'inquiéter les organisations juives, qui n'avaient déjà que trop tendance à voir des révisionnistes surgir de partout et qui découvraient là un homme dont les opinions politiques – il avait été un apparatchik stalinien des plus orthodoxes – ne pouvaient tout de même pas être qualifiées de fascistes. R. Garaudy avait aussi été protestant, puis catholique avant de devenir musulman dans les années quatre-vingt et, à ces divers titres, il s'était montré un adversaire de tout racisme.

La seconde édition remaniée

Le Canard enchaîné et *Le Monde* ouvrent le feu en janvier 1996. Des organisations antiracistes portent plainte. Une bonne partie de la presse

---

[487] R. Garaudy, *Les Mythes fondateurs de la politique israélienne*, p. 119.
[488] *Id.*, p. 72-147.
[489] *Id.*, p. 135.

française et de la presse internationale se fait alors l'écho de « l'affaire Garaudy ».

Le 11 mars, P. Guillaume, agissant pour le compte de R. Garaudy, s'efforce d'obtenir de son imprimeur habituel l'impression – qu'il avait annoncée dans le bulletin de La Vieille Taupe – d'une édition, publique cette fois-ci, des *Mythes fondateurs de la politique israélienne*. Pour une raison que j'ignore, l'imprimeur refuse le travail. C'est alors que R. Garaudy décide de publier son ouvrage en samizdat.

Le 3 avril, P. Guillaume remet au « dépôt légal » un exemplaire de ce samizdat. Doté d'un avant-propos ainsi que d'une annexe contenant, en particulier, une liste des ouvrages du même auteur improprement appelée « bibliographie », le texte original a été remanié de manière à en atténuer le caractère révisionniste. *Mais rien n'indique au lecteur qu'il s'agit d'une édition remaniée.* Des passages ont été retranchés, d'autres ajoutés, d'autres enfin récrits. Dans les pages 119-120 de la première édition, neuf alinéas avaient été consacrés à la politique de silence ou à la persécution subies par les principaux révisionnistes ; et c'est là, comme je l'ai dit plus haut, que mon nom figurait pour une seule et unique fois avec ceux d'Arthur Butz et de Wilhelm Stäglich ; dans les pages 134-135 de la seconde édition, ces neuf alinéas disparaissent pour laisser place au récit des tribulations, en vérité bien légères, vécues par l'auteur lui-même, d'abord en 1982-1983 pour une prise de position en faveur des Palestiniens et, en ce début de l'année 1996, pour la publication des *Mythes fondateurs* en livraison hors commerce de la Vieille Taupe. Les noms de Butz, Stäglich et Faurisson disparaissent totalement du livre. Quant au nom de Serge Thion, il n'apparaît ni dans la première ni dans la seconde édition, ce qui, pour un ouvrage révisionniste publié par la Vieille Taupe, constitue une anomalie.

Dans la première édition, R. Garaudy avait opté pour l'orthographe de « médiat[s] » avec un « t » (signe de ralliement des révisionnistes amis de la Vieille Taupe, avait décrété P. Guillaume) ; dans la seconde édition, il rétablit l'orthographe consacrée par le bon usage avec « média[s] » sans « t ». Manifestement, il ne veut pas montrer qu'il est en bons termes avec l'éditeur révisionniste.

L'abbé Pierre entre en scène

Le 15 avril, l'abbé Pierre adresse à son ami Garaudy (« Très cher Roger ») une longue lettre de soutien. Seuls des extraits en paraîtront çà et là et il faudra attendre le mois de juin pour en connaître l'intégralité.

Les passages suivants m'en paraissent intéressants :

« […] De ton nouveau livre il m'est impossible de parler avec tous les soins que réclament non seulement son sujet fondamental, mais aussi l'étonnante et éclatante érudition, scrupuleuse, sur laquelle chaque propos se fonde comme j'ai pu le constater en le parcourant. – Autour de moi quelques personnes dont les exigences et la compétence sont grandes et qui l'ont entièrement lu me disaient l'importance de ce qu'elles en ont reçu. — Il faut tout faire, et je m'y emploie, pour que bientôt des historiens vrais, de la même passion du vrai qui est la tienne, s'attachent à en débattre avec toi. — Les insultes contre toi que j'ai pu connaître […] sont *déshonorantes*.

[…]

Nous entendons dire une intention du Pape, en l'an 2000 (sera-ce le même Pape ?) de confesser *les fautes historiques* [contre les juifs] qui ont accompagné le zèle des missions chrétiennes. – Puisse [le Pape, dans sa future déclaration] ne pas sous-estimer la part prise dans l'antisémitisme avec les mots « peuple déicide », ce qui est in sensé car c'est pour tous les peuples, pour tous les humains que Jésus s'est offert en rançon !

[…]

Retiens de ces lignes […] la force et la fidélité de mon affectueuse estime et de mon respect pour l'énorme travail de ton nouveau livre. Le confondre avec ce qui fut appelé « révisionnisme » est une imposture et [une] véritable calomnie d'inconscients. […] »

Il ressort de cette lettre que l'abbé Pierre n'a pris connaissance du livre de son ami qu'« en le parcourant » et qu'il se distingue par là de ceux « qui l'ont entièrement lu », ce qui est son droit ; on a, en effet, le droit de porter un jugement sur un livre après l'avoir seulement parcouru, si on avoue précisément ne l'avoir pas lu dans son intégralité. Mais l'abbé paraît naïf ou aveugle quand il en vient à parler d'« énorme travail » et d'une œuvre totalement étrangère au « révisionnisme » ; il est possible que, pour lui, les « révisionnistes » ne soient qu'une catégorie de nazis contestant – qui sait ? – l'existence des camps de concentration ; en réalité, le cœur de l'ouvrage est d'inspiration exclusivement révisionniste.

Le passage consacré à une possible déclaration du pape est important. Il prouve que l'abbé Pierre n'est nullement antijuif et qu'on ne saurait en aucun cas l'accuser – comme on le fera si souvent par la suite – d'être une sorte de catholique rétrograde qui n'aurait pas su se dégager d'un enseignement reçu dans sa jeunesse et imprégné d'antijudaïsme religieux.

L'abbé Pierre sur l'avant-scène

Le 2 février, le journal *La Croix* publie, sous la signature de Michel Crépu, un article intitulé : « Terminal Garaudy ». L'abbé Pierre est ulcéré de l'agression ainsi commise contre son très cher ami Garaudy.

Le 18 avril, au cours d'une conférence de presse, R. Garaudy révèle, avec son défenseur, Me Jacques Vergès, le nom de quelques-unes des personnalités dont il a obtenu le soutien ; parmi celles-ci figurent le père Michel Lelong, l'essayiste suisse Jean Ziegler ainsi que l'abbé Pierre. Nicolas Weill rapporte, en son style, cette information dans *Le Monde* daté du 20 avril (paraissant, à Paris, dans l'après-midi du 19).

J'envoie immédiatement, par fax du 19 avril, un communiqué au *Monde*, à *Libération* et à l'Agence France-Presse.[490]

Dès le lendemain et dans les jours suivants, les cinq intéressés (R. Garaudy, abbé Pierre, Jacques Vergès, père Lelong et J. Ziegler) battent en retraite. R. Garaudy dénonce « l'horreur absolue du nazisme » et précise qu'il ne faut pas parler d'« Holocauste » parce que cela signifierait que Dieu est responsable du massacre des juifs alors que seuls les nazis en sont responsables ; d'ailleurs, ces derniers n'ont-ils pas provoqué cinquante millions de morts ? L'abbé Pierre dit qu'on a exagéré le nombre des morts d'Auschwitz puisque le chiffre de quatre millions a été officiellement remplacé par celui d'un million (le musée d'Auschwitz a opté pour le chiffre d'un million et demi) mais il dénonce « les négationnismes et révisionnismes comme tromperies intellectuelles et morales qu'il faut à tout prix combattre ». J. Vergès déclare à propos du livre de R. Garaudy : « Qualifier ce livre de négationniste est une imposture ». Le père Lelong prendra, à son tour, ses distances. J. Ziegler déclare que « le révisionnisme est une infâme connerie ».

L'abbé Pierre, tout en multipliant actes de contrition et protestations de bonne foi, tient des propos qui irritent la Ligue internationale contre le racisme et l'antisémitisme (LICRA), présidée par Pierre Aidenbaum. Il conserve sa confiance à son ami R. Garaudy et souhaite un colloque rassemblant des personnes d'opinions différentes. Il se dit assuré que, si l'on apporte la preuve à son ami qu'il s'est trompé, celui-ci reconnaîtra son erreur.

---

[490] Voy. ci-dessus, p. 1759.

Velléités de résistance de l'abbé Pierre

Le 27 avril, l'hebdomadaire *Le Point* publie un article bien informé sur le révisionnisme et sur toute l'affaire. Il cite un extrait de mon communiqué de presse du 19 avril. L'article se termine sur une phrase de l'abbé Pierre parue dans *La Croix* : « Ne plus pouvoir dire un mot relatif au monde juif à travers les millénaires sans se faire traiter d'antisémite, c'est intolérable ».

Le grand rabbin Sitruk suggère un débat sur la Shoah. Immédiatement, Henri Roques et moi-même lui signifions publiquement notre accord. Le lendemain, il retire sa suggestion.

Le 29 avril, *Libération* titre : « L'abbé Pierre refuse de condamner les thèses négationnistes de Garaudy ». Effectivement, le vieil homme a un sursaut. Il dit de la LICRA et d'autres groupes : « Ils n'acceptent absolument pas le dialogue, contrairement à Garaudy ». On lui demande : « Vous n'êtes pas choqué qu'un négationniste comme Faurisson se soit "réjoui" de votre soutien à Garaudy ? » Il répond : « Vous me l'apprenez. Bien entendu que ça me fait mal. [Faurisson] représente tout l'opposé de mon engagement, de ma vie ». L'abbé fait allusion, du moins est-ce probable, autant à mon athéisme qu'à mon révisionnisme. Il dit qu'à l'aéroport de Bruxelles il a vu, pour la première fois depuis longtemps, des gens venir spontanément à sa rencontre pour le remercier ; ces gens lui ont dit : « Merci, parce que vous avez eu le courage de mettre en cause un tabou. » Il ajoute qu'il est « convaincu qu'il y a une espèce de "Ouf !" : le tabou est levé ! On ne se laissera plus traiter d'antijuif ou d'antisémite si on dit qu'un juif chante faux ! » Il ajoute : « Une fois la tornade passée, beaucoup de Français moyens diront : "Il nous a aidés à y voir plus clair". »

Offensive généralisée contre l'abbé Pierre

En un premier temps, la hiérarchie catholique déclare qu'elle ne veut pas être entraînée dans la polémique. Puis, la conférence épiscopale déplore l'attitude de l'abbé Pierre et réaffirme que l'extermination des juifs est un fait incontesté ; elle dénonce le scandale que constitue toute remise en cause de la Shoah.

R. Garaudy, en « état de détresse », conjure l'abbé Pierre, par de multiples appels téléphoniques, de lui venir en aide.

Le 1er mai, P. Guillaume me téléphone pour me lancer un appel au secours : R. Garaudy a besoin d'urgence d'un document. Je lui réponds que son mandant n'a qu'à me réclamer lui-même cette pièce. « Il ne le fera pas », me dit P. Guillaume à deux reprises. Je lui exprime mon étonnement d'être ainsi traité et de n'avoir pas même reçu un exemplaire des *Mythes fondateurs*. Je lui signale que, comme il le sait, ce livre n'est, pour la partie révisionniste, qu'une compilation de mes écrits. « C'est évident », me dit-il. Plus tard, le 9 mai, lors d'une émission de Radio Courtoisie, à une auditrice qui dira : « Le rapport de Faurisson à Garaudy, c'est le rapport d'un volé à un voleur », il répondra : « Ben… Tout le monde le sait ! »

Le 2 mai, Jean-François Kahn choisit pour titre de sa chronique de *L'Événement du jeudi* : « Comment, avec l'abbé Pierre, on sert la soupe à Le Pen et à Faurisson. » Le même jour, la presse quotidienne annonce que la LICRA vient d'expulser l'abbé Pierre de son comité d'honneur.

Le 9 mai, dans *Libération*, Jean-Luc Allouche déclare que R. Garaudy, l'abbé Pierre et R. Faurisson n'ont « qu'une visée : frapper encore et toujours d'illégitimité l'État d'Israël ». Il cite un extrait de mon introduction, datée d'août 1989, au second Rapport Leuchter :

> « À l'avenir, les tenants de l'"Holocauste" conserveront leur argent, leur puissance, leur capacité de produire des films, de célébrer des cérémonies, de construire des musées : des films, des cérémonies, des musées de plus en plus vides de sens. Ils multiplieront les moyens de répression contre les révisionnistes par les coups et blessures, les campagnes de presse, les procès, le vote de lois spéciales. Ils multiplieront aussi, cinquante ans après la guerre, les poursuites contre ceux qu'ils appellent les "criminels de guerre". Les révisionnistes, eux, leur répliqueront par des études historiques ou des ouvrages scientifiques et techniques. Ces ouvrages, ces études seront nos pierres, notre Intifada. »

Le 9 mai, l'Américain Joseph Sobran écrit : « *If [abbé Pierre] had denied the divinity of Christ, the press would be hailing him for his fierce independence of mind.* »[491]

Le 9 et le 16 mai, dans *National Hebdo*, le dessinateur Konk publie deux dessins qui reflètent bien l'actualité ; l'un montre les gardiens de la vérité officielle observant à la jumelle un amas de béton sous lequel on avait cru enterrer le révisionnisme mais le sarcophage montre des fissures ; il menace d'exploser et de contaminer le monde entier ; l'autre montre des gardiens de cimetière passant devant trois tombes, celles de Faurisson, de Garaudy et de l'abbé Pierre, tandis que l'un des gardiens

---

[491] « Si [l'abbé Pierre] avait nié la divinité du Christ, la presse l'acclamerait pour sa farouche indépendance d'esprit. » J. Sobran, *The Wanderer*, 9 mai 1996 (hebdomadaire catholique de l'Ohio – États-Unis.).

souffle à l'autre : « C'est le coin des enterrés vivants ». L'angoisse des censeurs est là : malgré de formidables campagnes de presse, malgré les procès, malgré les violences physiques, le révisionnisme historique persiste et même se développe. Les belles consciences commencent à s'interroger sur l'utilité de la loi Fabius-Gayssot, « véritable cadeau pour les révisionnistes » (*sic*).

Le 13 mai, les mouvements « Emmaüs France » et « Emmaüs International » font paraître, à grands frais, un communiqué où « le Mouvement Emmaüs » indique que « toute caution, d'où qu'elle vienne, apportée aux thèses révisionnistes lui est intolérable » et déplore que « l'homme du combat total et généreux » ait été conduit « hors du terrain qui est le sien et qui est le nôtre ».

R. Garaudy cherche des appuis

R. Garaudy annonce qu'il a des amis rabbins et que l'un d'eux, le rabbin Elmer Berger, âgé de quatre-vingt-huit ans, vivant en Floride, « a écrit un texte qui sera une très bonne préface pour mon livre lorsqu'il sera publié aux États-Unis. »[492] Il cherche également refuge auprès de ses amis arabes. François Brigneau signe, le 16 mai, dans *National Hebdo*, un article sur « Le samizdat de Garaudy » où il esquisse un tableau de l'incessante persécution subie en France par les écrivains affligés du stigmate de « l'extrême droite ». Au passage, il note : « Je ne reviendrai pas sur le fond du livre. M. Garaudy n'est pas de notre paroisse. Certains aspects de son ouvrage sont déplaisants. Je pense à l'exploitation qui est faite des découvertes du professeur Faurisson (en particulier sur l'histoire d'Anne Frank), de ses travaux d'investigation et de l'ensemble de son œuvre qu'il a payée si cher, alors que Garaudy ne lui consacre [dans la première édition de son livre] que trois lignes, en passant… C'est assez pénible. »

Le 23 mai, *Libération* fait état d'un éditorial d'*Al-Ahram*, journal au nom prestigieux, considéré comme la voix officieuse du pouvoir égyptien. Ce journal se dit « fier » d'avoir accueilli dans ses pages R. Garaudy, auteur d'un livre poursuivi en France, et il souligne qu'« une campagne médiatique a interdit [à ce dernier] d'exprimer ouvertement son point de vue ». Dans son éditorial, ce journal reproche à *Libération* ses « procédés de propagande sioniste » à l'égard de R. Garaudy alors que le même *Libération* défend le droit de Salman Rushdie d'attaquer l'Islam.

---

[492] *Tribune juive*, 16 mai 1996.

Le 31 mai, R. Garaudy envoie à ses amis une lettre circulaire qui commence ainsi : « Chers amis, Je vous remercie de la confiance que vous m'avez témoignée à propos de mon livre *Les Mythes fondateurs de la politique israélienne* dans lequel vous n'avez trouvé nulle trace de "négationnisme". – Ceux qui m'ont accolé cette étiquette barbare, ou bien n'ont pas lu mon livre ou bien l'ont fait avec une mauvaise foi délibérée. »

Le même jour, *Le Figaro* publie des extraits d'une interview de R. Garaudy. À en croire le journaliste Élie Maréchal, voici une question et sa réponse : « Pourquoi avez-vous publié à La Vieille Taupe [éditeur de R. Faurisson] la première édition de votre livre […] ? – Par nécessité. Mais je ne connaissais pas cet éditeur. Sinon, je ne me serais jamais lié avec lui ». Mais, les mœurs de la grande presse étant ce qu'on sait, on peut douter que R. Garaudy soit allé aussi loin dans le reniement.

Le 29 mai, la presse avait annoncé : « L'abbé Pierre a quitté définitivement la France pour un monastère italien. » R. Garaudy va rendre visite à l'abbé Pierre au monastère de Praglia. Il déclare à la presse que ce dernier a enfin trouvé le temps de lire son livre : « Cette lecture a conforté [l'abbé Pierre]. Il a constaté qu'aucun article paru dans la presse n'a réfuté mes thèses. »

Mais l'affaire va soudain s'aggraver.

L'abbé Pierre déclare au *Corriere della Serra* : « L'Église de France est […] intervenue pour me faire taire sous la pression de la presse, inspirée par un lobby sioniste international. »[493] La formule provoque un hourvari à travers le monde.

Au mois de juin, les journalistes Michel-Antoine Burnier et Cécile Romane publient un opuscule, *Le Secret de l'abbé Pierre* où ils révèlent que, près de trois ans auparavant, le 27 mars 1993, ils ont eu un entretien avec l'abbé Pierre, à son lieu de résidence, et cela en présence des juifs Bernard Kouchner et Marek Halter. Il s'agissait de recueillir et de mettre en forme les dialogues de l'abbé Pierre et de son ami B. Kouchner pour le livre *Dieu et les hommes*. Or, l'abbé Pierre leur avait déjà tenu sur certains livres de l'Ancien Testament et sur le sionisme les propos les plus sévères. Les deux journalistes avaient censuré ces propos dans leur livre. Censeurs et fiers de l'être, ils déclarent aujourd'hui qu'à l'époque ils ont fait leur travail de journalistes responsables. Ce qui leur permet d'administrer une leçon de morale à l'abbé Pierre et aux révisionnistes.

R. Garaudy cherche refuge dans la surenchère

---

[493] Selon *Le Figaro*, 1er-2 juin 1996.

Paraît également au mois de juin un autre opuscule : *Droit de réponse. Réponse au lynchage médiatique de l'abbé Pierre et de Roger Garaudy* (samizdat R. Garaudy). R. Garaudy, faisant le point sur ce qu'il affirme, sur ce qu'il conteste et sur ce qu'il nie, dit que son « révisionnisme » s'apparente simplement à celui d'historiens orthodoxes comme François Bédarida. Pour ce qui est des chambres à gaz, il rappelle qu'aucun tribunal n'a cherché à examiner l'arme du crime, qu'il y a le rapport Leuchter ainsi que « les contre-expertises de Cracovie et de Vienne » et qu'il s'« étonne que ces rapports n'aient pas fait l'objet d'une publication et d'un débat ouvert ». Il ajoute : « Alors qu'est-ce que je nie ? — Ce que je nie, c'est le droit que s'arrogent les sionistes de minimiser les crimes de Hitler en les réduisant à l'incontestable persécution des juifs. Sa volonté d'expansion a fait cinquante millions de morts, dont seize millions de Slaves, russes ou polonais, comme le rappelait à Miami le pape Jean-Paul II ». Ainsi qu'on le constate, R. Garaudy pratique dans l'antinazisme une surenchère identique à la surenchère dans l'antiracisme dont se délectait l'avocat J. Vergès au procès de Klaus Barbie, à Lyon, en 1987 ; J. Vergès, lui, s'en était pris à la France qui, disait-il, se permettait de condamner le racisme de K. Barbie alors qu'elle avait pratiqué, elle-même, un racisme criminel contre les peuples coloniaux noirs, jaunes ou arabes.

En annexes de son opuscule, R. Garaudy ne craint pas de reproduire « Le témoignage d'un pasteur protestant »[494] et « Le cri d'un déporté ».[495] Du pasteur Roger Parmentier, il retranscrit la phrase suivante, sans l'assortir de la moindre réserve ou correction : « On appelle "négationnistes" les nazis d'aujourd'hui qui veulent réviser l'Histoire pour donner raison aux nazis d'hier ». Et le pasteur d'ajouter : « On ne me fera jamais croire (après lecture des déclarations de l'abbé Pierre et du livre de R. Garaudy) que ces frères se sont convertis au nazisme ». Quant au « déporté », il écrit, dans le même esprit de surenchère que R. Garaudy lui-même : « Que les journalistes sachent une chose : la très grande majorité des déportés dans les camps nazis n'ont pas été les juifs, bien que tous les médias aient accrédité la thèse que seuls les juifs ont été déportés et exterminés ». Et le déporté d'invoquer des chiffres fantaisistes quant au nombre des soldats soviétiques, des Tsiganes et des Polonais « exterminés ».

Une publication islamique prend la défense de R. Garaudy qui est allé trouver ses amis musulmans hors de France ; elle écrit : « Garaudy n'a jamais remis en question l'existence des chambres à gaz ; il n'a jamais tenté de falsifier ou de banaliser le génocide des juifs pendant la seconde

---

[494] *Droit de réponse. Réponse au lynchage médiatique...*, p. 33-34.
[495] *Id.*, p. 35-36.

guerre mondiale. Les sionistes font là un mauvais procès à Garaudy, car la seule chose que l'auteur conteste, c'est le nombre de juifs exterminés. »[496]

P. Guillaume et R. Garaudy sont mis en examen pour la première édition des *Mythes*. Au surplus, R. Garaudy est mis en examen pour la seconde édition des *Mythes* et son *Droit de réponse*.

L'ultra-gauche en effervescence

Dans un petit ouvrage collectif publié en juin par des libertaires, on tient des propos confus sur – ou plutôt contre – les libertaires ou les gauchistes qui ont, à un moment de leur vie, manifesté leur sympathie pour le révisionnisme.[497] L'avant-propos est signé de Gilles Perrault qui, avec le plus grand sérieux, écrit que « les négationnistes ont reçu avec la loi Gayssot un inappréciable cadeau »[498] ; il dénonce « la crapule révisionniste ».[499] Dans le corps de l'ouvrage, P. Guillaume est traité de « menteur », de « pervers » et de « salaud »[500] et on revient sur les procès « qui, ironiquement, assurent aux révisionnistes une véritable rente publicitaire inespérée ».[501] Il faut dire qu'on y dénonce aussi « des témoins douteux comme Élie Wiesel » et que la LICRA y est accusée de « détournement de cadavres » au profit d'Israël[502] ; on s'en prend également à « la littérature de gare concentrationnaire des Bernadac, Steiner, Gray et compagnie qui fait appel aux plus bas instincts pour se vendre [et] a fait beaucoup de mal à la recherche historique ».[503] La zizanie s'est mise dans les rangs de la gauche et de l'ultra-gauche. Un auteur de romans policiers, Didier Daeninckx, lève l'étendard de l'épuration antirévisionniste dans les rangs des intellectuels de gauche. L'universitaire Philippe Videlier, fortement enclin à la délation, reprend du service.

L'abbé Pierre lance son appel du 18 juin

Un sondage réalisé par Louis Harris pour le magazine lyonnais *Golias* les 7 et 8 juin fait apparaître que l'abbé Pierre, comme le dit *Libération*

---

[496] *Le Message de l'Islam*, juin 1996, p. 21.
[497] Collectif, *Libertaires et « ultra-gauche » contre le négationnisme*.
[498] *Id.*, p. 8.
[499] *Id.*, p. 9.
[500] *Id.*, p. 57.
[501] *Id.*, p. 60.
[502] *Id.*, p. 47.
[503] *Id.*, p. 66.

(11 juin), « garde la cote chez les catholiques ». Le livre de R. Garaudy se vend bien, malgré les difficultés de diffusion. Toutefois, en Suisse, il est saisi et séquestré chez un libraire de Montreux, Aldo Ferraglia, sur ordonnance d'une jugesse d'instruction de Lausanne, Valérie Barth. Par la même occasion, cette personne pousse le zèle jusqu'à faire saisir également deux livres dont je suis l'auteur, qui ont été publiés en 1982 et 1983 et n'ont jamais été l'objet de plaintes ou de condamnations en France ou ailleurs ; elle réserve le même traitement au livre de François Brigneau : *Mais qui est donc le professeur Faurisson ? ;* elle prend enfin l'initiative d'envoyer des policiers dans des librairies pour mettre en garde les libraires contre la vente de tout ouvrage révisionniste. Or, il se trouve que l'abbé Pierre a quitté l'Italie pour la Suisse. De « Zermatt, le 18 juin », il envoie à un journaliste du *Monde* un fax de douze pages intitulé : « Vivre la vérité ».

Ce journal a multiplié les articles les plus venimeux. L'abbé Pierre a, en principe, le droit de répondre à ces articles. Les lecteurs du *Monde* constatent, jour après jour, que leur quotidien ne publie aucun texte de l'accusé. Un journaliste du *Monde*, avec l'accord de sa hiérarchie, fait, enfin, miroiter à l'abbé la possibilité de publier un texte. L'abbé se met au travail. En trois jours il compose ces douze pages dactylographiées dont, fidèle à ses habitudes de censure vertueuse, le journal ne publiera pas une ligne. Dans ce texte, l'abbé assure que son ami Garaudy, en « cinquante ans de dialogue [...] n'a jamais cessé de crier l'horreur des crimes, scientifiquement organisés par les nazis, surtout contre les juifs ». Il dit vivre « la plus cruelle des épreuves de [s]a longue vie » ; il parle de « véritable lynchage, étonnamment simultané et identique, comme sur commande (de qui ?) de tous les médias » ; il dit : « Jamais sans doute je n'aurai tant eu mal, [tant été] calomnié, insulté, accusé d'antisémitisme. » Il fait état de ses bonnes relations avec Shimon Perès et avec leur ami commun, André Chouraqui. Il proteste de son amour pour les juifs qu'il considère comme une sorte d'élite, des « ferments », dit-il, mais il dénonce « l'ivresse sioniste ». Il ne parle quasiment pas du contenu du livre de Garaudy. Il affirme : « Pour moi, au monastère, j'ai pu au calme lire et annoter le livre incriminé. N'ayant rien pu y trouver de blâmable et me sachant bien peu savant, j'ai demandé aux recteurs de deux des plus grandes universités catholiques en Europe de bien vouloir remettre le livre, traduit en leur langue, à trois maîtres hautement spécialistes d'histoire, de théologie et de science biblique. Leurs avis m'importeront plus que ceux de la LICRA, et aussi de quelques excellents amis s'étant dits "atterrés devant le livre". » L'abbé Pierre s'en prend également à la loi Gayssot.

Le professeur Albert Jacquard, coqueluche de la gauche caviar, envoie au *Monde* une lettre de soutien à l'abbé Pierre mais le journal en refuse la publication.

M$_{gr}$ Lustiger, cardinal-archevêque de Paris, d'origine juive, déclare à l'hebdomadaire *Tribune juive* (édition du 20 juin) qu'il a « vécu cette polémique comme un immense gâchis » ; il adresse une sorte de blâme public à l'abbé Pierre et dégage la responsabilité de l'Église. Plus tard, le 26 septembre, lors d'une « soirée-débat sur la Shoah » à la Sorbonne, il déclarera : « Le négationnisme est le type même du mensonge de l'homme qui tue son frère pour fuir la vérité », et son ami Élie Wiesel lui dira en écho : « Les négationnistes n'ont peut-être pas d'âme. »

L'offensive antirévisionniste

Dans sa livraison du 26 juin, *Le Monde* annonce que « des mains anonymes ont collé ces dernières nuits, sur le boulevard périphérique, à Paris, des affiches interrogeant : "Et si l'abbé Pierre avait raison ?" ».

Le 27 juin, la France découvre des affiches publicitaires de *L'Événement du jeudi* reproduisant la page de couverture avec le titre : « Holocauste. La victoire des révisionnistes. » Bien entendu, l'hebdomadaire déplore ce qu'il appelle « la victoire des révisionnistes » ; il s'agit là d'une exagération car, plus que jamais, règne la terreur et les révisionnistes se voient privés de tout moyen d'exposer publiquement leurs arguments et de répondre aux innombrables attaques dont ils sont la cible. Quant à l'abbé Pierre et à R. Garaudy, ils veillent, plus que jamais, à prendre leurs distances d'avec ces « révisionnistes », qu'ils ont décrits ou laissé décrire comme des suppôts du nazisme.

Le jour même où *L'Événement du jeudi* arbore ce titre, le tribunal de grande instance de Bordeaux condamne le libraire bordelais Jean-Luc Lundi, père de onze enfants, à un mois de prison avec sursis et cinq mille francs d'amende pour exposition et vente de livres révisionnistes. Assorti d'une mise à l'épreuve de cinq ans, le jugement ordonne, en outre, la destruction des livres saisis dans la boutique du libraire.

Le 16 juillet, Georges Piscoci-Danesco, réfugié politique de Roumanie, tenant dans le quartier Latin la modeste *Librairie du Savoir* (5, rue Malebranche, 75005 Paris) où peuvent s'acheter des ouvrages révisionnistes et, notamment, celui de R. Garaudy, est blessé par des membres du Betar et sa librairie est dévastée : deux mille volumes (dont certains sont très rares) se trouvent maculés au point d'en être rendus invendables ; les dégâts – dont l'assurance ne remboursera pas un franc – sont évalués à deux cent cinquante mille francs. Le Betar jouit de la protection du ministère de l'Intérieur et, comme d'habitude, rien n'est fait par la police pour interpeller les malfaiteurs ou les criminels. Dans ces quinze dernières années, les troupes de choc juives ont ainsi accumulé impunément plus de cinquante actions criminelles aux conséquences les plus graves tandis que pas un seul « antisémite » n'a touché un seul cheveu d'un seul juif.[504]

La rétractation de l'abbé Pierre

Le 23 juillet, *La Croix* publie deux textes de l'abbé Pierre, datés du 22 juillet.

Le premier est une lettre adressée à R. Garaudy. L'abbé Pierre rappelle à son ami dans quel « état de détresse » se trouvait ce dernier en avril : « Cher Roger, sûrement tu te souviens de l'état de détresse où tu te trouvais en avril dernier lorsque, en de multiples téléphones, tu m'appelais à l'aide ». Il lui dit qu'à l'époque il ne savait personnellement rien du « révisionnisme » et « négationnisme ». Il ne se doutait pas alors du « fol déchaînement de passion, à travers les médias » qui allait s'abattre sur tous deux. Il lui annonce que, pour sa part, il doit « cesser toute participation à ce cruel débat ». Il lui conserve toute sa confiance en sa sincérité mais, dit-il, « conformément aux termes du communiqué ci-joint, ma décision absolue et définitive est que, à dater de ce jour, mon nom ne soit plus d'aucune façon lié au tien à propos de ce livre ».

Le communiqué adressé à *La Croix* est le suivant : « Soucieux de Vivre la Vérité, libre de toutes pressions, voyant mes propos relatifs aux travaux de Roger Garaudy, spécialement le livre *Les Mythes fondateurs de la politique israélienne*, exploités par des courants qui jouent dangereusement avec les périls antisémites, que j'ai combattus et que je combattrai toujours, je décide de retirer mes propos, m'en remettant entièrement aux seules opinions des experts de l'Église, et, demandant pardon à ceux que j'ai pu blesser, je veux laisser Dieu seul juge de la droiture des intentions de chacun ».

Il retire donc ses propos. Il bat sa coulpe. Il demande pardon et va jusqu'à se dire « libre de toutes pressions » ! C'est ce qu'il appelle, en usant de majuscules, être « soucieux de Vivre la Vérité ». Plus tard, il dira au professeur Léon Schwartzenberg : « Je te demande pardon. »[505] Plus tard encore, il choisira une voie typiquement médiatique pour essayer d'obtenir le pardon des juifs et son retour en grâce auprès des médias. Dans sa livraison de *Faits et Documents* du 15 octobre, Emmanuel Ratier écrit en effet : « L'abbé Pierre a vraiment fait sa *techouva* (pénitence

---

[504] Voy. « Jewish Militants : Fifteen Years, and More, of Terrorism in France ».
[505] *Le Figaro*, 22 août 1996.

Page | 375

juive) quant à son soutien à Roger Garaudy. Il sort avec le groupe Planet Generation Global Move, un groupe musical « engagé et humanitaire », un CD de quatre titres intitulé *Le Grand Pardon*. Ce mini-CD, qui se veut « une musique pour une conscience planétaire contre tous les nationalismes », comporte aussi pour titres *No Escape* (abbé Pierre-Dee Nasty, père du hip-hop en France), *2 Zion* (King Maja-Sutra) et *Kaï in ze sky* (King) ». Dans sa livraison du 31 octobre au 6 novembre, *Le Nouvel Observateur* reprend l'information ; dans un article intitulé « Le rap du repentir », le magazine précise que le projet de ce CD a été conçu par l'association « Les Anges pressés » et qu'il « se veut une mise au point hip hop sur l'affaire Garaudy ».

Cependant, les maximalistes juifs se déclarent évidemment insatisfaits ; la rétractation de l'abbé Pierre ne les convainc pas. La « confiance » qu'il maintient en la sincérité de son ami Garaudy laisse perplexes le Conseil représentatif des institutions juives de France (CRIF) et la LICRA.

Les à-côtés de l'affaire

L'affaire Garaudy-abbé Pierre a créé l'habituel climat de chasse aux sorcières entretenu par les médias en général et le journal *Le Monde* en particulier. Pendant plusieurs mois se sont succédé en France toutes sortes d'autres « affaires » du même genre, dont les victimes ont été soupçonnées d'avoir commis le péché mortel de révisionnisme. Citons, à titre d'exemples, l'affaire Olivier Pernet, professeur de philosophie à Lyon, celle de Marc Sautet, le promoteur des cafés de philosophie, celle de Raymond Boudon et de Bernard Bourgeois, membres de la Société française de philosophie, celle de Noëlle Schulman, enseignante de physique-chimie dans un collège du département des Yvelines, celle des nageuses olympiques préparant pour les Jeux d'Atlanta un spectacle destiné à évoquer l' » Holocauste » et celle de l'hebdomadaire corse *U Ribombu*, organe d'un mouvement autonomiste corse, prenant parti pour R. Garaudy et l'abbé Pierre. Ainsi qu'on l'a vu plus haut, l'ultra-gauche et la gauche libertaire ont été saisies d'une frénésie d'accusations mutuelles et d'auto-accusations. La loi Fabius-Gayssot a été remise en question, sauf par les communistes « lignards » Jean-Claude Gayssot et Charles Lederman. Une foule d'hommes politiques sont intervenus, la plupart du temps avec le souci d'insulter les révisionnistes, privés, comme d'habitude, de tout droit de réponse à la vague déferlante des attaques, des calomnies, des diffamations. Les porte-parole de la communauté juive ont entonné à nouveau leurs couplets sur la résurgence de la bête immonde ; ils ont exprimé leur colère, sentiment dans lequel, apparemment, ils se plaisent à vivre.

Une conséquence positive : l'aveu de Jacques Baynac

Jacques Baynac, âgé de cinquante-sept ans, est un historien orthodoxe, marqué à gauche. Il est l'auteur de Ravachol et ses compagnons, Mai [1968] retrouvé, Les Socialistes révolutionnaires russes (1881-1917), La Révolution gorbatchévienne. Antirévisionniste convaincu depuis toujours, il a collaboré avec l'historienne Nadine Fresco, jusque dans les colonnes du Monde, à la dénonciation, en particulier, de R. Faurisson et de P. Guillaume.[506] Je me souviens d'une algarade personnelle avec lui, à Paris, en octobre 1980.

Or, les 2 et 3 septembre, Le Nouveau Quotidien (de Lausanne) publie une longue étude, très informée, sur le révisionnisme à la lueur, si l'on peut dire, de l'affaire Garaudy-abbé Pierre. J. Baynac y affirme que les révisionnistes, qu'il appelle « négationnistes », ont tout lieu de se réjouir de ce scandale qui a « changé l'atmosphère en leur faveur ». Il note que, chez les adversaires des révisionnistes, « le désarroi a succédé à la consternation », que Pierre Vidal-Naquet « se désole », que Bernard-Henri Lévy « s'affole », que Pierre-André Taguieff « s'effraie » et que, depuis le début de « l'affaire Faurisson » en 19781979, les historiens ont préféré se dérober : ils « se sont défilés ». Il reproche à ces historiens d'avoir fait confiance à Jean-Claude Pressac, un pharmacien, un « historien amateur ». Il considère que, pour prouver l'existence des chambres à gaz nazies, on a trop eu recours aux témoignages, ce qui est « ascientifique ». Quant aux preuves scientifiques, il commence par rappeler le constat de l'historien juif américain Arno Mayer en 1988 : « Les sources dont nous disposons pour étudier les chambres à gaz sont à la fois rares et peu sûres. » Puis, allant plus loin, il dit qu'il faut avoir la franchise de reconnaître qu'en fait de documents, de traces ou d'autres preuves matérielles prouvant l'existence desdites chambres à gaz, il n'y a tout simplement… rien ! Il croit, pour finir, que les historiens devraient désormais s'efforcer à l'avenir d'explorer une autre voie : puisqu'il est décidément impossible de prouver que ces chambres à gaz ont existé, J. Baynac suggère que les historiens cherchent à prouver qu'il est impossible qu'elles n'aient pas existé !

Cette prise de position n'est pas vraiment nouvelle pour les connaisseurs. Depuis plusieurs années, des historiens orthodoxes ont tenu des propos analogues ou se sont comportés comme s'ils cherchaient à se

---

[506] J. Baynac et N. Fresco, « Comment s'en débarrasser ? », p. 2.

débarrasser de ces encombrantes chambres à gaz. Mais c'est probablement la première fois qu'un historien orthodoxe fait ainsi publiquement des aveux d'une telle candeur.[507]

Une dure leçon, un progrès

Deux octogénaires, qui croyaient connaître la vie et les hommes, ont découvert soudainement, et avec une surprise d'enfants, qu'en réalité leur existence passée avait été, en somme, facile. Tous deux, en quelques jours, ont eu à affronter une épreuve exceptionnelle : celle que les organisations juives ont pour habitude d'infliger aux individus qui ont le malheur de provoquer leur colère. Il n'y a là, de la part de ces organisations, ni complot, ni conjuration mais comme un réflexe ancestral. Les médias, qui sont à leur dévotion et à qui il peut coûter très cher de les contrarier, savent se mobiliser contre les « antisémites », c'est-à-dire contre des personnes qui, sauf exception, ne haïssent pas les juifs mais sont haïes par les juifs. La haine vétéro-testamentaire est l'une des plus redoutables qui soient : anxieuse, fébrile, frénétique, illimitée, elle suffoque ses victimes par la soudaineté et la durée de sa violence. Elle est inextinguible parce que ceux qui l'éprouvent ne peuvent pas se permettre d'en révéler le vrai motif et de soulager ainsi, au moins en partie, leur fureur. Par exemple, on a, pendant des mois, cherché querelle à R. Garaudy sur son estimation « minimisante » du nombre des juifs qui sont morts pendant la seconde guerre mondiale. Mais ce n'était qu'affectation. Le vrai motif était ailleurs ; il était dans la mise en doute sacrilège de l'existence des chambres à gaz. Cependant, révéler cette mise en doute, c'était prendre le risque de faire naître ce doute dans le grand public ou de l'accroître. D'où la nécessité de parler d'autre chose. Dès le 27 avril, j'écrivais :

> « Je note jusqu'ici la timidité, pour ne pas dire le quasi-silence, des journalistes sur le sujet des chambres à gaz. Tous auraient dû, sur-le-champ, dénoncer le profond scepticisme de Garaudy en la matière. Mais telle est précisément la caractéristique du tabou : ceux qui ont pour mission de le préserver n'osent pas même révéler qu'il a été profané. Garaudy a pénétré dans le saint des saints et il a découvert que le tabernacle censé contenir la magique chambre à gaz était vide. Taisons la nouvelle ! »

---

[507] Pour plus de détails, voy. R. Faurisson, « Un historien orthodoxe admet enfin qu'il n'y a pas de preuves des chambres à gaz nazies », ci-dessus p. 1794.

Cette observation, qui date du 27 avril, est restée valable pour tous les mois qui ont suivi.

En ce qui concerne l'abbé Pierre, on s'est livré au même manège. On a tempêté contre son prétendu antisémitisme et contre son entêtement à soutenir un vieil ami qui s'était égaré ; en réalité, son crime a été de réclamer… un débat et de le réclamer avec insistance et ingénuité. Agir comme le faisait le vieil homme, c'était d'abord révéler au grand public qu'il n'y avait précisément pas de débat ; ensuite, c'était placer les historiens, les journalistes et les responsables des organisations juives dans la plus inconfortable des positions : celle d'avoir à forger de minables prétextes pour fuir un débat dont on avait manifestement peur comme de la peste.

R. Garaudy et l'abbé Pierre ont une haute idée d'eux-mêmes ; leurs écrits ou leurs propos respirent la fausse humilité ; ils parlent un peu trop du cœur, de leur cœur ; ils s'affirment volontiers « épris d'absolu », ce qui est beaucoup, et ils se disent animés « de la même passion du vrai », ce qui est présomptueux. En la circonstance, il leur est arrivé de fortement maltraiter la simple vérité. L'épreuve soudaine qu'ils ont eue à subir en fin de vie devrait les amener à plus de modestie. Comme on dit dans le langage de tous les jours, ils ont « craqué ». R. Garaudy a le mérite de continuer son combat mais il ne peut plus l'appeler un combat pour toute la vérité puisque, par peur et par opportunisme, il en est venu, selon les circonstances, soit à fortement atténuer, soit à totalement abandonner le combat pour la vérité historique sur ce qu'il appelait, dans son livre, le mythe de l'Holocauste. Quant à l'abbé Pierre, il en est venu à abandonner toute dignité. Personnellement, je ne puis leur en faire vraiment grief parce que je suis payé pour savoir ce qu'il en coûte d'affronter les forces de la haine, du mensonge ou de la bêtise dans le domaine limité de la recherche historique. Mais je regrette que l'affaire Garaudy-abbé Pierre ait, en fin de compte, pris cette tournure. Je le regrette pour les deux intéressés et pour les révisionnistes français, quoique, pour le révisionnisme lui-même, cette affaire ait, en dépit de tout, marqué un nouveau progrès, à l'échelle du monde entier, dans la recherche de la vérité historique.

C'est ainsi que, pour la première fois depuis 1945, un historien orthodoxe, J. Baynac, s'est vu contraint d'admettre qu'il n'y a aucune preuve de l'existence des prétendues chambres à gaz nazies.

Bibliographie

– Roger GARAUDY, *Les Mythes fondateurs de la politique israélienne*, paru en numéro spécial, hors commerce, de la revue *La Vieille Taupe*, n° 2, décembre 1995, 240 p.

– Roger GARAUDY, *Les Mythes fondateurs de la politique israélienne*, Samizdat Roger Garaudy, 1996 [mars], 279 p. ; sans en prévenir le lecteur, l'auteur a sensiblement modifié son texte pour en atténuer le caractère révisionniste. On comparera, par exemple, les pages 119-120 de la première édition avec les pages 134-135 de la seconde édition. Il n'y a pas de bibliographie, sinon, sous la dénomination de « bibliographie «, une liste des ouvrages du même auteur ainsi qu'une liste des études qui lui ont été consacrées.

– Roger GARAUDY, *Le Communisme et la morale*, Éditions sociales, 1945, 126 p. ; cet opuscule, qui s'ouvre, en guise de préface, sur un long extrait d'un texte de Maurice Thorez (secrétaire général du Parti communiste français), permet de faire le point sur le communisme orthodoxe de l'auteur en 1945.

– Roger GARAUDY, *Parole d'homme*, Robert Laffont, 1975, 269 p. ; cet ouvrage permet de faire le point sur la personnalité de l'auteur et sur ses idées en 1975.

– Michel-Antoine BURNIER et Cécile ROMANE, éditions Mille et Une Nuits, collection « Les petits libres », n° 11, 1996 [juin], 48 p. in-16 ; les auteurs révèlent que, dans un ouvrage qu'ils avaient publié en 1993 aux éditions Robert Laffont, ils avaient jugé bon de censurer certains propos de l'abbé Pierre.

– Collectif (Pierre Rabcoz, François-Georges Lavacquerie, Serge Quadruppani, Gilles Dauvé, « Reflex ») *Libertaires et « ultra-gauche » contre le négationnisme*, préface de Gilles Perrault, 1996 [juin], 111 p.

– Pierre-André TAGUIEFF, « L'abbé Pierre et Roger Garaudy. Négationnisme, antijudaïsme, antisionisme », *Esprit*, août-septembre 1996, p. 205-216.

– Roger GARAUDY, *Droit de réponse. Réponse au lynchage médiatique de l'abbé Pierre et de Roger Garaudy*, Samizdat Roger Garaudy, 1996, 38 p.

– Le n° 47 du bimestriel *Golias Magazine* (mai 1996), organe de catholiques de gauche ou d'extrême gauche.

– *La Croix*, 23 juillet 1996 ; cette livraison contient le « Communiqué à *La Croix* » du 22 juillet (« je décide de retirer mes propos »), le texte d'une lettre « A Roger Garaudy, le 22 juillet 1996 », ainsi que des extraits d'une circulaire de quatre pages, rédigée en juillet 1996 à l'abbaye de Praglia et intitulée « Réponse à un inconnu ». L'intégralité de cette circulaire n'a nulle part été reproduite. *La Croix* en a édulcoré le contenu par d'habiles coupures dont l'une, non signalée, est particulièrement malhonnête. Les propos de l'abbé Pierre sur la mise en examen de R. Garaudy, due à une plainte de la LICRA, et sur la loi Gayssot sont passés sous silence. Ils constituent le seul passage où l'abbé fait preuve de caractère, quand il écrit :

> « La LICRA a attaqué [R. Garaudy] en justice ; je suis tenté de dire : "tant mieux !" Mais j'ai compassion pour les juges qui auront à décider en fonction d'une loi, dite Gayssot, déclarée par Simone Veil "loi qui affaiblit la vérité historique en essayant de lui donner valeur légale". Loi contre laquelle votèrent, avec Chirac, Juppé, Deniau, Jean de Gaulle, Barre, Balladur, les actuels ministres de la Justice et de l'Intérieur Debré, et plus de deux cent cinquante députés, membres aujourd'hui de la majorité. Certes les termes de la loi Gayssot sont si nouveaux, et si absurdes, qu'ils placent les juges dans une position impossible, selon les propos de Monsieur Toubon [le 21 juin 1991] déclarant cette loi "inapplicable". »

– *Le Nouveau Quotidien de Lausanne*, 2 et 3 septembre 1996 ; ces deux livraisons comportent une longue étude de Jacques Baynac, intitulée « Le débat sur les chambres à gaz ».
– Robert FAURISSON, « Un historien orthodoxe admet enfin qu'il n'y a pas de preuves des chambres à gaz nazies » ; ce texte, daté « 2 et 3 septembre 1996 », porte sur l'étude, susmentionnée, de J. Baynac.

***

21 décembre 1996

LA CASSEROLE DE CAILLAVET ?

En février 1987, avec une hâte suspecte, Henri Caillavet, ancien sénateur du Lot-et-Garonne, avait annoncé sa démission de l'Union des Athées lorsqu'il avait appris que je venais d'adhérer à cette « union » ; il avait, en la circonstance, exprimé sa « stupéfaction » et son « indignation » devant cette adhésion.[508] Traînait-il une casserole ? Ancien avocat, était-il tenu par son confrère Serge

---

[508] *Le Matin de Paris*, 19 février 1987, p. 13 ; *Le Monde*, p. 32 ; *Libération*, 20 février 1987 ; *Le Quotidien de Paris*, 21 février (commentaire de Dominique Jamet : « Il est quand même paradoxal que M. Faurisson donne par la bande une leçon de tolérance à M. Caillavet. »

Klarsfeld ? Ce dernier possédait-il, par exemple, des documents identiques à ceux qui me sont parvenus en 1994 et que j'ai sous les yeux ?

Selon ces documents, H. Caillavet aurait, en un premier temps, indûment soutiré de l'argent à des juifs durant l'été 1943 ; puis, cherchant à passer en Espagne, il aurait été arrêté par la police allemande qui, l'ayant détenu à Toulouse, l'aurait relâché dans des conditions suspectes.

Le 7 juin 1943, Guillaume Nemirousky, cinquante-quatre ans, demeurant à Bagnères-de-Bigorre (Hautes-Pyrénées), est entendu, dans l'« affaire Caillavet, avocat à Bagnères », par Jean Lacaze, inspecteur des Renseignements généraux, en résidence à Tarbes. Il déclare que ses deux beaux-frères, Abraham et Jeankel (*sic*) Prom, ont été arrêtés le 25 mai par la police de Pau et conduits à la gendarmerie de Bagnères. Il rencontre par hasard M$_e$ Caillavet, qu'il ne connaissait pas, et lui parle de l'affaire ; celui-ci lui demande de passer le lendemain à son cabinet. G. Nemirousky, accompagné de sa sœur et de sa belle-sœur, se rend au cabinet de l'avocat : « M$_e$ Caillavet nous déclara que notre affaire dépendait de la police de Vichy et qu'il serait très facile d'obtenir la libération de mes deux beaux-frères mais qu'il y aurait des frais à engager. – Lui ayant demandé à combien s'élèveraient ces frais, M$_e$ Caillavet nous répondit qu'il fallait compter sept mille francs pour chacun d'eux. Puis, après réflexion, il ajouta que douze mille francs seraient suffisants. Il exigea le versement immédiat de six mille francs, sans quoi il rendait les dossiers. Me trouvant pris à la gorge, j'ai fait verser immédiatement par ma sœur la somme exigée. Sur ces entrefaites, un de mes beaux-frères Prom, Jeankeil [*sic*], malade et réformé n° 1 pour blessures de guerre 1914-1918, fut relâché tandis que le deuxième était conduit au camp de Noé. »

G. Nemirousky se plaint de ce que M$_e$ Caillavet n'a rien fait pour la libération du prisonnier et pense que l'avocat s'est contenté de provoquer l'intervention d'une femme auprès des services de la préfecture.

Le lendemain, 8 juin, Adèle Prom, quarante-deux ans, est, à son tour, entendue. Elle précise : « Mise en confiance, je lui ai remis [à M$_e$ Caillavet] six mille francs car il me menaça de ne pas s'occuper de l'affaire. Il fit ressortir que [dame Josée Roger] avait plein pouvoir auprès du préfet. – Par la suite, j'ai appris que tout cela était fantaisiste, et qu'il n'avait aucun crédit auprès des autorités compétentes. – J'ajoute que je ne connaissais pas cet avocat auparavant. – Je porte plainte contre M$_e$ Caillavet qui m'a indûment soutiré de l'argent. »

Le même jour, dame Josée Roger, soixante ans, est entendue à son tour. Elle déclare qu'elle connaît la famille Caillavet, que M$_e$ Caillavet lui a demandé de porter au chef du cabinet du préfet les titres militaires et les feuilles de naturalisation de certains juifs : « Je n'ai reçu aucun argent de M_e Caillavet pour cette démarche. M_e Caillavet ne m'a pas dit qu'il en avait touché d'eux. » La dame ajoute qu'elle est allée trouver le chef de cabinet, M. Cortiggiani.

« [Je] lui ai remis ces pièces en lui déclarant que je ne connaissais nullement les intéressés. J'ai demandé que l'on examine leur cas en vue de leur libération [il s'agissait de cinq ou six Israélites]. J'ai précisé à M. le Chef de Cabinet que je ne faisais cette démarche que parce que M_e Caillavet me l'avait demandée. »

Le 25 juin 1943, le capitaine de gendarmerie Burdoncle, commandant la section de Bagnères, signale au sous-préfet, au procureur et au juge d'instruction que « Maître Caillavet, de Bagnères-de-Bigorre, a été arrêté par les douaniers allemands avant-hier dans la région du Plan de Rioumajou alors qu'il s'apprêtait à passer en Espagne en compagnie de son frère. »

Les frères Caillavet, c'est-à-dire l'avocat et son jeune frère, étudiant, sont très vite libérés de la prison de Toulouse. Si vite qu'on peut lire dans une note de renseignements, datée de Tarbes, le 22 septembre 1943, les remarques suivantes : « Cette libération prématurée a causé un véritable étonnement dans les milieux sains de Bagnères. M_e Caillavet se loue particulièrement des égards que lui témoignèrent les autorités allemandes pendant sa détention. Le revirement d'opinion qu'il se plaît à extérioriser lui vaut une méfiance absolue dans les milieux bagnérais, voire même dans le cercle qu'il fréquentait avant son incarcération. – A l'heure actuelle, et connaissant le peu de scrupules de M_e Caillavet, la population bagnéraise saine le considère comme dangereux pour l'ordre public, et susceptible d'attirer des ennuis à ses adversaires politiques. – J'ajoute que les frères Caillavet ont été arrêtés le 21 juin dernier [le capitaine de gendarmerie donnait la date du 23 juin] par la police allemande aux environs du Col de Rioumajou alors qu'ils tentaient de passer clandestinement en Espagne, vraisemblablement pour éviter une action judiciaire contre M_e Caillavet, Henri, avocat, par le Parquet de Bagnères pour distribution de tracts subversifs et pour escroquerie en matière d'intervention auprès des Pouvoirs Publics tendant à obtenir la libération d'internés administratifs israélites. Les sommes demandées allaient jusqu'à six mille francs par personne internée. – En conséquence, la rumeur publique accrédite le bruit selon lequel la libération prématurée des frères Caillavet par les autorités allemandes aurait été conditionnelle. »

Ces rapports des Renseignements généraux, de la gendarmerie et de la préfecture de Tarbes forment un ensemble troublant. La « source » indiquée pour la note de renseignements est qualifiée de « bien informée » et trois autres rapports sont mentionnés, en référence, au sujet des frères Caillavet : des rapports respectivement datés des 1er, 9 et 28 juin 1943. Nul doute qu'avec leurs nombreuses ampliations ces textes constituaient une masse relativement importante dont bien des vestiges doivent subsister aujourd'hui dans différents fonds d'archives français et allemands.

La somme de 6.000 F de 1943 correspondrait aujourd'hui, me dit-on, à environ 25.000 F ; en 1943, un ouvrier P 3 de la métallurgie gagnait 1.500 F par mois.

H. Caillavet a été député du Lot-et-Garonne en 1946, secrétaire d'État à la France d'outre-mer (1953) et au Plan (1955). Mais d'illustres exemples prouvent qu'on a pu avoir des faiblesses soit pour le maréchal Pétain, soit pour les Allemands pendant la guerre et, malgré cela, mener une belle carrière politique après la guerre. On peut même s'être acquis l'estime, la sympathie et l'appui de juifs éminents.

J'envoie copie de ce texte et des questions qu'il contient à Me Henri Caillavet aux bons soins du Mouvement des citoyens (9, rue Faubourg-Poissonnière, 75009 Paris), mouvement dont il vient de signer un appel aux côtés de Raymond et Lucie Aubrac en se présentant comme « ancien ministre de Pierre Mendès-France ».[509]

Additif (1998)

Me Henri Caillavet m'a adressé une réponse peu convaincante assortie d'une demande, fort civile, de renseignements sur ce qu'est le révisionnisme historique. Je lui laisse la responsabilité de publier éventuellement cette réponse à mes questions, que je maintiens.

---

[509] *Le Monde*, 11 décembre 1996, p. 4.

1997

LE PROCÈS DE NUREMBERG (1945-1946) EST LE CRIME DES CRIMES

« Juste » ou « injuste », toute guerre est une boucherie. Le vainqueur est un bon boucher.

Le vaincu est un mauvais boucher.

Le vainqueur peut donner au vaincu une leçon de boucherie. Il n'a pas le droit de lui administrer une leçon de justice.

Or, c'est ce qu'ont fait les vainqueurs de 1945.

En 1945-1946, au procès de Nuremberg, les quatre vainqueurs se sont institués juges du vaincu ; ils l'ont déclaré coupable et l'ont châtié.

Ils l'ont châtié pour crimes contre la paix, crimes de guerre et crimes contre l'humanité et ils se sont eux-mêmes tenus pour innocents de tels crimes.

Or, avant ou pendant la guerre, les vainqueurs ont commis de tels crimes. Puis, après la guerre, ils en ont commis d'autres (exécutions sommaires, mascarades judiciaires, énormes déportations, pillages gigantesques).

Ils ont alors été les seuls à commettre ces crimes complémentaires puisque le vaincu, pour sa part, se trouvait pieds et poings liés dans un pays totalement dévasté par les vainqueurs.

À lui seul, le procès de Nuremberg a été un crime contre la paix, un crime de guerre et un crime contre l'humanité.

– Le procès de Nuremberg a été un crime contre la paix en ce que, selon les propres mots de son principal organisateur, le procureur américain Jackson, il a été « une continuation de l'effort de guerre des Alliés » ; il s'est agi là d'une guerre menée contre un adversaire désarmé ; cinquante ans après, les vainqueurs n'ont toujours pas accepté de signer la paix avec le vaincu.

– Le procès de Nuremberg a été un crime de guerre en ce qu'il a permis de pendre des prisonniers et, cinquante ans après, ce type de procès, inique et à sens unique, continue.

– Le procès de Nuremberg a été un crime contre l'humanité en ce qu'il a permis de mettre tout un pays au ban des nations civilisées, au ban de l'humanité ; cinquante ans après, le vaincu reste dans la posture du coupable ; ses crimes contre l'humanité sont déclarés imprescriptibles.

Ceux des vainqueurs n'ont pas été jugés et ne le seront jamais. L'innocence des vainqueurs est imprescriptible.

En 1945-1946, le procès de Nuremberg a donné le signal de crimes innombrables qui continuent jusqu'à ce jour avec les procès des prétendus « criminels de guerre nazis », avec les procès des prétendus « complices des criminels de guerre nazis », avec, aussi, les procès des révisionnistes qu'on assimile aux « criminels de guerre nazis » parce qu'ils demandent, précisément, la révision du procès de Nuremberg.

Le procès de Nuremberg, avec ses suites, n'a eu ni de véritable précédent, ni de véritable successeur. En lui-même et par ses conséquences, il a été et il reste le crime des crimes, depuis qu'il y a des hommes, et qui tuent.

Sur certains aspects particulièrement aberrants et odieux du procès de Nuremberg, on lira avec profit les publications du révisionniste Carlos Porter. Le même auteur a étudié de près le procès de Tokyo.

∗∗∗

31 janvier 1997

LE MILLIARD DES JUIFS...
OU DU MARÉCHAL PÉTAIN ?

Le 31 janvier sur *France 2*, aux informations de 20 h, une journaliste enquêtant sur la spoliation des juifs pendant la guerre a montré, document à l'appui, que les Allemands avaient en particulier infligé aux juifs de France une amende de un milliard de francs, somme qu'il convenait, selon elle, de restituer aux juifs d'aujourd'hui.

Il est exact qu'en décembre 1941, à la suite d'une série d'attentats qui auraient impliqué, parmi d'autres, des résistants juifs, les Allemands avaient imposé une amende de ce montant à l'Union générale des Israélites de France (UGIF). Alarmés, André Baur (UGIF-Nord) et Raymond-Raoul Lambert (UGIF-Sud) s'étaient immédiatement tournés vers les autorités de Vichy avec lesquelles ils entretenaient, ainsi que le grand rabbinat et le Consistoire central des Israélites de France, d'excellentes relations. Aussitôt, avec l'autorisation du maréchal Pétain, Xavier Vallat, Commissaire général aux questions juives, avait pris l'engagement – qu'il devait tenir – de faire verser cet argent à l'UGIF par le Syndicat des banques. Mais il ne fallait rien révéler aux Allemands. X.

Vallat eut l'idée d'un stratagème. Mais écoutons R.-R. Lambert lui-même nous expliquer ce stratagème : « Confidentiellement [X. Vallat] nous confie que le gouvernement français avancera cette somme à l'UGIF de Paris et, pour obéir et se couvrir, saisira les immeubles juifs en territoire occupé, en prenant sur eux une hypothèque remboursable dans quatre-vingt-dix-neuf ans (soit en l'an 2040). D'ici là... dit-il. » Et le même R.-R. Lambert, qui appelle X. Vallat son « ami » et parle de sa « sincérité », qualifie le procédé de « joli et très important ».[510]

Six ans plus tard, lors de son procès, X. Vallat fera d'étonnantes révélations sur le sujet des biens juifs, sur les subventions accordées par le maréchal Pétain à des organisations juives et, en passant, il évoquera l'affaire du milliard.[511]

Serge Klarsfeld, qui a souvent parlé de cette fameuse amende, ne me semble jamais avoir précisé qu'elle avait été, en fait, versée par les banques françaises avec la caution du maréchal Pétain ; en tout cas, sauf erreur de ma part, il n'en souffle pas mot dans les 959 pages de son *Vichy-Auschwitz*.

L'historien américain Richard Cohen dit qu'en fin de compte l'UGIF, grâce à son « habileté dans le domaine financier », parvint à ne rembourser qu'un quart de la somme ; les historiens américain et canadien Paxton et Marrus parlent d'un remboursement à hauteur de trois cents millions.

Au sujet de la coopération avec l'Allemagne des organisations et des institutions juives, aussi bien en France que dans le reste de l'Europe, on lira les ouvrages de Richard Cohen ainsi que les livres que Maurice Rajsfus a consacré aux « juifs bruns » ou à ce qu'il appelle « une véritable internationale juive de la collaboration ».[512] À la différence des autres Français incriminés pour faits de collaboration avec l'ennemi, les responsables juifs qui survivront à la guerre échapperont à l'Épuration et bénéficieront du privilège de passer devant des « tribunaux d'honneur », qui les acquitteront tous. Ces tribunaux étaient placés sous l'égide de Léon Meiss qui, en janvier 1944, en pleine occupation, devint le premier président du tout nouveau CRIF. On pourra aussi se reporter à une étude de Robert Faurisson : *L'affaire de « juifs bruns ».*[513]

NB : Dans sa récente interview par Paul Amar, Maurice Papon a rappelé en une phrase qu'au camp de Drancy une haute personnalité juive participait au « tri » des juifs pour Auschwitz. Il s'agit d'une allusion à Robert Blum qui signait ses notes, y compris celles relatives à la

[510] R.-R. Lambert, *Carnet d'un témoin, 1940-1943*, p. 146-151.
[511] *Le Procès Xavier Vallat présenté par ses amis*, p. 132-137.
[512] M. Rajsfus, *Des Juifs dans la collaboration*, tome I et II ; du même, *Drancy*.
[513] Ci-dessus, vol. III, p. 1421.

préparation des convois de déportation : « Le lieutenant-colonel Blum, commandant le camp de Drancy ». Dans son livre sur Drancy, M. Rajsfus lui consacre tout un chapitre.[514] Le 2 février, dans son émission « Arrêt sur image » (La Cinq, 12 h 30-13 h 30), Daniel Schneidermann a demandé à Paul Amar : « Pourquoi n'avez-vous pas coupé au montage [cette phrase de M. Papon] ? »

[Publié sous le nom de Jessie Aitken, paru dans *Rivarol*, 7 février 1997, p. 6-7.]

***

17 février 1997

FORFAITURE DU COMITÉ DES DROITS DE L'HOMME DE L'OFFICE DES NATIONS UNIES À GENÈVE

Le Comité des droits de l'homme de l'Office des Nations Unies à Genève estime que la France n'a pas violé mes droits en me condamnant, sur le fondement de la loi Gayssot, le 9 décembre 1992 (arrêt Françoise Simon) pour mon interview du *Choc du mois* (de septembre 1990). Il cautionne la thèse – aujourd'hui devenue insoutenable – de l'existence des prétendues chambres à gaz nazies.

J'avais déposé ma plainte le 2 janvier 1993. C'est le 8 novembre 1996 que ce comité a fait cette « constatation ». On trouvera ci-joint le texte français (vingt-cinq pages), le texte anglais (vingt-quatre pages) ainsi qu'une page 127 intitulée « Annexe II : Membres et Bureau du Comité des droits de l'homme, 1995-1996 ».[515]

À première lecture, le nombre des sottises et des malhonnêtetés que j'ai relevées dans la version française (je n'ai pas lu la version anglaise) est tel qu'il décourage toute recension, toute rectification. Certaines fantaisies sont étonnantes : par exemple, on me fait parler du cas du révisionniste Philippe Costa. Or, je n'ai jamais mentionné ni ce cas, ni ce nom.

Je ne trouve quasiment rien de mon argument central : l'impossibilité physico-chimique des prétendues chambres à gaz nazies. C'est en raison de cette impossibilité que je qualifiais ces chambres à gaz de

---

[514] M. Rajsfus, *Drancy*, p. 234-275.
[515] Ces documents ne sont pas reproduits ici. [N.d.é]

« magiques ». On s'est contenté de relever cet adjectif et de m'en faire grief comme d'une preuve d'antisémitisme !

Mais je tiens, par-dessus tout, à souligner un fait particulièrement intéressant du simple point de vue de l'histoire. C'est, je le répète, le 8 novembre 1996 que ce jugement a été rendu à Genève. Or, plus de deux mois auparavant, le journal suisse *Le Nouveau Quotidien* venait de publier, dans ses livraisons du 2 et du 3 septembre 1996, une longue étude de l'historien, franchement antirévisionniste, Jacques Baynac qui concluait à l'absence de preuve de l'existence de ces chambres à gaz nazies.

Le 19 novembre 1996, j'avais pris le soin d'envoyer à ce Comité des droits de l'homme non seulement une copie de la longue étude de J. Baynac mais un commentaire *en français* et *en anglais*.

Mon commentaire en français était intitulé : « Selon un historien orthodoxe, on n'a pas encore prouvé l'existence des chambres à gaz nazies » tandis que mon commentaire en anglais portait pour titre : « No Evidence of the Nazi Gas Chambers ».

Et à propos de ces trois pièces (l'étude de Jacques Baynac et mes deux commentaires) j'écrivais :

> « [Ces] pièces montrent que le gouvernement français m'a bel et bien condamné – lourdement condamné – en particulier parce que je conteste l'existence d'une arme criminelle... dont il faut bien reconnaître aujourd'hui que son existence n'est nullement prouvée. C'EST GRAVE ! »

Ces derniers mots étaient en majuscule.

La faute du gouvernement français était, en effet, « GRAVE ». La faute du Comité des droits de l'homme de l'Office des Nations Unies à Genève est GRAVISSIME. Il s'agit d'une forfaiture commise en pleine connaissance de cause.

***

21 février 1997

TROIS AFFAIRES RÉVISIONNISTES EN DEUX MOIS

Du 20 décembre 1996 au 18 février 1997, trois affaires révisionnistes ont éclaté successivement à Honfleur, à Toulouse et à Lyon.

À Honfleur, un jeune professeur de mathématiques, Vincent Reynouard, a été mis à pied en raison d'opinions révisionnistes exprimées en dehors de ses cours. Élèves et parents d'élèves exigent sa réintégration.

À Toulouse, le directeur des études de l'Institut d'études politiques, Jean de Quissac, a dû démissionner de son poste tout en conservant sa chaire d'histoire pour avoir, dit-on, déclaré à ses étudiants lors d'un cours consacré aux fascismes : « La thèse officielle, c'est six millions de morts. Mais il faut bien comprendre que, scientifiquement, il y a un million et demi de juifs morts prouvés. » De nombreux étudiants ont pris la défense du professeur et ont fait circuler une pétition pour affirmer : « Les propos rapportés ne sont pas ceux qui ont été tenus par le professeur d'histoire, ni dans leur forme ni dans leur esprit. »[516]

À Lyon, l'historien et journaliste Gérard Chauvy voit le PDG d'Albin Michel bloquer la sortie de son livre sur les époux Aubrac-Samuel. Intitulé *Aubrac*, le livre est sous-titré : *Une légende de la résistance à l'épreuve de la critique historique*. En 1987, à l'occasion du procès Barbie, l'auteur s'était signalé par son antirévisionnisme et par l'orthodoxie de ses vues. Aujourd'hui, il déclare :

« J'ai fait un travail d'historien. Je travaille sur des documents et pas sur des impressions ou seulement des témoignages. Et le blocage de mon livre repose la grande question : est-il possible en France de reconsidérer, sans se faire taxer de révisionnisme, ce qui passe pour une vérité établie depuis cinquante ans ? »[517]

***

28 février 1997

---

[516] *Le Monde*, 19 février 1997.
[517] *Le Progrès*, 18 février 1997 ; *Le Monde*, 21 février 1997.

AUX PAYS-BAS : JUSTICIERS ET TARTUFES

L e 28 février, *Rivarol* rapportait qu'aux Pays-Bas une association de résistance dont le prince Bernhard est le protecteur avait écrit au chancelier Helmut Kohl pour lui demander que d'anciens Waffen-SS néerlandais, blessés de guerre, ne perçoivent plus de pension de l'Allemagne, pour le motif, selon cette association, que «la SS était une organisation criminelle et que ceux qui sont entrés volontairement dans cette organisation sont co-responsables des crimes de guerre commis, même s'ils n'en sont pas personnellement les auteurs ».

Il est exact que les juges du Tribunal militaire international de Nuremberg ont largement utilisé, au profit des vainqueurs et au détriment du vaincu, la notion de responsabilité collective et qu'à ce titre les SS ont été déclarés membres d'une organisation criminelle : tous les SS à la seule exception, bizarre, du corps des Reiter-SS. Cette exception vient de ce que le ministère public avait soudain découvert que le prince Bernhard de Lippe-Biesterfeld, époux de la princesse Juliana, avait fait partie de ce corps de cavalerie SS. Or, les Pays-Bas avaient signé l'accord instituant le Tribunal de Nuremberg : ils accusaient et, par personnes interposées, ils jugeaient l'Allemagne vaincue ![518]

[Cet article était signé « J.A. », pour Jessie Aitken, un nom de plume souvent utilisé par le professeur. Publié dans *Rivarol,* Paris, le 7 mars 1997.]

***

25 avril 1997

AU SECOURS DE VINCENT REYNOUARD

V incent Reynouard, vingt-huit ans (sans emploi aujourd'hui), sa femme (sans emploi) et leurs deux enfants, quatre ans et dix mois, seront à la rue le 1er juillet. Ils ne disposent pour toutes ressources que de mille six cents francs au titre des allocations familiales. C'est seulement dans deux mois que V. Reynouard percevra le RMI (Revenu minimum d'insertion).

---

[518] Pour plus de détail sur l'affaire, on se reportera au tout récent ouvrage de W. Höttl, *Einsatz für das Reich,* p. 371.

Le 14 avril, il est passé devant un tribunal de quinze juges qui ont refusé de décliner leur identité. Ces juges constituaient la Commission de discipline du ministère de l'Éducation nationale. V. Reynouard et son avocat, Me Jean Stévenin, se sont trouvés devant un mur de glace. La condamnation a été portée à l'unanimité, ce qui empêche tout recours au sein des instances du ministère. Il ne reste que la voie d'un recours auprès d'un tribunal administratif qui risque de ne rendre sa décision que dans plusieurs années. Pour l'année 1995-1996, son chef d'établissement avait noté le jeune enseignant de mathématiques dans les termes suivants : « Ponctualité et assiduité : bien. Activité et efficacité : très bien. Autorité et rayonnement : très bien. Très proche des élèves, M. Reynouard assure son service avec sérieux. » Élèves et parents d'élèves avaient manifesté de façon durable et ingénieuse leur protestation contre la suspension en décembre 1996 de V. Reynouard par le recteur Philippe Lucas. En vain.

François Bayrou porte la responsabilité finale de cette révocation. Il appartient à un groupe politique qui prétend s'être donné pour priorité la lutte contre le chômage des jeunes. Historien, il sait qu'il n'y a pas de preuve scientifique de l'« Holocauste » des juifs. Il préconise, en conséquence, une méthode « allégée » d'administration des preuves.

***

15 juin 1997

« LE MONDE », JOURNAL OBLIQUE

Dans sa livraison du 15-16 juin 1997 (p. 9), *Le Monde* publie six dépêches, dont voici la cinquième :

RÉVISIONNISME : un professeur d'histoire-géographie a été suspendu par le rectorat de Nantes (Loire-Atlantique), vendredi 13 juin, pour avoir émis *« des opinions de nature révisionniste ou négationniste en présence d'élèves »*. Le 16 mai, Michel Adam, professeur au collège René-Guy Cadou de Montoir-de-Bretagne, avait contesté la déportation alors qu'une femme, ancienne déportée, témoignait devant des élèves de troisième.

Ce professeur n'avait nullement « contesté la déportation » mais, à l'une de ces anciennes déportées qui font profession d'aller porter la bonne parole dans les écoles, il avait posé, devant les élèves, quelques questions embarrassantes.[519]

Les autres dépêches qui encadrent cette dépêche « oblique » portent respectivement sur des affaires touchant aux sujets suivants :
- corruption,
- atelier clandestin d'armes,
- banditisme,
- pédophilie,
- tricherie aux examens.

On ne saurait fournir d'information plus « oblique » à la fois dans le texte et dans le contexte.

***

20 juin 1997

LE CINÉMA DE LANZMANN

Brève, non signée, de Robert Faurisson parue dans Rivarol du 20 juin 1997, p. 7 :

La Shoah ou la raison ?

Le Monde du 12 juin consacre presque toute une page à la réédition de *Shoah*, film de Claude Lanzmann présenté comme un « contre-poison aux thèses négationnistes ». Dans un entretien, ce dernier déclare : « Face à la Shoah, il y une obscénité absolue du projet de comprendre. Ne pas comprendre a été ma loi d'airain pendant toutes ces années de réalisation de *Shoah*. » Comme exemple de fait historique que la raison, dit-il, ne peut comprendre, il cite : « le *gazage* de 600 adolescents au *crématoire* de Birkenau qui courent comme des fous dans la cour parce qu'ils savent ce qui va arriver, et qu'on matraque à mort ; on les met en sang, on leur donne le choix entre le gaz ou les *lance-flammes*. »

Et fort justement à notre avis, il conclut : « Et là, comment parler de raison ? »

À cette brève, R. Faurisson ajoutait en guise de commentaire : Des adolescents courent comme des fous dans une cour. Une cour... de crématoire. Ils sont six cents. Faut-il qu'elle soit grande cette cour ! Ils

---

[519] À la suite de sa « suspension », ce professeur allait être exclu de l'Éducation nationale.

savent ce qui va leur arriver, c'est-à-dire qu'on va les tuer. Mais comment vat-on les tuer ? Sera-ce à la matraque, au gaz ou avec des lance-flammes ?

Il semble d'abord que ce soit à la matraque puisqu'il est dit qu'« on les matraque à mort ». En fait, il n'en est rien. Simplement, « on les met en sang ». Six cents adolescents sont, en totalité ou en grande partie, mis en sang à coups de matraques dans la cour d'un crématoire. Se sont-ils arrêtés de courir comme des fous ? C'est probable car on leur donne le choix entre deux types de mort. Leur a-t-on offert ce choix dans un discours tenu comme devant une assemblée ? Se sont-ils immobilisés, soudain, en silence pour entendre la proposition qui leur était ainsi faite ? Se sont-ils ensuite mis sur deux rangs : le rang de ceux qui ont choisi la mort par le gaz et le rang de ceux qui ont choisi la mort par les lance-flammes ?

Mais, comme au début du récit on nous parle du « gazage » de six cents adolescents au crématoire de Birkenau, faut-il croire que le choix qu'on leur a offert n'était qu'un leurre et que tous ont été gazés ?

Qui sont les exécutants désignés par le pronom personnel indéfini « on » ? Combien y avait-il de matraqueurs ? Qui a été témoin de ces scènes ? Où le récit a-t-il été rapporté ?

Réponse : C. Lanzmann a ajouté son propre *délire* aux récits *délirants* de ceux qui ont pu s'inspirer du témoignage *délirant* de Leib Langfus : « Les 600 garçons ».[520] Voyez également les différents témoignages de Filip Müller, notamment le récit prétendument autobiographique, qu'il a intitulé *Trois ans dans les chambres à gaz d'Auschwitz*, et qu'a préfacé… Claude Lanzmann.

***

30 juin 1997

L'ABBÉ PIERRE APRÈS LA TORNADE

L e 16 mai 1997, invité par Bernard Pivot sur France-2, l'abbé Pierre, une nouvelle fois, demandait publiquement pardon d'avoir apporté son soutien à Roger Garaudy, l'auteur des *Mythes fondateurs de la politique israélienne*. Il ajoutait en propres termes : « Je n'avais pas lu [le livre]. » Pourtant, dans une lettre du 18 juin 1996, destinée au *Monde* mais non publiée par le journal, il avait bel

---

[520] Ber Mark, *Des Voix dans la nuit*, p. 257-258.

et bien écrit : « Pour moi, au monastère [de Praglia, en Italie], j'ai pu au calme lire et annoter le livre incriminé. » Il avait même ajouté qu'il n'avait « rien pu y trouver de blâmable ».[521]

Mémoire d'un croyant

Avec l'aide d'un certain Frédéric Lenoir, l'abbé Pierre vient de rédiger un livre intitulé *Mémoire d'un croyant*. Le mot de « Mémoire » est écrit au singulier. Ce croyant qu'est l'abbé Pierre a deux sujets d'admiration : Jésus-Christ et l'abbé Pierre. À la lecture de l'ouvrage on finit même par se demander si le second ne serait pas, en notre siècle, une réincarnation du premier. La qualité qu'il semble revendiquer avant toute autre est l'humilité. Parmi les peuples, celui pour lequel il affirme nourrir le plus d'admiration et d'affection est le peuple juif. Pendant la guerre, l'abbé Pierre a été un résistant ; il le répète à satiété ; le lecteur ne risque pas de l'oublier.

Sous l'œil d'une caméra ?

Il aime à plaire aux journalistes et il semble vivre sous l'œil d'une caméra. Il ne se quitte pas du regard. « Mon visage s'est illuminé », écrit-il en une circonstance.[522] En une autre circonstance, il nous raconte un naufrage près des côtes d'Argentine où il a failli perdre la vie. Du coup, nous confie-t-il, « un grand homme de presse, Pierre Lazareff » appelle le journaliste Philippe Labro pour lui dire : « Laisse tout tomber, saute dans le premier avion pour Buenos Aires et rapporte-nous un reportage monstre. On fera une pleine page avec des photos du naufrage : "L'abbé Pierre sauvé des flots !". » P. Labro s'exécute mais il sera frustré car il découvrira que, cédant à la modestie, l'abbé refuse de lui parler du passé et ne veut l'entretenir que de ses projets ; en revanche, P. Labro dira de l'abbé : « Il m'a fait une réponse inoubliable ». Et l'abbé Pierre, toujours modeste, de rapporter dans son livre à la fois cette réponse et le commentaire élogieux, comme on le voit, du journaliste.[523]

Confidences

---

[521] Voy., R. Faurisson, « Bilan de l'affaire Garaudy-abbé Pierre » la section intitulée « L'abbé Pierre lance son appel du 18 juin ».
[522] Abbé Pierre, *Mémoire d'un croyant*, p. 17.
[523] *Id.*, p. 226.

Dans le prologue de son livre, ses premiers mots sont pour dire merci aux juifs, ce peuple, écrit-il, qui, « par son livre saint, la Bible, m'a appris à croire en Dieu Unique, Juste et Miséricordieux ».[524]

L'adjectif de « Miséricordieux » ne saurait convenir au Dieu jaloux, colérique et vengeur de l'Ancien Testament.[525] Dans le premier chapitre, on voit l'abbé, pendant la guerre, franchir clandestinement la frontière suisse, « encordé », dit-il, « avec une douzaine de juifs traqués par la Gestapo », ou bien accueillant à Grenoble, chez lui, une nuit, deux juifs ; il écrit alors : « J'en ai fait dormir un sur mon matelas, l'autre sur mon sommier, et j'ai fini ma nuit sur un fauteuil. » On le voit encore retrouvant après la guerre le rabbin Sam Job qui, devant toute une assistance, rappelle à l'abbé : « [Dans la montagne] vous avez donné vos souliers [à un juif] et vous êtes rentré chez vous pieds nus dans la neige. »[526]

L'abbé Pierre a la franchise de reconnaître qu'il est emporté et qu'il a, au moins en une circonstance, « piqué une colère monstre ».[527] Il avoue qu'une accorte personne risque de lui émoustiller les sens ; parlant de M$_{lle}$ Coutaz, « morte à 83 ans après m'avoir supporté trente-neuf ans », il écrit : « Elle avait treize ans de plus que moi, et on peut difficilement imaginer femme si peu tournée vers la séduction. Heureusement, car si j'avais eu une ravissante secrétaire de vingt ans, c'eût été un véritable supplice pendant ces trente-neuf ans de vie partagée ! »[528] Il ne cache pas l'horreur que lui inspirent M$_{gr}$ Lefebvre et ses « fanatiques »[529] ou encore « un Le Pen ».[530] Quant à ce qu'il appelle «la montée préoccupante de l'extrême droite et des racismes », il nous avertit que « nous devons tout faire pour les combattre ».[531]

La tornade

---

[524] *Id.*, p. 9.
[525] Il serait piquant de réclamer aujourd'hui à l'abbé Pierre un commentaire de l'information selon laquelle « Le Nouveau Testament [est] menacé d'interdiction en Israël. » (*Le Monde*, 28 juin 1997, p. 5.)
[526] *Id.*, p. 18.
[527] *Id.*, p. 247.
[528] *Id.*, p. 218.
[529] *Id.*, p. 139.
[530] *Id.*, p. 187.
[531] *Id.*, p. 189.

À propos de l'affaire Garaudy-abbé Pierre qui, en 1996, allait s'achever sur la retraite précipitée du premier[532] et la rétractation totale du second, on ne trouve que ces quelques lignes :

> « Puis il y eut cette tornade du printemps 1996. J'ai tout entendu : "L'Abbé Pierre est antisémite, il est sénile, il est devenu lepéniste …" Depuis, j'ai retiré mes propos et demandé pardon. Au plus profond de moi, il y avait la douleur dont je savais que souffraient beaucoup de personnes auxquelles toute ma vie m'avait étroitement lié, en particulier mes frères juifs. Je crois aujourd'hui que ces tragiques malentendus provinrent du fait que, imprudent et trop hâtif, j'avais abordé dans un même document des questions de personnes, des questions politiques et des questions religieuses. »[533]

Ni dans ce passage du livre, ni ailleurs, l'abbé Pierre ne nomme celui à qui il s'adressait, dans une lettre rendue publique, en l'appelant « Très cher Roger » et en le félicitant de son « étonnante et éclatante érudition, scrupuleuse ». Nulle part il n'évoque celui avec lequel il ne faisait qu'un, en cœur et en esprit, pour la vie.

Dans l'une des dernières pages du livre, les chambres à gaz nazies, sur l'existence desquelles R. Garaudy avait exprimé un fort scepticisme, sont évoquées dans les termes suivants : « La dictature nazie a provoqué cinquante millions de morts, avec toutes les atrocités que l'on sait : l'extermination des juifs, les chambres à gaz. »[534]

Conclusion et note

En conclusion, on peut, certes, admirer l'œuvre de l'abbé Pierre en faveur des déshérités mais, tout au long de sa vie, le personnage a beaucoup gardé du caractère de l'enfant gâté à qui, dès sa plus tendre jeunesse au sein d'une riche famille lyonnaise, on apprenait à faire la charité aux pauvres. Par ailleurs, il est capable de compassion mais

---

[532] Plus il se rapproche de son procès qui aura lieu les 8, 9 et 15 janvier 1998 à la XVIIe chambre du tribunal correctionnel de Paris, plus R. Garaudy accélère cette retraite. Il ne pipe plus mot des chambres à gaz nazies ; quant à ce qu'il appelle des « camps d'extermination », il s'insurge contre l'accusation selon laquelle il en aurait nié l'existence ; il ose déclarer qu'il ne peut pas avoir nié l'existence de tels camps puisque, arrêté le 14 septembre 1940, il est resté trente-trois mois dans un camp nazi ! (*L'Avvenire*, 19 novembre 1996.)
[533] *Id.*, p. 206-207.
[534] *Id.*, p. 232.

seulement sous certaines conditions. Il a du cœur mais avec une tendance, comme le disait Gide au sujet de Guéhenno, à parler du cœur comme on parle du nez.

Terminons sur une note de cuistrerie. L'abbé nous explique avec satisfaction que le mot d'« enthousiasme » provient de deux mots grecs : « *en* », qui signifierait « un », et « *theos* », qui signifie « Dieu ». Il ajoute : « L'enthousiaste c'est l'homme qui devient un avec Dieu. »[535] L'erreur est étonnante : « *en* » signifie « dans » (le mot grec qui signifie « un » en français s'écrirait « *hen* »). Et, puisque nous en sommes à traiter d'étymologie, rappelons à notre érudit que « l'enthousiaste » est celui qui est animé d'un transport divin ou celui qui croit sentir un dieu *en* lui : telles les Bacchantes possédées par Dionysos ou tels ceux que possède Arès, le dieu de la guerre, ou encore le dieu Pan, l'enthousiaste s'imagine qu'un dieu l'habite. Henri Groués devra, sur ce point, revoir sa copie et apprendre à distinguer « *en* » avec l'esprit doux (qui signifie « dans ») de « *en* » avec l'esprit rude (qui signifie « un ») : ce sera sa pénitence ou, comme on dit en hébreu, sa *techouva*.

***

8 juillet 1997

DES MILLIONS DE JUIFS EUROPÉENS, TOMBÉS SOUS LA COUPE DES ALLEMANDS DE 1939 À 1945, ONT SURVÉCU À LA GUERRE

Le 8 juillet 1997, le quotidien *La Montagne*, reproduisait, p. 12, une dépêche d'agence annonçant :

Le Fonds pour les victimes de la Shoah aidera plus de quatre cent mille personnes.

Berne. – Le fonds spécial créé à l'initiative des banques suisses pour les victimes de l'Holocauste ou leurs parents dans le besoin devrait aider plus de 400.000 personnes, a-t-on indiqué, hier, à Berne, où sa direction s'est réunie pour la première fois.

Selon le secrétaire général du Congrès juif mondial, Israël Singer, le fonds pourrait venir en aide à quelque 400.000 bénéficiaires, aujourd'hui âgés en moyenne de 80 ans.

---

[535] *Id.*, p. 47.

Le président du Fonds, le Suisse Rolf Bloch a cependant évalué à un million les bénéficiaires « potentiels » – juifs ou non – alors que le député israélien Avraham Hirschson a estimé à Berne que 600 à 800.000 juifs pourraient être concernés.

Cette dépêche d'agence présente l'avantage de rappeler une vérité d'évidence : en 1945, au lendemain de la guerre, les juifs européens « étaient encore là ». Cette formule, si parlante dans sa simplicité et sa justesse, est du révisionniste américain Arthur Robert Butz.

Cinquante-deux ans après la fin de la seconde guerre mondiale, plus de quatre cent mille juifs âgés en moyenne de quatre-vingts ans (ou, peut-être, de six à huit cent mille juifs) ont survécu aux épreuves de l'occupation par les Allemands de certains pays d'Europe. On les appelle des « victimes de la Shoah ». Ces chiffres, à eux seuls, confirment que j'ai eu raison d'affirmer que des **millions** de juifs européens ont survécu à l'occupation allemande. À partir de 1945 beaucoup de juifs ont quitté des pays comme la Pologne pour la France, la Grande-Bretagne, les États-Unis, le Canada, l'Argentine, l'Afrique du Sud, l'Australie, la Nouvelle-Zélande et, surtout, la Palestine (État d'Israël).

***

23 octobre 1997

LE PROFESSEUR FAURISSON À NOUVEAU CONDAMNÉ

L e 23 octobre, Jean-Yves Monfort, présidant la XVIIe chambre du tribunal correctionnel de Paris avec, à ses côtés, Mlle Anne Depardon et Mme Françoise Soulié, a condamné le professeur Faurisson à une peine de 120.000 F qui se décompose comme suit : 50.000 F d'amende, 50.000 F pour trois publications judiciaires forcées et 20.000 F pour Me Lorach, avocat des cinq parties civiles. Le tribunal ordonne la diffusion du texte de la condamnation dans *Le Monde*, *Libération* et – innovation remarquable – dans le *Journal officiel de la République française*. Voici le texte à diffuser :

M. Robert FAURISSON condamné pour contestation de crimes contre l'humanité

Par jugement prononcé le 23 octobre 1997 par le tribunal de Paris (XVII_e Chambre correctionnelle), M. Robert FAURISSON a été condamné à la peine de cinquante mille francs d'amende et au paiement de dommages-intérêts aux associations d'anciens déportés, parties civiles, pour avoir commis le délit de contestation de crimes contre l'humanité, prévu par l'article 24 bis de la loi du 29 juillet 1881, en diffusant, le 19 avril 1996, un communiqué de presse affirmant notamment « que les chambres à gaz sont une imposture ».

Aucun journaliste n'a assisté au procès du professeur. Aucun organe de la grande presse ou des médias de l'établissement ne s'est fait l'écho du procès ou de la condamnation.

Silence, on bâillonne !

***

24 octobre 1997

« ANTHONY EDEN » AU PROCÈS PAPON

À plusieurs reprises, les parties civiles ont fait état d'une déclaration commune des Alliés en date du 17 décembre 1942, lue ce jour-là par Eden devant la Chambre des communes et la Chambre des lords.

Il est exact que les mots d'« exterminer » et d'« extermination » y figurent mais dans le sens de mort par le travail, par le froid, par la faim ou par des exécutions massives. Il n'y est pas question de chambres à gaz.

D'ailleurs, huit mois plus tard, en août 1943, le gouvernement britannique, préparant avec les Américains et les Soviétiques une déclaration commune sur « les crimes allemands en Pologne », signalait aux Américains, qui allaient, à leur tour, le signaler aux Soviétiques, qu'il convenait d'éliminer du *projet* de déclaration le fragment portant sur les chambres à gaz, faute « de preuve suffisante pour justifier la déclaration concernant les exécutions en chambres à gaz ».[536] Toute mention de « chambres à gaz » disparut dans le communiqué final.[537]

---

[536] *Foreign Relations of the United States, Diplomatic Papers, 1943*, I [1963], p. 416-417.
[537] *The New York Times*, 30 août 1943, p. 3.

***

31 octobre 1997

« LE MONDE », JOURNAL OBLIQUE (SUITE)

Le Monde mérite sa réputation de tartuferie. Récemment, il faisait compliment à l'avocat Gérard Boulanger de ce que ses deux livres sur Maurice Papon étaient « à l'image de leur auteur [...] non dénués d'une salutaire mauvaise foi ».[538]

« Une salutaire mauvaise foi » : telle pourrait être la devise du journal.

Son médiateur, Thomas Ferenczi, est préposé à la censure du courrier qu'il reçoit. Ses chroniques sont lourdes et sentencieuses et ses pratiques se signalent par leur malhonnêteté. Suceur de réglisse, le faux dévot s'emploie à nous cacher les seins que nous ne saurions voir. Il est payé pour cela.

Dans une même livraison de son journal, il monte d'abord en chaire pour demander : « Le premier article de la charte des journalistes français ne déclare-t-il pas qu'un journaliste digne de ce nom tient "les accusations sans preuves" pour l'une des plus graves fautes professionnelles ? »[539] Succulente question de la part d'un journaliste qui n'a qu'à se lire ou à lire ses confrères pour constater que *Le Monde* fait de l'accusation sans preuve son pain quotidien.

Puis, T. Ferenczi, qui ne manque pas de souffle, publie trois lettres signées respectivement Brunschwig, Hayem et Emerich pour porter contre l'Allemagne la plus atroce des accusations : celle d'avoir eu une politique d'extermination physique des juifs, notamment par le moyen d'abattoirs chimiques appelés « chambres à gaz ».

Brunschwig rapporte qu'un jour, en 1942 ou 1943, un garçon de son âge (treize, quatorze ans ?) lui aurait dit : « Toi, tu finiras en savonnette. » Voilà, estime-t-il, qui laisse à penser qu'à l'époque on devait bien savoir que la déportation des juifs « se terminait dans l'extermination et dans l'horreur », entendez par là : dans les chambres à gaz. Le raisonnement de Brunschwig, passant de la savonnette à l'abattoir, est si hardi qu'on se demande comment

T. Ferenczi a pu juger bon de le reproduire.

---

[538] J.-A. Fralon, « Gérard Boulanger, avocat des parties civiles : un combat de seize ans mené au nom du "malheur des juifs" », *Le Monde*, 9 octobre 1997, p. 10.

[539] *Le Monde*, 19-20 octobre 1997, p. 13.

Hayem, lui, laisse entendre que l'angoisse des juifs était telle qu'elle ne pouvait s'expliquer que par la connaissance *instinctive* de l'existence d'une mise à mort dans des conditions matérielles atroces. Là encore le raisonnement ne manque pas de hardiesse.

Quant à Emerich, il invoque le témoignage d'Anne Frank qui, dans son journal, écrit : « La radio anglaise parle de chambres à gaz. »

T. Ferenczi pris la main dans le sac

Dans les trois lettres, le médiateur du *Monde* avait pratiqué des coups de ciseaux. Le procédé n'a rien de répréhensible aussi longtemps que la pensée des auteurs n'est pas dénaturée ou qu'un point d'importance n'est pas omis à dessein.

Or, le premier des trois auteurs de ces lettres, Jacques Brunschwig, ancien professeur de philosophie à la Sorbonne, écrivait, dès le 21 octobre, « à ses amis et à quelques autres » pour se plaindre de T. Ferenczi. Il écrivait en propres termes :

> « Pour votre information, je me permets de vous envoyer le texte complet de ma lettre au *Monde*, qui a subi quelques coupures que je regrette, pour des raisons que vous comprendrez aisément. Je crois aussi que le médiateur aurait mieux fait de ne pas publier la lettre d'un autre lecteur [Michel Emerich, de St-Germain-en-Laye], qui s'appuie uniquement sur le *Journal* d'Anne Frank, document dont le caractère suspect a été malheureusement assez bien démontré par l'infect Faurisson. »

Parmi les passages que J. Brunschwig reproche justement à T. Ferenczi d'avoir supprimés figurent quelques lignes, d'importance capitale, sur le mythe du « savon juif ». Voici ces lignes :

> « Je range aujourd'hui cette anecdote dans le rayon de ce qu'on pourrait appeler les « bobards vrais ». Il semble, en effet, d'après les historiens les plus sérieux, que cette histoire de transformation des restes humains en savon relève de la légende. »

En rappelant ce point d'histoire, J. Brunschwig manifestait un souci de vérité qui, manifestement, est apparu à T. Ferenczi fâcheux ou oiseux. Alors, le médiateur du *Monde* a pris ses ciseaux, il a coupé, il a amputé, ce qui lui a permis d'apporter sa contribution au maintien du mythe du savon juif.

Si l'on fait le compte des preuves de l'existence des chambres à gaz nazies, on trouve en tout et pour tout dans ces trois lettres, sans tenir compte du traitement spécial que leur a fait subir le médiateur du *Monde* :

1. une histoire de savonnette, fondée sur un mythe ;

2. une spéculation de nature autistique ;

3. un « document [au] caractère suspect » (pour ne pas dire une supercherie littéraire).

***

20 décembre 1997

LE DÉTAIL

Au sujet des chambres à gaz nazies, Jean-Marie Le Pen a déclaré :

> « Si vous prenez un livre de mille pages sur la seconde guerre mondiale, les camps de concentration occupent deux pages et les chambres à gaz dix à quinze lignes : ce qui s'appelle un détail. »

Il aurait pu invoquer des arguments encore plus percutants et plus précis, et en appeler à Eisenhower, Churchill, de Gaulle, Élie Wiesel, René Rémond, Daniel Goldhagen et au texte même du jugement de Nuremberg.

Eisenhower, Churchill, de Gaulle

Trois des ouvrages les plus connus sur la seconde guerre mondiale sont *Croisade en Europe* du général Eisenhower, *La Seconde Guerre mondiale (Mémoires)* de Winston Churchill et les *Mémoires de guerre* du général de Gaulle. Dans ces trois ouvrages on ne trouve pas la moindre mention des chambres à gaz nazies.[540]

---

[540] *Crusade in Europe* (1948) d'Eisenhower compte 559 pages ; *The Second World War* (six volumes, 1948-1954) de Churchill compte 4.448 pages et les *Mémoires de guerre* de de Gaulle (trois volumes, 1954-1959), 2.054 pages. Soit un total de 7.061 pages (sans compter les pages introductives) publiées de 1948 à 1959 ; on n'y trouve aucune mention ni des « chambres à gaz » nazies, ni du « génocide » des juifs, ni des « six millions » de victimes juives de la seconde guerre mondiale.

Élie Wiesel

Il en va de même pour le récit autobiographique où Élie Wiesel relate son expérience d'Auschwitz et de Buchenwald.[541] Dans le premier volume de ses mémoires, il écrit : « Les chambres à gaz, il vaut mieux qu'elles restent fermées au regard indiscret. Et à l'imagination. »[542]

René Rémond

Dans le troisième volume de son *Introduction à l'histoire de notre temps*, René Rémond qui, à l'époque, présidait, au sein du Comité d'histoire de la deuxième guerre mondiale, la commission de l'histoire de la déportation, ne soufflait pas mot de ces chambres à gaz.[543] Quatorze ans plus tard, alors qu'il était devenu le président de l'Institut d'histoire du temps présent, il ne mentionnait pas non plus ces chambres à gaz dans un ouvrage long de 1.013 pages.[544]

Daniel Jonah Goldhagen

Depuis mars 1996, l'historien juif américain Daniel Jonah Goldhagen est progressivement devenu la coqueluche des médias à travers le monde grâce à un livre paru en français sous le titre : *Les Bourreaux volontaires de Hitler, les Allemands ordinaires et l'Holocauste*. S'il y mentionne les chambres à gaz nazies, ce n'est guère que pour dire que « leur efficacité [a été] largement surestimée »[545] et qu'elles ont toujours été, *à tort*, « la préoccupation dominante de l'opinion et même des historiens ».[546] Il va jusqu'à estimer que le gazage était « un épiphénomène dans l'extermination des juifs »[547] et que « l'excès d'attention accordé aux chambres à gaz doit être contrebalancé ».[548]

---

[541] É. Wiesel, *La Nuit*.
[542] É. Wiesel, *Tous les fleuves vont à la mer*, p. 97.
[543] R. Rémond, *Le XXe siècle de 1914 à nos jours*.
[544] R. Rémond, *Notre Siècle, de 1918 à 1988*.
[545] D. J. Goldhagen, *Les Bourreaux volontaires de Hitler. Les Allemands ordinaires et l'Holocauste*, p. 18.
[546] *Id.*, p. 170.
[547] *Id.*, p. 504. Le texte original américain porte : « [...] contrary to both scholarly and popular treatments of the Holocaust, gassing was really epiphenomenal to the Germans' slaughter of Jews »D. Goldhagen, *Hitler's Willing Executioners...* p. 533, n. 81.
[548] D. J. Goldhagen, *Les Bourreaux volontaires de Hitler*, p. 506.

Le jugement de Nuremberg

La loi Fabius-Gayssot interdit de contester, dans le jugement du tribunal de Nuremberg (30 septembre et 1er octobre 1946), ce qui est relatif aux seuls « crimes contre l'humanité ». Parmi ces crimes figure l'emploi de chambres à gaz homicides. Mais on constate que, sur les quelque quatre-vingt-quatre mille mots de la version française du jugement, seuls cinq cent vingt mots, *extrêmement vagues*, sont consacrés à ces chambres à gaz. Ce qui constitue 1/160e du texte du jugement ou 0,62 %. Autrement dit 99,38 % du jugement ne portent pas sur ces chambres.

Pourquoi tant de discrétion ?

Sur les différents motifs pour lesquels Eisenhower, Churchill, de Gaulle, Élie Wiesel, René Rémond, Daniel Goldhagen et le texte même du jugement de Nuremberg sont si discrets au sujet des chambres à gaz nazies, les révisionnistes ont des explications que la loi Fabius-Gayssot leur interdit de formuler.

[L'essentiel de ce texte a été publié le 1er janvier 1998 par *National Hebdo* (p. 15) sous le titre : « Précisions sur le détail » et par *Rivarol* (p. 2) sous le titre : « Avez-vous des textes ? ».]

1998

8-9 janvier 1998

ROGER GARAUDY AU TRIBUNAL
(NOTE SUR UN ASPECT DU PROCÈS EN COURS)

À en croire Roger Garaudy, on dénature le contenu de son livre quand on l'accuse de contester l'existence des chambres à gaz, du génocide et des six millions.

Décidément, les juges de la XVIIᵉ chambre voient plus de fesses que de faces. Parmi les inculpés, c'est à qui leur tournera le dos au lieu de faire face.

Jean-Yves Monfort, qui préside le tribunal, connaît son sujet. Il s'étonne de l'absence du nom de Faurisson dans l'édition Samiszdat. R. Garaudy lui répond qu'il ne voulait pas faire de livre historique. « J'aurais dû supprimer plus encore […]. Il n'est pas dans mes habitudes de gommer […]. Je regrette d'avoir trop insisté sur certains points historiques. »

Le président lui demande s'il n'a pas voulu, dans cette édition, se rendre « plus présentable » en supprimant le nom d'un révisionniste notoire. R. Garaudy répond qu'il a voulu éliminer « des noms pas connus à l'étranger ». Le président lui réplique qu'il est beaucoup question de Faurisson sur Internet.

R. Garaudy dit qu'il n'entend rien à Internet. Or, à la dernière page de son avant-propos (p. 12), il précise que le texte de son livre est « accessible sur le réseau télématique Internet » et il va jusqu'à indiquer le site de Bradley Smith (Californie), qui diffuse un grand nombre de mes textes.

Enfin, parmi les quelques ouvrages qu'il a plagiés se trouve le « gros livre rouge des révisionnistes », celui de Barbara Kulaszka, préfacé par moi-même et contenant des extraits de mon témoignage à titre d'expert (p. 286-351, soit soixante-cinq pages sur double colonne), sans compter les mentions ou reproductions de quelques-uns de mes écrits.

R. Garaudy et P. Guillaume (lequel a fort probablement collaboré à la rédaction du livre) ont voulu éliminer le nom de Faurisson pour deux motifs :

– éviter de se compromettre publiquement avec un homme dont les écrits sont toujours condamnés par la XVIIᵉ chambre ;

– ne pas révéler le nom de celui qui a été outrageusement plagié.

Récemment, j'ai retrouvé dans mes dossiers la copie d'une lettre que j'adressais le 2 décembre 1982 « à M. Roger Garaudy aux bons soins de Pierre Guillaume ». Cette lettre accompagnait un document que m'avait réclamé R. Garaudy.

« Qui toujours esquive et constamment se dérobe finit par trébucher ! » C'est ce qu'on pourrait dire de R. Garaudy qui, au terme d'un long combat défensif au cours duquel il a tenté de minimiser la portée révisionniste de son livre, a fini par lâcher : « Je n'ai jamais eu l'idée de créer un fonds de commerce avec les ossements de mes grands-pères ! » Il livrait ainsi en vrac, d'un seul coup, le *fond* d'une pensée que, tout au long d'un interrogatoire, il avait cherché à dissimuler.

✶✶✶

15 janvier 1998

Procès Garaudy :
Le témoignage du pasteur Parmentier

Le 8 janvier, le pasteur Roger Parmentier témoigne en faveur de son ami Roger Garaudy. Il se présente en spécialiste d'herméneutique (interprétation, en général, de tous les textes anciens et, en particulier, des livres sacrés). Il précise qu'il est entraîné à la lecture attentive des textes. Sa femme, dit-il, est archiviste. Il estime que, dans le livre de R. Garaudy, « il y a des pages de trop », celles qui traitent de l'extermination des juifs et des chambres à gaz nazies. Pour sa part, en réponse à une question de Me Charrière-Bournazel, avocat de l'une des parties civiles, il affirme qu'il croit à l'existence des chambres à gaz car… « de Strasbourg à Paris j'ai ramené », dit-il, « des prisonniers qui m'en ont parlé ».

Il tient d'autres propos, que je ne rapporte pas ici, sur d'autres sujets.

En 1996, il avait écrit au sujet des révisionnistes, appelés par lui « négationnistes » :

> « On appelle « négationnistes » les nazis d'aujourd'hui qui veulent réviser l'Histoire pour donner raison aux nazis d'hier. »

Ce jugement lapidaire avait été retranscrit, sans l'expression de la moindre réserve, par R. Garaudy lui-même.[549]

À l'audience de ce jour (15 janvier 1998), le pasteur R. Parmentier, qui, après sa déposition, avait tenu à suivre les débats, m'a fait tenir la note suivante :

> « Je suis peu au courant de vos travaux … sauf de réputation. Or, j'aime avoir une opinion personnelle … Pourriez-vous me faire connaître un échantillonnage ? Merci. Je suis prêt à les régler … Merci. » [Suivent nom et adresse.]

Ce n'est pas la première fois – loin de là – qu'une personne réputée sérieuse a d'abord formulé contre les révisionnistes une condamnation des plus abruptes pour se rendre compte, par la suite, que son jugement avait été téméraire.

C'est dire à quel degré de mise en condition, d'intoxication, de lavage des cerveaux les médias sont parvenus sur le compte des révisionnistes.

On relèvera au passage la malhonnêteté de R. Garaudy qui, ayant lu les révisionnistes pour les piller, s'est bien gardé de prévenir son ami le pasteur Parmentier de ce que sa condamnation était fausse et injuste.

Le pasteur Parmentier, membre du parti socialiste, a toutes les apparences de l'honnête homme abusé.

Additif (octobre 1998)

Le pasteur Parmentier est exclu du parti socialiste pour avoir témoigné à la barre du tribunal en faveur de R. Garaudy.

***

[549] R. Garaudy, *Droit de réponse. Réponse au lynchage médiatique de l'abbé Pierre et de Roger Garaudy*, p. 33-34.

23 février 1998

AUX AUTORITÉS DU MUSÉE D'AUSCHWITZ

Fax à Jerzy Wroblewski
directeur du musée d'Auschwitz
et à Krystyna Oleksy
sous-directrice

Monsieur, Madame,

Vous voudrez bien, je vous prie, trouver ci-joint un texte, daté du 26 janvier 1998, que j'ai intitulé : « La "Chambre à gaz" d'Auschwitz-I ». À la version originale en français je vous joins la traduction de ce texte en anglais et en allemand.

Cette prétendue « chambre à gaz » est une imposture (en anglais « *a fake* » et, en allemand, « *ein Schwindel* » ou « *ein Betrug* »).

Vous le savez pertinemment.

En 1941-1942, à l'époque des prétendus gazages en ce lieu, ni « la porte d'entrée des victimes » (porte sud-est), ni « les quatre orifices de déversement du Zyklon B dans le toit » n'existaient. Par conséquent, ni victimes ni poison n'auraient pu pénétrer en ce lieu comme on nous le dit mensongèrement.

Ainsi que je l'ai découvert en 1975-1976, lors de mes visites du camp et de mes contacts avec MM. Jan Machalek et Tadeusz Iwaszko (archiviste), l'endroit avait été, en 1941-1942 et jusqu'en août 1943, une chambre froide pour le rangement des cadavres en attente de leur incinération ; puis, à partir de septembre 1943, l'endroit avait été, au prix de plusieurs mois de travaux, transformé en un abri antiaérien doté d'une salle d'opérations chirurgicales et de deux chambres de malades pour l'hôpital SS situé à proximité.

Vos bureaux actuels donnent précisément sur cette fausse « chambre à gaz ». Mes découvertes de 1975-1976, publiées en 1978-1980, m'ont d'abord valu de violentes attaques pendant environ quinze ans. Puis, à partir de 1995, elles ont été confirmées par l'historien et journaliste français Éric Conan[550] et, en 1996, par l'historien juif canadien Robert Jan van Pelt ainsi que l'historienne juive américaine Debórah Dwork.[551]

Je répète et je précise : cette « chambre à gaz » n'est ni « en état d'origine » (version donnée par les guides à environ cinq cent mille visiteurs par an), ni « une reconstitution ou une reconstruction [à l'identique ou presque à l'identique] » (version donnée par certains

---

[550] É. Conan, « Auschwitz : la mémoire du mal », en particulier à la page 68.

[551] D. Dwork, *Auschwitz., 1270 to the Present*, en particulier aux pages 363-364, 367, 369.

membres du musée). Il s'agit d'une imposture créée par les communistes en 1948.

C'est précisément en 1995 qu'après cinq années de tergiversations vous avez décidé une révision déchirante du total des morts d'Auschwitz : au lieu du chiffre de quatre millions inscrit sur dix-neuf stèles en dix-neuf langues différentes, stèles que vous avez retirées en 1990, vous avez opté pour le chiffre d'un million et demi. Ce dernier chiffre reste extravagant mais il marque un progrès dans la voie de la vérité.

Il vous reste à accomplir un autre progrès de même nature, d'abord en fermant immédiatement à toute visite le lieu baptisé « chambre à gaz », puis en révélant la vérité sur ce lieu.

***

3 mars 1998

AU COMMANDEMENT MILITAIRE DU PALAIS DE JUSTICE DE PARIS

Fax au lieutenant-colonel
Michel Courduriès
Commandement militaire
Palais de justice

Monsieur,

Une fois de plus, ce vendredi 27 février, en début d'après-midi, les voyous juifs du Betar-Tagar sont venus opérer à force ouverte au Palais de justice de Paris dont la garde vous incombe.

À plusieurs reprises dans le passé je me suis plaint auprès de vous ou auprès de vos subordonnés du comportement de ces voyous.

Vous n'avez pas tenu compte de mes plaintes.

Il est vrai, cependant, qu'en une circonstance j'ai obtenu de pouvoir pénétrer au Palais par la porte du quai des Orfèvres et d'être ensuite accompagné par des gardes jusqu'à la XVIIᵉ chambre du tribunal correctionnel. Mais, en une autre circonstance où je vous avais prévenu de mon arrivée et où je comptais sur une protection, je n'ai pu obtenir la moindre assistance malgré l'appel téléphonique de l'un des gardes à votre bureau.

Il est également vrai qu'en mars 1991 j'ai pu, au terme d'une audience, être évacué par la souricière et les souterrains. Mais j'avais été sérieusement blessé à la jambe par l'un des voyous juifs malgré la protection d'un garde arc-bouté sur une barrière métallique et, par la suite, il m'a fallu, à cause des suites de cette agression à soulier ferré, subir une opération chirurgicale.

Je vous donne également acte de ce que, lorsque vous savez que les voyous juifs vont faire irruption, vous mobilisez un grand nombre de vos hommes. Cela dit, en mars 1991, on a pu voir à la télévision (j'en ai l'enregistrement) un garde se retourner, affolé, et crier qu'on envoie du renfort.

Mais tout cela n'empêche guère les voyous juifs sûrs de leur impunité d'agir à force ouverte.

Bref, en plus d'une circonstance votre manière de procéder n'a pu empêcher des violences qu'il vous aurait été facile d'éviter. Sur le plus classique de ces moyens, voyez plus loin.

Ces violences sont d'autant plus inadmissibles que le Palais de justice de Paris contient la plus forte concentration tout à la fois de gardes, de gendarmes et de policiers en civil qu'on puisse trouver en France dans un même lieu public. Et je ne mentionne pas ici la présence aux alentours d'un nombre considérable de policiers en uniforme ou en tenue civile.

Il m'apparaît que votre politique, sinon votre stratégie, consiste à demander à votre personnel de laisser le Betar-Tagar se constituer en groupe dans le Palais. Puis, en un second temps, la consigne est de chercher à éviter que ces voyous ne frappent, ce qui, bien sûr, n'est pas toujours possible. Et, lorsqu'il y a des victimes, on assiste au spectacle de gardes qui viennent simplement s'affairer auprès des blessés et se donner des airs d'infirmiers compatissants parce qu'ils n'ont, en fait, pas souscrit à leurs obligations de gardes, de gendarmes, de militaires qui auraient été de se porter à la défense des faibles en affrontant les commandos du Betar-Tagar.

Cette année, le même scénario s'est joué pour le procès Garaudy les 8, 9, 15 et 16 janvier ; à une différence près, tout à fait remarquable : les juifs ont trouvé devant eux des gens décidés à se défendre. Les uns comme les autres ont été refoulés et quand ils se sont retrouvés à l'extérieur – je vous rapporte ici ce qui m'a été dit par une tierce personne – des juifs ont sorti des couteaux. Il y aurait eu dix interpellations par la police.

J'en viens aux événements du 27 février.

Ce jour-là, je me suis rendu au Palais pour entendre Jean-Yves Monfort y donner lecture – partielle – du jugement de condamnation frappant Roger Garaudy. Mon intention était, probablement pour la première fois de ma vie, de m'adresser en direct à la télévision française pour dire mon sentiment sur ce qui, je le savais, allait être un jugement de condamnation.

Dès que je me suis approché de la salle des pas perdus du premier étage, j'ai entendu une avocate lancer à un confrère que cela « chauffait ». Une fois de plus, le Betar-Tagar était à demeure, sans la moindre opposition. Grâce à M_e Delcroix, rencontré par hasard, j'ai pu, avec l'obligeance des gardes, m'engouffrer dans le prétoire, non sans recueillir au passage les invectives des voyous juifs.

Dans le prétoire, je me suis trouvé à côté d'un Iranien que j'avais remarqué au Palais le 15 ou le 16 janvier lorsqu'il avait été, en ma présence, agressé par un juif d'une cinquantaine d'années. Lui trouvant mauvaise apparence, je me suis enquis de ce qui avait bien pu lui arriver. Il m'a répondu que des juifs l'avaient frappé à la tête et qu'il se sentait mal. Vingt minutes plus tard, il devait être évacué du prétoire.

À intervalles réguliers nous parvenaient, comme pour certaines audiences de janvier, bruits, cris et vacarme de la salle des pas perdus.

L'audience terminée, se posait la question de la sortie du prétoire. Un garde me prévenait qu'il y avait péril si j'essayais de me joindre au flot des sortants. M_e Delcroix, de son côté, obtenait de Jean-Yves Monfort l'assurance que des ordres seraient donnés pour sa protection et celle des personnes l'accompagnant. En vain. Vous ne donniez à vos gardes aucun ordre en ce sens. En désespoir de cause, un lieutenant prenait sur lui de nous évacuer par la souricière et les souterrains. Nous étions cinq : M_e Delcroix, Pierre Guillaume (éditeur du livre de Roger Garaudy), ma collaboratrice, un homme d'environ 75 ans blessé à la jambe exactement comme je l'avais été en 1991, et moi-même.

J'ai regagné mon hôtel. Vers 17 h 50, je suis retourné au Palais pour me présenter au bureau du Commandement militaire. J'y ai demandé à voir le « colonel Lixon » (erreur de ma part pour : « commandant Lixon »). Ce dernier s'est présenté. Je lui ai dit que j'avais eu affaire à lui dans le passé mais seulement par écrit (et au téléphone, peut-être ?) et que je venais me plaindre des événements du début de l'après-midi. Me laissant debout et sans m'inviter à venir m'expliquer dans son bureau, M. Lixon a immédiatement adopté une attitude agressive. Il m'a coupé la parole, a élevé fortement la voix, m'a averti que je ne lui apprendrais pas son métier et, comme, à mon tour, j'élevais la voix pour me faire entendre, il m'a crié qu'il n'était pas homme à se laisser intimider. Ce qui était précisément mon cas. Alerté par ces éclats de voix, vous êtes survenu. D'autres gardes ou gendarmes ont été les témoins de la scène et des propos échangés. La violence de M. Lixon a pris de telles proportions que je lui ai demandé s'il n'allait pas me frapper. Il m'a tenu des propos décousus en votre présence et, notamment, m'a parlé de son grand-père qui « avait été dans un camp de concentration » (*sic*). Afin de dissiper toute méprise, je tiens à vous rappeler que je n'avais, ni de près ni de loin, évoqué pareil sujet. Je lui ai dit : « Vous vous dévoilez ! » (Il se trouve, en effet, que nous avions, ma collaboratrice et moi-même, noté dans le prétoire l'attitude, hostile à notre égard, de cet officier.) Bref, M. Lixon, le visage empourpré et perdant tout sang-froid, en votre présence, est allé s'enfermer dans son bureau.

Vous avez alors, de votre côté, adopté un tout autre ton. Vous m'avez confié que vous étiez contrarié « de tout ce qui se passe ». Vous n'avez pas été avare de bonnes paroles. Vous m'avez, si je ne m'abuse, promis protection pour l'avenir. Vous m'avez révélé que, pour la circonstance, vous aviez mobilisé 120 hommes (je ne suis pas tout à fait sûr du chiffre), ce qui, à vous en croire, témoignait de votre bonne volonté. L'un des gardes présents m'a dit que, malgré les précautions, on ne pouvait empêcher un mauvais coup de partir. Un autre gradé m'a dit que la personne d'environ 75 ans s'était montrée imprudente et qu'elle n'avait pas tenu compte de l'avertissement qu'on lui avait adressé : « Ne sortez pas ! C'est dangereux pour vous ! » On m'a redit, comme l'avait fait M. Lixon, que le Palais était un lieu public.

J'ai le regret de vous dire que ces bonnes paroles ou ces considérations oiseuses ne sont d'aucune valeur et ne sont pas de nature à me rassurer sur l'avenir. Le chiffre de cent vingt hommes est ici dépourvu de signification ; avec deux cent quarante ou trois cent soixante hommes vous n'auriez rien fait de plus car, visiblement, vos gardes et vos gendarmes se comportaient comme s'ils avaient reçu pour instruction de ne pas se colleter avec les voyous juifs.

La rue est, par excellence, un lieu public ; or, dans la rue, on n'a pas le droit de se constituer en groupe pour agir à force ouverte. À plus forte raison, ce droit ne peut exister dans l'enceinte d'un palais de justice. Vous n'avez tout simplement pas le *droit* de laisser une troupe d'excités professionnels pénétrer dans le Palais avec des intentions belliqueuses affichées et s'y livrer à des opérations de commandos, avec casques à la main.

En pareil cas – et ce n'est pas à un militaire que je l'apprendrai – l'officier en charge de la garde n'a qu'à se porter vers le responsable de ladite troupe d'excités et à prévenir ce dernier qu'il aura personnellement à rendre compte du moindre écart commis par l'un des membres de son commando.

Je considère que vous avez manqué à ce que vous appelez votre honneur et que j'appelle vos obligations de gendarme, de garde, d'officier. Il est indigne d'un officier français de prendre le parti d'une troupe étrangère (ici, israélienne) contre des citoyens français particulièrement paisibles.

Et maintenant, l'avenir.

Payé pour savoir que je ne puis désormais accorder la moindre confiance à vos promesses ou à celles des magistrats du lieu, j'ai, pour ma part, pris les décisions suivantes :

1°) désormais, je me rendrai au Palais quand bon me semblera, soit pour mes propres procès, soit pour le procès d'un autre, sans plus vous aviser de ma venue, et je refuserai toute protection *particulière* puisque, aussi bien, votre rôle est d'assurer la protection *de tous* ;

2°) à mon prochain procès, je refuserai l'assistance d'un avocat et je laisserai mes amis ou sympathisants dans l'ignorance de la date et du lieu de ce procès ; je n'ai, en effet, plus le droit de mettre en danger toutes ces personnes ;

3°) je viendrai seul, sans aucun « garde du corps », mais seulement avec l'assistance de deux témoins auxquels, selon mon habitude, j'interdirai tout acte de défense physique.

Il m'en adviendra ce qui devra m'advenir. C'est à vous et aux magistrats du lieu (en particulier Jean-Yves Monfort et Martine Ract-Madoux) qu'incombera la responsabilité de tout nouvel accident ou incident.

De novembre 1978 au 30 mai 1993, j'ai subi dix agressions physiques dont neuf au moins étaient le fait de juifs. Les juifs ne m'intimideront pas et je ne les laisserai pas me traiter en Palestinien.

En son temps, je vous ai envoyé une étude intitulée : « Milices juives : quinze ans et plus de terrorisme en France » (1er juin 1995).[552] Vous avez pu constater qu'en quinze ans et plus les juifs, simplement en France, ont commis, à l'égard de ceux qui suscitent leur colère (maladive), les actes criminels les plus graves sans que, de leur côté, dans tous les cas considérés, une seule de leurs victimes ait touché un seul cheveu de juif. Beaucoup de ces actes ont eu pour scène le Palais de justice de Paris.

En lisant cette même étude, vous avez pu noter qu'en mars 1986 Mme Fabius-Castro avait révélé un secret de Polichinelle : milices juives et ministère de l'Intérieur travaillent main dans la main. Ces milices sont les seules qui, en France, bénéficient du privilège d'être armées. À la fin dudit texte, vous avez pu retrouver le nom – qui ne vous est certes pas inconnu – de Moshé Cohen. À l'époque, cet officier israélien animait à Paris ces groupes de fanatiques juifs. J'ai, en personne, révélé le numéro d'immatriculation de la Renault en stationnement sur le trottoir du Palais

---

[552] Voy., dans le présent volume, p. 1694.

et occupée conjointement par cet officier israélien et par des fonctionnaires de la police française.

Ce n'est peut-être pas de gaîté de cœur que vous ménagez dans l'enceinte du Palais les voyous du Betar-Tagar comme les ménagent vos collègues de la police aux alentours du Palais. Mais c'est votre affaire.

Mon affaire à moi est de dénoncer l'occupation juive, chronique, du Palais de justice de Paris. Je vous répète que je ne supporte pas d'être, dans mon pays, traité en Palestinien. Laissez-moi vous annoncer, pour le cas où le renseignement ne vous serait pas encore parvenu, que certains médias du monde arabo-musulman sont ulcérés par le comportement de la police autour du Palais et par celui du « commandement militaire » à l'intérieur du Palais ; ils sont, en particulier, indignés par la conduite du commandant Lixon à mon égard.

Le 27 février 1998, j'ai accepté de quitter le Palais par les souterrains. Soyez assuré que je l'ai fait pour la dernière fois de ma vie. Je n'ai plus besoin ni de votre protection particulière, ni de vos recommandations de prudence.

Je fais tenir copie du présent fax à mon conseil, Me Éric Delroix ; par la même occasion je lui confirme que je refuse son assistance à mon prochain procès et que je ne lui demanderai de revenir me défendre que lorsque nous aurons tous deux acquis la certitude que le Palais de justice de Paris est vraiment gardé par ses gardes.

Recevez, je vous prie, mes salutations distinguées.

P.S. : D'après la presse, reproduisant vraisemblablement des informations livrées par l'AFP, les violences ont été le fait du Betar ; il y aurait eu six victimes pour porter plainte (sans compter les deux personnes blessées à la station de métro « Cité ») ; « aucune interpellation n'a eu lieu et les agresseurs n'ont pas été identifiés. »[553] Compliments aux cent vingt (?) gardes et gendarmes et à celui qui les commandait !

∗∗∗

---

[553] « Garaudy : condamnation suivie d'agressions », *Le Progrès*, 28 février, p. 5.

11 avril 1998

BILAN D'UNE SEULE JOURNÉE DE LA CHASSE AUX HÉRÉTIQUES, EN FRANCE

La seule journée du 2 avril 1998 connaît six succès dans la chasse aux hérétiques :

1) Maurice Papon, 87 ans, est condamné à dix ans de prison par la cour d'assises de la Gironde pour complicité de crimes contre l'humanité commis 56, 55 et 54 ans auparavant. Il est, de plus, condamné à la privation de ses droits civiques, civils et de famille. On lui retire sa Légion d'honneur. En réalité, il n'a commis aucun crime puisque de hauts responsables juifs appartenant pendant la guerre à l'Union générale des Israélites de France (UGIF) ou à l'encadrement de certains camps de détention de juifs se sont rendus coupables d'actions infiniment plus graves mais, dès 1944-1945, des « tribunaux d'honneur » juifs ont décidé de tenir ces actions pour nulles et non avenues. Le lendemain de sa condamnation, M. Papon a été, au surplus, condamné à verser 4,6 millions à ses victimes ;

2) Jean-Marie Le Pen, 69 ans, est condamné par le tribunal de Versailles à deux ans d'inéligibilité, à trois mois de prison avec sursis, à 20.000 F d'amende, à 20.000 F de dommages-intérêts et à d'autres peines encore, pour violences en réunion et injures publiques alors que la plaignante elle-même, une députée socialiste, a dû admettre qu'elle n'avait pas été frappée à l'occasion d'une violente manifestation à laquelle elle participait contre J.-M. Le Pen ;

3) l'historien Gérard Chauvy et son éditeur (éditions Albin Michel) sont condamnés par la XVIIe chambre correctionnelle du tribunal de grande instance de Paris à 60.000 F et 100.000 F d'amende pour diffamation publique à l'encontre de deux communistes : Raymond Aubrac, né Samuel, et Lucie Aubrac. Ils sont aussi condamnés, solidairement, à verser 400.000 F de dommages-intérêts, et cela sans compter d'autres peines encore. G. Chauvy avait publié *Aubrac. Lyon 1943*, ouvrage parmi les pièces duquel figurait le « Testament de Klaus Barbie », document tabou ;

4) Vincent Reynouard, 28 ans, reçoit, en Bretagne, la visite matinale de la gendarmerie à son domicile ; son tout nouvel ordinateur, des livres, des documents sont saisis ;

5) dans la journée, le même V. Reynouard apprend que le tribunal administratif de Caen vient de rejeter sa requête contre sa révocation de l'Éducation nationale pour révisionnisme ;

6) sous le titre « Vigilance pour la culture et la création », *Le Monde* publie un article de Catherine Trautmann, ministre socialiste de la Culture, annonçant l'installation d'un comité de vigilance « en état de veille permanente » chargé de recueillir tous les faits, toutes les déclarations imputables au lepénisme ou au révisionnisme. Une semaine plus tard, le 9 avril, le comité sera constitué, avec vingt-deux personnalités parmi lesquelles Tahar Ben Jelloun, Ariane Mnouchkine, Jean Nouvel et Michel Piccoli (*Le Monde*, 11 avril).

***

9-15 avril 1998

ME VARAUT AU PROCÈS PAPON : LA RECULADE DE BORDEAUX

L es peines infligées à Maurice Papon ne devraient pas surprendre. Pendant six mois, son principal avocat, Jean-Marc Varaut, a exprimé l'horreur que lui inspirait le régime « criminel » de Vichy en même temps qu'il décrivait son client, haut fonctionnaire de ce régime « criminel », comme un parfait innocent.

« Si c'était le procès de "Vichy" », répétait-il, « je serais partie civile » et il défendait un ancien haut fonctionnaire de « Vichy » ! À quel juré, à quelle personne de sens commun peut-on faire admettre un tel paradoxe ?

S'il faut en croire le compte rendu du *Monde* (2 avril), voici les termes que, dans sa seule plaidoirie du 31 mars, cet avocat a utilisés au sujet de la politique de « Vichy » à l'égard des juifs de Bordeaux : « répulsion », « honte », « déshonneur », « horreur », « dégoût », « étonnement », « incompréhension ». Après un tel déferlement, comment remonter la pente ? Comment faire admettre aux jurés qu'un haut fonctionnaire a pu, sans se salir, rester au service d'un tel régime pendant plusieurs années ? Quand l'enfer est décrit sous de pareilles couleurs, à qui fera-t-on croire qu'un ange habitait cet enfer-là ?

Les juges et les jurés ont tiré la conclusion que M. Papon s'était forcément sali.

Relations distantes et courtoises

Les juges et les jurés ont certainement noté que J.-M. Varaut tenait à marquer physiquement ses distances d'avec son client et manifestait une étonnante cordialité avec la plupart des avocats de la partie civile. On a pu le constater à la télévision et la presse l'a relevé. Un journaliste du *Monde* a écrit en propres termes : « Jean-Marc Varaut aime à marquer quelques distances avec son client » (16-17 novembre) ; de son côté, un journaliste du Figaro a noté : « L'avocat entretient avec son client des relations distantes et courtoises » avant d'ajouter que « le tempérament consensuel » de Me Varaut lui a permis de partager « pendant neuf ans un cabinet avec Me Roland Dumas » (30 mars). La presse nous a également appris que J.-M. Varaut redoutait l'intervention finale de son client.[554] Et pour cause ! Dans cette intervention, M. Papon a été clair, courageux et franc ; il a dit au jury que les deux seules décisions possibles étaient soit la réclusion à la perpétuité, soit l'acquittement.

Mais comment aurait-il pu en quelques minutes convaincre les jurés ? Le mal était fait :

Pendant tout un procès long de six mois, et en particulier dans sa plaidoirie, J.-M. Varaut s'est prudemment abstenu de recourir à une bonne partie de l'argumentation, solide et efficace, qu'il avait annoncée deux ans auparavant dans un article du *Monde* intitulé : « L'affaire Papon n'est pas ce que l'on dit »[555] A l'époque il écrivait :

> « [Le rôle de M. Papon] fut analogue à celui des délégués de l'Union générale des Israélites de France [UGIF] à Bordeaux qui assuraient l'intendance des convois, et bien moindre que ceux du chef [juif] du camp de Drancy et de ses cadres, juifs français qui assuraient le triage, le fichage et la composition des trains de déportés vers l'Est, qui distinguaient eux aussi pour privilégier les premiers, les juifs français et les juifs étrangers ! »

Au procès, J.-M. Varaut n'a pas vraiment ouvert ces deux boîtes de Pandore : soit celle de l'UGIF et des « juifs bruns » soit celle de Drancy et du gouvernement de ce camp par les juifs (Robert Blum signait ses notes, y compris celles relatives à la préparation des convois de déportation : « Le lieutenant-colonel Blum, commandant le camp de Drancy »). J.-M. Varaut s'est abstenu de rappeler que l'UGIF avait participé à la préparation de la rafle du Vel' d'hiv' en juillet 1942. Dans son ardeur à noircir Vichy, il a grandement minimisé l'interposition de l'État français aussi bien dans les déportations des juifs que dans le règlement, en faveur des juifs, de conflits avec les autorités allemandes : par exemple, lorsque, à la suite d'attentats contre des soldats allemands,

---

[554] *Le Monde,* 10 mars 1998.
[555] *Le Monde,* 29 février 1996.

les juifs s'étaient vu infliger une amende d'un milliard (soit un milliard et demi d'aujourd'hui), le maréchal Pétain et Xavier Vallat étaient immédiatement intervenus pour faire verser cette somme par le Syndicat des banques, avec promesse de remboursement du total par l'UGIF... dans les quatre-vingt-dix-neuf ans à venir ! Certaines sommités du grand rabbinat et du Consistoire central ainsi que des responsables d'autres organisations juives entretenaient d'excellentes relations avec le maréchal Pétain ou de hauts fonctionnaires de Vichy. Dans *Le Monde Juif*, on lit sous la plume de Simon Schwarzfuchs :

> « On peut d'ailleurs considérer que les diverses communautés [juives de France] ne furent pas mécontentes du rôle joué par leurs rabbins durant l'Occupation ; la très grande majorité n'avaient pas songé à quitter leur poste pour la Suisse ou l'Espagne ni même pour la clandestinité. Les services religieux furent régulièrement célébrés partout où le nombre et la disponibilité des fidèles le justifiaient. À Paris, la plupart des grandes synagogues étaient restées ouvertes pendant toutes les hostilités. »[556]

Après la Libération, les juifs qui auraient dû tomber sous le coup de la loi pour collaboration avec l'ennemi échappèrent au sort commun et furent blanchis par des « tribunaux d'honneur » uniquement composés de leurs coreligionnaires.

> « À cette époque Léon Meiss [haut magistrat juif] dut [...] s'occuper de la liquidation morale de l'UGIF : Des jurys d'honneur eurent à connaître des reproches faits à certains de ses dirigeants. À la fin du compte, ils furent tous plus ou moins réhabilités. Il n'y eut pas d'épuration au sein du judaïsme »[557]

Me Varaut aurait pu montrer que son client était poursuivi pour des « crimes » infiniment moins graves que ceux de l'UGIF qui elle, ne s'était pas contentée de coopérer indirectement à des rafles et à des mises en camps de rétention ou de transit mais était allée jusqu'à livrer à l'occupant des enfants juifs pour leur déportation.[558] On dit souvent que, sans la police française, les Allemands n'auraient pas pu mener à bien leur politique de refoulement de certains juifs vers l'Est ; mais ce qui était vrai de la police française était encore plus vrai de beaucoup de juifs

---

[556] *Le Monde Juif*, sept. déc. 1996, p. 97.
[557] *Id.*, p. 100.
[558] *Encyclopedia of the Holocaust*, Yad Vashem, IV, p. 1538.

français, y compris de la « police juive » de Drancy appelée parfois la « Gestapolack »[559] ; ce sobriquet désignait les « M. S. » ou membres, masculins ou féminins, du « Service de surveillance intérieure » pourtant essentiellement composé de Français juifs.[560]

J.-M. Varaut aurait même pu se dispenser d'écrire toute une partie de sa plaidoirie. Il lui aurait suffi de demander au département des Hauts-de-Seine communication des archives du Consistoire central ou de réclamer les archives des « tribunaux d'honneur » de 19441945 ; il y aurait certainement trouvé des éléments de défense et des arguments, déjà tout écrits, qu'il aurait pu utiliser à Bordeaux en 19971998 en remplaçant le nom de tel haut fonctionnaire juif par le nom de son client. Il aurait conclu par une question : « Quelle est cette justice qui permet d'absoudre un « crime » à chaud et de le punir à froid un demi-siècle plus tard ? Est-ce la justice de la paille ou de la poutre ? »

Pourquoi cette « reculade » ?

J.M. Varaut étant hostile au révisionnisme, on ne pouvait lui demander d'utiliser l'argumentation révisionniste mais pourquoi a-t-il renoncé en 19971998 à une défense classique qu'il annonçait en février 1996 et que les parties civiles redoutaient tant de le voir employer ? Je serais curieux de savoir s'il existe une raison précise à cette « reculade »...

Car J.-M. Varaut a « reculé ». Un avocat des parties civiles lui en a même fait la remarque. Un journaliste du *Monde* le rapporte[561] :

> « Puis, [M e Blet] vilipende, par avance, les thèses de la défense : l'interposition de l'administration française dans les déportations des juifs ? "C'est du révisionnisme !" Me Varaut ne bronche pas. La participation de juifs à la gestion du camp de Drancy ? "Vous atteignez l'ignoble ! » Et puis « Heureusement, vous avez reculé". Me Varaut opine de la tête. »

Effectivement J.-M. Varaut a trop souvent « reculé » et « opiné ».

Selon France-Info, M Papon se verrait réclamer la somme de six millions de francs par ses avocats. J'ignore si, condamné par ailleurs verser 4,6 millions de francs aux parties civiles, il sera en mesure de payer son dû. Heureusement pour lui, J.-M. Varaut compte actuellement parmi

---

[559] *Ibid.*
[560] M. Rajsfus, *Drancy*, p.198.
[561] *Le Monde*, 13 mars 1998.

ses clients de riches représentants de la communauté, en particulier Maurice Msellatti-Casanova et son fils Charles, propriétaire du *Fouquet's*.[562]

Personnellement, malgré les graves divergences qui nous séparent, j'avais fait tenir à J.M. Varaut bien des informations ou des documents propres à l'aider dans la défense – classique et non révisionniste – de son client.

[Publié dans *National-hebdo*, 9-15 avril 1998.]

***

18 avril 1998

À UN JOURNALISTE DE LA BBC

Fax à Nicholas Fraser
Copie à Cie des Phares et Balises

Cher Monsieur,

Vous deviez me rendre visite à Vichy mardi prochain avec deux de vos collègues pour un entretien télévisé. Il était entendu que je vous accueillerais au train de 9 h 53 et que vous quitteriez Vichy vers 20 h.

À mon grand regret je me vois obligé de vous dire que je renonce à tout entretien télévisé.

Renseignement pris, la BBC, dont vous faites partie, et la « Compagnie des Phares et Balises » (55 bis, rue de Lyon, à Paris) préparent un film documentaire de quatre-vingt-dix minutes sur la droite dite extrême ou sur l'extrême droite en Europe. De cinq à huit minutes seraient consacrées à Robert Faurisson qui apparaîtrait ainsi aux côtés de MM. Le Pen, Mégret, Haider, Schoenhuber, de *Republikaner* et de Populistes.

Qu'irais-je faire, je vous le demande, en cette galère ou politique ou politicienne ? Je ne porte pas là un jugement de valeur sur ces personnalités ou sur ces groupes mais je suis aussi apolitique que je me trouve être athée. Et j'apparaîtrais comme un naïf si, au cours de cette émission, on m'entendait dire : « Je n'ai rien à *voir* avec la compagnie dans laquelle vous me *voyez* ! » Je ne suis donc pas d'accord pour qu'on me dénature et pour qu'on trompe, par conséquent, le public sur la marchandise. Je ne suis pas non plus d'accord (vous étonnerais-je ?) pour qu'on me châtre.

---

[562] *Libération*, 2 décembre 1997.

Car il va de soi que je ne pourrais, dans cet entretien de caractère public, tenir aucun propos révisionniste, sinon je tomberais, en France, sous le coup de la loi Fabius-Gayssot et, en Grande-Bretagne, sous le coup du *Public Order Act*, 1986 « *the Act* ». Voyez les poursuites en cours contre, d'une part, Jean-Marie Le Pen et, d'autre part, Nick Griffin. J'ai déjà, de mon côté, trois procès en cours à cause de mes travaux révisionnistes, et cela après de multiples condamnations.

Dans votre film on me verrait, en gros, avec des opinions politiques que je n'ai pas et sans les convictions révisionnistes que j'ai bel et bien. Cela ressemble un peu trop, selon moi, à l'histoire du couteau-sans-manche-dont-on-a-au-préalable-retiré-la-lame.

La simple perspective d'avoir affaire, de près ou de loin, à une compagnie médiatique *française* me lève le cœur : ces gens sont – sans exception connue de moi – des voyous. Depuis plus de vingt ans, ils sont à la pointe de la chasse aux sorcières révisionnistes, déversent sur mon compte des flots de calomnies et justifient ou passent sous silence les agressions physiques des milices ou des individualités juives qui opèrent en France à force ouverte. Rappelez, je vous prie, à ces gens que, comme je crois vous l'avoir dit, je ne suis ni nazi, ni fasciste, ni de droite, ni de gauche : je suis un « Palestinien » et mes modestes ouvrages sont les pierres de mon Intifada ; je vis en « territoire occupé ».

Après tout, il n'est pas mauvais que les occupants soient payés de leur monnaie. Le « Palestinien » se rebiffe. Il n'a pas envie de faire de la figuration, ou de la contre-figuration, dans leurs films de propagande.

Peut-être nous reverrons-nous, vous et moi, en une autre circonstance, par exemple à Harrow Court où le procès de Nick Griffin commencera ce lundi 27 et où j'espère bien déposer à titre d'expert.

Croyez à mon bon souvenir.

P.S. Ma photographie est **interdite** en France ! De mon fait !

***

1er juin 1998

QUESTION À L'UNESCO AU SUJET D'AUSCHWITZ

Que compte faire l'UNESCO maintenant qu'elle sait qu'elle protège depuis 1979 une imposture avérée, une imposture *précise*

dont même les autorités du musée national d'Auschwitz ont conscience ?

Le 23 février 1998, j'ai adressé cette question au responsable du « Patrimoine mondial » de l'UNESCO.

L'UNESCO (*United Nations Educational, Scientific and Cultural Organisation :* Organisation des Nations unies pour l'éducation, la science et la culture) est une institution spécialisée de l'ONU (Organisation des Nations unies) constituée en 1946. Son siège, le Palais des nations, est à Paris.[563] Le directeur général en est actuellement l'Espagnol Federico Mayor, dont le successeur pourrait être le Français Jack Lang, ancien ministre socialiste de la Culture et, par ailleurs, sioniste convaincu.

En 1972, les États membres de l'UNESCO ont adopté une convention concernant la protection du patrimoine mondial (*World Heritage*). En 1976 ont été créés un Comité du patrimoine mondial ainsi qu'un Fonds du patrimoine mondial. Le directeur du Centre du patrimoine mondial est actuellement l'Allemand Bernd von Droste zu Hülshof.

Les revenus du Fonds du patrimoine mondial proviennent essentiellement des contributions obligatoires des États parties à une convention qui fixe le rôle de ces États dans la protection *et la préservation* des sites culturels ou naturels.

En mai 1997, les États parties étaient au nombre de cent quarante-neuf. Le nombre des sites protégés était de cinq cent six. Les sites culturels (par exemple, en France, le château de Versailles) étaient au nombre de trois cent quatre-vingts tandis que les sites naturels (par exemple, un certain nombre de parcs nationaux à travers le monde) étaient de cent sept ; dix-neuf sites étaient à la fois culturels et naturels (par exemple, au Pérou, le sanctuaire inca du Machu Picchu).

1. Le site d'Auschwitz dans le « Patrimoine mondial » de l'UNESCO

Le 26 octobre 1979, le camp de concentration d'Auschwitz (Pologne) a été inscrit comme site ou bien culturel (*Cultural Property*) à protéger *et à préserver*. Dans l'énumération des parties de ce camp à protéger *et à préserver* figurent textuellement « les chambres à gaz et les fours crématoires » et l'on précise que, dans ce camp, « quatre millions de

---

[563] 7, place de Fontenoy, 75232 Paris 07 SP.

personnes, parmi lesquelles un grand nombre de juifs, ont été systématiquement affamées, torturées et assassinées ».[564]

Il est anormal que dans un document daté de janvier 1998 apparaisse ce chiffre de quatre millions. Rappelons, en effet, que, jusqu'au début de 1990, ce chiffre était effectivement inscrit en dix-neuf langues différentes sur dix-neuf stèles du monument d'Auschwitz-Birkenau mais que, par une décision des autorités du musée d'Auschwitz prise en accord avec l'État polonais et le Comité international d'Auschwitz, ces stèles avaient été retirées en avril 1990 pour être remplacées, cinq ans plus tard, en 1995, après d'âpres discussions, par des stèles indiquant le chiffre de un million et demi au lieu de celui de quatre millions, soit une diminution de deux millions et demi du nombre présumé des victimes.

Pourquoi l'UNESCO (M. Federico Mayor) et son Centre du patrimoine mondial (M. Bernd von Droste zu Hülshof) maintiennent-ils, en 1998, une vérité officielle d'origine communiste (voyez le document du procès de Nuremberg URSS-008 fixant ce chiffre de quatre millions) qui a été profondément révisée à la baisse en 1995 par l'État polonais (M. Lech Walesa en personne) ?

Serait-ce parce que la convention même du patrimoine mondial exige la conservation *et la préservation* des sites protégés ? Dans ce cas, comment a-t-on pu, en avril 1990, porter atteinte à la *préservation* du site d'Auschwitz en retirant ces dix-neuf stèles et, en 1995, installer de nouvelles stèles dont le langage n'est plus le même ?

2. Le Centre du patrimoine mondial de l'UNESCO affiche son souci de l'authenticité

La mission première du Centre du patrimoine mondial est de s'assurer de l'authenticité d'un site avant de l'inscrire sur la liste des biens culturels. Puis, quand le site est inscrit, il est à conserver *et à préserver ;* à ce titre, son authenticité est *à préserver.*

Un document de l'ONU atteste de l'importance, d'abord, de cette mission, puis de cette charge. Il émane du Comité intergouvernemental pour la protection du patrimoine mondial (*Intergovernmental Committee for the Protection of the World Cultural and Natural Heritage*). Il s'intitule : *Orientations devant guider la mise en œuvre de la Convention du patrimoine mondial* (Operational Guidelines for the Implementation of the World Heritage Convention). Sa référence est : WHC-97/2, février

---

[564] « *Four million persons, among them a great number of Jews, were systematically starved, tortured and assassinated.* », document WHC 98/15, p. 72 de la version française et p. 59 de la version anglaise.

1997 (WHC97/WS/1). Il compte une quarantaine de pages dont l'ensemble est subdivisé en 139 sections. Le mot d'« authenticité » y revient au moins à douze reprises ; c'est que l'authenticité est, parmi les critères de sélection d'un site culturel, l'un des plus importants ; la *préservation* de l'authenticité compte également au premier chef pour le maintien de ce site sur la Liste du patrimoine mondial. Enfin, comme on le verra, la « perte significative de l'authenticité historique » entraîne la radiation du site sur cette Liste.

3. Le Centre du patrimoine mondial de l'UNESCO précise son souci de l'authenticité

Page après page, ou section après section, le Comité du patrimoine mondial, ci-après dénommé le « Comité », manifeste dans ce document un souci constant de l'authenticité. J'en souligne les mots importants. Je me limite aux sites culturels à l'exclusion des sites naturels :

– **Section 5 :** Le Comité est pleinement conscient du fait que ses décisions doivent être fondées sur *des considérations aussi objectives et scientifiques que possible* et que toute évaluation faite en son nom doit être effectuée de manière approfondie et avec *toute la compétence nécessaire.* Il reconnaît que *des décisions objectives et pondérées* dépendent : de critères soigneusement établis, de procédures soigneusement élaborées, d'une évaluation faite par des *experts qualifiés* et comportant, le cas échéant, l'appel à des *expertises complémentaires.*
– **Section 6, § V :** L'inscription d'un bien sera différée jusqu'à ce que l'État de qui émane la proposition ait apporté la preuve de *son engagement à le protéger.*
§ **VI :** Lorsqu'un bien a subi une détérioration entraînant la perte des caractéristiques qui avaient déterminé son inscription sur la Liste du patrimoine mondial, la procédure relative à *l'exclusion* éventuelle du bien de la Liste s'appliquera.
– **Section 8 :** [...] conformément aux critères et aux conditions d'*authenticité* ou d'*intégrité* [...].
– **Section 22 :** [...] aux critères et aux conditions d'*authenticité* ou d'*intégrité* [...].
– **Section 24 :** [...] au critère d'*authenticité.*
§ **I :** répondre au critère d'*authenticité* [...] (Le Comité a souligné que *la reconstruction* n'est acceptable que si elle s'appuie

sur une *documentation complète et détaillée de l'original* et si elle n'est *aucunement conjecturale*).

– **Section 27, § I :** [...] critère d'*authenticité* [...].

§ II : [...] critère d'*authenticité* [...].

§ III : [...] leur *authenticité* certaine [...].

– **Section 46 :** [Procédure d'exclusion éventuelle de biens de la Liste du patrimoine mondial] Le Comité a adopté la procédure suivante pour *l'exclusion de biens* de la Liste du patrimoine mondial [...].

– **Section 54 :** Chacun des États parties à la présente Convention reconnaît que l'obligation d'assurer l'*identification*, la *protection*, la *conservation*, la mise en valeur et la transmission aux générations futures du patrimoine culturel et naturel [...] situé sur son territoire, lui incombe au premier chef.

– **Section 56 :** Le Comité du patrimoine mondial a invité les États parties à la Convention concernant la protection du patrimoine mondial, culturel et naturel, à l'*informer*, par l'intermédiaire du Secrétariat de l'UNESCO, de leurs intentions d'entreprendre ou d'autoriser, dans une zone protégée par la Convention, des *restaurations importantes ou de nouvelles constructions*, qui pourraient modifier la valeur de patrimoine mondial du bien. *La notification devrait se faire le plus tôt possible* (par exemple, avant la rédaction des documents de base pour des projets précis) et avant que des décisions difficilement réversibles ne soient prises, afin que le Comité puisse participer à la recherche de solutions appropriées pour assurer *la conservation intégrale de la valeur du site comme patrimoine mondial*.

– **Section 57 :** [...] au critère et aux conditions d'*authenticité/intégrité*.

–**Section 58 :** [...] aux critères et aux conditions d'*authenticité ou d'intégrité*.

– **Section 61, § a :** [L'ICOMOS (Conseil international des monuments et des sites) est invité à être *aussi strict que possible* dans ses évaluations.]

– **Section 64, § 2c :** *Authenticité/intégrité*.

– **Section 69 :** Le suivi systématique et la soumission de rapports représentent *le processus continu d'observation de ces sites du patrimoine mondial avec une soumission périodique de rapports sur leur état de conservation*.

– **Section 71 :** Les États parties sont invités à soumettre, *tous les cinq ans*, au Comité du patrimoine mondial, à travers le Centre du patrimoine mondial, *un rapport scientifique sur l'état de* *conservation des sites* du patrimoine mondial se trouvant sur leurs territoires.

– **Section 75** : [Au titre du « suivi réactif »] les États parties soumettront au Comité, à travers le Centre du patrimoine mondial, des *rapports spécifiques* et des *études d'impact* chaque fois que des circonstances exceptionnelles se produisent ou que *des travaux sont entrepris* qui pourraient avoir un effet sur l'état de conservation du site. Le suivi réactif est prévu dans les procédures pour *la radiation éventuelle* de biens de la Liste du patrimoine mondial [...].

– **Section 78, § e :** [...] perte significative de l'authenticité *historique*.

– **Section 126 :** Les plaques [commémorant l'inscription de biens sur la Liste du patrimoine mondial] sont destinées à informer le public, national ou étranger, que le site qu'il visite a une valeur particulière, reconnue par la communauté internationale ; autrement dit, que le bien est exceptionnel et a *une signification non seulement pour une seule nation mais pour le monde entier*.

– **Annexe 1 :** [Dans le modèle de présentation d'une liste indicative à présenter pour la demande d'inscription d'un site et pour justifier la « valeur universelle exceptionnelle » figurent trois rubriques ; la deuxième rubrique s'intitule] *Garanties d'authenticité ou d'intégrité*.

4. La prétendue chambre à gaz d'Auschwitz-I constitue une imposture avérée

(mon article du 26 janvier 1998 : La « Chambre à gaz » d'Auschwitz-I)

Depuis 1948, année de la création, par les communistes polonais, du musée d'Auschwitz, des millions de touristes ont visité le crématoire du camp principal (Auschwitz-I) avec sa « chambre à gaz » (cinq cent mille visiteurs par an au début des années 1990).

Ce crématoire et cette « chambre à gaz » sont présentés par les guides comme authentiques mais, aux visiteurs récalcitrants qui interrogent les autorités, on répond, depuis mes propres visites de 1975 et de 1976, qu'il s'agit d'une « reconstruction » (sous-entendu : à l'identique). En réalité, l'ensemble n'est ni authentique, ni reconstruit à l'identique. En 1941-1942, il a été un crématoire des plus classiques avec, notamment, une chambre froide pour les cadavres et une salle d'incinération dotée de six fours ; en 1943-1944, les six fours ont été supprimés et la chambre froide, ainsi que d'autres pièces, ont été transformées en un abri antiaérien avec une salle d'opération chirurgicale pour l'hôpital SS situé à proximité.

J'ai fait ces découvertes en 1975-1976 et j'en ai publié le résultat de 1978 à 1980.

Éric Conan

Quinze ans plus tard, un historien-journaliste, Éric Conan, pourtant très hostile au révisionnisme, publie dans *L'Express* une longue étude, « Auschwitz : la mémoire du mal », où il dénonce les falsifications du crématoire et de sa « chambre à gaz ». Voici, sur ce point, les conclusions de son enquête (j'en souligne quelques mots) :

> « En 1948, lors de la création du musée, le crématoire-I fut reconstitué dans un état d'origine *supposé. Tout y est faux :* les dimensions de la chambre à gaz, l'emplacement des portes, *les ouvertures pour le versement du Zyklon B*, les fours rebâtis selon les souvenirs de quelques survivants, la hauteur de la cheminée. À la fin des années 70, Robert Faurisson exploita d'autant mieux ces *falsifications* que les responsables du musée rechignaient alors à les reconnaître. »[565]

É. Conan a interrogé une autorité du musée d'Auschwitz sur ce qu'il appelle un « travestissement » et sur ce que, d'après lui, Théo Klein, ancien président du Conseil représentatif des institutions juives de France (CRIF), appelle un « artifice ».

Krystyna Oleksy, dont le bureau directorial, qui occupe l'ancien hôpital des SS, donne directement sur le crématoire-I, ne se résout pas [à dire la vérité sur la chambre à gaz] : « Pour l'instant, on la laisse en l'état et on ne précise rien au visiteur. C'est trop compliqué. On verra plus tard. »[566]

La réponse de cette personne revient à dire : « On a menti. On ment. On mentira… jusqu'à nouvel ordre. »

Robert Jan van Pelt et Debórah Dwork

En 1996, deux historiens d'origine juive, le Canadien Robert Jan van Pelt et l'Américaine Debórah Dwork, consacrent un ouvrage à

---

[565] É. Conan, « Auschwitz ; la mémoire du mal », p. 68.
[566] *Ibid.*

Auschwitz, de 1270 (date de la fondation de la ville) à nos jours.[567] Ils y affirment, à leur tour, que les autorités du musée d'Auschwitz ont procédé à des altérations, des transformations, des falsifications du site d'Auschwitz-I en ce qui concerne à la fois le bâtiment d'accueil des prisonniers et le crématoire-I avec sa « chambre à gaz ». Les auteurs emploient les mots suivants (traduits de l'anglais) : « offuscation d'après-guerre », « ajouts », « effacements », « suppression », « reconstruction », « pour une large part une reconstruction d'après-guerre »[568], « reconstruit », « usurpation », « re-créé »[569], « falsifié »[570], « le fait de falsifier ».[571]

Ils écrivent à propos de la chambre à gaz :

> « [Après la guerre] on installa dans le toit quatre ouvertures à couvercles comme pour verser le Zyklon B dans la chambre à gaz au-dessous.[572] »

Ils précisent qu'aucun panneau ne signale des transformations au sujet desquelles... les guides observent le silence quand ils conduisent les visiteurs de ce bâtiment qui, s'imagine le touriste, est l'endroit où *c'est arrivé.*[573]

Appel à l'UNESCO

Le site d'Auschwitz est tout entier inscrit par l'UNESCO au patrimoine mondial des lieux à protéger. Certains pays arabo-musulmans, qu'irrite le procès intenté en France à Roger Garaudy pour sa mise en doute des chambres à gaz, pourraient, si ce dernier était condamné le 27 février 1998, saisir l'UNESCO du cas de la « chambre à gaz » emblématique d'Auschwitz-I ; ils pourraient, par la même occasion, réclamer une expertise des ruines de la chambre à gaz du crématoire-II à Auschwitz-Birkenau ; le toit – effondré – de cette chambre à gaz n'a visiblement jamais possédé aucun des quatre orifices spéciaux de 25 cm x 25 cm qui, dit-on, auraient été destinés au versement des granulés de

---

[567] D. Dwork, et R. J. van Pelt, *Auschwitz : 1270 to the Present.*
[568] *Id.,* p. 363.
[569] *Id.,* p. 364.
[570] *Id.,* p. 367.
[571] *Id.,* p. 369.
[572] *Id.,* p. 364.
[573] *Ibid.*

Zyklon B. Comment, dans ce cas, une opération de gazage homicide aurait-elle, simplement, pu commencer ?

5. Je rappelle au musée d'Auschwitz qu'il a lui-même conscience de cette imposture avérée

(ma lettre du 23 février 1998)[574]

6. J'avertis le Centre du patrimoine mondial de l'UNESCO de cette imposture avérée

(ma lettre du 23 février 1998)

Monsieur le Président,

Vous voudrez bien, je vous prie, trouver ci-jointe la copie d'une lettre que j'ai adressée par fax au directeur et à la sous-directrice du musée national d'Auschwitz, aujourd'hui même.

Il s'agit de l'imposture, maintenant enfin *avérée*, de la prétendue « chambre à gaz » d'Auschwitz-I.

Le site d'Auschwitz est inscrit au patrimoine mondial par les soins de l'UNESCO (voyez votre collaborateur David Martel).

J'appelle solennellement votre attention sur le fait que la responsabilité de l'UNESCO serait sérieusement engagée si, avertie de cette grave imposture, elle la cautionnait néanmoins d'une manière ou d'une autre et, en particulier, par le silence.

Je n'ai, pour ma part, pas l'intention de traiter par le silence un mensonge communiste qui dure depuis 1948 (date de la fondation du musée national) et qui, ne fût-ce que dans les années 1990, a trompé environ cinq cent mille visiteurs par an.

Veuillez recevoir, Monsieur le Président, l'assurance de ma haute considération.

R. Faurisson

P.J. Copie de la correspondance faxée ce jour au musée national d'Auschwitz.

---

[574] Pour le texte de cette lettre, voy. plus haut.

7. Le Centre du patrimoine mondial de l'UNESCO me répond

(lettre du 6 avril 1998)

Monsieur,

J'accuse réception de votre lettre datée du 23 février 1998. Votre mise en doute de l'authenticité des chambres à gaz est une insulte à toutes les personnes qui ont vécu cette tragédie et ont perdu leur vie à Auschwitz ou dans les autres camps de concentration.

Ce site est un symbole pour l'humanité et commémore toutes les victimes du nazisme ; il a été inscrit sur la Liste du patrimoine mondial, conformément aux Orientations devant guider la mise en œuvre de la Convention du patrimoine mondial culturel et naturel de l'UNESCO, pour sa *signification universelle exceptionnelle* [souligné dans le texte].

Je vous prie d'agréer, Monsieur, l'expression de mes salutations distinguées.

Bernd von Droste
Directeur
Centre du patrimoine mondial de l'UNESCO
cc : Commission nationale polonaise pour l'UNESCO Délégation permanente de Pologne. Comité d'Auschwitz. Musée d'Auschwitz
BRX/EUR

Conclusion

S'exprimant au nom de l'UNESCO, l'Allemand Bernd von Droste zu Hülshof m'a répondu : « Votre mise en doute de l'authenticité des chambres à gaz est une insulte [...]. »

Je me permets de faire observer que cette « mise en doute » n'est pas spécialement la mienne mais aussi celle de toutes les personnalités et de tous les historiens que j'ai nommés et cités, soit Éric Conan, Théo Klein, Krystyna Oleksy, Robert Jan van Pelt et Debórah Dwork ; j'aurais pu ajouter, par exemple, le nom de l'historienne française, d'origine juive, Olga Wormser-Migot, qui, dès 1968, admettait, dans sa thèse universitaire, qu'Auschwitz-I était « sans chambre à gaz »[575] ; le 20 avril

---

[575] O. Wormser-Migot, *Le Système concentrationnaire nazi (1933-1945)*, p. 157.

1991, la même historienne déclarait à un interlocuteur : « Je me souviens avoir fait la remarque aux officiels [du musée] d'Auschwitz que la chambre à gaz d'Auschwitz-I n'était pas crédible. »

Pour ma part, j'ajoute qu'il ne s'agit pas, en la matière, de « la mise en doute de l'authenticité des chambres à gaz » (au pluriel) mais de l'imposture **avérée** d'**une seule** prétendue chambre à gaz, celle d'Auschwitz-I (au singulier).

Je prie donc respectueusement les autorités de l'UNESCO, à commencer par MM. Federico Mayor et Bernd von Droste zu Hülshof, de bien vouloir apporter une réponse à la question que je me suis permis de leur poser le 23 février 1998 :

Que compte faire l'UNESCO maintenant qu'elle sait qu'elle protège depuis 1979 une imposture avérée, une imposture *précise* dont même les autorités du musée d'Auschwitz ont conscience ?

***

27 juin 1998

LETTRE À M. FEDERICO MAYOR EN PERSONNE, PRÉSIDENT DIRECTEUR GÉNÉRAL DE L'UNESCO

Monsieur le Président directeur général,

Vous voudrez bien, je vous prie, trouver ci-jointes les pièces suivantes :

- « Question à l'UNESCO au sujet d'Auschwitz » (six pages) ;
- « Question to UNESCO on the subject of Auschwitz » (sept pages).

Ces deux pièces – la seconde n'étant que la traduction de la première – sont datées du 1er juin.

Ainsi que vous pourrez le constater à la lecture de ces pièces, je vous avais saisi, par une lettre-fax en date du 23 février 1998, du grave problème, à la fois historique et déontologique, que pose la protection accordée par le Centre du patrimoine mondial de l'UNESCO à la prétendue chambre à gaz homicide d'Auschwitz-I.

La réponse que m'a adressée, le 6 avril, le responsable du Centre du patrimoine mondial témoigne d'un malentendu.

C'est donc du responsable même de l'UNESCO que je me permets, respectueusement, d'attendre une réponse.

Veuillez recevoir, Monsieur le Président directeur général, l'assurance de ma haute considération.

***

30 septembre 1998

UN COMBAT MILLÉNAIRE

Avec foi, ardeur et talent, Ingrid Rimland, qui s'est fait un nom dans la littérature américaine, anime le « site Zündel » (*Zundelsite*) sur le Net à partir de la Californie où elle réside. Dans un message envoyé aux révisionnistes le 18 septembre 1998, elle sollicite l'opinion et les suggestions de ces derniers à propos d'un manifeste révisionniste qui prendra les dimensions d'un bref essai et commencera par le texte suivant d'Ernst Zündel, rédigé il y a quelques années :

Ce que nous sommes – et ce que nous ne sommes pas
La vérité révisionniste n'a nul besoin de contrainte. Nos arguments suffisent. Ceux-ci trouvent leur fondement dans la science et dans une recherche attentive. Pour convaincre les autres de ce qu'ils avancent, les révisionnistes ne vont pas chercher des professeurs qui sont en désaccord avec eux pour les frapper, ainsi que l'ont fait en France des terroristes juifs du Tagar pour le professeur Faurisson et pour d'autres ou comme cela s'est fait en Allemagne pour mon avocat Jürgen Rieger.

Les révisionnistes n'envoient pas des colis piégés comme ceux que j'ai reçus ou ne font pas sauter de voitures comme ce fut le cas en France pour mon jeune collègue François Duprat qu'ils ont tué tout en rendant son épouse infirme à vie.

Les révisionnistes ne détruisent pas par le feu les maisons des sionistes et des communistes. Ils ne mettent pas le feu aux librairies comme on l'a fait à des révisionnistes en France et ils ne brûlent pas les imprimeries comme on l'a fait en Angleterre.

Les révisionnistes ne détruisent pas par le feu le travail de toute une vie comme on l'a fait le 7 mai 1995 quand j'ai eu pour quatre cent mille dollars de dégâts à la suite d'un incendie criminel un crime non encore élucidé par la police de Toronto où mes documents et ma bibliothèque furent détruits.

Pour sa part, Ingrid Rimland écrit : « Les révisionnistes proposent au monde un nouveau regard sur l'histoire et demandent simplement aux honnêtes gens d'exercer leur bon sens et de décider pour eux-mêmes de ce qui leur semble vrai, plausible et juste. »

Elle poursuit en disant que le temps du débat avec la partie adverse et le temps des questions sont désormais révolus. Le débat a été refusé, le dogme de l'« Holocauste » s'est trouvé brutalement renforcé, les questions que nous posions ont trouvé leur réponse et le mystère de cet « Holocauste » a été résolu.

Ingrid Rimland pense que la recherche révisionniste ne suffira pas pour « mettre un terme à ce combat qui a pris de vastes proportions ».

C'est sur ce dernier point que je me suis permis de lui donner mon opinion. Pour moi, je pense que ce combat n'aura malheureusement pas de terme. Il a commencé au XXe siècle et il ne prendra pas fin au XXIe siècle. Le révisionnisme historique s'inscrit dans une succession d'aventures intellectuelles qui sont vieilles comme l'humanité et qui ne prendront fin qu'avec celle-ci : il s'agit du conflit, perpétuellement renouvelé, entre la science et la croyance, l'interrogation et la foi, la recherche et le dogme.

J'ai donc adressé à Ingrid Rimland le texte suivant :

J'approuve votre projet du 18 septembre 1998. Les quatre premiers alinéas d'Ernst Zündel sur « les révisionnistes » sont excellents. J'approuve en particulier l'idée selon laquelle, d'après nous, il est aujourd'hui nécessaire de commencer par dire : « Nous avons résolu le mystère de l'Holocauste. »

En revanche, il nous faut, à mon avis, faire comprendre à nos lecteurs qu'ils ne doivent pas pour autant se bercer d'illusions. En tout état de cause, comme je l'ai déclaré dans ma conférence de l'*Institute for Historical Review* en septembre 1994, je ne crois personnellement pas que nous serons capables un jour de « mettre un terme à ce combat qui a pris de vastes proportions ».

Selon moi – mais je peux me tromper car nul ne sait de quoi demain sera fait – dans la lutte qui oppose exterminationnistes et révisionnistes personne ne gagnera ni ne perdra de manière définitive.

Cette lutte, en effet, qui se situe simplement dans un cadre restreint – le cadre du XXe siècle – n'est que la manifestation d'un conflit très ancien qui a commencé à l'aube des temps. Il s'agit du conflit qui oppose la superstition au savoir. En ma qualité de Français, je songe en particulier ici aux efforts déployés par Voltaire au milieu du XVIIIe siècle pour dénoncer ce qu'il appelait

« l'Infâme » et qui, pour lui, se trouvait dans l'Ancien Testament et dans les croyances juives. Il avait pour habitude de dire : « Écrasons l'Infâme ! » Deux siècles plus tard, on le constate, Voltaire n'a pas écrasé l'Infâme et l'Infâme n'a pas écrasé Voltaire. Ils continuent de se battre.

Les hommes, dans leur ensemble, paraissent avoir autant besoin de la superstition que de la connaissance. Ils ont autant besoin de l'obscurité que de la lumière. Et, en dépit de leurs protestations vertueuses, ils sont autant attirés par le mal que par le bien.

Je précise : « les hommes dans leur ensemble », et j'ajoute que ces tendances opposées sont conscientes ou inconscientes, visibles à tous ou camouflées.

En 1992, David Irving avait eu raison de lancer : « Le vaisseau de bataille "Auschwitz" est coulé ! » mais c'est à tort qu'il croyait que la religion bâtie autour des crématoires d'Auschwitz en recevrait pour autant un coup mortel. Ainsi que je l'ai expliqué en 1994, ces religions peuvent fort bien s'accommoder de la disparition ou de l'affaiblissement des données de la réalité concrète sur lesquelles elles se sont greffées.

Je citais l'exemple de Massada.

Selon une légende juive, les juifs qui avaient trouvé refuge dans cette forteresse de la mer Morte, opposèrent une farouche résistance armée aux Romains qui venaient, en 70 de notre ère, de détruire Jérusalem. Au XXe siècle, des fouilles archéologiques entreprises sur place prouvèrent que ni le siège ni la bataille n'avaient eu lieu. Que croyez-vous qu'il arriva alors ? Le mythe de « Massada », ce sanctuaire de la résistance du peuple juif et de ses martyrs, n'en devint que plus vivace.

Il en va de même pour Auschwitz.

Ceux qui possèdent une longue expérience de l'aventure révisionniste ont le devoir, me semble-t-il, de faire savoir aux nouveaux venus que cette aventure, où manifestement on ne recueille ni honneurs ni richesses, ne débouchera malheureusement pas un beau matin sur une victoire définitive.

Méfions-nous d'un optimisme de façade. Méfions-nous également cela va de soi d'un pessimisme de façade. Évitons l'enthousiasme tout comme la morosité. Et, jusque dans l'analyse du révisionnisme lui-même, efforçons-nous d'être révisionnistes, c'est-à-dire exacts.

Pour moi, « ce combat qui a pris de vastes proportions » est malheureusement appelé à prendre des proportions encore plus vastes et je n'en vois personnellement pas le terme même à longue échéance.

***

2 octobre 1998

LA XVIIE CHAMBRE COLLABORE AVEC LA GESTAPO-STASI

L e 27 avril 1998, M_{me} Martine Ract-Madoux, président de la XVII_e chambre du tribunal de grande instance de Paris, a condamné le professeur Faurisson à vingt mille francs d'amende pour avoir simplement rectifié dans *Rivarol* une définition fautive selon lui du mot « révisionnisme », ce qui constituerait le « délit de contestation de crimes contre l'humanité ».

En tête de la première page du jugement, on déchiffre la note manuscrite suivante : « *1 Exp. par fax Ambassade d'Allemagne. 1 Exp. le 3/7/98 Éditions Dalloz.* » Si l'on peut comprendre l'intérêt porté par les éditions Dalloz (condamnées sur plainte du professeur dans les années quatre-vingt pour reproduction fallacieuse d'un jugement le concernant), on comprend moins pourquoi l'appareil judiciaire français pousse la complaisance antirévisionniste jusqu'à faxer à l'ambassade d'Allemagne le texte d'un jugement qui vient tout juste d'être prononcé, en première instance, par un tribunal correctionnel contre un citoyen français qui n'entretient, ni de près ni de loin, le moindre rapport avec les autorités allemande.

Additif

L'ambassade d'Allemagne reçoit 1) immédiatement, 2) par fax, 3) gratuitement, le texte d'un jugement de condamnation qui me concerne, texte 1) que je dois demander, 2) que je dois payer, 3) que je reçois au bout de plusieurs mois !

[Publié dans *Rivarol*, 2 octobre 1998, p. 8, sans l'additif. Le texte s'achevait sur un paragraphe ajouté par la rédaction.]

***

Le 6 octobre 1998

LA « CHAMBRE À GAZ » DE BUCHENWALD

Au procès de Nuremberg (1945-1946), le ministère public britannique et le ministère public français ont affirmé que le camp de Buchenwald possédait une chambre à gaz d'exécution. Voyez *Procès des grands criminels de guerre*, débats et documents (ou *TMI*) :

– pour les Britanniques, accusation portée par Sir Hartley Shawcross, procureur général[576] ;

– pour les Français, accusation formulée dans le « Rapport officiel du Gouvernement français » (F-274, cote d'audience RF-301) qui va jusqu'à préciser : « En 1944, à Buchenwald, on a même prolongé une voie ferrée pour que les déportés soient conduits directement jusqu'à la chambre à gaz ».[577]

D'assez nombreux anciens détenus ont témoigné de l'existence d'une ou de plusieurs chambres à gaz d'exécution à Buchenwald (Marcel Conversy, chanoine Hénocque, pasteur Hauter...).

Il n'a pourtant existé aucune chambre à gaz d'exécution à Buchenwald, ont fini par admettre tous les historiens, sans aucune exception.

Le premier historien qui ait admis officiellement et expressément qu'il n'y avait pas eu de gazages homicides à Buchenwald est le Dᵣ Martin Broszat (en qualité de membre de l'*Institut für Zeitgeschichte* de Munich, dont il allait devenir le directeur douze ans plus tard). Dans une lettre publiée par l'hebdomadaire *Die Zeit*, il a écrit : « *Weder in Dachau noch in Bergen-Belsen noch in Buchenwald sind Juden oder andere Häftlinge vergast worden.* »[578]

En 1981, Pierre Vidal-Naquet est allé jusqu'à tourner en dérision le théologien protestant Charles Hauter qui, dit-il, « fut déporté à Buchenwald, ne vit jamais de chambres à gaz et qui délire à leur propos. »[579]

En 1983, un ensemble de vingt-quatre auteurs, dont Eugen Kogon, Hermann Langbein, Adalbert Rückerl et Georges Wellers, publiaient en allemand un livre de référence, publié l'année suivante en français sous

---

[576] *TMI*, XIX, p. 456.

[577] *TMI*, XXXVII, p. 148.

[578] « Ni à Dachau ni à Bergen-Belsen ni à Buchenwald des juifs ou d'autres détenus n'ont été gazés », *Die Zeit*, 19 août 1960, p. 16.

[579] P. Vidal-Naquet, *Les Juifs, la mémoire et le présent*, p. 212-213.

le titre de *Les Chambres à gaz, secret d'État*. Il suffit de consulter la table des matières pour constater que le camp de Buchenwald n'est pas mentionné.

Ni Gerald Reitlinger (Grande-Bretagne), ni Raul Hilberg (États-Unis), ni Olga Wormser-Migot (France), ni l'*Encyclopædia of the Holocaust* (Israël) ne mentionnent l'existence de chambres à gaz d'exécution à Buchenwald.

Tous les historiens ont ainsi révisé l'accusation portée à Nuremberg, accusation qui, dans le cas du rapport présenté par la France, s'était pourtant vu accorder la valeur de « preuve authentique » !

P. S. Le *Plan-Guide du mémorial de Buchenwald* (trente-six pages) ne mentionne ni gazages ni chambre à gaz.

***

7 octobre 1998

« AH, QU'IL EST DOUX D'ÊTRE JUIF… »

Alain Finkielkraut est professeur de philosophie à l'École polytechnique. Il est la coqueluche d'une certaine intelligentsia parisienne. Je me souviens de l'avoir personnellement rencontré en 1987 au Quartier latin. Un colloque antirévisionniste se tenait à la Sorbonne. Des groupes de jeunes juifs sillonnaient les alentours à la recherche d'éventuels révisionnistes. A. Finkielkraut était accompagné de l'un de ces groupes. Avec trois ou quatre jeunes juifs, il entra dans un café où je me trouvais. Je lui lançai : « Elles sont foutues, vos chambres à gaz ! » Je prenais ainsi des risques que j'allais payer une heure plus tard. Mais, sur le moment, interloqué, il bredouilla une réponse et, avec ses amis, quitta précipitamment le café.

Depuis cette date, j'ai observé le personnage. Il s'est progressivement fait une spécialité de dénoncer le maximalisme juif à la Lanzmann. Aujourd'hui, à l'occasion des attaques portées contre la personne de M$_{gr}$ Stepinac (1896-1960) accusé de collaboration avec les Oustachis d'Ante Pavelic et soupçonné d'antisémitisme, il défend la mémoire de l'ancien cardinal et de l'Église de Croatie. Il rappelle que, dès 1941, cette Église a pris la défense des juifs contre le régime oustachi. Il estime que M$_{gr}$ Stepinac a eu dans sa vie à souffrir personnellement des « deux douleurs de l'Europe », lesquelles ont été, pour A. Finkielkraut, infligées d'abord par le fascisme, puis par le communisme. L'article qu'il publie dans *Le Monde* s'intitule : « M$_{gr}$ Stepinac et les deux douleurs de l'Europe ». Le contenu ne manque pas d'intérêt mais c'est le début, surtout, de cet article qui retient l'attention. Le voici :

> « Ah, qu'il est doux d'être juif en cette fin de XXᵉ siècle ! Nous ne sommes plus les accusés de l'Histoire, nous en sommes les chouchous. L'esprit du monde nous aime, nous honore, nous défend, prend en charge nos intérêts ; il a même besoin de notre imprimatur. Les journalistes dressent des réquisitoires sans merci contre tout ce que l'Europe compte encore de collaborateurs ou de nostalgiques de la période nazie. Les Églises se repentent, les États font pénitence, la Suisse ne sait plus où se mettre… »[580]

Effectivement, il est doux d'être juif en cette fin de siècle mais seul un juif a le droit de le dire. Effectivement, il n'est plus possible de publier quoi que ce soit sans l'imprimatur de la Synagogue. Effectivement, ajouterais-je, le juif règne sans partage.

En France, année après année, le ministère de l'Intérieur et certains organismes spécialisés font la recension des actes qu'on pourrait, dans notre pays, qualifier d'antisémites. Ils se battent les flancs pour grossir leurs statistiques mais le résultat est là : on ne trouve dans notre pays quasiment pas d'actes antisémites.

S'il est vrai qu'il est doux d'être juif, de quel droit les juifs se plaignent-ils d'un antisémitisme quasi inexistant et de quel droit réclament-ils et obtiennent-ils une répression de plus en plus sévère du révisionnisme assimilé à l'antisémitisme ?

Dans la livraison même du *Monde* où est paru cet article d'A. Finkielkraut on annonce que Jean-Marie Le Pen paie à nouveau chèrement l'audace d'avoir déclaré que les chambres à gaz sont un détail de l'histoire de la seconde guerre mondiale. Le Parlement européen vient de lever, à une très large majorité, son immunité parlementaire. Un tribunal allemand pourra le condamner éventuellement à une peine de cinq ans de prison. Au Parlement européen, l'Allemand Willy Rothley, qui s'exprimait au nom des socialistes européens, a expliqué que le code pénal allemand a pour but de « protéger les jeunes gens contre les falsifications de l'histoire ». « Si M. Le Pen, a-t-il averti, ne répond pas à la convocation de la justice de mon pays, il sera emprisonné dès qu'il foulera le sol allemand. »

En Allemagne, des milliers de personnes sont pour délit d'opinion. Même des Américains de passage en Allemagne ou de passage dans un

---

[580] A. Finkielkraut, « Mgr Stepinac et les deux douleurs de l'Europe », *Le Monde*, 7 octobre 1998, p. 14.

pays limitrophe de l'Allemagne peuvent être jetés dans des prisons allemandes pour révisionnisme. Ajoutons que, pour la même déclaration, J.-M. Le Pen est également poursuivi en France. En 1991, il lui avait fallu verser 1,2 million de francs. Condamné en référé le 26 décembre 1997, il est actuellement mis en examen à Paris et, pour la même déclaration, se trouve donc poursuivi en même temps et à Munich et à Paris.

Jour après jour, j'observe avec intérêt cette montée en puissance du pouvoir juif. Aujourd'hui, pour mon humble part, j'ai, comme chaque mois, envoyé mon tribut de cinq mille francs à « Trésor Paris Amendes » chargé de collecter le montant des amendes qui me sont régulièrement infligées pour révisionnisme, c'est-à-dire pour avoir contrarié la Synagogue.[581] Après-demain, un nouveau procès m'attend à Paris.

Le 14 octobre, j'aurai le résultat d'un procès qui m'a été intenté à Amsterdam pour ce que j'ai écrit, il y a plus de vingt ans, sur l'imposture du *Journal d'Anne Frank ;* deux richissimes associations juives se sont plaintes de ce que mon étude sur le sujet leur cause un préjudice moral *et financier !* Toujours à Paris, un autre procès m'attend pour révisionnisme.

En France, en Allemagne, en Palestine et, au fond, à y regarder de près, partout ailleurs dans le monde, y compris au Japon, mieux vaut ne pas froisser, même indirectement ou involontairement, ceux qui, comme A. Finkielkraut, peuvent soupirer : « Ah, qu'il est doux d'être juif en cette fin de XX$_e$ siècle ! »

Pour notre part, ligotés, bâillonnés, il ne nous reste aucun droit, pas même celui de soupirer : « Ah, qu'il est douloureux de n'être pas juif en cette fin de XX$_e$ siècle ! »

✳✳✳

---

[581] Les premiers à préconiser l'instauration en France d'une loi antirévisionniste sur le modèle de la loi israélienne de juillet 1981 ont été un groupe d'historiens juifs dont Pierre Vidal-Naquet et Georges Wellers réunis autour de René-Samuel Sirat, grand rabbin de France (*Bulletin quotidien de l'Agence télégraphique juive*, 2 juin 1986, p. 1, 3). Cette loi, dite « Fabius-Gayssot », a été adoptée le 13 juillet 1990.

4 novembre 1998

SIX QUESTIONS À JEAN-PAUL II
À PROPOS D'ÉDITH STEIN

A
u Vatican, sur la place Saint-Pierre, le dimanche 11 octobre 1998, Jean-Paul II a procédé à la canonisation de Thérèse Bénédicte de la Croix (dans le siècle, Édith Stein), religieuse carmélite d'origine juive, née à Breslau (Silésie) le 12 octobre 1896 et, selon la version officielle, morte à Auschwitz (Silésie) le 9 août 1942. Au cours de son homélie, le pape a prononcé la phrase suivante :

> « Parce qu'elle était juive, Édith Stein fut déportée [des Pays-Bas] avec sa sœur Rosa et de nombreux autres juifs des Pays-Bas dans le camp de concentration d'Auschwitz, où elle trouva la mort avec eux dans les chambres à gaz. »[582]

La fin de cette phrase implique que, pour le pape, les chambres à gaz nazies ont vraiment existé. Il y a huit ans déjà, Jean-Paul II s'était risqué à mentionner les « *camere a gas* » dans une méditation à Jasna Gora.[583] Aucun autre pape avant lui n'avait ainsi pris la responsabilité d'affirmer l'existence et le fonctionnement de véritables abattoirs chimiques dans un camp de concentration allemand. Pie XII en particulier, mort en 1958, s'était jusqu'au bout abstenu de le faire et, comme lui, dans leurs mémoires de guerre, rédigés de 1948 à 1959, Churchill, Eisenhower et de Gaulle s'étaient refusés à mentionner génocide et chambres à gaz.

Pourquoi Jean-Paul II a-t-il pris cette extraordinaire initiative et de quelles preuves disposait-il, d'abord pour affirmer l'existence de ces chambres à gaz, puis pour préciser qu'Édith Stein, sa sœur Rosa et de nombreux autres juifs des Pays-Bas avaient trouvé la mort dans de telles chambres à gaz à Auschwitz ? Par ailleurs, dans la même homélie, Jean-Paul II a ajouté :

> « En célébrant à partir d'aujourd'hui la mémoire de la nouvelle sainte, nous ne pourrons manquer de rappeler également, chaque année, la *Shoah*, ce programme barbare visant à éliminer un

---

[582] *L'Osservatore Romano*, édition hebdomadaire en langue française, 13 octobre 1998, p. 1.
[583] *L'Osservatore Romano*, 27 septembre 1990.

peuple, et qui coûta la vie à des millions de frères et de sœurs juifs. »

Là encore se pose une question : de quelles preuves le pape disposait-il d'abord, pour affirmer l'existence d'un programme visant à éliminer le peuple juif, puis pour avancer le chiffre de plusieurs millions de victimes de ce programme ? Plus un seul historien, en particulier Raul Hilberg, n'ose prétendre avoir trouvé la trace d'un tel plan, y compris dans « le procès-verbal de Wannsee » ; quant aux millions de victimes juives, où le décompte des pertes juives a-t-il été vraiment fait ?

Avec ces questions et quelques autres à l'esprit, j'ai consulté, dans la vaste bibliographie qui était consacrée à É. Stein, d'abord un ouvrage de référence publié en France en 1990, puis trois livres récents publiés en 1998 ainsi qu'une étude datant également de 1998 et, enfin, un assez grand nombre d'articles en différentes langues. J'ai conscience de ce qu'il s'agit là d'une enquête limitée. Il est évident que, si la permission en était accordée aux révisionnistes, je consulterais, pour commencer, les archives, extrêmement étendues, du Service international de recherches (SIR) établi en Allemagne à Arolsen-Waldeck ; malheureusement ces archives sont l'objet d'une surveillance attentive et spécialement du fait de l'État d'Israël. Le dossier constitué en vue de la béatification d'É. Stein, puis de sa canonisation m'intéresserait également mais le Vatican n'en permet pas la consultation. Aussi me vois-je réduit à solliciter des autorités vaticanes en général et du pape en particulier la faveur de m'accorder une réponse à quelques questions ci-dessous formulées.

Des diverses publications que j'ai consultées, il ressort qu'en réalité on ne sait ni où, ni quand, ni comment sont disparues É. Stein et sa sœur. On n'a donc apparemment pas le droit d'avancer aujourd'hui comme une certitude qu'elles ont été 1) tuées, 2) dans une ou plusieurs chambres à gaz à Auschwitz, 3) le 9 août 1942 (puisque aussi bien c'est cette date qui a été retenue par de nombreux auteurs ainsi que par le pape, lequel a souhaité faire du jour anniversaire supposé de la mort d'É. Stein une journée de commémoration, par toute l'Église catholique, de la Shoah).

Le « calendrier » d'Auschwitz

D'après le « calendrier des événements d'Auschwitz » établi par Danuta Czech, dans sa version de 1989, É. Stein, sa sœur Rosa et 985 juifs ont été déportés du camp de Westerbork, aux Pays-Bas, et sont parvenus au camp d'Auschwitz le 8 (et non le 9) août 1942. Sur ces 987 juifs, 464 auraient été enregistrés pour le travail (315 hommes et 149 femmes) tandis que les 523 autres auraient été immédiatement gazés.[584] Comme toujours dans le « calendrier », cette dernière précision n'est étayée d'aucune preuve ; c'est d'ailleurs ainsi qu'ont été tenus pour gazés, d'après ce « calendrier », des juifs dont j'ai pu démontrer qu'ils avaient survécu à la guerre. Ces 523 personnes dont D. Czech ne semble pas avoir retrouvé trace dans les archives du camp ont pu être débarquées, avant Auschwitz, à Cosel ou bien encore, parvenues à Auschwitz, elles ont pu être directement acheminées vers l'un des sous-camps du complexe d'Auschwitz ou vers tout autre camp de concentration, tout autre camp de travail.

Selon l'ouvrage de Sœur Waltraud Herbstrith

Dans *Le Vrai Visage d'Édith Stein*, ouvrage généralement considéré comme faisant référence, Sœur Waltraud Herbstrith écrit :

« Le *Journal officiel* hollandais publia, le 16 février 1950, les noms de tous les juifs qui avaient été déportés de Hollande le 7 août [1942]. On y voit dans la liste 34 : "Numéro 44074, Édith Theresia Edwige Stein, née le 12 octobre 1891 à Breslau [Silésie], venant d'Echt [Pays-Bas], morte le 9 août 1942". »[585]

Et d'ajouter pour son compte :

« Comme il était notoire que personne de ce convoi n'était resté en vie, le 9 août [1942] fut déclaré jour de décès des victimes. »

On aura remarqué que ce *Journal officiel* ne précise pas où est morte É. Stein et que la date de sa mort est dite, par W. Herbstrith, « notoire », ce qui implique qu'aucune véritable recherche n'a été menée ; la date résulte d'une spéculation comme il arrive dans ce qu'on appelle en France un « jugement déclaratif de décès ».[586]

---

[584] Danuta Czech, *Kalendarium ...*, p. 269.
[585] Waltraud Herbstrith, *Le Vrai visage d'Édith Stein*, p. 213.
[586] Quand la date de la disparition d'un déporté n'est pas connue, l'état civil retient pour date de son décès le jour même ou le lendemain du jour où ce déporté est arrivé dans le camp. Dans certains cimetières juifs d'Allemagne on peut voir des inscriptions tombales qui portent, pour deux ou trois membres d'une même famille, la même date de décès dans le même camp de concentration ; on risque d'en déduire que toutes ces personnes ont été assassinées en même temps alors qu'en réalité chaque membre de cette famille a pu

Selon l'hebdomadaire La Vie

Dans un article récent de *La Vie* (anciennement *La Vie catholique illustrée*), on peut lire :

> « [É. Stein est] exécutée dans des conditions obscures, à Auschwitz sans doute, officiellement le 9 août 1942. »[587]

On aura remarqué que l'auteur de l'article reconnaît qu'on ne sait, en fait, pas vraiment où et quand É. Stein est morte ; quant au mot d'« exécutée », il est abusif puisque, le lieu et la date de la mort n'étant pas connus, il s'ensuit qu'on ne peut guère savoir comment cette mort s'est produite.

Selon le livre de Joachim Bouflet

Dans Édith Stein, philosophe crucifiée, Joachim Bouflet écrit :

> « [É. Stein est déportée] vers l'Est. Vers Auschwitz où elle sera gazée à l'arrivée du convoi, le 9 août avec sa sœur Rosa. »[588]

Et d'ajouter dans sa « chronologie » :

> « 9 août 1942 : gazée avec sa sœur Rosa à Auschwitz-Birkenau. »

On aura remarqué que l'auteur, qui semble ignorer que le convoi est arrivé à Auschwitz le 8 août et non le 9, précise, sur la foi d'on ne sait quelle preuve, que le « gazage » s'est produit à Birkenau ; à cette date, selon la vulgate, ce « gazage » aurait encore pu se produire soit à Auschwitz-I, soit dans une « ferme » de Birkenau.

Selon le livre de Bernard Molter

---

trouver la mort à des dates différentes pour des causes différentes, dans des circonstances différentes, et même dans des camps différents.

[587] Jean-Pierre Manigne, « Édith Stein, juive et martyre », p. 71.

[588] Joachim Bouflet, *Édith Stein, philosophe crucifiée*, p. 273.

Dans *Édith Stein, martyre juive de confession chrétienne*, Bernard Molter écrit :

> « Le 7 août, le convoi [parti des Pays-Bas] se met en route. Vers l'Est. Puis, c'est le silence. Le grand silence d'Auschwitz-Birkenau où [É. Stein] est exterminée, probablement dès l'arrivée le 9 août. »[589]

Et d'ajouter dans ses « Repères biographiques » :

> « Le 9 août probablement, elle meurt gazée à Auschwitz-Birkenau. »

On aura remarqué que l'auteur qui, là encore, semble ignorer que le convoi est arrivé à Auschwitz le 8 août et non le 9, a l'honnêteté d'écrire que c'est « probablement » à cette dernière date qu'É. Stein est morte. Quant au mot d'"exterminée", il est d'autant plus abusif qu'un tel mot ne peut s'appliquer qu'à un groupe de personnes et non pas à un individu. En écrivant : « le convoi se met en route. Vers l'Est. Puis, c'est le silence », l'auteur a frôlé la vérité ; il aurait dû s'en tenir là, sans ajouter la phrase suivante.

Selon le livre de Christian Feldmann

Dans *Édith Stein, juive, athée, moniale*, Christian Feldmann écrit :

> « Selon les renseignements du Ministère de la justice [de quel pays ?], Édith et Rosa Stein ont été gazées immédiatement après leur arrivée à Auschwitz, le 9 août 1942. »[590]

Selon l'étude de Bernard Dupuy

Dans une étude intitulée « Édith Stein dans les griffes de la Gestapo. Précisions nouvelles sur son envoi en déportation », Bernard Dupuy écrit :

> « Deux cent quarante-deux Juifs catholiques [dont Édith et Rosa Stein], fichés, arrêtés et déportés tous ensemble auraient été

---

[589] Bernard Molter, *Édith Stein, martyre juive de confession chrétienne*, p. 145.
[590] Christian Feldmann, *Édith Stein, juive, athée, moniale*, p. 144.

dès leur arrivée à Auschwitz-Birkenau, le 9 août, envoyés à la chambre à gaz. »[591]

L'auteur, qui s'avoue tributaire de l'ouvrage de référence de W. Herbstrith et du livre de J. Bouflet, a la prudence d'employer le conditionnel mais, contrairement aux auteurs dont il s'inspire, il commet l'imprudence d'ajouter que tous les juifs catholiques auraient été, comme É. et R. Stein, gazés le 9 août [pour : le 8 août].

Un plagiat généralisé ?

En somme, tous ces auteurs semblent se copier les uns les autres ou puiser à une même source, pauvre et douteuse, et chacun, en fin de compte, orne le récit traditionnel de quelques inventions personnelles.

On peut se poser la question de savoir si le pape ou ses conseillers n'ont pas, à leur tour, simplement répété sur la mort d'É. Stein et des autres juifs de ce convoi ce que, pendant des années, on a ressassé sans procéder à aucune vérification.

Autre question : É. Stein serait-elle morte du typhus ?

Si É. Stein est vraiment arrivée à Auschwitz en août 1942, peut-être est-elle morte de l'une de ces terrifiantes épidémies de typhus qui ravageaient le camp à l'époque ? Même la ville d'Auschwitz en était atteinte. Des Allemands sont morts du typhus dans le camp, y compris des médecins SS.

Autre question : des membres de la famille Stein ont-ils survécu ?

Dans son homélie, le pape a salué :

> « les nombreux pèlerins venus à Rome, avec une pensée particulière pour les membres de la famille Stein, qui ont bien voulu se joindre à nous pour cette heureuse circonstance. »

---

[591] Bernard Dupuy, "Édith Stein dans les griffes de la Gestapo. Précisions nouvelles sur son envoi en déportation", *Istina* XLIII (1998), p. 289.

Certes, des membres de la famille Stein avaient quitté l'Europe à temps mais d'autres étaient restés, à Breslau par exemple. C'est ainsi que, dans l'ouvrage de W. Herbstrith, on lit :

> « Le 28 juillet [1942] arriva [à la connaissance d'É. Stein] la terrible nouvelle que les frères et sœurs d'Édith Stein à Breslau, la famille de son frère Paul et sa sœur Frieda avaient été conduits à Theresienstadt. »[592]

On aimerait savoir le sort de ces personnes. Certaines d'entre elles ont-elles survécu à la guerre ? Ou bien certains de leurs enfants, nés après la guerre, étaient-ils présents à la cérémonie ?

Les évêques des Pays-Bas portent-ils la responsabilité première de cette déportation ?

On nous affirme souvent que les autorités d'occupation ont cyniquement trompé les évêques des Pays-Bas : après leur avoir assuré que les juifs baptisés ne seraient touchés par aucune mesure coercitive, les Allemands auraient, manquant soudain à leur parole, décidé de déporter ces juifs-là. La vérité ne serait-elle pas toute différente ? L'Église catholique des Pays-Bas n'aurait-elle pas d'abord manqué à ses engagements explicites ou implicites, puis adopté une attitude résolument provocatrice à l'égard des autorités d'occupation ?

Pour répondre à cette grave question, on se reportera, pour les comparer, à un passage du livre de C. Feldmann où se trouve exposé le point de vue antiallemand, puis à un passage de l'ouvrage de W. Herbstrith où se trouve résumé, sous la forme d'un document, le point de vue allemand pendant la guerre.

C. Feldmann écrit :

> « Le 11 juillet 1942, des dirigeants religieux de toutes les confessions [catholique et protestantes] envoyèrent un télégramme au Commissaire du Reich, Seyss-Inquart, dans lequel ils s'élevaient contre la déportation des familles juives. – Pour tromper leur monde, les autorités du Reich assurèrent que les juifs baptisés n'étaient pas concernés par les mesures coercitives. Mais cela ne dissuada pas les Églises des Pays-Bas de se déclarer solidaires des Juifs persécutés. Une protestation enflammée contre

---

[592] W. Herbstrith, *op. cit.*, p. 199.

la déportation des familles juives fut lue le 26 juillet dans toutes les églises de Hollande, de toutes les confessions. Dans les églises catholiques, une lettre pastorale demandant aux croyants de faire leur autocritique fut lue en plus de la protestation : « [...] N'avons-nous pas nourri des sentiments de haine et d'amertume impies ? » La lettre se terminaient par une prière très provocante pour les forces d'occupation [...]. Une résistance aussi démonstrative contre la mise au pas des consciences ne pouvait évidemment pas être tolérée. Cela d'autant plus qu'on avait passé outre à l'interdiction expresse qui avait été faite par Seyss-Inquart, le Commissaire du Reich, de lire en chaire le télégramme de protestation qui lui avait été adressé. Les occupants nazis réagirent violemment le 2 août [...]. Ils arrêtèrent tous les Juifs catholiques, religieux et religieuses compris, soit mille deux cents personnes selon certaines estimations. »[593]

On aura remarqué que, même aux yeux d'un auteur très favorable à la cause des juifs et des catholiques, les évêques ont adopté en la circonstance une attitude délibérément provocante. « Une protestation enflammée... une prière très provocante... une résistance aussi démonstrative... on avait passé outre à l'interdiction expresse : tels sont les mots choisis par C. Feldmann. Mais il est un autre point, sensiblement plus important, qui mérite d'être souligné et qui suscite une interrogation : d'où vient que les Allemands aient arrêté les juifs catholiques sans arrêter en même temps les juifs protestants ? Comment expliquer cette différence de réaction ? N'y aurait-il pas eu une raison précise à cette anomalie ?

La réponse à ces questions semble se trouver dans un document allemand que C. Feldmann passe sous silence et que W. Herbstrith cite de façon malheureusement partielle. Il ressort de ce document que, pour les Allemands, les Églises chrétiennes (la catholique et les protestantes) avaient été prévenues qu'elles pouvaient intervenir en faveur des juifs chrétiens mais non en faveur des juifs mosaïques. Si ces Églises s'occupaient de leurs ouailles, les Allemands ne s'en prendraient pas aux juifs chrétiens. Le document porte :

> « Les Églises protestantes ne sont pas fermées à cette manière de voir et n'ont provoqué pour leur part dans leurs églises aucune manifestation, prière, etc. Au contraire, l'Église catholique a, dimanche dernier, parlé dans ses églises de la déportation des Juifs.

---

[593] Christian Feldmann, *op. cit.*, p. 138-139.

Ce serait prétendument que le point de vue du Commissaire du Reich n'aurait pas été connu à temps partout... »[594]

On voit par là que, selon le point de vue des autorités allemandes, l'Église catholique aurait feint d'ignorer un avertissement, une promesse et une défense expresse dont les Églises protestantes, elles, auraient tenu compte. Il est possible que, dans certains lieux du culte protestant, on ait passé outre aux instructions de la hiérarchie des Églises protestantes mais l'Église catholique, elle, du sommet de sa hiérarchie, a décidé de ne tenir aucun compte de l'avertissement, de la promesse et de la défense expresse des autorités d'occupation ; elle a même ajouté le défi au refus : elle a fait lire publiquement le télégramme de protestation et ajouté cette lettre pastorale.

En conséquence, n'est-ce pas ce comportement de refus et de défi, qui a provoqué la déportation d'Édith Stein ? On peut juger courageuse l'initiative de l'Église catholique des Pays-Bas comme on peut tenir pour justifié l'acte, pour un terroriste ou un résistant, de poser une bombe ou d'assassiner quelqu'un mais, lorsque vient le moment des représailles – inévitables dans ce cas selon C. Feldmann lui-même, – où sont les premiers responsables ? É. Stein, R. Stein et les autres juifs catholiques ne se seraient-ils pas vus épargner la déportation suivie, pour certains d'entre eux, de la mort en déportation si l'Église catholique hollandaise avait observé le même comportement que les Églises protestantes hollandaises ? Sans vouloir offenser personne, n'a-t-on pas au moins le droit de poser cette question ?

Pourquoi de telles variantes d'une langue à l'autre dans le texte de l'homélie ?

Le Vatican et *L'Osservatore Romano* ont la réputation de se montrer pointilleux dans la traduction des documents pontificaux. Ils ne manquent pas d'experts en traductions. Or, si l'on compare entre elles les différentes versions de l'homélie du 11 octobre 1998 en français, en anglais, en allemand et en italien, il est deux questions qu'on peut formuler à leur propos :

1) Pourquoi dans les versions allemande et anglaise est-il dit qu'Édith et Rosa Stein ont été déportées « avec de nombreux autres juifs *catholiques* des Pays-Bas » tandis que, dans les versions française et italienne, le mot de « catholiques » n'apparaît pas ?

---

[594] Waltraud Herbstrith, *op. cit.*, p. 214.

2) Pourquoi la version française est-elle judaïsée en ce sens que, là où les autres versions mentionnent le Seigneur (« the Lord », « der Herr », « il Signore »), cette version-là porte : Yahvé ?

Conclusion

Par l'intermédiaire de *L'Osservatore Romano* à qui j'adresse le présent texte pour qu'il soit transmis à l'autorité compétente du Vatican, je me permets donc, en résumé, de poser à Jean-Paul II les questions suivantes dans l'espoir d'une réponse que je puisse, avec son autorisation, rendre publique :

1. Quelles preuves avez-vous qu'Édith Stein soit morte à Auschwitz dans une chambre à gaz d'exécution le 9 août 1942 ?

2. Quelle preuve avez-vous que l'Allemagne avait un programme visant à éliminer physiquement le peuple juif ?

3. Avez-vous ordonné une enquête, notamment auprès du Service international de recherches d'Arolsen-Waldeck pour savoir si, par exemple, Édith et Rosa Stein ne sont pas mortes ailleurs qu'à Auschwitz ou si elles n'ont pas été victimes des épidémies de typhus qui, notamment en 1942, ont ravagé le camp d'Auschwitz jusqu'à y provoquer parfois des centaines de morts par jour, y compris chez les gardiens allemands et les médecins SS du camp ?

4. Des membres de la famille Stein, internés pendant la guerre par les Allemands, ont-ils survécu jusqu'à pouvoir assister à la cérémonie de canonisation du 11 octobre 1998 au Vatican ?

5. Les évêques des Pays-Bas ne portent-ils pas, à la différence des autorités protestantes, la responsabilité première de la décision allemande de déporter les juifs catholiques ?

6. Pourquoi relève-t-on, d'une langue à l'autre, de graves variantes dans le texte de l'homélie prononcée le 11 octobre 1998 ?

N.B. Vincent Reynouard vient de publier un examen révisionniste du cas d'Édith Stein ; voy. "Sur Édith Stein", ANEC Informations (BP 21, 44530 Saint Gildas des Bois), 29 octobre 1998, p. 3-5.

***

20 octobre 1998

Pires que Le Pen, les révisionnistes Churchill, Eisenhower et de Gaulle

Dans « Précisions sur le détail », j'avais écrit qu'Eisenhower, Churchill et de Gaulle n'avaient, tout au long de leurs mémoires de guerre, pas soufflé mot des chambres à gaz nazies.[595] Autrement dit, dans un ensemble de 7.061 pages publiées de 1948 à 1959, c'est-à-dire bien après le conflit de 1939-1945, ces trois chefs de guerre, américain, britannique et français, avaient traité lesdites chambres à gaz par l'ignorance pure et simple. Leur silence ne pouvait être que délibéré.

Attaqué de toutes parts pour ses récidives sur « le détail », Jean-Marie Le Pen vient de répliquer par trois phrases que reproduit *Der Spiegel*.[596] Voici ces phrases, suivies de leur traduction en français :

> « *Ich habe die Existenz der Gaskammern nie geleugnet oder verharmlost. Aber schriebe man die Geschichte des Zweiten Weltkriegs auf tausend Seiten nieder, kämen den Gaskammern allenfalls ein paar Zeilen zu. Churchill, Eisenhower und de Gaulle haben sie in ihren Kriegserinnerungen mit keinem Wort erwähnt.* »

> « Je n'ai jamais nié ou minimisé l'existence des chambres à gaz. Mais si on écrit l'histoire de la seconde guerre mondiale sur mille pages, les chambres à gaz recevront, tout au plus, quelques lignes. Churchill, Eisenhower et de Gaulle ne les ont pas évoquées d'un mot dans leurs mémoires de guerre. »

Cette traduction – correcte – semble être celle de l'*AFP* et elle a été reproduite dans la presse française. Même le quotidien de Clermont-Ferrand, *La Montagne*, en a publié les trois phrases. *Le Monde*, lui, journal oblique, a reproduit la déclaration en l'amputant de sa partie la plus substantielle, la plus nouvelle, la plus perturbante pour le confort des bien-pensants et pour les habitudes de penser du grand public ; il a, en effet, supprimé la partie finale (*in cauda gravissimum*) où Jean-Marie Le Pen précise que ni Churchill, ni Eisenhower, ni de Gaulle n'ont même évoqué d'un mot ce que, pour sa part, il appelle un détail.

---

[595] *National Hebdo*, 1-7 janvier 1998, p. 15, reproduit dans le présent volume.
[596] *Der Spiegel*, n° 42, 12 octobre 1998, p. 163.

Pourquoi ce silence ?

J.-M. Le Pen pourrait mettre ses adversaires dans le plus grand embarras s'il révélait pour quelle raison Churchill, Eisenhower, de Gaulle et bien d'autres hauts dirigeants alliés, y compris chez les Soviétiques ou les Tchèques, se sont, pendant toute leur vie, aussi bien pendant qu'après la guerre, refusés à mentionner, par la parole ou par l'écrit, les chambres à gaz nazies (ou le génocide des juifs).

Cette raison est qu'après enquête les Alliés ont estimé, dès 1943, qu'il n'existait pas de preuves suffisantes pour justifier qu'on affirme publiquement l'existence des chambres à gaz d'exécution : « *There is insufficient evidence to justify the statement regarding execution in gas chambers.* »[597]

On avait parlé pour la première fois des chambres à gaz en Pologne à la fin de 1941. En 1942 et en 1943, l'information avait pris une certaine extension notamment dans des milieux polonais ou juifs de Londres. Le gouvernement britannique décidait donc de dénoncer l'horreur de ces abattoirs chimiques dans une déclaration commune avec le gouvernement américain. Déjà, le 17 décembre 1942, les Alliés avaient publié une déclaration commune sur les « atrocités nazies ». Ce jour-là, Anthony Eden devant la Chambre des communes et lord Simon devant la Chambre des lords avaient donné lecture d'une déclaration conjointe de douze gouvernements alliés sur les crimes commis par les Allemands contre les juifs. On y dénonçait chez les Allemands l'*intention* d'exterminer les juifs européens. Les mots d'« exterminer » et d'« extermination de sang-froid » figuraient assurément dans le texte mais au sens de déportations subies en d'horribles conditions et suivies, pour les juifs en bonne santé, d'une mort lente par le travail et, pour les juifs infirmes, d'une mort par le froid, par la faim ou même par des exécutions en masse. Il n'était nullement question de chambres à gaz ou d'abattoirs chimiques employés dans le cadre d'une politique d'extermination physique généralisée qu'on désignera ultérieurement du nom de « génocide ».

Huit mois plus tard, en août 1943, Britanniques et Américains mettaient donc au point une nouvelle déclaration commune et, cette fois-ci, ils mentionneraient les tueries en chambres à gaz. Voici, dans sa traduction en français, un extrait de ce *projet* de déclaration :

---

[597] *Foreign Relations of the United States. Diplomatic Papers 1943*, vol. I, p. 416417 ; pour l'élimination effective de la mention des chambres à gaz dans le communiqué américano-britannique, voy. « US and Britain Warn Nazi Killers » (États-Unis et Grande-Bretagne préviennent les tueurs nazis), *The New York Times*, 30 août 1943, p.3.

« [En Pologne] des enfants sont tués sur place, d'autres sont séparés de leurs parents ou bien envoyés en Allemagne pour y être élevés comme des Allemands, ou bien vendus à des colons allemands ou expédiés avec les femmes et les vieillards dans des camps de concentration, *où ils sont maintenant systématiquement mis à mort dans des chambres à gaz.* »

Je souligne cette proposition relative (*where they are now being systematically put to death in gas chambers*). Trois jours après ce *projet* de communiqué du 27 août 1943, le gouvernement américain, à l'instigation du gouvernement britannique, décidait d'éliminer (en anglais : *eliminate*) la proposition relative. Motif : il n'y avait pas de preuves suffisantes de ces mises à mort dans des chambres à gaz.

Les deux gouvernements, jusqu'à la fin de la guerre, maintinrent cette position, et cette décision.

Pour ne prendre qu'un exemple, le général Eisenhower, même en avril 1945 lors de la prise des camps allemands par les Alliés, s'abstint de mentionner, dans ses discours sur place, ces chambres à gaz nazies. Y compris dans ses déclarations les plus vives (dont un fragment est gravé dans la pierre à l'*Holocaust Memorial Museum* de Washington), il persista à observer un silence total sur le sujet.

Dans de nombreux écrits sur la Shoah et dans les « musées de l'Holocauste » on fait grief à Roosevelt, à Churchill, à Staline, au pape Pie XII et au Comité international de la Croix-Rouge de leur silence obstiné pendant la guerre sur les chambres à gaz nazies (et sur le génocide des juifs). On leur reproche d'avoir opposé l'incrédulité aux récits sur le sujet ou d'avoir eu, comme ce fut le cas pour la Croix-Rouge, un enquêteur qui, sur place, à Auschwitz par exemple, n'entendit pas même parler de ces chambres à gaz. À plus forte raison, le même procès de révisionnisme pourrait être intenté aux grands personnages qui, après 1945, dans la rédaction, par exemple, de leurs mémoires de guerre, se sont refusés à mentionner ces chambres à gaz et ce génocide *sur lesquels on publiait pourtant alors des récits à profusion.*[598] Ces grands personnages se sont implicitement comportés en révisionnistes.

Tel a été, en France, le cas du général de Gaulle, tandis que J.-M. Le Pen, lui, a explicitement et à différentes reprises affirmé l'existence des chambres à gaz nazies. De ce point de vue, pour les accusateurs de J.-M. Le Pen, de Gaulle devrait nécessairement être pire que Le Pen. On peut

---

[598] Rappelons, en plus de ces récits, les assertions des juges de Nuremberg et les ouvrages d'historiens comme Léon Poliakov (1951) et Gerald Reitlinger (1953), sans compter les publications d'Eugen Kogon, David Rousset, Henri Michel ou Olga Wormser-Migot : les chambres à gaz étaient partout !

avancer que de Gaulle était révisionniste[599], tout comme Churchill, Eisenhower et bien d'autres ; on doit reconnaître que Le Pen ne l'est pas.

[Publié dans *National Hebdo* du 5 au 11 novembre 1998, p. 17, sous une forme légèrement différente.]

✳✳✳

30 décembre 1988

L'AUTO-DESTRUCTION DE RAUL HILBERG

R aul Hilberg est le plus prestigieux des historiens de l'« Holocauste ». Juif américain, d'origine autrichienne, il a écrit *The Destruction of the European Jews* (La Destruction des juifs d'Europe). Il a commencé ses recherches en 1948. En 1961, soit treize ans plus tard, il a publié la première édition de son livre sous la forme d'un ouvrage de sept cent quatre-vingt-dix pages. Puis, en 1985, soit vingt-cinq ans plus tard, il en a publié une édition « revue et définitive » de 1274 pages (New York, Holmes and Meier). Il a donc consacré trente-sept ans de sa vie à l'édification de ce monument, dont la dimension est, certes, admirable par la quantité du travail fourni mais dont la qualité est exécrable, tout simplement parce qu'il s'agit d'une construction factice. On peut dire qu'en cherchant à décrire ce qu'il appelle la destruction des juifs d'Europe par les Allemands, R. Hilberg s'est, en réalité, détruit lui-même.

Dès 1976, le révisionniste américain Arthur Robert Butz avaient mis ses lecteurs en garde contre ce qu'il appelait, avec beaucoup de pertinence, la « remarquable mentalité cabalistique » de R. Hilberg. Il le faisait dans la préface de *The Hoax of the Twentieth Century*. À l'époque, il conseillait de se reporter aux pages 567-571 de l'édition de 1961, pour prendre la mesure de ce que, pour ma part, j'appelle la malhonnêteté foncière de R. Hilberg.

Le sommet de la construction

Il est exact que ces cinq pages (p. 567-571) constituent le sommet de l'édifice. Elles portent sur le Zyklon B, un insecticide censé avoir été utilisé par les Allemands pour exterminer des foules de juifs dans des

---

[599] Sur ce point, on se reportera à une intéressante analyse de Jean-Marie Boisdefeu, « De Gaulle et le génocide des juifs. Le général était-il révisionniste ? ».

abattoirs chimiques appelés « chambres à gaz ». Pour ma part, j'ai voulu rechercher le sommet de ce sommet, la clé de voûte en quelque sorte, et je pense l'avoir trouvé au haut de la page 570, dans un fragment de sept phrases ou de quatre-vingt-quinze mots, que voici :

> « The amounts [of Zyklon B] required by Auschwitz were not large, but they were noticeable. Almost the whole Auschwitz supply was needed for the gassing of people ; very little was used for fumigation. The camp administration itself did not buy the gas. The purchaser was Obersturmführer Gerstein, Chief Disinfection officer in the Office of the Hygienic Chief of the *Waffen-SS* (Mrugowski). As a rule, all orders passed through the hands of TESTA, DEGESCH, and Dessau. From the Dessau Works, which produced the gas, shipments were sent directly to Auschwitz Extermination and Fumigation Division (*Abteilung Entwesung und Entseuchung*). »[600]

Le sens de ce fragment ne souffre aucune équivoque : selon l'historien américain, une division administrative du camp d'Auschwitz, camp toujours présenté comme le centre même de l'entreprise d'extermination des juifs, organisait à la fois le gazage des gens et, par ailleurs, les travaux de désinfection. Toujours selon notre historien, qui ne fournit aucune précision ni aucune source à l'appui de ses dires, la presque totalité du Zyklon B reçu par cette division servait à tuer les gens et très peu servait à désinfecter. Avec le cynisme de froids criminels, les Allemands avaient donc choisi, pour cette division administrative, une désignation des plus claires : « Division d'extermination et de désinfection. »

La clé de voûte

Cette construction tout entière tient au sens d'un seul mot, celui d'*Entwesung*. R. Hiberg, dont la langue maternelle est pourtant

---

[600] R. Hilberg, *The Destruction...*, éd. de 1961, p. 570 ; éd. de 1985, p. 889-891. « Les quantités [de Zyklon B] demandées par Auschwitz, sans être énormes, étaient néanmoins appréciables. La presque totalité des approvisionnements du camp servait au gazage des gens ; très peu servait à la désinfection. Ce n'était pas l'administration du camp qui achetait le gaz. Les commandes étaient passées par l'Obersturmführer [lieutenant] Gerstein, chef de la désinfection du Bureau du chef de l'hygiène de la *Waffen-SS* (Mrugowski). En règle générale, toutes les commandes passaient par les mains de la Testa, de la Degesch et de Dessau. Les usines [de] Dessau, qui produisaient le gaz, expédiaient directement celui-ci à la Division d'extermination et de désinfection (*Abteilung Entwesung und Entseuchung]* d'Auschwitz. », *La Destruction des juifs d'Europe*, p. 771-772.

l'allemand, a commis la malhonnêteté de la traduire ici par
« extermination (des gens) » alors qu'en réalité le mot signifie
« désinfection » ou, pour être plus précis, « désinfestation » tandis que le
mot d'*Entseuchung* désigne, lui, la décontamination. On n'entrera pas ici
dans des considérations pédantes sur le sens précis de tels mots du
langage technique et l'on sait que l'usage courant souffre toutes sortes de
confusions ou de méprises dans l'emploi de mots comme désinfection,
désinfestation, désinsectisation, fumigation, épouillage,
décontamination, etc., mais il est exclu qu'*Entwesung* ait jamais pu
désigner l'extermination d'êtres humains et que le verbe *entwesen* ait
jamais signifié « exterminer des gens ». De la même façon, en anglais, un
« exterminator » n'est, dans le langage technique, qu'un employé de la
désinfestation. Il y avait donc tout simplement à Auschwitz une
« division de la désinfestation et de la décontamination » dépendant, pour
son approvisionnement en un certain nombre de produits, dont le
Zyklon B, de l'Institut d'hygiène de la Waffen-SS à Berlin.

Le parjure de R. Hilberg

En janvier 1985, avant la parution de la nouvelle édition « revue et
corrigée » alors sous presses, R. Hilberg fut appelé à témoigner en qualité
d'expert de l'« Holocauste » contre le germano-canadien Ernst Zündel
devant le tribunal de Toronto. Sur mes conseils et avec mon aide, Douglas
Christie, avocat d'E. Zündel, entreprit d'interroger l'expert sur le sens
qu'il avait donné au mot-clé d'*Entwesung* dans ce passage de son livre.
Comme la transcription du procès en fait foi, D. Christie eut recours à un
dictionnaire et à un ouvrage technique. Pour *Entwesung*, le dictionnaire
allemand-anglais proposait : « extermination of vermin, delousing,
disinfection » (extermination de la vermine, épouillage, désinfection) et
pour le verbe *entwesen* : « to disinfect, to sterilize, to exterminate vermin,
to delouse » (désinfecter, stériliser, exterminer la vermine, épouiller).
Quant à l'ouvrage technique, il fit sensation ; il s'agissait d'un traité
portant pour titre *Entkeimung, Entseuchung und Entwesung* (stérilisation,
décontamination, désinsectisation) ; l'auteur en était un médecin, le
docteur Walter Dötzer ; l'ouvrage avait été publié à Berlin, en 1943, par
l'Institut d'hygiène de la Waffen-SS et, dans sa préface, l'auteur ne
remerciait de son aide personne d'autre que, précisément,
l'Obersturmführer Dipl.-Ing. Gerstein (lieutenant ingénieur diplômé
Gerstein).

Manifestement ébranlé, R. Hilberg tenta une parade. Il s'engagea dans
des considérations laborieuses sur l'étymologie des mots *Entwesung* et
entwesen. Il fit remarquer que *Wesen* désignait tout être vivant et que le

préfixe *ent* avait valeur privative. En conséquence, il s'estimait fondé à traduire *Entwesung* par « extermination des gens ».[601] Il parut si peu convaincu de sa propre explication que l'avocat D. Christie n'insista plus et, ce matin-là, passa à d'autres questions mais, à la session de l'après-midi du même jour, R. Hilberg tint, avec l'aide du procureur, à rouvrir le débat. Il apporta, en tout et pour tout, un modeste dictionnaire allemand-anglais où... manquaient les mots techniques d'*Entwesung* et d'*entwesen* ! Fort de l'absence de ces mots, il se rabattit sur le mot, très courant, de *Wesen* et, reprenant son explication du matin, il fit remarquer que la définition du dictionnaire lui donnait raison : *Wesen*, disait-il, était défini comme « reality, substance, essence ; being, creature, living thing, organism, etc. » (réalité, substance, essence ; existence, créature, chose vivante, organisme, etc.) Satisfait de lui-même, le procureur fit à son tour remarquer que, dans la définition de ce mot, il n'était question ni de vermine, ni d'insectes. Les contraintes du procès (D. Christie n'avait plus le droit de ré-interroger R. Hilberg) permirent ainsi à l'expert de se tirer d'une situation périlleuse grâce à un véritable tour de passe-passe. Mais R. Hilberg venait de commettre un parjure.[602]

La preuve du parjure

Il aurait été possible de river définitivement son clou au tricheur en portant à son attention un autre passage de son livre situé à plus de cent pages du passage incriminé. Là, dans une note, l'auteur lui-même avait, pour ses lecteurs anglais, éclairé le sens d'*Entwesung*. Sa définition était : « ridding of vermin, or fumigation. »[603]

Conclusion

Le gros ouvrage de R. Hilberg fait songer à ces productions érudites du passé où des savants chrétiens, juifs, byzantins rivalisaient dans la fabrication de faux littéraires ou historiques en tous genres. Leur science était digne d'admiration mais elle était sans conscience. Mais, plus précisément, R. Hilberg avec, comme le dit A. R. Butz, sa « remarquable mentalité cabalistique » rappelle ces juifs alexandrins qui, nous dit

---

[601] *Transcription*, p. 1130-1133.
[602] *Id.*, p. 1236-1237.
[603] « élimination de la vermine, ou fumigation. ». Éd. de 1961, p. 658, note 94 ; éd. de 1985, p. 1023, note 94 ; dans l'édition française, p. 883, note 94, où la définition donnée est « désinfection, ou désinfection par fumigation ».

Bernard Lazare lui-même, « se livrèrent à un extraordinaire travail de falsification des textes propres à devenir un appui pour leur cause. »[604]

---

[604] B. Lazare, *L'Antisémitisme, son histoire et ses causes,* 1982, p. 24.

Ouvrages cités

Cette liste n'est nullement ce que l'on pourrait appeler une « bibliographie du révisionnisme » mais un rappel des ouvrages cités dans le corps du texte.

Presse

Actualité juive
L'Actualité religieuse dans le monde
ADL Bulletin
Agence France-Presse
Agence télégraphique juive
Akribeia
Al-Ahram
Al-Yom Assabeh
Altonder Nachrichten
American Atheist
American Commentar
L'Anarchie
Annales d'histoire révisionniste
The Annals of the American Academy of Political and Social Science
Antenne 2
Après-demain
L'Arche
Article 31
Associated Press
L'Autre Journal
Die Bauernschaft
Berliner Morgenpost
Books and Bookmen
Bulletin de l'Amicale d'Oranienburg-Sachsenhausen
Bulletin célinien
Bulletin de l'Agence télégraphique juive
Bulletin du Comité d'Histoire de la Deuxième Guerre Mondiale
Cactus
Cahiers Céline
Cahiers Lautréamont
Le Canard enchaîné
The Canadian Jewish News

The Chicago Tribune
Le Choc du Mois
Christian News
Commentary
Corriere della Serra
Corse-Matin
Le Courrier Picard
La Croix
Daily Express
Daily Telegraph
Le Débat
Défense de l'Occident
Le Déporté
Deutsche National Zeitung
Documents
La Documentation catholique
Le Droit de Vivre
Économies et Sociétés
L'Équipe
Esprit
Europe n° 1
L'Événement du jeudi
L'Express
Expressen
Faits et Documents
Le Figaro
Le Figaro-Magazine
FR-3
France-Observateur
France-Soir
Frankfurter Allgemeine Zeitung
Globe-Hebdo
Golias
Halt
Hamburger Abendblatt
Handelsblad NRC
Hefte von Auschwitz
Heritage
L'Histoire
Historama
Historama-Historia
Historia

Historiens et géographes
Historische Tatsachen
L'Homme Libre
L'Humanité
L'Humanité-Dimanche
Ici et Maintenant
L'Indépendant
Information juive
Instauration
Jewish Chronicle
Jewish Digest
Jewish Information
The Jewish Journal
The Jewish Monthly
The Jewish Press
Jewish Telegraphic Agency Bulletin
The Jerusalem Post
Jour J, Quotidien juif
Journal d'Israël
Le Journal du Dimanche
The Journal of Historical Review
Jüdische Pressedienst
Holocaust and Genocide Studies
Kol Al Arab
Die Kölnische Zeitung
La Lettre Télégraphique Juive
Les Lettres françaises
Life
Libération
Libération-Lyon
La Liberté de Fribourg
La Libre Belgique
Le Libre Journal de la France courtoise
Los Angeles Times
Lui
Maintenant le communisme
Le Matin de Paris
Le Monde
Le Monde diplomatique
Le Monde Juif
La Montagne
Münchner Anzeiger

Nation Review
National Zeitung
National-Hebdo
Nationalisme et République
The New Republic
New Statesman
News
Newsday
The New York Times
The New York Times Magazine
Newsweek
Nice-Matin
Le Nouveau Quotidien
Le Nouvel Observateur
La Nouvelle Critique
Nouvelle Vision
Les Nouvelles Littéraires
La Nouvelle Revue Française
Our Sunday Visitor
Le Pamphlet
Paris-Match
Paris-Soir
Le Patriote Résistant
Le Patriote Résistant du Confolentais
Les Petites Affiches lyonnaises
Playboy
Le Point
Politis
Pravda
Présent
Le Progrès de Lyon
Publishers Weekly
Quadrant
La Quinzaine Littéraire
Le Quotidien de Paris
Radio Courtoisie
Radio Islam
Radio Tiers Monde
RTL
Regards (périodique de la communauté laïque juive de Bruxelles)
Le Républicain lorrain
Révision

Revue d'histoire de la deuxième guerre mondiale
Revue d'histoire révisionniste
Rivarol
San Francisco Chronicle
Saskatchewan Law Review
Der Spiegel
State-Times, (Baton Rouge, Louisiane)
Sunday Times
The Sydney Morning Herald
Sélection du Reader's Digest
Sceptic Magazine
Science et vie
Le Soir
Spotlight
Der Standard
Storia illustrata
Sud-Ouest
Tatefa
Télé-7 Jours
Témoignage chrétien
Les Temps Modernes
The Tennessean
La Terre retrouvée
TF 1
The Times
Tribune de Genève
La Tribune des athées
La Tribune des Nations
Tribune juive
TV 5
U Ribombu
La Vérité
VHO Nieuwsbrief
La Vie
La Vieille Taupe
Viertelsjahreshefte für Zeitgeschichte
Vanity Fair
The Week in Germany
Die Welt
Die Woche
Yedioth Aharonoth
Yiton 77

Die Welt am Sonntag
Die Zeit
Zéro

OUVRAGES COLLECTIFS OU ANONYMES

L'Allemagne nazie et le génocide juif, Paris, Gallimard-Le Seuil, 1985.

Amicale des anciens internés d'Oranienburg-Sachsenhausen, *Sachso*, Paris, Minuit-Plon, 1982.

Anatomy of the Auschwitz Death Camp, ed. by Yisrael GUTMAN et Michael BERENBAUM, Indianapolis, Indiana University Press, published in association with the United States Holocaust Memorial Museum, 1994.

Auschwitz vu par les SS, Oswiecim, éd. du Musée national d'Oswiecim, 1974.

Auschwitz. How Many Perished. Jews, Poles, Gypsies..., [reprint], Cracovie, Poligrafia ITS, 1992.

Der Babylonische Talmud [*Gittin*, V, VI, Fol. 57], neu übertragen durch Lazarus Goldschmidt, Berlin, Jüdischer Verlag, 1932.

The Babylonian Talmud [*Seder Nashim, Gittin*, Fol. 57], under the editorship of Rabbi Dr. I. Epstein, London, The Soncino Press, 1936.

Cahiers Lautréamont (J.-J. Lefrère, 30 bis, avenue de Suffren, 75015 Paris).

Céline. 1944-1961. Cavalier de l'Apocalypse, Paris, Mercure de France, 1981.

« Les camps de la mort », *Historama-Historia*, numéro spécial n° 34, mars-avril 1995.

Christ in Dachau, Oxford, England et Maryland, Newman Press, 1952, 105 p. Il s'agit principalement de la traduction en anglais de *Sieger in Fesseln*, livre publié en allemand par Herder en 1947.

Comment s'écrit l'Histoire [...] Les chambres à gaz ont existé, Xe Colloque de la Fraternité Edmond-Michelet (Brive, 12-14 octobre 1984), Mairie de Brive éd., 1986.

Contribution à l'histoire du KL-Auschwitz, Oswiecim, éditions du musée national d'Oswiecim, 1968.

The Death Camp Treblinka, ed. by DONAT, Alexander, New York, The Holocaust Library, 1979.

La Déportation, Fédération nationale des déportés et internés résistants et patriotes (FNDIRP), 1967.

La Déportation. Le Système concentrationnaire nazi, sous la direction de BÉDARIDA, François et GERVEREAU, L., Nanterre, BDIC, 1995.

Directory of Holocaust Institutions, Washington, Government Printing Office, février 1988.

Dictionnaires : Petit Larousse [216 ; 800 ; 1433] ; Petit Robert [1588] ; Grimm et Grimm.

« Le Dossier des chambres à gaz », à propos de l'ouvrage de J.-C. Pressac, *Auschwitz, Technique and Operation of the Gas Chambers,* New York, The Beate Klarsfeld Foundation, 1989, *L'Histoire,* juin 1992, p.51.

« Enquête sur les chambres à gaz », *Auschwitz, la Solution finale,* Les Collections de *L'Histoire,* octobre 1998, p. 41.

Encyclopædia Judaica, Cecil Roth and Geoffrey Wigoder, eds., Jérusalem, Keter, 16 vol.

Encyclopedia of the Holocaust, ed. by Yisrael GUTMAN, New York, MacMillan, 1990.

« De l'exploitation dans les camps à l'exploitation des camps », *La Guerre sociale,* mai 1981.

Genocide, (bibliographie critique) Londres, Mansell, 1988.

E. Gauss, ed., *Grundlagen zur Zeitgeschichte,* Tübingen, Grabert, 1994.

Guide juif de France, Migdal, 1971.

Handschriften von Mitgliedern des Sonderkommandos, Hefte von Auschwitz, Sonderheft (I), Verlag Staatliches Auschwitz-Museum, 1972.

L'Histoire et ses méthodes, Paris, Gallimard, Encyclopédie de la Pléiade, 1961.

Histoire pour Classes Terminales, ABC éditions, 1983.

Holocaust : The Obligation to Remember, An Anthology by the Staff of The Washington Post, 1980.

The Holocaust and the Neo-Nazi Mythomania, New York, The Beate Klarsfeld Foundation, 1978.

The Holocaust and History, The Known, the Unknown, the Disputed and the Reexamined, ed. by Michael BERENBAUM and Abraham J. PECK, published in association with the United States Holocaust Memorial Museum (Washington, D.C.) in Bloomington and Indianapolis, Indiana University Press, 1998, XV-836 p. ; 55 contributions.

Il y a 50 ans : le soulèvement du ghetto de Varsovie, numéro spécial du *Monde Juif*, avril-août 1993.

Justiz und NS-Verbrechen, Amsterdam, University Press, 1977.

KL-Auschwitz in den Augen der S.S., Cracovie, Verlag des Staatlichen Auschwitz-Museums, 1973, p. 135-136.

Comité international de Dachau, *Konzentrationslager Dachau, 1933-1945*, 1978, 5e édition.

Collectif, *Libertaires et « ultra-gauche » contre le négationnisme*, préface de Gilles PERRAULT, Paris, Reflex, 1996.

Mémorial de Chasseneuil, 1989.

Der Mord an den Juden in Zweiten Weltkrieg, (colloque de Stuttgart, 3-5 mai 1984), ed. par JÄCKEL, Eberhard, et R OHWER, Jürgen, Stuttgart, DVA, 1985.

Nationalsozialistische Massentötungen durch Giftgas, herausgegeben von KOGON, Eugen, LANGBEIN, Hermann, RÜCKERL, Adalbert u. a., Francfort sur le Main, S. Fischer, 1983 ; traduit en français sous le titre *Les Chambres à gaz – Secret d'État*, Paris, Éd. de Minuit, 1984.

Die offizielle polnische Antwort auf dem Leuchter-Bericht, traduit du polonais en allemand par T. Rudolph et distribué par E. Zündel, 1990.

Patterns of Prejudice, Research Report, Londres, Institute of Jewish Affairs de Londres, en association avec le Congrès juif mondial. [838] Photographie des milices juives armées officielles, *Libération*, 14 octobre 1986, p. 56.

Le Procès de Xavier Vallat, présenté par ses amis, avec une préface de Marie-Madeleine Martin, Éditions du Conquistador, 1948.

« Vichy, la mémoire et l'oubli », Deuxième chaîne de la télévision française, 22 avril 1992.

Revisionist Reprints, Special : Simon Wiesenthal exposed issue, Truth Missions, Manhattan Beach, Summer 1984.

Revue d'histoire de la Deuxième Guerre mondiale, numéro spécial intitulé « Le système concentrationnaire allemand (1940-1944) », juillet 1954.

Das Rudolf Gutachten, ed. by KAMMERER, R. et SOLMS, A., Londres, Cromwell Press, 1993.

Shoah (dossier sur le film de Claude Lanzmann intitulé), *Le Nouvel Observateur*, n° 1068, 26 avril-2 mai 1985, p. 33, 74-77.

Le Soir du 9 février 1924 (reproduit dans *Le Soir* du 9 février 1974 ; sous la rubrique « Il y a 50 ans ») : article décrivant les difficultés de la première exécution par le gaz. (Aux États-Unis, la première exécution par le gaz eut lieu le 8 février 1924 à la prison de Carson City (Nevada).

Überblick über die Axel Springer Verlag Aktionsgesellschaft, (Statuts de S. A. Axel Springer, datés du 19 mars 1970, Registre du commerce à Essen le 22 septembre 1970 ; Registre du commerce à Francfort le 19 juin 1975. Tout journaliste du groupe Springer doit s'engager par écrit à participer à la promotion et à la réconciliation entre juifs et Allemands, y compris le soutien au droit à la vie du peuple israélien.

De l'Université aux camps de concentration : témoignages strasbourgeois, Publication de la faculté des lettres de l'université de Strasbourg, Les Belles Lettres, 1947.

Wahrheit und « Auschwitzlüge », édité par BAILER-GALANDA, Brigitte, BENZ, Wolfgang et NEUGEBAUER, Wolfgang, Vienne, Deuticke, 1995.

Who's who in France 1989-1990

« Wirz Monument Unveiled Today », *The Constitution,* Atlanta, May 12, 1909 ; voy. aussi May 13, 1909.

LISTE ALPHABÉTIQUE PAR AUTEUR

ADAM, Uwe Dietrich, « Les chambres à gaz », in *L'Allemagne nazie et le génocide juif,* Gallimard-Le Seuil, 1985, p. 236-261.

ADAMS, M. « About Use and Misuse of the Holocaust by the State of Israel », *Jewish Chronicle,* 4 octobre 1982.

ADLER, H.G., *Der Verwaltete Mensch,* Tübingen, J.C.B. Mohr, 1974.

AITKEN, Jessie, Épilogue judiciaire de l'affaire Faurisson ;

Album (L') d'Auschwitz [1980, 1981], voy. à P. Hellman.

ALCAN, Louise, *Sans armes et sans bagages,* Limoges, ca 1947.

AMOUROUX, Henri, *La Grande Histoire des Français sous l'Occupation,* Paris, éd. Robert Laffont, 10 tomes (1980-1990).
AMOUROUX, Henri, « La Modification de la loi sur la liberté de la presse. Mise en garde à Michel Rocard et à quelques autres... », *Le Figaro-Magazine,* 5 mai 1990, p. 81-82.
AMOUROUX, Henri, « Nuremberg vu du côté droit », *Le Figaro littéraire,* 15 mars 1992, p. 36.

ANDERSON, J., « The Twins of Auschwitz », *Parade Magazine,* Colorado Springs, 2 septembre 1984, p. 2-7.

ARENDT, Hannah, *The Origins of Totalitarianism,* Cleveland and New York, Meridian Books, 1958 (1951)

ARNDT, Ino, et SCHEFFLER, Wolfgang, « Organisierter Massenmord an Juden in NS-Vernichtungslagern », *Viertelsjahrshefte für Zeitgeschichte,* avril 1976, p. 105-135 ; avant-propos de M. Broszat, p. 105112.
ARON, Robert, *Histoire de l'Épuration,* tome I, Paris, Fayard, 1967.
ARON, Raymond, *Le Spectateur engagé,* Paris, Julliard, 1981.
ARON, Raymond, *Mémoires,* Paris, Julliard, 1983.

ARONEANU, Émile, *Camps de concentration,* préface de Jacques Billiet, directeur du Service [français] d'information des crimes de guerre, Office français d'édition, 1946.

M. ASCIONE, voy. I. ZAJDEL.

ASCOT, Roger, DRAÏ, Raphaël, HALTER, Marek, LÉVY, Bernard Henri, SORMAN, Guy, STEG, A. et WEILL, P., « Être juif », *Le Figaro-Magazine,* 6 mai 1989, p. 121-124, 126, 128, 130, 132.

AYNAT, Enrique, *El holocausto a debate. Respuesta a César Vidal,* Valencia, 1995.

AZÉMA, Jean-Pierre, *De Munich à la Libération,* Paris, Le Seuil, 1979.

BARBAS, J.-C., *Philippe Pétain, Discours aux Français,* 17 juin 1940 – 20 août 1944, Paris, Albin Michel, 1989.

BARDÈCHE, Maurice, *Nuremberg ou la Terre promise,* Paris, Les Sept Couleurs, 1948.
BARDÈCHE, Maurice, *Nuremberg II ou les Faux Monnayeurs,* Paris, Les Sept Couleurs, 1950.

BARNES, Harry Elmer, « The Public Stake in Revisionism », *Rampart, Journal of Individualist Thought,* 3, 2, été 1967, p. 19-41.

BAUER, Yehuda, assisté de Nili KEREN, *A History of Holocaust*, Jerusalem, Institute of Contemporary Jewry, Université hébraïque de Jérusalem, Franklin Watts Publ., Toronto, 1982.

BAUER, Yehuda, « Auschwitz and the Poles. Fighting the distortions », *The Jerusalem Post*, 22 septembre 1989.

BAUER, Yehuda, [à propos de la "conférence de Wannsee"], *The Canadian Jewish News*, 20 January 1992, p. 8.

BAYNAC, Jacques et FRESCO, Nadine, « Comment s'en débarrasser ? », *Le Monde*, 18 juin 1987, p. 2.

BAYNAC, Jacques, articles dans *Le Nouveau Quotidien,* 2 septembre 1996, p. 16, et 3 septembre 1996, p. 14.

BAYNAC, Jacques, *La Révolution gorbatchévienne*, essai d'analyse historique et politique, Paris, Gallimard, 1988.

BAYNAC, Jacques, *La Terreur sous Lénine : 1917-1924*, Paris, Le Sagittaire, 1975.

BAYNAC, Jacques, *Mai retrouvé : contribution à l'histoire du mouvement révolutionnaire du 3 mai au 16 juin 1968*, Paris, R. Laffont, 1978.

BAYNAC, Jacques, *Les Socialistes révolutionnaires russes (1881-1917)*, Paris, R. Laffont, 1979.

BAYNAC, Jacques, *Ravachol et ses compagnons*, Paris, Le Chêne, 1976.

S. de BEAUVOIR, *La Cérémonie des adieux*, Gallimard, 1982.

BÉDARIDA, François, « Le Crime et l'Histoire », *Le Monde*, 22 juillet 1990, p. 7.

BÉDARIDA, François, *Le nazisme et le génocide. Histoire et enjeux*, Paris, Nathan, 1989.

BEN ABRAHAM, A., « Le Pacte communautaire », *Tribune juive*, 25 mai-1er juin 1995, p. 15.

BENOIST-MÉCHIN, Jacques, *Histoire de l'armée allemande,* Paris, Albin Michel, 6 vol., 1966.

BEN-YEHUDA, N., *Political Assassination by Jews, A Rhetorical Device for Justice*, New York, State University of New York Press, 1993.

BERBEN, P., *Histoire du camp de concentration de Dachau (1933-1945)*, Bruxelles, Comité international de Dachau, 1968.

BERCÉ, Yves-Marie, *Le Chaudron et la lancette, Croyances populaires et médecine préventive (1798-1830)*, Presses de la Renaissance, 1984, Annexe 4, ("Les horreurs d'Andersonville") : p. 321-326.

BERENBAUM, Michael, *The World Must Know. The History of the Holocaust as told in the United States Holocaust Memorial Museum*, Boston, Little, 1993.
BERGERON, C., *Le Régime de Vichy à travers l'affiche, 1940-1944*, mémoire de maîtrise 1989-1990, Université Blaise-Pascal, Département d'histoire.

BERNSTEIN, R., compte rendu de Pressac, *Auschwitz : Technique and Operation of the Gas Chambers*, dans *The New York Times*, 18 décembre 1989, (section C, p. 11, 14).

BILLIET, Jacques, *Documents pour servir à l'histoire de la guerre. Camps de concentration*, Office français d'édition, 1945.

BILLIG, Joseph, « Le Cas du SS-Obersturmführer Kurt Lischka », *Le Monde Juif,* juillet-septembre 1974.
BILLIG, Joseph, *La Solution finale de la question juive,* Paris, Centre de documentation juive contemporaine, 1977.

BISHOP, J. A., *F. D. Roosevelt's Last Year (April 1944-April 1945),* Londres, Hart-Davis-McGibbon, 1975.

BLUMENKRANZ, B., « L'Holocauste dans l'enseignement public en France », *Sens,* décembre 1986, p. 323-329.

BOCARD, Béatrice, « La Shoah, de la réalité aux shows. Face aux récits des déportés, l'indécente mise en scène de leurs libérateurs », *Libération*, 18 décembre 1995, p. 41.

BOEHLKE, Hans-Kurt, *Friedhofsbauten*, Munich, Callwey Verlag, 1974.

BOISDEFEU, Jean-Marie, « De Gaulle et le génocide des juifs. Le général était-il "révisionniste" ? », *Akribeia*, 3, octobre 1998, p. 241-245.

BOLLACK, Mayotte, *La Raison de Lucrèce*, Paris, éditions de Minuit, 1978 (compte rendu de Christian DELACAMPAGNE,

« Restaurer Lucrèce. Une rude leçon de lecture. Une histoire de contresens », *Le Monde,* 24 mars 1978, p. 20).

BONET, G., [contre les révisionnistes en général et Henri Roques en particulier], *L'Indépendant*, 29 mai 1986, p. 3.

BORWICZ, Michel, « Journaux publiés à titre posthume », *Revue d'histoire de la Deuxième Guerre mondiale,* janvier 1962, p. 93.
DE BOÜARD, Michel, Entretien, *Ouest-France*, 2-3 août 1986.

BOUFLET, Joachim, *Edith Stein, philosophe crucifiée*, Paris, Presses de la Renaissance, 1998.

BOUKARA, Phillippe, « French Jewish Leadership during the Holocaust », (compte rendu de Richard Cohen : *The Burden of Conscience, French Jewish Leadership during the Holocaust*), *Patterns of Prejudice*, 1988, 1, p. 50.

BOWER, Tom, *Blind Eye to Murder. Britain, America & The Purging of Nazi Germany – A Pledge Betrayed*, Londres, Granada, 1981.

BRASILLACH, Robert, article dans *Je suis partout,* 25 sept. 1942, in *Œuvres complètes,* Paris, Club de l'honnête homme, 1964, XII, p. 481.

BRAUDEL, Fernand, *La Méditerranée et le monde méditerranéen à l'époque de Philippe II*, Paris, Armand Colin, 1949, 2 vol.
BRAUDEL, Fernand, *Grammaire des civilisations,* Paris, 1963.

BRAYARD, Florent, *Comment l'idée vint à M. Rassinier*, Paris, Fayard, 1996.

BRIGNEAU, François, « Le long calvaire du professeur Faurisson », *National-Hebdo*, 15 février 1990.
BRIGNEAU, François, *Mais qui est donc le Professeur Faurisson ?*, Publications F.B., 1992.
BRIGNEAU, François, « Le samizdat de Garaudy », *National-Hebdo*, 16 mai 1996.

BRODER, Henryk M., « Das Shoah-Business », *Der Spiegel*, 19 April 1993, p. 249, 256.

BROSZAT, Martin, *Der Staat Hitlers*, Munich, dtv, 1970 ; traduction : *L'État hitlérien*, Paris, Fayard, 1986.

BROSZAT, Martin, « Hitler und die Genesis der "Endlösung" (Aus Anlass der Thesen v. David Irving) », *Vierteljahrshefte für Zeitgeschichte,* 4. 1977, p. 735-775.

BROSZAT, Martin, « Keine Vergasung in Dachau », *Die Zeit,* 19 août 1960, p. 16.

BROWNING, Christopher, « A Reply to Martin Broszat Regarding the Origins of the Final Solution », *The Simon Wiesenthal Center Annual,* 1984, p. 124.

BROWNING, Christopher, *Fateful Months : Essays on the Emergence of the Final Solution*, New York, Holmes and Meier, 1985.

BROWNING, Christopher, « The Revised Hilberg », *Simon Wiesenthal Center Annual,* 1986, p. 294.

BROWNING, Christopher, « Historians, Hitler and the Holocaust », Pacific University, Forest Grove, Oregon, mars 1987.

BROWNING, Christopher, *Ordinary Men ; Reserve Police Battalion 101 and the Final Solution in Poland*, HarperCollins Publishers, 1993.

BRUGIONI, Dino A. et POIRIER, Robert G., *The Holocaust Revisited : A Retrospective Analysis of the Auschwitz-Birkenau Extermination Complex*, CIA, National Technical Information Service, Washington, 1979.

BUCKLEY, William K., voy. LUCE, Stephen L.

BUECHNER, H. A., *Dachau. The Hour of the Avenger. An Eyewitness Account*, Metairie, (Louisiane), Thunderbird Press, 1986. [711] BURG, Joseph G., *Maidanek in alle Ewigkeit ?* Munich, Ederer Verlag, 1979.

BURG, Joseph G., *J'Accuse,* Munich, Ederer Verlag, 1980.

BURNIER, Michel-Antoine et ROMANE, Cécile, *Le Secret de l'abbé Pierre*, Paris, Mille et Une Nuits, 1996.

BUSH, George, déclaration citée dans *Spotlight,* 25 avril 1983, p. 20.

BUTLER, Rupert, *The Black Angels,* Londres, Hamlyn, 1978.
BUTLER, Rupert, *Hand of Steel,* Londres, Hamlyn, 1980.
BUTLER, Rupert, *Gestapo*, Londres, Hamlyn, 1981.
BUTLER, Rupert, *Legions of Death*, London, Hamlyn, 1983.

BUTZ, Arthur R., *The Hoax of the Twentieth Century. The Case against the presumed extermination of the Jews,* Newport, The Noontide Press, [P.O. Box 2739, Newport Beach, California 92659, USA], 3e édition, 1979.

BUTZ, Arthur R., « Context and Perspective in the 'Holocaust' Controversy », *The Journal of Historical Review,* hiver 1982, p. 371-405 ; reproduit dans BUTZ, *The Hoax of the Twentieth Century,* p. 335-369 à partir de la sixième édition, 1983. Traduit en français : « Contexte historique et perspective d'ensemble dans la controverse sur l'"Holocauste" », *Revue d'histoire révisionniste,* n° 2, août-octobre 1990, p. 87-137.

BUTZ, Arthur R., recension de *Why Did the Heavens not Darken ? The "Final Solution" in History,* by Arno J. Mayer, *The Journal of Historical Review,* Fall 1989, p. 369-370.

BUTZ, Arthur R., « Some Thoughts on Pressac's Opus. A Response to a Major Critique of Holocaust Revisionism », *The Journal of Historical Review,* May-June 1993, p. 23-37.

CAMON, F., « Chimie. Levi, la mort », *Libération,* 13 avril 1987, p.29.

CARR, J. D., *La Vie de Sir Arthur Conan Doyle,* Paris, Robert Laffont, 1958.

CARTUS, F. E., [pseud.] « Vatican II and the Jews », *Commentary,* New York, janvier 1965, vol. 39, n° 1, p. 19-29.

CASTEX, Michel, *Un mensonge gros comme le siècle,* Paris, Albin Michel, 1990.

CÉLINE, Louis-Ferdinand, *Bagatelles pour un massacre* (1937), Paris, Denoël, 30e édition.

CÉLINE, Louis-Ferdinand, *L'École des cadavres,* (1938), Paris, Denoël, 19e éd.

CÉLINE, Louis-Ferdinand, *Les Beaux Draps,* Paris, Denoël, 1941.

CÉLINE, Louis-Ferdinand, *Lettres à Albert Paraz, 1947-1957,* édition établie et annotée par Jean-Paul Louis, Paris, Gallimard, 1980.

CHAIROFF, Patrice, *Dossier néo-nazisme,* préface de Beate Klarsfeld, Paris, Ramsay, 1977.

CHAIROFF, Patrice, « A propos de la mort de François Duprat », *Le Monde*, 26 avril 1978, p. 9.

CHAUMONT, J.-M., *Autour d'Auschwitz*, Bruxelles, Académie Royale de Belgique, 1991.

CHOMSKY, Noam, [entretien], *Libération,* 23 décembre 1980, p. 3.

CHOMSKY, Noam, [entretien], *Le Monde*, 24 décembre 1980, p. 10.

CHOUMOFF, Pierre-Serge, *Les Assassinats par gaz à Mauthausen et Gusen, camps de concentration nazis en territoire autrichien*, Paris, Amicale des déportés de Mauthausen, 1987.

CHOUMOFF, Pierre-Serge, "Les assassinats par gaz à Mauthausen et Gusen", *Le Monde juif,* juillet-septembre 1986, p. 104-137.

CHOUMOFF, Pierre-Serge, *Les Chambres à gaz de Mauthausen. (La vérité historique, rétablie par P.S. Choumoff, à la demande de l'Amicale de Mauthausen)*, Paris, Association des anciens détenus de Mauthausen, 1972.

CHRISTOPHERSEN, Thies, « Die Auschwitz-Lüge », *Kritik*, n° 23, p. 14-32.

CHURCHILL, Winston, déclaration, 15 décembre 1944, Hansard, p. 1483-1486.

CLAVEL, Bernard, *Lettre à un képi blanc*, Paris, Robert Laffont, 1975.

CLING, Maurice, compte rendu de Pressac, *Les Crématoires d'Auschwitz, Le Monde Juif,* janvier-avril 1996, p. 192-196.

COHEN, Richard, *The Burden of Conscience, French Jewish Leadership during the Holocaust*, Bloomington, Indiana University Press, 1987.

COHN-BENDIT, Jean-Gabriel, DELCROIX, Éric, KARNOOUH, Claude, MONTEIL, Vincent, TRISTANI, Jean-Louis, *Intolérable intolérance*, Paris, La Différence, 1981.

COLETTI, Guillermo, « The Taming of Holocaust Revisionism », 13 novembre 1998, Anti-Censorship News Agency, Internet.

COLLETTI, Enzo, *La Germania Nazista*, Turin, Einaudi, 1962.

CONAN, Éric, « Auschwitz : la mémoire du mal », *L'Express*, 1925 janvier 1995, p. 54-60, 62, 64-65, 68-69.

COUNTESS, Robert H., « Le Sergent John Woods, bourreau de Nuremberg », *Revue d'histoire révisionniste*, n° 3, novembre 1990, p. 5964.

COURTOIS, Stéphane et RAYSKI, Adam, *Qui savait quoi ? L'extermination des juifs 1941-1945*, Paris, La Découverte, 1987.
CRUM, Bartley C., *Behind the Silken Curtain*, New York, Shimon & Schuster, 1947.

CUFF, J. H., « War and merchandising », *The Globe and Mail*, Toronto, 17 November 1988, p. A.18.

CZECH, Danuta, *Kalendarium der Ereignisse des Konzentrationslagers Auschwitz-Birkenau 1939-1945*, Rowohlt, Hambourg, 1989.

DAMON, D., article sur le musée de l'Holocauste de Detroit, *Wall Street Journal*, 12 juillet, 1985, p. 20.

DARQUIER DE PELLEPOIX, Louis, entretien, *L'Express*, 28 octobre 1978.

DAWIDOWICZ, Lucy S., *The War Against the Jews, 1933-1945*, New York, Holt, Rinehart and Winston, 1975.
DAWIDOWICZ, Lucy S., *A Holocaust Reader*, New York, Behrmann House, 1976.

DE JONG, Louis, « Die Niederlande und Auschwitz », *Vierteljahrshefte für Zeitgeschichte*, Munich, 1969, p. 1-16.

DECAUX, Alain, *L'Histoire en question-2*, Paris, Librairie académique Perrin, 1983.
DECAUX, Alain, « Rommel choisit sa mort », *Historia*, mars 1978, p. 25-35.

L. DEGRELLE, *Lettre au Pape à propos d'Auschwitz*, Paris, Polémiques, 1992 (Mercure diffusion : 10 rue des Pyramides, 75001).

L. DEGRELLE, *Campaign in Russia : The Waffen SS on the Eastern Front*, Institute for Historical Review, Newport, Californie, 1985 (traduction de *Campagne de Russie*).

DELATTRE, L., « Le "chasseur de nazis" Simon Wiesenthal est critiqué aux États-Unis et en Israël », *Le Monde*, 11-12 février 1996, p.3.

DELAUNAY, Jacques, « Historique de l'univers concentrationnaire », *Le Figaro*, 6 mai 1985, p. 5.
DELCROIX, Éric, *La Police de la pensée contre le révisionnisme. Du jugement de Nuremberg à la loi Fabius-Gayssot*, Diffusion RHR (BP 122, 92704 Colombes Cedex), 1994.
DELCROIX, Éric, « Un séquestre pour l'éternité ? », *RHR* n° 3, p. 3343.

DELPECH, François, « La persécution nazie et l'attitude de Vichy », *Historiens et géographes*, mai-juin 1979, p. 591-635.

DEROGY, Jacques, « Mengele en enfer », *L'Express*, 21-27 juin 1985, p. 52, 53, 54, 57, 58.

DESTHOMAS, Daniel, « Le Renard du désert », *La Montagne*, 4 juin 1994, p. 13.
DESTHOMAS, Daniel, « De l'existence des chambres à gaz », *La Montagne*, 12 avril 1995, p. 14.

DEUTSCHKRONN, Inge, *Bonn et Jérusalem*, Paris, Denoël, 1973.

DEVEREAUX, E., « Élie Wiesel », *Publishers Weekly*, 6 avril 1992, p. 40.

DEWAN, G., voy. Hilberg.

DIAMOND, D., voy. SUZMAN, A.

DION, J. « Un militant de la mémoire » [Klarsfeld], *L'Humanité Dimanche*, 26 janvier 1995, p. 40.

DIWALD, Hellmut, *Geschichte der Deutschen*, Berlin, Propyläen Verlag, 1978.

DOBKOWSKI, M. N., « German Reunification : a Jewish View », *Martyrdom and Resistance*, New York, International Society for Yad Vashem, Sept.-Oct. 1990, p. 4.

DRACHLINE, P., « Le Moraliste du chaos », *Le Monde,* 13 février 1987, p. 15.

DRIMMER, F., *Until You Are Dead. The Book of Executions in America*, Citadel Press Book, 1990.

DUPRAT, François, « Le mystère des chambres à gaz », *Défense de l'Occident,* juin 1967, p. 30-33.

DWORK, Debórah, voy. VAN P ELT, Robert-Jan.

EBAN, Abba, narrateur du film en neuf épisodes, *Heritage : Civilization and the Jews*, 1985.

EDELMAN, M., A propos du ghetto de Varsovie, *Libération*, 18 avril 1988, p. 27.

EHRENBURG, Ilya, voy. GROSSMAN, Vassili

EISENHOWER, Dwight David, *Crusade in Europe*, New York, Doubleday, 1948.

ENZENSBERGER, Hans-Magnus, *Politik und Verbrechen*, Frankfurt, Suhrkamp Verlag, 1964 (trad. franç. *Politique et crime*, Paris, Gallimard, 1967).

ERRERA, Roger, « La déportation comme best-seller », *Esprit*, décembre 1969, p. 918-921.

ESNAULT, G., *Dictionnaire des argots*, Paris, Larousse, 1965.

FAURE, Edgar, *Mémoires II*, Paris, Plon, 1984.

FAURISSON, Robert, *A-t-on* lu *Rimbaud ?* Paris, La Vieille Taupe, 2e éd. 1991.
FAURISSON, Robert, *Les Friponneries de G. Wellers*, texte inédit.
FAURISSON, Robert, *Mémoire en défense contre ceux qui m'accusent de falsifier l'histoire*, Paris, La Vieille Taupe, 1981.

FAURISSON, Robert, *Réponse à Jean-Claude Pressac*, Paris, diffusion RHR.

FAURISSON, Robert, *Réponse à Pierre Vidal-Naquet*, Paris, La Vieille Taupe, 1ère éd., 1982 ; 2e édition augmentée.

FAYE, Jean-Pierre, « Face à l'insanité massive. Chomsky contre Faurisson ? », *Les Nouvelles littéraires*, 25 décembre 1980-8 janvier 1981.

FELDERER, Ditlieb, *Bible Researcher : Revisionist History*, Täby, manuscrit, octobre 1979.

FELDMANN, Christian, *Edith Stein, juive, athée, moniale*, traduit de l'allemand par Yvan Mudry, Paris, éd. Saint-Augustin, 1998.

FÉNELON, Fania, *Sursis pour l'orchestre*, Paris, Stock, 1976.

FILIPPI, Charles, « Les raisons d'un silence », *Rivarol*, 11 février 1983, p. 9.

FINKIELKRAUT, Alain, *L'Avenir d'une négation,* Paris, Le Seuil, 1981.

FINKIELKRAUT, Alain, « Le cas Lanzmann », *Le Nouvel Observateur*, 31 janvier 1991, p. 118.

FINKIELKRAUT, Alain, « Mgr Stepinac et les deux douleurs de l'Europe », *Le Monde*, 7 octobre 1998, p. 14.

FLEMING, Gerald, « Engineers of Death », *The New York Times*, 18 juillet 1993, p. E19.

FLEMING, Gerald, «Protokolle des Todes», *Der Spiegel*, 40, 4 octobre 1993, p. 151, 156, 160, 162.

FLEMING, Gerald, *Hitler and the Final Solution,* University of California Press, 1984.

FLEMING, Gerald, *Hitler und die Endlösung*, Munich, Limes Verlag, 1982.

FLEMING, Gerald, VAN PELT, Robert-Jan, *Blueprints of Genocide,* Texte adapté de l'émission américaine, Nova Show # 2204 du 7 février 1995, Journal Graphics, POBox 2222, South Easton, MA 02375, USA, WGBH Educational Foundation, 1995, 8 p. *Blueprints of Genocide,* Texte adapté de l'émission diffusée le 9 mai, Londres, Mariette Jackson, Acting Publishing Manager, Broadcasting Support Service, 252 Western Avenue, London W3 6XJ, Royaume Uni, 1994, 26 p. + 6 p.

FONTENELLE, *Histoire des Oracles.*

FONTETTE, François de, *Histoire de l'antisémitisme*, Paris, Presses Universitaires de France, 1982.

FRANK, Anne, *Journal d'Anne Frank* [Het Achterhuis], traduit du hollandais par T. Caren et S. Lombard, Paris, Calmann-Lévy, 1950. — *Journal ;* Rijksinstituut voor Oorlogsdocumentatie, *De Dagboeken van Anne Frank*, Uitgeverij Bert Bakker, Amsterdam, 1986. — Niederländisches Staatliches Institut für Kriegsdokumentation, *Die Tagebücher der Anne Frank*, Francfort, S. Fischer Verlag, 1988. — Institut national néerlandais pour la documentation de guerre, *Les Journaux d'Anne Frank*, Calmann-Lévy, 1989. — The Netherlands State Institute for War Documentation, *The Diary of Anne Frank. The Critical Edition*, Doubleday, New York, 1989.

FRANK, Anne, *Livre des Contes*, manuscrit.

FRÉJAFON, G. L., *Bergen-Belsen,* préface de Louis Martin-Chauffier, Paris, Librairie Valois, 1945.

FRESCO, Nadine, voy. BAYNAC, Jacques et FRESCO, Nadine.

FREY, Gerhard, éd., *Prominente ohne Maske,* Munich, Fz-Verlag, 1984.

FRIEDLÄNDER, Saül, « Le Mystère de Kurt Gerstein », *Midstream*, May 1967.

FRIEDLÄNDER, Saül, *Kurt Gerstein ou l'ambiguité du bien.* Tournai, Casterman, 1967, postface par Léon Poliakov.

FROSSARD, André, *Excusez-moi d'être français*, Paris, Fayard, 1992.

GABEL, Joseph, *Réflexions sur l'avenir des juifs*, Paris, Klincksieck, 1987.

GALLUS, C., « Une pandémie qui a fait trois fois plus de victimes que la guerre de 1914-1918 » [grippe espagnole], *Le Monde*, 31 décembre 1997, p. 17.

GANDEBEUF, J., « Les fantômes d'Andersonville. Il y a 115 ans, un Suisse allemand émigré en Amérique inventait le camp d'extermination », *Le Républicain Lorrain*, 30 novembre 1980.

GARAUDY, Roger, *Le Communisme et la morale*, Paris, éditions sociales, 1948.

GARAUDY, Roger, *Parole d'homme*, Paris, Laffont, 1978.

GARAUDY, Roger, LELONG, père Michel, MATHIOT, pasteur Étienne, « Après les massacres du Liban. Le sens de l'agression israélienne », *Le Monde*, 17 juin 1982, p. 12.

GARAUDY, Roger, *Les Mythes fondateurs de la politique israélienne,* Paris, La Vieille Taupe, n° 2, hiver 1995.

GARAUDY, Roger, *Les Mythes fondateurs de la politique israélienne,* Paris, samiszdat Roger Garaudy, 1996.

GARAUDY, Roger, *Droit de réponse. Réponse au lynchage médiatique de l'abbé Pierre et de Roger Garaudy* (samizdat R. Garaudy), juin 1996.

GARLINSKI, Joseph, *Volontaire pour Auschwitz,* Paris, Elsevir, 1976.

GAULLE, Charles de, *Mémoires de guerre*, Paris, Plon, 3 vol., 19541959.

GENESTAR, Alain, « A propos de Touvier », *Le Journal du Dimanche*, 20 mars 1994, p. 1.

GENET, Jean, *L'Ennemi déclaré*, Paris, Gallimard, 1991.

GILBERT, G. M., *Nuremberg Diary,* 1947, Signet Book, 1961.

GILBERT, Martin, *Final Journey, The Fate of the Jews in Nazi Europa,* New York, Mayflower Books, 1979.

GILBERT, Martin, *Auschwitz and the Allies*, Londres, Michael Joseph, 1981.

GILBERT, Martin, *The Holocaust, the Jewish Tragedy,* Londres, Collins, 1986.

GIROUD, Françoise, « Coup de pied dans un nid de serpents », *Le Nouvel Observateur*, 4 mai 1984, p. 49.

GLYNN, Martin H., « The Crucifixion of Jews Must stop ! », *The American Hebrew*, 31 octobre 1919.

GOLDHAGEN, Daniel Jonah, « False Witness », *The New Republic*, 17 avril 1989, p. 39-44.

GOLDHAGEN, Daniel Jonah, *Hitler's Willing Executioners*, Londres, Little, Brown & Co., 1996 (trad. française : *Les Bourreaux volontaires de Hitler. Les Allemands ordinaires et l'Holocauste*, Paris, Le Seuil, 1997).

GOLDHAGEN, Daniel Jonah, entretien, *Profil*, 9 septembre 1996.

GOLDMANN, Nahum, entretien « Nahum Goldmann : au nom d'Israël », *Le Nouvel Observateur*, numéro 624, 25 au 29 octobre 1976, p. 120, 121, 122, 125, 128, 136, 141, 149, 157.

GOLDMANN, Nahum, *Le Paradoxe juif*, conversation en français avec Léon Abramowicz, Paris, Stock, 1976.

GOLDMANN, Nahum « Profil Nahum Goldmann », une émission proposée par Jean-François Chauvel, TF 1, 18 août 1981, 22 h.

GÖRLITZ, Walter, *Le Maréchal Keitel : souvenirs, lettres, documents,* tr. de R. Moreigne, Paris, Fayard, 1963.

GOTOVITCH, José, « [compte rendu du colloque de la Sorbonne sur] l'Allemagne nazie et l'extermination des juifs », *Bulletin du Centre de recherches et d'études historiques de la seconde guerre mondiale*, subventionné par le Ministère de l'Éducation Nationale (Belgique), n° 12, décembre 1982, p. 8-9.

GOTTFARSTEIN, J., *L'École du meurtre*, Paris, La Presse française et étrangère, Oreste Zeluck, 1946.

GRAF, Jürgen, *Der Holocaust auf dem Prüfstand*, Bâle, Guideon Burg Verlag, 1992.

GRAF, Jürgen, *Der Holocaust-Schwindel, Vom Werden und Vergehen des Jahrhundertbetrug*, Bâle, Guideon Burg Verlag, 1993, préface de R. Faurisson, p. IV-XIV.

GRAY, Martin, *Au nom de tous les miens*, « Récit recueilli par Max GALLO », Paris, Robert Laffont, 1971.

GREILSAMER, Laurent, « La Leçon Touvier », *Le Monde*, 21 avril 1994, p. 1 et 14.

GREILSAMER, Laurent, « Un chercheur amateur révèle la machinerie des crématoires d'Auschwitz. Les plans de la mort », *Le Monde*, 2627 septembre 1993, p. 7 à propos d'un ouvrage de Jean-Claude Pressac, *Les Crématoires d'Auschwitz*.

GRENIER, Fernand, *C'était ainsi (1940-1945)*, Paris, Éditions sociales, 1970.

GRINGAUZ, S., « Some Methodological Problems in the Study of the Ghetto », *Jewish Social Studies*, XII, New York, 1950, p. 65.

GROSSMAN, Vassili S., *L'Enfer de Treblinka,* Paris, Arthaud, 1945, rééd. 1966.
GROSSMAN, Vassili S. et EHRENBURG, Ilya G., *Le Livre noir,* Paris, Solin-Actes Sud, 1995.
GROSSMANN, Esther, Lettre à la rédaction, *Die Realschule,* Hanovre, n° 11, nov. 1980, p. 678.

GROTUM, Thomas et PARCER, Jan, « Computer-aided Analysis of the Death Book Entries », *Sterbebücher von Auschwitz. Death Books from Auschwitz. Ksiegi zgonow z Auschwitz,* herausgegeben vom Staatlichen Museum Auschwitz-Birkenau, 3 vol., Munich, Saur Verlag, 1995.

GRYNBERG, A., « Une découverte récente : le fonds d'archives de la Commission des Camps (1941-1943) », *Le Monde Juif,* juillet-septembre 1988, p. 108-18.

GUILLAUME, Pierre, *Droit et histoire*, Paris, La Vieille Taupe, 1986.
GUILLAUME, Pierre, « Révisionnisme : déconstruire un délire » *Nationalisme et République,* 1 er juin 1992.

GUILLEBAUD, Jean-Claude, « Roumanie. Ces morts disparus », *Le Nouvel Observateur,* 8 février 1990.

GUILLON, Claude et LE BONNIEC, Yves, *Suicide, mode d'emploi,* Paris, Alain Moreau, 1982.
GUILLOT-MUÑOZ, A., RODRÍGUEZ, A. et CARADEC, François, *Lautréamont à Montevideo*, édité par *La Quinzaine littéraire,* 1972.

GUN, N. E., *The Day of the Americans*, New York, Fleet, 1966.

GUTMAN, Yisrael, *The Jews of Warsaw 1939-1943. Ghetto, Underground, Revolt*, Translated from the Hebrew by Ina FRIEDMAN, Bloomington, Indiana University Press, 1982.

GUTTMANN, B., *Schattenriss einer Generation 1888-1919*, Stuttgart, K. F. Koehler, 1950.

HAFT, Cynthia, *The Theme of Nazi Concentration Camps in French Literature*, La Haye et Paris, Mouton, 1969.
HAFT, Cynthia, « Ecrire la déportation. Le sensationnel, avilissement du tragique », *Le Monde*, 25 février 1972.

HALTER, Marek, *La Mémoire d'Abraham*, Paris, Laffont, 1983.

HARRIS, André et SÉDOUY, Alain de, *Voyage à l'intérieur du Parti Communiste Français*, Paris, Le Seuil, 1974.
HARRIS, André et DE SÉDOUY, Alain, *Juifs et Français*, Paris, Grasset, 1979.

HÄRTLE, H., « "Holocaust" und Keine Ende », *Klüter Blätter*, décembre 1982, p. 28.

HARWOOD, Richard (R. Verrall), *Did Six Million Really Die ?* Londres, Historical Review Press, 1974.

HAVET, Louis, *Manuel de critique verbale*, Paris, Hachette, 1911.

HELFGOTT, B., article dans *The Independent*, 3 août 1990.

HELLMAN, Peter, *The Auschwitz Album, A Book Based Upon an Album Discovered by a Concentration Camp Survivor, Lili Meier*, text by Peter HELLMAN, New York, Random House, 1981 (188 photos). Version française : *L'Album d'Auschwitz, D'après un album découvert par Lili Meier, survivante du camp de concentration*, texte de Peter HELLMAN, traduit de l'américain par Guy CASARIL. Édition française établie et complétée par Anne FREYER et Jean-Claude PRESSAC, Paris, Le Seuil, 1983.

HEMMENDINGER, J., *Les Enfants de Buchenwald*, Éd. Favre, 1984.

HERBSTRITH, Waltraud, *Le Vrai Visage d'Edith Stein*, trad. de Pierre Sérouet, "6e édition améliorée", O.E.I.L., 1990.

HERMAN, Edith, « Thirty years later "death camp" horror an indelible memory », *Chicago Tribune*, 4 mai 1975, section 1.

HILBERG, Raul, *The Destruction of the European Jews*, Chicago, Quadrangle Books, 1961 ; 2e éd., 1985 (3 vol.), New York, Harper Colophon, 1979.

HILBERG, Raul, entretien avec Guy SITBON, « Les Archives de l'horreur », *Le Nouvel Observateur*, 3-9 juillet 1982, p. 70-73, 75-77.

HILBERG, Raul, "The Holocaust in Perspective", conférence, compte rendu de George DEWAN, *Newsday* (Long Island), 23 février 1983.

HILBERG, Raul, entretien avec Luc FERRY et Sylvaine PASQUIER, *L'Express*, 20-26 mai 1988, p. 118.

HILBERG, Raul, *La Destruction des juifs d'Europe*, Paris, Fayard, 1988.

HILL, M. et WILLIAMS, L. Norman, *Auschwitz en Angleterre (l'affaire Dering)*, *Paris*, Calmann-Lévy, 1971, 335 p.

HILLEL, Marc, *Au nom de la race*, Paris, Fayard, 1974.

HILLEL, Marc, *Les Archives de l'espoir*, Paris, Fayard, 1977.

HIMMLER, Heinrich, *Heinrich Himmler Geheimreden 1933 bis 1945 und andere Ansprachen*, herausgegeben von Bradley Smith und Agnes F. Peterson mit einer Einführung von Joachim C. Fest, Verlag Ullstein, Propyläen, 1974 (trad. franç. Himmler, Heinrich, *Discours secrets,* Paris, Gallimard, 1978).

HITCHENS, Christopher, « Whose history is it ? », *Vanity Fair*, décembre 1993, p. 110-117, 118.

HITLER, Adolf, *Le Testament politique de Hitler,* version française et présentation de F. Genoud, Paris, Fayard, 1959. [*Bormann Vermecke*]

HITLER, Adolf, *Hitlers Tischsgespräche*, voy. Picker

HITLER, Adolf, *Mein Kampf,* Munich, Franz Eher Nachf., 1925-1927.

HOBERMAN, J., « Film. Shoah Business », *Village Voice*, New York, 28 January 1986, p. 65.

HOCHHUTH, Rolf, *Le Vicaire*, Paris, Le Seuil.

HOFFMAN, Michael A., *The Great Holocaust Trial*, Torrance, Californie, Institute for Historical Review, 1985.

HOFFMANN, Joachim, *Stalins Vernichtungskrieg, 1941-1945.*

HONSIK, Gerd, *Freispruch für Hitler ? 36 ungehörte Zeugen wider die Gaskammer*, Wien, Burgenländischer Kulturverband, (Postfach 11, 1142 Wien), 1988.

HÖSS, Rudolf, *Kommandant in Auschwitz. Autobiographische Aufzeichnungen,* éd. par M. Broszat, Stuttgart, Deutsche Verlags-Anstalt, 1958. Traduit de l'allemand par Constantin de Grunwald, *Le Commandant d'Auschwitz parle...* Paris, Julliard, 1959.

HÖTTL, Wilhelm, *Einsatz für das Reich,* Coblence, Verlag S. Bublies, 1997.

IRVING, David, *Hitler's War*, New-York, The Viking Press, 1977.
IRVING, David, « On Contemporary History and Historiography », *Journal of Historical Review*, hiver 1984, p. 251-288.
IRVING, David, *Hitler und seine Feldherren*. Focus.

ISAAC, Jules, *L'Enseignement du mépris*. 1962.

ISRAËL, G., *Jid, les Juifs en URSS*, Paris, Jean-Claude Lattès, 1971.

IWASZKO, Tadeusz, « Häftlingsfluchten aus dem KL Auschwitz », *Hefte von Auschwitz*, 7, 1964, p. 3-57.

JANKÉLÉVITCH, Vladimir, *Le Je ne sais quoi et le Presquerien*, Paris, Le Seuil.

JICK, Leon A., « The Holocaust : its Use and Abuse within the American Public », *Yad Vashem Studies,* Jérusalem, 1981.

JOFFROY, Pierre, [article consacré à Anne Frank], *Paris-Match,* n°395 du 3 novembre 1956, p. 93.
JOFFROY, Pierre, *L'Espion de Dieu. La passion de Kurt Gerstein,* Paris, Grasset, 1969.

JUHNKE, A., « Das war unsere Befreiung » [entretien avec Manfred Rommel], *Die Woche*, 1 er juin 1994.

KAHN, Jean, entretien, *Le Monde*, 3 octobre 1989 p. 16.

KAGENECK, August von, « Le danger révisionniste », *Le Quotidien de Paris,* 22 janvier 1983, p. 4.

KAPLAN, Alice, *Relevé des sources et des citations dans « Bagatelles pour un massacre »*, Tusson, Du Lérot, 1987.

KAPLAN, Alice, « Out of the Past », *Lingua Franca*, sept.-oct. 1993, p. 35-40.

KASPI, André, *Les Juifs pendant l'Occupation*, éd. revue et mise à jour, Paris, Le Seuil, 1997.

KAUFMANN, Pierre, « Le danger allemand », *Le Monde*, 8 février 1947.

KAUTSKY, Bruno, *Teufel und Verdammte*, Wien, Verlag der Wiener Volksbuchhandlung, 1948.

KLARSFELD, Arno, « Pourquoi je suis juif », *Information juive*, juin 1994, p. 9.

KLARSFELD, Serge, *Deutsche Dokumente 1941-1944. Die Endlösung der Judenfrage in Frankreich*, 1977, Paris, éd. Beate et Serge Klarsfeld, herausgegeben von KLARSFELD, Serge.

KLARSFELD, Serge, *Le Mémorial de la déportation des Juifs de France*, Paris, 1978.

KLARSFELD, Serge, *Additif* [n° 1] au *Mémorial de la déportation des juifs de France*, Paris, éd. F.F.D.J.F., 1980.

KLARSFELD, Serge, *The Auschwitz Album. Lili Jacob's Album*, New York, The Beate Klarsfeld Foundation, préface, 1980 : voy. HELLMANN.

KLARSFELD, Serge, *Vichy-Auschwitz, Le rôle de Vichy dans la Solution finale de la question juive*, Paris, Fayard, 2 vol., 1983 et 1985.

KLARSFELD, Serge, *Les Enfants d'Izieu*, « Les fils et filles de déportés juifs de France ».

KLARSFELD, Serge, « Anniversaire – Il y a quarante ans, la libération des camps », *Le Monde*, 11 mai 1985, p. 2.

KLARSFELD, Serge, « Serge Klarsfeld répond à Henri Noguères », *Le Monde*, 15 janvier 1986.

KLARSFELD, Serge, « Les historiens du mensonge », *VSD*, 29 mai 1986, p. 37.

KLARSFELD, Serge, « Lettre à François Mitterrand », *Libération*, 12 septembre 1994, p. 6.

KLEIN, Marc, *Observations et réflexions sur les camps de concentration nazis*, extrait de la revue *Études Germaniques*, n° 3, 1946.
[633] KONK, *Aux Voleurs !* Paris, Albin Michel.

KOPPE, Helga, voy. NEUMANN, Robert.

KORZEC, Michel, « De mythe van de efficiënte massamoord », *Intermediair*, 15 décembre 1995.

KOUCHNER, Bernard, *Dieu et les hommes*, Paris, Laffont, 1993.

KRAKOWSKI, Shmuel, entretien, *The Jerusalem Post International Edition*, 5 mai 1990.

KRAUS, Ota et KULKA, Erich, *Die Todesfabrik*, Berlin-Est, 1958. Trad. anglaise, *The Death Factory* (contient un « témoignage de F. Müller »), 1966.

KRAUSNICK, Helmut et WILHELM, Hans-Heinrich, *Die Truppe des Weltanschauungskrieges. Die Einsatzgruppen der Sicherheitspolizei und des SD, 1938-1942*, Stuttgart, Deutsche Verlags-Anstalt, 1981.

KRIEGEL, Annie, « Le Leurre de l'antisémitisme », *Le Figaro*, 2 avril 1990, p. 2.

KRIEGEL, Annie, « Attention : Boomerang », *L'Arche*, avril 1990, p.25-26.

KULKA, Erich, voy. KRAUS, Ota.

KULASZKA, Barbara, *Did Six Million Really Die ? Report of the Evidence in the Canadian « False News » Trial of Ernst Zündel – 1988*, Toronto, Samisdat Publishers, 1992.

KUPFERMAN, F., « Holocauste : les blanchisseurs du nazisme », *L'Express*, 30 mai 1986, p. 43.

LA MARTINIÈRE, Joseph de, *Les N.N. Le décret et la procédure Nacht und Nebel (Nuit et Brouillard),* avant-propos de Germaine Tillion, préface de Claude Lévy, Orléans, édité par l'auteur, BP 25, 45015 Orléans cedex, 1981.

LABORIE, Pierre, « Le Statut des juifs et l'opinion française », *Le Monde juif*, avril-juin 1991.

LABROUE, Henri, *Voltaire antijuif.*

LAMBERT, Raymond-Raoul, *Carnet d'un témoin :* 1940-1943, Paris, Fayard, 1984

LANGBEIN, Hermann, *Der Auschwitz-Prozess,* Vienne, Europa Verlag, 1965, 2 tomes.
LANGBEIN, Hermann, *Menschen in Auschwitz,* Wien, Europa Verlag, 1974 ; trad. fr. *Hommes et femmes à Auschwitz,* Paris, Fayard, 1975.
LANGBEIN, Hermann, « Coup d'œil à la littérature néo-nazie », *Le Monde Juif,* n° 78, avril – juin 1975, p. 8-20.
LANGBEIN, Hermann voy. KOGON, Eugen.

LALIEU, Olivier, *La Déportation fragmentée : les anciens déportés parlent de politique, 1945-1980,* Paris, La Boutique de l'Histoire, 1994.

LANG, Jochen von, *Eichmann-Protokoll,* Severin und Siedler, 1982 ; trad. fr. : *L'Interrogatoire* [d'Eichmann en Israël], Paris, Belfond, 1984.

C. LANZMANN, *Shoah,* avec une préface de Simone de Beauvoir, Paris, Fayard, 1985.
LANZMANN, Claude, « La pensée défaite », *Le Nouvel Observateur,* 31 janvier 1991, p. 41.

LANZMANN, Jacques, entretien, *VSD,* 17 mai 1990, p. 82.

LAPIDE, M. P. E., *Rome et les juifs,* Paris, Le Seuil, 1967.

LAQUEUR, Walter, *The Terrible Secret. An Investigation into the Suppression of Information about Hitler's Final Solution,* Londres, Weidenfeld and Nicolson, 1980.

LAUTRÉAMONT, [comte de] *Les Chants de Maldoror.*

LAZARE, Bernard, *L'Antisémitisme, son histoire et ses causes,* 1894, rééd. Paris, La Vieille Taupe, 1985.

LE BONNIEC, Yves, voy. GUILLON, Claude.

LE CHÊNE, Evelyn, *Mauthausen ou la comptabilité de l'horreur,* Paris, Pierre Belfond, 1974.

LEFRÈRE, Jean-Jacques, *Le Visage de Lautréamont*, Paris, Horay, 1977.

LE MAREC, Gérard, *Les Photos truquées. Un siècle de propagande par l'image*, Paris, Atlas, 1985.

LE MESNIL, C., « Le révisionnisme a osé la négation des chambres à gaz », *Historama-Historia*, mars-avril 1995, p. 134-137.

LE TAC, Joël, député RPR de Paris, [article évoquant ses souvenirs des « gazages » homicides du Struthof], *France-Soir*, 25 novembre 1978.

LÉAUTHIER, Alain, « Un commando sioniste s'invite au meeting néonazi », *Libération*, 22 avril 1991, p. 28.

LEMKIN, Rafael, *Axis Rule in Occupied Europe.* New York, Columbia University Press, 1944.

LENOIR, F. voy. (Abbé) PIERRE.

LENSKI, Robert, *The Holocaust on Trial*, Decatur (Alabama), Reporter Press, 1990. [1199]

LEPROUX, Marc, *Nous les terroristes*, 1947.

LERMAN, « The Polish communist's false Auschwitz story », *The Philadelphia Inquirer*, 29 mars 1992, p. A1, 10.

LEUCHTER, Fred A., « Rapport technique sur les présumées chambres à gaz homicides d'Auschwitz, de Birkenau et de Majdanek », *Annales d'histoire révisionniste,* n° 5, été-automne 1988, p. 51-102, préface de Robert Faurisson.
LEUCHTER, Fred A., *An Engineering Report on the Alleged Execution Gas Chambers at Auschwitz, Birkenau and Majdanek, Poland,* 1988.
LEUCHTER, Fred A., *The Leuchter Report : The End of a Myth*, préface de Robert Faurisson, Samisdat Publishers Ltd., 1988.
LEUCHTER, Fred A., *The second Leuchter Report (Dachau, Mauthausen, Hartheim)*, David Clark, Decatur (Alabama), avec préface de R. Faurisson, 1989.
LEUCHTER, Fred A., *Engineering Report on the Alleged Gas Chambers at Auschwitz, Birkenau & Majdanek (Poland),* Foreword by

Dr Robert Faurisson, Institute for Historical Review, Newport, California, USA., 1989.

LEUCHTER, Fred A., *The Third Leuchter Report : A Technical Report on the Execution Gas Chamber at Mississippi State Penitentiary, Parchman, Mississippi*, Prepared for Ernst Zündel, Toronto, Samisdat Publishers Ltd., 206 Carlton Street, Toronto, Ontario, M5A 2L1 (Canada), 1989.

LÉVESQUE, René, *Memoirs*, Toronto, McClelland & Stewart, 1986.

LEVI, Primo, *Se questo è un uomo.*, Turin, Einaudi pour la 2e éd., 1947, réédité en 1958.

LEVI, Primo, *J'étais un homme*, traduction de Michèle Causse, Paris, éditions Buchet-Chastel, 1961.

LEVI, Primo, *Si c'est un homme*, traduction de Martine Schruoffeneger, avec un appendice de 1976, Paris, Julliard, 1987.

LÉVY, Pierre-Oscar, BLOCH, Suzette et ASSOUN, Jacky, *Premier convoi,* un documentaire, Paris, mars 1992.

LEWIS, Bernard, *Sémites et Antisémites*, Paris, Fayard, 1987.

LILIENTHAL, Alfred M., *The Zionist Connection*, New York, Dodd, Mead and Co, 1978.

LINDSEY, William B., « Zyklon B, Auschwitz, and the Trial of Dr. Bruno Tesch », *The Journal of Historical Review*, Fall 1983, p. 261-303. (reproduction partielle dans les *Historische Tatsachen*, Nr. 25 (1985), S. 10-23.)

LIPSTADT, Deborah, *Denying the Holocaust. The Growing Assault on Truth and Memory*, New York, Free Press, 1993.

LOZOWICK, Yaacov, « Rollbahn Mord : The Early Activities of *Einsatzgruppe C* », *Holocaust and Genocide Studies,* 1987, vol. 2, n° 2, p. 221-241.

LUCE, Stanford L. et BUCKLEY, William K., *A Half-Century of Céline, An Annotated Bibliography, 1932-1982,* New York & London, Garland, 1983.

LUCRÈCE, *De rerum natura*.

McBRIDE, Sean, « L'avertissement », *Le Monde,* 13 février 1981.

MALHER, R., « Even Holocaust criminals refute prof's numbers », *North Shore News*, 19 December, 1993, p. 8.

MANIGNE, J.-P., « Édith Stein, juive et martyre », *La Vie*, 8 octobre 1998, p. 71.

MARAIS, Pierre, *En lisant de près les écrivains chantres de la Shoah : Primo Levi, Georges Wellers, Jean-Claude Pressac*, Paris, La Vieille Taupe, 1991.

MARAIS, Pierre, *Les Camions à gaz en question*, Paris, Polémiques, 1994, p. I-VI, préface de R. Faurisson.

MARK, Ben, *Des Voix dans la nuit*, Paris, Plon, 1982, traduit et adapté du yiddish ; le titre original est : *Meggillat Auschwitz.* Tel-Aviv, Israël-Book, 1977.

MARRUS, Michael R. et PAXTON, Robert O., *Vichy et les juifs,* Paris, Calmann-Lévy, 1981.

MARRUS, Michael R. et PAXTON, Robert O., « The Nazis and the Jews in Occupied Western Europe, 1940-1944 », *Journal of Modern History,* University of Chicago, n° 54, décembre 1982, p. 687-714.

MARSALEK, Hans, *Die Geschichte des Konzentrationslagers Mauthausen : Dokumentation,* Vienne, Österreichische Lagergemeinschaft Mauthausen, 1980, 1974.

MARSALEK, Hans, *Hartheim, Establishment for Euthanasia and Gassing : Accessory Camp to the KZ (Concentration Camp) of Mauthausen* (version abrégée du *Camp de Mauthausen*, traduit en anglais par Peter Reinberg), Château de Hartheim, 1989, 4 p.

MARTIN, James J., « Raphael Lemkin and the Invention of "Genocide" », *The Journal of Historical Review,* Spring 1981, p. 19-34.

MARTIN, James J., *The Man Who Invented Genocide*, Institute for Historical Review, 1986.

MASUR, Norbert, « My Meeting with Heinrich Himmler », *Moment* (mensuel juif de Boston), décembre 1985, p. 51 ; traduction partielle du suédois *Ein Jude talar med Himmler* (Un juif parle avec Himmler), Stockholm, Albert Bonniers Förlag, 1945.

MATTOGNO, Carlo, *Auschwitz, un caso di plagio*, Parme, Edizioni la Sfinge, 1986.

MATTOGNO, Carlo, *Il rapporto Gerstein : anatomia di un falso (Il "campo di sterminio" di Belzec)*, Monfalcone, Éd. Sentinella d'Italia, 1985.

MATTOGNO, Carlo, « Le mythe de l'extermination des juifs », *Annales d'histoire révisionniste*, n° 1, 1987.

MATZ, E., « Britain and the Holocaust », *Midstream*, avril 1982.

MAXWELL, Robert, « J'accuse », *Sunday Mirror*, 17 juillet 1988.

MAYER, Arno J., *Why Did the Heavens not Darken ? The « Final Solution » in History*, New York, Pantheon Books, 1988 ; trad. fr. : *La « Solution finale » dans l'histoire*, préface de Pierre VIDAL-NAQUET, Paris, La Découverte, 1990.

MÉMY, Marie-Paule, *L'Affaire Faurisson (Nuit et brouillard...)*, Mémoire de DUT, option journalisme, Bordeaux, Université de Bordeaux III, IUT-B, 1983.

E. MEYER, « Recording the Holocaust », *The Jerusalem Post International Edition*, 28 juin 1986, p. 9.

MICHEL, Henri et WORMSER, Olga, *Tragédie de la déportation (19401945). Témoignages de survivants des camps de concentration allemands*, Paris, Hachette, 1954.

MILLER, Judith, *One, by One, by One : Facing the Holocaust*, voy. A. SILOW C ARROLL.

MILLOT, Laurence, « Une émission déboulonne Wiesenthal. Le chasseur de nazis présenté comme un imposteur à la télé allemande », *Libération*, 10-11 février 1996, p. 7.

MOLTER, B., *Edith Stein, martyre juive de confession chrétienne*, Paris, Cana, 1998.

MONNERAY, Henri, dir., *La Persécution des Juifs dans les pays de l'Est présentée à Nuremberg*, Paris, éditions du Centre de documentation juive contemporaine, Paris, 1949.

MORELLI, M. G., *Terre de détresse*, Paris, Bloud et Gay, 1947.

MORIN, Edgar, *Pour sortir du XXe siècle*, Paris, Fernand Nathan, 1981.
MORIN, Edgar, « Histoire, méfie-toi du sacré ! », *L'Événement du jeudi*, 4 septembre 1986, p. 41.

F. MÜLLER, *Trois ans dans une chambre à gaz d'Auschwitz, témoignage de l'un des seuls rescapés des commandos spéciaux,* Paris, Pygmalion, 1980, préfacé par C. LANZMANN ; version allemande : *Sonderbehandlung, Drei Jahre in den Krematorien und Gaskammern von Auschwitz.* Deutsche Bearbeitung von Helmut FREITAG, München, Verlag Steinhausen, 1979 ; version américaine, *Eyewitness Auschwitz, Three Years in the Gas Chambers,* Literary Collaboration of Helmut FREITAG. Foreword by Yehuda BAUER, New York, Stein and Day, 1979. Voy. aussi Ota KRAUS et Erich KULKA.

MUSIOL, T., *Dachau 1933-1945,* Katowice, éd. Slask, 1971.

NAUMANN, Bernd, *Auschwitz*, Frankfurt, Athenäum Verlag, 1965 ; trad. anglaise : *Auschwitz* (tr. Jean Steinberg), New York, Frederick A. Praeger, 1966.

NEAVE, Airey, *They Have Their Exits*, préface du Lord Justice Birkett, Londres, Hodder and Stoughton, 1953.

NEUMANN, Robert, unter Mitarbeit von KOPPE Helga, *Hitler. Aufstieg und Untergang des Dritten Reiches*, Ein Dokument in Bildern, Verlag Kurt Desch, 1961.

NISHIOKA, Masanori, [« Le plus grand tabou de l'histoire de l'après-guerre : les chambres à gaz nazies n'ont pas existé »] (en japonais), *Marco Polo*, Tokyo, janvier 1995.

NOBÉCOURT, Jacques, « Un livre de David Wyman. Les silences de Roosevelt devant l'Holocauste », *Le Monde,* 22 avril 1987, p. 1 et 7.

NOGUÈRES, Henri, *Histoire de la Résistance en France*, Genève, Famot, 1981-1982, 10 volumes.

NOLTE, Ernst, *Streitpunkte – Heutige and künftige Kontroversen um den Nationalsozialismus* Francfort, Propyläen, 1993, 493 p.

NOLTE, Ernst, entretien avec *Der Spiegel*, 3 octobre 1994, p. 83, 85, 87, 90-91, 94, 97, 101, 103.

NOLTE, Ernst, « Ein Gesetz für das Außergesetzliche », *Frankfurter Allgemeine Zeitung*, 23 août 1994.

NOTIN, Bernard, « Le rôle des médias dans la vassalisation nationale : omnipotence ou impuissance ? », *Économies et sociétés*, Presses universitaires de Grenoble, 1989, n° 8, p. 117-133.

NOVITCH, Myriam, *La Vérité sur Treblinka*, Israël, Beth Lohamei, 1967.

NYISZLI, Miklos, texte attribué au « "SS Obersturmführer Dr Mengele". Journal d'un médecin déporté au crématorium d'Auschwitz », préface de Tibère Kremer, *Les Temps modernes*, mars 1951.

NYISZLI, Miklos, *Médecin à Auschwitz, Souvenirs d'un médecin déporté*, traduit et adapté du hongrois par Tibère Kremer, Paris, Julliard, 1961.

ORWELL, George, *Notes sur le nationalisme,* mai 1945, réédité dans *The Collected Essays,* Londres, Penguin Books, 1978.

PACZULA, Tadeusz, « L'Organisation et l'administration de l'hôpital d'Auschwitz I », *Anthologie* [bleue], Varsovie, Comité International d'Auschwitz, 1969, II, 1, p. 38-73.

PAGET, Sir Reginald T., (avocat de Manstein), *Manstein, His Campaign and His Trial*, Londres, Collins, 1951.

PARAZ, Albert, *Le Menuet du haricot,* Genève, Connaître, 1958.

PARCER, Jan, voy. GROTUM, Thomas.

PASQUA, Charles, « Les thèses révisionnistes, véritable délit », *Le Figaro,* 21 septembre 1987, p. 7.

PESCHANSKI, Denis, « Les statuts des juifs du 3 octobre 1940 et du 2 juin 1941 », *Le Monde Juif,* janvier-mars 1991.

PESCHANSKI, Denis, *Les Tsiganes en France 1939-1946*, Paris, CNRS éditions, 1994.

PETERS, Gerhard, « Blausäure zur Schädlingsbekämpfung », *Sammlung chemischer und chemisch-technischer Vorträge,* n.f., Stuttgart, Ferdinand Enke, Heft 20, 1933.

PETERS, Gerhard, « Die hochwirksamen Gase und Dämpfe in der Schädlingsbekämpfung », *Sammlung chemischer und chemisch-technischer Vorträge,* n.f., Stuttgart, Ferdinand Enke, Heft 47a, 1942.

PIATIER, Jacqueline, « Maldoror entre M. Prudhomme et M. Fenouillard », *Le Monde,* 23 juin 1972.

(Abbé) PIERRE et LENOIR, F., *Mémoire d'un croyant,* Paris, Fayard, 1997.

PICKER, Henry, *Hitlers Tischgespräche im Führerhauptquartier 1941 1942,* Stuttgart, Seewald, 1963.

PIGUET, Mgr Gaston, *Prison et déportation,* Paris, Spes, 1947.

PINI, G., *La Crémation en Italie et à l'étranger de 1774 jusqu'à nos jours,* Milan, Ulrich Hoepli Éditeur Libraire, 1885.

PINTER, Stephen, enquête sur les chambres à gaz en Allemagne et en Autriche et à Auschwitz, *Our Sunday Visitor,* 14 juin 1959.

PIPER, Franciszek, « Estimating the Number of Deportees to and Victims of the Auschwitz-Birkenau Camp », Jerusalem, *Yad Vashem Studies,* XXI, 1991, p. 49-103.

PIPER, Franciszek, *Auschwitz. How Many Perished. Jews, Poles, Gypsies...,* [completed reprint d'« Estimating the number... »], Cracovie, Poligrafia ITS, 30-306, Krakow, 1992.

PIPER, Franciszek, « The Number of Victims », in *Anatomy of the Auschwitz Death Camp,* ed. by Yisrael GUTMAN et Michael BERENBAUM, Indianapolis, Indiana University Press, published in association with the United States Holocaust Memorial Museum, 1994.

PLENEL, Edwy, « Un article jugé raciste et révisionniste suscite des protestations » *Le Monde,* 28-29 janvier 1990, p. 9.

POIRIER Robert G., voy. BRUGIONi, Dino A.

POLAC, Michel, *Télé-7 Jours,* 26 octobre-1er novembre 1985, p. 126.

B. POLEVOI, « Le combinat de la mort à Auschwitz » (en russe), *Pravda*, 2 février 1945, p. 4.

POLIAKOV, Léon, *Bréviaire de la Haine*, Paris, Calmann-Lévy, 1951.
POLIAKOV, Léon, et WULF, Joseph, *Le IIIe Reich et les Juifs*, Paris, Gallimard, 1955. version allemande : *Das Dritte Reich und die Juden*, Berlin, Arami, 1955.
POLIAKOV, Léon, *Le Procès de Jérusalem, Paris,* Calmann-Lévy, 1963.
POLIAKOV, Léon, *Auschwitz*, Paris, Julliard, 1964 et 1973.
POLIAKOV, Léon, « L'Antisémitisme : les racines du mal. *L'Express* va plus loin avec Léon Poliakov », *L'Express*, 3-9 mars 1979, p. 153).
POLIAKOV, Léon, « Histoires et polémiques : à propos du génocide », *Commentaire*, Paris, printemps 1991, p. 202-205.
POLIAKOV, Léon, postface de S. FRIEDLÄNDER, *Kurt Gerstein...*
POLIAKOV, Léon, et VIDAL-NAQUET, Pierre, « Les camps nazis et les chambres à gaz. La politique hitlérienne d'extermination : une déclaration d'historiens », *Le Monde,* 21 février 1979, p. 23.

PONCET, C., « Faurisson : une liberté d'expression pour les salauds ? », *La Tribune de Genève*, 7 août 1981.

PONSONBY, Arthur, *Falsehood in War-time (containing an assortment of lies circulated throughout the nations during the Great War)*, (1928) rééd., Institute for Historical Review, 1980 ; trad. franç., *Mensonges et rumeurs en temps de guerre*, préface, trad. et notes de J. Plantin, Saint-Genis Laval, éd. du Dragon vert, 1996.

PORTER, Carlos Whitlock, *Non coupable à Nuremberg. L'argumentation de la défense*, Palos Verdes, Calif., 1997. [1828]
POSNER, Gerald L., en collaboration avec John Ware, *Mengele, The Complete Story*, New York, McGraw-Hill, 1986.

POULET, Robert, « La vérité au compte-gouttes », *Rivarol*, 25 février 1983, p. 11.

POULIN, C., « Antisémitisme. La brute planétaire », *Sud-Ouest Dimanche*, 29 septembre 1991, p. 9.

PRESSAC, Jean-Claude, « Les "Krématorien" IV et V de Birkenau et leurs chambres à gaz, construction et fonctionnement », *Le Monde Juif*, n° 107, juillet-septembre 1982, p. 91-131.

PRESSAC, Jean-Claude, « Les carences et les incohérences du "Rapport Leuchter" », *Jour J. La Lettre télégraphique juive*, décembre 1988.

PRESSAC, Jean-Claude, *Auschwitz. Technique and Operation of the Gas Chambers.*, New York, The Beate Klarsfeld Foundation, 1989.

PRESSAC, Jean-Claude, *Les Crématoires d'Auschwitz. La Machinerie du meurtre de masse,* Paris, CNRS Éditions, 1993. Compte rendu : « Des documents ignorés sur la Shoah. Le devis d'Auschwitz », *Libération*, 24 septembre, p. 28-9 ; dossier : *Les Crématoires d'Auschwitz. L'Express*, 23 septembre, p. 76-80, 82-87.

PRESSAC, Jean-Claude, *Die Krematorien von Auschwitz. Die Technik des Massenmordes,* mit einem Einführungstext [...] von Ernst Piper, München, Zürich, Piper, 1994.

PRESSAC, Jean-Claude, et VAN PELT, R.-J., « The Machinery of Mass Murder at Auschwitz », in *Anatomy of the Auschwitz Death Camp,* éd. par Yisrael GUTMAN et Michael BERENBAUM, published in association with the United States Holocaust Memorial Museum, Bloomington and Indianapolis, Indiana University Press, 1994, p. 183-245 [chapitre 8].

PRESSAC, Jean-Claude, « Enquête sur les chambres à gaz », *Auschwitz, la Solution finale*, Paris, Collections de *L'Histoire*, n° 3, octobre 1998.

RACHLINE, Michel, *Un Juif libre*, Paris, Authier, 1974.

RAJSFUS, Maurice, *Des Juifs dans la Collaboration (II). Une Terre promise ? (1941-1944)*, Paris, L'Harmattan, 1989.

RAJSFUS, Maurice, *Drancy. Un camp de concentration très ordinaire, 1941-1944,* Manya, 1991.

RASSINIER, Paul, *Le Mensonge d'Ulysse*, Éditions bressanes, 1950.

RASSINIER, Paul, *Ulysse trahi par les siens*, Librairie française, 1961.

RASSINIER, Paul, *Le Véritable Procès Eichmann ou les vainqueurs incorrigibles*, Paris, Les Sept Couleurs, 1962. Trad. allemande : *Was ist Wahrheit ? Die Juden und das Dritte Reich*, Leoni am Starnberger See, Druffel-Verlag, 1981.

RASSINIER, Paul, *Le Drame des Juifs européens*, Paris, Les Sept Couleurs, 1964.

RASSINIER, Paul, *L'Opération « Vicaire »*. *Le rôle de Pie XII devant l'Histoire*, Paris, La Table Ronde, 1965.

RATIER, Emmanuel, *Encyclopédie politique française*, tome I, Paris, Faits & Documents, 1992.
E. RATIER, Emmanuel, *Mystères et secrets du B'naï B'rith, la] plus importante organisation juive internationale*, Paris, Facta, 1993.
RATIER, Emmanuel, *Les Guerriers d'Israël* (Enquête sur les milices sionistes), Paris, Facta, 1995.

RAUSCHER, P., *Never Again. Jamais Plus*, Munich, 1945.

RAUSCHNING, Hermann, *Hitler m'a dit*, 1938.

READ, J. M., *Atrocity Propaganda, 1914-1919*, New Haven, Yale University Press, 1941.

REICHER, E., *Une Vie de juif, Souvenirs d'un médecin juif polonais, 1939-1945*, Paris, Lieu Commun, 1991.

REITLINGER, Gerald, *The Final Solution. The Attempt to Exterminate the Jews of Europe 1939-1945,* Londres, Vallentine Mitchell, 1953 ; 2e éd., 1968 ; 3e éd. Londres, Sphere Books, 1971 ; traduction de l'anglais en allemand par BRÜGEL, J. W., *Die Endlösung*, Berlin, Colloquium Verlag ; 4e édition revue et corrigée, 1961.

REITSCH, Hanna, *Fliegen, mein Leben*, Stuttgart, Deutsche Verlags-Anstalt, 2ᵉ édition, 1951 ; trad. fr. : *Aventures en plein ciel*, Paris-Genève, La Palatine, 1952. (En 1976, elle écrit : « Je ne crois pas un mot [de ces histoires de gazages de juifs] », dans *Höhen und Tiefen*, Munich, Herbig, 1978, p. 32).

RÉMOND, René, « Les Églises et la persécution des juifs pendant la seconde guerre mondiale » in *L'Allemagne nazie et le génocide juif* (actes du colloque de la Sorbonne de 1982), Paris, Gallimard, 1985, p. 375-403.
RÉMOND, René, *Le XXe siècle, de 1914 à nos jours*, Paris, Le Seuil, 1974.

Colonel RÉMY, *Historama,* octobre 1975, p. 13.

RENK, B. A., « The Franke-Gricksch "Resettlement Action Report": Anatomy of a Fabrication », *The Journal of Historical Review*, 11, 3, automne 1991, p. 261-279.

ROBINSON Jacob et SACHS, Henry, *The Holocaust. The Nuremberg Evidence. Part One : Documents*, Jérusalem, Yad Vashem, 1976. (Les spécialistes de l'ère national-socialiste utilisent cette bibliographie comme un ouvrage de référence.)

ROGERIE, André, *Vivre, c'est vaincre*, Maulévrier, Maine-et-Loire, 1988.

ROQUES, Henri, *Les « confessions » de Kurt Gerstein, étude comparative des différentes versions*, thèse soutenue à Nantes le 15 juin 1985, annulée par décret ministériel, reproduite dans André CHELAIN, *La Thèse de Nantes et l'affaire Roques,* Paris, Polémiques, 1988.

ROSENBERG, Alfred, *Le Mythe du siècle.* (*Der Mythus des 20. Jahrhundert,* 1930)

ROSENZWEIG, Luc, « Auschwitz, la Pologne et le génocide », *Le Monde*, 27 janvier 1995, p. 1.
ROSENZWEIG, Luc, « Schnorrer », *Le Monde*, 26 avril 1996, p. 29.

ROVAN, Joseph, contribution à *Comment s'écrit l'Histoire [...] Les chambres à gaz ont existé,* Xe colloque de la Fraternité Edmond Michelet (Brive, 12-14 octobre 1984), Mairie de Brive éd., 1986.

ROY, Claude, « La bête et le héros » (à propos du *Livre noir*, de V. Grossman et I. Ehrenbourg), *Le Nouvel Observateur,* 16-22 novembre 1995, p. 118-119.

RUBINSTEIN, L., « Deux jours d'audience à la première chambre civile du tribunal de Paris », *Le Droit de vivre,* juin 1981, p. 17.

RUBINSTEIN, William D., Lettre à *Nation Review*, 21 juin 1979, 639.
RUBINSTEIN, William D., « The Left, the Right and the Jews », Part II, *Quadrant*, septembre 1979, p. 27.

RUBY, M., *La Résistance à Lyon*, Lyon, L'Hermès, 1979.

RÜCKERL, Adalbert, *NS-Vernichtungslager im Spiegel deutscher Strafprozesse*, Deutscher Taschenbuch Verlag, 1977.
RÜCKERL, Adalbert, voy. E. KOGON et H. LANGBEIN.

RUDEL, Hans Ulrich, *Trotzdem*, Waiblingen, L. Leberecht-Verlag, 1950.

RUTKOWSKI, Adam, [à propos du camp de Royallieu à Compiègne], *Le Monde Juif*, octobre-décembre 1981.

SACHS, Henry, voy. J. ROBINSON.

SAMUEL, P., L'UNESCO, le Vatican et Israël (lettre), *Le Monde*, 31 décembre 1974.

SANNING, Walter, *The Dissolution of Eastern European Jewry*, Newport, Institute for Historical Review, 1986.

SCHEIDL, Franz, *Geschichte der Verfemung Deutschlands* Vienne, chez l'auteur, s. d., 5 vol.

SCHLÖGEL, Karl, « Eine Jagdpartie. Wie man einem Wissenschlaftler ruiniert », *Frankfurter Allgemeine Zeitung*, 18 février 1998, p. 42.

SCHNABEL, E., *Anne Frank, Spur eines Kindes,* Fischer Bücherei, 1958 ; trad. franç. : *Sur les traces d'Anne Frank*, Paris, Albin Michel, 1958 ; trad. am., *Anne Frank : A portrait in Courage,* Harcourt, Brace & World, New York, 1958.

SCHNEIDER, C. « Germanophobie systématique », *Rivarol*, 29 décembre 1960.

SEBBA, L., « The Reparations Agreements : A New Perspective », *The Annals of the American Academy of Political and Social Sciences,* Philadelphie, juillet 1980, p. 202-217.

SEDEL, Fred, *Habiter les ténèbres*, Paris-Genève, La Palatine, 1963, et Paris, A.-M. Métaillié, 1990.

SEGEV, Tom, *Le Septième Million. Les Israéliens et le Génocide*, Liana Levi, 1993 (paru en 1991 en Israël).

SEHN, Jan, *Le Camp de concentration d'Oswiecim-Brzezinka*, Varsovie, Wydawnictwo Prawnicze, 3ᵉ édition, 1961.

SERENY, Gitta, *Into That Darkness*, Londres, André Deutsch, 1974 ; trad. fr. : *Au fond des ténèbres,* Paris, Denoël, 1975.
SERENY, Gitta, « The men who whitewash Hitler », *New Statesman*, 2 novembre 1979, p. 670-673.
SERENY HONEYMAN, Gitta, « The Judgment of History », *New Statesman*, 17 juillet 1981, p. 16-19.

SHAHAK, Israel, *Jewish History, Jewish Religion, The Weight of Three Thousand Years*, Londres, Pluto Press, 1994. Traduction : *Histoire juive – Religion juive. Le poids de trois millénaires*, Paris, La Vieille Taupe, n° 3, été 1996.

SHAPIRO, Haim, « Chief Rabbi assails Holocaust "industry" », *Jewish Chronicle*, Londres, 4 décembre 1987, p. 3.
SHAPIRO, H., récit d'extermination à l'électricité (cf. Boris Polevoi) *Washington News,* 2 février 1945, p. 2.

SHEFTEL, Yoram, *L'Affaire Demjanjuk*, Paris, J.-C. Lattès, 1994.

SILOW CARROLL, A., « How to Remember the Holocaust », [entretien avec l'écrivain américan Judith Miller, auteur de *One, by One, by One : Facing the Holocaust*] *The Australian Jewish News*, 24 août 1990.

SOLMS, A., voy. KAMMERER, R.

REINER, Sylvain, *Et la terre sera pure*, Paris, Fayard, 1969.

SCHLÖGELSCHLÖGEL (voy. *Le Nouvel Observateur*, 8 décembre 1969).

SILVER, M., [sur le rassemblement de survivants de l'Holocauste à Washington], *The Jewish Monthly,* juin-juillet 1983, p. 22.

SLAMA, André-Gérard, » Arno Mayer ou les dangers de la révision de l'histoire », *Le Figaro*, 22 novembre 1990, p. 16.

SNYDERS, Georges, « La Libération d'Auschwitz », *Le Monde*, 2223 janvier 1995, p. 13.

SPEER, Albert, *Spandauer Tagebuch,* Ullstein Verlag, 1975.
SPEER, Albert, *Technik und Macht,* Munich, Bechtle Verlag, 1979.
STÄGLICH, Wilhelm, *Der Auschwitz-Mythos. Legende oder Wirklichkeit ? Eine kritische Bestandsaufnahme*, Tübingen, Grabert, 1979, + 24 pages de reproductions et photos ; 2ᵉ éd. Vorwort von Mark Weber, Beitrag von R. FAURISSON, Bemerkungen von Revilo OLIVER, Charles E. WEBER u. Arthur R. BUTZ, Historical Review Press ; traduction française, *Le Mythe d'Auschwitz*, illustrations commentées par R. Faurisson, Paris, La Vieille Taupe, 1986.

STEINER, Jean-François, *Treblinka*, Paris, Fayard, 1966 (Gilles Perrault, donné comme co-auteur de *Treblinka, de J.-F. Steiner, Le Journal du Dimanche*, 30 mars 1986).

STIMELY, Keith, « A note from the editor », *The Journal of Historical Review,* 5, 1, printemps 1984, p. 5-6.

STRÖLIN, Karl, *Verräter oder Patrioten ? Der 20. Juli 1944 und das Recht auf Widerstand.*, Stuttgart, Vorweck Verlag, 1952.

SUCHECKY, B., [compte rendu du congrès d'Oxford, *Remembering for the Future*] *Regards* (périodique de la communauté laïque juive de Bruxelles), 1988, n° 213, p. 26-27.

SUFFERT, Georges, entretien avec Simon Wiesenthal, *Le Point,* 2430 mai 1982, p. 179.

SUZMAN, Arthur, et DIAMOND, D., *Six Million Did Die. The Truth shall prevail*, publié par le South African Jewish Board of Deputies, Johannesburg, 1978, 2ᵉ édition.

SZERMAN, D., « Shoah », *Le Chroniqueur*, 30 juin 1993, p. 38.

SZOMBATI, Alexandre, « Enquête sur le meurtre de Theodor Erich von Furtenbach qui se disait nazi », *Le Monde*, 30 janvier 1983.

SZUREK, Jean-Charles, « Shoah : de la question juive à la question polonaise », *L'Autre Groupe,* 10, 1986.

SZUREK, Jean-Charles, « Le Musée d'Auschwitz », *Le Monde Juif*, avril-juin 1990, p. 70.

TAGUIEFF, Pierre-André, « L'abbé Pierre et Roger Garaudy. Négationnisme, antijudaïsme, antisionisme », *Esprit*, août-septembre 1996, p. 205-216.
TAGUIEFF, Pierre-André, « L'identité juive et ses fantasmes », *L'Express*, 20-26 janvier 1989, p. 65.

THÉOLLEYRE, Jean-Marc, « Un poignant requiem de Charlotte Delbo pour ses compagnes d'Auschwitz », *Le Monde*, 29-30 janvier 1995, p. 34.

THION, Serge, *Vérité historique ou vérité politique ?* Paris, La Vieille Taupe, 1980.
THION, Serge, *Une Allumette sur la banquise*, Paris, Le Temps irréparable, 1993.

TILLION, Germaine, « Le Système concentrationnaire allemand (1940-1944) », *Revue d'Histoire de la Deuxième Guerre mondiale,* juillet 1954.
TILLION, Germaine, « Réflexions sur l'étude de la déportation », *Revue d'histoire de la Deuxième Guerre mondiale,* numéro spécial : « Le système concentrationnaire allemand (1940-1944) », juillet 1954.
TILLION, Germaine, *Ravensbrück*, Paris, Le Seuil, 1973.

TIMERMAN, Jacopo, *The Longest War. Israel in Lebanon*, translated from the Spanish by Miguel ACOCA, New York, Alfred A. Knopf, 1982.

TINCQ, Henri, [Affaire du carmel d'Auschwitz], *Le Monde*, 7 décembre 1990, p. 1, 14.

TODOROV, Tzvetan, *Face à l'extrême*, Paris, Le Seuil, 1991.

TOUBON, Jacques, intervention contre la loi Fabius-Gayssot, *Journal officiel,* Débats parlementaires, Paris, 22 juin 1991, p. 3572.

TRÉMOLETDE VILLERS, Jacques, *L'Affaire Touvier. Chronique d'un procès en idéologie*, Paris, Dominique Martin Morin, 1994.

VALENTINE, Paul W., « WW II Veteran Recalls His Sad Duty at Dachau », *The Washington Post*, 21 avril 1978, p. B3.

VAN ECK, Ludo, *Le Livre des Camps,* Louvain, Kritak, 1979.

VANDERVELDE, Émile, *Le Pays d'Israël. Un marxiste en Palestine*, Paris, éditions Rieder, 1929 ; trad. allemande, *Schaffendes Palästina – Der jüdische Aufbau heute und morgen, von einem Sozialisten,* Carl Reisner Verlag.

VAN PELT, Robert-Jan, et DWORK, Debórah, *Auschwitz, 1270 to the Present*, Londres, Yale University Press, 1996.

[VEIL, SIMONE] « La mise en garde de Simone Veil à propos des carnets d'Hitler : "On risque de banaliser le génocide" » (interview), *France-Soir magazine*, 7 mai 1983, p. 47.

VERBEKE, Herbert, *Eine deutsche Antwort auf die Goldhagen – und Spielberglügen*, Anvers, VHO, 3e éd., septembre 1997.

VERGÈS, Jacques, *Je défends Barbie*, préface de Jean-Édern Hallier, Paris, Jean Picollec, 1988.

VERNET, Daniel, « Fin du mythe de la Wehrmacht », *Le Monde des livres*, 3 mai 1996, p. X.

VIANSSON-PONTÉ, Pierre, « Le Mensonge », *Le Monde,* 17-18 juillet 1977, p. 13.
VIANSSON-PONTÉ, Pierre, « Le Mensonge (suite) », *Le Monde*, 34 septembre 1978, p. 9.

VIDAL-NAQUET, Pierre, « Un Eichmann de papier. Anatomie d'un mensonge », avec un complément de Pitch Bloch, *Esprit*, septembre 1980, p. 8-52 et, pour P. Bloch, p. 53-56 ; repris avec des changements et des additions dans *Les Juifs, la mémoire et le présent*.
VIDAL-NAQUET, Pierre, [entretien] *Regards,* hebdomadaire du Centre communautaire laïc juif de Bruxelles, 7 novembre 1980, p. 11.
VIDAL-NAQUET, Pierre, *Les Juifs, la mémoire et le présent*, Paris, Maspero, 1981.
VIDAL-NAQUET, Pierre, « Le Secret partagé » [compte rendu de *Les Chambres à gaz, Secret d'État*], *Le Nouvel Observateur*, 21 septembre 1984, p. 80.
VIDAL-NAQUET, Pierre, [entretien avec M. Folco], *Zéro*, avril 1987.

VIDAL-NAQUET, Pierre, *Les Assassins de la mémoire*, Paris, La Découverte, 1987.
VIDAL-NAQUET, Pierre, « Négateurs. Des semeurs de haine », propos recueillis par René François, *Différences*, mars 1990.

VILLIEN, Bruno, *Hitchcock*, Colonna, 1982.
VINCENOT, Henri, *Walther, ce boche mon ami*, Paris, Denoël, 1979.

VRBA, Rudolf and BESTIC, Alan, *I Cannot Forgive*, 1964.

WATT, Donald, *Stocker*, New York, Simon & Schuster, 1995.

WASSERSTEIN, Bernard, *Britain and the Jews of Europe 1939-1945,* Institute of Jewish Affairs (Londres), Oxford, Clarendon Press, 1979.

WEBER, Mark, [Réponse d'un révisionniste au Révérend Mark Herbener], *Christian News*, New Haven (Missouri), 27 avril 1987.
WEBER, Mark, « Jean-Claude Pressac et la technique des chambres à gaz », *RHR,* n° 2, août-octobre 1990, p. 163-170.
WEBER, Mark, « Simon Wiesenthal, le faux "chasseur de nazis" », *RHR*, n° 5, novembre 1991, p. 180-197.
WEBER, Mark, "The Civil War Concentration Camps", *Journal of Historical Review,* été 1981, p. 137-153.
WEBER, Mark, « Bergen-Belsen Camp : The Suppressed Story », *The Journal of Historical Review*, mai-juin 1995, p. 23-30.
WEBER, Mark, *The Zionist Terror Network. Background and Operation of the Jewish Defense League and other Criminal Zionist Groups. A Special Report,* Newport Beach, Californie, Institute for Historical Review, 1993.

WEILL, Claude, « Auschwitz : enquête sur la mécanique de l'horreur », *Le Nouvel Observateur*, 30 septembre-6 octobre 1993, p. 88-90, 92, 95-97.

WEILL, Nicolas, « Mémorial ou document ? » (à propos du *Livre noir*, de V. Grossman et I. Ehrenburg), *Le Monde (des livres)*, 17 novembre 1995, p. VI.
WEILL, Nicolas, « La mémoire suspectée de Binjamin Wilkomirski », *Le Monde*, 23 octobre 1998, p. 17.

WEISS, (Rabbi) M., « Yom Ha-Shoah-Holocaust Remembrance », *The Jewish Press*, 5 Avril 1991.

WELLERS, Georges, *L'Étoile jaune à l'heure de Vichy. De Drancy à Auschwitz,* Paris, Fayard, 1973.
WELLERS, Georges, « La "solution finale de la question juive" et la mythomanie néonazie », *Le Monde Juif,* n° 86, avril-juin 1977, p. 41-84. En anglais, « Reply to the Neo-Nazi Falsification of Historical Facts concerning the Holocaust », *The Holocaust and the Neo-Nazi Mythomania,* New York, The Beate Klarsfeld Foundation, 1978, p. 105-162.
WELLERS, Georges, « Réponse aux falsifications de l'histoire », *Le Monde Juif,* n° 89, janvier-mars 1978, p. 4-19.
WELLERS, Georges, « Abondance de preuves », *Le Monde,* 29 décembre 1978, p. 8.
WELLERS, Georges, « Déportation des Juifs de France. Légendes et réalités », *Le Monde Juif,* juillet-septembre 1980, p. 97.
WELLERS, Georges, *Les Chambres à gaz ont existé. Des documents, des témoignages, des chiffres,* Paris, Gallimard, 1981.
WELLERS, Georges, « Essai de détermination du nombre des morts au camp d'Auschwitz », *Le Monde Juif,* octobre-décembre 1983, p. 127159.
WELLERS, Georges, « A propos d'une thèse de doctorat "explosive" sur le "Rapport Gerstein" », *Le Monde Juif,* janvier-mars 1986, p. 1-18.
WELLERS, Georges, « A propos du "rapport Leuchter" et les chambres à gaz d'Auschwitz », *Le Monde Juif,* avril-juin 1989, p. 45-53.
WELLERS, Georges, « A propos du nombre de morts au camp d'Auschwitz », *Le Monde Juif,* octobre-décembre 1990, p. 187-195.

WIESEL, Élie, *La Nuit,* préface de François Mauriac, Paris, Éditions de Minuit, 1956. (trad. all. *Die Nacht zu begraben, Elisha,* deutsche Übersetzung von Curt Meyer-Clason, Ullstein, 1962.
WIESEL, Élie, *Paroles d'étranger,* Paris, Le Seuil, 1982.
WIESEL, Élie, « Si c'est Auschwitz... », propos recueillis par Marc Kravetz, *Le Magazine de Libération,* 4 février 1995, p. 16.
WIESEL, Élie, [Tout ce que j'ai écrit dans *La Nuit* est absolument vrai], *Chicago Tribune,* 8 mai 1990, section 2, p. 5, col. A.
WIESEL, Élie, *Legends of Our Time,* New York, Avon Books, 1968.
WIESEL, Élie, *Tous les fleuves vont à la mer, (Mémoires 1),* Paris, Le Seuil, 1994.
WIESEL, Élie, *...Et la mer n'est pas remplie (Mémoires 2),* Paris, Le Seuil 1996.

WIESEL, Élie, « Author, Teacher, Witness », *Time*, 18 mars 1985.

WIESENTHAL, Simon, *KZ-Mauthausen*, Linz & Vienne (Autriche), Ibis Verlag, 1946 ; réédition : *Denn sie wussten, was sie tun. Zeichnungen und Aufzeichnungen aus dem KZ Mauthausen*, Vienne, Franz Deuticke Verlagsgesellschaft, 1995.
WIESENTHAL, Simon, « RIF », *Der Neue Weg*, 1946, n° 17-18, p.45.
WIEVIORKA, Annette, « Histoire et mémoire », *L'Arche*, novembre 1987, p. 86.

WILKOMIRSKI, Binjamin, *Bruchstücke. Aus einer Kindheit, 1939 bis 1948*, Suhrkamp, 1995 ; trad. française, *Fragments d'une enfance, 1939-1948*, Paris, Calmann-Lévy, 1997.

WILLEQUET, Jacques, *La Belgique sous la botte, résistances et collaborations, 1940-1945*, Paris, éditions universitaires, 1986.

WILLIAMS, L. Norman, voy. HILL, M.

WISEMAN, Frederick, *Titicut Follies*, (diffusé par la chaîne *Arte*, 12 mars 1994, 20 h 40)

WORMSER-MIGOT, Olga, *Le Système concentrationnaire nazi (19331945)*, Paris, PUF, 1968.

WURMSER, André, « Grandes manœuvres », *L'Humanité*, 3 mai 1983, p. 1.

WYMAN, David S., *The Abandonment of the Jews. America and the Holocaust, 1941-1945*, Pantheon Books, 1985. [694 ; 993]
YERUSHALMI, Yosef Hayim, *Zakhor, Jewish History and Jewish Memory*, Seattle, Univ. of Washington Press, 1982.

ZAJDEL, Ida, et ASCIONE, Marc, lettre publiée dans le périodique *Article 31* janvier-février 1987, p. 22.

ZAND, Nicole, « Les voix du massacre », (à propos du *Livre noir*, de V. Grossman et I. Ehrenbourg), *Le Monde (des livres)*, 17 novembre 1995, p. I.

ZIEMKE, E. F., *The U.S. Army in the Occupation of Germany, 1944-1946*, Washington D.C., Center of Military History, U.S. Army, 1975.

ZLATIN, Sabina, *Mémoires de la « Dame d'Izieu »*, Gallimard, 1992. Avant-propos de François Mitterrand.

ZUCKOFF, M. « Contre le mauvais usage de l'holaucauste [sic] comme référence », *Tribune juive*, 3 décembre 1982, p. 19.

CHOIX DE DOCUMENTS OFFICIELS

* Document NI-9912, enregistré le 21 août 1947 : affiche intitulée *Richtlinien für die Anwendung von Blausäure (Zyklon) zur Ungeziefervertilgung (Entwesung)* (Directives for the use of prussic acid (Zyklon] for the destruction of vermin [Disinfection] Directives pour l'usage de l'acide prussique [Zyklon pour détruire la vermine [désinfection])
* Document NI-9098, enregistré le 25 juillet 1947 : brochure intitulée *Acht Vorträge aus dem Arbeitgebiet der DEGESCH* (Eight Lectures on aspects of DEGESCH's field of operation. Huit exposés sur le champ d'activités de la DEGESCH) et imprimée en 1942 pour usage privé.
* Décret 50-1290 du 18 octobre 1950 du ministère de la Santé publique (français), réglementation draconienne de l'usage du Zyklon B.
* L'Anthologie (bleue) d'Auschwitz
* Madagaskar Projekt, Centre de documentation juive contemporaine, Paris, cote 172 de la police d'Israël (Quartier général, 6e bureau). Cote au CDJC de Paris : DXII-172.
* Document PS-2738, déclaration sous serment – affidavit – de W. Höttl.
* Comité international de la Croix-Rouge, « Visite au Commandant du camp d'Auschwitz d'un délégué du C. I. C.-R. (septembre 1944) », *Documents sur l'activité du C.I.C.R. en faveur des civils détenus dans les camps de concentration en Allemagne (1939-1945)*, 2e édition, Genève, juin 1946, Série II, n° 1, p. 91-92.
* Comité international de la Croix-Rouge, XVIIe Conférence internationale de la Croix-Rouge ; [Stockholm, août 1948]. *Rapport du Comité international de la Croix-Rouge sur son activité pendant la Seconde Guerre mondiale (1er septembre 1939-30 juin 1947)*, Genève, mai et juin 1948, 3 volumes.

- NI-7961, une lettre du 3 septembre 1943 adressée à la Direction des constructions du camp de Natzweiler-Struthof par la firme allemande spécialisée dans la construction de chambres à gaz pour épouillage.
- F. Puntigam, Dr. med, H. Breymesser, Dr. phil., et Ing. Erich Bernfus, *Blausäure-gaskammern für Fleckfieberabwehr* (chambres à gaz à l'acide cyanhydrique pour la défense contre le typhus), Berlin (publication officielle), 1943.
- Document de Nuremberg PS-3311, tome XXXII, p. 154-158 : 6e charge contre Hans Frank, gouverneur général de Pologne. (Chambres à vapeur de Treblinka).
- Arbeitsanweisungen für Klinik und Laboratorium des Hygiene Institutes der Waffen-SS, Berlin, in Dr. med. Walter Dötzer, *Entkeimung, Entseuchung und Entwesung.*
- Document de Nuremberg URSS-008 : rapport officiel des Soviétiques sur Auschwitz, 6 mai 1945 (4 millions de mort à Auschwitz), ayant valeur de preuve d'office grâce à l'article 21 du statut du tribunal.
- Doc. URSS-054 : rapport officiel des Soviétiques attribuant aux Allemands le massacre de Katyn, 24 janvier 1944.
- Le tome XLII et dernier du TMI contient un "Affidavit Politische Leiter — 54" en date du 30 juillet 1946 Cette pièce résume l'examen de 26.674 déclarations d'anciens dirigeants politiques allemands placés par les Alliés dans des camps d'internement, concernant leur conduite et leur activité, à propos de la question juive. A l'unanimité, les 26.674 personnes ont répondu : *"sie von einer Vernichtung von Juden in sog. Vernichtungslagern erst nach der Kapitulation im Mai 1945 Kenntnis erhielten. "* ("Ils n'avaient pris connaissance d'une extermination des juifs dans ce qu'on appelle camps d'extermination qu'après la capitulation en mai 1945.")
- Foreign Relations of the United States, Diplomatic Papers [1610]
- Document de Nuremberg NO-1210 (« aveux » de Hoess).
- Document de Nuremberg PS-3868 (« aveux » de Hoess).
- Luther Memorandum (Doc. NG-2586-J du 21 août 1942. [697]
- PS-502, du 17 juillet 1941, ordre donné aux *Einsatzgruppen* de trier les prisonniers soviétiques
- Document Otto Werner von Hentig aux archives de Coblence (En 1941, proposition de collaboration avec l'Allemagne nazie émanant du groupe Stern).
- *Actes et documents du Saint-Siège relatifs à la seconde guerre mondiale »*, onze volumes parus entre 1965 et 1982. [1392]

* Doc. L-22, extrait du *War Refugee Board Report.*
* Rapport d'expertise de MM. les professeurs et docteurs Simonin (de Strasbourg), Piédelièvre (de Paris) et Fourcade (de Strasbourg) sur le camp du Struthof, 1945.
* Doc. NI-11953 : « Excerpt from transcript of proceedings of a Military Court for the Trial of War Criminals held at the War Crimes Court », Curiohaus, Hamburg, on Saturday 2nd March, 1946, upon the trial of Bruno Tesch, Joachim Drosihn and Karl Weinbacher, transcript.
* « Die hochwirksamen Gase und Dämpfe in der Schädlingsbekämpfung » *Sammlung chemischer und chemisch-technischer Vorträge, Neue Folge Heft* 47, 1942 (revue éditée par Ferdinand Enke à Stuttgart) (cote de la Library of Congress : QDI, S2 n. f, Heft 47a, 1942).

DÉJÀ PARUS